Schutz von „wirtschaftlich-virtuellen“ Gesellschaftern

Ann-Kathrin Jungen

Schutz von „wirtschaftlich-virtuellen“ Gesellschaftern

Eine Untersuchung ausgewählter Risikobereiche für qualifizierte Gläubiger von Gesellschaften mit beschränkter Haftung, Aktiengesellschaften und Personenhandelsgesellschaften

Springer

Ann-Kathrin Jungen
Bonn, Deutschland

Diese Arbeit wurde im Januar 2023 an der Rechtswissenschaftlichen Fakultät der Universität zu Köln als Dissertation angenommen.
Referentin: Prof. Dr. Dr. h.c. Barbara Dauner-Lieb
Korreferentin: Prof. Dr. Barbara Grunewald
Tag der mündlichen Prüfung: 11. Januar 2023

ISBN 978-3-658-42108-3 ISBN 978-3-658-42109-0 (eBook)
https://doi.org/10.1007/978-3-658-42109-0

Die Deutsche Nationalbibliothek verzeichnet diese Publikation in der Deutschen Nationalbibliografie; detaillierte bibliografische Daten sind im Internet über http://dnb.d-nb.de abrufbar.

Springer ist ein Imprint der eingetragenen Gesellschaft Springer Fachmedien Wiesbaden GmbH und ist ein Teil von Springer Nature.
Die Anschrift der Gesellschaft ist: Abraham-Lincoln-Str. 46, 65189 Wiesbaden, Germany

Meinen Eltern und meiner Schwester

Vorwort

Die vorliegende Arbeit wurde von der Rechtswissenschaftlichen Fakultät der Universität zu Köln im Wintersemester 2022/2023 als Dissertation angenommen. Sie widmet sich der Frage, ob und inwieweit „wirtschaftlich-virtuelle" Gesellschafter eines besonderen Schutzes vor Maßnahmen der Gesellschaft bedürfen, die die Beeinträchtigung ihrer geldwerten Ansprüche bezwecken. Im Fokus stehen ihre primär- und sekundärrechtlichen Ansprüche sowie deren prozessuale Durchsetzung. Die Literatur- und Rechtsprechungsangaben befinden sich auf dem Stand von August 2021; hinsichtlich der Internetquellen ist jeweils das letzte Abrufdatum angegeben.

Mein besonderer Dank gilt meiner Doktormutter *Prof. Dr. Dr. h.c. Barbara Dauner-Lieb*, die diese Arbeit begleitet hat. Danken möchte ich auch *Prof. Dr. Barbara Grunewald* für die rasche Erstellung des Zweitgutachtens.

Bei *Dr. Daniel Otte* bedanke ich mich für die Unterstützung zur Themenfindung meiner Doktorarbeit und bei *Dr. Ralph Drouven* für seine Hilfsbereitschaft und wertvollen Anregungen im Verlauf der Promotion.

Ein Dank für ihre Freundschaft gilt sowohl *Marie Braun* für ihre hilfreichen Anmerkungen als auch *Elian Pöplau* und *Lea Schürmann* für ihre konstruktive Kritik und ihr jederzeit offenes Ohr.

Besonderer und herzlicher Dank gebührt meinem Freund *Tobit Loevenich*, der mich stets geduldig unterstützt und durch Höhen und Tiefen meines Vorhabens begleitet hat.

Schließlich danke ich von Herzen meiner Schwester *Eva Jungen* und meinen Eltern *Iris und Ingolf Jungen* für ihre stetige und wertvolle Unterstützung, die nicht endende Ermutigung, ihr immerwährendes Vertrauen, ihre Inspiration und ihre Zeit sowie die Muße beim Korrekturlesen dieser Arbeit.

Bonn
6. Mai 2023

Ann-Kathrin Jungen

Inhaltsverzeichnis

1 Einführung

Im Zuge der Kapitalaufnahme haben Unternehmen aus den verschiedensten Motiven das Bedürfnis, bestimmte Kapitalgeber[1] gegenüber anderen Gläubigern zu privilegieren. Dies erfolgt nicht selten, indem ihnen in Bezug auf ihre geldwerten Ansprüche mehr Rechte eingeräumt werden, ohne sie jedoch mit den Anteilseignern gleichzustellen.

Eine Vielzahl der privilegierten Gläubiger sind durch einen wesentlichen Aspekt verbunden und somit vergleichbar: Sie tragen aufgrund der vertraglich mit dem Unternehmen geschlossenen Vergütungs- und Rückzahlungsvereinbarung dasselbe wirtschaftliche bzw. finanzielle Risiko. Dieses verbindende Element macht es möglich, aber auch notwendig, die Gläubigergruppe zusammenfassend unter dem hier gewählten Oberbegriff der „wirtschaftlich-virtuellen" Gesellschafter zu untersuchen und ihre Schutzbedürftigkeit zu bewerten. Eine umfassende Untersuchung der Schutzbedürftigkeit ist aufgrund des bekannten Gefährdungspotentials[2] unerlässlich und sowohl auf die rechtliche Begrenzung des Handlungsspielraumes der Gesellschaft als auch auf Ansprüche zur Erfüllung oder Kompensation und deren gerichtliche Geltendmachung zu richten.

[1] Aus Gründen der leichteren Lesbarkeit wird in dieser Arbeit die männliche Sprachform bei personenbezogenen Substantiven und Pronomen verwendet. Es sollen indes die Formen m/w/d impliziert sein.

[2] Vgl. dazu nachstehend die Gerichtsverfahren der HSH Nordbank AG und der IKB Deutsche Industriebank AG gegen ihre Genussrechtsinhaber Abschnitt 4.2.1.4 sowie Abschnitt 5.2.3.2.

A.-K. Jungen, *Schutz von „wirtschaftlich-virtuellen" Gesellschaftern*,
https://doi.org/10.1007/978-3-658-42109-0_1

1.1 Das Risikopotential als Verbindungselement

Die Privilegierung der „wirtschaftlich-virtuellen" Gesellschafter gegenüber klassischen Fremdkapitalgebern gründet in der Abhängigkeit ihrer Rechte und Ansprüche vom finanziellen Ergebnis der Gesellschaft,[3] sodass sie sich in diesem Punkt demselben Risiko gegenübersehen. Grundlegend ist, dass die Vertragspartner des Unternehmens im Gegenzug für die ihnen eingeräumten Rechte zumeist erhebliche finanzielle Risiken übernehmen, ohne dass ihnen Mitsprache-, Verwaltungs- und Kontrollrechte eingeräumt werden. Chancen und Risiken dieser Gläubiger stehen in direkter Abhängigkeit zu den Entscheidungen durch die Geschäftsführung oder die Gesellschafterversammlung des Unternehmens.[4] Solange die Gesellschaft und die Gläubiger gemeinsame Interessen verfolgen, ergibt sich hieraus kein Problem. Kommt es hingegen zu einer Interessendivergenz[5], wird die Gesellschaft die ihr zustehenden Möglichkeiten in der Regel ausnutzen, um ihre eigenen Interessen und die der Gesellschafter vorrangig zu befriedigen, indem sie Einfluss auf die Rechte der Gläubiger nimmt.

Die rechtmäßige Beeinflussung eines solchen Abhängigkeitsverhältnisses liegt in der Natur des Vertragsverhältnisses, d. h. im wirtschaftlichen Widerstreit zwischen Gläubiger und Schuldner, und löst allein noch kein besonderes Schutzbedürfnis der Gläubiger aus. Tritt jedoch darüber hinaus noch eine missbräuchliche Absicht der Gesellschaft gegenüber den Gläubigern hinzu, ist an der Schnittstelle von Schuld- und Gesellschaftsrecht deren Rechtsstellung und Schutzbedürftigkeit zu untersuchen. Ausschlaggebend für die Untersuchung ist ebendiese missbräuchliche Intuition, die ergebnisabhängigen Rechte der Gläubiger durch gesellschaftsinterne Maßnahmen einzig und allein mit dem Zweck zu beeinträchtigen, sich den bestehenden vertraglichen Verpflichtungen zu entziehen.

Von den Entscheidungen der Gesellschaft können nicht nur die Vergütungsansprüche betroffen sein. Die Vertragsparteien können zudem Verlustbeteiligungen vereinbaren, die sich zusätzlich mindernd auf die Rückzahlungsansprüche der

---

[3] Auch die eingeräumten „Privilegien" selbst können variieren, zum Beispiel von der variablen Verzinsung bis hin zur Einräumung von Options- und Wandlungsrechten. Zur Veranschaulichung soll die Untersuchung am Beispiel der gefährdeten erfolgsabhängigen Vergütungs- und Rückzahlungsinteressen der Gläubiger erfolgen. Dabei wird unter Vergütung der für die Kapitalhingabe gewährte Zins verstanden.

[4] Es handelt sich um eine „zukunftsgerichtete Investition auf ungewisser Grundlage" so allgemeiner formulierend *Roggemann*, Zivilrechtlicher Anlegerschutz bei bedingten Pflichtwandel- und Herabschreibungsanleihen, 2020, S. 94.

[5] Hierzu ebenso *ders.*, Zivilrechtlicher Anlegerschutz bei bedingten Pflichtwandel- und Herabschreibungsanleihen, 2020, S. 97.

Kapitalgeber auswirken. Insoweit besteht gerade ein gesteigertes Risiko, der Machtposition des handelnden Unternehmens ausgeliefert zu sein und eventuell das auf Zeit hingegebene Kapital zu verlieren. Dies ist wirtschaftlich umso beachtlicher, als dass der Rückzahlungsanspruch in der Regel größer ist als die dem Gläubiger vorenthaltene Vergütung.

1.2 Ziel der Arbeit

Diese Arbeit wird das zuvor beschriebene Problem analysieren und damit grundsätzliche Gültigkeit für solche Fälle beanspruchen, bei denen die vom finanziellen Ergebnis der Gesellschaft abhängigen Rechte der Gläubiger durch missbräuchliche Maßnahmen des Unternehmens beeinträchtigt oder vereitelt werden. Dabei konzentriert sich die Untersuchung auf die ihnen qua Gesetz und Vertrag zustehenden Ansprüche gegen die Gesellschaft und deren gerichtliche Durchsetzbarkeit.

Bei den zivilrechtlichen Ansprüchen wird es stets darauf ankommen, die missbräuchliche Absicht der Gesellschaft nachzuweisen, was den Gläubiger in der Regel vor eine große Herausforderung stellt. Folglich ist in einem nächsten Schritt auch die gerichtliche Geltendmachung der entsprechenden Ansprüche in den Fokus zu rücken, um zum Schluss nicht nur über die Schutzbedürftigkeit ein Urteil zu fällen, sondern auch – sofern notwendig – noch zu ergreifende Maßnahmen zum Schutz dieser Gläubiger vorzuschlagen.

In der Arbeit wird die zentrale These aufgestellt, dass die bisher bestehenden zivilrechtlichen Ansprüche diese Schwachstelle zwar materiellrechtlich auffangen, der Schutz aber prozessual nicht widergespiegelt wird. Die Grundannahme dabei ist, dass durch systembedingte Schwachstellen eine bestimmte Gläubigergruppe der Gesellschaft dem Risiko ausgesetzt ist, dass sich die Gesellschaft durch grundsätzlich zulässige Maßnahmen bewusst und missbräuchlich ihrer Verpflichtung entzieht, die vertraglich festgehaltenen Rechte vollständig oder nur teilweise zu erfüllen.

Das aus der Vertragsfreiheit resultierende Machtgefälle zwischen den Vertragsparteien erreicht dort eine Grenze, wo die Gesellschaft ihre vertragliche Verpflichtung unter Ausnutzung der systembedingten Schwachstellen umgeht[6], was sich auch bei der Durchsetzung des Anspruches auswirken sollte.

[6] Umgehung heißt dabei „formale Gesetzeskonformität von Rechtshandlungen zur Erreichung eines vom Gesetz missbilligten wirtschaftlichen Ergebnisses" *Weipert*, in: Gummert/Weipert (Hrsg.), Münchener Handbuch des Gesellschaftsrechts, Bd. 2, 5. Aufl. 2019, § 12 Rn. 12 – dort aber im Zusammenhang mit Umgehung des Abspaltungsverbotes.

Die konkrete Forschungsfrage lässt sich demnach wie folgt formulieren:

Inwieweit ist es geboten, bestimmte Gesellschaftsgläubiger[7]*, deren Rechte vom Unternehmensergebnis abhängen, vor qua Gesetz zulässigen Maßnahmen der Gesellschaft über das bisherige Maß hinaus zu schützen, soweit die Gesellschaft diese nur ergreift, um sich der Verpflichtung zu entziehen, diese Rechte zu erfüllen?*

In zum Teil noch rechtshängigen Verfahren[8] werden solche Fälle bereits untersucht. Daneben bestätigt auch eine Anfrage im Landtag Schleswig-Holstein die Aktualität und die Bedeutung des Themas.[9] Auch in anderen Fällen, in denen Maßnahmen der Gesellschaft als missbräuchlich gegenüber den Kapitalgebern erachtet wurden, ist zur Klage aufgerufen worden.[10]

Es gibt bereits Stimmen, die eine Schutzbedürftigkeit dieser Gläubigergruppe über den de lege lata gewährten Schutz und über das Zusammenwirken von Vertrag, Verband und Markt hinaus ablehnen.[11] Wie zu zeigen sein wird, stellt das Gesetz zwar die richtigen Weichen für entsprechende schutzgewährende Ansprüche der Gläubiger gegenüber der Gesellschaft, allerdings sollte ein genauerer Blick auf die Möglichkeiten zur Geltendmachung dieser Ansprüche geworfen werden.

---

[7] Wird im Nachfolgenden von „Gläubigern" gesprochen, so sind darunter, sofern keine weiteren Angaben im Text enthalten sind, immer die Gläubiger der Zahlungsansprüche gegen die Gesellschaft und damit die „wirtschaftlich-virtuellen" Gesellschafter zu verstehen. Dass diese wiederum Schuldner der Kapitalhingabe gegenüber der Gesellschaft sind, soll begrifflich zur Vereinfachung insoweit ausgeblendet werden.

[8] OLG Schleswig-Holstein, Urt. v. 3. Mai 2019 – 9 U 83/18, WM 2019, 1166 ff.; LG Düsseldorf, Urt. v. 21. Dezember 2018 – 10 O 159/17, BKR 2019, 306 ff. n.rkr.; OLG Düsseldorf, Urt. v. 24. September 2020 – I-6 U 23/19, WM 2020, 2118 ff.

[9] Der Abgeordnete Wolfgang Kubicki (FDP) stellte im Schleswig-Holsteiner Landtag (Drs. 18/5265, Datum: 14. März 2017) die kleine Anfrage zur Dotierung des Fonds für allgemeine Bankrisiken der HSH Nordbank AG. Zusammenfassend wurde die Frage erhoben, ob der Landesregierung im Zusammenhang mit der Dotierungspraxis des Fonds nach § 340 g HGB weitere Motive der Geschäftsführung der HSH Nordbank AG bekannt seien, da die bilanzrechtliche Notwendigkeit zur Dotierung des Fonds nicht direkt ersichtlich sei. Aufgrund der dazugehörigen Frage zur Ad-hoc-Mitteilung der HSH Nordbank AG vom 8. Juni 2016 lässt sich der Schluss ziehen, dass sich die Anfrage indirekt auch auf die Vergütung der Hybridkapitalgeber bezieht.

[10] So z. B. für die Genussrechtsinhaber der Dexia Kommunalbank Deutschland GmbH unter https://www.dgap.de/dgap/News/press_release/brp-renaud-und-partner-mbb-genussrechte-der-dexia-kommunalbank-deutschland-gmbh-vormals-dexia-kommunalbank-deutschland-ag/?newsID=1114443 (zuletzt abgerufen am: 21. März 2021).

[11] *Heeren*, Kapitalgeberschutz und hybride Finanzierungsinstrumente, 2008, S. 18, 344.

1.3 Untersuchungsumfang

Vorweg ist bereits darauf hinzuweisen, dass die angestellte Untersuchung nicht das Ziel verfolgt, eine Art Anlegerversicherung für alle denkbaren Risiken zu schaffen.[12] Es ist gerade Teil der untersuchten vertraglichen Vereinbarungen, dass die Gläubiger an dem wirtschaftlichen Ergebnis der Gesellschaft, einschließlich etwaiger Risiken, partizipieren.

Der Untersuchungsgegenstand erstreckt sich trotz des konkret gewählten Beispiels erfolgsabhängiger Vergütungen auf verschiedene Sachverhalte, da die allgemein gehaltene Forschungsfrage Variationen in Bezug auf die betroffenen Gesellschaftsformen, die möglichen Maßnahmen seitens der Gesellschaft und die Finanzinstrumente zulässt. Um bei der Vielzahl der Kombinationsmöglichkeiten eine übergreifende Untersuchung unter gleichen vertraglichen Voraussetzungen vornehmen zu können, wird daher für die betroffenen Finanzinstrumente der Oberbegriff der „wirtschaftlich-virtuellen“ Gesellschafter gewählt.

Zur Eingrenzung des Untersuchungsgegenstandes erfolgt eine Konzentration allein auf das Schuld-, Gesellschafts- und Bilanzrecht. Steuerrechtliche Fragen sollen nicht untersucht und insolvenzrechtliche Überlegungen ebenfalls nicht angestellt werden. Es werden sowohl Personengesellschaften als auch Körperschaften in die Betrachtung aufgenommen, jedoch soll sich die Untersuchung auf die am häufigsten vorkommenden Grundformen beziehen: die OHG, die KG, die GmbH & Co. KG, die GmbH und die AG.

1.4 Gang der Untersuchung

Um die Notwendigkeit einer rechtsformübergreifenden Untersuchung darzulegen, muss zunächst der Untersuchungsgegenstand konkret bestimmt werden (Kapitel 2). Mittels einer Abgrenzung der klassischen Eigen- und Fremdkapitalbegriffe (Teil 2.1) sowie möglicher Mischformen und deren bisheriger begrifflichen Einordnung (Teil 2.2) soll das bestehende System als Grundlage etabliert werden. Dies unterstellt, wird anschließend der Arbeitsbegriff des „wirtschaftlich-virtuellen“ Gesellschafters definiert (Teil 2.3), wobei es im Grunde darum geht, das vertraglich bedingte Risikopotential der Gläubiger zu untersuchen und konkrete Merkmale herauszuarbeiten, um eine Subsumtion unter den Arbeitsbegriff zu ermöglichen.

---

[12] Insoweit parallel zu *Heeren*, Kapitalgeberschutz und hybride Finanzierungsinstrumente, 2008, S. 163.

Ebenjene Subsumtion erfolgt im sich anschließenden Kapitel (Kapitel 3). Hier soll jedoch keine umfassende Darstellung der einzelnen Finanzinstrumente, sondern lediglich eine Untersuchung anhand der zuvor für den Arbeitsbegriff festgelegten Voraussetzungen erfolgen. Aufgrund der weitreichenden Gestaltungsfreiheit kann diese Arbeit keine abschließende Aufzählung aller erfassten Finanzinstrumente leisten.

Konsequenterweise stellt sich im Anschluss die Frage der Schutzbedürftigkeit der „wirtschaftlich-virtuellen" Gesellschafter (Kapitel 4). Will man dies bei einer zu Untersuchungszwecken zusammengefassten Gläubigergruppe beurteilen, so muss zunächst geklärt werden, ob gesetzlich nicht bereits ein vollumfängliches Schutzsystem für die Formen der „wirtschaftlich-virtuellen" Gesellschafter besteht (Teil 4.1). Erst im Anschluss daran kann anhand ausgewählter Handlungsoptionen der Gesellschaften (Teil 4.2) die konkrete Risikobelastung der „wirtschaftlich-virtuellen" Gesellschafter ermittelt werden. Um das systemisch dem Gesetz und dem Vertrag innewohnende Risiko darzustellen, wird eine Art gedankliche Subtraktion vorgenommen: Ausgangspunkt ist die beeinträchtigende Maßnahme mit ihrem grundsätzlichen Risikopotential für die Rechte der „wirtschaftlich-virtuellen" Gesellschafter. In einem zweiten Schritt werden die allgemeinen rechtlichen Grenzen der Maßnahme abgezogen. Um in diesem Bild zu verbleiben, entspricht dann die Differenz der konkreten Risikobelastung für die „wirtschaftlich-virtuellen" Gesellschafter. Gleichermaßen sollte ebenfalls ein kurzer Blick auf vertragliche Gestaltungen und die Frage geworfen werden, ob es nicht bereits gängige Praxis ist, den Schutz der „wirtschaftlich-virtuellen" Gesellschafter im Vertrag festzuhalten (Teil 4.3). Um die Frage nach der Schutzbedürftigkeit final beantworten zu können, werden zuletzt allgemeine rechtliche wie wirtschaftliche Überlegungen daraufhin untersucht, ob diese einem Schutz entgegenstehen könnten (Teil 4.4).

Um ein vollständiges Bild über den de lege lata bereits gewährten Schutz zu zeichnen, sind indes nicht nur die zugrundeliegenden Mechanismen und deren Grenzen, sondern darüber hinaus auch die Schutz gewährenden allgemeinen zivilrechtlichen Ansprüche und deren gerichtliche Geltendmachung zu untersuchen (Kapitel 5). Es sind alle diskutierten Ansprüche, d. h. sowohl die Primär- als auch die schuldrechtlichen oder deliktischen Sekundäransprüche, in Betracht zu ziehen (Teil 5.1). Um aber auch auf prozessualer Ebene die Frage des bestehenden und des ggf. benötigten Schutzes zu beantworten, sind diese Ansprüche einer Prüfung im Hinblick auf die Darlegungs- und Beweislast zu unterziehen. Der Nachweis einer absichtlichen Schädigung der Gläubiger wird durch diese in der Regel nur schwer zu führen sein, sodass anhand bereits bestehender Institute zur Erleichterung der Darlegungs- und Beweislast und mittels Vergleiches zu ähnlichen Risikopotentialen – bei Bedarf – eine Lösung für die Diskrepanz zwischen materiellem und prozessualem Schutz aufzuzeigen ist (Teil 5.2). Zuletzt sind diese Ergebnisse einer rechtsdogmatischen wie rechtstatsächlichen Überprüfung zu unterziehen (Teil 5.3).

2 Bestimmung des Untersuchungsgegenstandes

Zur Bestimmung des Untersuchungsgegenstandes sind die Strukturunterschiede von Eigen- und Fremdkapital herauszuarbeiten, um diese in einem zweiten Schritt den einzelnen Gläubigerformen zuzuordnen, sodass diese unter dem Begriff der „wirtschaftlich-virtuellen" Gesellschafter zusammengefasst werden können. Auf Grundlage dessen kann in einem weiteren Schritt das Schädigungspotential der Gesellschaft gegenüber dieser Gläubigergruppe untersucht werden.

„Wirtschaftlich-virtuelle" Gesellschafter ist kein feststehender juristischer Begriff. Er soll in dieser Arbeit allein zu Untersuchungszwecken eingeführt werden, um eine Neugruppierung von bereits bestehenden schuldrechtlichen Ausgestaltungen zur Beteiligung am Unternehmenserfolg vorzunehmen und eine verallgemeinernde Untersuchung ihrer Schutzbedürftigkeit zu ermöglichen. Er ist demnach Ausdruck der im Nachgang aufzuzeigenden Vergleichbarkeit dieser Rechtspositionen in Bezug auf einen maßgeblichen Punkt – dem Risiko der Gläubiger und dem damit einhergehenden Schädigungspotential der Gesellschaft.

2.1 Systematisierung von Eigen- und Fremdkapital

Grundlegend wird im Rahmen der Kapitalausstattung eines Unternehmens zwischen Eigen- und Fremdkapital unterschieden. Die Einordnung hat vor allem im Zivil-, insbesondere im Gesellschafts- und im Steuerrecht aber auch in den Wirtschaftswissenschaften Bedeutung.

A.-K. Jungen, *Schutz von „wirtschaftlich-virtuellen" Gesellschaftern*,
https://doi.org/10.1007/978-3-658-42109-0_2

2.1.1 Keine einheitliche Definition

Das Kapital, welches dem Unternehmen zur Verfügung gestellt wird, kann verallgemeinernd entweder haftende Vermögensmasse des Unternehmens oder aber Kreditvermögen sein.[1] Die Begriffe Eigen- und Fremdkapital dienen der Darstellung von Finanzierungsvorgängen, welche rein formal anhand der Rechtsstellung untergliedert werden können, die die Kapitalgeber bei der Finanzierung im Verhältnis zur Gesellschaft einnehmen. Das von Gesellschaftern bereitgestellte Kapital ist Eigen-, das von Nichtgesellschaftern zur Verfügung gestellte Kapital ist Fremdkapital.[2] Eine einheitlich feststehende Definition der Begriffe konnte sich indes nicht durchsetzen. Eine Bestimmung erfolgt vielmehr funktional, d. h. nach der Rechtsfolge und Zwecksetzung der einzelnen rechtlichen Fachgebiete.[3] Dies ergibt sich aus dem Umstand, dass die dargestellte rein formale Abgrenzung für den Fall, dass Gesellschafter der Gesellschaft Fremdkapital zur Verfügung stellen wollen, wie beispielsweise bei einem Gesellschafterdarlehen, zu keinem eindeutigen Ergebnis führt.[4]

---

[1] *Schmidt*, Gesellschaftsrecht, 4. Aufl. 2002, S. 515.

[2] *Fleischer*, in: Michalski/Heidinger/Leible u. a. (Hrsg.), Kommentar zum Gesetz betreffend die Gesellschaften mit beschränkter Haftung, Bd. 1, 3. Aufl. 2017, Syst. Darst. 5 Rn. 90; *Hirte*, Kapitalgesellschaftsrecht, 8. Aufl. 2016, S. 333; *Schipporeit*, in: Breuer (Hrsg.), Handbuch Finanzierung, 3. Aufl. 2001, S. 437, 439.

[3] *Aleth/Stelmaszczyk/Roderburg*, in: Eilers/Rödding/Schmalenbach (Hrsg.), Unternehmensfinanzierung, 2. Aufl. 2014, B Rn. 1; *Beuchert/Redeker*, in: Schön (Hrsg.), Eigenkapital und Fremdkapital, 2013, S. 289, 291; *Hirte*, Kapitalgesellschaftsrecht, 8. Aufl. 2016, S. 334; *Rid-Niebler*, Genußrechte als Instrument zur Eigenkapitalbeschaffung über den organisierten Kapitalmarkt für die GmbH, 1989, S. 15 f.; *Schürnbrand*, in: Goette/Habersack/Kalss (Hrsg.), Münchener Kommentar zum Aktiengesetz, 4. Aufl. 2016, Vorbm. § 182–191 Rn. 31; zur Schwierigkeit der Abgrenzung ebenso *Drukarczyk/Lobe*, Finanzierung, 11. Aufl. 2015, S. 299 f.; *Swoboda*, Betriebliche Finanzierung, 3. Aufl. 1994, S. 10 beide mit dem Verweis auf die Diskussion der verschiedenen Versuche, Eigen- und Fremdkapital zu definieren, in *ders.*, in: Stöppler (Hrsg.), Information und Produktion, 1985, S. 343 ff.

[4] *Aleth/Stelmaszczyk/Roderburg*, in: Eilers/Rödding/Schmalenbach (Hrsg.), Unternehmensfinanzierung, 2. Aufl. 2014, B Rn. 1; *Beuchert/Redeker*, in: Schön (Hrsg.), Eigenkapital und Fremdkapital, 2013, S. 289, 291; *Hirte*, Kapitalgesellschaftsrecht, 8. Aufl. 2016, S. 333 f.; *Schürnbrand*, in: Goette/Habersack/Kalss (Hrsg.), Münchener Kommentar zum Aktiengesetz, 4. Aufl. 2016, Vorbm. §§ 182–191 Rn. 31; ebenso andere Kriterien neben der rein formalen Abgrenzung heranziehend *Perridon/Rathgeber/Steiner*, Finanzwirtschaft der Unternehmung, 17. Aufl. 2017, 420 f.; zu möglichen Ansätzen zur Unterscheidung von Eigen- und Fremdkapital vgl. *Schipporeit*, in: Breuer (Hrsg.), Handbuch Finanzierung, 3. Aufl. 2001, S. 437, 439 f.

Zwar legen die unterschiedlichen Rechtsgebiete damit jeweils voneinander in gewissen Punkten abweichende Begriffsbestimmungen von Eigen- und Fremdkapital zugrunde[5], in der Folgenden Untersuchung soll sich allerdings zur Vereinfachung und aus Gründen der Übersichtlichkeit auf die gesellschaftsrechtliche Betrachtung konzentriert werden.

2.1.2 Unterschiede von Eigen- und Fremdkapital

Auch im Gesellschaftsrecht fehlt es an einer einheitlichen Definition der Begrifflichkeiten.

Nachdem im Laufe der Zeit vielfach der Versuch unternommen wurde, strukturelle Begriffsmerkmale zur Abgrenzung beider Kapitalformen zu entwickeln, sollen nachstehend einige dieser Merkmale zur Unterscheidung genutzt werden, ohne Anspruch auf „die einzig wahre Lösung“ zu erheben. Obwohl die Stellung des Eigenkapitalgebers je nach Gesellschaftsform divergiert, lassen sich gesellschaftsformübergreifend gemeinsame Eigenschaften herausarbeiten, die der Abgrenzung von Eigen- und Fremdkapital dienen können.[6]

Dem Eigenkapital werden neben einer Reihe von Strukturmerkmalen auch verschiedene Funktionen zugesprochen, die eine noch genauere Einordnung der

---

[5] Zum zivilrechtlich verfolgten Zweck, eine Finanzverfassung für die Gesellschaft aufzustellen vgl. *Fleischer*, in: Michalski/Heidinger/Leible u. a. (Hrsg.), Kommentar zum Gesetz betreffend die Gesellschaften mit beschränkter Haftung, Bd. 1, 3. Aufl. 2017, Syst. Darst. 5 Rn. 2 m.w.N.;, Gesellschaftsrecht, 4. Aufl. 2002, S. 514 f.; zu den Zwecken im Handels- und Steuerrecht vgl. *Beuchert/Redeker*, in: Schön (Hrsg.), Eigenkapital und Fremdkapital, 2013, S. 289, 291; *Breuninger/Prinz*, DStR 2006, 1345, 1346 f.; *Pöschke*, CFL 2011, 195, 197; hingegen beschäftigt sich die Betriebswirtschaft mit der Frage nach der bestmöglichen Kapitalausstattung des vermögenden Verbandes in qualitativer und quantitativer Hinsicht, dazu *Schürnbrand/Verse*, in: Goette/Habersack/Kalss (Hrsg.), Münchener Kommentar zum Aktiengesetz, Bd. 4, 5. Aufl. 2021 Vorbm. §§ 182–191 Rn. 17; vgl. *Thommen*, Unternehmensfinanzierung, 4. Aufl. 2020, S. 18 ff., 89 ff.; *Vormbaum*, Finanzierung der Betriebe, 9. Aufl. 1996, S. 40; *Wöhe/Bilstein/Ernst/Häcker*, Grundzüge der Unternehmensfinanzierung, 11. Aufl. 2013, S. 39 f.; darüber hinaus zur Berechnung des Kapitalbedarfs *Büschgen*, in: Breuer (Hrsg.), Handbuch Finanzierung, 3. Aufl. 2001, S. 123, 124; *Perridon/Rathgeber/Steiner*, Finanzwirtschaft der Unternehmung, 17. Aufl. 2017, S. 9 ff., 422, 727; *Zantow/Dinauer/Schäffler*, Finanzwirtschaft des Unternehmens, 4. Aufl. 2016, Rn. 1.1.3; zu den gesetzlich verwendeten Eigenkapitalbegriffen ausführlich *Heeren*, Kapitalgeberschutz und hybride Finanzierungsinstrumente, 2008, S. 38 ff.

[6] Eine tabellarische Übersicht über strukturelle Unterschiede von Eigen- und Fremdkapital gebend *Drukarczyk/Lobe*, Finanzierung, 11. Aufl. 2015, S. 30 f.; *Steiner/Schiffel*, in: Bösl/Sommer (Hrsg.), Mezzanine Finanzierung, 2006, S. 1, 5.

Stellung eines Eigenkapitalgebers ermöglichen. Verallgemeinernd werden sie in vier Gruppen eingeteilt: die Einsatz- und Arbeitsfunktion; die Haftungs- und Garantiefunktion; die Herrschafts- und Geschäftsführungsfunktion und die Ausschüttungsbemessungsfunktion.[7]

Teilweise korrespondieren diese Funktionen mit den strukturellen Merkmalen des Eigenkapitals, welche im Folgenden, wenn möglich, verknüpft dargestellt werden. Zudem sind sie zur klassischen Abgrenzung des Fremdkapitals als Gegenstück zum Eigenkapital heranzuziehen.[8]

2.1.2.1 Merkmal der geschützten Rechtsposition und der vertraglichen Grundlage

Unter dem Begriff des Eigenkapitals wird verallgemeinernd das durch den Gesellschafter aufgrund des Gesellschaftsverhältnisses zur Verfügung gestellte Kapital verstanden.[9] Der Gesellschafter erhält im Gegenzug für das bereitgestellte Kapital Gesellschaftsanteile: im Fall der (Außen-)Personengesellschaft einen Anteil am Gesamthandsvermögen und im Fall einer Kapitalgesellschaft die Mitgliedschaft. Beide Rechtspositionen sind absolut geschützt.[10]

Vertragliche Grundlage für das zur Verfügung gestellte Eigenkapital und den im Gegenzug gewährten Gesellschaftsanteil ist der Gesellschaftsvertrag, der die Gesellschafter zu einem gemeinsamen Zweck verbindet.[11] Während bei Personengesellschaften das zwingende Erfordernis einer Gesellschaftsgründung durch mindestens zwei Personen besteht (vgl. § 705 BGB)[12], können Kapitalgesellschaften gem. § 2 AktG und § 1 GmbHG allerdings auch in Form einer Ein-Mann-Gesellschaft gegründet werden.

---

[7] *Fleischer*, in: Michalski/Heidinger/Leible u. a. (Hrsg.), Kommentar zum Gesetz betreffend die Gesellschaften mit beschränkter Haftung, Bd. 1, 3. Aufl. 2017, Syst. Darst. 5 Rn. 93; *Schürnbrand/Verse*, in: Goette/Habersack/Kalss (Hrsg.), Münchener Kommentar zum Aktiengesetz, Bd. 4, 5. Aufl. 2021, Vorbm. §§ 182–191 Rn. 24 ff.

[8] So auch bereits als „Umkehrschluss" bezeichnend *Schürnbrand/Verse*, in: Goette/Habersack/Kalss (Hrsg.), Münchener Kommentar zum Aktiengesetz, Bd. 4, 5. Aufl. 2021, Vorbm. §§ 182–191 Rn. 21.

[9] *Eilers*, in: ders./Rödding/Schmalenbach (Hrsg.), Unternehmensfinanzierung, 2. Aufl. 2014, A Rn. 2; *Beuchert/Redeker*, in: Schön (Hrsg.), Eigenkapital und Fremdkapital, 2013, S. 289, 292.

[10] *Beuchert/Redeker*, in: Schön (Hrsg.), Eigenkapital und Fremdkapital, 2013, S. 289, 292.

[11] Dazu nur *Schmidt*, Gesellschaftsrecht, 4. Aufl. 2002, S. 59, 75.

[12] *Schäfer*, in: Säcker/Rixecker/Oetker u. a. (Hrsg.), Münchener Kommentar zum Bürgerlichen Gesetzbuch, Bd. 7, 8. Aufl. 2020, § 705 Rn. 60.

Unter dem Begriff Fremdkapital wird grundsätzlich das durch Dritte[13] für das Unternehmen bereitgestellte Kapital verstanden.[14] Darin zeigt sich der wesentliche Unterschied vom Eigen- zum Fremdkapital. Während das Eigenkapital eine absolute Position vermittelt, verschafft das Fremdkapital nur schuldrechtliche Ansprüche gegen die Gesellschaft.[15] Klassische Mittel der Fremdfinanzierung sind daher Kredite, z. B. in Form von Bank- oder Lieferantenkrediten[16] oder Standard-Anleihen[17]. Beide Parteien verfolgen dabei – anders als beim Gesellschaftsvertrag – gegenläufige Interessen. Während der Fremdkapitalgeber ein Interesse an der Zinszahlung hat, wird sie das Unternehmen regelmäßig als finanzielle Belastung empfinden. Es besteht mithin kein gemeinsam verfolgter Zweck, welcher für die Gründung einer Gesellschaft indes erforderlich wäre.[18]

2.1.2.2 Merkmal der Haftung

Das Eigenkapital stellt zudem haftendes Kapital dar. Das bedeutet, dass Verluste zunächst durch das Eigenkapital aufgefangen werden. Erst wenn das Eigenkapital vollständig aufgebraucht ist, wird das Fremdkapital berührt, da die bestehenden Verpflichtungen dann nicht mehr vollständig bedient werden können.[19]

Im Insolvenzverfahren ist das Eigenkapital verloren, Fremdkapital dagegen ganz oder teilweise „entwertet".[20] Konkret bedeutet das für die Eigenkapitalgeber,

---

[13] „Dritte" meint in diesem Zusammenhang nicht nur Gesellschaftsexterne sondern auch Gesellschafter, die der Gesellschaft nicht in ihrer Funktion als Gesellschafter Geld überlassen.

[14] *Eilers*, in: Eilers/Rödding/Schmalenbach (Hrsg.), Unternehmensfinanzierung, 2. Aufl. 2014, A Rn. 3; *Beuchert/Redeker*, in: Schön (Hrsg.), Eigenkapital und Fremdkapital, 2013, S. 289, 293.

[15] *Beuchert/Redeker*, in: Schön (Hrsg.), Eigenkapital und Fremdkapital, 2013, S. 289, 293.

[16] *Fleischer*, in: Michalski/Heidinger/Leible u. a. (Hrsg.), Kommentar zum Gesetz betreffend die Gesellschaften mit beschränkter Haftung, Bd. 1, 3. Aufl. 2017, Syst. Darst. 5 Rn. 96; *Zantow/Dinauer/Schäffler*, Finanzwirtschaft des Unternehmens, 4. Aufl. 2016, Rn. 3, 3.1, 3.2.1, 3.2.6; zur lang- und kurzfristigen Fremdfinanzierung durch Kreditinstitute statt vieler *Mang*, in: Breuer (Hrsg.), Handbuch Finanzierung, 3. Aufl. 2001, S. 181 ff.; *Tippelskirch*, in: Breuer (Hrsg.), Handbuch Finanzierung, 3. Aufl. 2001, S. 227 ff.

[17] *Baums*, Recht der Unternehmensfinanzierung, 2017, § 28 Rn. 6 f.

[18] *Beuchert/Redeker*, in: Schön (Hrsg.), Eigenkapital und Fremdkapital, 2013, S. 289, 293.

[19] *Fleischer*, in: Michalski/Heidinger/Leible u. a. (Hrsg.), Kommentar zum Gesetz betreffend die Gesellschaften mit beschränkter Haftung, Bd. 1, 3. Aufl. 2017, Syst. Darst. 5 Rn. 91; mit Verweis auf die tabellarische Darstellung in *Drukarczyk/Lobe,* Finanzierung, 11. Aufl. 2015, S. 30 f.

[20] *Aleth/Stelmaszczyk/Roderburg*, in: Eilers/Rödding/Schmalenbach (Hrsg.), Unternehmensfinanzierung, 2. Aufl. 2014, B Rn. 1.

dass die Gesellschaft zunächst noch ausstehende Leistungen auf die Gesellschaftsanteile verlangen muss (§ 19 Abs. 6 S. 2 GmbHG; § 36a Abs. 2 S. 1 AktG). Sollte nach Befriedigung aller Forderungen der Insolvenzgläubiger noch ein Überschuss bestehen, so ist – für diesen eher unwahrscheinlichen Fall – eine Auskehrung an die Gesellschafter vorzunehmen (vgl. § 199 S. 1 und 2 InsO).

Mit diesem Strukturmerkmal konvergiert die Haftungs- und Garantiefunktion. Das Eigenkapital dient dem Gläubigerschutz und garantiert dem Nichtgesellschafter eine Haftungsmasse, die vorrangig mit Verlusten belastet wird. Erst im Fall der Überschuldung verliert das Fremdkapital seinen Wert.[21]

2.1.2.3 Merkmal der Bindung des Kapitals

Eigenkapital ist gebundenes Kapital und damit nicht frei kündbar. Es wird dauerhaft zur Verfügung gestellt.[22]

Der Gesellschafter selbst hat keinen Rückzahlungsanspruch. Für die AG ergibt sich dies aus § 57 Abs. 1 S. 1 AktG, für die GmbH aus § 30 Abs. 1 S. 1 GmbHG, der ebenso die Kapitalerhaltung mind. in Höhe des Stammkapitals normiert. Für Personenhandelsgesellschaften regelt dies § 719 Abs. 1 BGB i.V.m. § 105 Abs. 3, 161 Abs. 2 HGB.

---

[21] *Schipporeit*, in: Breuer (Hrsg.), Handbuch Finanzierung, 3. Aufl. 2001, S. 437, 441; *Vormbaum*, Finanzierung der Betriebe, 9. Aufl. 1996, S. 36.

[22] Die Begriffe „vom Gesellschafter geleistet", „haftend" und „gebunden" arbeitet *Schmidt* als Begriffsmerkmale für das Eigenkapital heraus, *Schmidt*, Gesellschaftsrecht, 4. Aufl. 2002, S. 514; anders sieht dies z. B. *Hirte*, der die dauerhafte Vermögensüberlassung und die vom Gewinn abhängige Vergütung als Wesensmerkmale ansieht, hierzu *Hirte*, Kapitalgesellschaftsrecht, 8. Aufl. 2016, S. 334; wiederum anders *Fleischer*, der auf eine Kombination beider Ansätze abstellt *Fleischer*, in: Michalski/Heidinger/Leible u. a. (Hrsg.), Kommentar zum Gesetz betreffend die Gesellschaften mit beschränkter Haftung, Bd. 1, 3. Aufl. 2017, Syst. Darst. 5 Rn. 92, 95; einen Überblick über weitere Definitionen gebend *Swoboda*, Betriebliche Finanzierung, 3. Aufl. 1994, S. 10 f.

2.1.2.4 Merkmal der Ergebnisabhängigkeit

Manche Autoren ziehen darüber hinaus das Merkmal der Ergebnisabhängigkeit zur Abgrenzung heran.[23] Darunter wird verstanden, dass die Auszahlungsmodalitäten an den Eigenkapitalgeber keinem festen Prozentsatz folgen, sondern vom Gewinn der Gesellschaft abhängig sind.[24]

In der OHG wird der auf den entsprechenden Gesellschafter entfallende Gewinn am Ende eines Geschäftsjahres berechnet und grundsätzlich gem. § 120 Abs. 2 HGB seinem Kapitalkonto gutgeschrieben. Dies gilt gem. § 167 Abs. 1 HGB ebenso für den Kommanditisten.

Bei Kapitalgesellschaften besteht, sofern kein Gewinnverwendungsbeschluss gefasst wird (vgl. § 29 Abs. 1 GmbHG, §§ 174 Abs. 2 Nr. 1, 58 Abs. 4 AktG), mit dem die Auszahlung zu einem bestimmten Zeitpunkt beschlossen wird, dieser Auszahlungsanspruch grundsätzlich erst bei Auflösung der Gesellschaft.[25] Der Eigenkapitalgeber ist aber nicht nur an den Verlusten beteiligt, sondern auch am Gewinn, den stillen Reserven und stillen Lasten, also am Gesamtunternehmenswert, der sich nicht allein als der bilanziellen Vermögensübersicht ergibt.[26]

Mit dem Merkmal der Ergebnisabhängigkeit geht die nachrangige Befriedigung der Gesellschafter nach den übrigen Gläubigern einher. Das bedeutet, dass Ansprüche der Eigenkapitalgeber erst bedient werden, nachdem ausstehende Zinsverbindlichkeiten und im Fall der Liquidation auch alle anderen Verbindlichkeiten beglichen worden sind; wobei sich je nach Gesellschaftsform

---

[23] *Drukarczyk/Lobe*, Finanzierung, 11. Aufl. 2015, S. 299 f.; *Fleischer*, in: Michalski/Heidinger/Leible u. a. (Hrsg.), Kommentar zum Gesetz betreffend die Gesellschaften mit beschränkter Haftung, Bd. 1, 3. Aufl. 2017, Syst. Darst. 5 Rn. 92; *Hirte*, Kapitalgesellschaftsrecht, 8. Aufl. 2016, S. 334; *Schürnbrand/Verse*, in: Goette/Habersack/Kalss (Hrsg.), Münchener Kommentar zum Aktiengesetz, Bd. 4, 5. Aufl. 2021, Vorbm. §§ 182–191 Rn. 19.

[24] *Hirte*, Kapitalgesellschaftsrecht, 8. Aufl. 2016, S. 334.

[25] *Baums*, Recht der Unternehmensfinanzierung, 2017, § 23 Rn. 4 f.; *Gleske/Laudenklos*, in: Eilers/Rödding/Schmalenbach (Hrsg.), Unternehmensfinanzierung, 2. Aufl. 2014, D Rn. 33.

[26] *Baums*, Recht der Unternehmensfinanzierung, 2017, § 12 Rn. 26, Fn. 29; genauer zur Unternehmensbewertung und dem Ertragswertverfahren *Betsch/Groh/Lohmann*, Corporate Finance, 2. Aufl. 2000, S. 196 ff.; *Vormbaum*, Finanzierung der Betriebe, 9. Aufl. 1996, 583 ff.; *Wiedmann/Aders/Wagner*, in: Breuer (Hrsg.), Handbuch Finanzierung, 3. Aufl. 2001, S. 707 ff.

unterschiedlich strikte Anforderungen ergeben (vgl. zum Aktienrecht beispielhaft §§ 57 ff. AktG).[27] Das Eigenkapital ist somit klassisches Risikokapital.[28]

Verbunden mit diesem Strukturmerkmal ist die Ausschüttungsbemessungsfunktion, worunter ebendiese Nachrangigkeit sowohl im Verlust- und Insolvenzfall als auch in Bezug auf die Gewinn- und Liquidationserlösverteilung verstanden wird.[29]

Der Fremdkapitalgeber hingegen hat einen Rückzahlungsanspruch zum Nennbetrag und eine in der Regel als Gegenleistung dienende feste Verzinsung, die beide unabhängig von dem durch das Unternehmen erzielten Gewinn oder Verlust gewährt werden. In Konsequenz ist er daher weder an den Chancen, die in steigendem erwirtschaftetem Gewinn oder den stillen Reserven bestehen können, noch am Risiko des Unternehmens beteiligt.[30]

2.1.2.5 Merkmal der Verwaltungsrechte

Allgemein wird die Leitung der Gesellschaft durch die hierfür zuständigen Organe übernommen. Das sind im Einzelnen regelmäßig die Geschäftsführung oder der Vorstand, deren Besetzung zumindest mittelbar auf die Verfassungsorgane der Eigenkapitalgeber zurückzuführen ist.[31] Welchen Einfluss die Eigenkapitalgeber auf die Verwaltung der Gesellschaft haben, hängt hingegen stark von der Gesellschaftsform ab.[32]

Gesellschafter in Kapitalgesellschaften haben nur mittelbare, bei der AG zumeist sogar nur eingeschränkte Einflussmöglichkeiten. Das ergibt sich zum

---

[27] *Drukarczyk/Lobe*, Finanzierung, 11. Aufl. 2015, S. 298 ff.; *Schürnbrand/Verse*, in: Goette/Habersack/Kalss (Hrsg.), Münchener Kommentar zum Aktiengesetz, Bd. 4, 5. Aufl. 2021, Vorbm. §§ 182–191 Rn. 28; *Fleischer*, in: Michalski/Heidinger/Leible u. a. (Hrsg.), Kommentar zum Gesetz betreffend die Gesellschaften mit beschränkter Haftung, Bd. 1, 3. Aufl. 2017, Syst. Darst. 5 Rn. 94.

[28] *Schürnbrand/Verse*, in: Goette/Habersack/Kalss (Hrsg.), Münchener Kommentar zum Aktiengesetz, Bd. 4, 5. Aufl. 2021, Vorbm. §§ 182–191 Rn. 28.

[29] Ebd.

[30] *Beuchert/Redeker*, in: Schön (Hrsg.), Eigenkapital und Fremdkapital, 2013, S. 289, 293; *Eilers*, in: ders./Rödding/Schmalenbach (Hrsg.), Unternehmensfinanzierung, 2. Aufl. 2014, A Rn. 3; *Fleischer*, in: Michalski/Heidinger/Leible u. a. (Hrsg.), Kommentar zum Gesetz betreffend die Gesellschaften mit beschränkter Haftung, Bd. 1, 3. Aufl. 2017, Syst. Darst. 5 Rn. 95; zu den Begriffen von „Chancen" und „Risiken" eine wirtschaftliche Einordnung gebend *Drukarczyk/Lobe*, Finanzierung, 112.015, 157 ff.

[31] Vgl. *Wöhe/Bilstein/Ernst/Häcker*, Grundzüge der Unternehmensfinanzierung, 11. Aufl. 2013, S. 80 f.

[32] Eine kurze Übersicht gibt *Beuchert/Redeker*, in: Schön (Hrsg.), Eigenkapital und Fremdkapital, 2013, S. 289, 292 f.

einen aus der Zulässigkeit der Fremdorganschaft bei Kapitalgesellschaften[33] und zum anderen aus den umfangreichen Kompetenzen des Vorstandes der AG. Das zeigt sich bereits daran, dass die Hauptversammlung nur in den in § 119 Abs. 1 AktG bestimmten oder in der Satzung vorgesehenen Fällen entscheidet und dass sie gem. § 119 Abs. 2 AktG über Geschäftsführungsaufgaben nur auf Wunsch des Vorstandes beschließt. Bei der GmbH ist die Fremdorganschaft auch zulässig, sie überträgt den Gesellschaftern aber bereits stärker als die AG Verwaltungsrechte. Allein der Umstand, dass die Geschäftsführung gem. § 37 Abs. 1 GmbHG immer an Weisungen der Gesellschafterversammlung gebunden ist, veranschaulicht beispielhaft die Einbindung der Gesellschafter. Im Personengesellschaftsrecht hingegen sind die Gesellschafter weit stärker eingebunden. Es gilt der Grundsatz der Selbstorganschaft, der besagt, dass die Gesellschafter vom Recht zur Geschäftsführung nicht ausgeschlossen werden dürfen (vgl. §§ 114, 161 Abs. 2 HGB und zum Ausschluss der Kommanditisten der KG § 164 S. 1 HGB).[34] Was hingegen allen Gesellschaftsformen gemein ist, ist der Umstand, dass sich die Geschäftsleitung zumindest mittelbar stets auf die Gesellschafter zurückführen lässt.[35]

Nicht zuletzt stehen Eigenkapitalgebern in der Regel Stimmrechte in der Gesellschafterversammlung zu.[36] Als Gesellschafter haben sie ebenfalls ein Anfechtungsrecht in Bezug auf Gesellschafterbeschlüsse, auch wenn die Voraussetzungen hierfür je nach Gesellschaftsform divergieren.[37] Im Personengesellschaftsrecht besteht ein solches Anfechtungsrecht de lege lata noch nicht,

[33] Die Zulässigkeit der Fremdorganschaft ergibt sich e contrario aus § 76 Abs. 3 S. 1 AktG für die AG und ausdrücklich in § 6 Abs. 3 S. 1 GmbHG für die GmbH; statt vieler *Kleindiek*, in: Lutter/Hommelhoff (Hrsg.), GmbH-Gesetz, 20. Aufl. 2020, § 6 Rn. 11; *Koch*, in: Hüffer/Koch (Hrsg.), Aktiengesetz, 15. Aufl. 2021, § 76 Rn. 59; einen kurzen Überblick über Fremd- und Selbstorganschaft gebend *Müller*, in: Drinhausen/Eckstein (Hrsg.), Beck'sches Handbuch der AG, 3. Aufl. 2018, § 1 Rn. 88 f.

[34] Vgl. dazu im Einzelnen statt vieler *Rawert*, in: Schmidt/Ebke (Hrsg.), Münchener Kommentar zum Handelsgesetzbuch, Bd. 2, 4. Aufl. 2016, § 114 Rn. 23 ff.; *Drescher*, in: Ebenroth/Boujong/Joost u. a. (Hrsg.), Handelsgesetzbuch, Bd. 1, 4. Aufl. 2020, § 114 Rn. 15 ff.

[35] *Beuchert/Redeker*, in: Schön (Hrsg.), Eigenkapital und Fremdkapital, 2013, S. 289, 293.

[36] Stimmrecht in der GmbH: § 47 Abs. 1 GmbHG, in der AG: § 12 Abs. 1 AktG; in Personenhandelsgesellschaften §§ 119 Abs. 1, 161 Abs. 2 HGB.

[37] Zum Anfechtungsrecht in der AG §§ 243 ff. AktG; zur analogen Anwendung des aktienrechtlichen Anfechtungsrechts in der GmbH zuerst RG, Urt. v. 9. Oktober 1914 – II 223/14, RGZ 311, 313; neuer BGH, Urt. v. 11. Februar 2008 – II ZR 187/06, NZG 2008, 317, 318; BGH, Beschl. v. 24. März 2016 – IX ZB 32/15, GmbHR 2016, 587, 588; *Bayer*, in: Lutter/Hommelhoff (Hrsg.), GmbH-Gesetz Kommentar, 20. Aufl. 2020, Anh. § 47 Rn. 1 m.w.N.

allerdings sieht das kürzlich verabschiedete Personengesellschaftsrechtsmodernisierungsgesetz ein solches für §§ 110 ff. HGB vor.[38]

Mit diesem Strukturmerkmal korrespondiert die Herrschafts- und Geschäftsführungsfunktion. Grundsätzlich stehen nur den Eigenkapitalgebern die Gesellschafterrechte der Mitsprache- und Kontrollrechte zu, welche je nach Gesellschaftsform unterschiedlich ausgestaltet und z. T. auch dispositiv sind.[39]

An der Verwaltung und Leitung des Unternehmens sind die Fremdkapitalgeber grundsätzlich nicht beteiligt[40], es sei denn Nichtgesellschafter werden Mitglied eines Verwaltungsorgans mit entsprechenden Entscheidungsbefugnissen, wie es die Fremdorganschaft bei Kapitalgesellschaften erlaubt. Mitspracherechte können überdies allenfalls über sog. Covenants gewährt werden.[41]

2.1.2.6 Wirtschaftliche Funktion von Eigenkapital

Zuletzt bleibt die nicht mit einem Strukturmerkmal verbundene Einsatz- und Arbeitsfunktion. Das Eigenkapital verschafft dem Unternehmen die notwendige Liquidität, um die Arbeit im Unternehmen aufzunehmen und einen Betrieb aufzubauen und zu erhalten.[42] Außerdem beeinflusst das Eigenkapital nicht selten die Entscheidung künftiger Investoren, da eine ausreichende Eigenkapitalausstattung das Risiko künftiger Rückzahlungsausfälle aufgrund der vorrangigen Haftung der Eigenkapitalgeber vermindert.[43]

---

[38] Das Gesetz zur Modernisierung des Personengesellschaftsrechts wurde am 24. Juni 2021 vom Bundestag verabschiedet und am 25. Juni 2021 vom Bundesrat gebilligt (Personengesellschaftsrechtsmodernisierungsgesetz – MoPeG), abrufbar unter: https://www.bundesrat.de/SharedDocs/beratungsvorgaenge/2021/0501-0600/0567-21.html (zuletzt abgerufen am: 19. August 2021).

[39] *Fleischer*, in: Michalski/Heidinger/Leible u. a. (Hrsg.), Kommentar zum Gesetz betreffend die Gesellschaften mit beschränkter Haftung, Bd. 1, 3. Aufl. 2017, Syst. Darst. 5 Rn. 93; *Schürnbrand/Verse*, in: Goette/Habersack/Kalss (Hrsg.), Münchener Kommentar zum Aktiengesetz, Bd. 4, 5. Aufl. 2021, Vorbm. §§ 182–191 Rn. 25.

[40] *Vormbaum*, Finanzierung der Betriebe, 9. Aufl. 1996, S. 38; vgl. *Baums*, Recht der Unternehmensfinanzierung, 2017, § 28 Rn. 9.

[41] *Schürnbrand/Verse*, in: Goette/Habersack/Kalss (Hrsg.), Münchener Kommentar zum Aktiengesetz, Bd. 4, 5. Aufl. 2021, Vorbm. §§ 182–191 Rn. 21; einen Überblick über verbreitete Covenants gebend *Drukarczyk/Lobe*, Finanzierung, 11. Aufl. 2015, S. 239 f.; vgl. dazu vertiefend *Servatius*, Gläubigereinfluss durch Covenants, 2012; *Fettes*, Zur Verwendung von Covenants gegenüber Kapitalgesellschaften, 2014; vgl. dazu unter Teil 4.3.

[42] *Schürnbrand/Verse*, in: Goette/Habersack/Kalss (Hrsg.), Münchener Kommentar zum Aktiengesetz, Bd. 4, 5. Aufl. 2021, Vorbm. §§ 182–191 Rn. 26; *Vormbaum*, Finanzierung der Betriebe, 9. Aufl. 1996, S. 35.

[43] *Schürnbrand/Verse*, in: Goette/Habersack/Kalss (Hrsg.), Münchener Kommentar zum Aktiengesetz, Bd. 4, 5. Aufl. 2021, Vorbm. §§ 182–191 Rn. 26.

Im Gegensatz dazu bietet Fremdkapital dem Unternehmen eine in der Regel kurzfristigere Kapitalausstattung, die dem Unternehmen gleichermaßen arbeitend zur Verfügung steht, aber nach Ablauf der Finanzierungsdauer zurückgezahlt werden muss, d. h. nicht dauerhaft im Unternehmen eingesetzt wird.[44]

2.1.3 Zwischenergebnis

Die Unterschiede zwischen Eigen- und Fremdkapital lassen sich demnach anhand der oben dargestellten Merkmale wie folgt aufzeigen:

- Während die Rechtsposition beim Eigenkapital absolut geschützt ist, besteht beim Fremdkapital eine rein schuldrechtliche Verbindung und damit nur eine relativ geschützte Rechtsposition. Vertragliche Grundlage für das Eigenkapital ist der Gesellschaftsvertrag, wohingegen das Fremdkapital auf einem schuldrechtlichen Austauschvertrag beruht.
- Haftungsrechtlich steht das Eigenkapital als Risiko- und Garantiekapital der Gesellschaft zur Verfügung. Verluste werden vorrangig mit dem Eigenkapital als wirtschaftliches Haftkapital verrechnet.
- Die Vermögensrechte sind ebenso verschieden. Während der Eigenkapitalgeber am Ergebnis der Gesellschaft teilnimmt, sein Kapital dauerhaft bindet und keinen Rückzahlungsanspruch hat, erhält der Fremdkapitalgeber sein hingegebenes Kapital zurück und zusätzlich eine meist festverzinsliche Vergütung.
- Die Eigenkapitalgeber haben zumindest mittelbar (je nach Rechtsform) die Leitung und Verwaltung in der Gesellschaft inne, während Fremdkapitalgeber originär keinen Einfluss auf die Entscheidung in der Gesellschaft haben.[45]
- Wirtschaftlich besteht der Hauptunterschied zwischen Eigen- und Fremdkapital in der Dauer der Kapitalhingabe. Während mit Fremdkapital nur zeitlich limitiert in der Gesellschaft gearbeitet werden kann, steht Eigenkapital dauerhaft zur Verfügung.

---

[44] Vgl. ebd.

[45] *Beuchert/Redeker*, in: Schön (Hrsg.), Eigenkapital und Fremdkapital, 2013, S. 289, 293; *Kesten*, Grundlagen der Unternehmensfinanzierung, 2. Aufl. 2012, S. 56, 87 f.

2.2 Bedarf und Gruppierung von Formen zwischen klassischem Eigen- und Fremdkapital

Es bleibt jedoch nicht bei den bereits dargestellten Formen der Finanzierung, die klar entweder dem Eigen- oder dem Fremdkapital zugeordnet werden können. Diese klassischen Formen können vielmehr – bildlich gesprochen – als zwei äußere Extreme gesehen werden, zwischen denen sich viele Mischformen entwickelt haben.

2.2.1 Unternehmerische Bedürfnisse zur Entscheidung für hybride Kapitalformen und historischer Zusammenhang

Der unternehmerischen Entscheidung für Rechtsbeziehungen zwischen klassischem Eigen- und Fremdkapital können verschiedene Ursachen zugrunde liegen.

Die Einführung von Basel II Ende Juni 2004 hat mit dazu beigetragen, das Bedürfnis zur Schaffung dieser Mischformen zu steigern. Vor den 1980er Jahren war das Rating den deutschen Banken weitestgehend unbekannt, rückte aber durch Basel II und den von der BaFin Ende 2002 aufgestellten Mindestanforderungen an das Kreditgeschäft der Kreditinstitute (MaK)[46] zunehmend in den Blickpunkt der Banken.[47] Basel II sah eine individuelle Einschätzung der Unternehmen durch die Banken bei der Kreditvergabe vor, sodass die Anforderungen an die Eigenkapitalstärke der Unternehmen wuchsen. Eine niedrige Eigenkapitalquote hatte zur Folge, dass das Unternehmen im Rating sinkt und wegen der damit einhergehenden schlechten Bonitätseinschätzung nur erschwert Kredite erhalten konnte.[48] Basel II hat daher zur Konsequenz, dass die Banken bei der Kreditvergabe an Unternehmen mit niedriger Bonität gezwungen sind, selbst mehr Eigenkapital zum Risikoausgleich vorzuhalten, was die Entscheidung der Banken bei einer Kreditgewährung erheblich beeinflusst.[49] Diese Entwicklung

---

[46] https://www.bafin.de/SharedDocs/Veroeffentlichungen/DE/Rundschreiben/2017/rs_1709_marisk_ba.html?nn=7847010 [zuletzt abgerufen am 20. Oktober 2020].

[47] *Everling/Trieu*, in: Bösl/Sommer (Hrsg.), Mezzanine Finanzierung, 2006, S. 87, 88.

[48] *Brezski*, in: Bösl/Sommer (Hrsg.), Mezzanine Finanzierung, 2006, S. 13, 15; *Steiner/Schiffel*, in: Bösl/Sommer (Hrsg.), Mezzanine Finanzierung, 2006, S. 1, 3; allgemein zu Basel II und möglichen Folgen *Jungmichel*, WM 2003, 1201 ff.

[49] *Ders.*, WM 2003, 1201, 1202; *Steiner/Schiffel*, in: Bösl/Sommer (Hrsg.), Mezzanine Finanzierung, 2006, S. 1, 3; *Zantow/Dinauer/Schäffler*, Finanzwirtschaft des Unternehmens, 4. Aufl. 2016, Rn. 3.1.2.

wurde durch die Veränderungen im Rahmen von Basel III aus dem Jahr 2010, welche im Zuge der Finanzkrise noch höhere Anforderungen an das Kernkapital der Banken stellte, noch verstärkt.[50] In den darauffolgenden Jahren wurden diese zunehmend verschärft, finalisiert und werden aufgrund ihrer Reichweite vielfach als Basel IV bezeichnet.[51]

So stieg das unternehmerische Interesse an Finanzierungsformen, die als Eigenkapital dienen, stetig. Hinzu traten Aspekte des Gläubigerschutzes, welcher gesteigert werden sollte. Mittels Financial Engineerings wurden daher gesellschaftsrechtlich, steuerrechtlich und betriebswirtschaftlich induziert neue Finanzierungsformen geschaffen, zum einen indem Fremdkapital in den Stand des Eigenkapitals erhoben wurde und zum anderen durch Schaffung neuer Finanzierungsformen mit den jeweils gewünschten Vorteilen von beidem, d. h. mit Eigen- wie Fremdkapitalkomponenten.[52]

Allerdings entwickelten sich nicht nur als Eigenkapital dienende Finanzierungsformen, sondern ebenso Mischformen, die für potentielle Investoren attraktive Anlageformen darstellten, die das Risiko durch eine höhere Gewinnchance aus Investorensicht ausglichen.

Durch die Mischformen ist auch ein Ausgleich zwischen dem Gesellschaftsinteresse an Gläubigersicherung für den Fall der Insolvenz und dem Interesse der Gesellschafter an Kapitalaufbringung, Gewinnausschüttung und der Vermeidung von Verwässerung eigener Anteile möglich.[53] Neben dem Verwässerungsrisiko birgt ein Börsengang als weiteres klassisches Mittel zur Eigenkapitalaufnahme

---

[50] Einen kurzen Überblick zu Basel III gebend https://www.bundesfinanzministerium.de/Content/DE/Standardartikel/Service/Einfach_erklaert/2010-09-20-basel-III-strengere-kapitalvorschriften-fuer-banken.html [zuletzt abgerufen am 23. März 2021].

[51] Beispiele dazu https://digital.pwc-tools.de/basel-iv/ [zuletzt abgerufen am 23. März 2021]; https://home.kpmg/de/de/home/themen/uebersicht/basel-iv.html [zuletzt abgerufen am 23. März 2021]; https://bankenverband.de/blog/auswirkungen-basel-iv-auf-unternehmensfinanzierung-deutschland/ [zuletzt abgerufen am 23. März 2021]; https://www.handelsblatt.com/finanzen/banken-versicherungen/eigenkapitalstandards-basel-iv-koennte-kreditvergabe-an-den-mittelstand-gefaehrden/25534178.html [zuletzt abgerufen am 23. März 2021].

[52] *Brezski*, in: Bösl/Sommer (Hrsg.), Mezzanine Finanzierung, 2006, S. 13 f.; *Fleischer*, in: Michalski/Heidinger/Leible u. a. (Hrsg.), Kommentar zum Gesetz betreffend die Gesellschaften mit beschränkter Haftung, Bd. 1, 3. Aufl. 2017, Syst. Darst. 5 Rn. 98; zur Flexibilität hybrider Strukturen und ihrer Anpassungsfähigkeit an „die individuellen Bedürfnisse der Kapitalsuchenden" vgl. *Wöhe/Bilstein/Ernst/Häcker*, Grundzüge der Unternehmensfinanzierung, 11. Aufl. 2013, 198 f.

[53] Vgl. zu den Interessen bei Unternehmensfinanzierung *Fleischer*, in: Michalski/Heidinger/Leible u. a. (Hrsg.), Kommentar zum Gesetz betreffend die Gesellschaften mit beschränkter Haftung, Bd. 1, 3. Aufl. 2017, Syst. Darst. 5 Rn. 5 ff.

hohe Kosten. Dagegen kann klassisches Fremdkapital z. B. in Form eines Kredits mit fester Verzinsung ein Unternehmen ebenso belasten und daher unter Umständen genauso wenig gewünscht sein.[54] Durch Schaffung der Mischformen kann mithin die Liquiditätsbelastung eine zeitlich günstige Steuerung erfahren und den oben dargestellten Ratingproblemen durch Verbesserung der Bilanzstruktur entgegenwirken.[55] Eine Kombination der jeweiligen Vorteile ist unter gewissen Umständen für Unternehmen sehr begrüßenswert.[56]

Auch die Motivation für Mitarbeiter und Management[57], künftig gute Arbeit zu leisten, loyal zum Unternehmen zu stehen und so ihre Fixvergütung um Tantiemen zu ergänzen, kann Anreiz für das Unternehmen sein, solche Verträge abzuschließen. Darüber hinaus kann eine solche Beteiligung die Arbeitgeberattraktivität sowie die Reputation am Markt verbessern und Mitarbeiter an das Unternehmen binden.[58]

2.2.2 Bisher bestehende Gruppierungen der Mischformen

Die Finanzierungsformen zwischen Eigen- und Fremdkapital werden in der Literatur für verschiedene Zwecke unterschiedlich gruppiert und zusammengefasst.

---

[54] *Natusch*, in: Häger/Elkemann-Reusch/Alvensleben (Hrsg.), Mezzanine Finanzierungsinstrumente, 2. Aufl. 2007, Rn. 1.

[55] *Baums*, Recht der Unternehmensfinanzierung, 2017, § 31 Rn. 5; zur Verbesserung der Bilanzstruktur vgl. auch *Föcking*, in: Breuer (Hrsg.), Handbuch Finanzierung, 3. Aufl. 2001, S. 23, 33 f.; *Gleske/Laudenklos*, in: Eilers/Rödding/Schmalenbach (Hrsg.), Unternehmensfinanzierung, 2. Aufl. 2014, D Rn. 9 ff.; zum Stellenwert des Mezzanine Kapitals beim Unternehmensrating insgesamt *Everling/Trieu*, in: Bösl/Sommer (Hrsg.), Mezzanine Finanzierung, 2006, S. 87, 88 f.

[56] Zu den Vor- sowie Nachteilen hybrider Finanzierung im Einzelnen *Natusch*, in: Häger/Elkemann-Reusch/Alvensleben (Hrsg.), Mezzanine Finanzierungsinstrumente, 2. Aufl. 2007, Rn. 75 f.; *Wöhe/Bilstein/Ernst/Häcker*, Grundzüge der Unternehmensfinanzierung, 11. Aufl. 2013, S. 213 ff.; zum Interesse der Investoren an einer Finanzierung des Unternehmens mittels Mezzaniner Kapitalinstrumente anstelle einer Eigenkapitalhingabe *Schrell/Kirchner*, BKR 2003, 13, 14; zu Vorteilen bei der Bilanzdarstellung, im Rahmen von Venture Capital und gegenüber dem Börsengang *Heeren*, Kapitalgeberschutz und hybride Finanzierungsinstrumente, 2008, S. 26 ff.

[57] Für das Management oder die Geschäftsführung besteht insoweit in der Regel kein Problem, da diese ja gerade die Leitung des Unternehmens beeinflussen. Solche Konstellationen sind in dieser Arbeit aber nicht in den Blick zu nehmen, vgl. diesbezüglich zum Konfliktpotential unter Abschnitt 2.3.3.

[58] *Bösl*, in: Bösl/Sommer (Hrsg.), Mezzanine Finanzierung, 2006, S. 47, 48 f.

Die wohl bekanntesten Gruppierungen sind die der Mezzaninen Finanzierungsinstrumente und die der mittelbaren Beteiligungen.

Während *Schmidt* den Begriff der „mittelbaren Beteiligungen" prägte[59] und hierunter im Gegensatz zu unmittelbaren Beteiligungen an der Gesellschaft nicht die dingliche, sondern die wirtschaftliche Beteiligung an der Unternehmensträgerin versteht[60], richtet sich der Begriff der Mezzaninen Finanzierungsformen an der klassischen Einteilung zwischen Eigen- und Fremdkapital aus.

Mezzanine ist bildlich gesprochen ein Zwischengeschoss in Gebäuden.[61] Eine Mezzanine- oder auch hybride Finanzierung[62] weist dem Begriff entsprechend sowohl Elemente von Eigen- als auch von Fremdkapital auf und bildet mithin eine Position dazwischen. Je nach konkreter Ausgestaltung kann es aber entweder der einen oder der anderen Finanzierungsart bilanziell oder gesellschaftsrechtlich zugeordnet werden.[63]

2.2.2.1 Mittelbare Beteiligungsformen

Der Begriff der „Mittelbaren Beteiligungen" bezeichnet solche Konstellationen, in denen „eine nur wirtschaftliche (Mit-)Berechtigung am Unternehmensvermögen"[64] vorliegt – „eine bloß schuldrechtliche Gewinnteilhabe wie beim partiarischen Darlehen"[65] genüge dagegen nicht.

---

[59] *Schmidt*, Gesellschaftsrecht, 4. Aufl. 2002, S. 1819 ff.; *ders.*, in: ders./Ebke (Hrsg.), Münchener Kommentar zum Handelsgesetzbuch, Bd. 3, 4. Aufl. 2019, vor § 230 Rn. 1 ff.; zu den einzelnen mittelbaren Beteiligungen neben *Schmidt* ebenso ausführlich *Singhof/Seiler/Schlitt*, Mittelbare Gesellschaftsbeteiligungen, 2004; ebenso zu mittelbaren Beteiligungen *Roth/Thöni*, in: Lutter (Hrsg.), Festschrift 100 Jahre GmbH-Gesetz, 1992, S. 245, 249 ff.

[60] *Schmidt*, in: ders./Ebke (Hrsg.), Münchener Kommentar zum Handelsgesetzbuch, Bd. 3, 4. Aufl. 2019, vor § 230 Rn. 1.

[61] Begriff stammt aus dem Französischen und Italienischen, vgl. https://www.duden.de/rechtschreibung/Mezzanin [zuletzt abgerufen am 23. März 2021].

[62] Die Begrifflichkeiten Mezzanine oder Hybride Finanzierungen sind keine feststehenden und definierten juristischen Begriffe, werden aber weitestgehend synonym verwendet, vgl. *Gleske/Laudenklos*, in: Eilers/Rödding/Schmalenbach (Hrsg.), Unternehmensfinanzierung, 2. Aufl. 2014, D Rn. 1. Zur Vereinfachung soll sich in dieser Arbeit nur mit dem Begriff der Hybriden Finanzierung beschäftigt werden.

[63] *Eilers*, in: ders./Rödding/Schmalenbach (Hrsg.), Unternehmensfinanzierung, 2. Aufl. 2014, A Rn. 4; zur wirtschaftlichen Darstellung Hybrider Finanzierung *Natusch*, in: Häger/Elkemann-Reusch/Alvensleben (Hrsg.), Mezzanine Finanzierungsinstrumente, 2. Aufl. 2007, Rn. 5; *Wöhe/Bilstein/Ernst/Häcker*, Grundzüge der Unternehmensfinanzierung, 11. Aufl. 2013, S. 197 f.

[64] *Schmidt*, in: ders./Ebke (Hrsg.), Münchener Kommentar zum Handelsgesetzbuch, Bd. 3, 4. Aufl. 2019, vor § 230 Rn. 1.

[65] Ebd.

Im Grunde ist die Beteiligung an einem Unternehmen generell auf zwei Arten möglich: entweder an der Außengesellschaft, sei es eine Personen- oder eine Kapitalgesellschaft, oder durch eine interne Beteiligung. Letztere unterfällt dem Begriff der mittelbaren Beteiligung,[66] wobei aufgrund der bestehenden Gestaltungsvielfalt im Einzelfall auch eine klassische mittelbare Beteiligung als unmittelbar ausgestaltet sein kann.[67]

Erfasst sind demnach als mittelbare Beteiligungsformen die folgenden Rechtsverhältnisse: der Nießbrauch (§§ 1030 ff. BGB), die Treuhand und in Form einer Innengesellschaft, die Unterbeteiligung und die stille Gesellschaft. Während der Nießbrauch die Fruchtziehung an der Mitgliedschaft gem. §§ 1030, 1068, 1085 BGB in Form einer dinglichen Belastung gewährt[68] und der Treuhänder für den Treugeber die Mitgliedschaft hält, dies aber begrenzt durch den Treuhandvertrag[69], beschreibt die Innengesellschaft eine Beteiligung eines Dritten entweder am Handelsgewerbe selbst oder an einem Anteil[70].

2.2.2.2 Hybride oder Mezzanine-Finanzierungsformen

Klassische Merkmale einer hybriden Finanzierung können – in unterschiedlicher Kombination – die Möglichkeit zur Abänderung des Kapitalgeberstatus, die Möglichkeit zur Einräumung von Mitspracherechten, die Fristigkeit der Kapitalhingabe, die Nachrangigkeit zu anderen Gläubigern aber Vorrangigkeit im Insolvenzfall, die erfolgsabhängige Vergütung, die Teilnahme an den laufenden Verlusten, die Besicherung und Aufrechnung oder die Verpflichtung zur Zuführung vergleichbaren Eigenkapitals bei Kündigung sein.[71]

---

[66] *Ders.*, Gesellschaftsrecht, 4. Aufl. 2002, S. 1819.

[67] *Ders.*, Gesellschaftsrecht, 4. Aufl. 2002, S. 1819 f.

[68] *Ders.*, in: ders./Ebke (Hrsg.), Münchener Kommentar zum Handelsgesetzbuch, Bd. 3, 4. Aufl. 2019, vor § 230 Rn. 8; ergänzend zum Nießbrauch statt vieler *Sittel*, Der Nießbrauch an Gesellschaftsanteilen, 2006; einen Überblick über den Nießbrauch an GmbH-Anteilen und Aktien gebend *Meyer*, Der Nießbrauch an GmbH-Geschäftsanteilen und an Aktien, 2002.

[69] *Schmidt*, in: ders./Ebke (Hrsg.), Münchener Kommentar zum Handelsgesetzbuch, Bd. 3, 4. Aufl. 2019, vor § 230 Rn. 34; *Schacht/Petersen*, in: Winkeljohann/Prinz (Hrsg.), Beck'sches Handbuch der GmbH, 6. Aufl. 2021, § 13 Rn. 180 ff.; *Singhof/Seiler/Schlitt*, Mittelbare Gesellschaftsbeteiligungen, 2004, S. 213 ff.; eine Übersicht zur Treuhand am Gesellschaftsanteil *Lenders*, Treuhand am Gesellschaftsanteil, 2004; *Tebben*, Unterbeteiligung und Treuhand an Gesellschaftsanteilen, 2000.

[70] *Schmidt*, Gesellschaftsrecht, 4. Aufl. 2002, S. 1821.

[71] Zu den einzelnen Merkmalen *Gleske/Laudenklos*, in: Eilers/Rödding/Schmalenbach (Hrsg.), Unternehmensfinanzierung, 2. Aufl. 2014, D Rn. 24 ff.; *Kesten*, Grundlagen der Unternehmensfinanzierung, 2. Aufl. 2012, 131 f.; *Natusch*, in: Häger/Elkemann-Reusch/Alvensleben (Hrsg.), Mezzanine Finanzierungsinstrumente, 2. Aufl. 2007, Rn. 6; *Schrell/*

Innerhalb der verschiedenen hybriden Finanzierungsinstrumente wird zwischen eigenkapitalnahen (Equity Mezzanine) und fremdkapitalnahen (Debt Mezzanine) Instrumenten differenziert, wobei diese Einordnung nicht starr, sondern je nach konkreter Ausgestaltung der schuldrechtlichen Vereinbarung erfolgt.[72]

Wirtschaftlich wird darüber hinaus zwischen den verschiedenen Formen der Vergütung des Hybridkapitalgebers unterschieden. Neben einer Zinskomponente, die – soweit gewünscht – auch in einen festverzinslichen und einen erfolgsabhängigen Teil aufgeteilt oder als laufender oder endfälliger Zins vereinbart werden kann, findet sich bei anderen Formen eine sog. Kicker-Komponente. Letztere wird am Ende der Finanzierungsdauer bei Erfüllung entsprechender Voraussetzungen gewährt und hängt von der vertraglich vereinbarten Erfolgsgröße in Bezug auf das Unternehmen ab. Es kann sich hierbei entweder um Beteiligungsrechte (sog. Equity-Kicker) zum Beispiel in Form eines Options- oder Wandlungsrechts oder um Prämienzahlung bei Fälligkeit des Rückzahlungsanspruches (sog. Non-Equity-Kicker) handeln. Non-Equity-Kicker können in Form eines Besserungsscheines, eines Phantom Warrant oder einer Abschlussprämie auftreten. Bei Vereinbarung eines Phantom Warrant zahlt die Gesellschaft zum Rückzahlungszeitpunkt einen Betrag aus, der sich der Höhe nach danach bemisst, wie viel dem Kapitalgeber bei einem hypothetisch eingeräumten und ausgeübten Optionsrecht zustehen würde. Ist eine Abschlussprämie vereinbart, erhält der Kapitalgeber eine Prämienzahlung, die von der Steigerung des Unternehmenswertes abhängig ist; sie ist an die Erfolgskennzahlen gekoppelt und ähnelt dem Wesen nach stark einem Phantom Warrant. Ist hingegen ein Besserungsschein vorgesehen, werden die zusätzlichen Zahlungen erst zum Besserungszeitpunkt fällig. Grundlegender Unterschied ist, dass der Equity-Kicker eine Möglichkeit zur Beteiligung am Unternehmen ermöglicht, während dem Kapitalgeber bei Vereinbarung eines

---

Kirchner, BKR 2003, 13 ff.; ergänzend dazu auch *Wöhe/Bilstein/Ernst/Häcker*, Grundzüge der Unternehmensfinanzierung, 11. Aufl. 2013, S. 200.

[72] *Schürnbrand/Verse*, in: Goette/Habersack/Kalss (Hrsg.), Münchener Kommentar zum Aktiengesetz, Bd. 4, 5. Aufl. 2021, Vorbm. §§ 182–191 Rn. 34; *Föcking*, in: Breuer (Hrsg.), Handbuch Finanzierung, 3. Aufl. 2001, S. 23 f.; *Wöhe/Bilstein/Ernst/Häcker*, Grundzüge der Unternehmensfinanzierung, 11. Aufl. 2013, S. 204; *Zantow/Dinauer/Schäffler*, Finanzwirtschaft des Unternehmens, 4. Aufl. 2016, Rn. 1.3.1.2.; andeutend auch bereits zu Aktionärsstellungen, die einen hybriden Charakter aufweisen Mülbert, Aktiengesellschaft, Unternehmensgruppe und Kapitalmarkt, 2. Aufl. 1996, S. 100 ff.

Non-Equity-Kickers ein Anteil an der Steigerung des Unternehmenswertes über die Finanzierungsdauer zusteht.[73]

Beispiele für Mezzanine Finanzierungsinstrumente sind: die stille Gesellschaft, Genussscheine, Hybridanleihen, Wandelschuldverschreibungen, Nachrangdarlehen und partiarische Darlehen.[74] Diese Begrifflichkeit ist demnach anders gefasst als die der „mittelbaren Beteiligung".

2.2.2.3 Weitere Gruppierungsansätze

Fuchs bezeichnet hybride Finanzierungsinstrumente in seiner Habilitation als „Kapitalbeteiligung ohne Mitgliedschaft" und erfasst damit alle Gläubiger mit Vermögensrechten, die denen eines Gesellschafters entsprechen.[75] Dabei werden sowohl erfolgsbezogene Vergütungen als auch Options- und Wandlungsrechte beschrieben.[76]

Weiter noch geht *Heeren* in seiner Dissertation. Er nimmt die Zuordnung der Finanzinstrumente anhand des zentralen Kriteriums des wirtschaftlichen Risikos vor und kritisiert die klassische Einteilung von Eigen- und Fremdkapital.[77]

Ihm zufolge fallen nicht nur die dargestellten Mischformen unter den Oberbegriff der hybriden Finanzierungsinstrumente, sondern vielmehr auch bestimmte traditionell als Eigenkapital qualifizierte Formen der Kapitalhingabe. Die Grenzen zwischen Eigen- und Fremdkapital verschwimmen zusehends, sodass das Kriterium des wirtschaftlichen Risikos allein maßgeblich sein solle.[78]

---

[73] *Natusch*, in: Häger/Elkemann-Reusch/Alvensleben (Hrsg.), Mezzanine Finanzierungsinstrumente, 2. Aufl. 2007, Rn. 63 ff.; *Wöhe/Bilstein/Ernst/Häcker*, Grundzüge der Unternehmensfinanzierung, 11. Aufl. 2013, S. 209 f.; *Zantow/Dinauer/Schäffler*, Finanzwirtschaft des Unternehmens, 4. Aufl. 2016, Rn. 1.3.1.2.

[74] *Natusch*, in: Häger/Elkemann-Reusch/Alvensleben (Hrsg.), Mezzanine Finanzierungsinstrumente, 2. Aufl. 2007, Rn. 8 mit Abb. 2; vgl. zu weiteren Beispielen und einer Übersucht über die Einordnung von Finanzierungsinstrumenten *Steiner/Schiffel*, in: Bösl/Sommer (Hrsg.), Mezzanine Finanzierung, 2006, S. 1, 8.

[75] *Fuchs*, Kapitalbeteiligung ohne Mitgliedschaft, 1997, S. 3 ff.

[76] *Fuchs*, Kapitalbeteiligung ohne Mitgliedschaft, 1997, S. 4.

[77] *Heeren*, Kapitalgeberschutz und hybride Finanzierungsinstrumente, 2008, S. 62 f., 155, der zwar keine begriffliche Neufassung vorschlägt, aber im Rahmen seiner Bearbeitung dennoch das wirtschaftliche Risiko als zentrales Kriterium und die damit einhergehende Einordnung der Finanzinstrumente etabliert.

[78] *Ders.*, Kapitalgeberschutz und hybride Finanzierungsinstrumente, 2008, S. 114; *Kalls*, Anlegerinteressen, 2001, S. 535, die weitgehend die funktionale Gleichheit und Austauschbarkeit feststellt, obwohl die rechtliche Grundlage durchaus verschieden sei.

2.2.2.4 Zwischenergebnis

Demnach werden in der Literatur verschiedene Ansätze zur Einordnung der Finanzierungsformen zwischen Eigen- und Fremdkapital vertreten. Während der Begriff der „mittelbaren Beteiligungen“ eine lediglich wirtschaftliche Mitberechtigung am Unternehmen erfasst, werden unter Mezzaninen oder hybriden Finanzierungsformen alle solchen verstanden, die sowohl Komponenten des Eigen- als auch des Fremdkapitals aufweisen.

Darüber hinaus gibt es weitere Gruppierungsansätze, die wiederum von den zuvor genannten bekanntesten Einordnungen abweichen.

Keine der zuvor dargestellten Gruppierungen erfasst ausschließlich die hier untersuchten Gläubigerformen, sodass ein eigens festgelegter Arbeitsbegriff notwendig ist.

2.3 Einführung des Begriffs der „wirtschaftlich-virtuellen“ Gesellschafter

Vertragsbeziehungen, die nicht dem klassischen Eigen- oder Fremdkapital zugeordnet werden können, reichen von den mittelbaren Beteiligungen, z. B. in Form von stillen Gesellschaften und Unterbeteiligungen, bis zu Genussscheinen, partiarischen Darlehen und anderen wirtschaftlichen Beteiligungen durch vertragliche Vereinbarung.[79] Kapitalgeber der Gesellschaft zwischen Eigen- und Fremdkapital erhalten keine dingliche Mitgliedschaftsstellung, sondern sind grundsätzlich schuldrechtlich mit der Gesellschaft verbunden.[80] Eben hier liegt der Unterschied im Variantenreichtum der Vertragsformen: Im Gesellschaftsrecht herrscht im Ausgangspunkt ein numerus clausus der Gesellschaftsformen, auch wenn die Einzelheiten innerhalb der gewählten Rechtsform stark divergieren können.[81] Für die schuldrechtlichen Verträge gilt hingegen grundsätzlich die Vertragsfreiheit auch hinsichtlich der Finanzierungsformen. Eine Abwandlung der Merkmale des Fremdkapitals in Richtung des Eigenkapitals ist auf schuldrechtlicher Basis ohne weiteres möglich. Die Vertragsgestaltungsfreiheit – innerhalb der allgemeinen Grenzen der §§ 134, 138, 242, 305 ff., 315 BGB – ist immens.[82] Sie ermöglicht

[79] Vgl. dazu unter Abschnitt 2.2.2.

[80] Vgl. dazu unter Abschnitt 2.1.2.1.

[81] *Schmidt*, Gesellschaftsrecht, 4. Aufl. 2002, S. 95 ff., 1819 f.

[82] *Busche*, in: Säcker/Rixecker/Oetker u. a. (Hrsg.), Münchener Kommentar zum Bürgerlichen Gesetzbuch, Bd. 1, 8. Aufl. 2018, Vorb. § 145 Rn. 24 ff.; zur Variantenvielfalt vgl. *Schmidt*, in: ders./Ebke (Hrsg.), Münchener Kommentar zum Handelsgesetzbuch, Bd. 3, 4. Aufl. 2019, vor § 230 Rn. 3; *Singhof/Seiler/Schlitt*, Mittelbare Gesellschaftsbeteiligungen,

es, die Stellung der Gläubiger der eines Eigenkapitalgebers anzunähern. Dabei können wiederum andere Merkmale des Finanzinstruments weiterhin Fremdkapitalcharakter haben. Eine Gestaltung, die im Hinblick auf die Zahlungsansprüche des Gläubigers eine Eigenkapitalähnlichkeit entstehen lassen soll, während die Einwirkungsmöglichkeiten auf die Gesellschaft die eines Fremdkapitalgebers bleiben, ist nicht ungewöhnlich.[83]

Das Spannungsfeld zwischen geldwerten Ansprüchen mit Eigenkapitalcharakter bei gleichzeitigen Verwaltungs- und Kontrollrechten mit Fremdkapitalcharakter ist Ursache für ein gesteigertes Konflikt- und Risikopotential, dem sich die betroffenen Gläubiger aussetzen. Aus der vertraglich gewählten Struktur des Finanzinstruments ergeben sich so Schwachstellen, die eine Beeinflussung der Gläubigerrechte begünstigen. Im Folgenden sollen daher die zentralen Ausprägungen der Eigen- und Fremdkapitalähnlichkeit beschrieben werden, um dann mittels einer Darstellung des Interessenkonfliktes den Untersuchungsgegenstand sowie den Arbeitsbegriff zu definieren.

2.3.1 Eigenkapitalähnlichkeit geldwerter Ansprüche der Gläubiger

Eine Vergleichbarkeit mit Gesellschaftern, die auf eine Beteiligung am Unternehmenserfolg hinauslaufen, kann durch verschiedene vertragliche Regelungen geschaffen werden. Wie bereits festgestellt, erhalten klassische Fremdkapitalgeber eine ergebnisunabhängige Vergütung für die Kapitalhingabe, z. B. in Form eines Zinses, und eine ebenso ergebnisunabhängige Rückzahlung des zur Verfügung gestellten Kapitals in voller Höhe. Diese Parameter sind veränderlich. Die Vertragsparteien können eine ergebnisbezogene Vergütung[84] und darüber hinaus (alternativ oder kumulativ) eine Verlustbeteiligung vorsehen. Dadurch entsteht im

---

2004, S. V; zur Möglichkeit der Abweichung von Fremdkapitalmerkmalen *Baums*, Recht der Unternehmensfinanzierung, 2017, § 28 Rn. 15.

[83] Vgl. zu den Gestaltungen sogleich unter Abschnitt 2.3.1.

[84] Im Nachfolgenden soll für „wirtschaftlich-virtuellen" Gesellschafter, wenn es um die Zinszahlungen während der Finanzierungsdauer geht, von „Vergütung" gesprochen werden.

Hinblick auf die geldwerten Ansprüche der Gläubiger eine Vergleichbarkeit mit Eigenkapitalgebern.[85]

Der Unterschied zwischen Finanzierungsinstrumenten allein mit erfolgsabhängiger Vergütung und solchen mit zusätzlicher Verlustbeteiligung besteht lediglich im Grad der Risiko- und Chancentragung durch den Gläubiger. Je mehr geldwerte Ansprüche vom Wirtschaften des Unternehmens abhängen, desto höher ist das Risiko aber auch die Chance für den Gläubiger. Der einzige Unterschied ist demnach ein gradueller.

Eine Beteiligung am Liquidationserlös stellt den Gläubiger im Hinblick auf die geldwerten Ansprüche noch näher an den Gesellschafter als die übrigen Möglichkeiten zur Beteiligung am Unternehmenserfolg.[86] Die vertragliche Gestaltungsmöglichkeit einer Beteiligung am Liquidationserlös[87] oder einer anderen Beteiligung am Unternehmenswert wird nachfolgend nicht untersucht. Grund dafür ist, dass bei einer solchen Beteiligung die geldwerte Position nur dann

---

[85] Vgl. zu geldwerten Ansprüchen der Eigenkapitalgeber unter Abschnitt 2.1.2.4; zu Darstellungszwecken zwischen „anteilsähnlichen Finanzierungsinstrumenten" mit Ergebnisbezogenheit und Verlustbeteiligung und „hybriden Fremdkapitalinstrumenten" mit ergebnisbezogener Vergütung aber ohne Verlustbeteiligung bei der Rückzahlung differenzierend *Baums*, Recht der Unternehmensfinanzierung, 2017, § 31 Rn. 1 ff.

[86] *Krejci/van Husen*, GesRZ 2000, 54, 56.

[87] Eine Beteiligung am Liquidationserlös bedeutet, dass der Gläubiger einen Anteil an dem Differenzbetrag zwischen dem Liquidationserlös, also dem Netto-Schlussvermögen, und der Höhe der Gesellschaftereinlagen erhält. Die Höhe kann dabei – vergleichbar der Unterscheidung von gewinnorientiert und gewinnabhängig (zur begrifflichen Unterscheidung vgl. Abschnitt 2.3.1.1) – entweder am Liquidationsüberschuss orientiert oder auch fix sein. Im letzteren Falle wird er aber nur ausgezahlt, soweit ein Liquidationsüberschuss besteht; zu Genussrechten *Frantzen*, Genußscheine, 1993, S. 132; so auch bei der stillen Gesellschaft *Schrell/Kirchner*, BKR 2003, 13, 17. Eine Beteiligung am Liquidationserlös ist auch unproblematisch in Form einer anteiligen Berechnung oder einer Berechnung im Verhältnis zum Nennwert des Genussscheins möglich, *Frantzen*, Genußscheine, 1993, S. 133 m.w.N.; problematisch sind hingegen solche Gestaltungen, die die spätere Auszahlung nicht davon abhängig machen, ob und in welcher Höhe überhaupt ein Liquidationserlös im Liquidationsfall besteht. Hierbei kann es sich nach richtiger Auffassung nicht um eine Beteiligung am Liquidationserlös handeln, da es vielmehr um einen fest auszubezahlenden Betrag im Liquidationsfall geht. Es besteht in diesem Fall kein Unterschied zu den übrigen Forderungen, die gegen die Gesellschaft bestehen; *ders.*, Genußscheine, 1993, S. 134. Vergleichbar ist dieser Fall mit dem festen Rückzahlungsanspruch des zur Verfügung gestellten Kapitals, welcher in der Regel auch keinen Fall der Verlustbeteiligung darstellt.

geschmälert wird, wenn der Vermögenswert endgültig aus der Gesellschaft verschwindet.[88] Es besteht mithin ein entscheidender Vorteil gegenüber den übrigen Gläubigern.

2.3.1.1 Ergebnisbezogene Vergütung

Die Vergütung kann ergebnisbezogen ausgestaltet sein, sodass ohne Unternehmenserfolg auch die Vergütung im entsprechenden Zeitraum entfällt.

Ergebnisbezogenheit kann in zwei Varianten vereinbart werden. Zum einen kann eine gewinnorientierte Vergütung festgelegt werden. Diese ist anzunehmen, „wenn die Vergütung dem Grunde und der Höhe nach vom Gewinn"[89] oder von anderen unternehmensbezogenen Kennziffern abhängig ist. Zum anderen ist eine gewinnabhängige Vergütung möglich. Diese hängt in der Regel von nicht-unternehmensbezogenen Kennziffern ab, wird aber nur ausbezahlt, wenn und soweit die Gesellschaft einen entsprechenden Gewinn erwirtschaftet hat.[90]

Für die Bezugsgrößen der Gewinnbeteiligung sind verschiedene Möglichkeiten denkbar. In der Regel wird für die Gewinnbeteiligung auf die Handelsbilanz des Unternehmens abgestellt.[91] In einem ersten Schritt können die Parteien bei entsprechendem Sachverhalt zwischen einer Bezugsgröße aus dem Einzelabschluss

---

[88] Ein Beispiel: Für die Vergütung des Gläubigers besteht ggf. ein Risiko bei der Bildung stiller Reserven, allerdings wird dieses durch die Beteiligung am Unternehmenswert wieder kompensiert. Eine Beteiligung erfolgt demnach einfach nur zeitlich verschoben, vgl. dazu *Hanakam*, Die steuerliche Beurteilung von Genussrechten als Instrumente der Kapitalbeschaffung, 1991, S. 71 f.; *Lühn*, Genussrechte, 2013, S. 46.

[89] *Beuchert/Redeker*, in: Schön (Hrsg.), Eigenkapital und Fremdkapital, 2013, S. 289, 301; so z. B. im Fall der Teilschuldverschreibung mit Ansprüchen, welche in vermögensrechtlicher Hinsicht an die Vermögensrechte der Aktionäre angelehnt sind vgl. BGH, Urt. v. 23. Oktober 1958 – II ZR 4/57, NJW 1959, 31, 32; zum erfolgsabhängigen Zins auch *Gleske/Laudenklos*, in: Eilers/Rödding/Schmalenbach (Hrsg.), Unternehmensfinanzierung, 2. Aufl. 2014, D Rn. 34.

[90] Zur begrifflichen Unterscheidung *Beuchert/Redeker*, in: Schön (Hrsg.), Eigenkapital und Fremdkapital, 2013, S. 289, 301; *Koch*, in: Hüffer/Koch (Hrsg.), Aktiengesetz, 15. Aufl. 2021, § 221 Rn. 25a; *Merkt*, in: Schmidt/Lutter (Hrsg.), Aktiengesetz, Bd. 2, 4. Aufl. 2020, § 221 Rn. 62 ff.; im Einzelnen zu Genussrechten *Habersack*, in: Goette/Habersack/Kalss (Hrsg.), Münchener Kommentar zum Aktiengesetz, Bd. 4, 5. Aufl. 2021, § 221 Rn. 100; zur Zulässigkeit solcher Vertragsgestaltungen am Beispiel der stillen Gesellschaft vgl. BGH, Urt. v. 21. Juli 2003 – II ZR 109/02, NJW 2003, 3412; zur Möglichkeit, Cash-Flow-bezogene Zinsbedingungen und sog. PIK-Klauseln zu vereinbaren vgl. *Gleske/Laudenklos*, in: Eilers/Rödding/Schmalenbach (Hrsg.), Unternehmensfinanzierung, 2. Aufl. 2014, D Rn. 35.

[91] *Lühn*, Genussrechte, 2013, S. 45 f.

des Unternehmens, aus dem Konzernabschluss oder auch nur aus bestimmten Unternehmensteilen wählen.[92]

Ist der konkrete Abschluss bzw. der betroffene Unternehmensteil ausgewählt, müssen die Parteien die endgültige Bezugsgröße festlegen. Möglich sind zum Beispiel quotale Beteiligungen am Bilanzgewinn, am Jahresüberschuss, am ausschüttungsfähigen Gewinn oder an der beschlossenen Dividende.[93] Auch der Bezug zu Verhältnisgrößen, insb. den Rentabilitätskennziffern kann vereinbart werden.[94]

Die Ergebnisbezogenheit der Vergütung hat zur Folge, dass – je nach gewählter Gestaltung – soweit kein Gewinn durch die Gesellschaft erzielt werden konnte, der Vergütungsanspruch entweder in voller oder in anteiliger Höhe entfällt.

Der Vergütungsanspruch des Gläubigers steht und fällt daher mit den Entscheidungen der Gesellschaftsleitung, seiner Organisation und den Geschäftschancen.[95] Der Gläubiger nimmt damit am unternehmerischen Risiko der Gesellschaft teil.[96]

2.3.1.2 Verlustbeteiligung des Gläubigers

Eine noch weiter reichende Vereinbarung, die den Gläubiger hinsichtlich der geldwerten Ansprüche näher an die Stellung des Eigenkapitalgebers heranbringt, ist dessen Verlustbeteiligung, welche zusätzlich zur Ergebnisbezogenheit der Vergütung vereinbart werden kann.[97] Auch in diesem Fall greift die Vertragsgestaltungsfreiheit.

Klassischerweise handelt es sich dabei um einen Rückzahlungsanspruch vermindert um die Verlustanteile am Ende des Finanzierungsverhältnisses.[98] Dabei

---

[92] Ebd.

[93] *Ders.*, Genussrechte, 2013, S. 45; so auch *Frantzen*, Genußscheine, 1993, S. 3; *Rid-Niebler*, Genußrechte als Instrument zur Eigenkapitalbeschaffung über den organisierten Kapitalmarkt für die GmbH, 1989, S. 38 f.; dazu, dass der Bilanzgewinn nicht zwingend als Bezugsgröße für die Gewinnbemessung des stillen Gesellschafters ist *Schrell/Kirchner*, BKR 2003, 13, 17.

[94] *Lühn*, Genussrechte, 2013, S. 46.

[95] *Krejci/van Husen*, GesRZ 2000, 54, 55.

[96] *Heinemann/Kraus/Schneider*, in: Bösl/Sommer (Hrsg.), Mezzanine Finanzierung, 2006, S. 171, 176.

[97] Vgl. zur stillen Gesellschaft z. B. § 232 Abs. 2 S. 1 HGB.

[98] *Baums*, Recht der Unternehmensfinanzierung, 2017, § 12 Rn. 25, 30 f.; zum Aufzehren des Genusskapitals durch Verlustbeteiligung auch *Krejci/van Husen*, GesRZ 2000, 54, 56; zur Verlustbeteiligung im Rückzahlungsfall ebenso *Gleske/Laudenklos*, in: Eilers/Rödding/Schmalenbach (Hrsg.), Unternehmensfinanzierung, 2. Aufl. 2014, D Rn. 36 f.

können im Rahmen einer laufenden Verrechnung Gewinne nach Verlustjahren vorrangig dazu verwendet werden, die durch Verluste geminderte Einlage wieder aufzufüllen.[99] Konnte keine vollständige Wiederauffüllung bis zum Ende des Finanzierungsverhältnisses erreicht werden, so wird das Kapital nur in der Höhe zurückgezahlt, in der es nach Abzug der Verluste verbleibt.[100]

Eine andere Möglichkeit ist, den grundsätzlich fixen Rückzahlungsanspruch an eine Herabsetzung des Grundkapitals zu koppeln[101], sodass Grundkapital und das hingegebene Gläubigerkapital im gleichen Verhältnis gemindert werden.[102]

Es kann aber auch eine reine Verlustbeteiligung über die Vertragsdauer mit garantiertem Rückzahlungsanspruch vereinbart werden. Dann wird die Kapitaleinlage des Anlegers durch Verluste gemindert und durch den später ggf. erwirtschafteten Gewinn wiederaufgefüllt. Der Rückzahlungsanspruch bleibt hingegen in der Höhe der ursprünglich hingegebenen Kapitaleinlage bestehen. Eine Verlustbeteiligung bezieht sich in einem solchen Fall auf die zur Wiederauffüllung verwendeten Gewinne, die in Konsequenz dann nicht mehr zur Auskehrung an den Kapitalgeber zur Verfügung stehen.[103]

Unabhängig von der konkret gewählten Vereinbarung knüpft eine Verlustbeteiligung den Vergütungs- und Rückzahlungsanspruch des Gläubigers noch enger an die Unternehmensentscheidungen als die nur ergebnisbezogene Vergütung.[104]

---

[99] Vgl. zur Auffüllung einer möglicherweise geminderten Einlage z. B. die stille Gesellschaft gem. § 232 Abs. 2 S. 1 und 2 a.E. HGB; dazu auch statt vieler *Schmidt*, in: ders./Ebke (Hrsg.), Münchener Kommentar zum Handelsgesetzbuch, Bd. 3, 4. Aufl. 2019, § 232 Rn. 27; ebenso zu Genussrechten vgl. *Krejci/van Husen*, GesRZ 2000, 54, 56; dazu allgemein *Gleske/Laudenklos*, in: Eilers/Rödding/Schmalenbach (Hrsg.), Unternehmensfinanzierung, 2. Aufl. 2014, D Rn. 36.

[100] Vgl. zur Gestaltung bei Genussrechten Abschnitt 3.2.3.2.1.

[101] *Baums*, Recht der Unternehmensfinanzierung, 2017, § 12 Rn. 31; *Frantzen*, Genußscheine, 1993, S. 124; vgl. dazu bei Genussscheinen näher unter Abschnitt 3.2.3.2.2.

[102] Zu den Genussrechten: *Alvensleben*, in: Häger/Elkemann-Reusch/Alvensleben (Hrsg.), Mezzanine Finanzierungsinstrumente, 2. Aufl. 2007, Rn. 698 ff.; *Florstedt*, in: Zöllner/Noack (Hrsg.), Kölner Kommentar zum Aktiengesetz, Bd. 4.2, 3. Aufl. 2017, § 221 Rn. 548; *Habersack*, in: Goette/Habersack/Kalss (Hrsg.), Münchener Kommentar zum Aktiengesetz, Bd. 4, 5. Aufl. 2021, § 221 Rn. 107; *Merkt*, in: Schmidt/Lutter (Hrsg.), Aktiengesetz, Bd. 2, 4. Aufl. 2020, § 221 Rn. 71.

[103] Zur Unterbeteiligung *Paulick*, ZGR 1974, 253, 267; zum Genussrecht *Lühn*, Genussrechte, 2013, S. 48.

[104] *Krejci/van Husen*, GesRZ 2000, 54, 56.

2.3.2 Fremdkapitalähnlichkeit auf verwaltungsrechtlicher Ebene

Fremdkapitalgeber sind nicht an der Verwaltung und Leitung der Gesellschaft beteiligt, da ihnen weder Kontroll- noch Mitspracherechte in der Gesellschaft zustehen und sich auch nicht allein aus der schuldvertraglichen Vereinbarung eine Geschäftsführungsbefugnis ergibt.[105] Zwar ist es in manchen Konstellationen möglich, den Fremdkapitalgeber als Geschäftsführer, Teil des Vorstands oder ähnliches zu bestimmen oder sog. financial covenants zu vereinbaren; dies bedarf indes immer einer vertraglichen Grundlage.[106]

Hintergrund für diese Grundsätze ist zum einen, dass im Gesellschaftsrecht für alle Unternehmensformen das in § 717 S. 1 BGB geregelte Abspaltungsverbot gilt, wonach die Verwaltungsrechte der Gesellschafter in der Gesellschaft nicht übertragbar sind. Dazu zählt unter anderem das Stimmrecht in der Gesellschafter- bzw. Hauptversammlung sowie Informations- und Kontrollrechte.[107] Zum anderen ist aber auch der Grundsatz der Verbandssouveränität zu beachten, welcher die Abhängigkeit der Geschicke des Unternehmens von Dritten verbietet, besonders in Bezug auf Statuts- und Strukturänderungen.[108]

Lediglich Informations- und damit einhergehend bestimmte Kontrollrechte stehen den Kapitalgebern in unterschiedlich hohem Maße zu.[109]

---

[105] Vgl. dazu unter Abschnitt 2.1.2.5.

[106] Zu financial covenants *Servatius*, Gläubigereinfluss durch Covenants, 2012; *Fettes*, Zur Verwendung von Covenants gegenüber Kapitalgesellschaften, 2014; zur vertraglichen Anstellung bei Geschäftsführern *Beurskens*, in: Baumbach/Hueck (Hrsg.), Gesetz betreffend die Gesellschaften mit beschränkter Haftung, 22. Aufl. 2019, § 6 Rn. 54 und solchen bei Vorständen *Koch*, in: Hüffer/Koch (Hrsg.), Aktiengesetz, 15. Aufl. 2021, § 84 Rn. 14.

[107] Ständige Rechtsprechung BGH, Urt. v. 10. November 1951 – II ZR 111/50, BGHZ 3, 354 Rn. 8; BGH, Urt. v. 8. Oktober 1953 – IV ZR 248/52, JZ 1954, 53, 54; BGH, Urt. v. 14. Mai 1956 – II ZR 229/54, BGHZ 20, 363 Rn. 6; BGH, Urt. v. 4. Dezember 1967 – II ZR 91/65, NJW 1968, 396, 370; BayObLG, Beschl. v. 21. November 1985 – BReg. 3 Z 146/85, DNotZ 1986, 373, 375 f.; OLG Stuttgart, Urt. v. 31. Oktober 2012–14 U 19/12, DStR 2013, 1138, 1140 f.; vgl. zur Unzertrennlichkeit der Rechte RG, Urt. v. 18. April 1913 – II 659/12, RGZ 82, 167, 169; RG, Urt. v. 31. März 1931, II 222/30, RGZ 132, 149, 159; so auch *Blaurock*, Unterbeteiligung und Treuhand an Gesellschaftsanteilen, 1981, S. 99; kritisch zum Abspaltungsverbot *Theißen*, DB 1993, 469; *Fleck*, in: Lutter/Stimpel/Wiedemann (Hrsg.), Festschrift für Robert Fischer, 2018, S. 107, 110 ff., 128 f.

[108] Mit ausführlichen Nachweisen zu den einzelnen Gesellschaftsformen vgl. Kapitel 5 Fn. 291.

[109] Vgl. dazu z. B. für die stille Gesellschaft § 233 HGB.

2.3.3 Das Konfliktpotential aus Eigen- und Fremdkapitalähnlichkeit

Die Erfolgsbezogenheit der Vergütung und die Verlustbeteiligung der Gläubiger haben die Abhängigkeit der jeweiligen Ansprüche vom Geschäftsergebnis gemein, welches durch die Unternehmensführung oder die Gesellschafterversammlung maßgeblich bestimmt wird. In Bezug auf diese geldwerten Ansprüche können die Gläubiger den Gesellschaftern sehr stark angenähert werden, sodass ein vergleichbares Risiko besteht. Allerdings ist es den Gläubigern genommen, Einfluss auf die unternehmerischen Entscheidungen in der Gesellschaft zu nehmen.

Gesellschafter übernehmen in vermögensrechtlicher Hinsicht ein hohes Risiko, da sie sowohl am Gewinn als auch am Verlust beteiligt werden und im Grunde nur einen Anspruch auf das „Residuum" haben.[110] Dieses Risiko wird durch ihre mitgliedschaftlichen Mitsprache-, Verwaltungs- und Kontrollrechte kompensiert. Ihnen bietet sich so je nach Gesellschaftsform verschieden intensiv die Möglichkeit, mittels der Beeinflussung des Gesellschaftshandelns die von ihnen geleisteten Kapitalzahlungen zu sichern.[111]

Im Gegensatz zu Gesellschaftern besteht für die untersuchte Gläubigergruppe aber gerade keine Kompensation für das übernommene Risiko. Selbst einem Minderheitsgesellschafter in der Kapitalgesellschaft, dessen Risiko – mangels übermäßiger Beeinflussungsmöglichkeit auf die Gesellschaft und ihre Leitung – vergleichbar mit dem der untersuchten Gläubigergruppe ist, steht ein Stimm- und materielles Beschlussanfechtungsrecht als Mindestschutz zu.[112]

---

[110] Ein Residualanspruch bezeichnet den Anspruch des Gesellschafters, der grds. nur Anspruch auf das nach Begleichung der Verbindlichkeiten verbleibende Gesellschaftsvermögen entsprechend der Beteiligungsquote vgl. *Baums*, Recht der Unternehmensfinanzierung, 2017, § 12 Rn. 4; *Kesten*, Grundlagen der Unternehmensfinanzierung, 2. Aufl. 2012, S. 56; dazu und zusätzlich zu dem durch Eigenkapitalgeber übernommenen Risiko *Swoboda*, Betriebliche Finanzierung, 3. Aufl. 1994, S. 10 f.

[111] Bereits zur unterschiedlichen Einflussmöglichkeit der Gesellschafter je nach Gesellschaftsform unter Abschnitt 2.1.2.5; insoweit auch *Fuchs*, Kapitalbeteiligung ohne Mitgliedschaft, 1997, S. 515.

[112] Zum Anfechtungsrecht der Gesellschafter Abschnitt 2.1.2.5; insoweit wird eine Differenzierung zwischen Gesellschaftern und Gläubigern vorgenommen, a.A. *Heeren*, Kapitalgeberschutz und hybride Finanzierungsinstrumente, 2008, S. 136 f., der einen produktbezogenen und objektiven Ansatz zur Einordnung der hybriden Finanzierungsinstrumente wählt, da der Vergleich eines Publikums- oder Minderheitsaktionärs mit dem Inhaber eines hybriden Finanzierungsinstruments lediglich zu vernachlässigende strukturelle Unterschiede zwischen

Gerade in Fällen, in denen die Verlustbeteiligung eine Herabsetzung des hingegebenen Kapitals bewirken kann, besteht ein weitaus höheres Gefährdungspotential, dem sich der Kapitalgeber gegenübersieht. Grund dafür ist, dass nicht nur sein Vergütungsinteresse, sondern auch sein in der Regel wertmäßig höher liegender Rückzahlungsanspruch bedroht ist. Verhindert das Unternehmen die Wiederauffüllung des zuvor um Verluste geminderten Kapitals der Gläubiger, erspart es sich nicht nur die dem Kapitalgeber geschuldete Gegenleistung, sondern darüber hinaus auch die Rückzahlung des auf Zeit hingegebenen Kapitals.

Je nach gewählter Bemessungsgrundlage kann das den Gläubiger treffende Risiko variieren. So liegt die Höhe der an den Gläubiger geschuldeten Vergütung vollständig in der Hand der Gesellschaft, sofern sich diese anhand der Dividende, der Gewinnausschüttung oder z. B. dem Kapitalkonto des Personenhandelsgesellschafters bemisst. Beim Bezug auf den Jahresüberschuss hingegen ist der Vergütungsanspruch des Gläubigers von der Entscheidung über die Verwendung des erwirtschafteten Gewinns befreit.[113]

Auch in Bezug auf die ausgewählte Bilanz können sich Unterschiede ergeben. Da die Handelsbilanz grundsätzlich viele Ansatz- und Bewertungswahlrechte eröffnet, kann durch die Bildung stiller Reserven die Vergütung eher beeinflusst werden als im Rahmen einer Steuerbilanz, welche z. B. steuerliche Sonderabschreibungen ermöglicht.[114] Regelmäßig bildet jedoch die Handelsbilanz die Grundlage zur Vergütungsberechnung.[115]

Wenn die Interessen der Fremdkapitalgeber in unternehmerischen Entscheidungen nicht berücksichtigt werden, ist damit ihr Vergütungsinteresse – gleich wie dieses vertraglich ausgestaltet sein mag – und möglicherweise ihr Rückzahlungsanspruch, somit ihre Position im Ganzen, gefährdet. Denn sowohl die

---

Eigen- und Fremdkapital ergäbe. Dem widersprechend *Ekkenga*, Anlegerschutz, Rechnungslegung und Kapitalmarkt, 1998, S. 7 ff.

[113] *Fuchs*, Kapitalbeteiligung ohne Mitgliedschaft, 1997, S. 5; *Hanakam*, Die steuerliche Beurteilung von Genussrechten als Instrumente der Kapitalbeschaffung, 1991, S. 70; *Lühn*, Genussrechte, 2013, S. 45 f.

[114] *Hanakam*, Die steuerliche Beurteilung von Genussrechten als Instrumente der Kapitalbeschaffung, 1991, S. 63 f., 66, 68; *Lühn*, Genussrechte, 2013, S. 46.

[115] *Hanakam*, Die steuerliche Beurteilung von Genussrechten als Instrumente der Kapitalbeschaffung, 1991, S. 61 f.

Gesellschafter als auch die untersuchte Gläubigergruppe sind am Unternehmenserfolg und der eigenen Gewinnmaximierung interessiert. Manchmal werden diese Ziele jedoch nur auf Kosten der schwächeren Interessengruppe erreicht.[116]

Das heißt konkret: Während der Kapitalgeber wie der Eigenkapitalgeber finanziell an ähnlichen Chancen aber auch Risiken des Unternehmens teilnimmt, kann er keinerlei Einfluss auf die Entscheidungen in der Gesellschaft ausüben, um eine möglichst vorteilhafte Unternehmensstrategie zu verfolgen. Das macht eine missbräuchliche Beeinflussung der Unternehmensgeschicke und -entscheidungen zulasten dieser Gläubiger nicht nur möglich, sondern erleichtert diese.

2.3.4 Untersuchungsgegenstand und Übertragbarkeit

Das zuvor dargestellte strukturelle Problem betrifft nur einen Teil der Gläubiger der Gesellschaft, nämlich solche, deren geldwerten Ansprüche denen der Eigenkapitalgeber ähneln, während die verwaltungsrechtliche Komponente die eines Fremdkapitalgebers bleibt und keine weiteren Einflussmöglichkeiten vertraglich eingeräumt werden.

Zu Untersuchungszwecken soll daher von den bisher geprägten Begriffen der „Hybriden Finanzierungsinstrumente“ oder „Mittelbaren Beteiligungen“ abgewichen werden. Auch dem von *Heeren* verwendeten Begriff[117], der die Einordnung losgelöst von Einflussmöglichkeiten auf die Gesellschaft vornimmt, wird nicht gefolgt, da den Gesellschaftern zumindest formale Stimm- und Anfechtungsrechte sowie gewisse gegenseitige Treuepflichten im Verhältnis zur Gesellschaft zustehen. In dieser Untersuchung soll sich im Gegensatz dazu gerade darauf konzentriert werden, dass den Gläubigern keine Einwirkungsmöglichkeiten trotz erfolgsbezogener Vergütung zustehen. Der von *Fuchs* geprägte Begriff der „Kapitalbeteiligung ohne Mitgliedschaft“[118] erfasst gleichermaßen eine von der hier untersuchten Gläubigergruppe abweichende Zusammenfassung hybrider Finanzierungstitel.

---

[116] Vgl. *Fuchs*, Kapitalbeteiligung ohne Mitgliedschaft, 1997, S. 5 f., 515; zu den möglichen Konflikten bei Gewährung von Mitsprache- und Kontrollrechten an Fremdkapitalgeber *Baums*, Recht der Unternehmensfinanzierung, 2017, § 39 Rn. 4; zum Einfluss des Unternehmens auf seine Ertragslage und (un-)mittelbar auf den Vergütungs- und Rückzahlungsanspruch des Genussrechtsinhabers vgl. *Schneider*, in: Havermann (Hrsg.), Bilanz- und Konzernrecht, 1987, S. 511, 514; zum Interessenkonflikt zwischen Share- und Stakeholdern *Dauner-Lieb*, in: Crezelius/Hirte/Vieweg (Hrsg.), Festschrift für Volker Röhricht, S. 83, 88.

[117] Zur Begriffsverwendung bei *Heeren* s. unter Abschnitt 2.2.2.3.

[118] Zur Begriffsverwendung bei *Fuchs* s. unter Abschnitt 2.2.2.3.

Das für die Gläubigergruppe bestehende Risiko resultiert allein in der Diskrepanz von erfolgsabhängigen Ansprüchen und fehlenden Einwirkungsmöglichkeiten auf die Gesellschaft und ihre Leitung. Grundlegend geht es um die Frage, ob gewissen Gläubigern, deren Rechte an das Unternehmensergebnis gekoppelt sind, ausreichend davor geschützt sind, dass das Unternehmen als Vertragspartner grundsätzlich zulässige Maßnahmen zur Beeinflussung dieser Kennziffern trifft, mit dem Ziel die kennziffergebundenen Rechte der Gläubiger zu mindern oder gar zu vereiteln. Das Problem entspringt aus den unter Umständen kollidierenden Interessen des Unternehmens auf der einen und der Interessen dieser Gläubiger auf der anderen Seite. Das bestehende und notwendige Schutzbedürfnis dieser Gläubiger vor ebensolchen Maßnahmen wird im Rahmen dieser Arbeit am Beispiel der Rechte auf erfolgsabhängige Vergütung und der Verlustbeteiligung der Gläubiger untersucht.

Die missbräuchliche Veränderung der unternehmensbedingten Kennziffern ist jedoch kein auf diese Rechte beschränktes Phänomen. Aufgrund der schuldrechtlich geltenden Vertragsfreiheit unterfällt eine sehr große Vertragsanzahl dem Untersuchungsgegenstand. Die so gefährdeten Rechte der Kapitalgeber können unterschiedlich ausgestaltet sein. Es kann sich um eine erfolgsabhängige Teilhabe, welche sowohl die Gewinn- als auch die Verlustbeteiligung umfasst, oder um ein Wandlungsrecht bzw. eine Wandlungspflicht[119] handeln. Im Einzelnen handelt es sich bei der Risikotragung allein um graduelle Unterschiede unter den Gläubigern, denen aber allen dieselbe strukturelle Schwachstelle innewohnt. Um daher eine übergreifende Untersuchung anstellen zu können, ist eine Einordnung unter dem hier gewählten und für diese Arbeit maßgeblichen Begriff der „wirtschaftlich-virtuellen" Gesellschafter erforderlich. Dabei ist für die Zukunft auch zu berücksichtigen, dass aufgrund des bereits erwähnten financial engineerings weitere Vertragsgestaltungen unter den Untersuchungsgegenstand fallen können und es daher ausschließlich auf die Frage ankommen kann, ob die festgelegten Voraussetzungen von dem entsprechenden Gläubiger erfüllt werden.

2.3.5 Merkmale der „wirtschaftlich-virtuellen" Gesellschafter

Die „wirtschaftliche-virtuellen" Gesellschafter werden anhand verschiedener Kriterien kategorisiert und zu anderen Finanzierungsformen abgegrenzt, um

[119] Beispielsweise zur Wandelanleihe *Rieder/Holzmann*, in: Grigoleit, Aktiengesetz, 2. Aufl. 2020, § 221 Rn. 5.

strukturbedingte Gläubigerrisiken finanzierungsformübergreifend und zusammenzufassend zu untersuchen. Um eine Eingrenzung zu ermöglichen, muss ein „wirtschaftlich-virtuellen“ Gesellschafter mithin die folgenden Voraussetzungen, welche anhand der Abgrenzungsmerkmale von Eigen- und Fremdkapital[120] ermittelt werden, erfüllen:

a) Es darf kein klassisches Eigen- oder Fremdkapital vorliegen; es muss sich um eine Mischform handeln.
b) Die verwaltungsrechtliche Komponente darf keine Einflussmöglichkeiten auf die gesellschaftsinterne Willensbildung und Geschäftsleitung zulassen.[121]
c) Im Hinblick auf die geldwerten Ansprüche, also den Vergütungs- und Rückzahlungsanspruch muss zumindest eine Ergebnisbezogenheit vereinbart worden sein.[122]

[120] Vgl. dazu Abschnitt 2.1.2.

[121] Ob dies a priori so vertraglich ausgestaltet ist, oder sich z. B. aufgrund einer unwirksamen außerordentlichen Kündigung, die zum Verlust anfänglicher Einflussnahme auf unternehmerische Entscheidungen führt, ergibt, kann nicht von Bedeutung sein.

[122] Eine darüberhinausgehende, weiter dem Eigenkapitalgeber gleichende Regelung ist unschädlich – mit Ausnahme der in der Bearbeitung nicht berücksichtigten Beteiligung am Liquidationserlös.

3 Ausgestaltungsformen der „wirtschaftlich- virtuellen" Gesellschafter

Um einen Eindruck zu vermitteln, welche konkreten vertraglichen Gestaltungen den Eigenschaften eines „wirtschaftlich-virtuellen" Gesellschafters entsprechen können und um aufzuzeigen, welche große Bandbreite der Kapitalgeber von den strukturellen Problemen betroffen sein kann, werden in diesem Kapitel einzelne Vertragstypen dargestellt und anhand der zuvor aufgestellten Voraussetzungen untersucht.

3.1 Stille Gesellschaft

Die stille Gesellschaft[1] wird sowohl den mittelbaren Beteiligungsformen als auch den hybriden Finanzierungsinstrumenten zugeordnet. Im Grunde handelt es sich um eine Kapitaleinlage des stillen Gesellschafters, der im Gegenzug eine Gewinnbeteiligung erhält.[2]

---

[1] Die stille Gesellschaft wird im Folgenden nur insoweit untersucht, wie es dem Untersuchungsgegenstand dient. Vgl. vertiefend zur stillen Gesellschaft, *Blaurock (Hrsg.)*, Handbuch Stille Gesellschaft, 9. Aufl. 2020; *Häger/Elkemann-Reusch/Alvensleben (Hrsg.)*, Mezzanine Finanzierungsinstrumente, 2. Aufl. 2007; *Schmidt*, Gesellschaftsrecht, 4. Aufl. 2002, S. 1836 ff.; *Singhof/Seiler/Schlitt*, Mittelbare Gesellschaftsbeteiligungen, 2004.

[2] *Kesten*, Grundlagen der Unternehmensfinanzierung, 2. Aufl. 2012, S. 132; *Rauch/Schimpfky/Schneider*, in: Bösl/Sommer (Hrsg.), Mezzanine Finanzierung, 2006, S. 119, 120.

A.-K. Jungen, *Schutz von „wirtschaftlich-virtuellen" Gesellschaftern*,
https://doi.org/10.1007/978-3-658-42109-0_3

Eine gesetzliche Definition der stillen Gesellschaft gibt es nicht.[3] Einzig in den §§ 230 ff. HGB befinden sich Regelungen zur stillen Gesellschaft, wobei ein Großteil der dort normierten Regeln dispositiv ist.[4]

Die gesetzlichen Bestimmungen stellen nur die Rahmenbedingungen klar:

1. Die stille Beteiligung kann nur an einem Handelsgewerbe bestehen.[5]
2. Die Vermögenseinlage des stillen Gesellschafters muss in Vermögen des Geschäftsinhabers geleistet werden.[6]
3. Der stille Gesellschafter ist zwingend am Gewinn beteiligt.[7]

---

[3] *Schmidt* legt hingegen die folgende Definition zugrunde: „Ist auf Grund des zwischen einem kaufmännischen Rechtsträger (das HGB sagt: Inhaber des Handelsgeschäfts) und einem Anderen (stillen Gesellschafter) zur Erreichung eines gemeinsamen Zwecks ein Gesellschaftsvertrag geschlossen worden, kraft dessen der andere ohne Bildung eines Gesellschaftsvermögens mit einer Einlage am kaufmännischen Unternehmen (das HGB sagt: Handelsgewerbe) beteiligt ist und eine Gewinnbeteiligung erhält, so liegt eine stille Gesellschaft iS des HGB vor" *Schmidt*, in: ders./Ebke (Hrsg.), Münchener Kommentar zum Handelsgesetzbuch, Bd. 3, 4. Aufl. 2019, § 230 Rn. 2; *Blaurock* zieht demgegenüber § 230 HGB und § 231 HGB zur Umschreibung der stillen Gesellschaft heran, *Blaurock*, in: ders. (Hrsg.), Handbuch Stille Gesellschaft, 9. Aufl. 2020, Rn. 4.1; so auch *Hellich/Grossmann*, in: Häger/Elkemann-Reusch/Alvensleben (Hrsg.), Mezzanine Finanzierungsinstrumente, 2. Aufl. 2007, Rn. 107; *Keul*, in: Gummert/Weipert (Hrsg.), Münchener Handbuch des Gesellschaftsrechts, Bd. 2, 5. Aufl. 2019, § 72 Rn. 9.

[4] *Keul*, in: Gummert/Weipert (Hrsg.), Münchener Handbuch des Gesellschaftsrechts, Bd. 2, 5. Aufl. 2019, § 73 Rn. 27; *Rauch/Schimpfky/Schneider*, in: Bösl/Sommer (Hrsg.), Mezzanine Finanzierung, 2006, S. 119, 121.

[5] *Blaurock*, in: ders. (Hrsg.), Handbuch Stille Gesellschaft, 9. Aufl. 2020, Rn. 1.28, 4.1, 6.1; *Schmidt*, in: ders./Ebke (Hrsg.), Münchener Kommentar zum Handelsgesetzbuch, Bd. 3, 4. Aufl. 2019, § 230 Rn. 3.

[6] *Blaurock*, in: ders. (Hrsg.), Handbuch Stille Gesellschaft, 9. Aufl. 2020, Rn. 1.28; *Schmidt*, in: ders./Ebke (Hrsg.), Münchener Kommentar zum Handelsgesetzbuch, Bd. 3, 4. Aufl. 2019, § 230 Rn. 3, 37.

[7] *Blaurock*, in: ders. (Hrsg.), Handbuch Stille Gesellschaft, 9. Aufl. 2020, Rn. 1.28 ff.; *Keul*, in: Gummert/Weipert (Hrsg.), Münchener Handbuch des Gesellschaftsrechts, Bd. 2, 5. Aufl. 2019, § 72 Rn. 15; *Schmidt*, in: ders./Ebke (Hrsg.), Münchener Kommentar zum Handelsgesetzbuch, Bd. 3, 4. Aufl. 2019, § 230 Rn. 3, 38 ff.

4. Der stillen Gesellschaft liegt ein Gesellschaftsvertrag zugrunde. Der Handelsgewerbeinhaber und der Stille verfolgen einen gemeinsamen Zweck.[8]

Alle übrigen Modalitäten können im Gesellschaftsvertrag der stillen Gesellschaft unter den Parteien frei gestaltet werden – insoweit herrscht Gestaltungsfreiheit. Diese ist unter anderem deshalb möglich, weil aufgrund des Charakters der stillen Gesellschaft als Innengesellschaft, also mangels rechtlicher Wirkung nach außen,[9] keine Notwendigkeit für Gläubigerschutz- und Vertretungsvorschriften besteht.[10] Zwingende Vorschriften finden sich allein in den §§ 231 Abs. 2, 234 Abs. 1 S. 2, 135 i.V.m. 234 Abs. 1 S. 1, 236 Abs. 2 HGB und § 136 InsO. Umstritten ist die Abdingbarkeit im Rahmen von § 233 HGB.[11]

Beim gesetzlichen Grundtyp ist die stille Gesellschaft ein Schuldverhältnis zwischen dem Kaufmann und dem Stillen auf Basis eines gesellschaftsvertraglich abgesicherten Darlehens mit angedeutetem organisationsrechtlichem Charakter. Nach diesem Leitbild sind Kontrollrechte schuldrechtliche Nebenpflichten.[12]

---

[8] *Blaurock*, in: ders. (Hrsg.), Handbuch Stille Gesellschaft, 9. Aufl. 2020, Rn. 4.6 f.; *Schmidt*, in: ders./Ebke (Hrsg.), Münchener Kommentar zum Handelsgesetzbuch, Bd. 3, 4. Aufl. 2019, § 230 Rn. 3, 36; *Heeren* sieht die gemeinsame Zweckverfolgung allein in der Gewinnerzielung nicht aber im Abschluss von Handelsgeschäften auf gemeinsame Rechnung und bezeichnet letzteres als bloße Fiktion, da der Stille in der Regel lediglich an der eigenen Rendite interessiert sein wird *Heeren*, Kapitalgeberschutz und hybride Finanzierungsinstrumente, 2008, S. 97.

[9] Vgl. zur Rechtsnatur der stillen Gesellschaft, welche eine echte Personengesellschaft i.S.d. §§ 705 ff. BGB, eine Innengesellschaft, aber keine Handelsgesellschaft ist *Blaurock*, in: ders. (Hrsg.), Handbuch Stille Gesellschaft, 9. Aufl. 2020, Rn. 4.6 ff., 4.10 ff., 4.17 ff.; *Schmidt*, in: ders./Ebke (Hrsg.), Münchener Kommentar zum Handelsgesetzbuch, Bd. 3, 4. Aufl. 2019, § 230 Rn. 4 ff., 7 ff., 10 ff.

[10] *Blaurock*, in: ders. (Hrsg.), Handbuch Stille Gesellschaft, 9. Aufl. 2020, Rn. *4.24; Hellich/Grossmann*, in: Häger/Elkemann-Reusch/Alvensleben (Hrsg.), Mezzanine Finanzierungsinstrumente, 2. Aufl. 2007, Rn. 109; *Keul*, in: Gummert/Weipert (Hrsg.), Münchener Handbuch des Gesellschaftsrechts, Bd. 2, 5. Aufl. 2019, § 73 Rn. 27.

[11] Zum Streit um die Abdingbarkeit der Kontrollrechte des stillen Gesellschafters aus § 233 HGB *Schmidt.*, in: ders./Ebke (Hrsg.), Münchener Kommentar zum Handelsgesetzbuch, Bd. 3, 4. Aufl. 2019, § 233 Rn. 25 ff.

[12] *Ders*, in: ders./Ebke (Hrsg.), Münchener Kommentar zum Handelsgesetzbuch, 4. Aufl. 2019, § 230 Rn. 17 f. m.w.N, der dort auch darauf hinweist, dass ein organisationsrechtlicher Charakter nicht ausgeschlossen ist, aber vom Gesetz weder vorgesehen noch gefordert wird; ebenso zum organisationsrechtlichen Charakter *Blaurock*, in: ders. (Hrsg.), Handbuch Stille Gesellschaft, 9. Aufl. 2020, Rn. 4.9; zum schuldrechtlichen Gesellschaftsvertrag *Beuchert/Redeker*, in: Schön (Hrsg.), Eigenkapital und Fremdkapital, 2013, S. 289, 300.

3.1.1 Begriffliche Einordnung

Grundsätzlich wird zwischen der typischen und der atypischen stillen Gesellschaft unterschieden, wobei zivilrechtlich die HGB-Grundform als typisch stille Gesellschaft bezeichnet wird. Wegen der bestehenden Gestaltungsvielfalt im Recht der stillen Gesellschaften ließe sich vermuten, dass daher gewissermaßen jede stille Gesellschaft atypisch ist, sobald bereits in Detailfragen vom gesetzlichen Grundtyp abgewichen wird. Um dies zu verhindern, wird zivilrechtlich nach den ausgelösten Rechtsfolgen unterschieden. Vergleichbar ist dies mit der Verfahrensweise im Personengesellschaftsrecht. Konsequenter Weise müsste dann nämlich auch im Recht der Personengesellschaften, wo ebenfalls große Gestaltungsfreiheit herrscht, jeder vom Gesetzestypus abweichend ausgehandelte Gesellschaftsvertrag als atypisch gelten.[13]

Atypische Kennzeichen in diesem Sinne sind insbesondere das Fehlen einer zweigliedrigen Struktur, eine Vermögensbeteiligung und weitreichendere Kontrollrechte bis zur Geschäftsführung des Stillen.[14] Die in der Praxis am häufigsten vorkommenden atypischen stillen Gesellschaften sind solche als Publikumsgesellschaft, mit einer Vermögensbeteiligung oder mit Geschäftsführungsbefugnis des stillen Gesellschafters.[15]

---

[13] Vgl. zum Gesetzestypus und möglichen Abweichungen statt vieler *Schmidt*, in: ders./Ebke (Hrsg.), Münchener Kommentar zum Handelsgesetzbuch, Bd. 3, 4. Aufl. 2019, § 230 Rn. 70, 74; zur Notwendigkeit einer strukturellen Unterscheidung auch *Keul*, in: Gummert/Weipert (Hrsg.), Münchener Handbuch des Gesellschaftsrechts, Bd. 2, 5. Aufl. 2019, § 73 Rn. 28; jede Ausschöpfung der „Möglichkeiten der Vertragsfreiheit im Gesellschaftsvertrag" als atypisch erachtend und damit a.A. *Singhof/Seiler/Schlitt*, Mittelbare Gesellschaftsbeteiligungen, 2004, Rn. 9.

[14] *Blaurock*, in: ders. (Hrsg.), Handbuch Stille Gesellschaft, 9. Aufl. 2020, Rn. 4.25; *Zacharias/Hebig/Rinnewitz*, Die atypisch stille Gesellschaft, 2. Aufl. 2000, S. 48 f.

[15] *Blaurock*, in: ders. (Hrsg.), Handbuch Stille Gesellschaft, 9. Aufl. 2020, Rn. 4.26 ff., 4.32; *Harbarth*, in: Canaris/Habersack/Schäfer (Hrsg.), Staub Handelsgesetzbuch, Bd. 4, 5. Aufl. 2015, § 230 Rn. 66 ff.; *Keul*, in: Gummert/Weipert (Hrsg.), Münchener Handbuch des Gesellschaftsrechts, Bd. 2, 5. Aufl. 2019, § 73 Rn. 30; vgl. *Schmidt*, in: ders./Ebke (Hrsg.), Münchener Kommentar zum Handelsgesetzbuch, Bd. 3, 4. Aufl. 2019, § 230 Rn. 76; *ders.*, Gesellschaftsrecht, 4. Aufl. 2002, S. 1864; die mehrgliedrige stille Gesellschaft vom Begriff der atypisch stillen Gesellschaft ausschließend *Horn*, in: Heymann/Horn (Hrsg.), Heymann-Handelsgesetzbuch, Bd. 2, 1996, § 230 Rn. 52; die atypische stille Gesellschaft allein an den Mitwirkungsrechten beurteilend *Kesten*, Grundlagen der Unternehmensfinanzierung, 2. Aufl. 2012, S. 132.

Im Steuerrecht wird indes abweichend davon eine atypisch stille Gesellschaft angenommen, sobald die stille Gesellschaft die Voraussetzungen eines Mitunternehmerschaft i.S.d. §§ 15 Abs. 1 Nr. 2 S. 2 EStG erfüllt.[16] Im Folgenden soll allerdings nur die zivilrechtliche Unterscheidung relevant sein.

Aufgrund der angesprochenen Gestaltungsvarianten ist daher im Nachfolgenden zu klären, welche konkreten Formen der stillen Gesellschaft unter den Begriff der „wirtschaftlich-virtuellen" Gesellschafter zu subsumieren sind und demnach im Fortgang der Arbeit auf Schutzlücken untersucht werden.

3.1.2 Ausgestaltung der geldwerten Ansprüche des stillen Gesellschafters

§ 231 Abs. 2 Hs. 2 HGB sieht eine Gewinnbeteiligung des stillen Gesellschafters am Geschäftsergebnis des Handelsgewerbeinhabers zwingend vor. Die Höhe der Gewinnbeteiligung und die konkreten Modalitäten, wie diese ausgezahlt wird (z. B. Mindestgewinnanteile, Höchstgrenze, Begrenzung auf einen Teil des Gewinnes oder Gewinnvoraus), können unter den Vertragsparteien frei bestimmt werden. Möglich ist daher zum einen eine gewinnorientierte und zum anderen eine gewinnabhängige Vergütung.[17] Reine Festverzinsungen, eine Umsatzprovision oder eine Auszahlung auch in Verlustjahren erfüllen das zwingende Merkmal der Gewinnbeteiligung gem. § 231 Abs. 1 HGB als Mindestvoraussetzung nicht.[18]

---

[16] *Blaurock*, in: ders. (Hrsg.), Handbuch Stille Gesellschaft, 9. Aufl. 2020, Rn. 4.33; *Rauch/Schimpfky/Schneider*, in: Bösl/Sommer (Hrsg.), Mezzanine Finanzierung, 2006, S. 119, 130; *Schmidt*, in: ders./Ebke (Hrsg.), Münchener Kommentar zum Handelsgesetzbuch, Bd. 3, 4. Aufl. 2019, § 230 Rn. 75; kritisch *Schulze-Osterloh*, in: Drenseck/Seer (Hrsg.), Festschrift für Heinrich Wilhelm Kruse zum 70. Geburtstag, 2001, S. 377 ff.

[17] Vgl. zur begrifflichen Unterscheidung *Beuchert/Redeker*, in: Schön (Hrsg.), Eigenkapital und Fremdkapital, 2013, S. 289, 301; *Gleske/Laudenklos*, in: Eilers/Rödding/Schmalenbach (Hrsg.), Unternehmensfinanzierung, 2. Aufl. 2014, D Rn. 53; vgl. zur Unterscheidung unter Abschnitt 2.3.1.1.

[18] *Elkemann-Reusch*, in: Häger/Elkemann-Reusch/Alvensleben (Hrsg.), Mezzanine Finanzierungsinstrumente, 2. Aufl. 2007, Rn. 248 ff.; *Gehrlein*, in: Ebenroth/Boujong/Joost u. a. (Hrsg.), Handelsgesetzbuch, Bd. 1, 4. Aufl. 2020, § 230 Rn. 19; *Kauffeld*, in: Blaurock (Hrsg.), Handbuch Stille Gesellschaft, 9. Aufl. 2020, Rn. 8.5; *Keul*, in: Gummert/Weipert (Hrsg.), Münchener Handbuch des Gesellschaftsrechts, Bd. 2, 5. Aufl. 2019, § 72 Rn. 15; *Roth*, in: Baumbach/Hopt (Hrsg.), Handelsgesetzbuch, 40. Aufl. 2021, § 231 Rn. 2; *Singhof/Seiler/Schlitt*, Mittelbare Gesellschaftsbeteiligungen, 2004, Rn. 98.

Bei der atypisch stillen Gesellschaft kann der Stille zudem am Gesellschaftsvermögen, d. h. am Unternehmenswert, beteiligt werden, was allerdings keine dingliche Berechtigung zur Folge hat, sondern ausschließlich schuldrechtlich wirkt.[19] Darüber hinaus kann die stille Beteiligung zusätzlich der Stellung eines Kommanditisten oder OHG-Gesellschafters angenähert werden, indem dem Stillen Mitgliedschaftsrechte, wie z. B. Kontroll- und Mitspracherechte, eingeräumt werden.[20]

Wie nachfolgend dargestellt, bezieht sich die Erfolgsbezogenheit sowohl auf die laufende Gewinn- und Verlustbeteiligung als auch auf die Kapitalrückzahlung.[21]

3.1.2.1 Vergütung des stillen Gesellschafters

Die Vergütung des stillen Gesellschafters kann aus verschiedenen Elementen bestehen. Neben der Gewinn- und Verlustteilnahme ist nicht nur eine Vermögensbeteiligung, sondern ebenfalls eine sog. Kicker-Komponente[22] möglich.

---

[19] So bereits RG, Urt. v. 20. Dezember 1929 – II 66/29, RGZ 126, 386, 390; BGH, Urt. v. 24. September 1952 – II ZR 136/51, BGHZ 7, 174, 177 f.; zur rein schuldrechtlichen Beteiligung BGH, Urt. v. 29. Oktober 1952 – II ZR 16/52, BGHZ 7, 378, 380; BGH, Urt. v. 29. November 1952 – II ZR 15/52, NJW 1953, 818, 820; *Blaurock*, in: ders. (Hrsg.), Handbuch Stille Gesellschaft, 9. Aufl. 2020, Rn. 1.30, 4.28; *Gehrlein*, in: Ebenroth/Boujong/Joost u. a. (Hrsg.), Handelsgesetzbuch, Bd. 1, 4. Aufl. 2020, § 230 Rn. 65; *Keul*, in: Gummert/Weipert (Hrsg.), Münchener Handbuch des Gesellschaftsrechts, Bd. 2, 5. Aufl. 2019, § 73 Rn. 32, § 86 Rn. 35; *Roth*, in: Baumbach/Hopt (Hrsg.), Handelsgesetzbuch, 40. Aufl. 2021, § 230 Rn. 3; *Schmidt*, in: ders./Ebke (Hrsg.), Münchener Kommentar zum Handelsgesetzbuch, Bd. 3, 4. Aufl. 2019, § 230 Rn. 79; *ders.*, Gesellschaftsrecht, 4. Aufl. 2002, S. 1846 f.; *Singhof/Seiler/Schlitt*, Mittelbare Gesellschaftsbeteiligungen, 2004, Rn. 119; *Zacharias/Hebig/Rinnewitz*, Die atypisch stille Gesellschaft, 2. Aufl. 2000, S. 35 f.

[20] Eine dahingehende Unterscheidung zwischen der rein rechnerischen Vermögensbeteiligung des stillen Gesellschafters und der „Innen-KG" als „virtueller Kommanditgesellschaft" mit Mitsprache- und Kontrollrechten eines Kommanditisten nimmt *Schmidt* vor. Er beschreibt die einem Gesellschafter angenäherte Stellung des Stillen als „Innen-KG" oder „Innen-OHG". Diese treten *Schmidt* zufolge beispielsweise in der sog. GmbH&Still auf; vgl. hierzu weitergehend *Schmidt*, in: ders./Ebke (Hrsg.), Münchener Kommentar zum Handelsgesetzbuch, Bd. 3, 4. Aufl. 2019, § 230 Rn. 80 f., 87; vgl. zu den Mitsprache- und Kontrollrechten unter Abschnitt 2.1.2.5.

[21] *Baums*, Recht der Unternehmensfinanzierung, 2017, § 14 vor Rn. 8.

[22] *Everling/Trieu*, in: Bösl/Sommer (Hrsg.), Mezzanine Finanzierung, 2006, S. 87, 92; *Hellich/Grossmann*, in: Häger/Elkemann-Reusch/Alvensleben (Hrsg.), Mezzanine Finanzierungsinstrumente, 2. Aufl. 2007, Rn. 128 ff.; *Rauch/Schimpfky/Schneider*, in: Bösl/Sommer (Hrsg.), Mezzanine Finanzierung, 2006, S. 119, 127; zur Möglichkeit der Festverzinsung vgl. *Elkemann-Reusch*, in: Häger/Elkemann-Reusch/Alvensleben (Hrsg.), Mezzanine Finanzierungsinstrumente, 2. Aufl 2007, Rn. 267 ff.; *Keul*, in: Gummert/Weipert (Hrsg.), Münchener

Bei der AG ist darauf zu achten, dass die Verknüpfung eines Mindestzinses mit einer gewinnabhängigen Vergütung hinsichtlich § 301 AktG auf Probleme stößt. Die gewinnabhängige Vergütung wird als Teilgewinnabführungsvertrag i.S.d. § 292 Abs. 1 Nr. 2 AktG angesehen. § 301 S. 1 AktG sieht aber vor, dass die AG als ihren Gewinn höchstens den Jahresüberschuss abführen darf, vermindert um den Verlustvortrag aus dem Vorjahr, den nach § 300 AktG in die gesetzlichen Rücklagen einzustellenden Betrag und den nach § 268 Abs. 8 HGB ausschüttungsgesperrten Betrag. Für den Fall, dass in Verlustjahren auch ein solcher Mindestzins auszuzahlen ist, führt dies zu einem Verstoß gegen § 301 AktG.[23]

3.1.2.1.1 Gewinn- und Verlustbeteiligung während der Laufzeit der Gesellschaft

Wie sich aus § 231 Abs. 2 Hs. 1 HGB ergibt, steht die Verlustbeteiligung des Stillen zur Disposition der Vertragsparteien; sie kann ausgeschlossen, beschränkt oder auch ausdrücklich erweitert werden. Wird nichts vereinbart, so ist der stille Gesellschafter im Zweifel zum gleichen Verteilungsschlüssel am Verlust wie auch am Gewinn beteiligt.[24]

§ 232 Abs. 2 S. 1 HGB sieht vor, dass eine Verlustbeteiligung nur bis zur Höhe der Einlage des stillen Gesellschafters erfolgen kann. Er unterliegt demnach keiner Nachschusspflicht.[25] Gem. § 232 Abs. 2 S. 2 Hs. 2 HGB wird seine durch vorangegangene Verluste geminderte Einlage durch die Gewinne der Folgejahre

---

Handbuch des Gesellschaftsrechts, Bd. 2, 5. Aufl. 2019, § 86 Rn. 41; vgl. zu den Kicker-Komponenten unter Abschnitt 2.2.2.2.

[23] *Rauch/Schimpfky/Schneider*, in: Bösl/Sommer (Hrsg.), Mezzanine Finanzierung, 2006, S. 119, 127 f. m.w.N.

[24] BGH, Urt. v. 30. November 1959 – II ZR 204/57, DB 1960, 261; vgl. BGH, Urt. v. 29. Juni 1992 – II ZR 284/91, NJW 1992, 2696, 2697; OLG Brandenburg, Urt. v. 8. Februar 1995 – 7 U 101/94, NJW-RR 1996, 156, 157; *Keul*, in: Gummert/Weipert (Hrsg.), Münchener Handbuch des Gesellschaftsrechts, Bd. 2, 5. Aufl. 2019, § 86 Rn. 47, 49; *Koenigs*, Stille Gesellschaft, 1961, S. 177; *Singhof/Seiler/Schlitt*, Mittelbare Gesellschaftsbeteiligungen, 2004, Rn. 116; *Zacharias/Hebig/Rinnewitz*, Die atypisch stille Gesellschaft, 2. Aufl. 2000, S. 31.

[25] *Hellich/Grossmann*, in: Häger/Elkemann-Reusch/Alvensleben (Hrsg.), Mezzanine Finanzierungsinstrumente, 2. Aufl. 2007, Rn. 113; *Roth*, in: Baumbach/Hopt (Hrsg.), Handelsgesetzbuch, 40. Aufl. 2021, § 232 Rn. 6; *Zacharias/Hebig/Rinnewitz*, Die atypisch stille Gesellschaft, 2. Aufl. 2000, S. 32.

wieder aufgefüllt und, ggf. um Verluste geschmälert, später zurückgezahlt. Es können vertraglich aber davon abweichende Vereinbarungen getroffen werden.[26]

Besteht hingegen keine Verlustbeteiligung, so entfällt lediglich die Vergütung in Verlustjahren, sofern keine Mindestverzinsung oder eine Nachzahlung durch erwirtschaftete Gewinne in späteren Jahren vereinbart werden. Das hingegebene Kapital wird nicht berührt. Darüber hinaus steht es den Parteien frei festzulegen, dass für die Dauer der stillen Gesellschaft Verlustanteile mit dem Einlagekonto des stillen Gesellschafters verrechnet und um spätere Gewinne wieder aufgefüllt werden sollen, er seine Einlage zum Zeitpunkt der Beendigung jedoch in voller Höhe zurückerhalten soll. Dann ist eine Verlustbeteiligung nur auf die Vertragslaufzeit der stillen Beteiligung beschränkt.[27]

3.1.2.1.2 Berechnung von Gewinn und Verlust

Bei Gewinn- oder Verlustverteilung am Ende eines Wirtschaftsjahres ist, vorbehaltlich abweichender vertraglicher Regelungen, bei der typisch stillen Gesellschaft maßgeblich, wie die Gewinne oder Verluste entstanden sind.[28] Es ist umstritten, ob dazu allein das ordentliche Betriebsergebnis, welches das Jahresergebnis aus den gewöhnlichen Geschäften des Handelsgewerbeinhabers umfasst,[29] heranzuziehen ist oder ob das anhand der Handelsbilanz berechnete Jahresergebnisses mit allen Geschäftsvorfällen maßgeblich sein soll.

Bereits das Reichsgericht sah allein die operativen Gewinne als maßgeblich an und bezieht nur solche Steigerungen des Geschäftsvermögens mit ein, die mit den Mitteln des Stillen erreicht wurden.[30] Auch in der Rechtsprechung des BGH

---

[26] *Schmidt*, in: ders./Ebke (Hrsg.), Münchener Kommentar zum Handelsgesetzbuch, Bd. 3, 4. Aufl. 2019, § 232 Rn. 33.

[27] *Baums*, Recht der Unternehmensfinanzierung, 2017, § 31 Rn. 21; *Kauffeld*, in: Blaurock (Hrsg.), Handbuch Stille Gesellschaft, 9. Aufl. 2020, Rn. 8.37 f. m.w.N.; *Zacharias/Hebig/Rinnewitz*, Die atypisch stille Gesellschaft, 2. Aufl. 2000, S. 32.

[28] *Kauffeld*, in: Blaurock (Hrsg.), Handbuch Stille Gesellschaft, 9. Aufl. 2020, Rn. 8.73.

[29] *Hellich/Grossmann*, in: Häger/Elkemann-Reusch/Alvensleben (Hrsg.), Mezzanine Finanzierungsinstrumente, 2. Aufl. 2007, Rn. 115; *Elkemann-Reusch*, in: Häger/Elkemann-Reusch/Alvensleben (Hrsg.), Mezzanine Finanzierungsinstrumente, 2. Aufl. 2007, Rn. 257.

[30] RG, Urt. v. 17. April 1928 – II 342/27, RGZ 120, 410, 411; RG, Urt. v. 20. Dezember 1929 – II 66/29, RGZ 126, 386, 393; RG, Urt. v. 14. Dezember 1939 – II 109/38, JW 1939, 489, 490.

und in Teilen der Literatur wird darauf abgestellt.[31] Gegen das reine Betriebsergebnis als Grundlage der Gewinn- und Verlustverteilung wird eingewandt, dass der stille Gesellschafter nicht nur an einem Betrieb, sondern am Handelsgewerbe mit allen erwirtschafteten Ergebnissen beteiligt sei. Bei ausschließlicher Beteiligung am Betriebsergebnis sei zu befürchten, dass die Ergebnisteilhabe zu sehr beschränkt werde.[32] Noch weitergehender wird eine vollständige Aufgabe der Unterscheidung von betriebsbezogenen Ergebnissen und extern generierten Erfolgen vertreten, wobei jedoch verschiedene Begründungsansätze verfolgt werden. Zum einen wird davon ausgegangen, dass der gesellschaftsvertraglich festgehaltene Zweck sich auf das Gesellschaftsvermögen und das Handelsgewerbe im Ganzen erstrecke, womit eine Berechtigung nicht nur am Umlauf- sondern auch am Anlagevermögen einhergehe.[33] Anders wird argumentiert, es könne nicht auf eine dingliche oder schuldrechtliche Beteiligung ankommen, sondern auf den gemeinsamen Zweck. Dieser verbinde den Stillen und den Handelsgewerbeinhaber, die ihn durch unterschiedliche Beiträge gemeinsam fördern.[34] Weiterhin wird vertreten, dass maßgeblich für den jährlichen Gewinnanteil des Stillen das Ergebnis des Handelsgewerbes sein soll, welches anhand der Jahresbilanz zu ermitteln sei. Mangels gesetzlicher Regelungen, die eine Beschränkungen des bilanziell ermittelten Jahresgewinns vorsehen, sei eine Unterscheidung zwischen den Ergebnissen nicht vorzunehmen. Außerdem bezögen sich Kapital- und Arbeitseinsatz auf einen nicht trennbaren Erfolg.[35]

---

[31] BGH, Urt. v. 30. November 1959 – II ZR 204/57, DB 1960, 261; *Gehrlein*, in: Ebenroth/Boujong/Joost u. a. (Hrsg.), Handelsgesetzbuch, Bd. 1, 4. Aufl. 2020, § 232 Rn. 9; vgl. *Roth*, in: Baumbach/Hopt (Hrsg.), Handelsgesetzbuch, 40. Aufl. 2021, § 232 Rn. 1; *Harbarth*, in: Canaris/Habersack/Schäfer (Hrsg.), Staub Handelsgesetzbuch, Bd. 4, 5. Aufl. 2015, § 232 Rn. 4; vgl. zu weiteren Nachweisen auch *Schmidt*, in: ders./Ebke (Hrsg.), Münchener Kommentar zum Handelsgesetzbuch, Bd. 3, 4. Aufl. 2019, § 232 Rn. 5.

[32] Zusätzlich mit dem Hinweis auf eine irreführende Verwendung des Begriffes „Betriebsergebnis" *Keul*, in: Gummert/Weipert (Hrsg.), Münchener Handbuch des Gesellschaftsrechts, Bd. 2, 5. Aufl. 2019, § 86 Rn. 9; ähnlich unter Einbeziehung jedes wertmäßigen Zuwachses am Betriebsvermögen *Servatius*, in: Henssler/Strohn (Hrsg.), Gesellschaftsrecht, 5. Aufl. 2021, § 231 HGB Rn. 3; alle Wertveränderungen einbeziehend soweit sie aus betrieblichen (nicht betriebsfremden) Gründen herrühren *Koenigs*, Stille Gesellschaft, 1961, S. 189 f.

[33] *Schulze-Osterloh*, in: Drenseck/Seer (Hrsg.), Festschrift für Heinrich Wilhelm Kruse zum 70. Geburtstag, 2001, S. 377, 378, 392 f.; *Sudhoff*, NJW 1960, 2121, 2122.

[34] *Zinkeisen*, Der Umfang der Gewinnbeteiligung und des Auseinandersetzungsguthabens des stillen Gesellschafters, 1972, A. 26 f., 38 f., 46; im Ergebnis ebenso *Wachter*, Die Gewinnermittlung und Gewinnverteilung in der stillen Gesellschaft, 1996, S. 84, 87.

[35] *Sudhoff*, NJW 1960, 2121, 2122 f.

Eine starre Trennung im Sinne einer schwarz-weiß-Betrachtung scheint bei dem von Typenvielfalt geprägten dispositiven Recht der stillen Gesellschaft zumindest bedenklich. Vorzugswürdiger ist daher eine Lösung mittels Auslegung des konkreten Gesellschaftszwecks sowie des Willens der Vertragsparteien und der grundsätzlichen Unterscheidung zwischen atypisch und typisch stillen Gesellschaften.[36]

Dem typisch stillen Gesellschafter steht nur eine Gewinn- und gerade keine Beteiligung am Gesellschaftsvermögen zu; letztere würde eine atypisch stille Gesellschaft kennzeichnen. Maßgeblich sollte daher allein die Frage sein, ob das Ergebnis durch den Geschäftsbetrieb während der Dauer der stillen Gesellschaft erwirtschaftet wurde. Differenzierend ist daher davon auszugehen, dass in der Regel keine Beteiligung an stillen Reserven des Anlagevermögens aber auch keine Beteiligung lediglich am ordentlichen Betriebsergebnis gewollt ist, sondern vielmehr eine Beteiligung des Stillen am Jahresüberschuss, der außerordentliche Ergebnisse, die kein Realisation von stillen Reserven enthalten, einschließt.[37]

Bei der Gewinn- und Verlustverteilung im Rahmen der atypisch stillen Gesellschaft wird konsequenter Weise aufgrund seiner Beteiligungsabrede regelmäßig auf die Handelsbilanz des Inhabers des Handelsgewerbes abgestellt, ohne dass die oben getätigten Überlegungen eine Rolle spielen.[38]

Eine nur auf einen bestimmten Teil des Handelsgewerbes beschränkte Vermögensbeteiligung ist ebenso möglich.[39]

3.1.2.2 Beendigung der stillen Gesellschaft

Auch im Falle der Auseinandersetzung ist zwischen der typisch und atypisch stillen Gesellschaft zu differenzieren. Allgemein steht dem stillen Gesellschafter gem. § 235 HGB ein Auseinandersetzungsanspruch zu.

---

[36] So bereits *Schmidt*, in: ders./Ebke (Hrsg.), Münchener Kommentar zum Handelsgesetzbuch, Bd. 3, 4. Aufl. 2019, § 232 Rn. 6; zur Maßgeblichkeit der gesellschaftsvertraglichen Vereinbarungen *Kauffeld*, in: Blaurock (Hrsg.), Handbuch Stille Gesellschaft, 9. Aufl. 2020, Rn. 8.89.

[37] Dazu und zusätzlich zu den Einzelheiten *Schmidt*, in: ders./Ebke (Hrsg.), Münchener Kommentar zum Handelsgesetzbuch, Bd. 3, 4. Aufl. 2019, § 232 Rn. 6 ff.; ähnlich *Kauffeld*, in: Blaurock (Hrsg.), Handbuch Stille Gesellschaft, 9. Aufl. 2020, Rn. 8.89; *Singhof/Seiler/Schlitt*, Mittelbare Gesellschaftsbeteiligungen, 2004, Rn. 238.

[38] *Elkemann-Reusch*, in: Häger/Elkemann-Reusch/Alvensleben (Hrsg.), Mezzanine Finanzierungsinstrumente, 2. Aufl. 2007, Rn. 257; bei den durch *Schmidt* geprägten Formen der „Innen-KG" besteht wie bei Kommanditisten Uneinigkeit über die Zugrundelegung der Handels- oder der Steuerbilanz, dazu tiefergehend *Schmidt*, in: ders./Ebke (Hrsg.), Münchener Kommentar zum Handelsgesetzbuch, Bd. 3, 4. Aufl. 2019, § 232 Rn. 39.

[39] *Blaurock*, in: ders. (Hrsg.), Handbuch Stille Gesellschaft, 9. Aufl. 2020, Rn. 1.31.

Der typisch stille Gesellschafter hat lediglich einen Rück- und Auszahlungsanspruch auf die gegebenenfalls um Verluste geminderte Vermögenseinlage.[40] Der typisch stille Gesellschafter nimmt gerade nicht an Wertänderungen des Firmen- oder Geschäftswertes oder an stillen Reserven teil.[41]

Sollen Verluste beim stillen Gesellschafter nicht berücksichtigt werden, so steht ihm im Falle der Auseinandersetzung ein Rückzahlungsanspruch des Einlageguthabens als Minimum zu.[42]

Wird auf schuldrechtlicher Ebene eine Beteiligung des Stillen am Gesellschaftsvermögen vereinbart (atypisch stille Gesellschaft), so ist er im Falle der Auseinandersetzung so zu behandeln, als stünde das gesamte Gesellschaftsvermögen beiden Gesellschaftern zu.[43]

3.1.3 Verwaltungsrechtliche Ausgestaltung

Das gesetzestypische Grundbild des stillen Gesellschafters sieht mit Ausnahme von § 233 HGB keine Kontroll- und Verwaltungsrechte vor. Aber auch die in § 233 HGB normierten Einsichts- und Prüfrechte können eingeschränkt werden.[44] Dem Stillen steht kein Recht zur Geschäftsführung zu (vgl. § 230 Abs. 1

---

[40] *Ders.*, in: ders. (Hrsg.), Handbuch Stille Gesellschaft, 9. Aufl. 2020, Rn. 4.29; *Kauffeld*, in: Blaurock (Hrsg.), Handbuch Stille Gesellschaft, 9. Aufl. 2020, Rn. 15.22; *Koenigs*, Stille Gesellschaft, 1961, S. 284 f.

[41] *Kauffeld*, in: Blaurock (Hrsg.), Handbuch Stille Gesellschaft, 9. Aufl. 2020, Rn. 15.22; *Roth*, in: Baumbach/Hopt (Hrsg.), Handelsgesetzbuch, 40. Aufl. 2021, § 235 Rn. 1.

[42] BGH, Urt. v. 29. Juni 1992 – II ZR 284/91, NJW 1992, 2696, 2697; *Baums*, Recht der Unternehmensfinanzierung, 2017, § 31 Rn. 22; *Singhof/Seiler/Schlitt*, Mittelbare Gesellschaftsbeteiligungen, 2004, Rn. 234.

[43] *Blaurock*, in: ders. (Hrsg.), Handbuch Stille Gesellschaft, 9. Aufl. 2020, Rn. 4.14, 4.29; *Hellich/Grossmann*, in: Häger/Elkemann-Reusch/Alvensleben (Hrsg.), Mezzanine Finanzierungsinstrumente, 2. Aufl. 2007, Rn. 120; vgl. *Roth*, in: Baumbach/Hopt (Hrsg.), Handelsgesetzbuch, 40. Aufl. 2021, § 230 Rn. 3; *Schrell/Kirchner*, BKR 2003, 13, 17 *Singhof/Seiler/Schlitt*, Mittelbare Gesellschaftsbeteiligungen, 2004, Rn. 119; als „rein rechnerische Vermögensbeteiligung" bezeichnend *Schmidt*, in: ders./Ebke (Hrsg.), Münchener Kommentar zum Handelsgesetzbuch, Bd. 3, 4. Aufl. 2019, § 230 Rn. 80.

[44] *Koenigs*, Stille Gesellschaft, 1961, S. 170 f.; *Lamprecht*, in: Blaurock (Hrsg.), Handbuch Stille Gesellschaft, 9. Aufl. 2020, Rn. 12.46; *Roth*, in: Baumbach/Hopt (Hrsg.), Handelsgesetzbuch, 40. Aufl. 2021, § 233 Rn. 11; vgl. allgemein zu den dem Stillen zustehenden Informationsrechten *Seffer/Erhardt*, in: Gummert/Weipert (Hrsg.), Münchener Handbuch des Gesellschaftsrechts, Bd. 2, 5. Aufl. 2019, § 81 Rn. 1 ff.

HGB). Fehlt eine erweiternde vertragliche Vereinbarung (nach § 716 BGB)[45], hat der stille Gesellschafter nur ein Mitsprache- und Kündigungsrecht, wenn es um Änderungen der Grundlagen der Gesellschaft geht, wie z. B. die Änderung des Geschäftsgegenstandes.[46]

Stehen dem stillen Gesellschafter Geschäftsführungs- und Vertretungsbefugnisse zu, liegt eine Form der atypisch stillen Gesellschaft vor. Auf Ebene der Geschäftsführung können Widerspruchs-, Zustimmungs-, Stimm- oder Weisungsrechte vorgesehen werden.[47] Es ist aber auch möglich, dem Stillen die Position eines OHG-Gesellschafters oder eines Kommanditisten einzuräumen, indem gesellschaftsvertraglich vereinbart wird, das Recht der OHG oder KG anzuwenden. Die festgelegten Kontrollrechte können gar so weit gehen, dass dem Stillen die eigentliche Entscheidungsmacht im Innenverhältnis zusteht, während der Inhaber des Handelsgeschäfts als Strohmann fungiert.[48] Seltener wird dem stillen Gesellschafter Vertretungsmacht eingeräumt. Er tritt dann aber nicht als Vertreter der stillen Gesellschaft, sondern des Handelsgewerbeinhabers auf.

---

[45] Zur Möglichkeit der Erweiterung *Zacharias/Hebig/Rinnewitz*, Die atypisch stille Gesellschaft, 2. Aufl. 2000, S. 47.

[46] BGH, Urt. v. 10. Oktober 1994 – II ZR 32/94, NJW 1995, 192; *Hellich/Grossmann*, in: Häger/Elkemann-Reusch/Alvensleben (Hrsg.), Mezzanine Finanzierungsinstrumente, 2. Aufl. 2007, Rn. 123; *Lamprecht*, in: Blaurock (Hrsg.), Handbuch Stille Gesellschaft, 9. Aufl. 2020, Rn. 12.61 f.; vgl. *Schmidt*, in: ders./Ebke (Hrsg.), Münchener Kommentar zum Handelsgesetzbuch, Bd. 3, 4. Aufl. 2019, § 230 Rn. 179; *Seffer/Erhardt*, in: Gummert/Weipert (Hrsg.), Münchener Handbuch des Gesellschaftsrechts, Bd. 2, 5. Aufl. 2019, § 80 Rn. 4; zur fehlenden Geschäftsführungsbefugnis *Gehrlein*, in: Ebenroth/Boujong/Joost u. a. (Hrsg.), Handelsgesetzbuch, Bd. 1, 4. Aufl. 2020, § 230 Rn. 48.

[47] BGH, Urt. v. 29. November 1952 – II ZR 15/52, NJW 1953, 818; *Gehrlein*, in: Ebenroth/Boujong/Joost u. a. (Hrsg.), Handelsgesetzbuch, Bd. 1, 4. Aufl. 2020, § 230 Rn. 63, 66; *Schmidt*, in: ders./Ebke (Hrsg.), Münchener Kommentar zum Handelsgesetzbuch, Bd. 3, 4. Aufl. 2019, § 230 Rn. 77; die Ausgestaltung der Mitwirkungsrechte als ein Unterscheidungskriterium zwischen atypisch und typisch stiller Gesellschaft definierend BGH, Urt. v. 29. Juni 1992 – II ZR 284/91, NJW 1992, 2696, 2697.

[48] *Blaurock*, in: ders. (Hrsg.), Handbuch Stille Gesellschaft, 9. Aufl. 2020, Rn. 4.32; vgl. *Schmidt*, in: ders./Ebke (Hrsg.), Münchener Kommentar zum Handelsgesetzbuch, Bd. 3, 4. Aufl. 2019, § 230 Rn. 77, 82; *Singhof/Seiler/Schlitt*, Mittelbare Gesellschaftsbeteiligungen, 2004, Rn. 122; zur ausschließlichen Wirkung im Innenverhältnis vgl. BFH, Urt. v. 26. November 1996 – VIII R42/94, NJW 1997, 2003, 2004; BGH, Urt. v. 29. November 1952 – II ZR 15/52, NJW 1953, 818; vgl. *Gehrlein*, in: Ebenroth/Boujong/Joost u. a. (Hrsg.), Handelsgesetzbuch, Bd. 1, 4. Aufl. 2020, § 230 Rn. 66; zur Einräumung einer Stellung vergleichbar der des OHG-Gesellschafters vgl. OLG Schleswig, Urt. v. 30. Oktober 2008 – 5 U 66/08, NZG 2009, 256, 257; *Koenigs*, Stille Gesellschaft, 1961, S. 169 f.

Dabei kommt bei Personengesellschaften aufgrund des Prinzips der Selbstorganschaft nur eine schuldrechtliche und keine organschaftliche Vertretung in Frage.[49] Zwingend sind dementsprechende Vereinbarungen zur Mitwirkung indes nicht.[50]

Wird dem Gesellschafter eine Vermögensbeteiligung eingeräumt, geht damit häufig auch eine Erweiterung der in § 233 HGB vorgesehenen Rechte einher.[51] Dem stillen Gesellschafter hieraus als Folge die in § 164 HGB vorgesehenen Rechte einzuräumen, ohne dies vertraglich zu fixieren,[52] ist bedenklich, da sich hierfür keine gesetzliche Grundlage findet. Nur soweit dem stillen Gesellschafter tiefgreifendere Verwaltungsrechte eingeräumt werden, könnte eine solche Annahme zu tätigen sein.[53] Mit Entwicklung der Innen-KG geht auch *Schmidt* davon aus, dass bei vermögensrechtlicher Annäherung der Position des Stillen an die des Kommanditisten, diesem auch dieselben Mitspracherechte zuteil werden müssten. Bei einer rein rechnerischen Vermögensbeteiligung könne darauf indes nicht geschlossen werden.[54]

Bei Bestehen mehrerer stiller Gesellschaften an einem Handelsgewerbe, können sich die Stillen im Innenverhältnis körperschaftlich zusammenschließen, Gesellschafterversammlungen abhalten und Beschlüsse mit Verbindlichkeit für den Inhaber des Handelsgewerbes fassen.[55]

---

[49] *Gehrlein*, in: Ebenroth/Boujong/Joost u. a. (Hrsg.), Handelsgesetzbuch, Bd. 1, 4. Aufl. 2020, § 230 Rn. 67; *Schmidt*, in: ders./Ebke (Hrsg.), Münchener Kommentar zum Handelsgesetzbuch, Bd. 3, 4. Aufl. 2019, § 230 Rn. 78; *Singhof/Seiler/Schlitt*, Mittelbare Gesellschaftsbeteiligungen, 2004, Rn. 123.

[50] OLG Dresden, Urt. v. 21. November 2002 – 8 U 933/02, WM 2004, 726, 727 f.; vgl. *Roth*, in: Baumbach/Hopt (Hrsg.), Handelsgesetzbuch, 40. Aufl. 2021, § 230 Rn. 3.

[51] *Blaurock*, in: ders. (Hrsg.), Handbuch Stille Gesellschaft, 9. Aufl. 2020, Rn. 4.31 m.w.N.; *Hellich/Grossmann*, in: Häger/Elkemann-Reusch/Alvensleben (Hrsg.), Mezzanine Finanzierungsinstrumente, 2. Aufl. 2007, Rn. 125 f.; *Singhof/Seiler/Schlitt*, Mittelbare Gesellschaftsbeteiligungen, 2004, Rn. 121.

[52] So *Weimar*, DB 1987, 1077, 1079.

[53] So bereits *Horn*, in: Heymann/Horn (Hrsg.), Heymann-Handelsgesetzbuch (ohne Seerecht), Bd. 2, 1996, § 230 Rn. 54; *Keul*, in: Gummert/Weipert (Hrsg.), Münchener Handbuch des Gesellschaftsrechts, Bd. 2, 5. Aufl. 2019, § 73 Rn. 34.

[54] *Schmidt*, in: ders./Ebke (Hrsg.), Münchener Kommentar zum Handelsgesetzbuch, Bd. 3, 4. Aufl. 2019, § 230 Rn. 80 f.; zur Vergleichbarkeit des atypisch stillen Gesellschafters mit einem Kommanditisten und der Fiktion einer Gesamthandsgemeinschaft *Groh*, in: Drenseck/Seer (Hrsg.), Festschrift für Heinrich Wilhelm Kruse zum 70. Geburtstag, 2001, S. 417 ff.; insoweit *Schmidt* zur „Innen-KG" zustimmend *Weimar*, DB 1987, 1077, 1081 f.

[55] Statt vieler *Gehrlein*, in: Ebenroth/Boujong/Joost u. a. (Hrsg.), Handelsgesetzbuch, Bd. 1, 4. Aufl. 2020, § 230 Rn. 83, 84 ff.; *Schmidt*, Gesellschaftsrecht, 4. Aufl. 2002, S. 1857.

3.1.4 Zwischenergebnis

Wie vorstehend untersucht, erfüllen stille Gesellschaften ohne verwaltungsrechtliche Befugnisse unter gleichzeitiger Einräumung von ergebnisabhängiger Vergütung die Voraussetzungen des „wirtschaftlich-virtuellen" Gesellschafters.

Ob es sich bei der stillen Gesellschaft letztlich um eine typische oder atypische handelt, kann insoweit dahinstehen, solange die aufgestellten Kriterien für den Arbeitsbegriff erfüllt sind. Wichtig ist lediglich, dass gerade kein über den Grundtyp hinausgehenden Verwaltungs- und Kontrollrechte eingeräumt werden.

3.2 Genussrechte

3.2.1 Begriffliche Einordnung

Genussrechte, in verbriefter Form sog. Genussscheine[56], gewähren dem Genussrechtsinhaber geldwerten Ansprüche, die denen eines Gesellschafters ähneln.[57] Diese Ansprüche können auf die unterschiedlichsten Weisen ausgestaltet werden.[58] Das Rechtsverhältnis ist rein schuldrechtlicher Natur und begründet keine Mitgliedschaft an der Gesellschaft.[59]

[56] *Habersack*, in: Goette/Habersack/Kalss (Hrsg.), Münchener Kommentar zum Aktiengesetz, Bd. 4, 5. Aufl. 2016, § 221 Rn. 63; *Hirte*, Kapitalgesellschaftsrecht, 8. Aufl. 2016, S. 336; *Koch*, in: Hüffer/Koch (Hrsg.), Aktiengesetz, 15. Aufl. 2021, § 221 Rn. 28; *Singhof*, in: Schmidt/Ebke (Hrsg.), Münchener Kommentar zum Handelsgesetzbuch, Bd. 6, 4. Aufl. 2019, „Emissionsgeschäft" Rn. 139.

[57] Für die Genussrechte in § 221 AktG hält *Habersack* fest, dass „Genussrechte schuldrechtliche Ansprüche auf aktionärstypische Vermögensrechte (einschließlich des Rechts auf Bezug von Aktien und von Finanzierungstiteln im Sinne des § 221 AktG) begründen, und zwar in einer Weise, die nicht schon dem Tatbestand der Wandel- oder Gewinnschuldverschreibung unterfällt und auch keinen Teilgewinnabführungsvertrag begründet" vgl. *Habersack*, in: Goette/Habersack/Kalss (Hrsg.), Münchener Kommentar zum Aktiengesetz, Bd. 4, 5. Aufl. 2021, § 221 Rn. 64; ebenso *Alvensleben*, in: Häger/Elkemann-Reusch/Alvensleben (Hrsg.), Mezzanine Finanzierungsinstrumente, 2. Aufl. 2007, Rn. 616; zum vermögenswerten Anspruch BGH, Urt. v. 5. Oktober 1992 – II ZR 172/91, NJW 1993, 57, 58.

[58] Statt vieler *Hirte*, in: Hopt/Wiedemann (Hrsg.), Aktiengesetz, Bd. 7.1, 4. Aufl. 2012, § 221 Rn. 328; *Heinemann/Kraus/Schneider*, in: Bösl/Sommer (Hrsg.), Mezzanine Finanzierung, 2006, S. 171, 171 f.; vgl. dazu näher unter Abschnitt 2.3.1.

[59] Ganz h.M. vgl. bereits RG, Urt. v. 18. November 1913 – II 280/13, RGZ 83, 295, 297; RG, Urt. v. 16. November 1926 – II 135/26, RGZ 115, 227, 230; BGH, Urt. v. 5. Oktober 1992 – II ZR 172/91, NJW 1993, 57, 58; BGH, Urt. v. 21. Juli 2003 – II ZR 109/02, NJW 2003, 3412, 3413; *Bayer*, in: Lutter/Hommelhoff (Hrsg.), GmbH-Gesetz, 20. Aufl. 2020, § 14 Rn. 15;

Genussrechte sind gesetzlich nicht definiert.[60] Genannt werden sie aber beispielsweise in § 221 Abs. 3, 4 AktG und anderen Kodifikationen wie z. B. § 23 UmwG. Im Sinne des § 221 AktG sind jedenfalls solche Finanzinstrumente als Genussrechte anzusehen, die in ihrer Vergütungsvereinbarung Gesellschafterrechte eines Aktionärs gewähren.[61] Da Genussrechte in jeder beliebigen Gesellschaftsform begeben werden können, divergiert insofern auch der Bezugspunkt der Vermögensrechte des Gläubigers.[62]

Zivilrechtlich sind typischerweise solche Finanzinstrumente als Genussrechte anzusehen, die entweder eine Teilhabe am Gewinn (auch in Kombination mit einem Festzins), eine Beteiligung am Liquidationserlös, das Recht zur Umwandlung oder zum Tausch in Gesellschafterrechte oder auch bloß ein Recht zur Nutzung von Einrichtungen der Gesellschaft beinhalten.[63]

Beuchert/Redeker, in: Schön (Hrsg.), Eigenkapital und Fremdkapital, 2013, S. 289, 309; auch bereits *Goerdeler/Müller*, in: Ulmer (Hrsg.), Hachenburg Gesetz betreffend die Gesellschaften mit beschränkter Haftung (GmbHG) Großkommentar, 8. Aufl. 1992, Anh. § 29 Rn. 9; *Habersack*, in: Goette/Habersack/Kalss (Hrsg.), Münchener Kommentar zum Aktiengesetz, Bd. 4, 5. Aufl. 2021, § 221 Rn. 86; *Hirte*, in: Hopt/Wiedemann (Hrsg.), Aktiengesetz, Bd. 7.1, 4. Aufl. 2012, § 221 Rn. 331; *Lutter*, ZGR 1993, 291, 305; ausführlich dazu *Schön*, JZ 1993, 925, 927.

[60] BGH, Urt. v. 5. Oktober 1992 – II ZR 172/91, NJW 1993, 57, 58; BGH, Urt. v. 9. November 1992 – II ZR 230/91, NJW 1993, 400, 401; ebenso *Schmidt*, in: ders./Ebke (Hrsg.), Münchener Kommentar zum Handelsgesetzbuch, Bd. 3, 4. Aufl. 2019, vor § 230 Rn. 100; *Singhof*, in: Schmidt/Ebke (Hrsg.), Münchener Kommentar zum Handelsgesetzbuch, Bd. 6, 4. Aufl. 2019, „Emissionsgeschäft“ Rn. 139; zu einer ausführlichen Auseinandersetzung mit dem Begriff des Genussrechts vgl. *Schultheiß*, Genussrecht und Anlegerschutz, 2018, S. 15 ff.

[61] Insoweit wohl unumstritten, dazu *Habersack*, in: Goette/Habersack/Kalss (Hrsg.), Münchener Kommentar zum Aktiengesetz, Bd. 4, 5. Aufl. 2021, § 221 Rn. 65; *Koch*, in: Hüffer/Koch (Hrsg.), Aktiengesetz, 15. Aufl. 2021, § 221 Rn. 25; *Hirte*, in: Hopt/Wiedemann (Hrsg.), Aktiengesetz, Bd. 7.1, 4. Aufl. 2012, § 221 Rn. 328; vgl. *Merkt*, in: Schmidt/Lutter (Hrsg.), Aktiengesetz, Bd. 2, 4. Aufl. 2020, § 221 Rn. 62.

[62] Dazu nur *Alvensleben*, in: Häger/Elkemann-Reusch/Alvensleben (Hrsg.), Mezzanine Finanzierungsinstrumente, 2. Aufl. 2007, Rn. 615; *Hirte*, in: Hopt/Wiedemann (Hrsg.), Aktiengesetz, Bd. 7.1, 4. Aufl. 2012, § 221 Rn. 338 ff.; *Schön*, JZ 1993, 925, 926 m.w.N.; *Schummer*, GesRZ 1991, 198, 207; *Vollmer*, ZGR 1983, 445, 451; vgl. auch *Wöckener/Becker*, in: Habersack/Mülbert/Schlitt (Hrsg.), Unternehmensfinanzierung am Kapitalmarkt, 4. Aufl. 2019, § 13 Rn. 26; zum Umstand, dass Genussrechte auch von der GmbH begeben werden können *Kesten*, Grundlagen der Unternehmensfinanzierung, 2. Aufl. 2012, S. 135.

[63] *Betsch/Groh/Lohmann*, Corporate Finance, 2. Aufl. 2000, S. 306; *Gleske/Laudenklos*, in: Eilers/Rödding/Schmalenbach (Hrsg.), Unternehmensfinanzierung, 2. Aufl. 2014, D Rn. 57;

Genussrechte können verschiedene Zwecke erfüllen. Zum einen dienen sie der Kapitalbeschaffung als Finanzierungsgenussrechte.[64] Zum anderen werden sie als Ergänzungskapital von Kreditinstituten nach Art. 63 Kapitaladäquanzverordnung (VO (EU) Nr. 575/2013) verwendet.[65] Weitere Formen sind das Arbeitnehmer-Genussrecht[66] oder ein Genussrecht für den Sanierungsfall.[67]

3.2.2 Abgrenzung zur stillen Gesellschaft

Die Abgrenzung der Genussrechte zum Rechtsinstitut der stillen Gesellschaft ist nicht unumstritten. Die wohl herrschende Meinung und die Rechtsprechung geht beim Genussrecht von einem Dauerschuldverhältnis sui generis mit Verweis auf das Fehlen von personalistischer Struktur und gemeinsam verfolgten Zweck mit der Folge aus, dass der Leistungsinhalt des Genussrechtsverhältnisses im Einzelfall vereinbart werden muss.[68] Eine andere Ansicht hingegen qualifiziert das Genussrecht mit Verlustteilnahme als stille Gesellschaft und eine

---

Habersack, in: Goette/Habersack/Kalss (Hrsg.), Münchener Kommentar zum Aktiengesetz, Bd. 4, 5. Aufl. 2021, § 221 Rn. 65; *Sagasser/Leuschner*, in: Assmann/Schütze/Buck-Heeb (Hrsg.), Handbuch des Kapitalanlagerechts, 5. Aufl. 2020, § 27 Rn. 951; *Singhof*, in: Schmidt/Ebke (Hrsg.), Münchener Kommentar zum Handelsgesetzbuch, Bd. 6, 4. Aufl. 2019, „Emissionsgeschäft" Rn. 139.

[64] *Habersack*, in: Goette/Habersack/Kalss (Hrsg.), Münchener Kommentar zum Aktiengesetz, Bd. 4, 5. Aufl. 2021, § 221 Rn. 80; *Hirte*, in: Hopt/Wiedemann (Hrsg.), Aktiengesetz, Bd. 7.1, 4. Aufl. 2012, § 221 Rn. 347; *Lühn*, Genussrechte, 2013, S. 33 ff.

[65] *Habersack*, in: Goette/Habersack/Kalss (Hrsg.), Münchener Kommentar zum Aktiengesetz, Bd. 4, 5. Aufl. 2021, § 221 Rn. 82.

[66] *Frantzen*, Genußscheine, 1993, S. 62; *Habersack*, in: Goette/Habersack/Kalss (Hrsg.), Münchener Kommentar zum Aktiengesetz, Bd. 4, 5. Aufl. 2021, § 221 Rn. 83; *Lühn*, Genussrechte, 2013, S. 36 f.; *Wöhe/Bilstein/Ernst/Häcker*, Grundzüge der Unternehmensfinanzierung, 11. Aufl. 2013, S. 335.

[67] Zu weiteren Zwecken vgl. *Habersack*, in: Goette/Habersack/Kalss (Hrsg.), Münchener Kommentar zum Aktiengesetz, Bd. 4, 5. Aufl. 2021, § 221 Rn. 84.

[68] BGH, Urt. v. 5. Oktober 1992 – II ZR 172/91, NJW 1993, 57, 59; BGH, Urt. v. 21. Juli 2003 – II ZR 109/02, NJW 2003, 3412, 3413; *Blaurock*, in: ders. (Hrsg.), Handbuch Stille Gesellschaft, 9. Aufl. 2020, Rn. 5.38; *Ernst*, AG 1967, 75, 78 f.; *Feddersen/Knauth*, Eigenkapitalbildung durch Genußscheine, 2. Aufl. 1992, S. 18; *Frantzen*, Genußscheine, 1993, S. 15 ff.; *Kersting*, in: Baumbach/Hueck (Hrsg.), Gesetz betreffend die Gesellschaften mit beschränkter Haftung, 22. Aufl. 2019, § 29 Rn. 89; *Krejci/van Husen*, GesRZ 2000, 54, 55; vgl. *Lutter*, in: Zöllner (Hrsg.), Kölner Kommentar zum Aktiengesetz, Bd. 5.1, 2. Aufl. 1995, § 221 Rn. 232; *Sethe*, AG 1993, 293, 297; *Stöber*, NZG 2017, 1401, 1404; *Wagner*, in: Assmann/Schütze/Buck-Heeb (Hrsg.), Handbuch des Kapitalanlagerechts, 5. Aufl. 2020, § 18

ohne Verlustteilnahme als partiarisches Darlehen.[69] In Konsequenz stünden dem Genussrechtsinhaber mit Verlustteilnahme als stillem Gesellschafter mehr Rechte zu, wie die Kündigung aus wichtigem Grund gem. § 234 Abs. 1 S. 2 HGB i.V.m. § 723 Abs. 3 BGB, die Rechte aus § 233 HGB und der Schutz vor einer auferlegten Nachschusspflicht über den dann anwendbaren § 707 BGB.[70] Eine wiederum andere, differenzierende Ansicht trennt das Finanzinstrument in das Genussrecht als abstraktes Rechtsgeschäft und die stille Gesellschaft als dessen Kausalgeschäft auf.[71]

Gegen eine Qualifikation des Genussrechts als stille Gesellschaft spräche die Gefahr einer nicht sachlich gerechtfertigten Verengung der Materie, welche für die Suche nach sachgerechten Ergebnissen aber gerade nicht notwendig sei.[72] Die herrschende Meinung argumentiert zudem, dass ein Genussrecht im Gegensatz zu einer Position als stillem Gesellschafter frei übertragbar sei und es bereits diesbezüglich eine Unterscheidung gäbe.[73] Zur Abgrenzung zieht sie demnach

---

Rn. 31 ff.; *Wöckener/Becker*, in: Habersack/Mülbert/Schlitt (Hrsg.), Unternehmensfinanzierung am Kapitalmarkt, 4. Aufl. 2019, § 13 Rn. 10; *Heeren* stimmt dem im Ergebnis zu, sieht aber in der Begründung einen Zirkelschluss *Heeren*, Kapitalgeberschutz und hybride Finanzierungsinstrumente, 2008, S. 83 ff.; als „farblos bezeichnend *Fuchs*, Kapitalbeteiligung ohne Mitgliedschaft, 1997, S. 119.

[69] *Beuchert/Redeker*, in: Schön (Hrsg.), Eigenkapital und Fremdkapital, 2013, S. 289, 309; *Habersack*, in: Goette/Habersack/Kalss (Hrsg.), Münchener Kommentar zum Aktiengesetz, Bd. 4, 5. Aufl. 2021, § 221 Rn. 89, 93; vgl. *Meilicke*, BB 1987, 1609, 1611; unter Hinweis auf einen fließenden Übergang zwischen Genussrecht und stiller Gesellschaft bei langfristiger Bindung, Verlustteilnahme und Treuepflicht ebenso *Goerdeler/Müller*, in: Ulmer (Hrsg.), Hachenburg Gesetz betreffend die Gesellschaften mit beschränkter Haftung (GmbHG) Großkommentar, 8. Aufl. 1992, Anh. § 29 Rn. 5; die Möglichkeit der Ausgestaltung eines Genussrechts als stille Gesellschaft im Einzelfall nicht ausschließend *Krejci/van Husen*, GesRZ 2000, 54, 58, 60 f.; vgl. zum partiarischen Darlehen unter Teil 3.4; wiederum anders *Fuchs*, der eine funktionale Abgrenzung anhand der Fungibilität vornimmt und allein die Kapitalhingabe gegen Gewinn- und Verlustbeteiligung, die nicht massenweise begeben wurde, als eine stille Gesellschaft qualifiziert, dazu *Fuchs*, Kapitalbeteiligung ohne Mitgliedschaft, 1997, S. 140 f.

[70] Ausführlich dazu *Habersack*, in: Goette/Kalss/Habersack (Hrsg.), Münchener Kommentar zum Aktiengesetz, Bd. 4, 5. Aufl. 2021, § 221 Rn. 90 ff.

[71] *Ernst*, Der Genußschein im deutschen und schweizerischen Aktienrecht, 1963, S. 122 ff.; ähnlich auch *Schön*, JZ 1993, 925, 930, der nach Innenverhältnis (Genussrechtsinhaber zum Unternehmen) und Außenverhältnis (Genussrechtsinhaber zu den Aktionären) unterscheidet und auf das Innenverhältnis § 230 ff. HGB anwenden will.

[72] *Koch*, in: Hüffer/Koch (Hrsg.), Aktiengesetz, 15. Aufl. 2021, § 221 Rn. 27.

[73] *Blaurock*, in: ders. (Hrsg.), Handbuch Stille Gesellschaft, 9. Aufl. 2020, Rn. 5.38; *Fuchs*, Kapitalbeteiligung ohne Mitgliedschaft, 1997, S. 31; *Wagner*, in: Assmann/Schütze/Buck-Heeb (Hrsg.), Handbuch des Kapitalanlagerechts, 5. Aufl. 2020, § 18 Rn. 37.

die Verpflichtung den Gesellschaftszweck zu fördern, Kontroll- und Mitwirkungsrechte sowie die Finanzierungsdauer heran.[74] Auch die Bezeichnung könne manchen Stimmen in der Literatur zufolge einen ersten Ausschlag geben.[75]

Demgegenüber verweisen manche Autoren, als Argument für eine Typisierung, auf die Reformdiskussion in der Schweiz zum 1960 eingeführten „Partizipationsschein", wobei zentrales Argument der Anlegerschutz war.[76] Genussrechte seien lediglich eine Gruppe schuldrechtlicher Verträge, auf welche dann auch das Schuldrecht, ergänzt um weitere Regelungskomplexe zu einzelnen Schuldverträgen wie §§ 705 ff. BGB oder §§ 230 ff. HGB, zur rechtlichen Qualifizierung des jeweiligen Genussrechts angewendet werden müsse.[77] Jedem Versuch zur Typisierung wird allerdings die völlige Vertragsfreiheit auf diesem Gebiet entgegengehalten.[78]

Grundlegend betrachtet steht hinter diesem Abgrenzungsproblem aber vielmehr die Frage, ob das HGB mit der Form der stillen Gesellschaft eine Art abschließenden Typenzwang für schuldvertraglich vereinbarte Risikobeteiligungen festlegt oder ob eine freie Ausgestaltung möglich ist.[79] Vor dem Hintergrund der sich immer weiter wandelnden Vertragstypen zur Finanzierung von Unternehmen scheint es zu kurz gegriffen, einen Typenzwang des HGB anzunehmen. Die vielschichtig mögliche Gestaltung bezweckt gerade, die Loslösung von Gesetzestypen, wobei dennoch eine Vergleichbarkeit des Genussrechts mit der stillen Gesellschaft nicht von der Hand zu weisen ist. Für eine zwingende Anwendung der Vorschriften §§ 230 ff. HGB spricht dies indes noch nicht. Es sollte aber zumindest bei der Auslegung der vertraglichen Regelungen immer die Nähe zur stillen Gesellschaft und einem eventuell dahingehenden Parteiwillen berücksichtigt werden. Ein gemeinsamer Zweck erfordert nicht zuletzt den gemeinsamen Willen, diesen zu verfolgen und zu fördern.[80] Gemeinsam bedeutet dabei, dass jeder vom anderen Vertragsteil die Förderung des Zwecks verlangen kann.[81]

---

[74] *Blaurock*, in: ders. (Hrsg.), Handbuch Stille Gesellschaft, 9. Aufl. 2020, Rn. 5.38.

[75] *Alvensleben*, in: Häger/Elkemann-Reusch/Alvensleben (Hrsg.), Mezzanine Finanzierungsinstrumente, 2. Aufl. 2007, Rn. 622.

[76] Vgl. genauer statt vieler *Reuter*, AG 1985, 104, 107; *Vollmer*, ZGR 1983, 445, 447 ff.

[77] *Beuchert/Redeker*, in: Schön (Hrsg.), Eigenkapital und Fremdkapital, 2013, S. 289, 309.

[78] *Claussen*, AG 1985, 77, 78; *Stöber*, NZG 2017, 1401, 1404.

[79] So bereits *Beuchert/Redeker*, in: Schön (Hrsg.), Eigenkapital und Fremdkapital, 2013, S. 289, 309; *Schön*, JZ 1993, 925, 930.

[80] *Sprau*, in: Palandt (Hrsg.), Bürgerliches Gesetzbuch, 80. Aufl. 2021, § 705 Rn. 20.

[81] *Ders.*, in: Palandt (Hrsg.), Bürgerliches Gesetzbuch, 80. Aufl. 2021, § 705 Rn. 21.

Im konkreten Einzelfall ist folglich zu ermitteln, was die Vertragsparteien vereinbaren wollten. Eine Parallelität der Interessen kann gerade dann bestehen, wenn der Genussrechtsinhaber eine Verlustbeteiligung ggf. in Kombination mit einer Nachrangabrede vereinbart hat, sodass entgegen der h.M. doch ein gemeinsamer Zweck der Vertragsparteien angenommen werden könnte. Dies würde das Argument der h.M. gegen die Einordnung des Genussrechts als stille Gesellschaft erheblich schwächen, da sie sich maßgeblich auf den fehlenden gemeinsamen Zweck stützt. Allerdings ist insoweit zu berücksichtigen, dass auch bei einer solchen vertraglichen Gestaltung davon auszugehen ist, dass das Unternehmen weitreichendere und ggf. langfristigere Interessen verfolgt als der Genussrechtsinhaber und den Gewinn in erster Linie für sich erwirtschaftet.[82] Die Vertragsparteien schließen den Schuldvertrag daher i.d.R. in dem Wissen, dass es aus der Natur des Finanzierungsvertrages zu Interessendivergenz kommen kann. Damit sollte am Ende die Auslegung des Parteiwillens entscheiden und keine vorzeitige Verengung vorgenommen werden.

3.2.3 Ausgestaltung geldwerter Ansprüche der Genussrechtsinhaber

Vorweg ist im Hinblick auf geldwerte Ansprüche der Genussrechtsinhaber zu differenzieren, welche Rechte den Genussrechtsinhabern vertraglich eingeräumt werden. Das Recht zur Nutzung von Einrichtungen der Gesellschaft birgt kein Finanzrisiko und wird wie Genussrechte, die Wandlungs- und Umtauschrechte

[82] Unter dem Gesichtspunkt, der Genussrechtsinhaber verfolge allein das Ziel einer hohen Rendite, während andere Gesellschaftsziele für diesen außer Acht bleiben, einen gemeinsamen Zweck ablehnend *Feddersen/Knauth*, Eigenkapitalbildung durch Genußscheine, 2. Aufl. 1992, S. 18; ebenso mit dem Hinweis, dass gerade keine Vereinigung der Genussrechtsinhaber mit dem Unternehmen dahingehend besteht, dass gemeinschaftlicher Erwerb und Gewinn stattfindet *Frantzen*, Genußscheine, 1993, S. 16 m.w.N.; *Rid-Niebler*, Genußrechte als Instrument zur Eigenkapitalbeschaffung über den organisierten Kapitalmarkt für die GmbH, 1989, S. 81; das „ob" und „wie viel" nicht aber das „wie" liegt im Interesse des Genussrechtsinhabers, während die Art und Weise der Gewinnerzielung dem Unternehmen überlassen bleibt, insoweit zumindest aber im Übrigen a.A. *Krejci/vanHusen*, GesRZ 2000,54, 55; ebenso a.A. unter der Annahme eines gemeinsam verfolgten Zwecks *Habersack*, in: Goette/Habersack/Kalss (Hrsg.), Münchener Kommentar zum Aktiengesetz, Bd. 4, 5. Aufl. 2021, § 221 Rn. 89; *Schott*, Genußscheine, 1995, S. 34, 36 m.w.N.

gewähren, nicht untersucht.[83] Daher werden im Folgenden allein solche Genussrechte betrachtet, die eine Beteiligung am Unternehmenserfolg vorsehen[84].

3.2.3.1 Vergütung des Genussrechtsinhabers

Die Vergütung für den Genussrechtsgläubiger kann entweder gewinnabhängig oder gewinnorientiert[85] ausgestaltet sein. Hinzu kommt häufig eine Verlustteilnahme, bei der das durch Verluste geminderte Genusskapital bis zum Nennbetrag mit Gewinnen aus den nachfolgenden Jahren aufgefüllt wird.[86]

Die geldwerten Ansprüche der Genussrechtsinhaber können auf verschiedene Weisen ausgestaltet sein. Dabei ergeben sich im Wesentlichen drei Möglichkeiten:

a) Zum einen gibt es sogenannte Genussobligationen, bei denen ausschließlich eine erfolgsbezogene Vergütung ohne Beteiligung am Verlust oder Unternehmenswert vereinbart ist. Der Rückzahlungsanspruch besteht fest und ohne Verlustbeteiligung. Bei der Vergütung kann entweder ein vollkommen gewinnorientierter Zins, ein fester Zins kombiniert mit einem ergebnisbezogenen Zusatzzins oder ein gewinnabhängiger Zins vereinbart werden.[87]
b) Zum anderen können Genussrechte so ausgestaltet sein, dass ein Rückzahlungsanspruch erst zum Zeitpunkt der Auflösung der Gesellschaft entsteht und

---

[83] Vgl. insoweit bereits unter Kapitel 1 Fn. 3.

[84] Eine graphische Darstellung zu den abstrakt möglichen Vergütungsformen bietet in Abb. 2 *Lühn*, Genussrechte, 2013, S. 44; Bezugsgröße kann grundsätzlich sowohl der Gewinn oder der Liquidationserlös des Unternehmens sein. Zu beachten ist indes, dass eine Kombination beider wohl im Hinblick auf § 8 Abs. 3 KStG nachteilig wäre, da Ausschüttungen in diesem Fall nicht als Betriebsausgaben zu werten sind. Vertiefend zu den steuerrechtlichen Nachteilen einer Kombination dieser beiden Rechte *Habersack*, in: Goette/Habersack/Kalss (Hrsg.), Münchener Kommentar zum Aktiengesetz, Bd. 4, 5. Aufl. 2021, § 221 Rn. 65, 114; *Heinemann/Kraus/Schneider*, in: Bösl/Sommer (Hrsg.), Mezzanine Finanzierung, 2006, S. 171, 184; *Karollus*, in: Geßler/Hefermehl/Eckardt u. a. (Hrsg.), Aktiengesetz, Bd. 4, 1994, § 221 Rn. 259.

[85] Zur Unterscheidung der Begriffe vgl. Abschnitt 2.3.1.1.

[86] *Singhof*, in: Schmidt/Ebke (Hrsg.), Münchener Kommentar zum Handelsgesetzbuch, Bd. 6, 4. Aufl. 2019, „Emissionsgeschäft" Rn. 139; vgl. mit konkreten Beispielen zur Gewinn- und Verlustbeteiligung *Wöhe/Bilstein/Ernst/Häcker*, Grundzüge der Unternehmensfinanzierung, 11. Aufl. 2013, S. 336 f.

[87] BGH, Urt. v. 9. November 1992 – II ZR 230/91, NJW 1993, 400; *Habersack*, in: Goette/Habersack/Kalss (Hrsg.), Münchener Kommentar zum Aktiengesetz, Bd. 4, 5. Aufl. 2021, § 221 Rn. 77; *Koch*, in: Hüffer/Koch (Hrsg.), Aktiengesetz, 15. Aufl. 2021, § 221 Rn. 25a f.; *Karollus*, in: Geßler/Hefermehl/Eckardt u. a. (Hrsg.), Aktiengesetz, Bd. 4, 1994, § 221 Rn. 260.

dieser Rückzahlungsanspruch nachrangig zu den Ansprüchen sonstiger Gläubiger ist, wobei umstritten ist, ob diese Art der Genussrechte zulässig ist. Sie werden dann als „aktiengleich" bezeichnet[88]. Die Vergütung besteht weiterhin erfolgsbezogen nebenher.

c) Zuletzt besteht die Möglichkeit, einen festen Rückzahlungsanspruch des Genussrechtsinhabers auszuschließen und eine ggf. um Verluste geminderte Rückzahlung nach Ablauf der Finanzierungsdauer vorzunehmen oder zumindest einen Vorrang der Genussrechtsinhaber vor den Aktionären im Liquidationsfall zu vereinbaren. Auf dieser Ebene – und damit zwischen den beiden vorgenannten Extremen – gibt es viele Mischformen.[89] Auch hier wird eine laufende erfolgsbezogene Vergütung gewährt.

Die Teilhabe des Genussrechtsinhabers am Gewinn kann im Falle der ergebnisbezogenen Vergütung verschiedene Formen annehmen. Es sind mehrere Parameter gleichzeitig veränderlich.[90] Neben der Auswahl zwischen gewinnorientierter oder gewinnabhängiger Teilhabe[91] können die Vertragsparteien die Bemessungsgrundlage,[92] den hierfür maßgeblichen Unternehmensteil[93] und eine Nachzahlung

---

[88] *Habersack*, in: Goette/Habersack/Kalss (Hrsg.), Münchener Kommentar zum Aktiengesetz, Bd. 4, 5. Aufl. 2021, § 221 Rn. 78; *Hammen*, DB 1988, 2549, 2550; *Karollus*, in: Geßler/Hefermehl/Eckardt u. a. (Hrsg.), Aktiengesetz, Bd. 4, 1994, § 221 Rn. 261; zur Frage, ob aktiengleiche Genussrechte zulässig sind, vgl. im Einzelnen unter Abschnitt 5.2.4.1.3.1.2.2.

[89] *Habersack*, in: Goette/Habersack/Kalss (Hrsg.), Münchener Kommentar zum Aktiengesetz, Bd. 4, 5. Aufl. 2021, § 221 Rn. 79; *Hammen*, DB 1988, 2549, 2550; *Karollus*, in: Geßler/Hefermehl/Eckardt u. a. (Hrsg.), Aktiengesetz, Bd. 4, 1994, § 221 Rn. 262.

[90] Eine Übersicht gebend *Alvensleben*, in: Häger/Elkemann-Reusch/Alvensleben (Hrsg.), Mezzanine Finanzierungsinstrumente, 2. Aufl. 2007, Rn. 680 ff.; *Merkt*, in: Schmidt/Lutter (Hrsg.), Aktiengesetz, Bd. 2, 4. Aufl. 2020, § 221 Rn. 62.

[91] Der BGH hat sich dafür ausgesprochen gewinnabhängige Genussrechte auch unter § 221 AktG zu fassen, vgl. BGH, Urt. v. 9. November 1992 – II ZR 230/91, NJW 1993, 400, 401 f.; für die Erfassung gewinnabhängiger Rechte von § 221 AktG *Habersack*, in: Goette/Habersack/Kalss (Hrsg.), Münchener Kommentar zum Aktiengesetz, Bd. 4, 5. Aufl. 2021, § 221 Rn. 100; *Hirte*, in: Hopt/Wiedemann (Hrsg.), Aktiengesetz, Bd. 7.1, 4. Aufl. 2012, § 221 Rn. 330; *Koch*, in: Hüffer/Koch (Hrsg.), Aktiengesetz, 15. Aufl. 2021, § 221 Rn. 25b; *Merkt*, in: Schmidt/Lutter (Hrsg.), Aktiengesetz, Bd. 2, 4. Aufl. 2020, § 221 Rn. 66; *Sethe*, AG 1993, 293, 298; dagegen allerdings noch *Florstedt*, in: Zöllner/Noack (Hrsg.), Kölner Kommentar zum Aktiengesetz, Bd. 4.2, 3. Aufl. 2017, § 221 Rn. 527, 544; auch bereits *Gehling*, WM 1992, 1093, 1094 f.; zumindest kritisch *Lutter*, ZGR 1993, 291, 303; zur Begriffsverwendung vgl. unter Abschnitt 2.3.1.1.

[92] *Feddersen/Knauth*, Eigenkapitalbildung durch Genußscheine, 2. Aufl. 1992, S. 32.

[93] *Habersack.*, in: Goette/Habersack/Kalss (Hrsg.), Münchener Kommentar zum Aktiengesetz, Bd. 4, 5. Aufl. 2021, § 221 Rn. 94 f.

der ausgefallenen Vorjahresvergütung in Gewinnjahren[94] vereinbaren. Zudem besteht häufig eine Nachrangabrede unter den Parteien, die sich entweder auf den Rückzahlungsanspruch oder aber auch auf den Vergütungsanspruch beziehen kann.[95]

Auch bei der Berechnung, welchen Anteil der Genussrechtsinhaber an der Bemessungsgrundlage erhalten soll, können die Vertragsparteien zwischen zwei Verteilungsmechanismen wählen. Zunächst steht es den Vertragsparteien frei, den Nennwert des Genusskapitals ins Verhältnis zum Grundkapital zu setzen. Aus diesem Verhältnis ergibt sich dann der Verteilungsmaßstab, der ebenso als Bemessungsgrundlage für den Rückzahlungsanspruch dient. Risikobehaftet ist diese Möglichkeit für den Genussrechtsinhaber insofern, als Kapitalmaßnahmen der Gesellschaft dieses Verhältnis verändern können. Dieses Risiko besteht nicht, wenn von vorneherein eine Quote festgelegt wird, die relativ zum Grundkapital immer gleichbleibt, sog. „Quotengenussschein".[96]

Neben der Beteiligung am Liquidationserlös bestehen weitere Möglichkeiten, den Genussrechtsinhaber am Wertzuwachs des Unternehmens zu beteiligen, sog. Kicker. Die Equity-Kicker, welche Wandlungs- oder Optionsrechte gewähren, wurden bereits vom Untersuchungsgegenstand ausgeschlossen. Allerdings können sich auch Non-Equity-Kicker auf das Unternehmensergebnis beziehen. So kennt man sog. Phantom Stocks, welche virtuelle Anteile gewähren, die neben einer

---

[94] *Alvensleben*, in: Häger/Elkemann-Reusch/Alvensleben (Hrsg.), Mezzanine Finanzierungsinstrumente, 2. Aufl. 2007, Rn. 687; *Ernst*, Der Genußschein im deutschen und schweizerischen Aktienrecht, 1963, S. 88; *Habersack*, in: Goette/Habersack/Kalss (Hrsg.), Münchener Kommentar zum Aktiengesetz, Bd. 4, 5. Aufl. 2021, § 221 Rn. 96.

[95] *Goerdeler/Müller*, in: Ulmer (Hrsg.), Hachenburg Gesetz betreffend die Gesellschaften mit beschränkter Haftung (GmbHG) Großkommentar, 8. Aufl.1992, Anh. § 29 Rn. 8; vgl. zum Nachrang beim Rückzahlungsanspruch *Singhof*, in: Schmidt/Ebke (Hrsg.), Münchener Kommentar zum Handelsgesetzbuch, Bd. 6, 4. Aufl. 2019, „Emissionsgeschäft" Rn. 139; zum Nachrang bei der Gewinnbeteiligung vgl. *Habersack*, in: Goette/Habersack/Kalss (Hrsg.), Münchener Kommentar zum Aktiengesetz, Bd. 4, 5. Aufl. 2021, § 221 Rn. 96; *Hanakam*, Die steuerliche Beurteilung von Genussrechten als Instrumente der Kapitalbeschaffung, 1991, S. 76 f.; zum Nachrang des Vergütungsanspruches *Ernst*, Der Genußschein im deutschen und schweizerischen Aktienrecht, 1963, S. 88 f.

[96] *Habersack*, in: Goette/Habersack/Kalss (Hrsg.), Münchener Kommentar zum Aktiengesetz, Bd. 4, 5. Aufl. 2021, § 221 Rn. 97; ebenso *Lutter*, in: Zöllner (Hrsg.), Kölner Kommentar zum Aktiengesetz, Bd. 5.1, 2. Aufl. 1995, § 221 Rn. 203 ff.; *Merkt*, in: Schmidt/Lutter (Hrsg.), Aktiengesetz, Bd. 2, 4. Aufl. 2020, § 221 Rn. 64; *Rid-Niebler*, Genußrechte als Instrument zur Eigenkapitalbeschaffung über den organisierten Kapitalmarkt für die GmbH, 1989, S. 7 f.

Beteiligung an der Steigerung des Unternehmenswertes eine jährliche Zahlung vorsehen in Höhe der Dividendenzahlung der Gesellschaft.[97]

3.2.3.2 Verlustbeteiligung des Genussrechtsinhabers

Neben der Gewinnbeteiligung steht es den Vertragsparteien frei, die Verlustbeteiligung des Genussrechtsinhabers zu vereinbaren. Eine solche ist jedenfalls dann anzunehmen, wenn kein fester Rückzahlungsanspruch besteht.[98] In Betracht kommt dabei entweder ein variables Kapitalkonto, auf dem die Verluste verbucht werden und das Genusskapital sich somit unmittelbar mindert oder eine Kopplung des Genusskapitals an das Grundkapital. Im letzteren Fall bleibt das Genusskapital allerdings bis zur Kapitalherabsetzung zunächst unberührt und wird nicht mit Verlusten fortlaufend verrechnet.[99]

3.2.3.2.1 Variables Kapitalkonto

Eine laufende Verrechnung von Verlusten mit dem Kapitalkonto kann verschiedenen Inhalts sein. Bereits die Definition der Verluste liegt im Ermessen der Vertragsparteien; mögliche Bezugsgrößen sind z. B. Jahresfehlbeträge oder Bilanzverluste. Auch der Verteilungsschlüssel ist unterschiedlich bestimmbar; hier kann eine Relation von Grund- und Genusskapital oder aber eine nicht proportionale Regelung getroffen werden.[100] Zu beachten ist allerdings, dass bei

---

[97] *Alvensleben*, in: Häger/Elkemann-Reusch/Alvensleben (Hrsg.), Mezzanine Finanzierungsinstrumente, 2. Aufl. 2007, Rn. 737; *Lühn*, Genussrechte, 2013, S. 53 f.; zur grundsätzlichen Möglichkeit solcher Kicker *Betsch/Groh/Lohmann*, Corporate Finance, 2. Aufl. 2000, S. 306 f.

[98] *Koch*, in: Hüffer/Koch (Hrsg.), Aktiengesetz, 15. Aufl. 2021, § 221 Rn. 25; *Merkt*, in: Schmidt/Lutter (Hrsg.), Aktiengesetz, Bd. 2, 4. Aufl. 2020, § 221 Rn. 67.

[99] *Alvensleben*, in: Häger/Elkemann-Reusch/Alvensleben (Hrsg.), Mezzanine Finanzierungsinstrumente, 2. Aufl. 2007, Rn. 690 ff.; *Florstedt*, in: Zöllner/Noack (Hrsg.), Kölner Kommentar zum Aktiengesetz, 3. Aufl. 2017, Bd. 4.2, § 221 Rn. 548; *Habersack*, in: Goette/Habersack/Kalss (Hrsg.), Münchener Kommentar zum Aktiengesetz, Bd. 4, 5. Aufl. 2021, § 221 Rn. 102; *Heinemann/Kraus/Schneider*, in: Bösl/Sommer (Hrsg.), Mezzanine Finanzierung, 2006, S. 171, 177; *Merkt*, in: Schmidt/Lutter (Hrsg.), Bd. 2, Aktiengesetz, 4. Aufl. 2020, § 221 Rn. 71; *Wöckener/Becker*, in: Habersack/Mülbert/Schlitt (Hrsg.), Unternehmensfinanzierung am Kapitalmarkt, 4. Aufl. 2019, § 13 Rn. 14.

[100] *Habersack*, in: Goette/Habersack/Kalss (Hrsg.), Münchener Kommentar zum Aktiengesetz, Bd. 4, 5. Aufl. 2021, § 221 Rn. 103.

einer Verminderung des Kapitalkontobetrags auch die Bemessungsgrundlage für kommende Vergütungsansprüche verändert wird.[101]

In der Regel sieht der Vertrag nach Verlustteilnahme eine Wiederauffüllung des Kapitalkontos in künftigen Jahren, in denen wieder Gewinn erwirtschaftet wird, vor.[102] Die h.L. sieht in der Verlustbeteiligung und der Wiederauffüllung gerade das paritätische Verhältnis der Teilnahme an Gewinn und Verlust der Genussscheininhaber, sodass eine Wiederauffüllung auch bei Fehlen einer diesbezüglichen Regelung angenommen wird. Bestimmen die Vertragsbedingungen ausdrücklich keine Wiederauffüllung, so verstößt dies – auch wenn die Vereinbarung einer Verlustteilnahme nicht der AGB-Kontrolle unterliegt[103] – gegen § 307 BGB.[104]

Darüber hinaus kann sogar die Möglichkeit eines negativen Kapitalkontos vorgesehen werden.[105] Wird von den Vertragsparteien nicht vereinbart, dass das Genussrecht erlischt, sobald das Genussrechtskapital aufgezehrt ist, steht den Genussrechtsinhabern auch in diesem Fall ein Wiederauffüllungsanspruch zu.[106] Ist ein negatives Kapitalkonto möglich, so ist zu beachten, dass das Gleichgewicht

---

[101] *Alvensleben*, in: Häger/Elkemann-Reusch/Alvensleben (Hrsg.), Mezzanine Finanzierungsinstrumente, 2. Aufl. 2007, Rn. 692; *Habersack*, in: Goette/Habersack/Kalss (Hrsg.), Münchener Kommentar zum Aktiengesetz, Bd. 4, 5. Aufl. 2021, § 221 Rn. 104.

[102] *Florstedt*, in: Zöllner/Noack (Hrsg.), Kölner Kommentar zum Aktiengesetz, Bd. 4.2, 3. Aufl. 2017, § 221 Rn. 548; *Krejci/van Husen*, GesRZ 2000, 54, 56; *Lühn*, Genussrechte, 2013, S. 48.

[103] BGH, Urt. vom 29. April 2014 – II ZR 395/12, NZG 2014, 661, 664; eingehend zur Inhaltskontrolle nach dem AGB-Recht *Hirte*, in: Hopt/Wiedemann (Hrsg.), Aktiengesetz, Bd. 7.1, 4. Aufl. 2012, § 221 Rn. 398 ff.

[104] *Alvensleben*, in: Häger/Elkemann-Reusch/Alvensleben (Hrsg.), Mezzanine Finanzierungsinstrumente, 2. Aufl. 2007, Rn. 693 f.; *Frantzen*, Genußscheine, 1993, S. 244; *Habersack*, in: Goette/Habersack/Kalss (Hrsg.), Münchener Kommentar zum Aktiengesetz, Bd. 4, 5. Aufl. 2021, § 221 Rn. 105; vgl. *Merkt*, in: Schmidt/Lutter (Hrsg.), Aktiengesetz, Bd. 2, 4. Aufl. 2020, § 221 Rn. 72.

[105] *Alvensleben*, in: Häger/Elkemann-Reusch/Alvensleben (Hrsg.), Mezzanine Finanzierungsinstrumente, 2. Aufl. 2007, Rn. 695; *Habersack*, in: Goette/Habersack/Kalss (Hrsg.), Münchener Kommentar zum Aktiengesetz, Bd. 4, 5. Aufl. 2021, § 221 Rn. 106.

[106] Begründet wird dies mit der entsprechenden Anwendung der Grundsätze zur stillen Gesellschaft *Habersack*, in: Goette/Habersack/Kalss (Hrsg.), Münchener Kommentar zum Aktiengesetz, Bd. 4, 5. Aufl. 2021, § 221 Rn. 106; vgl. *Merkt*, in: Schmidt/Lutter (Hrsg.), Aktiengesetz, Bd. 2, 4. Aufl. 2020, § 221 Rn. 72; ähnlich *Vollmer/Lorch*, ZBB 1992, 44, 49; auch wenn in dieser Arbeit die Qualifikation des Genussrechts als stille Gesellschaft abgelehnt wird, so kann zumindest aus der grundsätzlichen Vergleichbarkeit ebendies gefolgert werden; a.A. *Florstedt*, in: Zöllner/Noack (Hrsg.), Kölner Kommentar zum Aktiengesetz, Bd. 4.2, 3. Aufl. 2017, § 221 Rn. 631.

von Verlust- und Erfolgsteilnahme verlangt, dass auch ein Kapitalzuwachs, also eine Anrechnung des Gewinns über den Nennbetrag des Kapitalkontos hinaus, vorgesehen ist.[107]

Erlischt hingegen das Genussrecht aufgrund vertraglicher Vereinbarung, weil das Genussrechtskapital verbraucht ist, so hat der Genussrechtsinhaber zumindest einen Anspruch an einem ggf. auf etwaige Minderverluste zurückgehenden rechnerischen Ertrag in den Folgeperioden und – bei einer vereinbarten Beteiligung am Liquidationserlös – einen Anteil an ggf. aufgelösten stillen Reserven.[108]

3.2.3.2.2 Die Klöckner-Rechtsprechung zur Tragweite der Verknüpfung von Genusskapital mit dem Grundkapital

Vereinbaren die Vertragsparteien hingegen die Verknüpfung des Genusskapitals an das Grundkapital, wird das Genusskapital nicht mit laufenden Verlusten verrechnet, jedoch hinabgesetzt, wenn auch das Grundkapital gemindert wird.[109] Dabei ist es möglich, dass das Genusskapital bis auf einen Betrag von Null absinkt.

Die Tatsache, dass diese Verknüpfung eine Herabsetzung des Genusskapitals bis auf Null ermöglicht, wirft verschiedene Fragen auf, zu denen sich der BGH im Klöckner-Urteil[110] geäußert hat: Dort hatte die Gesellschaft nach einem spekulativen Handel hohe Verluste erlitten, sodass das Grundkapital in Höhe von 270 Mio. DM nahezu auf Null herabgesetzt wurde. Durch die Verknüpfung mit dem Grundkapital wurde parallel dazu auch das Genusskapital in Höhe von 135 Mio. DM auf Null herabgesetzt. Während das Grundkapital durch Ausgabe neuer Aktien kurz darauf wieder erhöht wurde, erklärte man die Genussrechte für erloschen. Die Verluste wurden durch Rückstellungsdotierungen in der Bilanz berücksichtigt, welche sich jedoch der Höhe nach später als übermäßig herausstellten.[111]

---

107 *Alvensleben*, in: Häger/Elkemann-Reusch/Alvensleben (Hrsg.), Mezzanine Finanzierungsinstrumente, 2. Aufl. 2007, Rn. 695; *Habersack*, in: Goette/Habersack/Kalss (Hrsg.), Münchener Kommentar zum Aktiengesetz, Bd. 4, 5. Aufl. 2021, § 221 Rn. 106.

108 *Ders.*, in: Goette/Habersack/Kalss (Hrsg.), Münchener Kommentar zum Aktiengesetz, Bd. 4, 5. Aufl. 2021, § 221 Rn. 106; vgl. zur Argumentation die Klöckner-Rspr. im Fall der Koppelung von Grund- und Genussrechtskapital nachfolgend unter Abschnitt 3.2.3.2.2.

109 *Alvensleben*, in: Häger/Elkemann-Reusch/Alvensleben (Hrsg.), Mezzanine Finanzierungsinstrumente, 2. Aufl. 2007, Rn. 698 ff.; *Florstedt*, in: Zöllner/Noack (Hrsg.), Kölner Kommentar zum Aktiengesetz, Bd. 4.2, 3. Aufl. 2017, § 221 Rn. 548; *Merkt*, in: Schmidt/Lutter (Hrsg.), Aktiengesetz, Bd. 2, 4. Aufl. 2020, § 221 Rn. 71.

110 BGH, Urt. v. 5. Oktober 1992 – II ZR 172/91, NJW 1993, 57 ff.

111 Ebd.

Zum einen warf dieser Fall die Frage auf, ob das Genussrecht automatisch erlischt oder der Gesellschaft ein Recht zur Einziehung des Genussrechts bzw. zur Kündigung des Genussrechtsverhältnisses zusteht. Hierzu stellte der BGH fest, dass das Erlöschen oder die Einziehung von wertlosen Genussrechten grundsätzlich zulässig ist und nicht gegen § 307 BGB verstößt, sich jedoch nach der vertraglichen Vereinbarung bestimmt.[112] Damit geht für den Inhaber des erloschenen Genussrechts auch einher, dass er nicht mehr an noch vorhandenen stillen Reserven oder dem Unternehmenswert beteiligt wird, sofern dies ursprünglich vereinbart war.[113]

Zum anderen stellte sich dem BGH die Frage, ob den Genussrechtsinhabern ein Anspruch gegen die Gesellschaft zusteht, das Genussrechtskapital um die Minderverluste wiederaufzufüllen.[114] Im Fall Klöckner stellte sich diese Frage im Besonderen, da sich die dort bilanzierten Rückstellungen, aufgrund derer eine Kapitalherabsetzung erfolgte, später als zu hoch herausstellten; es also weniger Verluste gab als man im Zeitpunkt der Kapitalherabsetzung erwartet hatte. In der Literatur wurde für solche Fälle zum Teil ein Wiederauffüllungsanspruch um die Minderverluste und die eventuell aufgelösten stillen Reserven gefordert.[115] Der BGH hingegen sah eine Wiederauffüllung als unmöglich an, da das Genussrecht bereits erloschen war; eine Wiederaufwertung der Genussrechte käme nicht in Betracht. Darüber hinaus lehnte der BGH auch die dem Bezugsrecht von Aktionären vergleichbare Lösung ab, der Gesellschaft die Pflicht aufzuerlegen, den vormaligen Genussrechtsinhabern bei einer Neuinvestition das Bezugsrecht auf neue Genussrechte einzuräumen. Stattdessen soll den betroffenen Genussrechtsinhabern ein anteiliger Zahlungsanspruch an einem ggf. auf etwaige Minderverluste zurückgehenden rechnerischen Ertrag in den Folgeperioden und den ggf. aufgelösten stillen Reserven zustehen.[116]

---

[112] BGH, Urt. v. 5. Oktober 1992 – II ZR 172/91, NJW 1993, 57, *Florstedt*, in: Zöllner/Noack (Hrsg.), Kölner Kommentar zum Aktiengesetz, Bd. 4.2, 3. Aufl. 2017, § 221 Rn. 616.

[113] *Ders.*, in: Zöllner/Noack (Hrsg.), Kölner Kommentar zum Aktiengesetz, Bd. 4.2, 3. Aufl. 2017, § 221 Rn. 616; *Habersack*, in: Goette/Habersack/Kalss (Hrsg.), Münchener Kommentar zum Aktiengesetz, Bd. 4, 5. Aufl. 2021, § 221 Rn. 107.

[114] BGH, Urt. v. 5. Oktober 1992 – II ZR 172/91, NJW 1993, 57, 61.

[115] *Hirte*, in: Hopt/Wiedemann (Hrsg.), Aktiengesetz, Bd. 7.1, 4. Aufl. 2012, § 221 Rn. 415; *Lutter*, ZGR 1993, 291, 299.

[116] BGH, Urt. v. 5. Oktober 1992 – II ZR 172/91, NJW 1993, 57, 61; das Angebot an die ehemaligen Genussrechtsinhaber zur Neuinvestition aber empfehlend *Florstedt*, in: Zöllner/Noack (Hrsg.), Kölner Kommentar zum Aktiengesetz, Bd. 4.2, 3. Aufl. 2017, § 221 Rn. 616 f.; *Hirte*, in: Hopt/Wiedemann (Hrsg.), Aktiengesetz, Bd. 7.1, 4. Aufl. 2012, § 221

Sehen die Genussrechtsbedingungen hingegen kein Erlöschen der Genussrechte bei Aufzehrung des Genusskapitals vor oder ist das Genusskapital noch nicht bis auf Null herabgesetzt, so besteht auch hier ein Wiederaufwertungsanspruch. Dies widerspricht auch nicht dem Gedanken, dass das Genusskapital grundsätzlich starr bleibt und gerade keine laufende Verrechnung stattfinden soll.[117]

3.2.4 Verwaltungsrechtliche Ausgestaltung

Den Inhabern von Genussrechten stehen keinerlei Mitwirkungs- oder Kontrollbefugnisse in der Gesellschaft zu. Solche Rechte können ihnen auch nicht in den Genussrechtsbedingungen eingeräumt werden.[118] Das folgt aus dem Umstand, dass die Mitwirkungsrechte weder von der Mitgliedschaft getrennt noch ohne eine solche verliehen werden können. Dies ergibt sich aus dem auch im Aktien- und GmbH-Recht geltenden § 717 S. 1 BGB,[119] sowie aus dem Grundsatz der Verbandsouveränität.[120] Insbesondere eine Anfechtungsbefugnis kommt den Genussrechtsinhabern wegen des schuldrechtlichen Charakters nicht zu.[121] Eine

Rn. 415; zur notwendigen Abfindung *Alvensleben*, in: Häger/Elkemann-Reusch/Alvensleben (Hrsg.), Mezzanine Finanzierungsinstrumente, 2. Aufl. 2007, Rn. 702.

[117] *Alvensleben*, in: Häger/Elkemann-Reusch/Alvensleben (Hrsg.), Mezzanine Finanzierungsinstrumente, 2. Aufl. 2007, Rn. 709; *Hirte*, in: Hopt/Wiedemann (Hrsg.), Aktiengesetz, Bd. 7.1, 4. Aufl. 2012, § 221 Rn. 415; *Lutter*, ZGR 1993, 291, 298; vgl. auch eingehend auf den nicht vorhandenen Widerspruch *Habersack*, in: Goette/Habersack/Kalss (Hrsg.), Münchener Kommentar zum Aktiengesetz, Bd. 4, 5. Aufl. 2021, § 221 Rn. 109.

[118] Vgl. nur BGH, Urt. v. 5. Oktober 1992 – II ZR 172/91, NJW 1993, 57, 59; *Beuchert/Redeker*, in: Schön (Hrsg.), Eigenkapital und Fremdkapital, 2013, S. 289, 311; *Hirte*, Kapitalgesellschaftsrecht, 8. Aufl. 2016, S. 336; *Karollus*, in: Geßler/Hefermehl/Eckardt u. a. (Hrsg.), Aktiengesetz, Bd. 4, 1994, § 221 Rn. 240; *Koch*, in: Hüffer/Koch (Hrsg.), Aktiengesetz, 15. Aufl. 2021, § 221 Rn. 26; *Singhof*, in: Schmidt/Ebke (Hrsg.), Münchener Kommentar zum Handelsgesetzbuch, Bd. 6, 4. Aufl. 2019, „Emissionsgeschäft" Rn. 139.

[119] *Habersack*, in: Goette/Habersack/Kalss (Hrsg.), Münchener Kommentar zum Aktiengesetz, Bd. 4, 5. Aufl. 2021, § 221 Rn. 119; *Stöber*, NZG 2017, 1401, 1407; vgl. zu den Personenhandelsgesellschaften *Roth*, in: Baumbach/Hopt (Hrsg.), Handelsgesetzbuch, 40. Aufl. 2021, § 119 Rn. 19.

[120] *Rid-Niebler*, Genußrechte als Instrument zur Eigenkapitalbeschaffung über den organisierten Kapitalmarkt für die GmbH, 1989, S. 49 m.w.N.; *Stöber*, NZG 2017, 1401, 1407.

[121] BGH, Urt. v. 5. Oktober 1992 – II ZR 172/91, NJW 1993, 57, 59; *Goerdeler/Müller*, in: Ulmer (Hrsg.), Hachenburg Gesetz betreffend die Gesellschaften mit beschränkter Haftung (GmbHG) Großkommentar, 8. Aufl. 1992, Anh. § 29 Rn. 9; *Hirte*, in: Hopt/Wiedemann (Hrsg.), Aktiengesetz, Bd. 7.1, 4. Aufl. 2012, § 221 Rn. 331; *Kersting*, in: Baumbach/Hueck

andere Ansicht erwägt ein solches Anfechtungsrecht aber auch ein Recht Nichtigkeitsklage zu erheben, ein Sonderprüfungsrecht und notwendige Einsichtnahme- und Auskunftsrechte unter dem Gesichtspunkt der Vergleichbarkeit zum Aktionär und insb. dem berechtigten und gewichtigem Interesse bei Maßnahmen betreffend ihrer Gewinnrechte.[122] Dem ist jedoch entgegen zu halten, dass ein Anfechtungsrecht nur demjenigen zustehen kann, der den Gesellschaftsinteressen verpflichtet ist, um die Gefahr einer funktionshemmenden eigennützigen Ausnutzung zu vermeiden. Dies ist beim Genussrechtsinhaber aber gerade nicht gewährleistet.[123] Ein derart starker Eingriff in die Mitgliedschaft und die damit einhergehenden Rechte der Gesellschafter kann nur auf gesetzlicher Grundlage, welche bislang nicht eingeführt wurde, gerechtfertigt sein.[124]

Rechte, die keinen Einfluss auf die Willensbildung der Gesellschaft gewähren, können dem Genussrechtsinhaber indes eingeräumt werden. Die Unbedenklichkeit ihrer Einräumung ergibt sich allein aus dem geringen Einwirkungsrisiko auf den Willensbildungsprozess. Beispiele hierfür sind Auskunftsrechte und das Recht zur Teilnahme an der Haupt- oder Gesellschafterversammlung.[125] Den Genussrechtsinhabern ist damit eine Entscheidung über die Gewinnfeststellung und -verwendung sowie jegliche direkte Einflussnahme auf die Verwaltung verwehrt.[126]

(Hrsg.), Gesetz betreffend die Gesellschaften mit beschränkter Haftung, 22. Aufl. 2019, § 29 Rn. 89; *Koch*, in: Hüffer/Koch (Hrsg.), Aktiengesetz, 15. Aufl. 2021, § 221 Rn. 26; *Rid-Niebler*, Genußrechte als Instrument zur Eigenkapitalbeschaffung über den organisierten Kapitalmarkt für die GmbH, 1989, S. 55 f.; *Seibt*, in: Scholz (Hrsg.), Kommentar zum GmbH-Gesetz, Bd. 1, 12. Aufl. 2018, § 14 Rn. 142; *Schott*, Genußscheine, 1995, S. 93.

[122] *Vollmer*, ZGR 1983, 445, 469 f.; *Vollmer/Lorch*, ZBB 1992, 44, 46; *Hirte* sprach früher den betroffenen Inhabern ein Anfechtungsrecht auf Rückgabe zum Emissionskurs zu, sofern seiner Ansicht nach unzulässiger Weise aktiengleiche Genussrechte ausgegeben wurden *Hirte*, ZIP 1988, 477, 489.

[123] *Habersack*, in: Goette/Habersack/Kalss (Hrsg.), Münchener Kommentar zum Aktiengesetz, Bd. 4, 5. Aufl. 2021, § 221 Rn. 119; ähnlich *Rid-Niebler*, Genußrechte als Instrument zur Eigenkapitalbeschaffung über den organisierten Kapitalmarkt für die GmbH, 1989, S. 55 f.; vgl. *Wünsch*, in: Schwarz/Spielbüchler u. a. (Hrsg.), Festschrift Rudolf Strasser zum 60. Geburtstag, 1983, S. 871, 880.

[124] BGH, Urt. v. 5. Oktober 1992 – II ZR 172/91, NJW 1993, 57, 59.

[125] *Habersack*, in: Goette/Habersack/Kalss (Hrsg.), Münchener Kommentar zum Aktiengesetz, Bd. 4, 5. Aufl. 2021, § 221 Rn. 120 m.w.N.; *Merkt*, in: Schmidt/Lutter (Hrsg.), Aktiengesetz, Bd. 2, 4. Aufl. 2020, § 221 Rn. 86; *Seibt*, in: Scholz (Hrsg.), Kommentar zum GmbH-Gesetz, 12. Aufl 2018, § 14 Rn. 142; *Wünsch*, in: Schwarz/Spielbüchler u. a. (Hrsg.), Festschrift Rudolf Strasser zum 60. Geburtstag, 1983, S. 871, 880.

[126] *Hirte*, in: Hopt/Wiedemann (Hrsg.), Aktiengesetz, Bd. 7.1, 4. Aufl. 2012, § 221 Rn. 416.

Zumindest steht dem Genussrechtsinhaber jedoch ein Auskunftsanspruch gem. §§ 242, 810 BGB, welcher aber ausschließlich auf die vermögensrechtliche Beziehung der Genussrechtsinhaber zur Gesellschaft limitiert ist, und ein Rechnungslegungsanspruch gem. §§ 242, 259 BGB zu.[127] Der BGH nimmt einen weiteren Auskunftsanspruch der Genussrechtsinhaber an.[128] Dieser ergibt sich bereits aus einer frühen Entscheidung des BGH, in der er einen allgemeinen Grundsatz zu Rechenschaftspflicht aus dem Umstand folgerte, dass ein Anspruchsberechtigter nicht in der Lage ist, auf diejenigen Auskünfte zuzugreifen, die er zur Anspruchsbegründung benötigt, während der Anspruchsgegner ihm solche leicht zur Verfügung stellen kann.[129] Ebendiese Rechenschaftspflicht besteht für die Gesellschaft gegenüber den Genussrechtsinhabern. Ein darüberhinausgehender allgemeiner Auskunftsanspruch aus § 242 BGB besteht dagegen nicht. Es muss vielmehr der begründete Verdacht einer Vertragsverletzung vorliegen, an den die Gerichte hingegen außerordentliche hohe Anforderungen stellen.[130]

Folgt man hingegen der Ansicht, dass es sich bei Genussrechten mit Verlustbeteiligung um eine Form der stillen Gesellschaft handelt[131], so gilt wie bei einer stillen Gesellschaft § 233 HGB.[132]

---

[127] *Alvensleben*, in: Häger/Elkemann-Reusch/Alvensleben (Hrsg.), Mezzanine Finanzierungsinstrumente, 2. Aufl. 2007, Rn. 750 f.; *Beuchert/Redeker*, in: Schön (Hrsg.), Eigenkapital und Fremdkapital, 2013, S. 289, 312; *Florstedt*, in: Zöllner/Noack (Hrsg.), Kölner Kommentar zum Aktiengesetz, Bd. 4.2, 3. Aufl. 2017, § 221 Rn. 620; *Frantzen*, Genußscheine, 1993, S. 224 ff.; *Sethe*, AG 1993, 351, 356 f.; *Stöber*, NZG 2017, 1401, 1404 f.; ablehnend demgegenüber *Rid-Niebler*, Genußrechte als Instrument zur Eigenkapitalbeschaffung über den organisierten Kapitalmarkt für die GmbH, 1989, S. 53.

[128] BGH, Urt. v. 14. Juni 2016 – II ZR 121/15, NZG 2016, 983; vgl. dazu genauer unter Abschnitt 5.3.1.4.

[129] BGH, Urt. v. 28. Oktober 1953 – II ZR 149/52, NJW 1954, 70, 71 mit Verweis auf RG, Urt. v. 23. April 1910 – I 217/09, RGZ 73, 286, 288.

[130] Zum Anspruch BGH, Urt. v. 14. Juni 2016 – II ZR 121/15, NZG 2016, 983, 984 f.; dargestellt bei *Koch*, in: Hüffer/Koch (Hrsg.), Aktiengesetz, 15. Aufl. 2021, § 221 Rn. 27; dem wiederum zustimmend *Rid-Niebler*, Genußrechte als Instrument zur Eigenkapitalbeschaffung über den organisierten Kapitalmarkt für die GmbH, 1989, S. 53; zu den außerordentlich hohen Anforderungen unter Abschnitt 5.3.1.4.

[131] Vgl. dazu unter Abschnitt 3.2.2.

[132] Vgl. *Karollus*, in: Geßler/Hefermehl/Eckardt u. a. (Hrsg.), Aktiengesetz, Bd. 4, 1994, § 221 Rn. 279, 284; *Krejci/van Husen*, GesRZ 2000, 54, 61; *Merkt*, in: Schmidt/Lutter (Hrsg.), Aktiengesetz, Bd. 2, 4. Aufl. 2020, § 221 Rn. 87; *Schott*, Genußscheine, 1995, S. 79 ff.; ähnlich aber stille Gesellschaft als Kausalgeschäft ansehend vgl. *Ernst*, Der Genußschein im deutschen und schweizerischen Aktienrecht, 1963, S. 123; ebenso *Schön*, JZ 1993, 925, 929 f., der die Genussrechte als stille Gesellschaft im „Innenverhältnis" behandeln will

3.2.5 Zwischenergebnis

Die geldwerten Ansprüche der Genussrechtsinhaber sehen eine erfolgsbezogene Vergütung vor, die vertraglich durch eine Verlustbeteiligung ergänzt werden kann. Bei Vertragsschluss ist den Parteien bewusst, dass sich ihre Interessen im Laufe der Zeit gegenläufig entwickeln können und demnach in der Regel kein gemeinsamer Zweck i.S.v. § 230 HGB verfolgt wird. Die Abgrenzung zur stillen Gesellschaft muss letztlich immer im Wege der Auslegung der konkreten Vertragsabrede erfolgen. Eine abschließende Regelung erfolgsbezogener Verträge findet sich in den §§ 230 ff. HGB hingegen nicht. Verwaltungsrechtlich stehen dem Genussrechtsinhaber damit auch nicht die Rechte aus § 233 HGB zu. Für ihn verbleibt es bei den allgemeinen Auskunfts- und Rechenschaftslegungsansprüchen. Das durch den BGH ergangene Urteil aus dem Jahr 2016[133] legt zwar einen Rechenschaftslegungsanspruch für Genussrechtsinhaber fest. Hierfür müssen diese aber einen begründeten Verdacht der Vertragsverletzung mit hinreichender Wahrscheinlichkeit darlegen.

Im Ergebnis fallen daher unter den Begriff der „wirtschaftlich-virtuellen" Gesellschafter alle Formen der Genussrechte, die eine Beteiligung am Unternehmenserfolg vorsehen.

3.3 Anleihen

Anleihen sind verzinsliche inhaltsgleiche Schuldverschreibungen, die an eine Vielzahl von Anlegern ausgegeben werden. Im Gegenzug für die Kapitalhingabe steht den Gläubigern ein Rückzahlungs- und Vergütungsanspruch zu. Sie werden stets in verbriefter Form ausgegeben.[134] Dem Darlehen vergleichbar besteht

---

aber auf das Problem hinweist, dass bei Gewährungen von Kontroll- und Mitwirkungsrechten gegenüber jedem einzelnen Genussrechtsinhaber die Praktikabilität des Finanzinstruments beseitigt wird. Nach *Schön* soll dieses Problem durch Zusammenfassen der in einem Vertragswerk emittierten Genussrechte gelöst werden, deren Inhabern dann kollektiv ein Kontroll- und Widerspruchsrecht zustehen soll. Obwohl er das Genussrechtsverhältnis nicht als stille Gesellschaft qualifizieren möchte, wird für die Ausfüllung des Auskunftsanspruchs dennoch eine Analogie u. a. zu § 233 HGB angenommen vgl. *Frantzen*, Genußscheine, 1993, S. 227.

[133] BGH, Urt. v. 14. Juni 2016 – II ZR 121/15, NZG 2016, 983.

[134] *Baums*, Recht der Unternehmensfinanzierung, 2017, § 36 Rn. 1 f.; *Kaulamo*, in: Habersack/Mülbert/Schlitt (Hrsg.), Unternehmensfinanzierung am Kapitalmarkt, 4. Aufl. 2019, § 17 Rn. 2.

bei der Anleihe ein großer Gestaltungsspielraum.[135] Zu den Schuldverschreibungen im Aktienrecht gehören auch die Genussrechte, welche bereits vorstehend aufgrund ihrer wirtschaftlichen Bedeutung auf ihre konkrete Ausgestaltung hin untersucht wurden. Daher konzentrieren sich die folgenden Ausführungen auf die übrigen Arten der Anleihen.

Anleihen sind rein schuldrechtlicher Natur und begründen keine mitgliedschaftlichen Rechte, sodass ihnen auf verwaltungsrechtlicher Ebene keine Mitsprache- oder Kontrollrechte, allenfalls Informationsrechte, zustehen.[136] Im Folgenden soll daher nur die Ausgestaltung geldwerter Ansprüche untersucht werden.

3.3.1 Festverzinsliche Anleihen

Wie die Bezeichnung des Finanzinstruments bereits erkennen lässt, wird bei einer festverzinslichen Anleihe (auch sog. Straight Bonds, Fixed Rate Bonds) ein erfolgsunabhängiger Zins als Vergütung für die Kapitalhingabe gewährt. Zudem erfolgt nach Ablauf der Finanzierungsdauer die Rückzahlung zum Nennwert.[137] Es fehlt in diesem Fall jegliche Form der Beteiligung am Unternehmenserfolg. Weder die zu zahlende Vergütung für die Kapitalhingabe noch der Rückzahlungsanspruch lassen eine Erfolgsbezogenheit zu. Eine Qualifikation als „wirtschaftlich-virtueller" Gesellschafter scheidet aus.

3.3.2 Nicht festverzinsliche Anleihen

Daneben kann die Anleihe auch mit einem variablen Zins ausgestattet sein (sog. Floating Rate Notes). In regelmäßigen Abständen wird dabei der Zinssatz der

---

[135] *Baums*, Recht der Unternehmensfinanzierung, 2017, § 36 Rn. 12.

[136] BGH, Urt. v. 5. Oktober 1992 – II ZR 172/91, NJW 1993, 57 f.; BGH, Urt. v. 9. November 1992 – II ZR 230/91, NJW 1993, 400, 401; *Baums*, Recht der Unternehmensfinanzierung, 2017, § 39 Rn. 4; vgl. *Zöllner/Noack*, in: Baumbach/Hueck (Hrsg.), Gesetz betreffend die Gesellschaften mit beschränkter Haftung, 22. Aufl. 2019, § 47 Rn. 40; vgl. zur Gewinnschuldverschreibung *Habersack*, in: Goette/Habersack/Kalss (Hrsg.), Münchener Kommentar zum Aktiengesetz, Bd. 4, 5. Aufl. 2021, § 221 Rn. 57; vgl. *Koch*, in: Hüffer/Koch (Hrsg.), Aktiengesetz, 15. Aufl. 2021, § 221 Rn. 8.

[137] *Fischer*, in: Breuer (Hrsg.), Handbuch Finanzierung, 3. Aufl. 2001, S. 251, 264; *Kaulamo*, in: Habersack/Mülbert/Schlitt (Hrsg.), Unternehmensfinanzierung am Kapitalmarkt, 4. Aufl. 2019, § 17 Rn. 40.

Vergütung an die Gegebenheiten am Markt angepasst. Als Maßstab kann dafür z. B. der EURIBOR dienen.[138] Auch diese Anleiheart ist in Bezug auf die Vergütung erfolgsunabhängig und mithin kein Fall der „wirtschaftlich-virtuellen" Gesellschafter.

3.3.3 Gewinnschuldverschreibungen

§ 221 Abs. 1 AktG definiert Gewinnschuldverschreibungen als Schuldverschreibungen, bei denen die Rechte der Gläubiger mit Gewinnanteilen von Aktionären in Verbindung gebracht werden.

Sie gewähren im Gegenzug für die Kapitalhingabe daher hauptsächlich neben oder anstelle einer festen Verzinsung einen gewinnabhängigen oder -orientierten (Zusatz-)Zins.[139] Dabei können Bezugsgröße für die Erfolgsbezogenheit nicht nur der Gewinn, sondern auch andere Finanzkennziffern des Unternehmens sein. Auch eine Beteiligung am Liquidationserlös ist denkbar.[140] Sie weisen mithin eine Parallele zu den Genussrechten auf, aus der häufig Abgrenzungsschwierigkeiten resultieren. In diesen Fällen ist indes davon auszugehen, dass es sich bei der Gewinnschuldverschreibung um einen Unterfall des Genussrechts handelt.[141] Ein wesentlicher Unterschied liegt aber in der Verlustbeteiligung: Während

---

[138] *Baums*, Recht der Unternehmensfinanzierung, 2017, § 36 Rn. 23; *Fischer*, in: Breuer (Hrsg.), Handbuch Finanzierung, 3. Aufl. 2001, S. 251, 264; *Kaulamo*, in: Habersack/Mülbert/Schlitt (Hrsg.), Unternehmensfinanzierung am Kapitalmarkt, 4. Aufl. 2019, § 17 Rn. 41.

[139] *Baums*, Recht der Unternehmensfinanzierung, 2017, § 39 Rn. 12 f.; *Habersack*, in: Goette/Habersack/Kalss (Hrsg.), Münchener Kommentar zum Aktiengesetz, Bd. 4, 5. Aufl. 2021, § 221 Rn. 54; *Koch*, in: Hüffer/Koch (Hrsg.), Aktiengesetz, 14. Aufl. 2020, § 221 Rn. 8; *Perridon/Rathgeber/Steiner*, Finanzwirtschaft der Unternehmung, 17. Aufl. 2017, S. 474; *Sagasser/Leuschner*, in: Assmann/Schütze/Buck-Heeb (Hrsg.), Handbuch des Kapitalanlagerechts, 5. Aufl. 2020, § 27 Rn. 949; *Singhof*, in: Schmidt/Ebke (Hrsg.), Münchener Kommentar zum Handelsgesetzbuch, Bd. 6, 4. Aufl. 2019, „Emissionsgeschäft" Rn. 137; *Swoboda*, Betriebliche Finanzierung, 3. Aufl. 1994, S. 28.

[140] *Baums*, Recht der Unternehmensfinanzierung, 2017, § 39 Rn. 9 f.

[141] *Hirte*, in: Hopt/Wiedemann (Hrsg.), Aktiengesetz, Bd. 7.1, 4. Aufl. 2012, § 221 Rn. 355; *Karollus*, in: Geßler/Hefermehl/Eckardt u. a. (Hrsg.), Aktiengesetz, Bd. 4, 1994, § 221 Rn. 248, 250; vgl. *Merkt*, in: Schmidt/Lutter (Hrsg.), Aktiengesetz, 4. Aufl. 2020, Bd. 2, § 221 Rn. 67; a.A. mit der Qualifikation des kausalen Rechtsverhältnisses als partiarisches Darlehen *Habersack*, in: Goette/Habersack/Kalss (Hrsg.), Münchener Kommentar zum Aktiengesetz, Bd. 4, 5. Aufl. 2021, § 221 Rn. 57; *Koch*, in: Hüffer/Koch (Hrsg.), Aktiengesetz, 15. Aufl. 2021, § 221 Rn. 8.

diese bei Genussrechten durchaus möglich ist, steht dem Gewinnschuldverschreibungsinhaber zwingend ein fester (nicht nachrangiger) Rückzahlungsanspruch zu.[142]

Die Voraussetzung der Erfolgsbezogenheit geldwerter Ansprüche des „wirtschaftlich-virtuellen“ Gesellschafters ist bei Gewinnschuldverschreibungen damit erfüllt.

3.3.4 Hybridanleihen

Hybridanleihen sind Schuldverschreibungen, die in der Regel mit folgenden Kerneigenschaften ausgestattet sind, damit sie bilanziell als Eigenkapital ausgewiesen werden können:[143] Nachrangigkeit gegenüber dem gesamten Fremdkapital, sehr lange Laufzeit, ein vorzeitiges Kündigungsrecht auf Seite des Emittenten, beinahe Ausschluss der Kündigungsmöglichkeit des Anlegers, anfängliche Festverzinsung mit Wechsel zur variablen Verzinsung nach Verstreichen der ersten Kündigungsmöglichkeit, Verpflichtung zur Beschaffung vergleichbaren Eigenkapitals im Falle der Kündigung und eine vom Ermessen oder anderer Finanzkennzahlen abhängigen Vergütungszahlung (sog. interest deferral option).[144] Eine Teilnahme an laufenden Verlusten ist hingegen nicht zwingend, ebenso wenig eine Beteiligung am Liquidationserlös.[145] Im Hinblick auf die Ausgestaltung der geldwerten Ansprüche ist mit der erfolgsabhängigen Vergütung die Voraussetzung für die „wirtschaftlich-virtuelle“ Beteiligung damit erfüllt.

---

[142] *Hirte*, in: Hopt/Wiedemann (Hrsg.), Aktiengesetz, Bd. 7.1, 4. Aufl. 2012, § 221 Rn. 355; *Karollus*, in: Geßler/Hefermehl/Eckardt u. a. (Hrsg.), Aktiengesetz, Bd. 4, 1994, § 221 Rn. 248, 250; *Merkt*, in: Schmidt/Lutter (Hrsg.), Aktiengesetz, Bd. 2, 4. Aufl. 2020, § 221 Rn. 67.

[143] *Gleske*, in: Habersack/Mülbert/Schlitt (Hrsg.), Unternehmensfinanzierung am Kapitalmarkt, 4. Aufl. 2019, § 19 Rn. 1.

[144] *Gleske*, in: Habersack/Mülbert/Schlitt (Hrsg.), Unternehmensfinanzierung am Kapitalmarkt, 4. Aufl. 2019, § 19 Rn. 19 ff.; *ders./Laudenklos*, in: Eilers/Rödding/Schmalenbach (Hrsg.), Unternehmensfinanzierung, 2. Aufl. 2014, D Rn. 60; *Singhof*, in: Schmidt/Ebke (Hrsg.), Münchener Kommentar zum Handelsgesetzbuch, Bd. 6, 4. Aufl. 2019, „Emissionsgeschäft“ Rn. 132; *Zantow/Dinauer/Schäffler*, Finanzwirtschaft des Unternehmens, 4. Aufl. 2016, Rn. 4.3.5.8; vgl. dazu anhand von Beispielen *Gerhold*, CFL 2011, 192, 192 f.

[145] *Gleske*, in: Habersack/Mülbert/Schlitt (Hrsg.), Unternehmensfinanzierung am Kapitalmarkt, 4. Aufl. 2019, § 19 Rn. 15, 33.

3.3.5 Wandel- und Umtauschanleihen

Wie bereits bei den Genussrechten festgestellt[146], fallen Finanzinstrumente mit Wandel- und Umtauschrechten, sofern sie keine Beteiligung am Unternehmenserfolg vorsehen, nicht unter den Begriff der „wirtschaftlich-virtuellen“ Gesellschafter. Der Equity-Kicker allein begründet keine Zugehörigkeit zur Untersuchungsgruppe.

3.3.6 Zwischenergebnis

Im Ergebnis sind damit aus der Untersuchungsgruppe ausschließlich die Gewinnschuldverschreibung i.S.d. § 221 AktG und die Hybridanleihe „wirtschaftlich-virtuelle“ Gesellschafter. Das schließt eine Kombination dieser Fälle mit Wandlungs- und Optionsrechten oder einem Nachrang hingegen nicht aus. Es kommt allein darauf an, dass die vermögensrechtliche Ebene die Komponenten der Hybridanleihe oder der Gewinnschuldverschreibung beinhalten.

3.4 Partiarisches Darlehen

Dem partiarischen Darlehen liegt ein Darlehensvertrag im Sinne des §§ 488 ff., 607 ff. BGB zugrunde. Die Hauptpflichten der Vertragsparteien bestehen daher im Zurverfügungstellen von Kapital oder einer vertretbaren Sache für einen festgelegten Zeitraum durch den Darlehensgeber und in seiner Vergütung durch den Darlehensnehmer, der bei Fälligkeit auch das gewährte Kapital oder Sachen gleicher Art, Güte und Menge zurückgeben muss.

Das partiarische Darlehen gehört zu der Gruppe der partiarischen Rechtsgeschäfte. Allgemein sind darunter Austauschverträge zu verstehen, bei denen als Gegenleistung für eine je nach Vertrag divergierende Leistung eine Beteiligung am Gewinn des Unternehmens vorgesehen wird.[147]

---

[146] Vgl. dazu unter Abschnitt 3.2.3.1 (am Ende); zu der grundsätzlichen Möglichkeit solcher Rechte bei Anleihen vgl. *Baums*, Recht der Unternehmensfinanzierung, 2017, § 38; *Kaulamo*, in: Habersack/Mülbert/Schlitt (Hrsg.), Unternehmensfinanzierung am Kapitalmarkt, 4. Aufl. 2019, § 17 Rn. 14 ff.; *Sagasser/Leuschner*, in: Assmann/Schütze/Buck-Heeb (Hrsg.), Handbuch des Kapitalanlagerechts, 5. Aufl. 2020, § 27 Rn. 942 ff.

[147] *Blaurock*, in: ders. (Hrsg.), Handbuch Stille Gesellschaft, 9. Aufl. 2020, Rn. 5.16; vgl. allgemein zu partiarischen Rechtsgeschäften bereits *Crome*, Die partiarischen Rechtsgeschäfte,

3.4.1 Abgrenzung zu anderen Rechtsinstituten

Eine Abgrenzung zu anderen Rechtsinstituten stellt sich oftmals als schwierig dar, da das partiarische Darlehen den Charakter eines Kreditgeschäfts aufweist, verbunden mit einer Gewinnbeteiligung, und gesetzlicher Bestimmungen von partiarischen Rechtsgeschäften fehlen.

3.4.1.1 Abgrenzung zur stillen Gesellschaft

Eine Verlustbeteiligung können partiarische Darlehen nicht vorsehen[148], sodass eine Abgrenzung zur stillen Gesellschaft mit Verlustbeteiligung obsolet wird.

Der Umstand, dass sowohl beim partiarischen Darlehen als auch im Fall der stillen Gesellschaft Kapital mit einer Art Kreditfunktion hingegeben wird und im Gegenzug zumindest eine Erfolgsbeteiligung des Kapitalgebers vorgesehen ist, kann bereits zu Abgrenzungsschwierigkeiten führen.[149]

Fraglich ist, warum nicht Gestaltungen ohne Verlustbeteiligung wie das partiarische Darlehen als stille Gesellschaft anzusehen sind. Im Wesentlichen werden zwei verschiedene Auffassungen vertreten. Vor dem Hintergrund, dass konkrete Kriterien zur Qualifizierung als partiarisches Darlehen fehlen, während hingegen Merkmale der stillen Gesellschaft wie z. B. die Verlustbeteiligung festgelegt sind, fragt sich *Schön*, ob es das partiarische Darlehen überhaupt gibt. Im Ergebnis vertritt er die These, dass jedes partiarische Darlehen eine Form der stillen

1897; *Huffer*, Das partiarische Geschäft als Rechtstypus, 1970; zu den heutige Einsatzmöglichkeiten *Bauer*, Das partiarische Darlehen als Instrument der Unternehmensfinanzierung, 2020, S. 30 ff.

[148] Vgl. dazu genauer unter Abschnitt 3.4.2.

[149] *Schmidt*, in: ders./Ebke (Hrsg.), Münchener Kommentar zum Handelsgesetzbuch, 4. Aufl. 2019, § 230 Rn. 58; einen Überblick über graduelle Unterschiede der verschiedenen partiarischen Rechtsgeschäfte, auch mit Blick auf partiarische Darlehen, stille Gesellschaften und Innengesellschaften gebend *Huffer*, Das partiarische Geschäft als Rechtstypus, 1970, S. 61 f.

Gesellschaft sei.[150] *Schön* argumentiert im Kern, dass sich die Interessen beider Kapitalgeber am Erhalt der Gewinnbeteiligung nicht sinnvoll unterscheiden ließen.[151] In Bezug auf die Förderpflichten der Beteiligten sei die Pflicht des Kapitalnehmers zur ordnungsgemäßen Geschäftsführung gegenüber beiden Arten von Kapitalgebern gleichwertig. Bei beiden Kapitalgebern bestünden die gleichen Treuepflichten, im Falle betrieblicher Erfordernisse den Ertrag aus der Gewinnbeteiligung kurzfristig stehen zu lassen, ohne dass der Rückzahlungsanspruch gefährdet werde.[152] Das Ausmaß der Kontrollrechte könne keine ausreichende Grundlage zur Beurteilung der Finanzierungsform sein; es sei vielmehr eine Nebenfolge des Vertrages.[153]

Dagegen wird von der herrschenden Meinung eingewandt, dass es im partiarischen Darlehensverhältnis keine gemeinsame Zweckverfolgung gebe.[154] Zwar stelle der Darlehensgeber das Kapital zur Verfügung, allerdings sei die Gewinnerzielung allein Angelegenheit des Inhabers des Handelsgewerbes. Damit verfolge der partiarische Darlehensgeber andere Interessen als der Darlehensnehmer.[155] *Schmidt* vertritt insoweit, dass im Unterschied zu Finanzierungsinstrumenten mit

---

150 *Schön*, ZGR 1993, 210, 214 ff.; ebenso nur mit dem Hinweis, dass für den Fall, dass der Darlehensgeber ein Verbraucher ist, die Schutzvorschrift aus §§ 491 ff. BGB nicht unterlaufen werden dürfen *Krämer*, in: Dauner-Lieb/Langen (Hrsg.), Bürgerliches Gesetzbuch, 4. Aufl. 2021, Vor §§ 488 ff. Rn. 12; anders wiederum *Huffer*, Das partiarische Geschäft als Rechtstypus, 1970, S. 63 ff., der ein Exklusivitätsverhältnis von stiller Gesellschaft und partiarischen Rechtsgeschäften ausschließt. Er nimmt indes einen fließenden Übergang beider Rechtsinstitute an und damit einhergehend je nach konkreter Ausgestaltung der ebenso fließende Übergang der anwendbaren Normen und Rechtsfolgen; auch *Heeren*, der allein den Grad der Risikotragung als taugliches Unterscheidungskriterium abstellt, ist der Ansicht, dass partiarische Darlehen allein ein Spezialfall der atypisch stillen Gesellschaft seien *Heeren*, Kapitalgeberschutz und hybride Finanzierungsinstrumente, 2008, S. 104.

151 *Schön*, ZGR 1993, 210, 218, 222; *Heeren* sieht den Unterschied zwischen stiller Gesellschaft und partiarischem Darlehen daher in dem Grad der Risikotragung *Heeren*, Kapitalgeberschutz und hybride Finanzierungsinstrumente, 2008, S. 104.

152 *Schön*, ZGR 1993, 210, 227, 229 ff.

153 *Ders.*, ZGR 1993, 210, 231 ff.; ähnlich im Ansatz aber insgesamt a.A. als *Schön Bauer*, Das partiarische Darlehen als Instrument der Unternehmensfinanzierung, 2020, S. 39 ff.

154 BGH, Urt. v. 10. Oktober 1994 – II ZR 32/94, NJW 1995, 192; *Blaurock*, in: ders. (Hrsg.), Handbuch Stille Gesellschaft, 9. Aufl. 2020, Rn. 5.21; *Schneck*, Handbuch Alternative Finanzierungsformen, 2006, S. 144; *Schneider/Sommer/Wagner*, in: Bösl/Sommer (Hrsg.), Mezzanine Finanzierung, 2006, S. 271, 272 f.; *Sprau*, in: Palandt (Hrsg.), Bürgerliches Gesetzbuch, 80. Aufl. 2021, § 705 Rn. 9, 20; *Zacharias/Hebig/Rinnewitz*, Die atypisch stille Gesellschaft, 2. Aufl. 2000, S. 33; vgl. dazu, dass die stille Gesellschaft und das partiarische Darlehen sich gegenseitig ausschließen *Crome*, Die partiarischen Rechtsgeschäfte, 1897, S. 376 f.

155 BGH, Urt. v. 10. Oktober 1994 – II ZR 32/94, NJW 1995, 192; vgl. zum Hinweis, dass der partiarische Darlehensgeber gerade keinen Einfluss auf die Geschäftsleitung hat und

Verlustbeteiligung, der partiarische Darlehensgeber gerade nicht den gemeinsamen Zweck durch Zurverfügungstellen von Kapital unter Risikoteilhabe fördere. Der Zweck werde gemeinsam verfolgt, wenn die hauptsächliche Beitragspflicht des Geschäftsinhabers die Gewinnerzielung sei. Erwirtschafte der Geschäftsinhaber hingegen den Gewinn nur als Nebenpflicht oder ist dieses Verhalten des Geschäftsinhabers vielmehr als Geschäftsgrundlage für den Kapitalgeber einzuordnen, könne nicht von einem gemeinschaftlich geförderten Zweck gesprochen werden.[156] Die Argumentation im Rahmen der Abgrenzung von Genussrechten und stillen Gesellschaften kann insoweit erneut fruchtbar gemacht werden, da auch in diesem Zusammenhang ein gemeinsam verfolgter Zweck an den unterschiedlichen Interessen der Vertragsparteien scheitert, auch wenn sich diese in puncto Gewinnerwirtschaftung zum Teil decken mögen.[157]

Über die Gewinnteilhabe hinaus können gerade noch weitere gemeinsame wirtschaftliche, insb. auch steuerrechtliche Ziele bestehen.[158] Als Indizien für die Abgrenzung zwischen stiller Gesellschaft ohne Verlustbeteiligung und dem partiarischen Darlehen können beispielsweise die Übertragbarkeit der Rechtsposition, die Dauer des Finanzierungsverhältnisses, die Kündigungsmöglichkeiten, die Mitsprache- und Kontrollrechte sowie die Pflicht des Kapitalnehmers zur ordnungsgemäßen Verwendung der Einlage dienen.[159] Im Einzelfall ist eine

---

der Betrieb gerade nicht sein eigener ist *Crome*, Die partiarischen Rechtsgeschäfte, 1897, S. 378 f.

[156] *Schmidt*, in: ders./Ebke (Hrsg.), Münchener Kommentar zum Handelsgesetzbuch, Bd. 3, 4. Aufl. 2019, § 230 Rn. 58.

[157] Vgl. insoweit unter Abschnitt 3.2.2.

[158] BFH, Urt. v. 19. Oktober 2005 – I R 48/04, DStRE 2006, 239, 240 f.; vgl. *Gehrlein*, in: Ebenroth/Boujong/Joost u. a. (Hrsg.), Handelsgesetzbuch, Bd. 1, 4. Aufl. 2020, § 230 Rn. 77 m.w.N.; so auch *Schmidt*, der zwar die Möglichkeit, der Qualifikation der typisch stillen Gesellschaft als partiarisches Darlehen erkennt, es aber – wie auch hier vertreten – als maßgeblich erachtet, nicht den Unterschied zwischen beiden Finanzierungsformen zu suchen, sondern der Grundfrage nachzugehen, ob ein gemeinsamer Zweck, zu dessen Förderung sich beide Parteien verpflichten wollen, vorliegt vgl. *Schmidt*, in: ders./Ebke (Hrsg.), Münchener Kommentar zum Handelsgesetzbuch, Bd. 3, 4. Aufl. 2019, § 230 Rn. 58; ebenso kann ein eventuell vorgegebener Verwendungszweck für das durch den Kapitalgeber hingegebene Geld auf eine stille Gesellschaft mit gemeinsamer Zwecksetzung hindeuten vgl. *Schäfer*, in: Säcker/Rixecker/Oetker u. a. (Hrsg.), Münchener Kommentar zum Bürgerlichen Gesetzbuch, Bd. 7, 8. Aufl. 2020, vor § 705 Rn. 114.

[159] *Bauer*, Das partiarische Darlehen als Instrument der Unternehmensfinanzierung, 2020, S. 39; *Blaurock*, in: ders. (Hrsg.), Handbuch Stille Gesellschaft, 9. Aufl. 2020, Rn. 5.32 ff.; *Schäfer*, in: Säcker/Rixecker/Oetker u. a. (Hrsg.), Münchener Kommentar zum Bürgerlichen Gesetzbuch, Bd. 7, 8. Aufl. 2020, vor § 705 Rn. 115; *Schmidt*, in: ders./Ebke (Hrsg.), Münchener Kommentar zum Handelsgesetzbuch, Bd. 3, 4. Aufl. 2019, § 230 Rn. 61 ff.;

Gesamtschau folgender Elemente vorzunehmen: Vertragszweck, Vertragsinhalt und wirtschaftliche Ziele der Parteien.[160]

3.4.1.2 Abgrenzung zum Genussrecht

Unstreitig ist bei der Abgrenzung des Genussrechts vom partiarischen Darlehen, dass die Verlustbeteiligung das partiarische Darlehen ausschließt, während aber das Genussrecht ein solches durchaus vorsehen kann.[161]

Ob dem Genussrecht ein gemeinsamer Zweck zugrunde liegen kann und dieses damit als stille Gesellschaft einzuordnen ist, ist umstritten.[162] Nach der hier vertretenen Auffassung fehlt dem Genussrecht wie auch dem partiarischen Darlehen der gemeinsame Zweck zur Qualifikation als stille Gesellschaft.[163]

Unterschiede zwischen den beiden Finanzierungsarten können dennoch ausgemacht werden. Während beim partiarischen Darlehen die Gewinnbeteiligung zwingend ist, kann das Genussrecht auch unentgeltlich begeben werden. Es ist nicht auf die Gewinnteilhabe beschränkt, sondern kann andere Rechte ermöglichen.[164] Zudem wird zur Abgrenzung der Umstand herangezogen, dass das

---

zur im Gegensatz zur stillen Gesellschaft freien Übertragbarkeit des partiarischen Darlehens *Schneck*, Handbuch Alternative Finanzierungsformen, 2006, S. 144; *Zantow/Dinauer/Schäffler*, Finanzwirtschaft des Unternehmens, 4. Aufl. 2016, Rn. 3.3; zu den Kontrollrechten als Indiz vgl. *Schneider/Sommer/Wagner*, in: Bösl/Sommer (Hrsg.), Mezzanine Finanzierung, 2006, S. 271, 272 f.

[160] Vgl. BGH, Urt. v. 10. Oktober 1994 – II ZR 32/94, NJW 1995, 192; *Blaurock*, in: ders. (Hrsg.), Handbuch Stille Gesellschaft, 9. Aufl. 2020, Rn. 5.35 f.; *Crome*, Die partiarischen Rechtsgeschäfte, 1897, S. 377; *Gehrlein*, in: Ebenroth/Boujong/Joost u. a. (Hrsg.), Handelsgesetzbuch, Bd. 1, 4. Aufl. 2020, § 230 Rn. 77; partiarische Rechtsverhältnisse als gesellschaftsähnliche Rechtsverhältnisse ansehend *Sprau*, in: Palandt (Hrsg.), Bürgerliches Gesetzbuch, 80. Aufl. 2021, § 705 Rn. 9.

[161] *Feddersen/Knauth*, Eigenkapitalbildung durch Genußscheine, 2. Aufl. 1992, S. 19; mit Verweis darauf, dass zumindest das Darlehen beim partiarischen Darlehensverhältnis in voller Höhe zurückzuzahlen ist, ebenso *Schultheiß*, Genussrecht und Anlegerschutz, 2018, S. 83 f.

[162] Vgl. dazu bereits oben unter Abschnitt 3.2.2.

[163] Vgl. insoweit unter Abschnitt 3.4.1.1; zum partiarischen Darlehen und unter Abschnitt 3.2.2. zum Genussrecht.

[164] *Feddersen/Knauth*, Eigenkapitalbildung durch Genußscheine, 2. Aufl. 1992, S. 19; *Schultheiß*, Genussrecht und Anlegerschutz, 2018, S. 83.

partiarische Darlehen immer Teil eines bereits bestehenden Rechtsverhältnisses ist, während das Genussrecht ein eigenes abstraktes Schuldverhältnis darstellt.[165]

3.4.2 Ausgestaltung der geldwerten Ansprüche des partiarischen Darlehensgebers

Der entscheidende Unterschied zum Grundtypus des Darlehensvertrages liegt darin, dass die Vergütung ergebnisabhängig ausgestaltet ist. Das bedeutet konkret, dass neben oder anstelle eines festen Zinses eine gewinnabhängige oder -orientierte Vergütung gewährt wird.[166] Dabei ist die Höhe der Beteiligung regelmäßig auf einen bestimmten Prozentsatz der Darlehenssumme begrenzt.[167]

Eine Verlustbeteiligung steht im Widerspruch zu dem dem Darlehenscharakter immanenten Rückzahlungsanspruch des Darlehensgebers und kann daher nicht vereinbart werden. Liegt hingegen eine Verlustbeteiligung, ein Nachrang oder eine Beteiligung an den stillen Reserven vor, so scheidet die Qualifizierung als partiarisches Darlehen aus.[168]

Bezugsgrößen für die Gewinnbeteiligung können entweder der Jahresüberschuss oder der Bilanzgewinn sein.[169] Auch beim partiarischen Darlehen stehen die bereits genannten Kicker-Komponenten zur Verfügung. Es steht den Vertragsparteien frei Equity- oder auch Non-Equity-Kicker zu vereinbaren.[170]

---

[165] *Frantzen*, Genußscheine, 1997, S. 19; *Bauer* will hingegen anhand des Parteiwillens unterscheiden, ob „eine eher eigen- oder fremdkapitalähnliche Beteiligung am Unternehmen" gewollt war, *Bauer*, Das partiarische Darlehen als Instrument der Unternehmensfinanzierung, 2020, S. 44.

[166] *Blaurock*, in: ders. (Hrsg.), Handbuch Stille Gesellschaft, 9. Aufl. 2020, Rn. 5.23 f.; ähnlich bereits *Crome*, Die partiarischen Rechtsgeschäfte, 1897, S. 374 f.; *Schneider/Sommer/Wagner*, in: Bösl/Sommer (Hrsg.), Mezzanine Finanzierung, 2006, S. 271, 273 f.; *Weidenkaff*, in: Palandt (Hrsg.), Bürgerliches Gesetzbuch, 80. Aufl. 2021, Vorb. v. § 488 Rn. 20; *Zantow/Dinauer/Schäffler*, Finanzwirtschaft des Unternehmens, 4. Aufl. 2016, Rn. 3.3.

[167] *Schneider/Sommer/Wagner*, in: Bösl/Sommer (Hrsg.), Mezzanine Finanzierung, 2006, S. 271, 274.

[168] BFH, Urt. v. 19. Oktober 2005 – I R 48/04, DStRE 2006, 239, 240; *Beuchert/Redeker*, in: Schön (Hrsg.), Eigenkapital und Fremdkapital, 2013, S. 289, 306; *Krämer*, in: Dauner-Lieb/Langen (Hrsg.), Bürgerliches Gesetzbuch, 4. Aufl. 2021, Vor §§ 488 ff. Rn. 12; *Schneck*, Handbuch Alternative Finanzierungsformen, 2006, S. 143, 145; *Zantow/Dinauer/Schäffler*, Finanzwirtschaft des Unternehmens, 4. Aufl. 2016, Rn. 3.3.

[169] Vgl. *Krämer*, in: Dauner-Lieb/Langen (Hrsg.), Bürgerliches Gesetzbuch, 4. Aufl. 2021, Vor §§ 488 ff. Rn. 12.

[170] *Schneck*, Handbuch Alternative Finanzierungsformen, 2006, S. 143 f.

3.4.3 Verwaltungsrechtliche Ausgestaltung

Mitverwaltungsrechte und Mitspracherechte stehen dem partiarischen Darlehensgeber nach den Regelungen zum Darlehen im BGB nicht zu.[171] Zumeist werden ihm vertraglich aber die Rechte aus § 233 HGB eingeräumt,[172] was u. U. aber zu einer Umqualifizierung in eine stille Gesellschaft führen kann.[173] Wie dem Genussrechtsinhaber steht dem partiarischen Darlehensgeber unter den bereits dort dargestellten Bedingungen ein Auskunftsrecht gem. §§ 242, 810 BGB zu.[174] Daneben besteht für den Darlehensnehmer eine Pflicht zur Rechnungslegung aus § 259 BGB.[175]

3.4.4 Zwischenergebnis

Aufgrund der vorstehenden Subsumtion sind partiarische Darlehensverhältnisse daher wegen fehlender Verwaltungsrechte mit gleichzeitiger erfolgsbezogener Vergütung als „wirtschaftlich-virtuelle" Gesellschafter zu bezeichnen.

3.5 Unterbeteiligungen

Eine Unterbeteiligung bezeichnet allgemein eine „Beteiligung an einer Beteiligung"[176]. Konkret bedeutet das, dass aufgrund eines Gesellschaftsvertrages zwischen dem Unterbeteiligten und dem Gesellschafter einer Körperschaft oder

[171] *Schneider/Sommer/Wagner*, in: Bösl/Sommer (Hrsg.), Mezzanine Finanzierung, 2006, S. 271, 275.

[172] Vgl. dazu ebd.

[173] Vgl. dazu unter Abschnitt 3.4.1.1.

[174] *Beuchert/Redeker*, in: Schön (Hrsg.), Eigenkapital und Fremdkapital, 2013, S. 289, 306 m.w.N.; vgl. weitergehend zu den Ausführungen im Zusammenhang mit dem Genussrecht unter Abschnitt 3.2.4.

[175] *Beuchert/Redeker*, in: Schön (Hrsg.), Eigenkapital und Fremdkapital, 2013, S. 289, 306 f.; *Weidenkaff*, in: Palandt (Hrsg.), Bürgerliches Gesetzbuch, 80. Aufl. 2021, Vorb. v. § 488 Rn. 20; zum zugrundeliegenden Rechtsgedanken vgl. BGH, Urt. v. 28. Oktober 1953 – II ZR 149/52, NJW 1954, 70, 71.

[176] *Schmidt*, in: Geßler/Hefermehl/Hildebrandt u. a. (Hrsg.), Handelsgesetzbuch, 5. Aufl. 1986, § 230 Rn. 182; ebenso *Bärwaldt*, in: Prinz/Kahle (Hrsg.), Beck'sches Handbuch der Personengesellschaften, 4. Aufl. 2014, § 16 Rn. 1; *Herzfeld*, AcP 1933, 270; *Singhof/Seiler/Schlitt*, Mittelbare Gesellschaftsbeteiligungen, 2004, Rn. 342.

Personengesellschaft (Hauptbeteiligten) der Unterbeteiligte gegen Einlageleistung eine Gewinnbeteiligung erhält. Die Einlageleistung muss nicht zwingend erfolgen, sie muss lediglich bilanziell darstellbar sein.[177] Sie bilden als Innengesellschaft kein gemeinsames Gesellschaftsvermögen, vergleichbar einer stillen Gesellschaft.[178] Der gemeinsame Gesellschaftszweck besteht im Halten und gewinnbringenden Verwerten des Anteils.[179]

Eine Unterbeteiligung vermittelt keine mitgliedschaftliche Stellung, sondern wirkt rein schuldrechtlich. Sie ist an allen Arten von Gesellschaftsanteilen möglich und kann sogar an einer stillen Gesellschaft[180] oder einer Unterbeteiligung selbst bestehen (sog. mehrstufige Unterbeteiligung)[181].

Wie bei der stillen Gesellschaft können auch bei der Unterbeteiligung typische und atypische Formen vereinbart werden. Atypisch ist eine Unterbeteiligung in dem Fall, in dem mehrere Unterbeteiligungen an einem Anteil bestehen (mehrgliedrige Unterbeteiligung), in dem vermögensrechtlich eine Annäherung

---

177 *Schmidt*, Gesellschaftsrecht, 4. Aufl. 2002, S. 1865 f.; *ders.*, in: ders./Ebke (Hrsg.), Münchener Kommentar zum Handelsgesetzbuch, Bd. 3, 4. Aufl. 2019, § 230 Rn. 197; *Singhof/Seiler/Schlitt*, Mittelbare Gesellschaftsbeteiligungen, 2004, Rn. 342; vgl. zur mangelnden Erforderlichkeit einer Einlage *Blaurock*, in: ders. (Hrsg.), Handbuch Stille Gesellschaft, 9. Aufl. 2020, Rn. 30.40; *Tebben*, Unterbeteiligung und Treuhand an Gesellschaftsanteilen, 2000, S. 43 f. hingegen sieht die Gewinnbeteiligung nicht als begriffsnotwendiges Merkmal für eine Unterbeteiligung an.

178 *Bärwaldt*, in: Prinz/Kahle (Hrsg.), Beck'sches Handbuch der Personengesellschaften, 5. Aufl. 2020, § 16 Rn. 2; *Schmidt*, Gesellschaftsrecht, 4. Aufl. 2002, S. 1869; *ders.*, in: ders./Ebke (Hrsg.), Münchener Kommentar zum Handelsgesetzbuch, Bd. 3, 4. Aufl. 2019, § 230 Rn. 195; *Singhof/Seiler/Schlitt*, Mittelbare Gesellschaftsbeteiligungen, 2004, Rn. 348; *Schacht/Petersen*, in: Winkeljohann/Prinz (Hrsg.), Beck'sches Handbuch der GmbH, 6. Aufl. 2021, § 13 Rn. 169; a.A. bei entsprechendem Willen der Vertragsparteien *Herzfeld*, AcP 1933, 270, 315; ebenso *Horn*, in: Heymann/Horn (Hrsg.), Heymann-Handelsgesetzbuch, Bd. 2, 1996, § 230 Rn. 67.

179 *Blaurock*, Unterbeteiligung und Treuhand an Gesellschaftsanteilen, 1981, S. 109; *Schmidt*, Gesellschaftsrecht, 4. Aufl. 2002, S. 1870 f.; *Singhof/Seiler/Schlitt*, Mittelbare Gesellschaftsbeteiligungen, 2004, Rn. 349; *Tebben*, Unterbeteiligung und Treuhand an Gesellschaftsanteilen, 2000, S. 37; *Winterstein*, Die Unterbeteiligung an OHG- und KG-Anteilen als stille Gesellschaft, 1969, S. 15.

180 Vgl. *Gehrlein*, in: Ebenroth/Boujong/Joost u. a. (Hrsg.), Handelsgesetzbuch, Bd. 1, 4. Aufl. 2020, § 230 Rn. 91; *Herzfeld*, AcP 1933, 270, 279; *Paulick*, ZGR 1974, 253, 258; *Singhof/Seiler/Schlitt*, Mittelbare Gesellschaftsbeteiligungen, 2004, Rn. 345; genauer zur Unterbeteiligung an einem OHG-Anteil *Wagner*, Die Unterbeteiligung an einem OHG-Anteil, 1975.

181 *Herzfeld*, AcP 1933, 270, 286; *Schmidt*, Gesellschaftsrecht, 4. Aufl. 2002, S. 1868; *Singhof/Seiler/Schlitt*, Mittelbare Gesellschaftsbeteiligungen, 2004, Rn. 346.

an die Stellung eines Gesellschafters erfolgt und in dem Fall, in dem dem Unterbeteiligten die Einflussnahme auf die Hauptgesellschaft gewährt wird.[182]

3.5.1 Abgrenzung zu anderen Rechtsinstituten

Die Unterbeteiligung ähnelt in ihrem Wesen und ihrer Struktur rechtlich wie wirtschaftlich anderen Finanzinstrumenten. Es ist daher im Folgenden zur klarstellenden Einordnung eine Abgrenzung vorzunehmen.

3.5.1.1 Abgrenzung zur stillen Gesellschaft

Bereits die Rechtsnatur der Unterbeteiligung ist umstritten. Während eine Ansicht die Unterbeteiligung als Innengesellschaft bürgerlichen Rechts einordnet[183], hält eine andere sie für eine Form der stillen Gesellschaft[184]. Letztlich kann dieses Problem aber offengelassen werden, da es sich auch bei der stillen Gesellschaft um eine Form der Innengesellschaft handelt und sich am Ende allein

[182] *Emmerich*, in: Heymann/Horn (Hrsg.), Heymann-Handelsgesetzbuch, Bd. 2, 1996, § 105 Rn. 57; *Roth*, in: Baumbach/Hopt (Hrsg.), Handelsgesetzbuch, 40. Aufl. 2021, § 105 Rn. 38; *Schmidt*, Gesellschaftsrecht, 4. Aufl. 2002, S. 1867; *Schmidt*, in: Geßler/Hefermehl/Hildebrandt u. a. (Hrsg.), Handelsgesetzbuch, 5. Aufl. 1986, § 230 Rn. 189; die Einordnung in „typisch" und „atypisch" durch eine solche in „mit oder ohne Substanzbeteiligung" ersetzend *Blaurock*, Unterbeteiligung und Treuhand an Gesellschaftsanteilen, 1981, S. 116; ebenso kritisch in Bezug auf die Unterscheidung zwischen typisch und atypisch *Ulbrich*, Die Unterbeteiligungsgesellschaft an Personengesellschaftsanteilen, 1982, S. 4 f.

[183] BGH, Urt. v. 11. Juli 1968 – II ZR 179/66, BGHZ 50, 316, 320; BGH, Urt. v. 13. Juni 1994 – II ZR 259/92, NJW 1994, 2886, 2287 f.; vgl. *Bärwaldt*, in: Prinz/Kahle (Hrsg.), Beck'sches Handbuch der Personengesellschaften, 5. Aufl. 2020, § 16 Rn. 15; *Blaurock*, Unterbeteiligung und Treuhand an Gesellschaftsanteilen, 1981, S. 113; *Blaurock*, in: ders. (Hrsg.), Handbuch Stille Gesellschaft, 9. Aufl. 2020, Rn. 30.21, 30.23; *Gehrlein*, in: Ebenroth/Boujong/Joost u. a. (Hrsg.), Handelsgesetzbuch, Bd. 1, 4. Aufl. 2020, § 230 Rn. 92; so bereits auch *Hecht*, Die Unterbeteiligung, 1933, S. 5; *Obermüller/Obermüller*, in: Hadding (Hrsg.), Festschrift für Winfried Werner zum 65. Geburtstag, 1984, S. 607, 616; *Paulick*, ZGR 1974, 253, 257; *Roth*, in: Baumbach/Hopt (Hrsg.), Handelsgesetzbuch, 40. Aufl. 2021, § 105 Rn. 38; *Tebben*, Unterbeteiligung und Treuhand an Gesellschaftsanteilen, 2000, S. 45.

[184] *Esch*, NJW 1964, 902, 903 ff.; *Gehrlein*, in: Ebenroth/Boujong/Joost u. a. (Hrsg.), Handelsgesetzbuch, Bd. 1, 4. Aufl. 2020, § 230 Rn. 91; *Horn*, in: Heymann/Horn (Hrsg.), Heymann-Handelsgesetzbuch, Bd. 2, 1996, § 230 Rn. 65, 67; *Schmidt*, in: ders./Ebke (Hrsg.), Münchener Kommentar zum Handelsgesetzbuch, Bd. 4, 3. Aufl. 2012, § 230 Rn. 192; *Schneider*, in: Hefermehl/Nipperdey (Hrsg.), Festschrift für Philipp Möhring zum 65. Geburtstag, 1965, S. 115 ff.; *Winterstein*, Die Unterbeteiligung an OHG- und KG-Anteilen als stille Gesellschaft, S. 196.

die Frage stellt, welche Regelungen – mangels gesetzlicher Vorschriften – anzuwenden sind.[185] Es ist zu bezweifeln, warum die zwingenden Normen aus dem Regelungswerk der stillen Gesellschaft nur auf die direkte Beteiligung an einem Handelsgewerbe in Form einer stillen Gesellschaft anwendbar sein sollen und nicht auch auf die indirekte Beteiligung an einer Beteiligung selbst.[186] Dafür spricht auch, dass sowohl die stille Gesellschaft als auch die Unterbeteiligung strukturell als mittelbare Beteiligungen eingeordnet werden.[187] Neben den §§ 705 ff. BGB kommen daher in analoger Anwendung auch die §§ 230 ff. HGB zum Tragen; nur beim Umfang bestehen Differenzen.[188]

3.5.1.2 Abgrenzung zum partiarischen Darlehen

Der Hauptbeteiligte und der Unterbeteiligte verfolgen einen gemeinsamen Zweck und bilden daher eine Innengesellschaft. Ob das partiarische Darlehen eine Form der stillen Gesellschaft, also auch eine Innengesellschaft ist, wird nicht einheitlich beantwortet. Nach der hier vertretenen Auffassung fehlt es den partiarischen Darlehensparteien aber am gemeinsam verfolgten Zweck.[189]

---

[185] *Schmidt*, Gesellschaftsrecht, 4. Aufl. 2002, S. 1868 f.; *ders.*, in: ders./Ebke (Hrsg.), Münchener Kommentar zum Handelsgesetzbuch, Bd. 3, 4. Aufl. 2019, § 230 Rn. 205; dass es sich im Kern um die Frage nach dem anwendbaren Recht handelt, ebenso *Blaurock*, in: ders. (Hrsg.), Handbuch Stille Gesellschaft, 9. Aufl. 2020, Rn. 30.22; *Tebben*, Unterbeteiligung und Treuhand an Gesellschaftsanteilen, 2000, S. 45; *Wagner*, Die Unterbeteiligung an einem OHG-Anteil, 1975, S. 35; unter Hinweis darauf, dass es sich weder um eine stille Gesellschaft handelt noch um eine reine Innengesellschaft in Form der GbR, sondern um eine Zwischenform, ebenso *Ulbrich*, Die Unterbeteiligungsgesellschaft an Personengesellschaftsanteilen, 1982, S. 66 f.

[186] So bereits *Schmidt*, in: Geßler/Hefermehl/Hildebrandt u. a. (Hrsg.), Handelsgesetzbuch, 5. Aufl. 1986, § 230 Rn. 203.

[187] Vgl. insoweit unter Abschnitt 2.2.2.1.

[188] *Bärwaldt*, in: Prinz/Kahle (Hrsg.), Beck'sches Handbuch der Personengesellschaften, 5. Aufl. 2020, § 16 Rn. 15; *Blaurock*, in: ders. (Hrsg.), Handbuch Stille Gesellschaft, 9. Aufl. 2020, Rn. 30.23 f.; *Schacht/Petersen*, in: Winkeljohann/Prinz (Hrsg.), Beck'sches Handbuch der GmbH, 6. Aufl. 2021, § 13 Rn. 169; *Schmidt*, in: ders./Ebke (Hrsg.), Münchener Kommentar zum Handelsgesetzbuch, Bd. 3, 4. Aufl. 2019, § 230 Rn. 205; vgl. dazu beispielhaft *Gehrlein*, in: Ebenroth/Boujong/Joost u. a. (Hrsg.), Handelsgesetzbuch, Bd. 1, 4. Aufl. 2020, § 230 Rn. 92.

[189] Ebenso *Blaurock*, in: ders. (Hrsg.), Handbuch Stille Gesellschaft, 9. Aufl. 2020, Rn. 30.14; *Singhof/Seiler/Schlitt*, Mittelbare Gesellschaftsbeteiligungen, 2004, Rn. 356; so auch bereits *Hecht*, Die Unterbeteiligung, 1933, S. 6; nicht differenzierend *Herzfeld*, AcP 1933, 270, 272; vgl. insoweit unter Abschnitt 3.4.1.1.

3.5.1.3 Abgrenzung zur Treuhand

Die Abgrenzung der Treuhand zur Unterbeteiligung erfolgt anhand der zu berücksichtigenden Interessen des Hauptbeteiligten bzw. Treuhänders: Bei der Unterbeteiligung berücksichtigt der Hauptbeteiligte im Gegensatz zur Treuhand neben seinen eigenen Interessen auch die in der Regel gleichlautenden Interessen des Unterbeteiligten. Hingegen achtet der Treuhänder allein die Interessen des Treugebers.[190] Der Treuhänder handelt für fremde, der Hauptbeteiligte hingegen für fremde und eigene Rechnung.[191] Treuhand und Unterbeteiligung schließen sich allerdings laut der Rechtsprechung des BGH nicht gegenseitig aus und können unter Umständen sogar parallel vorliegen.[192]

3.5.2 Ausgestaltung geldwerter Ansprüche von Unterbeteiligten

Es macht bereits einen Unterschied für die geldwerten Ansprüche des Unterbeteiligten, ob die Vertragsparteien eine typische oder eine atypische Unterbeteiligung vorsehen. Bei der typischen Unterbeteiligung partizipiert der Unterbeteiligte am Gewinn des Hauptbeteiligten. Dabei ist die Bezugsgröße der ausgeschüttete Gewinn.[193] Parallel zur stillen Gesellschaft kann in Form der atypischen Unterbeteiligung aber auch eine Beteiligung am Unternehmenswert vorgesehen werden.

---

[190] *Gehrlein*, in: Ebenroth/Boujong/Joost u. a. (Hrsg.), Handelsgesetzbuch, Bd. 1, 4. Aufl. 2020, § 230 Rn. 104; *Singhof/Seiler/Schlitt,* Mittelbare Gesellschaftsbeteiligungen, 2004, Rn. 357.

[191] *Blaurock*, in: ders. (Hrsg.), Handbuch Stille Gesellschaft, 9. Aufl. 2020, Rn. 30.9.

[192] BGH, Urt. v. 13. Juni 1994 – II ZR 259/92, NJW 1994, 2886, 2287; BGH, Urt. v. 10. Oktober 1994 – II ZR 285/93, NJW-RR 1995, 165; so auch in der Literatur *Emmerich*, in: Heymann/Horn (Hrsg.), Heymann-Handelsgesetzbuch, Bd. 2, 1996, § 105 Rn. 57; *Roth/Thöni*, in: Lutter (Hrsg.), Festschrift 100 Jahre GmbH-Gesetz, 1992, S. 245, 260 ff.; *Schmidt*, Gesellschaftsrecht, 4. Aufl. 2002, S. 1867; *ders.*, in: ders./Ebke (Hrsg.), Münchener Kommentar zum Handelsgesetzbuch, Bd. 3, 4. Aufl. 2019, § 230 Rn. 203; *Singhof/Seiler/Schlitt*, Mittelbare Gesellschaftsbeteiligungen, 2004, Rn. 358; dazu ausführlich ein Alternativverhältnis annehmend *Tebben*, Unterbeteiligung und Treuhand an Gesellschaftsanteilen, 2000, S. 75 ff.

[193] *Bärwaldt*, in: Prinz/Kahle (Hrsg.), Beck'sches Handbuch der Personengesellschaften, 5. Aufl. 2020, § 16 Rn. 31 f.; *Blaurock*, in: ders. (Hrsg.), Handbuch Stille Gesellschaft, 9. Aufl. 2020, Rn. 30.16; *Paulick*, ZGR 1974, 253, 257.

Das heißt, dass dem Unterbeteiligten zusätzlich eine Beteiligung an den stillen Reserven und/oder ggf. dem Liquidationserlös zusteht.[194]

Eine Verlustbeteiligung kann sowohl bei atypischer als auch bei typischer Unterbeteiligung vereinbart werden. Dabei mindert sich der Rückzahlungsanspruch um die entstandenen Verluste und wird in nachfolgenden Jahren mit ggf. anfallenden Gewinnen wiederaufgefüllt. Mit Ablauf der Finanzierungsdauer wird die Einlage ggf. um Verluste gemindert zurückgezahlt. Sofern nichts anderes vereinbart wurde, besteht in der Regel eine auf die Einlage begrenzte Verlustbeteiligung.[195] Eine Verlustbeteiligung kann auch nur für die Dauer des Unterbeteiligungsverhältnisses bestehen, sodass der Rückzahlungsanspruch ungemindert dem Unterbeteiligten verbleibt.[196]

Bei den Körperschaften ist regelmäßig auf den auf die Hauptbeteiligung entfallenden Gewinnanteil abzustellen, während bei Personengesellschaften meist der entnahmefähige Gewinn einbezogen wird.[197] Dem Unterbeteiligten wird grundsätzlich am Ende eines jeden Geschäftsjahres der auf ihn ggf. um Verluste geminderte entfallende Gewinn ausgezahlt. Zu beachten ist bei Personengesellschaften allerdings, dass sich die Auszahlung an den Unterbeteiligten nach den Modalitäten für den Hauptgesellschafter richtet. Das bedeutet konkret, dass wenn der Gewinnanteil des Hauptbeteiligten auf ein Darlehenskonto verbucht wird und nur unter bestimmten Voraussetzungen entnommen werden kann, der Unterbeteiligte den gleichen Entnahmebedingungen unterliegt wie der Hauptbeteiligte.[198]

Parallel zur stillen Gesellschaft wird auch bei der Unterbeteiligung gestritten, welche Gewinngröße die Maßgebliche ist. Während bei der stillen Gesellschaft nach der hier vertretenen Auffassung eine differenzierende Betrachtung zugrunde

---

194 *Blaurock*, in: ders. (Hrsg.), Handbuch Stille Gesellschaft, 9. Aufl. 2020, Rn. 30.17; *Paulick*, ZGR 1974, 253, 258; *Schmidt*, in: ders./Ebke (Hrsg.), Münchener Kommentar zum Handelsgesetzbuch, Bd. 3, 4. Aufl. 2019, § 230 Rn. 208 f.; *Singhof/Seiler/Schlitt*, Mittelbare Gesellschaftsbeteiligungen, 2004, Rn. 363, 449; *Tebben*, Unterbeteiligung und Treuhand an Gesellschaftsanteilen, 2000, S. 283 f.; *Ulbrich*, Die Unterbeteiligungsgesellschaft an Personengesellschaftsanteilen, 1982, S. 5.

195 *Singhof/Seiler/Schlitt*, Mittelbare Gesellschaftsbeteiligungen, 2004, Rn. 429.

196 *Paulick*, ZGR 1974, 253, 267; vgl. ausführlich zu den verschiedenen möglichen Gestaltungsformen bereits *Ulbrich*, Die Unterbeteiligungsgesellschaft an Personengesellschaftsanteilen, 1982, S. 139 f.

197 *Blaurock*, in: ders. (Hrsg.), Handbuch Stille Gesellschaft, 9. Aufl. 2020, Rn. 30.53; *Singhof/Seiler/Schlitt*, Mittelbare Gesellschaftsbeteiligungen, 2004, Rn. 435; *Ulbrich*, Die Unterbeteiligungsgesellschaft an Personengesellschaftsanteilen, 1982, S. 137.

198 *Singhof/Seiler/Schlitt*, Mittelbare Gesellschaftsbeteiligungen, 2004, Rn. 438; ähnlich *Blaurock*, Unterbeteiligung und Treuhand an Gesellschaftsanteilen, 1981, S. 118.

zu legen und nicht bloß auf das reine Betriebsergebnis abzustellen ist, vertritt die h.M.[199] im Fall der Unterbeteiligung eine Beteiligung am gesamten dem Hauptbeteiligten zustehenden Unternehmensgewinn. Begründet wird diese Ansicht damit, dass der Hauptbeteiligte nicht in allen Fällen über die nötigen Informationen verfügt, um die Frage zu beantworten, ob es sich bei den entsprechenden ihm zukommenden Gewinnen um solche des gewöhnlichen Betriebes handelt. Auch eine eventuelle Geheimhaltung aufgrund der Treuepflicht könnte den Hauptbeteiligten dazu zwingen, diese Unterscheidung selbst bei Kenntnis nicht vorzunehmen, sodass auch eine Kontrolle durch den Unterbeteiligten kaum möglich ist.[200] Auch der Gesellschaftszweck der Unterbeteiligung, das Halten und Nutzen des Gesellschaftsanteils des Hauptbeteiligten, spricht dafür sämtliche Gewinne einzubeziehen.[201] Diesen rein praktischen Erwägungen ist zuzustimmen. Oftmals vereinbaren die Vertragsparteien eine Unterbeteiligung, um eine unmögliche Anteilsübertragung zu umgehen.[202] Dann wäre es inkonsequent dem Unterbeteiligten nur einen Teil des Gewinnes zukommen zu lassen.

---

[199] Vgl. *Blaurock*, Unterbeteiligung und Treuhand an Gesellschaftsanteilen, 1981, S. 117; *Friehe*, Unterbeteiligung bei Personengesellschaften, 1974, S. 67; *Harbarth*, in: Canaris/Habersack/Schäfer (Hrsg.), Staub Handelsgesetzbuch, Bd.4, 5. Aufl. 2015, § 230 Rn. 304; *Meyer*, Die Unterbeteiligung an Handelsgesellschaftsanteilen, 1971, S. 114 f.; *Reichert/Weller*, in: Fleischer/Goette (Hrsg.), Münchener Kommentar zum Gesetz betreffend die Gesellschaften mit beschränkter Haftung, Bd. 1, 3. Aufl. 2018, § 15 Rn. 260; *Thomsen*, Die Unterbeteiligung an einem Personengesellschaftsanteil, 1978, S. 44; bereits für die stille Gesellschaft den gesamten Unternehmensgewinn einbeziehend und aufgrund der Ähnlichkeit der Unterbeteiligung auch dort eine solche Beteiligung befürwortend *Ulbrich*, Die Unterbeteiligungsgesellschaft an Personengesellschaftsanteilen, 1982, S. 132 ff.; *Winterstein*, Die Unterbeteiligung an OHG- und KG-Anteilen als stille Gesellschaft, 1969, S. 74 f.; *Paulick* stellt zwar auf den Geschäftsgewinn ab und ist daher a.A., verweist aber darauf, dass es in der Praxis üblich ist, die dafür erforderlichen zwei Bilanzen und die komplizierte Berechnung nicht vorzunehmen *Paulick*, ZGR 1974, 253, 265.

[200] Vgl. *Meyer*, Die Unterbeteiligung an Handelsgesellschaftsanteilen, 1971, S. 114; *Ulbrich*, Die Unterbeteiligungsgesellschaft an Personengesellschaftsanteilen, 1982, S. 133; *Thomsen*, Die Unterbeteiligung an einem Personengesellschaftsanteil, 1978, S. 45.

[201] *Friehe*, Unterbeteiligung bei Personengesellschaften, 1974, S. 67; *Reichert/Weller*, in: Fleischer/Goette (Hrsg.), Münchener Kommentar zum Gesetz betreffend die Gesellschaften mit beschränkter Haftung, Bd. 1, 3. Aufl. 2018, § 15 Rn. 260; *Tebben*, Unterbeteiligung und Treuhand an Gesellschaftsanteilen, 2000, S. 281; *Ulbrich*, Die Unterbeteiligungsgesellschaft an Personengesellschaftsanteilen, 1982, S. 133.

[202] Vgl. dazu genauer unten unter Abschnitt 3.5.4.

3.5.3 Verwaltungsrechtliche Ausgestaltung

In Bezug auf die Möglichkeiten des Unterbeteiligten, Einfluss auf die Geschicke der Gesellschaft zu nehmen, ist zwischen zwei Ebenen zu unterscheiden: Einflussnahme im Verhältnis zur Hauptgesellschaft und im Rahmen des Unterbeteiligungsverhältnisses.

3.5.3.1 Ebene der Hauptgesellschaft

Auf Ebene der Hauptgesellschaft stehen nur dem Hauptbeteiligten und in keinem Fall dem Unterbeteiligten mitgliedschaftliche Rechte zu. Der Unterbeteiligte wird gerade kein Gesellschafter der Hauptgesellschaft.[203] Die Unterbeteiligung ist lediglich eine Innengesellschaft. Der Hauptbeteiligte kann dabei bei entsprechender vertraglicher Vereinbarung an Weisungen des Unterbeteiligten gebunden sein. Er ist zudem dauerhaft verpflichtet bei der Ausübung seiner Gesellschafterrechte auch die Interessen des Unterbeteiligten zu wahren, sofern sie der Treuepflicht des Hauptgesellschafters gegenüber der Gesellschaft nicht zuwiderlaufen.[204]

Soll der Unterbeteiligte anstelle des Hauptgesellschafters gegenüber der Hauptgesellschaft auftreten, so ist dies nur durch besondere Vollmacht des Hauptgesellschafters und mit Zustimmung – ausdrücklich oder stillschweigend – der Hauptgesellschaft möglich. Er handelt dann im Namen des Hauptgesellschafters.[205] Darüber hinaus ist es möglich, dem Unterbeteiligten mit Zustimmung

---

[203] *Bärwaldt*, in: Prinz/Kahle (Hrsg.), Beck'sches Handbuch der Personengesellschaften, 5. Aufl. 2020, § 16 Rn. 1; *Hecht*, Die Unterbeteiligung, 1933, S. 8 f.; *Schmidt*, Gesellschaftsrecht, 4. Aufl. 2002, S. 1872; *ders.*, in: ders./Ebke (Hrsg.), Münchener Kommentar zum Handelsgesetzbuch, Bd. 3, 4. Aufl. 2019, § 230 Rn. 232; *Singhof/Seiler/Schlitt*, Mittelbare Gesellschaftsbeteiligungen, 2004, Rn. 396.

[204] *Schmidt*, in: ders./Ebke (Hrsg.), Münchener Kommentar zum Handelsgesetzbuch, Bd. 3, 4. Aufl. 2019, § 230 Rn. 238, 242; *Singhof/Seiler/Schlitt*, Mittelbare Gesellschaftsbeteiligungen, 2004, Rn. 402; 447; zur Wahrung der Interessen des Unterbeteiligten durch den Hauptgesellschafter bereits *Hecht*, Die Unterbeteiligung, 1933, S. 11 f.

[205] *Blaurock*, Unterbeteiligung und Treuhand an Gesellschaftsanteilen, 1981, S. 119; *Emmerich*, in: Heymann/Horn (Hrsg.), Heymann-Handelsgesetzbuch, Bd. 2, 1996, § 105 Rn. 61; *Paulick*, ZGR 1974, 253, 275; *Singhof/Seiler/Schlitt*, Mittelbare Gesellschaftsbeteiligungen, 2004, Rn. 421; *Tebben*, Unterbeteiligung und Treuhand an Gesellschaftsanteilen, 2000, 384 f.; *Ulbrich*, Die Unterbeteiligungsgesellschaft an Personengesellschaftsanteilen, 1982, S. 122.

der Gesellschafter der Hauptgesellschaft sogar Kontroll- und Geschäftsführungsbefugnisse in der Hauptgesellschaft zu gewähren;[206] gleiches gilt für eine Erweiterung der Informationsrechte.[207]

3.5.3.2 Ebene des Unterbeteiligungsverhältnisses

Im Unterbeteiligungsverhältnis steht dem Unterbeteiligten gegen den Hauptbeteiligten ein Informationsrecht zu, wobei die rechtliche Grundlage hierfür umstritten ist. Während eine Ansicht § 716 BGB zur Begründung heranzieht[208], stellt eine vorzugswürdigere Ansicht aufgrund der Ähnlichkeit von Unterbeteiligung und stiller Gesellschaft auf § 233 HGB[209] ab.

Liegen Anhaltspunkte für eine konkrete Gefährdung der Interessen des Unterbeteiligten vor, so steht diesem unumstritten ein außerordentliches Informationsrecht zu.[210] Streit besteht diesbezüglich allerdings wiederum in Bezug

[206] Vgl. BGH, Urt. v. 20. September 1973 – VII ZR 176/71, NJW 1973, 2101, 2102; *Bärwaldt*, in: Prinz/Kahle (Hrsg.), Beck'sches Handbuch der Personengesellschaften, 5. Aufl. 2020, § 16 Rn. 26 f.; vgl. *Roth*, in: Baumbach/Hopt (Hrsg.), Handelsgesetzbuch, 40. Aufl. 2021, § 105 Rn. 41; *Singhof/Seiler/Schlitt*, Mittelbare Gesellschaftsbeteiligungen, 2004, Rn. 448; *Thomsen*, Die Unterbeteiligung an einem Personengesellschaftsanteil, 1978, S. 39.

[207] *Ulbrich*, Die Unterbeteiligungsgesellschaft an Personengesellschaftsanteilen, 1982, S. 128; a.A. *Herzfeld*, AcP 1933, 270, 306.

[208] *Blaurock.*, Unterbeteiligung und Treuhand an Gesellschaftsanteilen, 1981, S. 182 ff.; *ders*, in: ders. (Hrsg.), Handbuch Stille Gesellschaft, 9. Aufl. 2020, Rn. 30.48; *Emmerich*, in: Heymann/Horn (Hrsg.), Heymann-Handelsgesetzbuch, Bd. 2, 1996, § 105 Rn. 63; *Tebben*, Unterbeteiligung und Treuhand an Gesellschaftsanteilen, 2000, S. 276 ff.; ein ebenso über die Grenzen des § 233 HGB hinausgehendes Informationsrecht annehmend *Herzfeld*, AcP 1933, 270, 306 f.

[209] BGH, Urt. v. 11. Juli 1968 – II ZR 179/66, BGHZ 50, 316, 323, 326; BGH, Urt. v. 10. Oktober 1994 – II ZR 285/93, NJW 1995, 165, 166; *Bärwaldt*, in: Prinz/Kahle (Hrsg.), Beck'sches Handbuch der Personengesellschaften, 5. Aufl. 2020, § 16 Rn. 34; *Gehrlein*, in: Ebenroth/Boujong/Joost u. a. (Hrsg.), Handelsgesetzbuch, Bd. 1, 4. Aufl. 2020, § 230 Rn. 100; *Harbarth*, in: Canaris/Habersack/Schäfer (Hrsg.), Staub Handelsgesetzbuch, Bd. 4, 5. Aufl. 2015, § 230 Rn. 294; *Paulick*, ZGR 1974, 253, 271; *Reichert/Weller*, in: Fleischer/Goette (Hrsg.), Münchener Kommentar zum Gesetz betreffend die Gesellschaften mit beschränkter Haftung, Bd. 1, 3. Aufl. 2018, § 15 Rn. 262; *Roth/Thöni*, in: Lutter (Hrsg.), Festschrift 100 Jahre GmbH-Gesetz, 1992, S. 245, 277; *Schmidt*, in: ders./Ebke (Hrsg.), Münchener Kommentar zum Handelsgesetzbuch, Bd. 3, 4. Aufl. 2019, § 233 Rn. 33; *Singhof/Seiler/Schlitt*, Mittelbare Gesellschaftsbeteiligungen, 2004, Rn. 404; *Ulbrich*, Die Unterbeteiligungsgesellschaft an Personengesellschaftsanteilen, 1982, S. 125; *Emmerich* beschränkte die Rechte auf Erträge des Hauptgesellschafters *Emmerich*, in: Heymann/Horn (Hrsg.), Heymann-Handelsgesetzbuch, Bd. 2, 1996, § 105 Rn. 63 m.w.N.

[210] Dazu *Schmidt*, in: ders./Ebke (Hrsg.), Münchener Kommentar zum Handelsgesetzbuch, Bd. 3, 4. Aufl. 2019, § 233 Rn. 35, 13.

auf die rechtliche Grundlage und den damit einhergehenden Begrenzungen dieses Rechts. Auch hier ist aufgrund der Ähnlichkeit von Unterbeteiligung und stiller Gesellschaft § 233 Abs. 3 HGB anzuwenden.[211]

Da es sich um eine reine Innengesellschaft handelt, kann diese auch nicht nach außen vertreten werden. Einzig in Frage kommen Regelungen bezüglich der Geschäftsführungsbefugnisse im Innenverhältnis. Diese steht im Zweifel dem Hauptbeteiligtem zu.[212] Im Rahmen einer atypischen Unterbeteiligung können solche aber auch dem Unterbeteiligten eingeräumt werden,[213] wobei Stimmbindungsvereinbarungen zur Absicherung der Entscheidungen des Unterbeteiligten notwendig sind.[214]

Weiterhin wird ein Mitspracherecht des Unterbeteiligten gegenüber dem Hauptgesellschafter für den Fall von Grundlagenentscheidungen in der Hauptgesellschaft diskutiert. Ein solches ist dem Unterbeteiligten zuzusprechen, wenn die Entscheidungen in der Gesellschaft zu einer Änderung des für das Unterbeteiligungsverhältnis Vereinbarten führen.[215] Ob darüber hinaus auch bei mittelbaren

---

[211] *Gayk*, in: Gummert/Weipert (Hrsg.), Münchener Handbuch des Gesellschaftsrechts, Bd. 1, 5. Aufl. 2019, § 30 Rn. 35; *Harbarth*, in: Canaris/Habersack/Schäfer (Hrsg.), Staub Handelsgesetzbuch, Bd. 4, 5. Aufl. 2015, § 230 Rn. 295; *Schmidt*, in: ders./Ebke (Hrsg.), Münchener Kommentar zum Handelsgesetzbuch, Bd. 3, 4. Aufl. 2019, § 233 Rn. 35.

[212] *Blaurock*, in: ders. (Hrsg.), Handbuch Stille Gesellschaft, 9. Aufl. 2020, Rn. 30.42 f.; *Herzfeld*, AcP 1933, 270, 305; *Obermüller/Obermüller*, in: Hadding (Hrsg.), Festschrift für Winfried Werner zum 65. Geburtstag, 1984, S. 607, 609; *Paulick*, ZGR 1974, 253, 274; *Roth/Thöni*, in: Lutter (Hrsg.), Festschrift 100 Jahre GmbH-Gesetz, 1992, S. 245, 278; *Schmidt*, Gesellschaftsrecht, 4. Aufl. 2002, S. 1869; *ders.*, in: ders./Ebke (Hrsg.), Münchener Kommentar zum Handelsgesetzbuch, Bd. 3, 4. Aufl. 2019, § 230 Rn. 238; *Singhof/Seiler/Schlitt*, Mittelbare Gesellschaftsbeteiligungen, 2004, Rn. 415; unter Hinweis darauf, dass grds. nach § 709 Abs. 1 BGB gemeinschaftliche Geschäftsführung bestehen würde, aber aufgrund der Stellung des Hautbeteiligten regelmäßig (auch konkludent) von Alleingeschäftsführung auszugehen wäre *Tebben*, Unterbeteiligung und Treuhand an Gesellschaftsanteilen, 2000, S. 258 f.

[213] *Reichert/Weller*, in: Fleischer/Goette (Hrsg.), Münchener Kommentar zum Gesetz betreffend die Gesellschaften mit beschränkter Haftung, Bd. 1, 3. Aufl. 2018, § 15 Rn. 257; *Schmidt*, in: ders./Ebke (Hrsg.), Münchener Kommentar zum Handelsgesetzbuch, Bd. 3, 4. Aufl. 2019, § 230 Rn. 210; *Singhof/Seiler/Schlitt*, Mittelbare Gesellschaftsbeteiligungen, 2004, Rn. 363; *Ulbrich*, Die Unterbeteiligungsgesellschaft an Personengesellschaftsanteilen, 1982, S. 5 f.

[214] *Blaurock*, in: ders. (Hrsg.), Handbuch Stille Gesellschaft, 9. Aufl. 2020, Rn. 30.45; *ders.*, Unterbeteiligung und Treuhand an Gesellschaftsanteilen, 1981, S. 121; *Roth/Thöni*, in: Lutter (Hrsg.), Festschrift 100 Jahre GmbH-Gesetz, 1992, S. 245, 279; *Singhof/Seiler/Schlitt*, Mittelbare Gesellschaftsbeteiligungen, 2004, Rn. 418.

[215] BGH, Urt. v. 22. November 1965 – II ZR 102/63, WM 1966, 188, 191; *Blaurock*, in: ders. (Hrsg.), Handbuch Stille Gesellschaft, 9. Aufl. 2020, Rn. 30.46; *ders.*, Unterbeteiligung und

Beeinträchtigungen ein Mitspracherecht gewährt werden kann, ist hingegen umstritten. Dagegen wird eingewandt, die Treuepflichten aus dem Unterbeteiligungsverhältnis seien ausreichend.[216] Zwar führen beide Ansichten zu einem Schadensersatzanspruch, allerdings ergeben sich unterschiedliche Anspruchsvoraussetzungen. Während beim Mitspracherecht keine Stimmrechtsausübung in der Gesellschaft entgegen der Weisung erfolgen darf, ist bei der Treuepflicht zu prüfen, ob ein Verstoß gegen die berechtigten Interessen des Unterbeteiligten vorliegt.[217] Aufgrund der doppelten Pflichtenbindung des Hauptgesellschafters zum einen gegenüber dem Unterbeteiligten und zum anderen gegenüber der Gesellschaft, ist der letztgenannten Ansicht der Vorzug einzuräumen. Anderenfalls wäre bei jedem Widerspruch des Unterbeteiligten ein anderes Stimmverhalten des Hauptgesellschafters in der Gesellschafterversammlung als eine Enthaltung pflichtwidrig.[218]

3.5.4 Rechtsverhältnis zur Gesellschaft

Im Gegensatz zu den zuvor untersuchten Finanzinstrumenten unterhält weder der typisch noch der atypisch Unterbeteiligte eine unmittelbare Vertragsbeziehung zur Gesellschaft.[219]

Daher stellt sich die Frage, ob die Unterbeteiligung mangels Kapitalhingabe an die Gesellschaft und mangels Rechtsverhältnisses zur Hauptgesellschaft

---

Treuhand an Gesellschaftsanteilen, 1981, S. 121; *Tebben*, Unterbeteiligung und Treuhand an Gesellschaftsanteilen, 2000, S. 263; so auch *Wagner*, Die Unterbeteiligung an einem OHG-Anteil, 1975, S. 61 ff.

[216] *Blaurock*, in: ders. (Hrsg.), Handbuch Stille Gesellschaft, 9. Aufl. 2020, Rn. 30.46; *ders.*, Unterbeteiligung und Treuhand an Gesellschaftsanteilen, 1981, S. 121; a.A. *Wagner*, Die Unterbeteiligung an einem OHG-Anteil, 1975, S. 61 ff., 82 f.; *Zutt*, in: Canaris/Schilling/Ulmer (Hrsg.), Staub Handelsgesetzbuch, Bd. 2, 4. Aufl. 2004, § 230 Rn. 114; offenlassend und lediglich auf die Möglichkeit zur Vereinbarung über die Mitgeschäftsführung hinweisend *Schmidt*, in: ders./Ebke (Hrsg.), Münchener Kommentar zum Handelsgesetzbuch, Bd. 3, 4. Aufl. 2019, § 230 Rn. 238.

[217] *Blaurock*, in: ders. (Hrsg.), Handbuch Stille Gesellschaft, 9. Aufl. 2020, Rn. 30.46; *ders.*, Unterbeteiligung und Treuhand an Gesellschaftsanteilen, 1981, S. 121 f.

[218] So bereits *Blaurock*, in: ders. (Hrsg.), Handbuch Stille Gesellschaft, 9. Aufl. 2020, Rn. 30.46.

[219] *Schmidt*, Gesellschaftsrecht, 4. Aufl. 2002, S. 1871; *Singhof/Seiler/Schlitt*, Mittelbare Gesellschaftsbeteiligungen, 2004, Rn. 395; *Bärwaldt*, in: Prinz/Kahle (Hrsg.), Beck'sches Handbuch der Personengesellschaften, 5. Aufl. 2020, § 16 Rn. 1.

vom Untersuchungsgegenstand und dem Begriff des „wirtschaftlich-virtuellen“ Gesellschafters ausgeschlossen werden muss.

Die beschriebene Vertragsbeziehung spricht noch nicht gegen die Annahme als „wirtschaftlich-virtueller“ Gesellschafter, da die Unterbeteiligung alle aufgestellten Voraussetzungen erfüllt. Auch die wirtschaftlichen Beweggründe zur Begründung eines Unterbeteiligungsverhältnisses lassen darauf schließen, dass das Unterbeteiligungsverhältnis als eine Art der mittelbaren Beteiligung[220] gleichermaßen wie die anderen Finanzinstrumente mit einzubeziehen ist. Die Beweggründe bestehen regelmäßig darin, dass ein Interessent einen Gesellschaftsanteil aufgrund seiner Unübertragbarkeit nicht selbst erwerben kann, dass eine Interessenbündelung entstehen oder der künftige Gesellschafter beim Erwerb des Gesellschaftsanteils unterstützt werden soll.[221] Die Vertragsparteien intendieren nicht selten, den Unterbeteiligten wirtschaftlich wie einen Gesellschafter zu stellen.[222] Damit soll bezweckt werden, dass der Unterbeteiligte am Gewinn und ggf. Verlust partizipiert und – aus wirtschaftlicher Perspektive – dem Hauptgesellschafter sozusagen einen Teil seiner an die Hauptgesellschaft gezahlten Einlage rückerstattet.[223] Vor diesem Hintergrund stellt sich die Unterbeteiligung nicht anders dar, als die anderen Formen der „wirtschaftlich-virtuellen“ Gesellschafter und fällt grundsätzlich unter den Untersuchungsgegenstand.

Im Hinblick auf das vom Unterbeteiligten übernommene Risiko ist allerdings zu beachten, dass dieses nur in geminderter Form besteht, da der Hauptbeteiligte – als Vertragspartner des Unterbeteiligten – den dem Unterbeteiligten zustehenden Gewinnanteil nicht selbst beiseiteschaffen kann. Die Bemessungsgrundlage kann allein innerhalb der Gesellschaft beeinflusst werden, die nicht Vertragspartei ist.[224] Im Verhältnis zur Gesellschaft ist bereits der Hauptbeteiligte geschützt und damit zumindest bei Interessengleichlauf auch der Unterbeteiligte.

---

[220] Vgl. zur Einordnung der Unterbeteiligung als Form der mittelbaren Beteiligung u. a. *Schmidt*, in: ders./Ebke (Hrsg.), Münchener Kommentar zum Handelsgesetzbuch, Bd. 3, 4. Aufl. 2019, Vor § 230 Rn. 97 ff.; *Singhof/Seiler/Schlitt*, Mittelbare Gesellschaftsbeteiligungen, 2004, S. V, 161 ff.

[221] *Reichert/Weller*, in: Fleischer/Goette (Hrsg.), Münchener Kommentar zum Gesetz betreffend die Gesellschaften mit beschränkter Haftung, Bd. 1, 3. Aufl. 2018, § 15 Rn. 256; *Schmidt*, in: Geßler/Hefermehl/Hildebrandt u. a. (Hrsg.), Schlegelberger, 5. Aufl. 1986, § 230 Rn. 188; *Winterstein*, Die Unterbeteiligung an OHG- und KG-Anteilen als stille Gesellschaft, 1969, S. 10 ff.; vgl. ausführlich zu den zivilrechtlichen Zwecksetzungen *Blaurock*, Unterbeteiligung und Treuhand an Gesellschaftsanteilen, 1981, S. 54 ff.

[222] *Tebben*, Unterbeteiligung und Treuhand an Gesellschaftsanteilen, 2000, S. 84.

[223] Vgl. *Schmidt*, in: ders./Ebke (Hrsg.), Münchener Kommentar zum Handelsgesetzbuch, Bd. 3, 4. Aufl. 2019 § 230 Rn. 207.

[224] Dazu bereits unter Abschnitt 3.5.3.1.

3.5.5 Zwischenergebnis

Obwohl die Unterbeteiligung allein ein Rechtsverhältnis zwischen dem Unterbeteiligten und dem Hauptbeteiligten etabliert und somit keines zur Gesellschaft selbst, ist die Unterbeteiligung eine Form der „wirtschaftlich-virtuellen" Gesellschafter. Für die Unterbeteiligung bleibt jedoch festzuhalten, dass ein indirektes Hineinregieren in die Gesellschaft durch entsprechende Weisungsrechte des Unterbeteiligten an den Hauptbeteiligten möglich ist, wenn auch nur in den für den Gesellschafter bestehenden Grenzen zur Hauptgesellschaft.

Je weniger Einfluss der Unterbeteiligte auf den Hauptbeteiligten hat, desto höher ist sein Risiko, wenngleich durch die Einordnung der Unterbeteiligung als Innengesellschaft auch zwischen dem Unterbeteiligten und dem Hauptbeteiligten Treuepflichten und die Förderung des gemeinsamen Zweckes stehen. Aus diesem Grund und dem Umstand, dass der Hauptbeteiligte selbst als Vertragspartner des Unterbeteiligten kaum Möglichkeiten haben wird, dessen Anteil an dem ihm zustehenden Gewinn zu schmälern, wird die Unterbeteiligung im Nachfolgenden nicht mehr im Besonderen erwähnt.

3.6 Andere vertragliche Gestaltungen

Neben den bekannten Formen mittelbarer Beteiligung und hybrider Finanzierung sind aufgrund der im Schuldrecht geltenden Vertragsfreiheit auch andere Verträge mit gemischtem Charakter denkbar. Da es sich aber nach den zuvor festgelegten Voraussetzungen um Schuldverträge ohne Vermittlung einer mitgliedschaftlichen Stellung handeln muss, stehen den nachfolgend untersuchten Gläubigern gerade keine Mitsprache- und Kontrollrechte zu.

Das Ziel dieses Abschnitts ist es, anhand von Beispielen aufzuzeigen, dass eine weitreichende Gestaltungsfreiheit besteht, die teilweise zu einer schweren Einordnung und Kategorisierung der Rechtsverhältnisse führt. Auch diesen Verträgen wohnt, sofern sie die aufgestellten Kriterien erfüllen, dasselbe Gefährdungspotential inne, wie den zuvor untersuchten Finanzinstrumenten. Zentrales Kriterium ist dabei nach wie vor die Erfolgsbezogenheit der geldwerten Ansprüche der Gläubiger. Ob eine Kapitalhingabe im Gegenzug erfolgt ist, ist zunächst nachrangig, erhöht aber das Gläubigerrisiko, sofern der Rückzahlungsanspruch ebenso von der Erfolgsbezogenheit betroffen und insoweit eine Verlustteilnahme vereinbart ist.

3.6.1 Ehemaliger Geschäftsführer mit Tantiemeansprüchen

Als Beispiel kann eine zugegebenermaßen ungewöhnliche und gleichermaßen nicht zu empfehlende Gestaltung aus der Praxis herangezogen werden.[225] Es handelt sich bei diesem Fall um keine gängige Vertragsgestaltung, trotzdem ist sie dazu geeignet, zum einen das Gefährdungspotential auch ungewöhnlicher Vertragsklauseln zu illustrieren, zum anderen die sich dem Gläubiger stellenden Schwierigkeiten beim Nachweis der Beeinflussung seiner Ansprüche seitens des Unternehmens herauszuarbeiten.

Im Fall[226] war der Kläger als Geschäftsführer der Beklagten GmbH angestellt. Diese wiederum war die alleinige Komplementärin einer GmbH & Co. KG. Die Beklagte hatte nur einen Gesellschafter, welcher ebenso der einzige Kommanditist der GmbH & Co. KG war. Die Beklagte hielt keinen Kapitalanteil an der GmbH & Co. KG. Im Geschäftsführeranstellungsvertrag des Klägers fand sich (entfremdet) die folgende Regelung: Der Geschäftsführer erhält als Vergütung

> *„(a) ein jährliches Grundgehalt von brutto € […], zahlbar in zwölf Monatsraten, die jeweils zum Monatsletzten fällig werden;*
>
> *(b) ab dem Geschäftsjahr […] eine jährliche Tantieme in Höhe von [40%] der den Darlehenskonten der […] GmbH & Co. KG[227] jeweils zugeschriebenen Gewinnanteile, wobei die Tantieme bis zum […] jährlich um einen Betrag von [€250.000,--] zu kürzen ist. Im Fall einer Auflösung der […] GmbH & Co. KG[228] erhält [der Geschäftsführer] 40% des Liquidationserlöses (nach Erstattung der Einlagen der Gesellschafter) abzüglich eines Anrechnungsbetrages von jeweils € 250.000,-- für das Kalenderjahr der Auflösung und jedes weitere Jahr bis zum […]"*[229]

Auf den Darlehenskonten der GmbH & Co. KG sollten laut deren Gesellschaftsvertrag nur die entnahmefähigen Gewinne gutgeschrieben werden. Nicht

---

225 Mittlerweile haben die Parteien sich verglichen. Die Urteile der Vorinstanzen sind die folgenden: OLG Frankfurt am Main, Urt. v. 29. Januar 2019 – 5 U 124/17 (nicht veröffentlicht) bzw. LG Frankfurt am Main, Urt. v. 6. Oktober 2017 – 3–13 O 19/14 (nicht veröffentlicht).

226 Gesamter nachfolgender Sachverhalt vereinfacht dargestellt nach LG Frankfurt am Main, Urt. v. 6. Oktober 2017 – 3–13 O 19/14 (nicht veröffentlicht) ergänzt durch Ausführungen aus OLG Frankfurt am Main, Urt. v. 29. Januar 2019 – 5 U 124/17 (nicht veröffentlicht).

227 Hierbei handelt es sich um die Darlehenskonten der GmbH & Co. KG, dessen Komplementärin die Beklagte ist.

228 Hierbei handelt es sich wiederum um die GmbH & Co. KG, dessen Komplementärin die Beklagte ist.

229 Tatbestand des Urteils des LG Frankfurt am Main, Urt. v. 6. Oktober 2017 – Az. 3–13 O 19/14, sowie des OLG Frankfurt am Main, Urt. v. 29. Januar 2019 – 5 U 124/17, S. 5.

entnahmefähige Gewinne sollten auf dem Rücklagenkonto des Gesellschafters verbucht werden.

Dem Kläger als Geschäftsführer wurde seine Anstellung als Geschäftsführer mehrmals außerordentlich durch die Beklagte gekündigt. Zudem wurde er als Geschäftsführer abberufen. Gerichtlich wurde später indes festgestellt, dass der Kläger unrechtmäßig außerordentlich gekündigt worden war[230] und das Anstellungsverhältnis daher bis zu einem späteren Zeitpunkt (ca. 3 Jahre, gerechnet ab der erstmalig ausgesprochenen außerordentlichen Kündigung) unverändert fortbestand. Nach der außerordentlichen Kündigung wurde dem Kläger weder seine Fixvergütung noch die Tantieme ausgezahlt. Der einzige Gesellschafter der GmbH wurde nach der ersten außerordentlichen Kündigung zu ihrem Alleingeschäftsführer.

Da die Unwirksamkeit der außerordentlichen Kündigung gerichtlich festgestellt wurde, besteht dem Grunde nach ein Anspruch auf beide Vergütungsbestandteile – das Fixgehalt sowie die Tantieme. Im Gerichtsverfahren stritten die Parteien unter anderem um die Höhe der Tantiemeansprüche. Grund dafür war, dass in der GmbH & Co. KG in der Zeit zwischen außerordentlicher Kündigung und Wirksamkeit der rechtmäßigen ordentlichen Kündigung Maßnahmen, wie z. B. die Thesaurierung von Gewinnen, vorgenommen wurden, die die auf den Darlehenskonten verbuchten entnahmefähigen Gewinne derart schmälerten, dass der darauf bezogene Tantiemeanspruch der Höhe nach z. T. nicht oder nur in geringerer Höhe als vom Kläger erwartet bestand.

Der Kläger trug vor, dass diese Maßnahmen ihm gegenüber keine Wirkung entfalten könnten, da sie missbräuchlich seien. Ihm sei durch die vertragliche Tantiemeregelung wirtschaftlich eine Stellung als Gesellschafter zu 40 % gewährt worden. Hintergrund dafür sei, dass ihm ursprünglich eine Kommanditbeteiligung an der GmbH & Co. KG in Höhe von 40 % eingeräumt werden sollte. Nachdem dies nicht geschah, hätten sich die Parteien geeinigt, dass der Kläger mittels der Tantiemeregelung eine wirtschaftlich vergleichbare Stellung erhalten sollte. Der vereinbarte jährliche Abzug von 250.000,00 EUR sei daraus hergeleitet worden, dass der Kläger sich die von einem Gesellschafter zu leistende Einlage und die Steuern auf Gewinne der Vorjahre erspart hätte. Dadurch hätte er sich die Stellung als „wirtschaftlich-virtueller" Gesellschafter[231] erkauft. Der Kläger argumentierte

---

[230] LG Frankfurt am Main, Urt. v. 6. Oktober 2017 – Az. 3–13 O 19/14 (nicht veröffentlicht) mit Verweis auf BGH II ZR 48/16, (nicht veröffentlicht).

[231] Dieser Begriff wird dort parallel zum hier noch weiter gefassten Arbeitsbegriff verwendet und war Anstoß zur Begriffsbildung für diese Untersuchung.

aufgrund dieses vorgetragenen Sachverhaltes, dass gesellschaftsvertragliche Thesaurierungsbeschränkungen deshalb auch zu seinen Gunsten schützend wirken müssten. Aufgrund von Treu und Glauben, müssten die Maßnahmen der GmbH & Co. KG, die die Gutschrift auf dem Darlehenskonto schmälerten, an einem sachlichen Grund gemessen werden.

3.6.1.1 Verwaltungsrechtliche Voraussetzung und Ausgestaltung der geldwerten Ansprüche im konkreten Fall

Es stellt sich in diesem Fall aber die Frage, ob die zuvor dargestellte sehr ungewöhnliche Gestaltung auch unter den hier etablierten Begriff des „wirtschaftlich-virtuellen" Gesellschafters fällt.

Nachdem dem Geschäftsführer außerordentlich gekündigt wurde und er auch nur eine schuldrechtliche Vereinbarung mit der Gesellschaft geschlossen hatte, stand ihm weder ein Stimmrecht noch die Möglichkeit zu, im Wege der Geschäftsführung Einfluss auf die Geschicke der Gesellschaft zu nehmen. Verwaltungsrechtlich erfüllt er daher die Anforderungen an den „wirtschaftlich-virtuellen" Gesellschafter.

Auch in Bezug auf seine geldwerten Ansprüche bestand eine ergebnisbezogene Vergütung in Form der Tantieme, da diese von der Gutschrift auf das Darlehenskonto der Gesellschafter abhängig gemacht wurde.

3.6.1.2 Vertragsform zwischen Eigen- und Fremdkapital

Ob der Geschäftsführer keinerlei weitergehendes Risiko bei seiner Tantiemevereinbarung einging, als das von ihm zuvor wegen der Vertragsfreiheit kalkulierbare, oder ob dennoch eine weitergehende Schutzwürdigkeit zu seinen Gunsten gefordert werden muss, bedarf einer näheren Untersuchung.

Der Kläger machte geltend, es handele sich bei der Abrede um die Einräumung einer Stellung als „wirtschaftlich-virtuellem" Gesellschafter. Dies begründete er, wie bereits dargestellt, mit der Tatsache, dass ihm ursprünglich eine Gesellschafterstellung von 40 % eingeräumt werden sollte. Als sich die Parteien gegen eine Gesellschafterstellung entschlossen, sei eine schuldvertragliche Regelung getroffen worden, bei der der pauschale Abzug von 250.000,00 EUR die ansonsten fällige Einlage eines Gesellschafters abbilden sollte, wobei die 40 %ige Beteiligung bestehen bleiben sollte.

3.6.1.2.1 Ansichten der Vorinstanzen

Erstinstanzlich lehnte das Gericht eine „wirtschaftlich-virtuelle" Gesellschafterstellung pauschal mit dem Argument ab, dass Vertragsfreiheit bestünde und der Kläger daher eine ihm günstigere Regelung ohne weiteres hätte vereinbaren können.[232] Die zweite Instanz erklärt, bei dem pauschalen Abzug von 250.000,00 EUR handele es sich lediglich um eine Abzugsposition und in keiner Weise um ein Vehikel, das es dem Kläger ermöglichen sollte, die Rechte eines Minderheitsgesellschafters für sich zu beanspruchen. Man könnte zwar unterstellen, dass der Kläger bei Vertragsschluss nicht davon ausging, dass seine Tantiemeansprüche von den (ggf. willkürlichen) Entscheidungen des Alleingesellschafters der GmbH & Co. KG abhängig seien. Hingegen werde damit keine wirtschaftliche Gleichstellung mit einem Gesellschafter erreicht, da die Beklagte ihm eine solche Stellung nicht einräumen könne.[233] Zugrunde liegt dieser Argumentation des OLG Frankfurt am Main, dass der Kläger sich mit seiner Klage gegen die GmbH wendet, welche allerdings in der GmbH & Co. KG nicht stimmberechtigt ist. Damit könne sie auch keinen Einfluss auf Entscheidungen der GmbH & Co. KG in Fragen der Thesaurierung nehmen. Ein Treuepflichtverstoß bestehe in diesem Verhältnis gerade nicht. Des Weiteren scheitere eine ergänzende Vertragsauslegung an einer fehlenden Regelungslücke, weil das Risiko für den Kläger auf der Hand gelegen habe und ihm durchaus die Möglichkeit offen gestanden habe, eine aufgrund der Vertragsfreiheit andere Regelung zu treffen.

3.6.1.2.2 Stellungnahme

3.6.1.2.2.1 Argument der fehlenden Möglichkeit seitens der Beklagten zur Einräumung einer dem Gesellschafter vergleichbaren Position

Zunächst stellte das OLG Frankfurt am Main fest, dass die GmbH dem Kläger eine Position vergleichbar der eines (Minderheits-) Gesellschafters bei der GmbH & Co. KG nicht hätte einräumen können.[234] Dem ist insoweit zunächst zuzustimmen. Aufgrund der personellen Identität des Alleingesellschafters der Beklagten und des einzigen Kommanditisten der GmbH & Co. KG ist aber rechtstatsächlich und auch wirtschaftlich zumindest zunächst das Gefährdungspotential für den Kläger festzuhalten, welches die Beurteilung der Missbräuchlichkeit im Folgenden in anderem Licht erscheinen lässt.

Der Anstellungsvertrag als Geschäftsführer der Beklagten wurde zwischen der Beklagten und dem Kläger mit Billigung des Alleingesellschafters abgeschlossen. Wegen der personellen Identität besteht mithin ein Interessengleichlauf der

[232] LG Frankfurt am Main, Urt. v. 6. Oktober 2017 – 3–13 O 19/14 S. 8 f. (nicht veröffentlicht).

[233] OLG Frankfurt am Main, Urt. v. 29. Januar 2019 – 5 U 124/17 S. 20 f. (nicht veröffentlicht).

[234] OLG Frankfurt am Main, Urt. v. 29. Januar 2019 – 5 U 124/17 S. 21 (nicht veröffentlicht).

Gesellschaften und ihres Alleingesellschafters. Durch die Tantiemeregelung im Anstellungsvertrag ist dem Kläger wirtschaftlich eine Beteiligung an der Gutschrift auf den Darlehenskonten der GmbH & Co. KG eingeräumt worden. Auch wenn es sich um verschiedene Gesellschaften handelt, so wird wirtschaftlich dieselbe Person berechtigt oder verpflichtet, welche auf rechtlicher Ebene derartige Verflechtungen im Anstellungsvertrag billigen konnte.

3.6.1.2.2.2 Argument der Unmöglichkeit einer ergänzenden Vertragsauslegung

Des Weiteren stellt das OLG Frankfurt am Main darauf ab, dass es für eine ergänzende Vertragsauslegung an der erforderlichen Regelungslücke fehle. Auch dem ist insoweit beizupflichten, als die Auslegung des Vertrages selbst bereits die Stellung als „wirtschaftlich-virtueller" Gesellschafter ergibt.

Der tatsächliche Parteiwille bei Vertragsschluss muss beachtet werden. Maßgeblich dafür ist nach §§ 133, 157 BGB der objektive Empfängerhorizont. Zu ermitteln ist auf einer normativen Ebene, wie die Willenserklärungen für diejenigen, für die sie bestimmt waren, nach Treu und Glauben und bei Berücksichtigung der Verkehrssitte verstanden werden mussten.[235] Dabei ist neben dem Wortlaut, welcher grundsätzlich den allgemeinen Sprachgebrauch umfasst, aber von speziellerer verkehrsüblicher Sprache verdrängt wird, auch die systematische wie die grammatikalische Auslegung zu beachten. Maßgeblich sind gleichermaßen Begleitumstände, das Gesamtverhalten, die beiderseitige Interessenlage sowie Absprachen im Vorfeld des Vertragsschlusses.[236] Im Rahmen einer teleologischen Auslegung ist davon auszugehen, dass die Parteien „im Zweifel eine vernünftige Regelung treffen wollen, die den beiderseitigen Interessen entspricht und zu dem erstrebten Erfolg führt."[237] Danach sind Auslegungsergebnisse, welche eine

---

[235] BGH, Urt. v. 24. Juni 1988, V ZR 49/87, NJW 1988, 2878, 2879; vgl. BGH, Urt. v. 5. Oktober 2006 – III ZR 166/05, NJW 2006, 3777, 3778; *Ellenberger*, in: Palandt (Hrsg.), Bürgerliches Gesetzbuch, 80. Aufl. 2021, § 133 Rn. 9; *Singer*, in: Habermann/Herrler (Hrsg.), Staudingers Kommentar zum Bürgerlichen Gesetzbuch, Buch 1, 2017, § 133 Rn. 18 m.w.N., 64 ff.

[236] *Arnold* in: Grunewald/Maier-Reimer/Westermann (Hrsg.), Erman BGB, 16. Aufl. 2020, § 133 Rn. 24 f.; *Ellenberger*, in: Palandt (Hrsg.), Bürgerliches Gesetzbuch, 80. Aufl. 2021, § 133 Rn. 14 ff.; *Singer*, in: Habermann/Herrler (Hrsg.), Staudingers Kommentar zum Bürgerlichen Gesetzbuch, Buch 1, 2017, § 133 Rn. 45, 47 ff.

[237] *Ders.*, in: Habermann/Herrler (Hrsg.), Staudingers Kommentar zum Bürgerlichen Gesetzbuch, Buch 1, 2017, § 133 Rn. 52 m.w.N.; vgl. BGH, Urt. v. 10. Oktober 2002 – I ZR 193/00, NJW 2003, 664, 665; BGH, Urt. v. 20. Januar 2000 – VII ZR 224/98, NJW 2000, 1403 f.

Vertragspartei rechtslos stellen in der Regel nicht interessengerecht.[238] Eine interessengerechte Beurteilung, die beide Vertragsparteien berücksichtigt, ist demnach anzustreben.[239]

Mit dem Einwand des Klägers, diese Regelung sei als Ersatz für eine vormals beabsichtigte Gesellschafterstellung getroffen worden, setzt sich das Landgericht nicht tiefgreifend auseinander. Das Oberlandesgericht berücksichtigt diese im Vorfeld der vertraglichen Regelung getroffenen Absprachen im Rahmen der Auslegung ebenso nicht. Das Landgericht wie auch das Oberlandesgericht verweisen im Grunde genommen auf die Vertragsfreiheit, indem sie darlegen, dass es dem Kläger durchaus möglich gewesen wäre, eine andere Regelung zu treffen. Dies kann nicht abgestritten werden. Das OLG räumte bereits indirekt ein, dass der Kläger nicht davon ausgegangen ist, dass seine Tantiemeansprüche von den (ggf. willkürlichen) Entscheidungen des Alleingesellschafters der GmbH & Co. KG abhängig sein werden. Folglich hätte auch das OLG den Schluss ziehen müssen, dass der Kläger sich bei Vertragsschluss in Bezug auf die Bemessungsgrundlage für seine Tantieme nicht rechtlos stellen wollte. Der Kläger wird schlichtweg keine Notwendigkeit für eine andere Regelung gesehen haben, auch wenn diese zugegebenermaßen für ihn in hohem Maße risikoreich ist.

Insbesondere die Höhe der Tantieme von 40 % ist ein Indiz für den Ersatz der Gesellschafterstellung durch eine rein schuldrechtliche Abrede. Wertend betrachtet, kann gerade darin eine spiegelbildliche Abbildung der zunächst angestrebten mitgliedschaftlichen Beteiligung gesehen werden, die sodann unverändert in eine schuldrechtliche Beteiligung umgewandelt werden sollte. Auch die zeitliche Begrenzung des pauschalen Abzugs deutet darauf hin, dass in der Vorstellung der Vertragsparteien nach Ablauf des festgelegten Zeitraums eine bestimmte vom Kläger zu entrichtende Gesamtsumme als Einlageersatz vorlag. Ein darüber hinaus gehender Abzug war nicht vereinbart und wohl auch nicht gewollt, was ebenso für eine einlageähnliche Leistung spricht. Nach Ablauf dieses Zeitraumes hätte dem Geschäftsführer eine Tantieme in Höhe der vollen 40 % des auf den Darlehenskonten verbuchten Beträge zugestanden. Dies ähnelt stark der vermögensrechtlichen Position eines Kommanditisten zu 40 %, da nur für einen Kommanditisten Buchungen auf Darlehenskonten vorgenommen werden.

---

[238] *Singer*, in: Habermann/Herrler (Hrsg.), Staudingers Kommentar zum Bürgerlichen Gesetzbuch, Buch 1, 2017, § 133 Rn. 53 m.w.N.

[239] BGH, Urt. v. 31. Oktober 1995 – XI ZR 6/95, NJW 1996, 248; BGH, Urt. v. 26. April 1994 – XI ZR 114/93, BB 1994, 1162, 1163; *"Singer,"*, in: Habermann/Herrler (Hrsg.), Staudingers Kommentar zum Bürgerlichen Gesetzbuch, Buch 1, 2017, § 133 Rn. 54.

Hinzu kommt die Beteiligung am Liquidationserlös des Klägers im Falle der Auflösung der GmbH & Co. KG, wodurch sich der Kläger wirtschaftlich noch mehr dem Gesellschafter annähert. Er ist insoweit sogar schlechter gestellt als ein tatsächlicher Gesellschafter, da diese der Vereinbarung zufolge zuerst ihre Einlagen zurückerhalten und er damit sogar erst nachrangig gegenüber den Gesellschaftern seine Forderung geltend machen kann. Zudem ist auch eine Rückzahlung des durch den o.g. Abzug zur Verfügung gestellten Kapitals ausgeschlossen.

Es ist nicht ersichtlich, welchen Hintergrund eine solche Regelung anderenfalls haben könnte. Insbesondere hätten die Parteien auch anfänglich einen geringeren Prozentsatz, der nach einer bestimmten Zeit erhöht wird, als Tantieme vereinbaren können. Ein derartiger Abzugsposten, wie es das OLG in seinem Urteil vom 29. Januar 2019 bezeichnet hat, ergibt nur dann Sinn, wenn eine wirtschaftlich der Einlageleistung entsprechende Situation geschaffen werden sollte.

3.6.1.3 Schlussfolgerungen für die Untersuchung

Ob in diesem Fall konkret eine Gleichstellung mit einem Gesellschafter erfolgen sollte und ob es sich tatsächlich um missbräuchliche Maßnahmen des Unternehmens gegenüber dem Geschäftsführer gehandelt hat, kann letztlich für die hier vorgenommene Untersuchung dahinstehen. Entscheidend ist allein, dass dem Geschäftsführer eine den übrigen untersuchten Formen der „wirtschaftlich-virtuellen“ Gesellschafter vergleichbare risikobehaftete Rechtsstellung eingeräumt wurde, welche einseitig die Beeinflussung der geldwerten Ansprüche durch die Gesellschaft erlaubt. Ob dieses übernommene Risiko dazu führen muss, dem Gläubiger eine dem Minderheitsgesellschafter vergleichbare Stellung einzuräumen, wird im Laufe der Untersuchung verallgemeinernd für die „wirtschaftlich-virtuellen“ Gesellschafter beantwortet.

Gezeigt ist damit aber, dass auch exotische Gestaltungen unter den Begriff des „wirtschaftlich-virtuellen“ Gesellschafters gefasst werden können, solange sie die vorgegebenen Kriterien erfüllen.

3.6.2 Mitarbeiter- und Managementbeteiligungen

Auch Mitarbeiter- und Managementbeteiligungen können je nach Gestaltung zum Untersuchungsgegenstand gehören. Eine Gesellschaft kann daran interessiert sein, leitenden Angestellten, Geschäftsführern oder Managern einen Anreiz zur guten und erfolgreichen Arbeit zu bieten, sie zu motivieren und die Identifikation mit dem Unternehmen zu steigern. Positive Folge aus solchen Verträgen ist zudem, dass der Anreiz für künftige Angestellte und Mitarbeiter gesteigert wird, da sich die Reputation des Unternehmens auf dem entsprechenden Arbeitsmarkt verbessert. Auch Start Up Unternehmen mit Venture Capital Investment, welchen naturgemäß im Anfangsstadium nicht ausreichend liquide Mittel zur Verfügung stehen, kompensieren ein niedrigeres Gehalt häufig durch erfolgsbasierte variable Vergütungsbestandteile, um qualifizierte Mitarbeiter zu gewinnen.[240] Nicht selten soll dabei gerade keine Gesellschafterstellung eingeräumt werden, um eine Verwässerung der Gesellschafterstellung und die damit verbundenen weitreichenden Kontroll-, Einsichts- und Informationsrechte zu vermeiden.[241]

Zur Vereinbarung einer Mitarbeiter- oder Managementbeteiligung bestehen die verschiedensten schuldvertraglichen Möglichkeiten. Neben den bereits angesprochenen Modellen, wie Genussrechten, partiarischen Darlehen, Unterbeteiligungen oder stillen Beteiligungen, können die Vertragsparteien auch die Vergütungsbestandteile erfolgsbezogen ausgestalten. Dazu können Gewinnbeteiligungen und andere Tantiemeregelungen sowie sog. Phantom Stocks, Virtual Stock Options oder Stock Appreciation Rights, also virtuelle Geschäftsanteile und virtuelle Optionen gerichtet auf Barauszahlung, dienen.[242] Der Fokus soll mit Blick auf den Arbeitsbegriff der „wirtschaftlich-virtuellen" Gesellschafter vielmehr auf den Gestaltungen der virtuellen Geschäftsanteile und virtuellen Optionen liegen, die eine Beteiligung an den Gewinnausschüttungen der Gesellschaft vorsehen und nicht nur ein schlichtes Optionsrecht im Exit-Fall[243].

---

[240] Zu den Anreizen *Schrade/Denninger*, DStR 2019, 2615, 2615 f.; *Wagner*, BB 2000, 42, 44 f.; *Weitnauer*, in: ders. (Hrsg.), Handbuch Venture Capital, 6. Aufl. 2019, G Rn. 86, 120; zu Mitarbeiterbeteiligungen im Krisenfall *Kutsch/Kersting*, BB 2011, 373 ff.; zu den Vorteilen virtueller Beteiligung *Hahn*, Virtuelle Mitarbeiterbeteiligung, 2. Aufl. 2019, S. 36.

[241] Statt vieler *Schrade/Denninger*, DStR 2019, 2615, Fn. 1; eine Übersicht sowohl über gesellschaftsrechtliche als auch über schuldrechtliche Beteiligungen gebend *Stenzel*, DStR 2018, 82 ff.; *ders.*, DStR 2018, 139 ff.

[242] Eine Übersicht zu variablen Vergütungsbestandteilen bei Vorständen gebend *Kutsch/Kersting*, BB, 373 ff.; *Roschmann/Erwe*, in: Harrer (Hrsg.), Mitarbeiterbeteiligung und Stock-Option-Pläne, 2. Aufl. 2004, Rn. 139 ff.; *Spindler*, in: Goette/Habersack/Kalss (Hrsg.), Münchener Kommentar zum Aktiengesetz, Bd. 2, 5. Aufl. 2019, § 87 Rn. 99 ff., 117; *Stenzel*, DStR, 2018, 82; *Wagner*, BB 2000, 42 ff.; zu virtuellen Aktienoptionsprogrammen, *Janning*, Virtuelle Aktienoptionsprogramme börsennotierter Aktiengesellschaften, 2020; bei Aktiengesellschaften ist zudem § 87 Abs. 1 AktG zu berücksichtigen.

[243] Zur Struktur und den Gestaltungsmöglichkeiten von Virtual Stock Options und Phantom Stocks *Hahn*, Virtuelle Mitarbeiterbeteiligung, 2. Aufl. 2019, S. 12 f., 21, *von Rosen/Leven*, in: Harrer (Hrsg.), Mitarbeiterbeteiligung und Stock-Option-Pläne, 2. Aufl. 2004, Rn. 18 ff., 25 f.

„Tantiemen sind variable, vom geschäftlichen Erfolg des Unternehmens abhängige Vergütungsbestandteile."[244] Sie können vom erwirtschafteten Erfolg, der Dividende, dem EBITDA oder auch von anderen zuvor festgelegten Zielen abhängig gemacht werden.[245] Phantom Stocks oder auch virtuelle Geschäftsanteile gewähren dem Mitarbeiter oder Manager hauptsächlich eine exitbasierte rein schuldrechtliche virtuelle Beteiligung. Das bedeutet, dass ihm ein Zahlungsanspruch eingeräumt wird, der ihn im Fall des Unternehmensverkaufes so stellt, als wäre er wie ein Gesellschafter am Verkaufserlös beteiligt (sog. Exit-Erlös).[246] Typischerweise geht damit auch eine schuldrechtliche Beteiligung am laufenden Gewinn einher.[247] Gibt der Angestellte für die virtuellen Geschäftsanteile kein Kapital hin, so werden die virtuellen Anteile als Vergütung für seine Arbeit zu betrachten sein, welche nicht selten an bestimmte Bedingungen wie z. B. die Fortdauer des Beschäftigungsverhältnisses oder das Erreichen bestimmter Kennziffern geknüpft wird. Wird indes Kapital für die Gewährung der Phantom Stocks hingegeben, geht damit eine Beteiligung sowohl am Gewinn als auch am Verlust des Unternehmens einher.[248]

Ob Mitarbeiter- oder Management-Beteiligungen als „wirtschaftlich-virtuelle" Gesellschafter einzuordnen sind, hängt maßgeblich davon ab, ob zum Zeitpunkt der beeinträchtigenden Maßnahmen eine durchsetzungsfähige Einflussmöglichkeit auf der Verwaltungsebene bestand.

---

[244] *Wentrup*, in: Hoffmann-Becking (Hrsg.), Münchener Handbuch des Gesellschaftsrechts, Bd. 4, 5. Aufl. 2020, § 21 Rn. 66; vgl. *Ekkenga*, in: Fleischer/Goette/Kalss (Hrsg.), Münchener Kommentar zum Gesetz betreffend die Gesellschaften mit beschränkter Haftung, Bd. 1, 3. Aufl. 2018, § 29 Rn. 226; *Spindler*, in: Goette/Habersack/Kalss (Hrsg.), Münchener Kommentar zum Aktiengesetz, Bd. 2, 5. Aufl. 2019, § 87 Rn. 100, 102.

[245] *Spindler*, in: Goette/Habersack/Kalss (Hrsg.), Münchener Kommentar zum Aktiengesetz, Bd. 2, 5. Aufl. 2019, § 87 Rn. 100, 102; *Wiesner*, in: Hoffmann-Becking (Hrsg.), Münchener Handbuch des Gesellschaftsrechts, 4. Aufl. 2015, § 21 Rn. 51 f.; zur Abhängigkeit von Dividenden BGH, Urt. v. 3. Juli 2000 – II ZR 12/99, NJW 2000, 2998.

[246] *Weitnauer*, in: ders. (Hrsg.), Handbuch Venture Capital, 6. Aufl. 2019, G Rn. 120; weiter zu anderen „Ausübungsereignissen" wie z. B. dem Börsengang (sog. „IPO-Exit"), dem „Share-Deal-" oder „Asset-Deal-Exit" und der konkreten Berechnung des Zahlungsanspruches *Schönhaar*, GWR 2017, 293, 295.

[247] *Schrade/Denninger*, DStR 2019, 2615, 2616; *Weitnauer*, in: ders. (Hrsg.), Handbuch Venture Capital, 6. Aufl. 2019, G Rn. 120.

[248] *Schrade/Denninger*, DStR 2019, 2615, 2616 f.; vgl. *Spindler*, in: Goette/Habersack/Kalss (Hrsg.), Münchener Kommentar zum Aktiengesetz, Bd. 2, 5. Aufl. 2019, § 87 Rn. 117; zum Mechanismus der sog. Good- bzw. Bad-Leaver-Klauseln *Schönhaar*, GWR 2017, 293, 294.

3.6.3 Initial Coin Offerings

Auch im Rahmen eines Initial Coin Offering (ICO), sind Gestaltungen denkbar, welche die Voraussetzungen der „wirtschaftlich-virtuellen" Gesellschafter erfüllen können. Beim ICO handelt es sich um den Versuch der Initiatoren des ICO über die Blockchain-Technologie, Anleger gegen Ausgabe von Token zur Kapitalhingabe zu bewegen.[249]

Dabei hat sich die Unterscheidung zwischen Investment-, Utility- und Currency-Token herausgebildet,[250] wobei allein die Investment-Token für diese Untersuchung relevant sind. Sie räumen den Erwerbern ein Gewinnbeteiligungsrecht sowie mitunter Mitwirkungs- und Teilhaberechte ein.[251] Investment-Token gewähren kein mitgliedschaftliches Recht.[252] In der Literatur werden sie zum

[249] BaFinPerspektiven Ausgabe 1 | 2018, 1. August 2018, S. 63 ff. (abzurufen unter https://www.bafin.de/SharedDocs/Downloads/DE/BaFinPerspektiven/2018/bp_18-1_digitalisierung.html [zuletzt abgerufen am 23. März 2021]); *Klöhn/Parhofer/Resas*, ZBB 2018, 89 ff.; *Rohr/Wright*, Cardozo Legal Studies Research Paper No. 527, S. 1 ff.; *Zickgraf*, AG 2018, 293; insbesondere zu zivil- und gesellschaftsrechtlichen Aspekten *Behme/Zickgraf*, ZfPW 2019, 66 ff.; *Chatard/Mann*, NZG 2019, 567 ff.; allgemein zu ICOs *Wolf*, Initial Coin Offerings, 2020.

[250] Zu dieser Unterscheidung etwa BaFinPerspektiven Ausgabe 1 | 2018, 1. August 2018, S. 57, 61 f. (abzurufen unter https://www.bafin.de/SharedDocs/Downloads/DE/BaFinPerspektiven/2018/bp_18-1_digitalisierung. html [zuletzt abgerufen am 23. März 2021]); *Behme/Zickgraf*, ZfPW 2019, 66, 69 f.; *Chatard/Mann*, NZG 2019, 567; *Hacker/Thomale*, ECFR 2018, 645, 652 f.; *Klöhn/Parhofer/Resas*, ZBB 2018, 89, 92; *Koch*, ZBB 2018, 359, 360 f.; *Roth*, in: Hirte/Möllers (Hrsg.), Kölner Kommentar zum WpHG, 2. Aufl. 2014, § 2 Rn. 48; *Schmidt/Usinger*, in: Grottel/Schmidt/Schubert u. a. (Hrsg.), Beck'scher Bilanz-Kommentar, 12. Aufl. 2020, § 248 HGB Rn. 70; *Spindler*, WM 2018, 2109 f.; *Zickgraf*, AG 2018, 293, 295 ff.; abweichend in 5 verschiedene Aren unterteilend *Wolf*, Initial Coin Offerings, 2020, S. 48 ff.

[251] *Behme/Zickgraf*, ZfPW 2019, 66, 69.

[252] Zur Möglichkeit des schuldrechtlichen Ausgestaltung mit vermögenswertem Inhalt BaFinPerspektiven Ausgabe 1 | 2018, 1. August 2018, S. 57 (abzurufen unter https://www.bafin.de/SharedDocs/Downloads/DE/BaFinPerspektiven/2018/bp_18-1_digitalisierung.html [zuletzt abgerufen am 23. März 2021]); Vgl. zum Hinweis auf den die Möglichkeit der Mischformen innerhalb dieser Kategorisierung *Chatard/Mann*, NZG 2019, 567; *Hacker/Thomale*, ECFR 2018, 645, 680 ff.; *Koch*, ZBB 2018, 359, 361;bei den Investement Tokens zwischen solchen mit Zahlungsansprüchen und gesellschafterähnlichen Formen unterscheidend und auf die theoretische Möglichkeit des „Equity-Tokens" hinweisend *Wolf*, Initial Coin Offerings, 2020, S. 52 ff.

Teil als Form der Genussrechte qualifiziert.[253] Da ein Investment-Token aber in jedem Fall einen Teilhabe am wirtschaftlichen Erfolg des Unternehmens gewährt, ohne zwingend mit Mitwirkungs- und Teilhaberechten verbunden zu werden, ist dieser als Form des „wirtschaftlich-virtuellen“ Gesellschafters zu klassifizieren.

3.7 Zwischenergebnis

Nach den vorstehenden Ausführungen erfüllen einige der untersuchten Finanzinstrumente und vertraglichen Vereinbarungen die festgelegten Kriterien für den unter dem Begriff „wirtschaftlich-virtueller“ Gesellschafter zusammengefassten Untersuchungsgegenstand. Deutlich wird, dass sich das im nachfolgenden Kapitel näher zu beleuchtende und zu untersuchende Gefährdungspotential nicht nur auf eine kleine Gläubigergruppe erstreckt, sondern vielmehr in den unterschiedlichsten Verträgen offenbar werden kann und eine hohe praktische Relevanz nicht von der Hand zu weisen ist.

Die vorangegangene Untersuchung zeigt dabei nur die gängigsten Formen der erfolgsbezogenen geldwerten Ansprüche ohne Einwirkungsmöglichkeiten auf die Gesellschaft. Dem Arbeitsbegriff unterfallen die vorstehend betrachteten Verträge der typisch stillen Gesellschaften, Genussrechte, partiarische Darlehen, Gewinnschuldverschreibungen, Hybridanleihen, Unterbeteiligungen und bestimmter anderer schuldvertraglicher Regelungen.

Die Finanzierungsmöglichkeiten unterliegen jedoch einem stetigen Wandel, weshalb diese Aufzählung nicht als abschließend verstanden werden soll. Jeder Vertrag, der die Kriterien des Arbeitsbegriffes der „wirtschaftlich-virtuellen“ Gesellschafter erfüllt, gehört zum Untersuchungsgegenstand.

[253] *Behme/Zickgraf* lehnen eine andere Qualifikation als partiarisches Darlehen oder stille Gesellschaft ab und ordnen die Investment-Token als zulässiges aktienähnliches Genussrecht ein *Behme/Zickgraf*, ZfPW 2019, 66, 82 ff.; *Wolf*, Initial Coin Offerings, 2020, S. 276 f.; für die nachfolgende Untersuchung kann die genaue Zuordnung zu einem rechtlich etablierten Finanzierungsinstrument unterbleiben, da es sich jedenfalls um eine Form der „wirtschaftlich-virtuellen“ Gesellschafter handelt.

4 Schutzbedürftigkeit der „wirtschaftlich-virtuellen" Gesellschafter

Um festzustellen, ob eine strukturelle Schutzbedürftigkeit „wirtschaftlich-virtueller" Gesellschafter besteht, werden im Folgenden systembedingte Gefährdungssituationen für die untersuchte Gläubigergruppe beispielhaft auf ihr Missbrauchspotential im Hinblick auf die geldwerten Ansprüche der „wirtschaftlich-virtuellen" Gesellschafter überprüft. Eine Untersuchung aller denkbaren Mittel zur Manipulation würden den Rahmen der Arbeit überdehnen, sodass durch Beispiele eine Grundidee davon geschaffen werden soll, unter welchen Umständen und durch welche Maßnahmen die in Rede stehenden Interessen beeinflusst werden können.

Das Gesetz bietet der Gesellschaft eine Vielzahl zulässiger Wege, um das Vergütungsinteresse der „wirtschaftlich-virtuellen" Gesellschafter mit dem unternehmerischen Ziel zu gefährden, den Geldabfluss an diese Kapitalgeber zu minimieren und so ihre vermögensrechtliche Position auszuhöhlen. Dazu können unter anderem Maßnahmen bei Gewinnermittlung oder -verwendung, solche aufgrund von Leistungsbeziehungen zu Gesellschaftern oder verbundenen Unternehmen, Maßnahmen der Kapitalerhöhung und innerhalb von Konzernstrukturen sowie die zeitliche Beeinflussung der Bemessungsgrundlage zählen.

Die Untersuchung bezieht sich ausschließlich auf grundsätzlich rechtmäßige Maßnahmen, die aufgrund ihrer Zielsetzung seitens des Unternehmens ein hohes Risiko für die Gläubiger birgt. Bereits von Gesetzes wegen unzulässige Maßnahmen, die dem „wirtschaftlich-virtuellen" Gesellschafter a priori schon nicht entgegengehalten werden können, sollen nicht betrachtet werden.

Ergänzende Information Die elektronische Version dieses Kapitels enthält Zusatzmaterial, auf das über folgenden Link zugegriffen werden kann https://doi.org/10.1007/978-3-658-42109-0_4.

A.-K. Jungen, *Schutz von „wirtschaftlich-virtuellen" Gesellschaftern*,
https://doi.org/10.1007/978-3-658-42109-0_4

4.1 Kein spezialgesetzlich vollumfänglicher Schutz

Für „wirtschaftlich-virtuelle" Gesellschafter besteht kein zentral geregelter vollumfänglicher spezialgesetzlicher Schutz vor beeinträchtigenden Maßnahmen.

Während das Schuldverschreibungsgesetz (SchVG) allein Regelungen in Bezug auf Schuldverschreibungen und die möglichen Mehrheitsbeschlüsse dieser Gläubiger enthält[1], bestimmt das SpruchG für die in § 1 SpruchG normierten Fälle besondere Verfahrensregeln, welche aber bereits einen Schutz voraussetzen. Gläubiger werden von § 1 SpruchG nicht erfasst.[2]

Im Aktiengesetz finden sich eine Hand voll Regelungen, welche gewisse Formen „wirtschaftlich-virtueller" Gesellschafter zumindest streifen. Ausdrücklich wird ein Teil der „wirtschaftlich-virtuellen" Gesellschafter, i.e. Wandelschuldverschreibungen, Gewinnschuldverschreibungen und Genussrechte, in § 221 AktG geregelt. Hierbei handelt es sich aber primär um eine dem Aktionärsschutz dienende Vorschrift, deren Interessen mit denen der Gläubiger kollidieren können.[3] § 221 Abs. 2 AktG bestimmt zudem besondere Publizitätserfordernisse zur Information von Kapitalmarkt und Gläubigern sowie zum Nachweis des zugrundeliegenden Ermächtigungsbeschlusses bei der Ausgabe von Wandelschuldverschreibungen.[4] § 292 AktG qualifiziert gewisse Verträge als Unternehmensverträge. Hierzu können im Grunde alle Finanzierungsverträge gezählt werden, welche eine erfolgsabhängige Vergütung vorsehen.[5] In den § 292 AktG folgenden Normen werden Anforderungen an den Abschluss, die Änderung und die Beendigung dieser Verträge gestellt. Einen Schutz der „wirtschaftlich-virtuellen" Gesellschafter vor beeinträchtigenden mittelbaren Maßnahmen sehen

---

[1] §§ 1 ff., 5 ff. SchVG; ausführlicher *Heeren*, Kapitalgeberschutz und hybride Finanzierungsinstrumente, 2008, S. 146 f.

[2] Vgl. insoweit für eine doppelte Analogie der SpruchG-Regelungen für hybride Kapitalgeber *Heeren*, Kapitalgeberschutz und hybride Finanzierungsinstrumente, 2008, S. 147 f.

[3] *Habersack*, in: Goette/Habersack/Kalss (Hrsg.), Münchener Kommentar zum Aktiengesetz, Bd. 4, 5. Aufl. 2021, § 221 Rn. 3; vgl. *Hermanns*, in: Henssler/Strohn (Hrsg.), Gesellschaftsrecht, 4. Aufl. 2019, § 221 AktG Rn. 1; *Koch*, in: Hüffer/Koch (Hrsg.), Aktiengesetz, 15. Aufl. 2021, § 221 Rn. 1; *Merkt* in: Schmidt/Lutter (Hrsg.), Aktiengesetz, Bd. 2, 4. Aufl. 2020, § 221 Rn. 10; *Müller*, in: Heidel (Hrsg.), Aktienrecht und Kapitalmarktrecht, 5. Aufl. 2020, § 221 AktG Rn. 2.

[4] *Habersack*, in: Goette/Habersack/Kalss (Hrsg.), Münchener Kommentar zum Aktiengesetz, Bd. 4, 5. Aufl. 2021, § 221 Rn. 3.

[5] *Heeren*, Kapitalgeberschutz und hybride Finanzierungsinstrumente, 2008, S. 139; vgl. *Peres*, in: Heidel (Hrsg.), Aktien- und Kapitalmarktrecht, 5. Aufl. 2020, § 292 AktG Rn. 3.

diese aber nicht vor.[6] § 216 Abs. 3 S. 1 AktG normiert, dass der wirtschaftliche Inhalt vertraglicher Beziehungen der Gesellschaft zu Dritten, die von der Gewinnausschüttung der Gesellschaft, dem Nennbetrag oder Wert ihrer Aktien oder ihres Grundkapitals oder sonst von den bisherigen Kapital- oder Gewinnverhältnissen abhängen, durch eine Kapitalerhöhung nicht berührt wird. Der Wortlaut erfasst ausschließlich die Kapitalerhöhung aus Gesellschaftsmitteln.[7] Gleiches gilt für § 57 m Abs. 3 GmbHG.[8] In der Literatur wird im Rahmen von § 216 Abs. 3 S. 1 AktG zum Teil allerdings eine analoge Anwendung auf anderweitige Kapitalerhöhungen, welche zu einer Verwässerung der Rechte Dritter führen, befürwortet.[9] An dieser Stelle kann festgehalten werden, dass der Gesetzgeber einen punktuellen Schutz für Kapitalgeber vorsieht, dessen Umfang im Einzelnen umstritten ist. Auf die Einzelheiten wird im weiteren Verlauf der Untersuchung konkreter eingegangen.[10]

§ 23 UmwG normiert ebenfalls einen punktuellen Kapitalgeberschutz. Danach sollen bei einer Verschmelzung den Inhabern von Rechten in einem übertragenden Rechtsträger, die kein Stimmrecht gewähren, insbesondere den Inhabern von Anteilen ohne Stimmrecht, von Wandelschuldverschreibungen, von Gewinnschuldverschreibungen und von Genussrechten, gleichwertige Rechte an dem übernehmenden Rechtsträger gewährt werden.

Das Anfechtungsgesetz bestimmt in § 1 Abs. 1 AnfG, dass Rechtshandlungen eines Schuldners, die seine Gläubiger benachteiligen, außerhalb des Insolvenzverfahrens nach Maßgabe der nachfolgenden Bestimmungen angefochten werden können. Dafür muss der Gläubiger aber nach § 2 AnfG anfechtungsberechtigt

---

[6] Insoweit auch zu hybriden Kapitalgebern *Heeren*, Kapitalgeberschutz und hybride Finanzierungsinstrumente, 2008, S. 139.

[7] BAG, Urt. v. 27. Juni 2018–10 AZR 395/17, NJW 2018, 3601, 3602.

[8] Vgl. *Altmeppen*, Gesetz betreffend die Gesellschaften mit beschränkter Haftung, 10. Aufl. 2021, GmbHG § 57 m Rn. 17; *Bayer*, in: Lutter/Hommelhoff (Hrsg.), GmbH-Gesetz, 20. Aufl. 2020, § 55 Rn. 47; vgl. *Servatius*, in: Baumbach/Hueck (Hrsg.), Gesetz betreffend die Gesellschaften mit beschränkter Haftung, 22. Aufl. 2019, § 57 m Rn. 11.

[9] *Arnold*, in: Goette/Habersack/Kalss (Hrsg.), Münchener Kommentar zum Aktiengesetz, Bd. 4, 5. Aufl. 2021, § 216 Rn. 46; *Arnold/Gärtner*, AG 2013, 414, 424; *Hirte*, in: Hopt/Wiedemann (Hrsg.), Aktiengesetz, Bd. 6, 4. Aufl. 2006, § 216 Rn. 63; *Koppensteiner*, ZHR 1975, 191, 197 ff.; a.A. BAG, Urt. v. 27. Juni 2018–10 AZR 395/17, NJW 2018, 3601, 3602 ff.; *Hüffer*, in: Westermann/Mock (Hrsg.), Festschrift für Gerold Bezzenberger, 2000, S. 191, 209; *Koch*, AG 2017, 6 ff.; *ders.*, in: Hüffer/Koch (Hrsg.), Aktiengesetz, 15. Aufl. 2021, § 216 Rn. 19; *Mentzel/Sura*, NZG 2019, 176 ff.; *Stenzel*, DStR 2019, 287, 289 f.; zust. auch für das Aktienrecht *Bayer*, in: Lutter/Hommelhoff (Hrsg.), GmbH-Gesetz, 20. Aufl. 2020, § 55 Rn. 47.

[10] Vgl. dazu die nachfolgenden Abschnitte.

sein. Das sind Gläubiger von fälligen Geldsummenforderungen mit einem vollstreckbaren Schuldtitel, wenn die Zwangsvollstreckung in das Vermögen des Schuldners nicht zu einer vollständigen Befriedigung des Gläubigers geführt hat oder wenn anzunehmen ist, dass sie nicht dazu führen würde. Die nachstehende Untersuchung beschränkt sich allerdings auf die Frage nach dem als Voraussetzung für die Anfechtungsberechtigung dienenden Anspruch und seiner Durchsetzung, also der vorgelagerten Frage des Anspruches und seiner prozessualen Durchsetzbarkeit.

Auch das Kapitalanlagegesetzbuch (KAGB) normiert keinen vollumfänglichen Schutz der untersuchten Gläubiger. Nach § 1 Abs. 1 S. 1 KAGB ist ein Investmentvermögen jeder Organismus für gemeinsame Anlagen, der von einer Anzahl von Anlegern Kapital einsammelt, um es gemäß einer festgelegten Anlagestrategie zum Nutzen dieser Anleger zu investieren und der kein operativ tätiges Unternehmen außerhalb des Finanzsektors ist. Das KAGB stellt für die erfassten Kapitalsammlungen Erlaubnis-, Verhaltens- und Organisationspflichten sowie Regelungen zum Vertrieb und Erwerb von Investmentvermögen auf.

Das Vermögensanlagegesetz (VermAnlG) wirkt anlegerschützend für eine Vielzahl der untersuchten Gläubiger.[11] § 24 VermAnlG, der allein den Inhalt von Jahresabschlüssen und Lageberichten konkretisiert, reicht insoweit aber nicht aus. Hinsichtlich der hier untersuchten Sachverhaltsgestaltungen enthält das Vermögenanlagegesetz daher keinen spezialgesetzlichen Schutz.

In der angestellten Untersuchung soll unterstellt werden, dass gerade keine vertragliche Vereinbarung vorliegt, die vor den untersuchten Maßnahmen schützt, sodass auch die Inhaltskontrolle nach §§ 305 ff. BGB bzw. nach § 242 BGB[12] nicht zu einem höheren Schutzniveau beitragen kann.

Das WpÜG sieht gleichermaßen keinen Schutz für „wirtschaftlich-virtuelle" Gesellschafter vor. Gem. § 1 Abs. 1 WpÜG ist es anzuwenden auf Angebote zum Erwerb von Wertpapieren, die von einer Zielgesellschaft ausgegeben wurden und zum Handel an einem organisierten Markt zugelassen sind. Nach § 2 Abs. 2 Nr. 2 WpÜG fallen unter den Begriff des Wertpapiers auch solche, die den Erwerb von Aktien, mit diesen vergleichbaren Wertpapieren oder Zertifikaten, die Aktien

---

[11] *Bayazit-Truszkowski*, in: Baas/Buck-Heeb/Werner (Hrsg.), Anlegerschutzgesetze, 2019, § 1 VermAnlG Rn. 206 ff.

[12] Ausführlicher allgemein zum Schutz der Kapitalgeber über die Inhaltskontrolle *Heeren*, Kapitalgeberschutz und hybride Finanzierungsinstrumente, 2008, S. 144 ff., der den bestehenden rechtlichen Regelungsrahmen zur Ausfüllung der Inhaltskontrolle nach § 307 Abs. 2 Nr. 1 BGB verwenden will.

vertreten, zum Gegenstand haben, also zum Beispiel Wandel- und Optionsanleihen, naked warrants und Wandel- oder Optionsgenussrechte.[13] Nicht erfasst sind mangels vermittelter mitgliedschaftlicher Stellung hingegen Finanzinstrumente ohne solche Wandlungs- und Optionsrechte, wie schlichte Genussrechte, Aktienanleihen oder Schuldverschreibungen.[14]

Zwar lässt sich an den vereinzelt bestehenden Kapitalgeberschutzvorschriften ableiten, dass für den Gesetzgeber der Vermögensschutz der Kapitalgeber eine Rolle spielt. Ein vollumfänglicher spezialgesetzlicher Schutz besteht hingegen nicht.

4.2 Beeinflussende Maßnahmen

4.2.1 Einflussnahme auf die Gewinnermittlung: bilanzpolitische Maßnahmen

Bei Betrachtung der beeinflussenden Maßnahmen auf Ebene des Jahresabschlusses bestehen je nach Bemessungsgrundlage des Vergütungsanspruches unterschiedliche Risiken für das Vergütungsinteresse des „wirtschaftlich-virtuellen" Gesellschafters. Ist eine Abhängigkeit der Vergütung vom Jahresüberschuss vereinbart, so besteht die Gefahr, durch bilanzpolitische Maßnahmen der Gesellschaft im Rahmen der Gewinnermittlung den Jahresüberschuss zu schmälern. Außerdem können Verluste durch ebensolche Maßnahmen generiert werden, an

[13] *Angerer*, in: ders./Geibel/Süßmann (Hrsg.), Wertpapiererwerbs- und Übernahmegesetz, 3. Aufl. 2017, § 1 Rn. 42; *Assmann/Favoccia,* in: Assmann/Pötzsch/Schneider (Hrsg.), WpÜG, 3. Aufl. 2020, § 2 WpÜG, Rn. 53; *Noack/Holzborn*, in: Schwark/Zimmer (Hrsg.), Kapitalmarktrechts-Kommentar, 5. Aufl. 2020, § 2 WpÜG Rn. 18; *Sohbi*, in: Heidel (Hrsg.), Aktienrecht und Kapitalmarktrecht, 5. Aufl. 2020, § 2 WpÜG Rn. 12; *Wackerbarth*, in: Goette/Habersack/Kalss (Hrsg.), Münchener Kommentar zum Aktiengesetz, Bd. 6, 5. Aufl. 2021, § 2 WpÜG Rn. 28.

[14] *Angerer*, in: ders./Geibel/Süßmann (Hrsg.), Wertpapiererwerbs- und Übernahmegesetz, 3. Aufl. 2017, § 1 Rn. 43; *Assmann/Favoccia,* in: Assmann/Pötzsch/Schneider (Hrsg.), WpÜG, 3. Aufl. 2020, § 2 Rn. 54 f.; *Noack/Holzborn*, in: Schwark/Zimmer (Hrsg.), Kapitalmarktrechts-Kommentar, 5. Aufl. 2020, § 2 WpÜG Rn. 18; *Sohbi*, in: Heidel (Hrsg.), Aktienrecht und Kapitalmarktrecht, 5. Aufl. 2020, § 2 WpÜG Rn. 12; *Wackerbarth*, in: Goette/Habersack/Kalss (Hrsg.), Münchener Kommentar zum Aktiengesetz, Bd. 6, 5. Aufl. 2021, § 2 WpÜG Rn. 30; zu Genussrechten und Schuldverschreibungen *Versteegen*, in: Hirte/Bülow (Hrsg.), Kölner Kommentar zum WpÜG, 2. Aufl. 2010, § 2 Rn. 98; in der Begründung abweichend *Heeren,* Kapitalgeberschutz und hybride Finanzierungsinstrumente, 2008, S. 211.

denen die „wirtschaftlich-virtuellen" Gesellschafter bei Bestehen einer entsprechenden vertraglichen Vereinbarung teilnehmen. Ist hingegen eine Abhängigkeit der Vergütung vom Bilanzgewinn vorgesehen, so können nicht nur Maßnahmen der Gewinnermittlung, sondern auch solche der Gewinnverwendung das Vergütungs- und Rückzahlungsinteresse beeinträchtigen.[15]

4.2.1.1 Risikopotential bilanzpolitischer Maßnahmen

4.2.1.1.1 Mögliche bilanzpolitische Maßnahmen

Der Begriff der Bilanzpolitik umfasst die bewusste und zweckgerichtete Einflussnahme der Bilanzierenden auf Unternehmensdaten im Jahresabschluss und Lagebericht.[16] Die Bilanzierenden beabsichtigen damit zum einen die Beeinflussung der mit den unternehmensbezogenen Kennzahlen zusammenhängenden Rechtsfolgen als Teil der Finanzpolitik des Unternehmens und zum anderen die Beeinflussung bestimmter Adressaten wie Kreditgeber oder künftiger Eigenkapitalgeber durch gezielte Informationspolitik.[17] Bilanzpolitische Maßnahmen sind, solange sie sich innerhalb der rechtlichen Grenzen bewegen, sowohl unter ethischen Gesichtspunkten vertretbar als auch „legitimes und unverzichtbares Mittel der Unternehmensleitung"[18]. Teil der Finanzpolitik eines Unternehmens ist die Einflussnahme auf die Höhe des Jahresergebnisses und die auf dem Jahresabschluss basierenden Kennzahlen, u. a. um die Gewinnausschüttung zu steuern, Rücklagen zu bilden und die Steuerbelastung zu verringern.[19] Im Rahmen der finanzpolitischen Entscheidungen des Unternehmens kann dessen Leitung bilanzpolitische Maßnahmen unter anderem dazu nutzen, das zur Vergütungszahlung der „wirtschaftlich-virtuellen" Gesellschafter zur Verfügung stehende Kapital zu verringern und ihre erfolgsbezogenen Auszahlungen zu schmälern.[20]

---

[15] Zur AG § 158 Abs. 1 AktG; zur Gewinnverwendung vgl. unten Abschnitt 4.2.2.

[16] *Küting/Weber*, Die Bilanzanalyse, 11. Aufl. 2015, S. 33; *Kropff*, in: Baetge (Hrsg.), Der Jahresabschluß im Widerstreit der Interessen, 1983, S. 179, 184; *Mueller-Thuns*, Gewinnbezugsrecht und bilanzpolitische Gestaltungsmöglichkeiten in der GmbH, 1989, S. 9; *Pfleger*, Die neue Praxis der Bilanzpolitik, 2. Aufl. 1986, S. 19; vgl. *Wöhe*, Bilanzierung und Bilanzpolitik, 9. Aufl. 1997, S. 55.

[17] *Küting/Weber*, Die Bilanzanalyse, 11. Aufl. 2015, S. 34; *Kropff*, in: Baetge (Hrsg.), Der Jahresabschluß im Widerstreit der Interessen, 1983, S. 179, 184 f.; vgl. *Mueller-Thuns*, Gewinnbezugsrecht und bilanzpolitische Gestaltungsmöglichkeiten in der GmbH, 1989, S. 9 ff.; vgl. *Wöhe*, DStR 1985, 715, 718; zur Beeinflussung des Eigenkapitals bei Verhandlungen über Kredite oder zur Unternehmensveräußerungen *Winnefeld*, Bilanz-Handbuch, 5. Aufl. 2015, Kap. C Rn. 670.

[18] *Küting/Weber*, Die Bilanzanalyse, 11. Aufl. 2015, S. 34.

[19] Ebd.; auch *Winnefeld*, Bilanz-Handbuch, 5. Aufl. 2015, Kap. C Rn. 670.

[20] Vgl. so auch allgemeiner *Küting/Weber*, Die Bilanzanalyse, 11. Aufl. 2015, S. 35.

Adressaten der Bilanzpolitik eines Unternehmens sind nicht nur Gesellschafter, deren Ausschüttungsinteresse durch bilanzpolitische Maßnahmen beeinflusst werden kann[21], sondern auch externe Dritte, wie z. B. Gläubiger oder künftige Investoren der Gesellschaft, die unter anderem durch ein hohes Jahresergebnis beeinflusst werden sollen[22]. Weiterhin kann in gewissen Grenzen durch bilanzpolitische Maßnahmen eine Glättung von schwankenden Gewinnen erreicht werden.[23]

Bilanzpolitische Maßnahmen können demnach verschiedenen Interessen gerecht werden und gleichzeitig Ziele der Finanzpolitik verfolgen, wobei diese durchaus divergieren können.[24]

In Bezug auf bilanzpolitische Maßnahmen lassen sich grundsätzlich solche vor und solche nach dem Bilanzstichtag unterscheiden. Vor dem Bilanzstichtag kann das Unternehmen den erfolgsbeeinflussenden Sachverhalt, wie z. B. die endgültige Abnahme eines Bauwerks, zeitlich verschieben, sodass der Gewinn erst im nachfolgenden Geschäftsjahr realisiert wird.[25] Nach dem Bilanzstichtag und bis zur Bilanzaufstellung übt es seinen Einfluss über die Ansatz- und Bewertungswahlrechte oder das Ausschöpfen von Ermessensspielräumen aus.[26] Die Wahlrechte bestehen sowohl auf der Aktiv- als auch auf der Passivseite der Bilanz.[27]

---

[21] *Mueller-Thuns*, Gewinnbezugsrecht und bilanzpolitische Gestaltungsmöglichkeiten in der GmbH, 1989, S. 11; *Pfleger*, Die neue Praxis der Bilanzpolitik, 2. Aufl. 1986, S. 21; vgl. *Wöhe*, Bilanzierung und Bilanzpolitik, 9. Aufl. 1997, S. 54 f.

[22] *Mueller-Thuns*, Gewinnbezugsrecht und bilanzpolitische Gestaltungsmöglichkeiten in der GmbH, 1989, S. 12; *Pfleger*, Die neue Praxis der Bilanzpolitik, 2. Aufl. 1986, S. 21; *Wöhe*, Bilanzierung und Bilanzpolitik, 9. Aufl. 1997, S. 54 f.

[23] *Mueller-Thuns*, Gewinnbezugsrecht und bilanzpolitische Gestaltungsmöglichkeiten in der GmbH, 1989, S. 12; *Pfleger*, Die neue Praxis der Bilanzpolitik, 2. Aufl. 1986, S. 21; insgesamt zu den Zielen von Handels- und Steuerbilanz *Gail*, in: Hommelhoff/Zätzsch/Erle (Hrsg.), Festschrift für Welf Müller, 2001, S. 575, 578 ff.

[24] *Mueller-Thuns*, Gewinnbezugsrecht und bilanzpolitische Gestaltungsmöglichkeiten in der GmbH, 1989, S. 12; *Pfleger*, Die neue Praxis der Bilanzpolitik, 2. Aufl. 1986, S. 23 f. mit Beispielen für sich gegenüberstehende Interessen wie Steuerbelastung vs. Ausschüttung; Kapitalstärkung zum Investment vs. hohe Ausschüttung wegen zukünftiger Kapitalgeber; *Wöhe*, Bilanzierung und Bilanzpolitik, 9. Aufl. 1997, S. 52.

[25] Zur Zeitlichen Beeinflussung der erfolgsabhängigen Rechte vgl. unter Abschnitt 4.2.5.

[26] Vgl. *Küting/Weber*, Die Bilanzanalyse, 11. Aufl. 2015, S. 39 f.; *Winnefeld*, Bilanz-Handbuch, 5. Aufl. 2015, Kap. C Rn. 661 ff.; vgl. zu Maßnahmen nach dem Bilanzstichtag *Hennrichs/Pöschke*, in: Goette/Habersack/Kalss (Hrsg.), Münchener Kommentar zum Aktiengesetz, Bd. 3, 4. Aufl. 2018, § 172 Rn. 14.

[27] *Winnefeld*, Bilanz-Handbuch, 5. Aufl. 2015, Kap. C Rn. 670.

4.2.1.1.1.1 Ausübung von Ansatz- und Bewertungswahlrechten

Als Wahlrecht wird allgemein das rechtliche Konstrukt bezeichnet, das an einen bestimmten Sachverhalt mindestens zwei Rechtsfolgen anknüpfen, die in einem Alternativverhältnis zueinander stehen. Gesetzlich wird dem bilanzierenden Unternehmen die Möglichkeit eröffnet, sich zwischen mehreren Bilanzierungsoptionen und der damit einhergehenden Rechtsfolge zu entscheiden.[28] Sie ergeben sich ausdrücklich aus dem Gesetz, auch wenn sie nicht zwingend als „Wahlrecht" bezeichnet werden.[29]

Zu den Ansatzwahlrechten gehören beispielsweise solche für Entwicklungskosten von selbstgeschaffenen immateriellen Vermögensgegenständen des Anlagevermögens gem. § 248 Abs. 2 S. 1 HGB, für das Disagio, welches unter den aktiven Rechnungsabgrenzungsposten gem. § 250 Abs. 3 HGB auszuweisen ist und für aktive latente Steuern gem. § 274 Abs. 1 S. 2 HGB. Beispiele für handelsrechtliche Bewertungswahlrechte sind Zinsen für Fremdkapital, welches zur Finanzierung der Herstellung eines Vermögensgegenstandes verwendet wird gem. § 255 Abs. 3 S. 2 HGB, und gem. § 255 Abs. 2 S. 3 HGB Herstellungskosten für allgemeine Verwaltung, angemessene Aufwendungen für soziale Einrichtungen des Betriebs, für freiwillige soziale Leistungen und für die betriebliche Altersversorgung.[30]

Die Bilanzpolitik erlaubt daher dem Unternehmen durch Ausübung von Ansatz- und Bewertungswahlrechten das Jahresergebnis vor oder nach dem Eintritt des „wirtschaftlich-virtuellen" Gesellschafters zu beeinflussen. Gem. §§ 242, 264 HGB sind dafür regelmäßig die zur Unternehmensleitung befugten Personen zuständig, zu der die „wirtschaftlich-virtuellen" Gesellschafter aber ohne gesonderte Vereinbarung keinen Zugang haben. Kontroll- und Mitspracherechte sind den „wirtschaftlich-virtuellen" Gesellschaftern verwehrt, sodass sie auf diesem Wege keinen Einfluss auf die bilanzpolitischen Maßnahmen nehmen können.

4.2.1.1.1.2 Ausschöpfen von Ermessensspielräumen

Mittels der Verwendung unbestimmter Rechtsbegriffe gewährt das Bilanzrecht dem Unternehmen gewisse Ermessensspielräume. Die Notwendigkeit solcher

---

[28] *Küting/Weber*, Die Bilanzanalyse, 11. Aufl. 2015, S. 40; *Pöschke*, ZGR 2018, 647, 656; *Winnefeld*, Bilanz-Handbuch, 5. Aufl. 2015, Kap. C Rn. 664.

[29] *Ders.*, Bilanz-Handbuch, 5. Aufl. 2015, Kap. C Rn. 664.

[30] Eine tabellarische Übersicht sowohl über wichtige Ansatz- als auch über wichtige Bewertungswahlrechte gebend *Küting/Weber*, Die Bilanzanalyse, 11. Aufl. 2015, S. 42; auch *Mueller-Thuns*, Gewinnbezugsrecht und bilanzpolitische Gestaltungsmöglichkeiten in der GmbH, 1989, S. 14 ff. gibt eine Übersicht mit konkreten Beispielen; ebenso *Hennrichs*, Wahlrechte im Bilanzrecht der Kapitalgesellschaften, 1999, S. 37 ff.

Ermessensspielräume ergibt sich bereits daraus, dass die ökonomische Wirklichkeit nur unvollständig verobjektiviert abgebildet werden kann, dass die Bilanzierung ihrem Wesen an der zukünftigen Entwicklung des Sachverhaltes gemessen wird und vor allem, dass vielfach Wahrscheinlichkeiten ab- und eingeschätzt werden müssen.[31] Konkret bedeutet das: Sind der Ansatz und die Bewertung von Vermögenswerten oder Schulden in der Rechtsfolge eindeutig geregelt, aber die Voraussetzungen oder Methoden zum Ansatz oder zur Bewertung eher unbestimmt, entstehen Ermessensspielräume.[32]

Beispiele für solche unbestimmten Rechtsbegriffe finden sich im HGB an vielen Stellen. Aus der Natur der Sache ergeben sie sich bereits bei der Einschätzung von Nutzungsdauern für Vermögensgegenstände des Anlagevermögens oder der Bestimmung der Höhe von Einzelwertberichtigungen auf Forderungen. Der Gesetzestext selbst bietet Ermessensspielräume, wenn er zum Beispiel auf die „vernünftige kaufmännische Beurteilung" abstellt (vgl. bspw. § 253 Abs. 1 S. 2 HGB).[33] Darüber hinaus liegt auch die Entscheidung über die Feststellung des Grundes, der Bildung oder der Auflösung einer Rückstellung im Ermessen der Gesellschaft.[34] Ein Beispiel hierfür ist die höhere Bewertung von Risiken im Rahmen der Rückstellungen gem. § 249 Abs. 1 S. 1 HGB.[35] Eine Beeinträchtigung der Vergütungsinteressen der „wirtschaftlich-virtuellen" Gesellschafter kann aber auch in einer zwar rechtlich zulässigen aber starken Unterbewertung einzelner Posten liegen.[36]

---

[31] *Baetge/Kirsch/Thiele*, Bilanzen, 15. Aufl. 2019, S. 118, 187; *Küting/Weber*, Die Bilanzanalyse, 11. Aufl. 2015, S. 41; vgl. auch *Pfleger*, Die neue Praxis der Bilanzpolitik, 2. Aufl. 1986, S. 30; *Winnefeld*, Bilanz-Handbuch, 5. Aufl. 2015, Kap. C Rn. 673.

[32] *Küting/Weber*, Die Bilanzanalyse, 11. Aufl. 2015, S. 41; im Ergebnis zustimmend aber den Begriff "Schätzungs- oder Prognosespielräume" bevorzugend *Pöschke*, ZGR 2018, 647, 663; ähnlich bereits *Hennrichs*, Wahlrechte im Bilanzrecht der Kapitalgesellschaften, 1999, S. 53.

[33] *Mueller-Thuns*, Gewinnbezugsrecht und bilanzpolitische Gestaltungsmöglichkeiten in der GmbH, 1989, S. 33; *Winnefeld*, Bilanz-Handbuch, 5. Aufl. 2015, Kap. C Rn. 673.

[34] *Mueller-Thuns*, Gewinnbezugsrecht und bilanzpolitische Gestaltungsmöglichkeiten in der GmbH, 1989, S. 32; *Pfleger*, Die neue Praxis der Bilanzpolitik, 2. Aufl. 1986, S. 30; vgl. dazu und zu weiteren Beispielen für Ermessensspielräume *Küting/Weber*, Die Bilanzanalyse, 11. Aufl. 2015, S. 44.

[35] *Winnefeld*, Bilanz-Handbuch, 5. Aufl. 2015, Kap. C Rn. 670; vgl. zur Beeinflussung der Bilanzsumme *Suchan*, in: Hennrichs/Kleindiek/Watrin (Hrsg.), Münchener Kommentar zum Bilanzrecht, Bd. 2, 2013, § 267 HGB Rn. 9 m.w.N.

[36] Mit dem Hinweis, dass eine über die Schätzungsspielräume hinausgehende Unterbewertung nicht ohne weiteres zulässig sein kann *Schmidt*, in: ders./Ebke (Hrsg.), Münchener Kommentar zum Handelsgesetzbuch, Bd. 3, 4. Aufl. 2019, § 232 Rn. 15.

4.2.1.1.2 Zuständigkeit für bilanzpolitische Maßnahmen

Für die Frage, welches Gesellschaftsorgan für die bilanzpolitischen Entscheidungen der Gesellschaft zuständig ist, ist zwischen den Gesellschaftsformen zu differenzieren.

4.2.1.1.2.1 Personengesellschaften

Bei Personenhandelsgesellschaften sind die geschäftsführenden Gesellschafter zur Aufstellung des Jahresabschlusses verpflichtet. Eine Delegation ist zwar möglich, entbindet die Verpflichteten letztlich aber nicht von ihrer Aufgabe die maßgeblichen bilanzpolitischen Entscheidungen – im Rahmen ggf. bestehender gesellschaftsvertraglicher Vorgaben – selbst zu treffen.[37] Die Feststellung des durch die geschäftsführenden Gesellschafter aufgestellten Jahresabschlusses obliegt der Gesellschafterversammlung.[38]

In der GmbH & Co. KG ist mangels abweichender gesellschaftsvertraglicher Dispositionen die Gesellschafterversammlung für die Feststellung zuständig.[39]

---

[37] BGH, Urt. v. 27. September 1979 – II ZR 31/78, WM 1979, 1330; BGH, Urt. v. 29. März 1996 – II ZR 263/94, NJW 1996, 1678; BGH, Urt. v. 15. Januar 2007 – II ZR 245/05, NJW 2007, 1685, 1686; *Haas*, in: Röhricht/Westphalen/Haas (Hrsg.), HGB, 5. Aufl. 2019, § 120 Rn. 4; vgl. *Mock*, in: Röhricht/Westphalen/Haas (Hrsg.), HGB, 5. Aufl. 2019, § 167 Rn. 7; *Priester*, in: Schmidt/Ebke (Hrsg.), Münchener Kommentar zum Handelsgesetzbuch, Bd. 2, 4. Aufl. 2016, § 120 Rn. 47 ff.; vgl. *Schäfer*, in: Canaris/Schilling/Ulmer (Hrsg.), Staub Handelsgesetzbuch, Bd. 3, 5. Aufl. 2009, § 120 Rn. 14; zur Aufstellung OLG Nürnberg, Urt. v. 30. Januar 2013–12 U 726/11 – Rn. 206; dazu gehört auch das bilanzpolitische Bewertungsermessen auszuüben *Eberl*, in: Heidel/Schall (Hrsg.), Handelsgesetzbuch, 3. Aufl. 2020, 167 Rn. 3.

[38] BGH, Urt. v. 29. März 1996 – II ZR 263/94, NJW 1996, 1678; BGH, Urt. v. 15. Januar 2007 – II ZR 245/05, NJW 2007, 1685, 1686; *Priester*, in: Schmidt/Ebke (Hrsg.), Münchener Kommentar zum Handelsgesetzbuch, Bd. 2, 4. Aufl. 2016, § 120 Rn. 55; *Roth*, in: Baumbach/Hopt (Hrsg.), Handelsgesetzbuch, 40. Aufl. 2021, § 114 Rn. 3, § 164 Rn. 3; *Schäfer*, in: Canaris/Schilling/Ulmer (Hrsg.), Staub Handelsgesetzbuch, Bd. 3, 5. Aufl. 2009, § 120 Rn. 16, 18; d. h. für die KG bedarf es auch der Zustimmung der Kommanditisten, wobei Mehrheitsklauseln möglich bleiben, OLG Nürnberg, Urt. v. 30. Januar 2013–12 U 726/11 – Rn. 207; *Mock*, in: Röhricht/Westphalen/Haas (Hrsg.), HGB, 5. Aufl. 2019, § 167 Rn. 8; sind im Rahmen des aufgestellten Jahresabschlusses bereits Maßnahmen der Gewinnverwendung getroffen worden, so kann die Gesellschafterversammlung diese auch wieder revidieren – dies beurteilt sich bei der OHG und der KG gleich *Grunewald*, in: Schmidt/Ebke (Hrsg.), Münchener Kommentar zum Handelsgesetzbuch, Bd. 3, 4. Aufl. 2019, 167 Rn. 4; enger *Oetker*, in: ders. (Hrsg.), Handelsgesetzbuch, 6. Aufl. 2019, § 167 Rn. 10.

[39] *Mueller-Thuns*, in: ders. (Hrsg.), Handbuch GmbH & Co. KG, 22. Aufl. 2020, Rn. 7.177.

4.2.1.1.2.2 Körperschaften

Bei der GmbH wird zwischen Aufstellung und Feststellung des Jahresabschlusses unterschieden. Die Aufstellung ist das Zusammenstellen und Ausarbeiten des Zahlenwerks als Entwurf[40], wofür die Geschäftsführung zuständig ist (§§ 264 Abs. 1 HGB, § 35 Abs. 1 GmbHG). Auch bei der AG trifft die Aufstellungspflicht gem. § 264 Abs. 1 HGB das vertretungsberichtigte Organ, also den Vorstand gem. § 78 Abs. 1 AktG. Die Pflicht zur Aufstellung ist keine höchstpersönliche und kann delegiert werden. Das ursprünglich zuständige Organ trifft dann allerdings eine Überwachungspflicht.[41]

Während durch die Aufstellung ein Entwurf präsentiert wird, ist es Aufgabe der Feststellung, den Jahresabschluss und die getroffenen bilanzpolitischen Maßnahmen als verbindlich zu erklären.[42]

Die Feststellung des Jahresabschlusses hingegen obliegt in der GmbH gem. §§ 42a Abs. 2 S. 1, 46 Nr. 1 GmbHG der Gesellschafterversammlung. In ihrer Entscheidung über die Feststellung ist die Gesellschafterversammlung frei. Ihr steht es sogar frei den Entwurf abzuändern.[43]

---

[40] Vgl. *Liebscher*, in: Fleischer/Goette (Hrsg.), Münchener Kommentar zum Gesetz betreffend die Gesellschaften mit beschränkter Haftung – GmbHG, Bd. 2, 3. Aufl. 2019, § 46 Rn. 19; *Mueller-Thuns*, Gewinnbezugsrecht und bilanzpolitische Gestaltungsmöglichkeiten in der GmbH, 1989, S. 36 f.; *Römermann*, in: Michalski/Heidinger/Leible u. a. (Hrsg.), Kommentar zum Gesetz betreffend die Gesellschaften mit beschränkter Haftung, Bd. 2, 3. Aufl. 2017, § 46 Rn. 22; so auch in der AG *Hennrichs/Pöschke*, in: Goette/Habersack/Kalss (Hrsg.), Münchener Kommentar zum Aktiengesetz, Bd. 3, 4. Aufl. 2018, § 172 Rn. 13.

[41] BGH, Urt. v. 08. Juli 1985 – II ZR 198/84, NJW 1986, 54, 55; BGH, Urt. v. 1. März 1993 – II ZR 81/94, NJW 1994, 2149, 2150; BGH, Urt. v. 26. Juni 1995 – II ZR 109/94, NJW 1995, 2850, 2851; *Hüttemann/Meyer*, in: Canaris/Habersack/Schäfer (Hrsg.), Staub Handelsgesetzbuch Großkommentar, Bd. 5, 5. Aufl. 2014, § 264 Rn. 7; *Reiner*, in: Schmidt/Ebke (Hrsg.), Münchener Kommentar zum Handelsgesetzbuch, Bd. 4, 4. Aufl. 2020, § 264 Rn. 19.

[42] *Drygala*, in: Schmidt/Lutter (Hrsg.), Aktiengesetz, Bd. 2, 4. Aufl. 2020, § 172 Rn. 8; *Euler/Klein*, in: Spindler/Stilz (Hrsg.), Kommentar zum Aktiengesetz, 4. Aufl. 2019, § 172 Rn. 15; *Hennrichs/Pöschke*, in: Goette/Habersack/Kalss (Hrsg.), Münchener Kommentar zum Aktiengesetz, Bd. 3, 4. Aufl. 2018, § 172 Rn. 16; *Koch*, in: Hüffer/Koch (Hrsg.), Aktiengesetz, 15. Aufl. 2021, § 172 Rn. 5; *Pöschke*, ZGR 2018, 647, 652.

[43] Vgl. BGH, Urt. v. 28. Januar 1985 – II ZR 79/84, WM 1985, 567; auch RG, Urt. v. 6. Dezember 1918 – II 222/18, RGZ 94, 213, 214; *Liebscher*, in: Fleischer/Goette (Hrsg.), Münchener Kommentar zum Gesetz betreffend die Gesellschaften mit beschränkter Haftung – GmbHG, Bd. 2, 3. Aufl. 2019, § 46 Rn. 30; *Römermann*, in: Michalski/Heidinger/Leible u. a. (Hrsg.), Kommentar zum Gesetz betreffend die Gesellschaften mit beschränkter Haftung, Bd. 2, 3. Aufl. 2017, § 46 Rn. 37; *Schmidt*, in: Scholz (Hrsg.), Kommentar zum GmbH-Gesetz, Bd. 2, 12. Aufl. 2014, § 46 Rn. 14.

In der AG erfolgt die Feststellung durch Zusammenwirken von Vorstand und Aufsichtsrat gem. § 172 AktG, indem der Vorstand den Jahresabschluss nach gefasstem entsprechendem Beschluss vorlegt und der Aufsichtsrat ihn durch Beschluss billigt.[44] § 172 S. 1 AktG erlaubt es Vorstand und Aufsichtsrat auch, die Feststellung durch Beschluss auf die Hauptversammlung zu übertragen. Diese ist gem. § 173 Abs. 1 S. 1 AktG auch zuständig, sofern der Aufsichtsrat den Jahresabschluss nicht billigt.

Die Feststellung bewirkt weiterhin den Anspruch der Gesellschafter einen Gewinnverwendungsbeschluss herbeizuführen und legt für Dritte – also auch die „wirtschaftlich-virtuellen" Gesellschafter – die Bezugsgrößen fest.[45]

4.2.1.1.3 Zwischenergebnis

Wie bereits festgestellt steht den „wirtschaftlich-virtuellen" Gesellschaftern kein Stimmrecht in Gesellschafter- oder Hauptversammlungen zu. In der Regel sind sie mit Ausnahme einer gesonderten Vereinbarung auch kein Teil der Geschäftsführung oder sonstiger Gesellschafterorgane.[46]

Damit haben „wirtschaftlich-virtuelle" Gesellschafter als Adressat der bilanzpolitischen Maßnahmen zwar grundsätzlich ein immenses Interesse an der zugrundeliegenden Entscheidung der Gesellschaft, aber keine Möglichkeit selbige zu beeinflussen. Es zeigt sich, dass für die „wirtschaftlich-virtuellen" Gesellschafter keine Möglichkeit besteht, die mittels bilanzpolitischer Maßnahmen vorgenommene Beeinflussung der Kennziffern, auf welche sich ihr Vergütungsanspruch bezieht, zu verhindern.

4.2.1.2 Bereits bestehende Grenzen der Maßnahmen

Das konkrete Risikopotential bilanzpolitischer Maßnahmen lässt sich nur vollumfänglich untersuchen, wenn die durch Gesetz und Rechtsprechung gezogene Rechtmäßigkeitsgrenze in Bezug genommen wird.

---

[44] BGH, Urt. v. 15. November 1993 – II ZR 235/92, NJW 1994, 520, 521; *Euler/Klein*, in: Spindler/Stilz (Hrsg.), Kommentar zum Aktiengesetz, 4. Aufl. 2019, § 172 Rn. 5; *Hennrichs/Pöschke*, in: Goette/Habersack/Kalss (Hrsg.), Münchener Kommentar zum Aktiengesetz, Bd. 3, 4. Aufl. 2018, § 172 Rn. 22, 25 f., 27 ff.; *Hoffmann-Becking*, in: ders. (Hrsg.), Münchener Handbuch des Gesellschaftsrechts, Bd. 4, 5. Aufl. 2020, § 46 Rn. 1; *Koch*, in: Hüffer/Koch (Hrsg.), Aktiengesetz, 15. Aufl. 2021, § 172 Rn. 3 f.

[45] *Euler/Klein*, in: Spindler/Stilz (Hrsg.), Kommentar zum Aktiengesetz, 4. Aufl. 2019, § 172 Rn. 15 f.; *Pöschke*, CFL 2011, 195, Rn. 11; vgl. zum Anspruch auf einen Gewinnverwendungsbeschluss *Drygala*, in: Schmidt/Lutter (Hrsg.), Aktiengesetz, Bd. 2, 4. Aufl. 2020, § 172 Rn. 9; *Koch*, in: Hüffer/Koch (Hrsg.), Aktiengesetz, 15. Aufl. 2021, § 172 Rn. 5.

[46] Vgl. dazu im Detail unter Abschnitt 2.1.2.5.

4.2.1.2.1 Materielle Schranken der bilanzpolitischen Maßnahmen

4.2.1.2.1.1 Schranken der Ansatz- und Bewertungswahlrechte

Für die Ausübung von Ansatz- und Bewertungswahlrechten bestehen verschiedene rechtliche Schranken. Der Bilanzierende bewegt sich insofern also nicht in einem „rechtsfreien Raum"[47].

4.2.1.2.1.1.1 Das Stetigkeitsgebot

Gem. § 252 Abs. 1 Nr. 6 HGB müssen grds. die Bewertungsmethoden aus dem vorangegangenen Jahresabschluss beibehalten werden; gleiches gilt gem. § 246 Abs. 3 HGB für die gewählten Ansatzmethoden (Ansatz- und Bewertungsstetigkeit).[48] Unter Ansatzmethoden sind nicht nur die ausdrücklich vorgesehenen Ansatzwahlrechte zu verstehen, sondern auch der Ermessensspielraum bei der Beurteilung, ob ein zu bilanzierender Vermögensgegenstand oder eine Schuld vorliegt.[49] Auch die mit der Rechnungslegung verfolgte Zielsetzung kann der Ausübung der Wahlrechte Grenzen setzen, da z. B. eine erhöhte Bildung stiller Reserven gleichzeitig zu einem verminderten Gewinn führt.[50]

Während Ansatzwahlrechte grundsätzlich unbeschränkt ausgeübt werden können, unterliegen Ermessensspielräume einer mittelbaren Beschränkung durch die Generalnorm des § 264 Abs. 2 HGB. Für sie gilt aber in den entsprechenden Grauzonen auch immer der Angemessenheitsgedanke, welcher in einer ex-post Perspektive häufig die Risikoeinschätzung im konkreten Einzelfall zum Streitthema werden lassen kann.[51]

4.2.1.2.1.1.2 Schätzungen nach vernünftiger kaufmännischer Beurteilung

Im Rahmen der Schätzung nach vernünftiger kaufmännischer Beurteilung greift das Imparitätsprinzip ein, welches für die Bewertung in § 252 Abs. 1 Nr. 4 HGB seinen Niederschlag gefunden hat. Danach ist vorsichtig zu bewerten. Es sind alle vorhersehbaren Risiken und Verluste, die bis zum Abschlussstichtag entstanden sind, zu berücksichtigen, selbst wenn diese erst zwischen dem Abschlussstichtag und dem Tag der Aufstellung des Jahresabschlusses bekanntgeworden sind;

---

[47] *Pöschke*, ZGR 2018, 647, 657.

[48] Die Literatur zum Streit um die sachliche Reichweite des Stetigkeitsgebots aufzeigend *ders.*, ZGR 2018, 647, 661 f. Fn. 66.

[49] IDW-RS-HFA-38 Abschn. 4 Rn. 14; *Baetge/Kirsch/Thiele*, Bilanzen, 15. Aufl. 2019, S. 119.

[50] *Winnefeld*, Bilanz-Handbuch, 5. Aufl. 2015, Kap. C Rn. 675.

[51] *Ders.*, Bilanz-Handbuch, 5. Aufl. 2015, Kap. C Rn. 678.

Gewinne sind nur zu berücksichtigen, wenn sie am Abschlussstichtag realisiert sind (Realisationsprinzip).

Konkret bedeutet das: Unter mehreren gleichartigen Sachverhalten ist der zu wählen, welcher mit der höchsten Wahrscheinlichkeit eintreffen wird. Ist der Sachverhalt bestimmt, bestehen aber verschiedene Möglichkeiten diesen wertmäßig einzuschätzen. Es ist stets eine pessimistische Haltung einzunehmen. Dadurch soll eine Verobjektivierung zur vorsichtigen Schätzung hin erreicht werden.[52]

Unter einer vernünftigen Beurteilung wird eine solche verstanden, „die in sich schlüssig ist, die sich aus objektiven Umständen des konkreten Einzelfalles ableiten lässt und deren Beurteilung von sachverständigen Dritten nachvollzogen werden kann."[53]

Mit dieser Definition sollen subjektive Tendenzen bei der Ermessensausübung reduziert werden. Obwohl sich notwendigerweise aus der Art und Weise den Betrag zu ermitteln, nämlich in Zusammenschau der aktuellen Informationen zum Bilanzstichtag in Kombination mit einer zukunftsbezogenen Beurteilung, verschiedene Handlungsvarianten ergeben können, sollen so die Einschätzungsspielräume einer objektiven Überprüfung zugänglich gemacht werden.[54]

4.2.1.2.1.2 Erkennbarkeit der Ausübung von Ansatz- und Bewertungswahlrechten

Das Einblicksgebot aus § 264 Abs. 2 HGB beschränkt die Ausübung von Ansatz- und Bewertungswahlrechten grundsätzlich nicht. Zur Überwindung ggf. bestehender Informationslücken sind gem. § 284 Abs. 2 Nr. 1 HGB im Anhang entsprechende Angaben mit Begründung zu machen.[55] Für einen gesonderten

[52] *Hennrichs*, Wahlrechte im Bilanzrecht der Kapitalgesellschaften, 1999, S. 346; *Winnefeld*, Bilanz-Handbuch, 5. Aufl. 2015, Kap. C Rn. 679.

[53] *Ders.*, Bilanz-Handbuch, 5. Aufl. 2015, Kap. C Rn. 679.

[54] Ebd.

[55] Vgl. *Merkt*, in: Baumbach/Hopt (Hrsg.), Handelsgesetzbuch, 40. Aufl. 2021, § 264 Rn. 20; *Winnefeld*, Bilanz-Handbuch, 5. Aufl. 2015, Kap. C Rn. 681; insoweit zwar die überwiegende Ansicht aber umstritten; zustimmend *Beisse*, in: Knobbe-Keuk/Klein/Moxter (Hrsg.), Festschrift für Georg Döllerer, 1988, 25, 42; allein die Missbrauchsgrenzen werden unterschiedlich beurteilt. Die Grenze insbesondere bei einer willkürlichen und auf sachfremden Gründen beruhenden Wahl ziehend *Störk/Schellhorn*, in: Grottel/Schmidt/Schubert u. a. (Hrsg.), Beck'scher Bilanz-Kommentar, 12. Aufl. 2020, § 264 Rn. 29; a.A. *Hennrichs*, nach welchem die rein bilanzpolitisch motivierte Ausübung der Wahlrechte gegen das Einblicksgebot verstoße *Hennrichs*, Wahlrechte im Bilanzrecht der Kapitalgesellschaften, 1999, S. 243 ff., 340 f.; vgl. zur Zusammenstellung der vertretenen Ansichten *Pöschke*, ZGR 2018, 647, 659 ff. und Fn. 53, der darauf hinweist, dass es für seine Untersuchung darauf ankomme, dass zum einen Verstöße gegen Wahlrechtsgrenzen zur Rechtswidrigkeit der Bilanzierung führen

Ausweis gem. § 264 Abs. 2 S. 2 HGB sind allerdings besondere Umstände erforderlich. § 264 Abs. 2 S. 2 HGB stellt demnach vielmehr eine Ausnahme dar, da im Grundsatz davon ausgegangen wird, dass ein Jahresabschluss, der nach den Grundsätzen ordnungsgemäßer Bilanzierung aufgestellt worden ist, auch den Ansprüchen des § 264 Abs. 2 S. 1 HGB genügt.[56] Ausnahmen bestehen für bilanzpolitische Maßnahmen aber dann, wenn sie eine Veränderung der Vermögens-, Finanz- und Ertragslage verdecken sollen[57], sie ungewöhnlich sind oder die Unternehmensentwicklung i.S.d. true-and-fair-view-Grundsatzes unrichtig darstellen[58].

Aus § 264 Abs. 2 S. 1 HGB ergibt sich, dass der Jahresabschluss ein den tatsächlichen Verhältnissen entsprechendes Bild der Finanz-, Vermögens- und Ertragslage des Unternehmens vermitteln muss, wobei diese drei Komponenten gleichwertig Beachtung finden müssen. Diese Gleichwertigkeit kann ebenfalls im Rahmen der Ausübung von Wahlrechten konfliktträchtig sein.[59]

4.2.1.2.1.3 Überprüfung der Schranken durch den Wirtschaftsprüfer

Gem. § 316 Abs. 1 HGB sind bei bestimmten Gesellschaften der Jahresabschluss und der Lagebericht durch einen Abschlussprüfer zu überprüfen. Gleiches gilt gem. § 316 Abs. 2 HGB für den Konzernabschluss. Der Umfang der Prüfung bestimmt sich nach § 317 Abs. 1 HGB, wonach zum einen nach Satz 1 die Buchführung einzubeziehen ist und nach Satz 2 der Jahresabschluss und der Lagebericht nach Maßgabe des Gesetzes, des Gesellschaftsvertrages und der Satzung geprüft werden. Dabei erfolgt die Prüfung stichprobenartig, weil eine

---

und zum anderen die Beschränkung des Einblicksgebots in der Regel nicht notwendig sein wird, da der Bilanzierende meist wohl Argumente für die gewählte Bilanzierungsform wird vorbringen können. Nichts anderes gilt für diese Untersuchung.

[56] Vgl. *Graf/Bisle*, in: Hennrichs/Kleindiek/Watrin (Hrsg.), Münchener Kommentar zum Bilanzrecht, Bd. 2, 2013, § 264 HGB Rn. 49; *Störk/Schellhorn*, in: Grottel/Schmidt/Schubert u. a. (Hrsg.), Beck'scher Bilanz-Kommentar, 12. Aufl. 2020, § 264 Rn. 43.

[57] *Winnefeld*, Bilanz-Handbuch, 5. Aufl. 2015, Kap. C Rn. 682.

[58] Mit Beispielen *Graf/Bisle*, in: Hennrichs/Kleindiek/Watrin (Hrsg.), Münchener Kommentar zum Bilanzrecht, Bd. 2, 2013, § 264 HGB Rn. 72 f.; *Reiner*, in: Schmidt/Ebke (Hrsg.), Münchener Kommentar zum Handelsgesetzbuch, Bd. 4, 4. Aufl. 2020, § 264 Rn. 85; *Winnefeld*, Bilanz-Handbuch, 5. Aufl. 2015, Kap. C Rn. 683.

[59] *Graf/Bisle*, in: Hennrichs/Kleindiek/Watrin (Hrsg.), Münchener Kommentar zum Bilanzrecht, Bd. 2, 2013, § 264 HGB Rn. 48; vgl. *Reiner*, in: Schmidt/Ebke (Hrsg.), Münchener Kommentar zum Handelsgesetzbuch, Bd. 4, 4. Aufl. 2020, § 264 Rn. 71 ff.; vgl. *Selchert*, BB 1993, 753, 754 ff.; *Schulze-Osterloh*, ZHR 1986, 532, 542 f.

vollumfängliche Prüfung zum einen nur schwerlich geleistet werden kann und zum anderen auch nicht verlangt ist.[60]

4.2.1.2.2 Rechtsfolge von Verstößen gegen Bilanzierungsregelungen und deren Geltendmachung

Auch bei der Rechtsfolge im Falle eines Verstoßes gegen die vorgenannten Bilanzierungsregeln ist nach Gesellschaftsform zu unterscheiden.

4.2.1.2.2.1 Allgemeines Schutzniveau in den Gesellschaftsformen

4.2.1.2.2.1.1 Kapitalgesellschaften

4.2.1.2.2.1.1.1 Rechtsfolgen bei Verstößen

§ 256 AktG normiert die Nichtigkeit eines festgestellten Jahresabschlusses. Diese Norm ist auf die GmbH grds. entsprechend anwendbar, soweit die dort enthaltenen einzelnen Regelungen auf diese Gesellschaftsform passen.[61] Für die bilanzpolitischen Maßnahmen kommen folgende Nichtigkeitstatbestände in Betracht:

Verstößt das Unternehmen bei der Gewinnermittlung gegen Bilanzierungsregeln, so wird auf Rechtsfolgenseite danach differenziert, ob die Vorschriften zumindest überwiegend dem Gläubigerschutz dienen. Ist dies der Fall, so ist der fehlerhafte Feststellungsbeschluss gem. § 256 Abs. 1 Nr. 1 AktG nichtig. Analog gilt dies auch für die GmbH.[62]

---

[60] OLG Düsseldorf, Urt. v. 27. Juni 1996–5 U 11/96, BB 1996, 2614, 2615; *Bormann*, in: Hennrichs/Kleindiek/Watrin (Hrsg.), Münchener Kommentar zum Bilanzrecht, Bd. 2, 2013, § 317 HGB Rn. 39; *Merkt*, in: Baumbach/Hopt (Hrsg.), Handelsgesetzbuch, 40. Aufl. 2021, § 317 Rn. 4.

[61] Vgl. BGH, Urt. v. 12. Januar 1998 – II ZR 82/93, GmbHR 1998, 324, 326; BGH, Urt. v. 21. Juli 2008 – II ZR 39/07, NZG 2008; 783, 784; *Bayer*, in: Lutter/Hommelhoff (Hrsg.), GmbH-Gesetz, 20. Aufl. 2020, Anh. § 47 Rn. 24; *Haas/Kersting*, in: Baumbach/Hueck (Hrsg.), Gesetz betreffend die Gesellschaften mit beschränkter Haftung, 22. Aufl. 2019, § 42a Rn. 24; vgl. *Raiser/Schäfer*, in: Habersack/Casper/Löbbe (Hrsg.), GmbHG – Großkommentar, Bd. 2, 3. Aufl. 2020, Anh. § 47 Rn. 68; *Verse*, in: Scholz (Hrsg.), Kommentar zum GmbH-Gesetz, Bd. 1, 12. Aufl. 2018, § 29 Rn. 24.

[62] *Altmeppen*, Gesetz betreffend die Gesellschaften mit beschränkter Haftung, 10. Aufl. 2021, § 29 Rn. 26; *Fleischer*, in: ders./Goette (Hrsg.), Münchener Kommentar zum Gesetz betreffend die Gesellschaften mit beschränkter Haftung – GmbHG, Bd. 2, 3. Aufl. 2019, § 42a Rn. 29.

Die Nichtigkeitsfolge tritt gem. § 256 Abs. 5 S. 1 Nr. 1, S. 2 AktG ebenso bei einer nicht unwesentlichen Überbewertung[63] oder einer vorsätzlichen Unterbewertung ein, die gem. § 256 Abs. 5 S. 1 Nr. 2, S. 3 AktG die Verschleierung oder die unrichtige Wiedergabe der Vermögens- und Ertragslage der Gesellschaft bewirkt.

§ 256 Abs. 1 Nr. 4 AktG ordnet die Nichtigkeit ebenso an, wenn die Bestimmungen des Gesetzes oder der Satzung über die Einstellung von Beträgen in Kapital- oder Gewinnrücklagen oder über die Entnahme von Beträgen aus Kapital- oder Gewinnrücklagen verletzt worden sind. Bei der GmbH gilt diese Vorschrift aber nur in Bezug auf die gesetzlichen Vorgaben zur Bildung und Auflösung von Rücklagen, da solche Satzungsverstöße, entgegen der im Aktienrecht geltenden Norm § 257 Abs. 1 S. 2 AktG, anfechtbar sein können.[64]

Anderweitige Verstöße in einer GmbH, das heißt, gegen Vorschriften, bei deren Verstoß keine Nichtigkeit angeordnet ist, oder gegen gesellschaftsvertragliche Regelungen führen gem. §§ 257 Abs. 1 S. 1, 243 AktG analog zur Anfechtbarkeit.[65] Während im Aktienrecht wegen § 257 Abs. 1 S. 2 AktG nur Verfahrensfehler im Wege der Beschlussanfechtung geltend gemacht werden können, ist es in der GmbH mangels dessen analoger Anwendung auch möglich, inhaltliche Mängel des Jahresabschlusses auf diesem Wege zu rügen.[66]

---

[63] Vgl. zur ungeschriebenen Voraussetzung „nicht unwesentlich" BGH, Urt. v. 1. März 1982 – II ZR 23/81, GmbHR 1983, 169; BGH, Urt. v. 12. Januar 1998 – II ZR 82/93, GmbHR 1998, 324, 326; *Verse*, in: Scholz (Hrsg.), Kommentar zum GmbH-Gesetz, Bd. 1, 12. Aufl. 2018, § 29 Rn. 24; im Einzelnen *Schwab*, in: Schmidt/Lutter (Hrsg.), Aktiengesetz, Bd. 2, 4. Aufl. 2020, § 256 Rn. 15 ff.

[64] *Ekkenga*, in: Fleischer/Goette (Hrsg.), Münchener Kommentar zum Gesetz betreffend die Gesellschaften mit beschränkter Haftung – GmbHG, Bd. 1, 3. Aufl. 2018, § 29 Rn. 103; *Haas/Kersting*, in: Baumbach/Hueck (Hrsg.), Gesetz betreffend die Gesellschaften mit beschränkter Haftung, 22. Aufl. 2019, § 42a Rn. 28; *Raiser/Schäfer*, in: Habersack/Casper/Löbbe (Hrsg.), GmbHG – Großkommentar, Bd. 2, 3. Aufl. 2020, Anh. § 47 Rn. 71; *Verse*, in: Scholz (Hrsg.), Kommentar zum GmbH-Gesetz, Bd. 1, 12. Aufl. 2018, § 29 Rn. 24.

[65] *Altmeppen*, Gesetz betreffend die Gesellschaften mit beschränkter Haftung, 10. Aufl. 2021, § 29 Rn. 26; *Fleischer*, in: ders./Goette (Hrsg.), Münchener Kommentar zum Gesetz betreffend die Gesellschaften mit beschränkter Haftung – GmbHG, Bd. 2, 3. Aufl. 2019, § 42a Rn. 29; *Haas/Kersting*, in: Baumbach/Hueck (Hrsg.), Gesetz betreffend die Gesellschaften mit beschränkter Haftung, 22. Aufl. 2019, § 42a Rn. 33.

[66] *Verse*, in: Scholz (Hrsg.), Kommentar zum GmbH-Gesetz, Bd. 1, 12. Aufl. 2018, § 29 Rn. 25.

4.2.1.2.2.1.1.2 Die Befugnis zur Geltendmachung

Die Nichtigkeitsfolge tritt ohne konkrete Geltendmachung vorbehaltlich eventueller Heilungsmöglichkeiten ein.[67] Besondere Erklärungen oder Klagen diesbezüglich bedarf es nicht; sie sind aber möglich (z. B. § 249 AktG). Auf die Nichtigkeit kann sich jeder berufen,[68] also auch der „wirtschaftlich-virtuelle" Gesellschafter.

Die Anfechtungsbefugnis ist für die Aktiengesellschaft gem. § 245 AktG auf einen bestimmten Personenkreis beschränkt, welcher nicht die „wirtschaftlich-virtuellen" Gesellschafter erfasst. Gleiches gilt auch in der GmbH, in welcher Nichtgesellschafter keine Klagebefugnis für eine Anfechtungsklage haben, sondern allein die Nichtigkeit gem. § 256 ZPO feststellen lassen können.[69] Daraus ergibt sich für die Risikobelastung des „wirtschaftlich-virtuellen" Gesellschafters ein erster Schluss: nichtige Jahresabschlüsse belasten ihn nicht, während er bei lediglich anfechtbaren Beschlüssen darauf angewiesen ist, dass ein Anfechtungsbefugter den Beschluss anficht.

---

[67] Für die AG *Koch*, in: Hüffer/Koch (Hrsg.), Aktiengesetz, 15. Aufl. 2021, § 241 Rn. 4; bei der GmbH wird das aktienrechtliche Beschlussmängelrecht analog angewandt zuerst RG, Urt. v. 9. Oktober 1914 – II 223/14, RGZ 311, 313; BGH, Urt. v. 11. Februar 2008 – II ZR 187/06, NZG 2008, 317, 318; vgl. BGH, Urt. v. 21. März 1988 – II ZR 308/87, NJW 1988, 1844; vgl. BGH, Urt. v. 25. November 2002 – II ZR 69/01, NZG 2003, 127, 128; *Altmeppen*, Gesetz betreffend die Gesellschaften mit beschränkter Haftung, 10. Aufl. 2021, Anh. § 47 Rn. 1; *Bayer*, in: Lutter/Hommelhoff (Hrsg.), GmbH-Gesetz, 20. Aufl. 2020, Anh. § 47 Rn. 1; *Römermann*, in: Michalski/Heidinger/Leible u. a. (Hrsg.), Kommentar zum Gesetz betreffend die Gesellschaften mit beschränkter Haftung, Bd. 2, 3. Aufl. 2017, Anh. § 47 Rn. 10; *Wertenbruch*, in: Fleischer/Goette (Hrsg.), Münchener Kommentar zum Gesetz betreffend die Gesellschaften mit beschränkter Haftung – GmbHG, Bd. 2, 3. Aufl. 2019, Anh. § 47 Rn. 1; vgl. *Zöllner/Noack*, in: Baumbach/Hueck (Hrsg.), Gesetz betreffend die Gesellschaften mit beschränkter Haftung, 22. Aufl. 2019, Anh. § 47 Rn. 1.

[68] BGH Urt. v. 16. Dezember 1953 – II ZR 167/52, NJW 1954, 385, 386; *Wertenbruch*, in: Fleischer/Goette (Hrsg.), Münchener Kommentar zum Gesetz betreffend die Gesellschaften mit beschränkter Haftung – GmbHG, Bd. 2, 3. Aufl. 2019, Anh. § 47 Rn. 2.

[69] BGH, Urt. v. 13. Oktober 2008 – II ZR 112/07, GmbHR 2009, 39, 40; *Bayer*, in: Lutter/Hommelhoff (Hrsg.), GmbH-Gesetz, 20. Aufl. 2020, Anh. § 47 Rn. 70; a.A. für den Treuhänder *Milde*, in: Dauner-Lieb/Hommelhoff/Jacobs u. a. (Hrsg.), Festschrift für Horst Konzen, 2006, 541, 558 ff.; bei der Personengesellschaft wird ein Anfechtungsrecht ebenfalls im Entwurf der Bundesregierung zum Personengesellschaftsrecht vorgesehen, S. 56 f. abrufbar unter: https://www.bmjv.de/SharedDocs/Gesetzgebungsverfahren/Dokumente/RegE_Personengesellschaftsrecht.pdf?__blob=publicationFile&v=3 (zuletzt abgerufen am: 3. März 2021).

4.2.1.2.2.1.2 Personenhandelsgesellschaften

Ob die aktienrechtliche Regelung zur Nichtigkeit aus § 256 AktG auf Personenhandelsgesellschaften anwendbar ist, ist nicht abschließend geklärt.[70]

Bei Ablehnung der entsprechenden Anwendung von § 256 AktG auf Personengesellschaften, gelten die allgemeinen Nichtigkeitsvorschriften für Beschlüsse von Personenhandelsgesellschaften[71], wonach zum Beispiel handelsrechtliche Rechnungslegungsvorschriften von § 134 BGB geschützt werden.[72] Nach bisher herrschender Meinung wären fehlerhafte Feststellungsbeschlüsse dann stets

[70] Dafür mit Verweis auf die auch bei Personenhandelsgesellschaften bestehende öffentlich-rechtliche Dokumentationspflichten: *Ehricke*, in: Ebenroth/Boujong/Joost u. a. (Hrsg.), Handelsgesetzbuch, Bd. 1, 14. Aufl. 2020, § 120 Rn. 50; *Lieder*, in: Oetker (Hrsg.), Handelsgesetzbuch, 7. Aufl. 2021, § 120 Rn. 35; *Priester*, in: Schmidt/Ebke (Hrsg.), Münchener Kommentar zum Handelsgesetzbuch, Bd. 2, 4. Aufl. 2016, § 120 Rn. 70; *ders.*, in: Häuser/Hammen/Hennrichs u. a. (Hrsg.), Festschrift für Walther Hadding, 2004, 607, 618; dafür bei nicht haftungsbeschränkten Personengesellschaften wegen Anwendbarkeit der §§ 242- 256a HGB *Busch*, in: Pelka/Petersen (Hrsg.), Beck'sches Steuerberater Handbuch, 18. Aufl. 2021, Kap. F Rn. 42; dagegen wegen der Strukturunterschiede *Mock*, in: Röhricht/Westphalen/Haas (Hrsg.), HGB, 5. Aufl. 2019, § 167 Rn. 9; *Winnefeld*, Bilanz-Handbuch, 5. Aufl. 2015, Kap. I Rn. 25; ergänzend wird auf die §§ 110 ff. HGB im Gesetzesentwurf der Bundesregierung, S. 56 f. (abrufbar unter: https://www.bmjv.de/SharedDocs/Gesetzgebungsverfahren/Dokumente/RegE_Personengesellschaftsrecht.pdf?__blob=publicationFile&v=3, zuletzt abgerufen am: 3. März 2021), der dort Regelungen zur Anfechtbarkeit und Nichtigkeit von Gesellschafterbeschlüssen vorsieht, hingewiesen.

[71] *Winnefeld*, Bilanz-Handbuch, 5. Aufl. 2015, Kap. I Rn. 25.

[72] *Schäfer*, in: Canaris/Habersack/Schäfer (Hrsg.), Staub Handelsgesetzbuch, Bd. 3, 5. Aufl. 2009, § 119 Rn. 85; *Winnefeld*, Bilanz-Handbuch, 5. Aufl. 2015, Kap. I Rn. 25; zur Nichtigkeit nach § 134 BGB bei Verstoß gegen Bewertungsvorschriften bereits RG, Urt. v. 15. Oktober 1909 – II 717/08, RGZ 72, 33, 37.

unwirksam und damit nichtig.[73] Das wiederum aber nur, wenn die Beeinträchtigung erheblichen Umfangs ist und über einzelne Positionen in der Bilanz hinausreicht, beispielsweise bei Verstößen gegen dem Gläubigerschutz dienende Normen.[74]

Lediglich für die GmbH & Co. KG nimmt die Rechtsprechung die Anwendbarkeit des § 256 AktG an, da für diese nach § 264a Abs. 1 HGB die in den §§ 264 ff. HGB niedergelegten strengen Rechnungslegungsvorschriften für Kapitalgesellschaften gelten.[75]

Betreffend die übrigen Personenhandelsgesellschaftsformen wäre das Risiko für die „wirtschaftlich-virtuellen" Gesellschafter höher, wenn § 256 AktG nicht anwendbar wäre, denn dann ist der Jahresabschluss nicht automatisch nichtig. Die Nichtigkeit des Feststellungsbeschlusses muss zuerst gerichtlich geltend gemacht werden.[76] Eine gesellschaftsvertragliche Regelung, die der des § 256 AktG entspricht oder diesen als entsprechend anwendbar erklärt, ist hingegen zulässig.[77]

---

[73] *Ehricke*, in: Ebenroth/Boujong/Joost u. a. (Hrsg.), Handelsgesetzbuch, Bd. 1, 4. Aufl. 2020, § 120 Rn. 51; *Finckh*, in: Henssler/Strohn (Hrsg.), Gesellschaftsrecht, 5. Aufl. 2021, § 120 HGB Rn. 33; *Haas*, in: Röhricht/Westphalen/Haas (Hrsg.), HGB, 5. Aufl. 2018, § 119 Rn. 8 f. und § 120 Rn. 8; *Lieder*, in: Oetker (Hrsg.), Handelsgesetzbuch, 7. Aufl. 2021, § 120 Rn. 35; *Roth*, in: Baumbach/Hopt (Hrsg.), Handelsgesetzbuch, 40. Aufl. 2021, § 119 Rn. 31; *Schäfer*, in: Canaris/Habersack/Schäfer (Hrsg.), Staub Handelsgesetzbuch, Bd. 3, 5. Aufl. 2009, § 119 Rn. 77; *Weilep/Weilep* BB 2006, 147, 150; zur KG *Bauschatz*, NZG 2002, 759, 762; eine neuere Auffassung will hingegen das aktienrechtliche Beschlussmängelrecht ebenso auf die Personengesellschaften übertragen vgl. dazu nur *Schmidt*, in: Lutter/Mertens/Ulmer (Hrsg.), Festschrift für Walter Stimpel, 1985, S. 217, 242 f.; *Schmidt*, Gesellschaftsrecht, 4. Aufl. 2002, S. 447 f.; *ders.*, ZGR 2008, 1, 26 ff.; *ders.*, AG 2009, 248, 254; nunmehr ebenso *Priester*, in: Häuser/Hammen/Hennrichs u. a. (Hrsg.), Festschrift für Walther Hadding, 2004, 607, 617; *ders.*, in: Schmidt/Ebke (Hrsg.), Münchener Kommentar zum Handelsgesetzbuch, Bd. 2, 4. Aufl. 2016, § 120 Rn. 70; *Scholz*, WM 2006, 897, 904; *Schröder*, GmbHR 1994, 532, 537; *Grunewald*, Gesellschaftsrecht, 11. Aufl. 2020, Rn. 97 (zur Publikumsgesellschaft); zum neuen Regierungsentwurf, der Nichtigkeit und Anfechtbarkeit von Gesellschafterbeschlüssen in der Personenhandelsgesellschaft vorsieht vgl. Kapitel 4 Fn. 70.

[74] *Weilep/Weilep*, BB 2006, 147, 150; *Winnefeld*, Bilanz-Handbuch, 5. Aufl. 2015, Kap. I Rn. 25.

[75] OLG München, Urt. v. 19. Juli 2018–23 U 2737/17, GmbHR 2018, 1020, 1024.

[76] *Bauschatz*, NZG 2002, 759, 762; *Mock*, in: Röhricht/Westphalen/Haas (Hrsg.), HGB, 5. Aufl. 2019, § 167 Rn. 9.

[77] *Ders.*, in: Röhricht/Westphalen/Haas (Hrsg.), HGB, 5. Aufl. 2019, § 167 Rn. 9.

Klagebefugt sind nur Gesellschafter.[78] Die Klage ist gegen die Gesellschafter zu richten, welche die Wirksamkeit behaupten.[79]

4.2.1.2.2.2 Schutzniveau einzelner „wirtschaftlich-virtueller" Gesellschafter

4.2.1.2.2.2.1 Genussrechtsinhaber und Inhaber von Gewinnschuldverschreibungen

Solange sich die Maßnahmen im zulässigen Rahmen der durch das Gesetz eingeräumten Gestaltungsspielräume bewegen, haben die Genussrechtsinhaber diese grundsätzlich hinzunehmen.[80] Sie haben insbesondere „keinen Anspruch auf eine ‚angemessene' oder gar auf eine ‚möglichst hohe' Verzinsung"[81]. Weiterhin ist die Gesellschaft nicht verpflichtet, die Interessen der Genussrechtsinhaber beim Ergreifen dieser Maßnahmen zu berücksichtigen.[82] Allerdings besteht insoweit eine Grenze, als Genussrechtsinhaber sich rechtsmissbräuchliches Verhalten oder Maßnahmen, welche gezielt ihren Interessen zuwiderlaufen, nicht entgegenhalten lassen müssen.[83] Alles Vorstehende gilt insoweit auch für Inhaber von Gewinnschuldverschreibungen.[84]

Für Genussrechte und Gewinnschuldverschreibungen[85] gilt weiter, dass deren Inhaber die richtige rechnerische Aufstellung und die Auszahlung des richtig

---

[78] *Schäfer*, in: Canaris/Habersack/Schäfer (Hrsg.), Staub Handelsgesetzbuch, Bd. 3, 5. Aufl. 2009, § 119 Rn. 91.

[79] Vgl. BGH, Urt. v. 27. September 1979 – II ZR 31/78, WM 1979, 1330; *Haas*, in: Röhricht/Westphalen/Haas (Hrsg.), HGB, 5. Aufl. 2019, § 119 Rn. 8; *Mock*, in: Röhricht/Westphalen/Haas (Hrsg.), HGB, 5. Aufl. 2019, § 163 Rn. 16; *Schäfer*, in: Canaris/Habersack/Schäfer (Hrsg.), Staub Handelsgesetzbuch, Bd. 3, 5. Aufl. 2009, § 119 Rn. 91.

[80] BGH, Urt. v. 14. Juni 20.116 – II ZR 121/15, NZG 2016, 983, 985; *Habersack*, in: Goette/Habersack/Kalss (Hrsg.), Münchener Kommentar zum Aktiengesetz, Bd. 4, 5. Aufl. 2021, § 221 Rn. 283.

[81] *Ders.*, in: Goette/Habersack/Kalss (Hrsg.), Münchener Kommentar zum Aktiengesetz, Bd. 4, 5. Aufl. 2021, § 221 Rn. 283; vgl. auch *Heeren*, Kapitalgeberschutz und hybride Finanzierungsinstrumente, 2008, S. 286.

[82] *Habersack*, in: Goette/Habersack/Kalss (Hrsg.), Münchener Kommentar zum Aktiengesetz, Bd. 4, 5. Aufl. 2021, § 221 Rn. 283.

[83] *Ders.*, in: Goette/Habersack/Kalss (Hrsg.), Münchener Kommentar zum Aktiengesetz, Bd. 4, 5. Aufl. 2021, § 221 Rn. 283; *Hirte*, in: Hopt/Wiedemann (Hrsg.), Aktiengesetz, Bd. 7.1, 4. Aufl. 2012, § 221 Rn. 416.

[84] Dies ergibt sich aus dem Umstand, dass Gewinnschuldverschreibungen gem. § 221 Abs. 1 AktG mit den Gewinnanteilen von Aktionären in Verbindung gebracht werden. Es gelten die Ausführungen zu den Genussrechten; *Koch*, in: Hüffer/Koch (Hrsg.), Aktiengesetz, 15. Aufl. 2021, § 221 Rn. 64.

[85] Zur Begründung ebd.

ermittelten Betrages selbst geltend machen können, sofern der Vergütungsanspruch nicht an die Rechtsstellung der Gesellschafter gekoppelt ist, sondern zum Beispiel an den Jahresüberschuss.[86] Ist der Vergütungsanspruch des Genussrechtsinhabers hingegen von der Dividende als Aktionärsrecht oder dem Bilanzgewinn abhängig, beurteilt sich die Lage bereits weniger einfach. Das folgt aus dem Umstand, dass in diesem Fall die Gewinnermittlung und die Gewinnverwendung auch den Genussrechtsinhaber binden, welcher sich sodann nur noch wie ein Aktionär gegen die Feststellung wehren kann.[87] Das aktienrechtliche Anfechtungsrecht steht ihm dabei aber gerade nicht zu, sodass lediglich die allgemeine Feststellungsklage nach § 256 ZPO verbleibt.[88] Schwierigkeiten bereitet dabei, dass eine Bindungswirkung nur unter den Prozessparteien eintritt und eine neuerliche Entscheidung über die Verwendung des Jahresüberschusses nicht herbeigeführt werden kann.[89] Daher wird ein direkter Zahlungsanspruch des Genussrechtsinhabers oder der Gewinnschuldverschreibungsinhaber gegen die Gesellschaft vorgeschlagen, wenn und soweit mit dem korrigierten Ergebnis die Gewinnverwendungsentscheidung angreifbar gewesen wäre.[90]

Für Inhaber von Genussrechten und Gewinnschuldverschreibungen besteht demnach bereits ein gewisser Schutz in Form eines direkten Zahlungsanspruches. Sie sind nicht auf die Anfechtung seitens der Gesellschafter angewiesen, sofern ein Anfechtungsgrund besteht.

---

[86] So für die AG *Florstedt*, in: Zöllner/Noack (Hrsg.), Kölner Kommentar zum Aktiengesetz, Bd. 4.2, 3. Aufl. 2017, § 221 Rn. 605; *Habersack*, in: Goette/Habersack/Kalss (Hrsg.), Münchener Kommentar zum Aktiengesetz, Bd. 4, 5. Aufl. 2021, § 221 Rn. 282; vgl. *Wöckener/Becker*, in: Habersack/Mülbert/Schlitt (Hrsg.), Unternehmensfinanzierung am Kapitalmarkt, 4. Aufl. 2019, § 13 Rn. 13.38.

[87] *Habersack*, in: Goette/Habersack/Kalss (Hrsg.), Münchener Kommentar zum Aktiengesetz, Bd. 4, 5. Aufl. 2021, § 221 Rn. 282.

[88] BGH, Urt. v. 25. April 1966 – II ZR 80/65, NJW 1966, 1458, 1459; *Florstedt*, in: Zöllner/Noack (Hrsg.), Kölner Kommentar zum Aktiengesetz, Bd. 4.2, 3. Aufl. 2017, § 221 Rn. 604; *Koch*, in: Hüffer/Koch (Hrsg.), Aktiengesetz, 15. Aufl. 2021, § 249 Rn. 12.

[89] *Habersack*, in: Goette/Habersack/Kalss (Hrsg.), Münchener Kommentar zum Aktiengesetz, Bd. 4, 5. Aufl. 2021, § 221 Rn. 282.

[90] *Ders.*, in: Goette/Habersack/Kalss (Hrsg.), Münchener Kommentar zum Aktiengesetz, Bd. 4, 5. Aufl. 2021, § 221 Rn. 282; *Seiler*, in: Spindler/Stilz (Hrsg.), Kommentar zum Aktiengesetz, 4. Aufl. 2019, § 221 Rn. 178; *Wöckener/Becker*, in: Habersack/Mülbert/Schlitt (Hrsg.), Unternehmensfinanzierung am Kapitalmarkt, 4. Aufl. 2019, § 13 Rn. 13.40; zumindest kritisch *Mülbert*, in: Kindler/Koch/Ulmer u. a. (Hrsg.), Festschrift für Uwe Hüffer, 2010, S. 679, 683 f.

4.2.1.2.2.2.2 Stille Gesellschaft

Der stille Gesellschafter muss Maßnahmen der Gewinnermittlung, welche auf unzulässiger Geschäftsführung beruhen, nicht gegen sich gelten lassen. Das heißt, dass er deren Nichtberücksichtigung verlangen kann.[91] Unzulässig ist die Geschäftsführung, wenn sie den gemeinsamen Zweck nicht fördert und die Interessen der Gesellschaftergesamtheit unberücksichtigt lässt.[92] Liegt der gemeinsame Zweck – wie regelmäßig – in der Gewinnerzielung durch das Handelsgewerbe, ist grundsätzlich auf das in vergleichbaren Unternehmen Übliche abzustellen.[93] Zusätzlich muss der Stille nicht am Gewinn und Verlust solcher Geschäfte teilnehmen, die nicht vom Unternehmensgegenstand gedeckt sind.[94]

Stimmt der stille Gesellschafter zu oder genehmigt die Maßnahme nachträglich, muss er sich die Folgen indes entgegenhalten lassen.[95]

4.2.1.3 Risikobelastung für den „wirtschaftlich-virtuellen" Gesellschafter

Gesetzlich wird das Risikopotential, welchem sich der „wirtschaftlich-virtuelle" Gesellschafter aussetzt, durch die Nichtigkeitsfolge bei schwerwiegenden Gesetzesverstößen begrenzt. Da sich die Untersuchung indes auf rechtmäßige Maßnahmen in missbräuchlicher Absicht bezieht, tragen die „wirtschaftlich-virtuellen" Gesellschafter insoweit grundsätzlich das vertragsimmanente Risiko.

Für Inhaber von Genussrechten und Gewinnschuldverschreibungen gilt, dass ihnen ein je nach Bemessungsgrundlage divergierender Rechtsschutz zusteht. Hängt der Vergütungsanspruch des Genussrechtsinhabers vom Jahresüberschuss ab, kann dieser auf Aufstellung des Abschlusses sowie korrekte Ermittlung seines Anspruches klagen. Wurde als Bemessungsgrundlage hingegen der Bilanzgewinn oder die Dividende vereinbart, ist der Genussrechtsinhaber ebenso gebunden wie

---

[91] *Gehrlein*, in: Ebenroth/Boujong/Joost u. a. (Hrsg.), Handelsgesetzbuch, Bd. 1, 4. Aufl. 2020, § 230 Rn. 56 m.w.N.

[92] *Schmidt*, in: ders./Ebke (Hrsg.), Münchener Kommentar zum Handelsgesetzbuch, Bd. 3, 4. Aufl. 2019, § 230 Rn. 179.

[93] *Kauffeld*, in: Blaurock (Hrsg.), Handbuch Stille Gesellschaft, 9. Aufl. 2020, Rn. 8.73.

[94] *Gehrlein*, in: Ebenroth/Boujong/Joost u. a. (Hrsg.), Handelsgesetzbuch, Bd. 1, 4. Aufl. 2020, § 230 Rn. 56; *Harbarth*, in: Canaris/Habersack/Schäfer (Hrsg.), Staub Handelsgesetzbuch, Bd. 4, 5. Aufl. 2015, § 230 Rn. 208; *Kauffeld*, in: Blaurock (Hrsg.), Handbuch Stille Gesellschaft, 9. Aufl. 2020, Rn. 8.73; *Keul*, in: Gummert/Weipert (Hrsg.), Münchener Handbuch des Gesellschaftsrechts, Bd. 2, 5. Aufl. 2019, § 86 Rn. 15.

[95] *Kauffeld*, in: Blaurock (Hrsg.), Handbuch Stille Gesellschaft, 9. Aufl. 2020, Rn. 8.73; *Keul*, in: Gummert/Weipert (Hrsg.), Münchener Handbuch des Gesellschaftsrechts, Bd. 2, 5. Aufl. 2019, § 86 Rn. 16.

der Aktionär. Ihm steht dann nur die Feststellungsklage nach § 256 ZPO zur Verfügung.

Ein stiller Gesellschafter muss sich die Gewinnermittlung dann nicht entgegenhalten lassen, wenn der Unternehmensgegenstand nicht mehr gedeckt ist oder der gemeinsame Zweck nicht mehr verfolgt wird.

Ein einheitliches Schutzniveau für alle „wirtschaftlich-virtuellen" Gesellschafter besteht bisher nicht. Hinzu kommt, dass es für den „wirtschaftlich-virtuellen" Gesellschafter häufig schwer sein wird, die konkrete Beeinflussung seiner Rechte durch Maßnahmen der Gewinnermittlung nachzuweisen und seine Ansprüche daher durchzusetzen.

4.2.1.4 Konkretes Beispiel: Dotierung des Fonds für allgemeine Bankrisiken gem. § 340 g HGB

§ 340 g Abs. 1 HGB bestimmt, dass Kreditinstitute auf der Passivseite ihrer Bilanz zur Sicherung gegen allgemeine Bankrisiken einen Sonderposten, den sog. „Fonds für allgemeine Bankrisiken", bilden dürfen, soweit dies nach vernünftiger kaufmännischer Beurteilung wegen der besonderen Risiken des Geschäftszweigs der Kreditinstitute notwendig ist. Das heißt auch in diesem Fall richtet sich die Entscheidung des Bilanzierenden, ob und in welcher Höhe der Sonderposten zu bilden ist, nach seiner vernünftigen kaufmännischen Beurteilung. Eine Mindesthöhe sieht § 340 g HGB, im Gegensatz zu § 340 f HGB, nicht vor.

Aktuell sind zu dieser Problematik mehrere Rechtsverfahren rechtshängig[96], sodass zwei Beispiele veranschaulichen sollen, inwieweit es den Unternehmen möglich ist, die Vergütungsinteressen der „wirtschaftlich-virtuellen" Gesellschafter zu beeinträchtigen. Eine rechtliche Bewertung soll an dieser Stelle aber noch nicht vorgenommen werden.[97]

4.2.1.4.1 Genussscheine bei der IKB Deutsche Industriebank AG

Die IKB Deutsche Industriebank AG begab Genussscheine mit einer Laufzeit vom 23. Dezember 2004 bis zum 31. März 2015, um die Eigenkapitalquote zu stärken. Die Genussscheinbedingungen der Genussscheine WKN 273.119[98] sahen in § 4 Abs. 1 eine Verlustteilnahme in voller Höhe durch Verminderung der Rückzahlungsansprüche der Genussscheininhaber vor. Dies sollte im

---

[96] Vgl. insoweit OLG Schleswig–Holstein, Urt. v. 3. Mai 2019–9 U 83/18, WM 2019, 1166 ff.; LG Düsseldorf, Urt. v. 21. Dezember 2018–10 O 159/17, BKR 2019, 306 ff. n.rkr. und dazu in zweiter Instanz OLG Düsseldorf, Urt. v. 24. September 2020 – I-6 U 23/19, WM 2020, 2118 ff. n.rkr.

[97] Insoweit vgl. unten unter Abschnitt 5.2.3.2.

[98] Diese WKN soll als Beispiel herausgegriffen werden.

Verhältnis der Rückzahlungsansprüche zu dem in der Bilanz ausgewiesenen Eigenkapital (einschließlich Genussscheinkapital, jedoch ohne andere nachrangige Verbindlichkeiten) geschehen. Daneben betrug der Vergütungsanspruch der Genussscheininhaber gem. § 2 Abs. 1 der Genussscheinbedingungen 4,5 % des Nennbetrages der Genussscheine, entfällt aber gem. § 2 Abs. 2 der Genussscheinbedingungen, soweit ein Bilanzverlust durch die Ausschüttung entstehen würde. Es handelt sich um eine gewinnabhängige Form der Vergütung.

In der Finanzmarktkrise nahmen die Genussscheininhaber an den von der IKB Deutsche Industriebank AG erlittenen Verlusten teil. Erst im Geschäftsjahr 2013/2014 (abweichendes Wirtschaftsjahr vom 1. April bis zum 31. März des Folgejahres) erwirtschaftete die IKB Deutsche Industriebank AG wieder Gewinne. Vor der Dotierung des Sonderpostens Fonds für allgemeine Bankrisiken gem. § 340 g Abs. 1 HGB betrug der Jahresüberschuss in diesem Geschäftsjahr rund 402 Mio. EUR.[99] Nach den verlustreichen Jahren stellte die IKB Deutsche Industriebank AG die nunmehr erwirtschafteten Gewinne in den Fonds für allgemeine Bankrisiken gem. § 340 g Abs. 1 HGB ein, sodass der Jahresüberschuss danach bei genau 0,00 EUR lag und der Bilanzverlust unverändert vorgetragen wurde.[100]

Gem. § 4 Abs. 2 der Genussscheinbedingungen der Genussscheine WKN 273.119 werden die Rückzahlungsansprüche, welche in Verlustjahren gemindert wurden, durch in den Nachfolgejahren erzielte Jahresüberschüsse wiederaufgefüllt. Werden nun aber gerade durch die Dotierungspraxis keine Jahresüberschüsse erzielt, geht der Wiederauffüllungsanspruch der Genussscheininhaber ins Leere.

Diese Dotierungspraxis verfolgte die IKB Deutsche Kreditbank AG ebenso in den Jahren 2014/2015 und 2015/2016[101], also insgesamt drei Geschäftsjahre

---

[99] Gewinn- und Verlustrechnung der IKB Deutsche Industriebank AG (1. April 2013 bis 31. März 2014) S. 90 f., abrufbar unter https://www.ikb.de/GetDocument?publicationGuid=08af85e9-4f49-46fc-af51-c92fcfa83625&filename=140618_Gesch%c3%a4ftsbericht_2013_14_D.pdf (zuletzt abgerufen am: 7. März 2021).

[100] Gewinn- und Verlustrechnung der IKB Deutsche Industriebank AG (1. April 2013 bis 31. März 2014) S. 90 f., abrufbar unter https://www.ikb.de/GetDocument?publicationGuid=08af85e9-4f49-46fc-af51-c92fcfa83625&filename=140618_Gesch%c3%a4ftsbericht_2013_14_D.pdf (zuletzt abgerufen am: 7. März 2021).

[101] Geschäftsbericht der IKB Deutsche Industriebank AG 2014/2015, S. 88 ff., abrufbar unter https://www.ikb.de/GetDocument?publicationGuid=f23031fe-aa0f-47dc-baae-1e90f1201999&filename=150617_Gesch%c3%a4ftsbericht_2014_15_D.pdf (zuletzt abgerufen am: 7. März 2021); Geschäftsbericht der IKB Deutsche Industriebank AG 2015/2016, S. 84 ff., abrufbar unter: https://www.ikb.de/GetDocument?publicationGuid=02750607-117b-415a-bd7b-088bb0359cca&filename=160610_Gesch%c3%a4ftsbericht_2015_16_D.pdf (zuletzt abgerufen am: 7. März 2021).

lang. In den darauffolgenden Geschäftsjahren 2016/2017, 2017/2018 und 2018/2019 wurde keine Aufwendung aus der Zuführung zum Fonds für allgemeine Bankrisiken verbucht.[102]

Diese Dotierungspraxis führte insbesondere für Genussscheininhaber, für die die Finanzierungsdauer 2015 endete, zu großen Verlusten, da das Genussrechtskapital wegen der vereinbarten Verlustteilnahme auf 0 % des Nennbetrages gefallen war.[103] Durch die Zuführung der erwirtschafteten Gewinne zum Fonds für allgemeine Bankrisiken gem. § 340 g Abs. 1 HGB, blieb der zur Wiederauffüllung des Genussrechtskapitals erforderliche Jahresüberschuss aus. Ihr Rückzahlungsanspruch bestand zwar dem Grunde nach, die Höhe belief sich allerdings auf beinahe 0,00 EUR. Die Genussscheine wurden bei der IKB Deutsche Industriebank AG als wertlos ausgebucht.[104]

4.2.1.4.2 Stille Einlagen und Namensgenussscheine bei der HSH Nordbank AG

Die ehemalige HSH Nordbank AG (heute Hamburg Commercial AG) ergriff ähnliche Maßnahmen. Betroffen waren privat platzierte stille Einlagen und Namensgenussscheine. In den Geschäftsjahren 2012 und 2014 stellte sie nicht nur die Gewinne gem. § 340 g HGB in den Fonds für allgemeine Bankrisiken

---

[102] Geschäftsbericht der IKB Deutsche Industriebank AG 2016/2017, S. 68 f., abrufbar unter https://www.ikb.de/GetDocument?publicationGuid=486506a4-0ee1-418b-8f66-9d2f097f8650&filename=170609_Gesch%c3%a4ftsbericht_2016_17.pdf (zuletzt abgerufen am: 7. März 2021); Geschäftsbericht der IKB Deutsche Industriebank AG 2017/2018, S. 64 f., abrufbar unter https://www.ikb.de/GetDocument?publicationGuid=5b548589-6373-4067-8ca5-c504731f62f6&filename=180615_Gesch%c3%a4ftsbericht_2017_18.pdf (Stand. 7. März 2021); Geschäftsbericht der IKB Deutsche Industriebank AG 2018/2019, S. 60 f., abrufbar unter https://www.ikb.de/GetDocument?publicationGuid=f1c8c0ef-bc4a-4881-8147-bfd9d84dd869&filename=190614_Gesch%c3%a4ftsbericht_2018_19.pdf (zuletzt abgerufen am: 7. März 2021).

[103] Bekanntmachung der IKB Deutsche Kreditbank AG im Unternehmensregister vom 18. Juli 2011 zum Genussschein WKN 273.119/ISIN: DE0002731197; abrufbar unter: https://www.ikb.de/fileadmin/content/30_Investor_Relations/70_Corporate_Governance/Jaehrliches_Dokument/2012/WKN_273119_Verlustbeteiligung.pdf (zuletzt abgerufen am: 23. März 2021).

[104] Dies ergibt sich aus einem Vergleich der Geschäftsberichte zu den Jahresabschlüssen 2013/2014 (S. 119) und 2014/2015 (S. 116), abrufbar für 2013/2014 unter https://www.ikb.de/GetDocument?publicationGuid=08af85e9-4f49-46fc-af51-c92fcfa83625&filename=140618_Gesch%c3%a4ftsbericht_2013_14_D.pdf (zuletzt abgerufen am: 7. März 2021) und für 2014/2015 unter https://www.ikb.de/GetDocument?publicationGuid=f23031fe-aa0f-47dc-baae-1e90f1201999&filename=150617_Gesch%c3%a4ftsbericht_2014_15_D.pdf (zuletzt abgerufen am: 7. März 2021); ebenfalls *Schmidberger*, BKR 2017, 309, 310.

ein, sondern generierte dadurch sogar Verluste, an denen die Genussscheininhaber wiederum beteiligt wurden.

Gem. § 3 Abs. 2 der Anlagebedingungen der Betroffenen ergab sich, dass die um eine etwaige Herabsetzung verminderte stille Einlage in jedem Folgejahr während der Laufzeit zunächst vorrangig wieder bis zum Einlagennennbetrag aufzufüllen ist, jedoch nur dann, wenn und soweit hierdurch kein neuer Jahresfehlbetrag entstehen oder erhöht würde. Aus § 2 Abs. 5 lit. a) der Vertragsbedingungen ergibt sich, dass der Anspruch auf Auszahlung einer Vergütung entfällt, wenn und soweit durch sie ein Jahresfehlbetrag entstehen oder erhöht würde oder die stille Einlage nach einer Herabsetzung noch nicht wieder gem. § 3 Abs. 2 des Vertrages auf den Nennbetrag aufgefüllt ist.[105]

Im Geschäftsjahr 2012 führte die HSH Nordbank AG ca. 980 Mio. EUR gem. § 340 g HGB dem Fonds für allgemeine Bankrisiken zu und wies zudem einen Jahresfehlbetrag in Höhe von ca. 390 Mio. EUR aus.[106] Nachdem im Geschäftsjahr 2013 keine derartigen Zuführungen stattgefunden hatten aber trotz Auflösung des Fonds i.H.v. rund 652 Mio. EUR ein Jahresfehlbetrag in Höhe von 425 Mio. EUR ausgewiesen wurde[107], erhöhte die HSH Nordbank AG den Fonds im Geschäftsjahr 2014 wiederum um rund 673 Mio. EUR und wies wiederum einen Jahresfehlbetrag in Höhe von rund 312 Mio. EUR aus.[108] In den Geschäftsjahren 2012 und 2014 zeigt sich daher, dass aufgrund der Höhe der Zuführungen gem. § 340 g HGB der Jahresfehlbetrag erst erzeugt wurde, an denen die betroffenen Kapitalgeber aufgrund § 3 Abs. 1 der Anlagebedingungen partizipierten. Zuletzt stellte die HSH Nordbank AG im Geschäftsjahr 2016 257 Mio. EUR gem. § 340 g HGB in den Fonds für allgemeine Bankrisiken ein.[109]

---

[105] Insoweit wird beispielhaft das Verfahren LG Kiel, Urt. v. 19. April 2018–6 O 447/16, WM 2019, 403 ff., aus dem auch die Vertragsklausel entnommen werden kann, und zweitinstanzlich OLG Schleswig–Holstein, Urt. v. 3. Mai 2019–9 U 83/18, WM 2019, 1166.

[106] Finanzbericht der HSH Nordbank AG, Geschäftsjahr 2012, S. 64; abrufbar unter: https://www.hcob-bank.de/media/pdf_3/investorrelations/geschaeftsber/2012_3/gb2012/finanzbericht2012ag_d.pdf (zuletzt abgerufen am: 7. März 2021).

[107] Finanzbericht der HSH Nordbank AG, Geschäftsjahr 2013, S. 70; abrufbar unter https://www.hcob-bank.de/media/pdf_3/investorrelations/geschaeftsber/2013_2/gb2013/finanzbericht2013ag_d.pdf (zuletzt abgerufen am: 7. März 2021).

[108] Finanzbericht der HSH Nordbank AG, Geschäftsjahr 2014, S. 65; abrufbar unter https://www.hcob-bank.de/media/pdf_3/investorrelations/geschaeftsber/2014_2/gb2014/finanzbericht2014ag_d.pdf (zuletzt abgerufen am: 7. März 2021).

[109] Finanzbericht der HSH Nordbank AG, Geschäftsjahr 2016, S. 87; abrufbar unter https://www.hcob-bank.de/media/pdf_3/investorrelations/geschaeftsber/2016_2/gb2016/gb_2/hsh_gb16_finanzbericht_hgb.pdf (zuletzt abgerufen am: 7. März 2021).

In ihrer Ad-Hoc-Mitteilung vom 8. Juni 2016 kündigte die HSH Nordbank AG an, an dieser Dotierungspraxis bis zum Geschäftsjahr 2019 festzuhalten. Betroffen waren davon neben privat platzierten stillen Einlagen auch Wertpapiere, die auf stillen Einlagen der HSH Nordbank AG basieren und am Kapitalmarkt platziert wurden.[110]

Durch die Dotierungspraxis der HSH Nordbank AG nahmen die betroffenen Kapitalgeber in Höhe von 157 Mio. EUR im Geschäftsjahr 2012 und in Höhe von 121 Mio. EUR im Geschäftsjahr 2014 an den Verlusten teil.[111]

4.2.1.4.3 Streit um den Schutz im Rahmen von § 340 g HGB

Gem. § 340 g HGB können Kreditinstitute diese Zuführungen zum Sonderposten vornehmen, soweit dies nach vernünftiger kaufmännischer Beurteilung wegen der besonderen Risiken des Geschäftszweigs der Kreditinstitute notwendig ist. Sinn und Zweck der Vorschrift ist es über diese offene Vorsorgereserve allgemeine Bankrisiken, die aus dem Geschäftszweig der Kreditinstitute resultieren, abzusichern.[112]

Umstritten ist bei dieser Vorschrift allerdings, ob man den eröffneten Ermessensspielraum begrenzen sollte. Nach einer Auffassung besteht durch die Tatbestandsmerkmale der ‚vernünftigen kaufmännischen Beurteilung' und der ‚besonderen Risiken des Geschäftszweigs der Kreditinstitute', welche nicht zuletzt wegen der Finanzkrise in 2008/2009 weit auszulegen seien, allein eine qualitative Grenze für die Fondsdotierung. Einzige Grenze sei die offensichtliche Willkür und die Treuepflicht gegenüber Anteilseignern.[113] Die grenzenlose Dotierung

---

[110] Ad-Hoc-Mitteilung der HSH Nordbank vom 8. Juni 2016; abrufbar unter: https://www.hcob-bank.de/media/pdf_3/investorrelations/adhocmitteilungen/2016/hsh_n_funding_ii_limited_partnership_ad-hoc_medium_term_financial_plan.pdf (zuletzt abgerufen am: 23. März 2021).

[111] Finanzbericht der HSH Nordbank AG, Geschäftsjahr 2012, S. 64; abrufbar unter: https://www.hcob-bank.de/media/pdf_3/investorrelations/geschaeftsber/2012_3/gb2012/finanzbericht2012ag_d.pdf (zuletzt abgerufen am: 7. März 2021) und Finanzbericht der HSH Nordbank AG, Geschäftsjahr 2014, S. 65; abrufbar unter https://www.hcob-bank.de/media/pdf_3/investorrelations/geschaeftsber/2014_2/gb2014/finanzbericht2014ag_d.pdf (zuletzt abgerufen am: 7. März 2021); ebenfalls *Schmidberger*, BKR 2017, 309, 310.

[112] *Böcking/Gros/Torabian*, in: Schmidt/Ebke (Hrsg.), Münchener Kommentar zum Handelsgesetzbuch, Bd. 4, 4. Aufl. 2019, Vorb. §§ 340 f., 340 g Rn. 5; *Löw*, in: Hennrichs/Kleindiek/Watrin (Hrsg.), Münchener Kommentar zum Bilanzrecht, Bd. 2, 2013, § 340 g Rn. 1; vgl. *Böcking/Gros/Morawietz*, in: Ebenroth/Boujong/Joost u. a. (Hrsg.), Handelsgesetzbuch, Bd. 1, 4. Aufl. 2020, § 340 g Rn. 1.

[113] So auch OLG Düsseldorf, Urt. v. 24. September 2020 – I-6 U 23/19, WM 2020, 2118, 2131 n.rkr.; *Böcking/Gros/Torabian*, in: Schmidt/Ebke (Hrsg.), Münchener Kommentar zum

benachteilige auch Aktionäre insofern nicht, als die Gewinne den Aktionären ertragswirksam nach Auflösung des Sonderpostens wieder zur Verfügung stünden. Darüber hinaus wird in wirtschaftlicher Hinsicht argumentiert, dass einer übermäßigen Dotierung dadurch Einhalt geboten würde, dass ansonsten Kapitalgeber ausbleiben und die Aufnahme neuen Kapitals am Kapitalmarkt erschwert würde.[114]

Eine andere Ansicht zieht die tatbestandlichen Grenzen des § 340 g HGB deutlich enger und erkennt nur einen beschränkten Ermessensspielraum auf Grundlage einer nachprüfbaren Schätzmethode an.[115] Die zur grenzenlosen Dotierung angeführten Argumente würden aber gerade für Hybridkapitalgeber nicht greifen und daher die Einbeziehung ihrer Interessen in die Ermessensentscheidung des Vorstands erfordern.[116] Auch auf Rechtsfolgenseite soll die Dotierung Beschränkungen unterliegen. Diese seien in Übereinstimmung mit einem Bescheid der Sparkassenaufsicht NRW vom 9. Juni 2016 zu beurteilen und auf Genussrechtsinhaber zu übertragen.[117] Dabei stellte die Sparkassenaufsicht NRW fest, dass die bloße Beschränkung des § 340 g HGB bei Willkür zu kurz greife und vielmehr auch die geschützten Interessen und Zuständigkeiten der übrigen Organe des Kreditinstituts zu berücksichtigen seien, i.e. der Verwaltungsrat und die Versammlung des Trägers der Sparkasse. Im Übrigen solle die Dotierungsentscheidung

Handelsgesetzbuch, Bd. 4, 4. Aufl. 2019, § 340 g Rn. 2; *Braun*, in: Claussen/Scherrer (Hrsg.), Kölner Kommentar zum Rechnungslegungsrecht, 2011, § 340 g HGB Rn. 15; *Gaber*, Bankbilanz nach HGB, 2. Aufl. 2018, S. 569; *ders.*, WM 2018, 105, 113; *ders.*, WM 2018, 153, 158; zur fehlenden quantitativen Begrenzung und unter Hinweis auf die Grenze der Willkür und der Treuepflicht gegenüber den Anteilseignern *Böcking/Gros/Morawietz*, in: Ebenroth/Boujong/Joost u. a. (Hrsg.), Handelsgesetzbuch, Bd. 1, 4. Aufl. 2020, § 340 g Rn. 1, 3; *Waschbusch*, Die Bank 1994, 166; nur zur quantitativen Freiheit *Löw*, in: Hennrichs/Kleindiek/Watrin (Hrsg.), Münchener Kommentar zum Bilanzrecht, Bd. 2, 2013, § 340 g Rn. 6; wiederum nur Zweckbindung und die Willkür, nicht aber die Interessen der Gesellschafter berücksichtigend *Mülbert/Sajnovits*, WM 2017, 1725, 1729.

[114] Vgl. *Braun*, in: Claussen/Scherrer (Hrsg.), Kölner Kommentar zum Rechnungslegungsrecht, 2011, § 340 g HGB Rn. 19.

[115] *Schmidberger*, BKR 2017, 309, 313.

[116] Ebd.; a.A. *Mülbert/Sajnovits*, WM 2017, 1725, 1729, die bereits die Berücksichtigung der Interessen der Anteilseigner ablehnen und (konsequenterweise) dann auch die der Genussrechtsinhaber.

[117] *Schmidberger*, BKR 2017, 309, 313.

alljährlich hinterfragt werden, auch wenn die Risiko- und Eigenkapitalstrategien des Vorstandes diese bereits vorgesehen haben; anderenfalls seien diese Entscheidungen ermessensfehlerhaft.[118]

Auch die Frage, ob nur das jeweils tatsächlich erwirtschaftete Jahresergebnis dotiert werden kann, wird unterschiedlich beurteilt. Während eine Ansicht diese Frage bejaht[119], nimmt eine andere Ansicht die Möglichkeit, durch die Fondsdotierung einen Jahresfehlbetrag zu erzeugen, in Kauf, da dem Gesetz nichts Gegenteiliges zu entnehmen sei[120].

Inwieweit hingegen eine Grenze für die rechtmäßige Dotierung des Fonds für allgemeine Bankrisiken nach § 340 g HGB besteht, kann in diesem Zusammenhang offengelassen werden, denn dies betrifft nicht die Frage, ob ein Risiko bei missbräuchlicher Absicht des Unternehmens besteht, sondern vielmehr wie hoch das Risiko tatsächlich ist. Je nachdem wie die Regelung auszulegen ist, besteht entweder bei quantitativ wie qualitativ unbegrenzt möglicher Dotierung mehr oder bei begrenzter Dotierungshöhe weniger Risiko.

4.2.1.4.4 Streit um den vertraglich gewährleisteten Schutz in den Genussscheinbedingungen

Die Genussscheinbedingungen der IKB Deutsche Industriebank AG mit WKN 273.119 sehen in § 4 Abs. 2 vor, dass „die Rückzahlungsansprüche bis zum Nennbetrag der Genussscheine zu erhöhen [sind], bevor eine anderweitige

---

[118] Bescheid des Finanzministeriums des Landes NRW vom 9. Juni 2016 S. 16, 19 f., abrufbar unter http://www.buergernetzwerk-bayern.de/images/Duesseldorf-Bescheid-Seiten-1-28-1.pdf (zuletzt abgerufen am: 23. März 2021); Pressemitteilung der Finanzverwaltung NRW vom 9. Juni 2016, abrufbar unter https://www.finanzverwaltung.nrw.de/de/pressemitteilung/sparkassenaufsicht-hebt-jahresabschluss-2014-der-stadtsparkasse-duesseldorf-auf (zuletzt abgerufen am: 23. März 2021).

[119] *Böcking/Gros/Torabian*, in: Schmidt/Ebke (Hrsg.), Münchener Kommentar zum Handelsgesetzbuch, Bd. 4, 4. Aufl. 2019, § 340 g Rn. 2; *Löw*, in: Hennrichs/Kleindiek/Watrin (Hrsg.), Münchener Kommentar zum Bilanzrecht, Bd. 2, 2013, § 340 g Rn. 5.

[120] *Braun*, in: Claussen/Scherrer (Hrsg.), Kölner Kommentar zum Rechnungslegungsrecht, 2011, § 340 g HGB Rn. 18; *Gaber*, Bankbilanz nach HGB, 2. Aufl. 2018, S. 575; Kritik insgesamt an der unbegrenzten Dotierung äußernd, unabhängig von der Begrenzung durch das Jahresergebnis *Schmidberger*, BKR 2017, 309, 310 f.; *Schmidberger* kritisiert, dass, sofern die Dotierung nach § 340 g HGB Teil der Gewinnermittlung sein soll, die Ausschüttungsbemessung für Gesellschafter und Genussrechtsinhaber beeinflusst wird und dieser Konflikt sogar noch verstärkt wird, sofern Jahresfehlbeträge erzeugt werden könnten; so zumindest andeutend auch *Böcking/Gros/Torabian*, in: Schmidt/Ebke (Hrsg.), Münchener Kommentar zum Handelsgesetzbuch, Bd. 4, 4. Aufl. 2019, § 340 g Rn. 8.

Verwendung der Jahresüberschüsse vorgenommen wird".[121] Diese Klausel soll den Vorrang der Wiederauffüllung vor anderweitiger Verwendung des Jahresüberschusses gewährleisten und damit der „Parität zwischen Verlustteilnahme und Wiederauffüllung"[122] dienen. Knüpft die Wiederauffüllung an den Jahresüberschuss an, so steht der Gesellschaft das Jahresergebnis erst nach Wiederauffüllung der Rückzahlungsansprüche der Genussrechtsinhaber zu, da sie sich bereits bei Vertragsschluss zur Wiederauffüllung verpflichtet hat.[123]

Ob auch die Dotierung des § 340 g HGB unter den Begriff der Rücklage oder zumindest Rücklage in diesem Sinne fällt, ist umstritten. Eine Ansicht erkennt in § 340 g HGB eine Rücklage, weil sie handelsbilanziell Eigenkapitalcharakter aufweist, die Dotierung freiwillig und nicht aufwandswirksam, sondern aus dem versteuerten Gewinn erfolgt und sie in der Bankbilanz auf der Passivseite (Nr. 11 Formblatt 1 RechKredV) vor der Eigenkapitalposition (Nr. 12 Formblatt RechKredV) erfolgt.[124] Hingegen wird ebenso vertreten, dass die Dotierung des Fonds in diesem Sinne weder Rückstellung noch Rücklage ist; Rückstellung deshalb nicht, da sich diese auf konkrete Risiken beziehen. Die für eine Qualifikation als Rücklage ins Feld geführten Argumente seien vielmehr wirtschaftlicher Natur und würden de lege lata keine Rechtsfolgen auslösen.[125] Das OLG Schleswig-Holstein sieht in dem ihm vorgelegten Fall keinen Grund, den Vertrag dahingehend auszulegen, dass die Dotierung des Sonderpostens nach § 340 g HGB eine Form

---

[121] Genussscheinbedingungen der IKB Deutsche Industriebank AG mit WKN 273.119; abrufbar unter http://docplayer.org/28200246-Ikb-deutsche-industriebank-ag-duesseldorf-und-berlin.html (zuletzt abgerufen am: 23. März 2021).

[122] *Schmidberger*, BKR 2017, 309, 311; vgl. allein zur Parität ebenso *Habersack*, NZG 2014, 1041, 1042.

[123] *Frantzen*, Genußscheine, 1993, S. 212 f.; *Schmidberger*, BKR 2017, 309, 311.

[124] *Anzinger*, WuB 2019, 297, 301; *Bieg/Waschbusch*, Bankbilanzierung nach HGB und IFRS, 3. Aufl. 2017, S. 501; *Schmidberger*, BKR 2017, 309, 311 f.; vgl. *Waschbusch*, Die Bank 1994, 166, 167; *Löw*, WM 2020, 625, 630 sieht auch bei der Formulierung in Genussrechtsbedingungen, dass Zahlungen auf das Genussrecht einer Ausschüttung auf das Stammkapital und der Dotierung von Rücklagen vorgehen, in § 340 g HGB eine Rücklage; allein zum handelsbilanziellen Eigenkapitalcharakter vgl. *Gaber*, Bankbilanz nach HGB, 2. Aufl. 2018, S. 570; *ders.*, WM, 2018, 105, 109; *Merkt*, in: Baumbach/Hopt (Hrsg.), Handelsgesetzbuch, 40. Aufl. 2021, § 340 g Rn. 1; die Freiwilligkeit ergibt sich aus dem Wortlaut des § 340 g Abs. 1 HGB „dürfen…bilden".

[125] *Mülbert/Sajnovits*, WM 2017, 1725, 1727, 1733; ähnlich *Krumnow/Sprißler/Bellavite-Hövermann u. a.* (Hrsg.), Rechnungslegung der Kreditinstitute, 2. Aufl. 2004, § 340 g HGB Rn. 6, 10; im Einzelnen zur Ablehnung des § 340 g HGB als Rücklage *Fest*, WM 2019, 1093, 1098; *Merkt*, BKR 2019, 261, 265 ff., der insbesondere darauf hinweist, dass sich im Schrifttum ein technischer bilanzrechtlicher Rücklagenbegriff und ein untechnischer betriebswirtschaftlicher Rücklagenbegriff gegenüberstehen.

der Rücklage sei, da den Vertragsparteien der durch § 340 g HGB gewährte Handlungsspielraum für das beklagte Kreditinstitut bekannt gewesen sei und auch eine systematische Auslegung des Beteiligungsvertrages für diese Deutung spreche.[126]

Auch dieser Streit muss in dieser Untersuchung nicht entschieden werden, denn auch hierbei geht es nicht um das bestehende Risiko bei missbräuchlicher Dotierung, sondern vielmehr um ein nachgelagertes Problem des vertraglichen Schutzes. Die Untersuchung konzentriert sich hingegen auf solche Maßnahmen, die grundsätzlich nicht gesetzlich oder vertraglich ausgeschlossen sind, oder auf solche, bei denen der vertragliche Schutz, wie im Fall der IKB Deutsche Industriebank AG, unter den Vertragsparteien streitig ist.

4.2.1.5 Konkretes Beispiel: Wertberichtigungen auf Schuldtitel

Auch im Falle der Genussrechtsinhaber der Dexia Kommunalbank Deutschland GmbH gibt es Stimmen, die eine missbräuchliche Beeinträchtigung der Interessen der Genussrechtsinhaber vermuten.[127] Dies stützt sich auf folgenden Sachverhalt:

Die Dexia Kommunalbank Deutschland GmbH war im Jahr 2015 Inhaberin von Forderungen in Höhe von 395 Mio. EUR aus Schuldtiteln gegen die Heta Asset Resolution AG. Die Forderungen waren mit einer Ausfallbürgschaft des Bundeslandes Kärnten und der Kärtner Landesholding besichert. Nachdem am 1. März 2015 von der österreichischen Finanzaufsicht die Abwicklung der Heta durch das Verhängen eines Schuldenmoratoriums eingeleitet wurde, hat die Dexia Kommunalbank Deutschland GmbH als Mitglied einer organisierten Gläubigergruppe am 15. Juli 2015 Klage auf Rückzahlung der Heta-Forderungen am LG Frankfurt am Main eingelegt.[128]

---

[126] OLG Schleswig–Holstein, Urt. v. 3. Mai 2019–9 U 83/18, WM 2019, 1166, 1170; ähnlich das OLG Düsseldorf, welches § 340 g HGB der Gewinnermittlung zuordnet OLG Düsseldorf, Urt. v. 24. September 2020 – I-6 U 23/19, WM 2020, 2118, 2128 n.rkr.; zustimmend Urteilsanm. von *Freitag/Heun-Rehn*, EWiR 2019, 395; Urteilsanm. *van Bevern,* WuB 2019, 442, 446 mit dem Hinweis, dass allein die Verlustteilnahme an sich noch nicht zu einem Schadensersatz im Sinne der Klöckner-Rechtsprechung führen könne (zum Schadensersatz aus der Klöckner-Rspr. vgl. unter Abschnitt 5.1.3.2.1.), kritisch zur Urteilsanm. *Anzinger*, WuB 2019, 297, 301.

[127] Aufruf zur Klage vom 6. Dezember 2018, abrufbar unter https://www.dgap.de/dgap/News/press_release/brp-renaud-und-partner-mbb-genussrechte-der-dexia-kommunalbank-deutschland-gmbh-vormals-dexia-kommunalbank-deutschland-ag/?newsID=1114443 (zuletzt abgerufen am: 21. März 2021).

[128] Vgl. Geschäftsbericht 2015 der Dexia Kommunalbank Deutschland GmbH unter „Forderungen gegen die Heta Asset Resolution AG", abrufbar unter: https://www.bundesanzeiger.de.

Am 30. Juni 2015 hatte die Dexia Kommunalbank Deutschland GmbH bereits eine Wertberichtigung der Forderungen in Höhe von 174,8 Mio. EUR, also um rund 44,2 %, vorgenommen. Diese konservative Bewertung hielt die Gesellschaft zum Bilanzstichtag am 31. Dezember 2015 bei, obwohl bereits zum 21. Januar 2016 ein erstes Rückkaufangebot für die entsprechenden Forderungen, das neben einer Quote von 59,9 % für die Gläubiger erhebliche Zahlungen des Bundeslandes Kärnten und der Kärntener Landesholding vorsah, vorlag. Die Zahlungen des Bundeslandes und der Landesholding werden laut dem Geschäftsbericht der Dexia Kommunalbank Deutschland GmbH bei der Bewertung der Forderungen nicht berücksichtigt.[129] Nach mancher Ansicht soll es sich daher um überhöhte Wertberichtigungen der Bank handeln.[130]

Im Folgegeschäftsjahr 2016 wurde, nachdem das erste Rückkaufangebot nicht von einer ausreichenden Anzahl von Gläubigern angenommen wurde, ein zweites Rückkaufangebot gemacht. An diesem Rückkaufangebot nahm die Dexia Kommunalbank Deutschland GmbH teil und konnte daher einen Ertrag in Höhe von 139,6 Mio. EUR verzeichnen. Allerdings wurden die Genussrechtsinhaber, nachdem sie im Jahr 2015 aufgrund der Wertberichtigung die ausbleibende Wiederauffüllung ihres Genussrechtskapitals und eine Verlustbeteiligung akzeptieren mussten,[131] im Geschäftsjahr 2016 an diesen Erträgen trotzdem nicht beteiligt. Dies ergab sich aus dem Umstand, dass die Bank im selben Geschäftsjahr vorzeitig derivative Geschäfte beendet hatte und so einen Verlust von 106,4 Mio. EUR in Kauf nahm.[132]

---

[129] Vgl. Geschäftsbericht 2015 der Dexia Kommunalbank Deutschland GmbH unter „Forderungen gegen die Heta Asset Resolution AG", abrufbar unter: https://www.bundesanzeiger.de.

[130] Vgl. insoweit den Aufruf zur Klage vom 6. Dezember 2018, abrufbar unter https://www.dgap.de/dgap/News/press_release/brp-renaud-und-partner-mbb-genussrechte-der-dexia-kommunalbank-deutschland-gmbh-vormals-dexia-kommunalbank-deutschland-ag/?newsID=1114443 (zuletzt abgerufen am: 21. März 2021).

[131] Vgl. Geschäftsbericht 2015 der Dexia Kommunalbank Deutschland GmbH unter „Forderungen gegen die Heta Asset Resolution AG", abrufbar unter: https://www.bundesanzeiger.de.

[132] Vgl. Geschäftsbericht 2016 der Dexia Kommunalbank Deutschland GmbH unter „Ertragslage – Zins- und Provisionsergebnis", abrufbar unter: https://www.bundesanzeiger.de.

4.2.2 Einflussnahme auf das Jahresergebnis im Rahmen der Gewinnverwendung

Maßnahmen im Bereich der Gewinnverwendung können für den „wirtschaftlich-virtuellen" Gesellschafter nur ein Risiko bergen, wenn vertraglich eine Abhängigkeit der Vergütung vom Bilanzgewinn oder ähnlichen Größen, wie z. B. solche mit Bezug zu den Gesellschafterrechten, vorgesehen ist.[133]

4.2.2.1 Risikopotential von Maßnahmen der Gewinnverwendung

4.2.2.1.1 Konkrete Maßnahmen

Ein Hauptfall der Gewinnverwendungsmaßnahmen ist die Rücklagenbildung der Gesellschaft. Diese findet gem. § 268 Abs. 1 HGB und § 158 Abs. 1 AktG erst nach der Ermittlung des Jahresüberschusses statt. Die Bilanzierungspflicht für offene Rücklagen ergibt sich aus § 272 Abs. 2 und 3 HGB.

Rücklagen sind entweder gesetzlich oder satzungsmäßig vorgeschrieben oder freiwillig zu passivieren.[134] Während gesetzlich vorgesehene Rücklagen zwingend wie vorgeschrieben gebildet oder aufgelöst werden müssen, ist es der Gesellschaft überlassen, die satzungsmäßigen Vorgaben für die Rücklagenbildung und -auflösung bei Bedarf im Gesellschaftsvertrag mit entsprechender Mehrheit zu ändern.[135] Den entsprechenden Gesellschaftsorganen steht die Bildung oder Auflösung von freiwilligen Rücklagen hingegen nach Abschluss des Geschäftsjahres uneingeschränkt zu.[136]

4.2.2.1.1.1 Ergebnisverwendung in der Aktiengesellschaft

Zuständig für den Gewinnverwendungsbeschluss ist gem. § 119 Abs. 1 Nr. 2 AktG die Hauptversammlung. Gem. § 58 AktG können die zuständigen Gesellschaftsorgane einen Teil des Jahresüberschusses in die Gewinnrücklagen einstellen. § 58 Abs. 1 und 2 AktG ermöglichen dabei die Rücklagenbildung bereits bei Feststellung des Jahresabschlusses.[137] Hingegen sieht § 58 Abs. 3 AktG die Gewinnverwendung durch die Hauptversammlung vor, die den festgestellten

---

[133] Zur AG § 158 Abs. 1 AktG; im Übrigen § 275 Abs. 4 HGB.

[134] *Hottmann*, in: Alber/Arendt/Faber u. a. (Hrsg.), Beck'sches Steuer- und Bilanzrechtslexikon, Ed. 55 2021 (Stand: 01.04.2021) „Rücklagen" Rn. 7.

[135] Ebd.

[136] Ebd.

[137] *Drygala*, in: Schmidt/Lutter (Hrsg.), Aktiengesetz, Bd. 1, 4. Aufl. 2020, § 172 Rn. 8; *Hennrichs/Pöschke*, in: Goette/Habersack/Kalss (Hrsg.), Münchener Kommentar zum Aktiengesetz, Bd. 3, 4. Aufl. 2018, § 172 Rn. 18.

Bilanzgewinn verteilen muss. Dabei steht der Hauptversammlung Entscheidungsfreiheit[138] zwischen den in § 58 Abs. 3 AktG genannten Maßnahmen zu: eine Einstellung in Gewinnrücklagen (§ 58 Abs. 3 S. 1 Alt. 1 AktG), ein Gewinnvortrag (§ 58 Abs. 3 S. 1 Alt. 2 AktG), eine anderweitig in der Satzung vorgesehene Verwendung (§ 58 Abs. 3 S. 2 Alt. 1 AktG) oder eine Ausschüttung an die Aktionäre (§ 58 Abs. 3 S. 2 Alt. 2 AktG).

4.2.2.1.1.2 Ergebnisverwendung in der GmbH

In der GmbH regelt § 29 GmbHG die Ergebnisverwendung. Gem. § 29 Abs. 2 GmbHG können die Gesellschafter beschließen, Gewinnrücklagen zu dotieren oder einen Gewinnvortrag auszuweisen, soweit der Gesellschaftsvertrag nichts Abweichendes vorsieht. Die Bezugsgröße kann dabei nach § 29 Abs. 1 GmbHG entweder der Jahresüberschuss (S. 1) oder der Bilanzgewinn (S. 2) sein. Wird das Jahresergebnis bereits bei Aufstellung des Jahresabschlusses (z. B. gem. § 270 Abs. 2 HGB) teilweise verwendet, entscheiden die Gesellschafter im Rahmen der Feststellung, ob sie diesen Vorschlag annehmen.[139]

Die Zuständigkeit für den Gewinnverwendungsbeschluss liegt demnach bei der Gesellschafterversammlung, sofern gesellschaftsvertraglich kein anderes Gesellschaftsorgan oder eine andere Person zuständig sein soll (§§ 29 Abs. 2, 45 Abs. 2, 46 Nr. 1 GmbHG).[140]

Der Gesellschaftsvertrag kann hinsichtlich des Verfahrens und der konkreten Verwendung vom Gesetz abweichende Dispositionen treffen.[141]

---

[138] Vgl. BGH, Urt. v. 28. Oktober 1993 – IX ZR 21/93, AG 1994, 81, 82; *Bayer*, in: Goette/Habersack/Kalss (Hrsg.), Münchener Kommentar zum Aktiengesetz, Bd. 1, 5. Aufl. 2019, § 58 Rn. 82; vgl. *Fleischer*, in: Schmidt/Lutter (Hrsg.), Aktiengesetz, Bd. 1, 4. Aufl. 2020, § 58 Rn. 37.

[139] So für den Regelfall, dass die Gesellschafter für den Feststellungs- wie Gewinnverwendungsbeschluss zuständig sind: *Altmeppen*, Gesetz betreffend die Gesellschaften mit beschränkter Haftung, 10. Aufl. 2021, § 29 Rn. 19; *Hommelhoff*, in: Lutter/Hommelhoff (Hrsg.), GmbH-Gesetz, 20. Aufl. 2020, § 29 Rn. 6; vgl. *Mock*, in: Michalski/Heidinger/Leible u. a. (Hrsg.), Kommentar zum Gesetz betreffend die Gesellschaften mit beschränkter Haftung, Bd. 1, 3. Aufl. 2017, § 29 Rn. 71.

[140] Zusätzlich mit dem Hinweis, dass eine solche Delegation sich als schwierig herausstellt, sofern zumindest mehrheitlich Nichtgesellschafter dem betreffenden Organ angehören *Altmeppen*, Gesetz betreffend die Gesellschaften mit beschränkter Haftung, 10. Aufl. 2021, § 29 Rn. 28 f.

[141] *Ekkenga*, in: Fleischer/Goette (Hrsg.), Münchener Kommentar zum Gesetz betreffend die Gesellschaften mit beschränkter Haftung – GmbHG, Bd. 1, 3. Aufl. 2018, § 29 Rn. 150.

4.2.2.1.1.3 Ergebnisverwendung in der Personenhandelsgesellschaft

Bei den Personenhandelsgesellschaften ist gesetzlich keine Gewinnverwendung wie bei den Kapitalgesellschaften vorgesehen. Der Anspruch der Gesellschafter auf den entnahmefähigen Gewinn entsteht in der Personenhandelsgesellschaft spätestens mit Feststellung der Bilanz. Demnach beschränkt der Gesellschafter selbst durch Bildung von Rücklagen das ihm zustehende Entnahmerecht.[142]

Die Bildung und Auflösung offener Rücklagen ist bei der OHG und KG möglich.[143] Trifft der Gesellschaftsvertrag hierzu keine Regelung, ist ein einstimmiger Gesellschafterbeschluss erforderlich.[144] Darüber hinaus können im Gesellschaftsvertrag Regelungen zur Bilanzierung und Rücklagenbildung selbst vorgesehen werden.[145]

Sofern der Gesellschaftsvertrag nichts anderes vorsieht, erfolgt in der GmbH & Co. KG ein Ergebnisverwendungsbeschluss allein in der GmbH, nicht aber in der KG. Bestimmt der Gesellschaftsvertrag, dass ein Gewinnverwendungsbeschluss gefasst werden soll, ist die Gesellschafterversammlung nach §§ 161 Abs. 2, 119 Abs. 1 HGB zuständig. In Bezug auf in großem Umfang beschlossene Rücklagendotierungen sind die Dotierungsinteressen der Gesellschaft gegen das Ausschüttungsinteresse der Gesellschafter abzuwägen.[146] Die GmbH wird am

[142] *Weipert*, in: Ebenroth/Boujong/Joost u. a. (Hrsg.), Handelsgesetzbuch, Bd. 1, 4. Aufl. 2020, § 164 Rn. 14; vgl. *Priester*, in: Schmidt/Ebke (Hrsg.), Münchener Kommentar zum Handelsgesetzbuch, Bd. 2, 4. Aufl. 2016, § 120 Rn. 38, 80.

[143] *Priester*, in: Schmidt/Ebke (Hrsg.), Münchener Kommentar zum Handelsgesetzbuch, Bd. 2, 4. Aufl. 2016, § 120 Rn. 39.

[144] BGH, Urt. v. 29. März 1996 – II ZR 263/94, NJW 1996, 1678, 1681; *Priester*, in: Schmidt/Ebke (Hrsg.), Münchener Kommentar zum Handelsgesetzbuch, Bd. 2, 4. Aufl. 2016, § 120 Rn. 39, § 122 Rn. 52; zur Zuständigkeit der Gesellschafterversammlung *Grunewald*, in: Schmidt/Ebke (Hrsg.), Münchener Kommentar zum Handelsgesetzbuch, Bd. 3, 4. Aufl. 2019, § 167 Rn. 10, § 168 Rn. 1; zur OHG *Lieder*, in: Oetker (Hrsg.), Handelsgesetzbuch, 7. Aufl. 2021, § 120 Rn. 41; *Weipert*, in: Ebenroth/Boujong/Joost u. a. (Hrsg.), Handelsgesetzbuch, Bd. 1, 4. Aufl. 2020, § 164 Rn. 13; zur KG OLG Nürnberg, Urt. v. 30. Januar 2013–12 U 726/11, Rn. 237; allgemein zur Gewinnverwendung in der Personenhandelsgesellschaft BGH, Urt. v. 15. Januar 2007 – II ZR 245/05, NJW 2007, 1685, 1687; *Ehricke*, in: Ebenroth/Boujong/Joost u. a. (Hrsg.), Handelsgesetzbuch, Bd. 1, 4. Aufl. 2020, § 120 Rn. 64; *Roth*, in: Baumbach/Hopt (Hrsg.), Handelsgesetzbuch, 40. Aufl. 2021, § 120 Rn. 8.

[145] *Lieder*, in: Oetker (Hrsg.), Handelsgesetzbuch, 7. Aufl. 2021, § 120 Rn. 37; *Oetker*, in: ders. (Hrsg.), Handelsgesetzbuch, 6. Aufl. 2019, § 169 Rn. 15; *Priester*, in: Schmidt/Ebke (Hrsg.), Münchener Kommentar zum Handelsgesetzbuch, Bd. 2, 4. Aufl. 2016, § 120 Rn. 40, 107; *Weipert*, in: Ebenroth/Boujong/Joost u. a. (Hrsg.), Handelsgesetzbuch, Bd. 1, 4. Aufl. 2020, § 164 Rn. 15; zur KG OLG Nürnberg, Urt. v. 30. Januar 2013–12 U 726/11, Rn. 237.

[146] *Mueller-Thuns*, in: ders. (Hrsg.), Handbuch GmbH & Co. KG, 22. Aufl. 2020, Rn. 7.186.

entnahmefähigen Gewinn der KG nur beteiligt, wenn sie eine Beteiligung an der KG innehat.[147]

4.2.2.1.2 Zwischenergebnis

Auch bei der Gewinnverwendung besteht für die „wirtschaftlich-virtuellen" Gesellschafter keine Beeinflussungsmöglichkeit. Sie birgt damit grundsätzlich das Risiko, dass durch Rücklagenbildung und Verlustvorträge das Jahresergebnis geschmälert wird, wodurch eine Vergütung, welche an den Bilanzgewinn oder die Dividende bzw. das Entnahmerecht des Gesellschafters anknüpft, beeinträchtigt werden kann.

4.2.2.2 Bereits bestehende Grenzen der Maßnahmen

4.2.2.2.1 Aktiengesellschaft

Nach § 253 AktG ist der Gewinnverwendungsbeschluss – mit Ausnahmen – nur nichtig, wenn die zugrundeliegende Feststellung des Jahresergebnisses nichtig ist. Weitere Nichtigkeitsgründe normiert § 241 AktG. Ist kein Feststellungsbeschluss gefasst, so ist der Gewinnverwendungsbeschluss wegen der bestehenden Bindungswirkung nichtig.[148] Das folgt aus § 241 Nr. 3 AktG.

Anderenfalls ist der Gewinnverwendungsbeschluss anfechtbar gem. § 243 Abs. 1 AktG, wenn er gegen das Gesetz oder die Satzung verstößt. Das gilt insbesondere, wenn entgegen § 58 Abs. 3 S. 2 AktG ohne Ermächtigung in der Satzung eine andere Verwendung als die Einstellung in Gewinnrücklagen, den Gewinnvortrag oder die Verteilung unter den Aktionären vorgesehen wird.[149] Selbiges gilt für eine Verwendung, die gegen die Vorgaben in der Satzung verstößt.[150] Anfechtbar ist der Gewinnverwendungsbeschluss ebenfalls gem. § 254 AktG, wenn dadurch eine übermäßige Thesaurierung vorliegt.[151] Hierunter ist folgender Fall zu verstehen: Die Hauptversammlung stellt aus dem Bilanzgewinn freiwillig Beträge in Gewinnrücklagen ein oder trägt diese vor. Bei vernünftiger kaufmännischer Beurteilung wäre diese Maßnahme indes nicht nötig, um die Lebens- und Widerstandsfähigkeit der Gesellschaft für einen hinsichtlich der wirtschaftlichen

[147] Vgl. *Ihrig*, in: Reichert (Hrsg.), GmbH & Co. KG, 8. Aufl. 2021, § 24 Rn. 9.

[148] *Walclawik*, in: Hölters (Hrsg.), Aktiengesetz, 3. Aufl. 2017, § 58 Rn. 53.

[149] *Koch*, in: Hüffer/Koch (Hrsg.), Aktiengesetz, 15. Aufl. 2021, § 58 Rn. 36; *Walclawik*, in: Hölters (Hrsg.), Aktiengesetz, 3. Aufl. 2017, § 58 Rn. 54.

[150] *Ders.*, in: Hölters (Hrsg.), Aktiengesetz, 3. Aufl. 2017, § 58 Rn. 54.

[151] *Drescher*, in: Henssler/Strohn (Hrsg.), Gesellschaftsrecht, 5. Aufl. 2021, § 254 AktG Rn. 3; *Stilz*, in: Spindler/Stilz (Hrsg.), Kommentar zum Aktiengesetz, 4. Aufl. 2019, § 254 Rn. 7 ff.

und finanziellen Notwendigkeiten überschaubaren Zeitraum zu sichern, mit der Folge, dass unter den Aktionären kein Gewinn in Höhe von mindestens 4 % des Grundkapitals abzüglich der noch ausstehenden Einlagen verteilt werden kann.[152]

4.2.2.2.2 GmbH

In der GmbH gelten im Falle eines fehlerhaften Gewinnverwendungsbeschlusses die allgemeinen Regeln zum Beschlussmängelrecht.[153] Nichtig ist der Gewinnverwendungsbeschluss nach § 241 Nr. 3 AktG analog, wenn keine Gewinnfeststellung zuvor erfolgt ist.[154] Ebenso folgt die Nichtigkeit aus dem Umstand, dass der zugrundeliegende Gewinnfeststellungsbeschluss nach § 253 Abs. 1 S. 1 AktG analog nichtig ist.[155] Gleiches gilt bei einem Verstoß gegen die Kapitalerhaltungsvorschrift aus § 30 Abs. 1 GmbHG, was aus § 253 Abs. 1 S. 1 AktG analog folgt.[156]

---

[152] *Walclawik*, in: Hölters (Hrsg.), Aktiengesetz, 3. Aufl. 2017, § 58 Rn. 55; vgl. *Arnold*, in: Zöllner/Noack (Hrsg.), Kölner Kommentar zum Aktiengesetz, Bd. 5, 3. Aufl. 2019, § 254 Rn. 15.

[153] *Ekkenga*, in: Fleischer/Goette (Hrsg.), Münchener Kommentar zum Gesetz betreffend die Gesellschaften mit beschränkter Haftung – GmbHG, Bd. 1, 3. Aufl. 2018, § 29 Rn. 158; *Fastrich*, in: Baumbach/Hueck (Hrsg.), Gesetz betreffend die Gesellschaften mit beschränkter Haftung, 22. Aufl. 2019, § 29 Rn. 43.

[154] *Ekkenga*, in: Fleischer/Goette (Hrsg.), Münchener Kommentar zum Gesetz betreffend die Gesellschaften mit beschränkter Haftung – GmbHG, Bd. 1, 3. Aufl. 2018, § 29 Rn. 161; *Kersting*, in: Baumbach/Hueck (Hrsg.), Gesetz betreffend die Gesellschaften mit beschränkter Haftung, 22. Aufl. 2019, § 29 Rn. 43; vgl. *Mock*, in: Michalski/Heidinger/Leible u. a. (Hrsg.), Kommentar zum Gesetz betreffend die Gesellschaften mit beschränkter Haftung, Bd. 1, 3. Aufl. 2017, § 29 Rn. 200.

[155] BGH, Urt. v. 21. Juli 2008 – II ZR 39/07, NZG 2008, 783, 785; *Altmeppen*, Gesetz betreffend die Gesellschaften mit beschränkter Haftung, 10. Aufl. 2021, Anh. § 47 Rn. 25; *Ekkenga*, in: Fleischer/Goette (Hrsg.), Münchener Kommentar zum Gesetz betreffend die Gesellschaften mit beschränkter Haftung – GmbHG, Bd. 1, 3. Aufl. 2018, § 29 Rn. 161; *Kersting*, in: Baumbach/Hueck (Hrsg.), Gesetz betreffend die Gesellschaften mit beschränkter Haftung, 22. Aufl. 2019, § 29 Rn. 43; *Mock*, in: Michalski/Heidinger/Leible u. a. (Hrsg.), Kommentar zum Gesetz betreffend die Gesellschaften mit beschränkter Haftung, Bd. 1, 3. Aufl. 2017, § 29 Rn. 200; *Verse*, in: Scholz (Hrsg.), Kommentar zum GmbH-Gesetz, Bd. 1, 12. Aufl. 2018, § 29 Rn. 65.

[156] *Ekkenga*, in: Fleischer/Goette (Hrsg.), Münchener Kommentar zum Gesetz betreffend die Gesellschaften mit beschränkter Haftung – GmbHG, Bd. 1, 3. Aufl. 2018, § 29 Rn. 162; *Kersting*, in: Baumbach/Hueck (Hrsg.), Gesetz betreffend die Gesellschaften mit beschränkter Haftung, 22. Aufl. 2019, § 29 Rn. 45.

Für alle anderen Fälle gilt damit grundsätzlich die Anfechtbarkeit des Gewinnverwendungsbeschlusses gem. § 243 Abs. 1 AktG analog.[157] Bei Verstößen gegen gesetzliche Regelungen, insbesondere die Bildung überhöhter Rücklagen gegen Widerstand der Minderheitsgesellschafter, ist der Beschluss anfechtbar.[158] Im Falle von Verstößen gegen Satzungsregelungen muss differenziert werden, da in der Regel solche Gewinnverwendungen bereits zum Feststellungsbeschluss gehören und die Fehler auf dieser Ebene nicht auf den Gewinnverwendungsbeschluss durchschlagen.[159] Eine Heilung der Verstöße durch einstimmige Zustimmung aller Gesellschafter oder Verstreichen der Anfechtungsfrist ist aber möglich.[160]

4.2.2.2.3 Personenhandelsgesellschaften

In der Personenhandelsgesellschaft werden, wie zuvor dargestellt, Maßnahmen der Gewinnverwendung bereits im Rahmen der Aufstellung des Jahresabschlusses getätigt, sodass kein Gewinnverwendungsbeschluss gefasst wird, sondern allein ein Schutz gegen den Feststellungsbeschluss besteht.[161]

4.2.2.2.4 Bestehendes Schutzniveau für „wirtschaftlich-virtuelle" Gesellschafter

Ein Anfechtungsrecht für Dritte besteht auch dann nicht, wenn diesen der Bilanzgewinn zugewendet wird[162], sodass die „wirtschaftlich-virtuellen" Gesellschafter

---

[157] *Ekkenga*, in: Fleischer/Goette (Hrsg.), Münchener Kommentar zum Gesetz betreffend die Gesellschaften mit beschränkter Haftung – GmbHG, Bd. 1, 3. Aufl. 2018, § 29 Rn. 158; *Kersting*, in: Baumbach/Hueck (Hrsg.), Gesetz betreffend die Gesellschaften mit beschränkter Haftung, 22. Aufl. 2019, § 29 Rn. 43.

[158] *Mock*, in: Michalski/Heidinger/Leible u. a. (Hrsg.), Kommentar zum Gesetz betreffend die Gesellschaften mit beschränkter Haftung, Bd. 1, 3. Aufl. 2017, § 29 Rn. 201.

[159] *Ekkenga*, in: Fleischer/Goette (Hrsg.), Münchener Kommentar zum Gesetz betreffend die Gesellschaften mit beschränkter Haftung – GmbHG, Bd. 1, 3. Aufl. 2018, § 29 Rn. 159; *Verse*, in: Scholz (Hrsg.), Kommentar zum GmbH-Gesetz, Bd. 1, 12. Aufl. 2018, § 29 Rn. 66 Fn. 205.

[160] *Ders.*, in: Fleischer/Goette (Hrsg.), Münchener Kommentar zum Gesetz betreffend die Gesellschaften mit beschränkter Haftung – GmbHG, Bd. 1, 3. Aufl. 2018, § 29 Rn. 160; vgl. zur Zustimmung aller *Kersting*, in: Baumbach/Hueck (Hrsg.), Gesetz betreffend die Gesellschaften mit beschränkter Haftung, 22. Aufl. 2019, § 29 Rn. 28; zur Zustimmung aller bei Satzungsänderungen *Ulmer/Casper*, in: Ulmer/Habersack/Löbbe (Hrsg.), GmbHG – Großkommentar, Bd. 3, 2. Aufl. 2016, § 53 Rn. 39; zur Anfechtungsfrist *Verse*, in: Scholz (Hrsg.), Kommentar zum GmbH-Gesetz, Bd. 1, 12. Aufl. 2018, § 29 Rn. 67.

[161] Vgl. dazu und zur GmbH & Co. KG unter Abschnitt 4.2.2.1.1.3.

[162] *Walclawik*, in: Hölters (Hrsg.), Aktiengesetz, 3. Aufl. 2017, § 58 Rn. 54 m.w.N.

außer im Falle der Nichtigkeit des Verwendungsbeschlusses – sofern in der jeweiligen Gesellschaftsform einer gefasst wird – von der Anfechtung durch einen der Gesellschafter abhängig sind. Es soll daher auch bei diesen Maßnahmen nachfolgend untersucht werden, ob einzelnen Formen der „wirtschaftlich-virtuellen" Gesellschafter ein spezieller Schutz zuerkannt wird.

4.2.2.2.4.1 Schutzniveau für Inhaber von Genussrechten und Gewinnschuldverschreibungen

Wie bereits im Rahmen der Gewinnermittlung dargelegt, muss der Genussrechtsinhaber Maßnahmen, die sich innerhalb des vom Gesetz eingeräumten Gestaltungsspielraumes bewegen, hinnehmen. Seine Vergütung ergibt sich aus der vertraglichen Berechnungsvereinbarung. Es besteht aber gerade kein Anspruch des Genussrechtsinhabers, eine angemessen hohe Vergütung zu erhalten. Eine Verpflichtung zur Rücksichtnahme seitens der Gesellschaft gegenüber den Interessen des Genussrechtsinhabers besteht grundsätzlich nicht.[163]

Geschützt werden die Genussrechtsinhaber allerdings vor rechtsmissbräuchlichen oder ihren Interessen absichtlich zuwiderlaufenden Maßnahmen.[164] Sind die Aktionäre nach § 254 AktG anfechtungsberechtigt, so ist diese Maßnahme im Sinne des § 315 BGB auch gegenüber den Genussrechtsinhabern unbillig.[165]

---

[163] BGH, Urt. v. 14. Juni 2016 – II ZR 121/15, NZG 2016, 983, 984; *Florstedt*, in: Zöllner/Noack (Hrsg.), Kölner Kommentar zum Aktiengesetz, Bd. 4.2, 3. Aufl. 2017, § 221 Rn. 606; *Habersack*, in: Goette/Habersack/Kalss (Hrsg.), Münchener Kommentar zum Aktiengesetz, Bd. 4, 5. Aufl. 2021, § 221 Rn. 283; vgl. *Wöckener/Becker*, in: Habersack/Mülbert/Schlitt (Hrsg.), Unternehmensfinanzierung am Kapitalmarkt, 4. Aufl. 2019, § 13 Rn. 13.41; in Ablehnung einer Anwendung des § 162 BGB RG, Urt. v. 20. Oktober 1922 – II 654/12, RGZ 105, 236, 239 f.; zu keine angemessen hohe Vergütung *Heeren*, Kapitalgeberschutz und hybride Finanzierungsinstrumente, 2008, S. 286.

[164] *Florstedt*, in: Zöllner/Noack (Hrsg.), Kölner Kommentar zum Aktiengesetz, Bd. 4.2, 3. Aufl. 2017, § 221 Rn. 606, 145; *Habersack*, in: Goette/Habersack/Kalss (Hrsg.), Münchener Kommentar zum Aktiengesetz, Bd. 4, 5. Aufl. 2021, § 221 Rn. 283; vgl. *Leuschner*, in: Habersack/Casper/Löbbe (Hrsg.), GmbHG – Großkommentar, Bd. 2, 3. Aufl. 2020, § 29 Rn. 225.

[165] Vgl. BGH, Urt. v. 14. Juni 2016 – II ZR 121/15, NZG 2016, 983, 985; *Florstedt*, in: Zöllner/Noack (Hrsg.), Kölner Kommentar zum Aktiengesetz, Bd. 4.2, 3. Aufl. 2017, § 221 Rn. 608; *Frantzen*, Genußscheine, 1993, S. 215 ff.; *Habersack*, in: Goette/Habersack/Kalss (Hrsg.), Münchener Kommentar zum Aktiengesetz, Bd. 4, 5. Aufl. 2021, § 221 Rn. 283; *Hirte*, in: Hopt/Wiedemann (Hrsg.), Aktiengesetz, Bd. 7.1, 4. Aufl. 2012, § 221 Rn. 417; *Koch*, in: Hüffer/Koch (Hrsg.), Aktiengesetz, 15. Aufl. 2021, § 221 Rn. 65; *Sethe*, AG 1993, 351, 360; *Wöckener/Becker*, in: Habersack/Mülbert/Schlitt (Hrsg.), Unternehmensfinanzierung am Kapitalmarkt, 4. Aufl. 2019, § 13 Rn. 13.41; ähnlich *Fuchs*, Kapitalbeteiligung

Gewinnverwendungsbeschlüsse, welche im Übermaß thesaurieren, sind anfechtbar.[166] Die Anfechtungsbefugnis steht den Genussrechtsinhabern aber eben nicht zu[167], sodass entweder ein Anspruch auf Neuberechnung oder ein Auszahlungsanspruch des angemessenen Betrags, den das Gericht selbst zu ermitteln hat, in Betracht kommt.[168] Die Neuberechnung hingegen würde sich in Fällen des § 254 AktG an den 4 % des Grundkapitals, die als Basis für die Aktionärsdividende dienen, orientieren.[169]

Auch die Rechte der Inhaber von Gewinnschuldverschreibungen können auf die gleiche Weise wie die der Genussrechtsinhaber beeinträchtigt werden, da diese gem. § 221 Abs. 1 AktG mit den Gewinnanteilen von Aktionären in Verbindung gebracht werden. Dementsprechend kann für Gewinnschuldverschreibungen auch im Rahmen der Einflussnahme bei Gewinnverwendung auf die Ausführungen zu den Genussrechten verwiesen werden.[170]

4.2.2.2.4.2 Schutzniveau für stille Gesellschafter

Maßnahmen der Gewinnverwendung können dem typisch stillen Gesellschafter nicht entgegengehalten werden; sie werden mithin aus der Bemessungsgrundlage für seine Vergütung herausgerechnet.[171] Infolge dessen sind die Bildung offener Rücklagen zulasten des typisch stillen Gesellschafters diesem gegenüber nicht zu berücksichtigen[172], es sei denn der Vertrag über die stille Gesellschaft

ohne Mitgliedschaft, 1997, S. 639 f.; a.A. *Schneider*, in: Havermann (Hrsg.), Bilanz- und Konzernrecht, 1987, S. 511, 517 f., der nur auf die bewusst sittenwidrige Schädigung abstellt.

[166] Vgl. dazu unter Abschnitt 4.2.2.2.1.

[167] *Habersack*, in: Goette/Habersack/Kalss (Hrsg.), Münchener Kommentar zum Aktiengesetz, Bd. 4, 5. Aufl. 2021, § 221 Rn. 285; *Koch*, in: Hüffer/Koch (Hrsg.), Aktiengesetz, 15. Aufl. 2021, § 221 Rn. 65.

[168] *Habersack*, in: Goette/Habersack/Kalss (Hrsg.), Münchener Kommentar zum Aktiengesetz, Bd. 4, 5. Aufl. 2021, § 221 Rn. 285.

[169] Ob bei der Neuberechnung im Falle von § 254 AktG die 4 % Schwelle des Grundkapitals maßgeblich sein soll, ist umstritten. Dafür: *Habersack.*, in: Goette/Habersack/Kalss (Hrsg.), Münchener Kommentar zum Aktiengesetz, Bd. 4, 5. Aufl. 2021, § 221 Rn. 285; für Mindestverzinsung i.H.v. 4 %: *Frantzen*, Genußscheine, 1993, S. 216 f.; gegen eine Orientierung an der 4 %-Grenze: *Sethe*, AG 1993, 351, 360.

[170] *Koch*, in: Hüffer/Koch, Aktiengesetz, 15. Aufl. 2021, § 221 Rn. 64.

[171] *Kauffeld*, in: Blaurock (Hrsg.), Handbuch Stille Gesellschaft, 9. Aufl. 2020, Rn. 8.76.

[172] *Harbarth*, in: Canaris/Habersack/Schäfer (Hrsg.), Staub Handelsgesetzbuch, Bd. 4, 5. Aufl. 2015, § 232 Rn. 13; *Kauffeld*, in: Blaurock (Hrsg.), Handbuch Stille Gesellschaft, 9. Aufl. 2020, Rn. 8.76; vgl. *Schmidt*, in: ders./Ebke (Hrsg.), Münchener Kommentar zum Handelsgesetzbuch, Bd. 3, 4. Aufl. 2019, § 232 Rn. 15.

sieht dies vor.[173] Ebenso herausgerechnet werden Gewinn- und Verlustvorträge vor Gründung der typisch stillen Gesellschaft.[174] Berücksichtigt werden indes Rückstellungen auch aus der Zeit vor Gründung der typisch stillen Gesellschaft.[175]

4.2.2.3 Risikobelastung für den „wirtschaftlich-virtuellen" Gesellschafter

Gegen Maßnahmen der Gewinnverwendung kann der „wirtschaftlich-virtuelle" Gesellschafter nicht vorgehen, da ihm kein Anfechtungsrecht zusteht. Er kann den Gewinnverwendungsbeschluss daher nicht ändern. Der stille Gesellschafter hingegen muss sich Maßnahmen der Gewinnverwendung in der Regel nicht entgegenhalten lassen. Genussrechtsinhabern kommt gleichsam ein weitergehender Schutz zu. Neben den allgemeinen Grenzen des Rechtsmissbrauchs müssen sie sich auch solche Maßnahmen nicht entgegenhalten lassen, gegen die sich auch die Gesellschafter im Wege der Anfechtungsklage hätten zur Wehr setzen können. Es gilt insoweit § 315 BGB. Ihnen steht sodann ein Anspruch auf Neuberechnung und Auszahlung des angemessenen Betrages zu. Inhabern von Gewinnschuldverschreibungen steht derselbe Schutz wie Genussrechtsinhabern zu.

Auch in Bezug auf die Gewinnverwendung besteht damit kein einheitlicher Schutz der „wirtschaftlich-virtuellen" Gesellschafter. Zudem besteht parallel zur Gewinnermittlung das Problem des Nachweises, dass die Gesellschaft in missbräuchlicher Absicht gehandelt hat.

4.2.3 Maßnahmen aufgrund von Leistungsbeziehungen des Unternehmens

Nicht nur durch Maßnahmen im Bereich von Gewinnermittlung und Gewinnverwendung, sondern auch durch die Begründung und Gestaltung von Leistungsbeziehungen des Unternehmens zu Dritten kann die Gesellschaft Einfluss auf die

[173] *Schmidt*, in: ders./Ebke (Hrsg.), Münchener Kommentar zum Handelsgesetzbuch, Bd. 3, 4. Aufl. 2019, § 232 Rn. 15.

[174] *Kauffeld*, in: Blaurock (Hrsg.), Handbuch Stille Gesellschaft, 9. Aufl. 2020, Rn. 8.76 m.w.N.

[175] *Harbarth*, in: Canaris/Habersack/Schäfer (Hrsg.), Staub Handelsgesetzbuch, Bd. 4, 5. Aufl. 2015, § 232 Rn. 13; *Kauffeld*, in: Blaurock (Hrsg.), Handbuch Stille Gesellschaft, 9. Aufl. 2020, Rn. 14.30 *Mock*, in: Röhricht/Westphalen/Haas (Hrsg.), HGB, 5. Aufl. 2018, § 232 Rn. 5.

Bemessungsgrundlage, welche mit den Rechten der „wirtschaftlich-virtuellen" Gesellschaftern verknüpft sind, nehmen. Sie können sowohl zu verbundenen Unternehmen als auch zu den eigenen Gesellschaftern oder gar zu neuen gleichartigen Gläubigergruppen bestehen.

4.2.3.1 Leistungsbeziehungen zu Gesellschaftern und verbundenen Unternehmen

4.2.3.1.1 Leistungsbeziehungen zu Gesellschaftern und verbundenen Unternehmen in der GmbH

4.2.3.1.1.1 Risikopotential in der GmbH

Angelehnt[176] an die Begrifflichkeit der „verdeckten Gewinnausschüttung" können Unternehmen die Rechte der „wirtschaftlich-virtuellen" Gesellschafter auch dadurch beeinflussen, dass sie „außerhalb [der] förmliche[n] Gewinnverteilung Leistungen aus dem Gesellschaftsvermögen ohne äquivalente Gegenleistung"[177]

[176] Es erfolgt in dieser Arbeit allein eine Betrachtung in gesellschaftsrechtlicher und wirtschaftlicher Hinsicht; die Definitionen der verdeckten Gewinnausschüttung liegen im Steuer- und Gesellschaftsrecht zwar nah beieinander, sind indes nicht deckungsgleich, dazu *Mock*, in: Michalski/Heidinger/Leible u. a. (Hrsg.), Kommentar zum Gesetz betreffend die Gesellschaften mit beschränkter Haftung, Bd. 1, 3. Aufl. 2017, § 29 Rn. 265; *Verse*, in: Scholz (Hrsg.), Kommentar zum GmbH-Gesetz, Bd. 1, 12. Aufl. 2018, § 29 Rn. 132; wenn nach der steuerrechtlichen Begrifflichkeit eine verdeckte Gewinnausschüttung vorliegt, muss dies gesellschaftsrechtlich nicht notwendigerweise Auswirkungen haben, dazu BGH, Urt. v. 21. Juli 2008 – II ZR 39/07, NZG 2008, 783, 784 f.; BGH, Urt. v. 1. Dezember 1986 – II ZR 306/85, NJW 1987, 1194, 1195 m.w.N.; *Ekkenga*, in: Fleischer/Goette (Hrsg.), Münchener Kommentar zum Gesetz betreffend die Gesellschaften mit beschränkter Haftung – GmbHG, Bd. 1, 3. Aufl. 2018, § 29 Rn. 256; vgl. *Kersting*, in: Baumbach/Hueck (Hrsg.), Gesetz betreffend die Gesellschaften mit beschränkter Haftung, 22. Aufl. 2019, § 29 Rn. 68; kritisch zur Anlehnung an das Steuerrecht und einer objektiven Herangehensweise an die Definition *Wilhelm*, Festschrift für Werner Flume, Bd. 2, 1978, S. 337, 379 ff.; kritisch zur Begrifflichkeit „verdeckte Gewinnausschüttung" *Pentz*, in: Rowedder/Schmidt-Leithoff (Hrsg.), Gesetz betreffend die Gesellschaften mit beschränkter Haftung, 6. Aufl. 2017, § 29 Rn. 160; zur Begrifflichkeit im Steuerrecht BFH, Urt. v. 23. Februar 2005 – I R 70/04, NZG 2005, 1023.

[177] *Kersting*, in: Baumbach/Hueck (Hrsg.), Gesetz betreffend die Gesellschaften mit beschränkter Haftung, 22. Aufl. 2019, § 29 Rn. 68; BGH, Urt. v. 13. November 1995 – II ZR 113/94, NJW 1996, 589, 599; BGH, Urt. v. 21. Juli 2008 – II ZR 39/07, NZG 2008, 783, 784 f.; *Ekkenga*, in: Fleischer/Goette (Hrsg.), Münchener Kommentar zum Gesetz betreffend die Gesellschaften mit beschränkter Haftung – GmbHG, Bd. 1, 3. Aufl. 2018, § 29 Rn. 257; *Hommelhoff*, in: Lutter/Hommelhoff (Hrsg.), GmbH-Gesetz, 20. Aufl. 2020, § 29 Rn. 50; *Mock*, in: Michalski/Heidinger/Leible u. a. (Hrsg.), Kommentar zum Gesetz betreffend die Gesellschaften mit beschränkter Haftung, Bd. 1, 3. Aufl. 2017, § 29 Rn. 237; *Pentz*, in: Rowedder/Schmidt-Leithoff (Hrsg.), Gesetz betreffend die Gesellschaften mit beschränkter Haftung, 6. Aufl. 2017, § 29 Rn. 160; *Verse*, in: Scholz (Hrsg.), Kommentar

an Gesellschafter oder verbundene Unternehmen oder nahestehende Personen gewähren.

Die verdeckte Gewinnausschüttung unterliegt einer weitreichenden Kasuistik.[178] Dazu gehören u. a. Leistungsbeziehungen zwischen der Gesellschaft und Gesellschaftern, wie zum Beispiel die unangemessene Verzinsung eines Darlehens an den Gesellschafter, anderweitige Leistungen unter marktüblichen Preisen, die „Überlassung von Vermögensgegenständen ohne oder gegen zu geringes Entgelt […] oder Zahlung überhöhter Vergütungen für Dienstleistungen des Gesellschafter-Geschäftsführers".[179]

Als Abgrenzungskriterium zwischen Verkehrsüblichkeit einer Leistungsbeziehung und einer verdeckten Gewinnausschüttung dient der Vergleich, „ob ein gewissenhaft nach kaufmännischen Grundsätzen handelnder Geschäftsführer das Geschäft unter sonst gleichen Umständen zu den gleichen Bedingungen auch mit einem Nichtgesellschafter abgeschlossen hätte"[180]. Während sich das Preis-Leistungsverhältnis grundsätzlich nach objektiven Maßstäben bemisst, steht dem

---

zum GmbH-Gesetz, Bd. 1, 12. Aufl. 2018, § 29 Rn. 115; a.A. *Tries*, Verdeckte Gewinnausschüttungen im GmbH-Recht, 1991, S. 26, der einen einheitlichen Begriff ablehnt und den Begriff vielmehr tatbestandlich an die konkret verletzten Normen anknüpft.

[178] Kasuistik von verdeckten Vermögenszuwendungen *Ekkenga*, in: Fleischer/Goette (Hrsg.), Münchener Kommentar zum Gesetz betreffend die Gesellschaften mit beschränkter Haftung – GmbHG, Bd. 1, 3. Aufl. 2018, § 29 Rn. 260.

[179] *Ekkenga*, in: Fleischer/Goette (Hrsg.), Münchener Kommentar zum Gesetz betreffend die Gesellschaften mit beschränkter Haftung – GmbHG, Bd. 1, 3. Aufl. 2018, § 29 Rn. 257; vgl. zu Beispielen *Kersting*, in: Baumbach/Hueck (Hrsg.), Gesetz betreffend die Gesellschaften mit beschränkter Haftung, 22. Aufl. 2019, § 29 Rn. 69; genauer zum unangemessenen Gesellschafter-Geschäftsführer Gehalt BGH, Urt. v. 14. Mai 1990 – II ZR 126/89, NJW 1990, 2625; BGH, Urt. v. 15. Juni 1992 – II ZR 88/91, NJW 1992, 2894, 2896; OLG Düsseldorf, Urt. v. 7. Dezember 2011 – I-16 U 19/10, DStR 2012, 309, 3011; FG Niedersachen, Urt. v. 20. November 2003–6 K 30/02, EFG 2004, 428; *Ekkenga*, in: Fleischer/Goette (Hrsg.), Münchener Kommentar zum Gesetz betreffend die Gesellschaften mit beschränkter Haftung – GmbHG, Bd. 1, 3. Aufl. 2018, § 29 Rn. 226 f.; *Hommelhoff*, in: Lutter/Hommelhoff (Hrsg.), GmbH-Gesetz, 20. Aufl. 2020, § 29 Rn. 51.

[180] BGH, Urt. v. 1. Dezember 1986 – II ZR 306/85, NJW 1987, 1194, 1195 m.w.N.; BGH, Urt. v. 13. November 1995 – II ZR 113/94, NJW 1996, 589, 590, 599; *Ekkenga*, in: Fleischer/Goette (Hrsg.), Münchener Kommentar zum Gesetz betreffend die Gesellschaften mit beschränkter Haftung – GmbHG, Bd. 1, 3. Aufl. 2018, § 29 Rn. 258; vgl. *Kersting*, in: Baumbach/Hueck (Hrsg.), Gesetz betreffend die Gesellschaften mit beschränkter Haftung, 22. Aufl. 2019, § 29 Rn. 70.

Geschäftsführer dennoch ein gewisser Entscheidungsspielraum bei der Gewichtung der maßgeblichen Kriterien, i.e. der Angemessenheit von Leistung und Gegenleistung, zu.[181]

4.2.3.1.1.2 Bereits bestehende Grenzen der Maßnahmen in der GmbH

Verdeckte Gewinnausschüttungen sind in der GmbH nicht generell unzulässig. Ihre Zulässigkeit wird vielmehr an allgemeinen gesellschaftsrechtlichen Prinzipien wie dem Grundsatz der Kapitalerhaltung gem. § 30 GmbHG, dem Grundsatz der Gleichbehandlung der Gesellschafter, der Treuepflicht und der gesellschaftsinternen Kompetenzordnung gemessen.[182]

Neben insolvenzrechtlichen Gläubigerschutzinstrumenten[183] schützt vor allem das Auszahlungsverbot aus § 30 Abs. 1 GmbHG die Gläubiger vor der verdeckten Gewinnausschüttung. Wird das Stammkapital angegriffen, steht der Gesellschaft ein Rückgewähranspruch aus § 31 GmbHG zu.[184] Liegt der gegen diesen Grundsatz verstoßenden verdeckten Gewinnausschüttung ein Gesellschafterbeschluss

---

[181] BGH, Urt. v. 1. Dezember 1986 – II ZR 306/85, NJW 1987, 1194, 1195; BGH, Urt. v. 14. Mai 1990 – II ZR 126/89, NJW 1990, 2625; BGH, Urt. v. 13. November 1995 – II ZR 113/94, NJW 1996, 589, 590; *Ekkenga*, in: Fleischer/Goette (Hrsg.), Münchener Kommentar zum Gesetz betreffend die Gesellschaften mit beschränkter Haftung – GmbHG, Bd. 1, 3. Aufl. 2018, § 29 Rn. 258 f.; vgl. *Kersting*, in: Baumbach/Hueck (Hrsg.), Gesetz betreffend die Gesellschaften mit beschränkter Haftung, 22. Aufl. 2019, § 29 Rn. 70, der weiterhin klarstellt, dass eine Differenzierung nach dem Kriterium der buchmäßigen oder bilanziellen Behandlung wegen der Vielfalt der erfassten Geschäfte ungeeignet sei; vgl. *Mock*, in: Michalski/Heidinger/Leible u. a. (Hrsg.), Kommentar zum Gesetz betreffend die Gesellschaften mit beschränkter Haftung, Bd. 1, 3. Aufl. 2017, § 29 Rn. 243.

[182] *Altmeppen*, Gesetz betreffend die Gesellschaften mit beschränkter Haftung, 10. Aufl. 2021, § 29 Rn. 54; vgl. *Ekkenga*, in: Fleischer/Goette (Hrsg.), Münchener Kommentar zum Gesetz betreffend die Gesellschaften mit beschränkter Haftung – GmbHG, Bd. 1, 3. Aufl. 2018, § 29 Rn. 261 ff.; *Kersting*, in: Baumbach/Hueck (Hrsg.), Gesetz betreffend die Gesellschaften mit beschränkter Haftung, 22. Aufl. 2019, § 29 Rn. 71; in Bezug auf den Verstoß gegen gesellschaftsinterne Kompetenzordnung a.A., da es um die Gewinnverwendung gehe *Pentz*, in: Rowedder/Schmidt-Leithoff (Hrsg.), Gesetz betreffend die Gesellschaften mit beschränkter Haftung, 6. Aufl. 2017, § 29 Rn. 164; *Tries*, Verdeckte Gewinnausschüttungen im GmbH-Recht, 1991, S. 89 ff.; ebenso a.A. *Bitter*, ZHR 2004, 302, 345 ff.

[183] Dazu *Mock*, in: Michalski/Heidinger/Leible u. a. (Hrsg.), Kommentar zum Gesetz betreffend die Gesellschaften mit beschränkter Haftung, Bd. 1, 3. Aufl. 2017, § 29 Rn. 263.

[184] OLG Celle, Urt. v. 18. August 1992–18 U 3/9, NJW 1993, 739, 740; *Kersting*, in: Baumbach/Hueck (Hrsg.), Gesetz betreffend die Gesellschaften mit beschränkter Haftung, 22. Aufl. 2019, § 29 Rn. 72; *Mock*, in: Michalski/Heidinger/Leible u. a. (Hrsg.), Kommentar zum Gesetz betreffend die Gesellschaften mit beschränkter Haftung, Bd. 1, 3. Aufl. 2017, § 29 Rn. 262.

zugrunde, ist dieser nichtig entsprechend § 241 Nr. 3 AktG.[185] Die Nichtigkeitsfolge tritt indes nicht bei allen Verstößen gegen die Zulässigkeitsgrenzen der verdeckten Gewinnausschüttung ein. Bei allen anderen Verstößen ist der Gesellschafterbeschluss nicht nichtig, sondern lediglich anfechtbar.[186]

Verdeckte Gewinnausschüttungen im gesellschaftsrechtlichen Sinne sind Teil der allgemeinen Ergebnisverwendung und unterliegen daher in der Regel nach §§ 46 Nr. 1, 29 Abs. 1, 2 GmbHG der Zuständigkeit der Gesellschafterversammlung.[187]

Fehlt es am erforderlichen Gesellschafterbeschluss ist die verdeckte Gewinnausschüttung unzulässig und – wenn sie nicht geheilt wird – rückgängig

[185] *Kersting*, in: Baumbach/Hueck (Hrsg.), Gesetz betreffend die Gesellschaften mit beschränkter Haftung, 22. Aufl. 2019, § 29 Rn. 72; *Pentz*, in: Rowedder/Schmidt-Leithoff (Hrsg.), Gesetz betreffend die Gesellschaften mit beschränkter Haftung, 6. Aufl. 2017, § 29 Rn. 167; vgl. *Verse*, in: Scholz (Hrsg.), Kommentar zum GmbH-Gesetz, Bd. 1, 12. Aufl. 2018, § 29 Rn. 122; a.A. *Mock*, in: Michalski/Heidinger/Leible u. a. (Hrsg.), Kommentar zum Gesetz betreffend die Gesellschaften mit beschränkter Haftung, Bd. 1, 3. Aufl. 2017, § 29 Rn. 262.

[186] *Kersting*, in: Baumbach/Hueck (Hrsg.), Gesetz betreffend die Gesellschaften mit beschränkter Haftung, 22. Aufl. 2019, § 29 Rn. 77; *Verse*, in: Scholz (Hrsg.), Kommentar zum GmbH-Gesetz, Bd. 1, 12. Aufl. 2018, § 29 Rn. 122; eine Differenzierung ablehnend und die Anfechtbarkeit für alle Arten der Verstöße annehmend *Mock*, in: Michalski/Heidinger/Leible u. a. (Hrsg.), Kommentar zum Gesetz betreffend die Gesellschaften mit beschränkter Haftung, Bd. 1, 3. Aufl. 2017, § 29 Rn. 261.

[187] *Kersting*, in: Baumbach/Hueck (Hrsg.), Gesetz betreffend die Gesellschaften mit beschränkter Haftung, 22. Aufl. 2019, § 29 Rn. 75.

zu machen.[188] Es besteht eine allgemein anerkannte Rückzahlungspflicht.[189] Aktivlegitimiert ist hingegen ausschließlich die Gesellschaft.[190]

4.2.3.1.2 Leistungsbeziehungen zu Gesellschaftern und verbundenen Unternehmen in der AG

Auch in der AG sind verdeckte Gewinnausschüttungen innerhalb von Leistungsbeziehungen des Unternehmens beispielsweise zu Gesellschaftern oder verbundenen Unternehmen denkbar, wenngleich der Schutzumfang abweichend von dem in der GmbH beurteilt wird.

4.2.3.1.2.1 Bereits bestehende Grenzen der Maßnahmen in der AG

Für die AG normiert § 57 AktG ein striktes Verbot von Leistungen an die Aktionäre ohne entsprechenden Gewinnverwendungsbeschluss der Hauptversammlung; unabhängig davon, ob die Leistung aus dem Grundkapital, den gesetzlichen Rücklagen oder dem freien Vermögen bedient wird.[191]

---

[188] *Ekkenga*, in: Fleischer/Goette (Hrsg.), Münchener Kommentar zum Gesetz betreffend die Gesellschaften mit beschränkter Haftung – GmbHG, Bd. 1, 3. Aufl. 2018, § 29 Rn. 264; *Kersting*, in: Baumbach/Hueck (Hrsg.), Gesetz betreffend die Gesellschaften mit beschränkter Haftung, 22. Aufl. 2019, § 29 Rn. 75; *Mock*, in: Michalski/Heidinger/Leible u. a. (Hrsg.), Kommentar zum Gesetz betreffend die Gesellschaften mit beschränkter Haftung, Bd. 1, 3. Aufl. 2017, § 29 Rn. 242; a.A. *Bitter*, ZHR 2004, 302, 345 ff.; *Ulmer*, in: Lutter (Hrsg.), Festschrift 100 Jahre GmbH-Gesetz, 1992, S. 363, 366.

[189] BGH, Urt. v. 13. November 1995 – II ZR 113/94, NJW 1996, 589; OLG Brandenburg, Urt. v. 18. Februar 1996–7 U 78/96, GmbHR 1997, 750; *Gehrlein*, NZI 2016, 561, 564; *Hommelhoff*, in: Lutter/Hommelhoff (Hrsg.), GmbH-Gesetz, 192.016, § 29 Rn. 53 ff.; *Kersting*, in: Baumbach/Hueck (Hrsg.), Gesetz betreffend die Gesellschaften mit beschränkter Haftung, 22. Aufl. 2019, § 29 Rn. 76; für analoge Anwendung des § 46 Nr. 1 GmbHG *Schulze-Osterloh*, in: Lutter/Mertens/Ulmer (Hrsg.), Festschrift für Walter Stimpel, 1985, S. 491 f.; a.A. weitergehend *Tries*, Verdeckte Gewinnausschüttungen im GmbH-Recht, S. 100, 223 ff., der sich für eine am Gleichbehandlungsgebot orientierte mitgliedschaftliche Erstattungspflicht ausspricht; so auch für alle Rechtsformen *Bitter*, ZHR 2004, 302, 345, 350; die Rechtsgrundlage ist hingegen teilweise umstritten, im Einzelnen dazu *Ekkenga*, in: Fleischer/Goette (Hrsg.), Münchener Kommentar zum Gesetz betreffend die Gesellschaften mit beschränkter Haftung – GmbHG, Bd. 1, 3. Aufl. 2018, § 29 Rn. 265 ff.; *Verse*, in: Scholz (Hrsg.), Kommentar zum GmbH-Gesetz, 122.018, § 29 Rn. 123 ff.

[190] Vgl. *Mock*, in: Michalski/Heidinger/Leible u. a. (Hrsg.), Kommentar zum Gesetz betreffend die Gesellschaften mit beschränkter Haftung, Bd. 1, 3. Aufl. 2017, § 29 Rn. 250.

[191] *Bayer*, in: Goette/Habersack/Kalss (Hrsg.), Münchener Kommentar zum Aktiengesetz, Bd. 1, 5. Aufl. 2019, § 57 Rn. 2; zur abweichenden Beurteilung der verdeckten Gewinnausschüttung im Verhältnis zur steuerrechtlichen Begrifflichkeit *Henze*, in: Hopt/Wiedemann (Hrsg.), Aktiengesetz, Bd. 2, 4. Aufl. 2008, § 57 Rn. 13.

Zulässig ist es im Recht der AG indes, dass die AG mit den Aktionären marktübliche Geschäfte abschließt.[192] Maßgeblich für die Marktüblichkeit ist, ob dem Geschäft ein Missverhältnis zwischen Leistung und Gegenleistung innewohnt, sodass die Gesellschaft dieses mit einem Dritten nicht abgeschlossen hätte.[193] Die Marktüblichkeit ist zu versagen, wenn die AG Leistungen erbringt, die sie entweder ausschließlich einem Aktionär gegenüber erbringen kann oder die sie einem Dritten gegenüber nicht erbringen würde.[194] Gem. § 57 Abs. 1 S. 3 AktG wird bei den relevanten Geschäften auf Vollwertigkeit und nicht auf einen Vergleich von Leistung und Gegenleistung abgestellt.[195] Das Vollwertigkeitsgebot stellt bei bilanzieller Betrachtungsweise auf die wirtschaftliche Äquivalenz des Gegenleistungsanspruchs ab.[196]

Unmittelbar findet § 57 AktG nur auf Geschäfte mit Aktionären Anwendung.[197] Allerdings sollen verschiedene andere Leistungsbeziehungen ebenso § 57 AktG unterliegen, um die Regelung nicht auszuhöhlen. Namentlich ist dies dann der Fall, wenn das Geschäft mit dem Dritten nur als Strohmann abgeschlossen wird, der Vorteil dem Aktionär letztlich aber doch zufließt oder wenn in wirtschaftlicher Hinsicht die Zuwendung an den Dritten dem Aktionär zuzurechnen ist.[198]

---

[192] Das ergibt sich bereits aus § 57 Abs. 1 S. 3 Alt. 2 AktG; auch allg. Meinung *Bayer*, in: Goette/Habersack/Kalss (Hrsg.), Münchener Kommentar zum Aktiengesetz, Bd. 1, 5. Aufl. 2019, § 57 Rn. 48 f.; *Drygala*, in: Zöllner/Noack (Hrsg.), Kölner Kommentar zum Aktiengesetz, Bd. 1, 3. Aufl. 2011, § 57 Rn. 41; *Henze*, in: Hopt/Wiedemann (Hrsg.), Aktiengesetz, Bd. 2, 4. Aufl. 2008, § 57 Rn. 35; *Koch*, in: Hüffer/Koch (Hrsg.), Aktiengesetz, 15. Aufl. 2021, § 57 Rn. 8.

[193] *Bayer*, in: Goette/Habersack/Kalss (Hrsg.), Münchener Kommentar zum Aktiengesetz, Bd. 1, 5. Aufl. 2019, § 57 Rn. 50; *Koch*, in: Hüffer/Koch (Hrsg.), Aktiengesetz, 15. Aufl. 2021, § 57 Rn. 8.

[194] *Bayer*, in: Goette/Habersack/Kalss (Hrsg.), Münchener Kommentar zum Aktiengesetz, Bd. 1, 5. Aufl. 2019, § 57 Rn. 63.

[195] BGH, Urt. v. 12. März 2013 – II ZR 179/12, NJW 2013, 1742.

[196] BT- Drs. 16/6140 S. 41; vgl. *Drygala*, in: Zöllner/Noack (Hrsg.), Kölner Kommentar zum Aktiengesetz, Bd. 1, 3. Aufl. 2011, § 57 Rn. 55; *Koch*, in: Hüffer/Koch (Hrsg.), Aktiengesetz, 15. Aufl. 2021, § 57 Rn. 9, 22.

[197] *Bayer*, in: Goette/Habersack/Kalss (Hrsg.), Münchener Kommentar zum Aktiengesetz, Bd. 1, 5. Aufl. 2019, § 57 Rn. 110.

[198] Zusätzlich mit Erläuterung der einzelnen Fallgruppen *Ders.*, in: Goette/Habersack/Kalss (Hrsg.), Münchener Kommentar zum Aktiengesetz, Bd. 1, 5. Aufl. 2019, § 57 Rn. 112 ff.

§ 57 AktG stellt ein Verbotsgesetz im Sinne des § 134 BGB dar.[199] Daraus ergibt sich sowohl ein Leistungsverweigerungsrecht als auch ein Leistungsverbot.[200] Die Nichtigkeit des Verfügungs- sowie Verpflichtungsgeschäfts bei Verstoß gegen § 57 AktG ergibt sich jedoch nicht aus § 134 BGB, da § 134 BGB die Nichtigkeitsfolge lediglich dann vorsieht, wenn sich gesetzlich nichts anderes ergibt. Das Aktienrecht sieht indes in § 62 AktG eine abweichende Regelung vor.[201] § 62 Abs. 1 S. 1 AktG normiert, dass die Aktionäre Leistungen, die sie entgegen § 57 AktG erhalten haben, zurückgewähren müssen. Gem. § 62 Abs. 2 kann dieser der Gesellschaft zustehende Anspruch auch durch Gesellschaftsgläubiger, welche von der Gesellschaft keine Befriedigung erlangen konnten, im eigenen Namen geltend gemacht werden (gesetzliche Prozessstandschaft im Falle einer Klage).[202]

---

[199] Soweit nahezu allgemeine Meinung: BGH, Urt. v. 12. März 2013 – II ZR 179/12, NJW 2013, 1742, 1743; OLG Brandenburg, Urt. v. 21. April 2015–6 U 189/12, AG 2015, 752, 756; *Bayer*, in: Goette/Habersack/Kalss (Hrsg.), Münchener Kommentar zum Aktiengesetz, Bd. 1, 5. Aufl. 2019, § 57 Rn. 223; *Bayer/Scholz*, AG 2013, 426; *Henze*, in: Hopt/Wiedemann (Hrsg.), Aktiengesetz, Bd. 2, 4. Aufl. 2008, § 57 Rn. 200; vgl. *Koch*, in: Hüffer/Koch (Hrsg.), Aktiengesetz, 15. Aufl. 2021, § 57 Rn. 32; *Vetter*, Der Konzern 2012, 437, 439 ff.; kritisch *Paefgen*, in: Henssler/Strohn (Hrsg.), Gesellschaftsrecht, 5. Aufl. 2021, § 57 AktG Rn. 32 ff.

[200] BGH, Urt. v. 12. März 2013 – II ZR 179/12, NJW 2013, 1742, 1743; OLG Brandenburg, Urt. v. 21. April 2015 – 6 U 189/12, AG 2015, 752, 756; *Bayer*, in: Goette/Habersack/Kalss (Hrsg.), Münchener Kommentar zum Aktiengesetz, Bd. 1, 5. Aufl. 2019, § 57 Rn. 224; vgl. *Cahn/v.Spannenberg*, in: Spindler/Stilz (Hrsg.), Kommentar zum Aktiengesetz, 4. Aufl. 2019, § 57 Rn. 86; *Drygala*, in: Zöllner/Noack (Hrsg.), Kölner Kommentar zum Aktiengesetz, Bd. 1, 3. Aufl. 2011, § 57 Rn. 136; *Fleischer*, in: Schmidt/Lutter (Hrsg.), Aktiengesetz, Bd. 1, 4. Aufl. 2020, § 57 Rn. 75; *Henze*, in: Hopt/Wiedemann (Hrsg.), Aktiengesetz, Bd. 2, 4. Aufl. 2008, § 57 Rn. 206.

[201] BGH, Urt. v. 12. März 2013 – II ZR 179/12, NJW 2013, 1742, 1743; OLG München, Urt. v. 10. Mai 2012 – 14 U 2175/11, NZG 2012, 706, 708 f.; OLG Brandenburg, Urt. v. 21. April 2015 – 6 U 189/12, AG 2015, 752, 756; *Bayer*, in: Goette/Habersack/Kalss (Hrsg.), Münchener Kommentar zum Aktiengesetz, Bd. 1, 5. Aufl. 2019, § 57 Rn. 232 ff.; vgl. *Cahn/v.Spannenberg*, in: Spindler/Stilz (Hrsg.), Kommentar zum Aktiengesetz, 4. Aufl. 2019, § 57 Rn. 86; *Drygala*, in: Zöllner/Noack (Hrsg.), Kölner Kommentar zum Aktiengesetz, Bd. 1, 3. Aufl. 2011, § 57 Rn. 135; *Koch*, in: Hüffer/Koch (Hrsg.), Aktiengesetz, 15. Aufl. 2021, § 57 Rn. 32; *Theusinger/Wolf*, NZG 2012, 901, 902; *Winter*, NZG 2012, 1371 ff.; *Witt*, ZGR 2013, 668, 684.

[202] *Bayer*, in: Goette/Habersack/Kalss (Hrsg.), Münchener Kommentar zum Aktiengesetz, Bd. 1, 5. Aufl. 2019, § 62 Rn. 83 ff.; vgl. *Henze*, in: Hopt/Wiedemann (Hrsg.), Aktiengesetz, Bd. 2, 4. Aufl. 2008, § 62 Rn. 100.

Ein Hauptversammlungsbeschluss, der gegen § 57 AktG verstößt, ist gem. § 241 Nr. 3 AktG nichtig.[203] Auch sollte § 87 AktG Berücksichtigung finden, der der Vorstandsvergütung gewisse Grenzen setzt, um die AG selbst, aber auch ihre Gläubiger, Aktionäre und Arbeitnehmer zu schützen.[204]

4.2.3.1.2.2 Bestehender Schutz von Genussrechtsinhabern durch die Klöckner-Rechtsprechung

In der Klöckner-Entscheidung distanzierte sich der BGH von der zuvor vertretenen engeren Auffassung bezüglich der Existenz von Schutz- und Verhaltenspflichten gegenüber Anlegern.[205] Der BGH erkannte in diesem Urteil Schutz- und Sorgfaltspflichten der AG gegenüber Inhabern von Genussrechten mit Verlustteilnahme aus dem Genussrechtsvertrag an, welche die AG verpflichten, die Rechte des Vertragspartners zu wahren und auf dessen Interessen Rücksicht zu nehmen. Anderenfalls mache sich die AG schadensersatzpflichtig.[206] Grund für die Anerkennung ist die bereits dargestellte aktionärsähnliche Risikobelastung gepaart mit dem Fehlen von Teilhabe- und Kontrollrechten.[207] Die Klöckner-Entscheidung zunächst nur die aktienähnlichen Industrie-Genussscheine erfassend, erstreckte

---

[203] BGH, Urt. v. 26. Juni 2012 – II ZR 30/11, AG 2012, 680, 681; *Bayer*, in: Goette/Habersack/Kalss (Hrsg.), Münchener Kommentar zum Aktiengesetz, Bd. 1, 5. Aufl. 2019, § 57 Rn. 226; *Schwab*, in: Schmidt/Lutter (Hrsg.), Aktiengesetz, Bd. 2, 4. Aufl. 2020, § 241 Rn. 27.

[204] LG Düsseldorf, Urt. v. 22. Juli 2004 – XIV 5/03, NJW 2004, 3275, 3277 n.rkr.; vgl. *Koch*, in: Hüffer/Koch (Hrsg.), Aktiengesetz, 15. Aufl. 2021, § 87 Rn. 1; *Spindler*, in: Goette/Habersack/Kalss (Hrsg.), Münchener Kommentar zum Aktiengesetz, Bd. 2, 5. Aufl. 2019, § 87 Rn. 2.

[205] Klöckner Entscheidung: BGH, Urt. v. 5. Oktober 1992 – II ZR 172/91, NJW 1993, 57; zur zuvor vertretenen engeren Auffassung u. a. *Schneider*, in: Havermann (Hrsg.), Bilanz- und Konzernrecht, 1987, S. 511, 517 f.; *Wünsch*, in: Schwarz/Spielbüchler/Martinek u. a. (Hrsg.), Festschrift Rudolf Strasser, 1983, S. 871, 881; eine Anfechtungsbefugnis der Genussrechtsinhaber vertretend *Vollmer*, ZGR 1983, 445, 467 f.; zur Entwicklung seit der die engere Auffassung vertretenden Reichsgerichtsentscheidung (RG, Urt. v. 20. Oktober 1922 – II 654/12, RGZ 105, 236 ff.) *Habersack*, ZHR 1991, 378, 390 f.; vgl. ausführlicher zur Klöckner-Rechtsprechung unter Abschnitt 5.1.3.2.

[206] BGH, Urt. v. 5. Oktober 1992 – II ZR 172/91, NJW 1993, 57, 63; ausführlich zudem zur Zulässigkeit des Schadensersatzanspruches bei Genussrechten mit Verlustbeteiligung BGH, Urt. v. 29. April 2014 – II ZR 395/12, NZG 2014, 661, 665 f.; dem zustimmend *Hennrichs/Willbrink*, NZG 2014, 1168, 1169.

[207] BGH, Urt. v. 5. Oktober 1992 – II ZR 172/91, NJW 1993, 57, 63; auch bereits *Habersack*, ZHR 1991, 378, 397 f.

der BGH 2014 seine Rechtsprechung ebenso auf den „KWG“- bzw. „VAG“-Genussschein, welcher Eigenkapital im aufsichtsrechtlichen Sinne verkörpert.[208]

Der BGH legt den Haftungsmaßstab dabei folgendermaßen an: Die Haftung ist dann anzunehmen, wenn der Vorstand entgegen dem satzungsmäßig vorgegebenen Unternehmensgegenstand handelt oder Maßnahmen vornimmt, die „schlechthin nicht gerechtfertigt werden können und zu deren Durchführung ein verantwortungsbewusst denkender und handelnder Kaufmann zu keiner Zeit bereit wäre.“[209]

Auch an diesem Maßstab müssen Leistungsbeziehungen zu Gesellschaftern und verbundenen Unternehmen in der AG gemessen werden.

4.2.3.1.3 Leistungsbeziehungen zu Gesellschaftern und verbundenen Unternehmen in Personenhandelsgesellschaften

Der gesellschaftsrechtliche Begriff der verdeckten Gewinnausschüttung beansprucht ebenso im Recht der Personenhandelsgesellschaften Geltung.[210] Im Falle persönlich haftender Gesellschafter kann es sich bei solchen um eine Form unberechtigter Entnahmen im Sinne des § 122 Abs. 2 HGB handeln, die der

---

[208] BGH, Urt. v. 29. April 2014 – II ZR 395/12, NZG 2014, 661 ff.; a.A. *Becker*, NZG 2014, 171, 173 ff.; *Kokemoor/Theilig*, WM 2011, 337, 341 f.

[209] BGH, Urt. v. 5. Oktober 1992 – II ZR 172/91, NJW 1993, 57, 63; *Feddersen/Meyer-Landrut*, ZGR 1993, 312, 319 f.; *Habersack*, in: Goette/Habersack/Kalss (Hrsg.), Münchener Kommentar zum Aktiengesetz, Bd. 4, 5. Aufl. 2021, § 221 Rn. 276; *Hirte*, in: Hopt/Wiedemann (Hrsg.), Aktiengesetz, Bd. 7.1, 4. Aufl. 2012, § 221 Rn. 416; *Lutter*, ZGR 1993, 291, 300 ff.; *Luttermann*, DB 1993, 1809, 1812; *Koch*, in: Hüffer/Koch (Hrsg.), Aktiengesetz, 15. Aufl. 2021, § 221 Rn. 65a; *Seiler*, in: Spindler/Stilz (Hrsg.), Kommentar zum Aktiengesetz, 4. Aufl. 2019, § 221 Rn. 177a; *Sethe*, AG 1993, 351, 360 ff.; *Wöckener/Becker*, in: Habersack/Mülbert/Schlitt (Hrsg.), Unternehmensfinanzierung am Kapitalmarkt, 4. Aufl. 2019, § 13 Rn. 13.37; a.A. entsprechende Anwendung von § 93 Abs. 1 AktG *Habersack*, ZHR 1991, 378, 398 f.; *Lorch*, Der börsenfähige aktienähnliche Genußschein, 1993, S. 305 ff.; a.A. zum Haftungsmaßstab ist auch *Florstedt*, der drei Bereiche pflichtwidrigen Handels kategorisiert (absichtsvolle Schädigung, Rechtsmissbrauch, und normativer Zusammenhang von Normverstoß und Leistungsinteresse) *Florstedt*, in: Zöllner/Noack (Hrsg.), Kölner Kommentar zum Aktiengesetz, Bd. 4.2, 3. Aufl. 2017, § 221 Rn. 138.

[210] Vgl. zur *Ehricke*, in: Ebenroth/Boujong/Joost u. a. (Hrsg.), Handelsgesetzbuch, Bd. 1, 4. Aufl. 2020, § 122 Rn. 19; vgl. ebenso zur OHG *Lieder*, in: Oetker (Hrsg.), Handelsgesetzbuch, 7. Aufl. 2021, § 122 Rn. 39 m.w.N.; eingehend zur GmbH & Co. KG *Eckl*, in: Mueller-Thuns (Hrsg.), Handbuch GmbH & Co. KG, 22. Aufl. 2020, Rn. 6.227 ff.

Gesellschaft zu erstatten sind.[211] Geltend gemacht werden kann der Rückzahlungsanspruch im Wege der actio pro socio von den Gesellschaftern.[212] § 122 HGB hat keine Gläubigerschutzfunktion, da die Vorschrift sowohl durch satzungsmäßige Bestimmung als auch mit Einverständnis aller Gesellschafter abbedungen werden kann.[213]

Gem. § 169 Abs. 1 S. 1 HGB ist § 122 HGB jedoch nur auf den persönlich haftenden Gesellschafter nicht aber auf den Kommanditisten anzuwenden. Das hat zur Folge, dass dem Kommanditisten kein gewinnunabhängiges Entnahmerecht, sondern nur ein Gewinnauszahlungsanspruch auf Grundlage des ihm zukommenden Anteils am Jahresüberschusses zusteht.[214] Aber auch die in § 169 Abs. 1 S. 2 HGB vorgesehene Gewinnauszahlung ist dispositiv.[215] Die Vorschrift dient, wie § 169 Abs. 2 HGB zeigt, ebenso wenig dem Gläubigerschutz.[216]

§ 172 Abs. 4 S. 1 HGB schützt den Gläubiger insoweit, als dass eine dem Kommanditisten zurückgewährte Einlage dem Gläubiger gegenüber als nicht eingezahlt zu werten ist. Gleiches gilt gem. § 172 Abs. 4 S. 2 HGB, soweit ein Kommanditist Gewinnanteile entnimmt, während sein Kapitalanteil durch Verlust

---

[211] Vgl. BGH, Urt. v. 16. April 2013 – II ZR 118/11, NZG 2013, 703, 704 f.; *Ehricke*, in: Ebenroth/Boujong/Joost u. a. (Hrsg.), Handelsgesetzbuch, Bd. 1, 4. Aufl. 2020, § 122 Rn. 4, 19; *Priester*, in: Schmidt/Ebke (Hrsg.), Münchener Kommentar zum Handelsgesetzbuch, Bd. 2, 4. Aufl. 2016, § 122 Rn. 44; *Roth*, in: Baumbach/Hopt (Hrsg.), Handelsgesetzbuch, 40. Aufl. 2021, § 122 Rn. 6; der Gesellschafter kann sich in diesem Zusammenhang auch nicht auf seine Gutgläubigkeit berufen *Haas*, in: Röhricht/Westphalen/Haas (Hrsg.), HGB, 5. Aufl. 2018, § 122 Rn. 11.

[212] Vgl. *Ehricke*, in: Ebenroth/Boujong/Joost u. a. (Hrsg.), Handelsgesetzbuch, Bd. 1, 4. Aufl. 2020, § 122 Rn. 20; *Lieder*, in: Oetker (Hrsg.), Handelsgesetzbuch, 7. Aufl. 2021, § 122 Rn. 20; *Priester*, in: Schmidt/Ebke (Hrsg.), Münchener Kommentar zum Handelsgesetzbuch, Bd. 2, 4. Aufl. 2016, § 122 Rn. 45.

[213] Zur Abdingbarkeit *Lieder*, in: Oetker (Hrsg.), Handelsgesetzbuch, 6. Aufl. 2019, § 122 Rn. 39; *Priester*, in: Schmidt/Ebke (Hrsg.), Münchener Kommentar zum Handelsgesetzbuch, Bd. 2, 4. Aufl. 2016, § 122 Rn. 47.

[214] *Weipert*, in: Ebenroth/Boujong/Joost u. a. (Hrsg.), Handelsgesetzbuch, Bd. 1, 4. Aufl. 2020, § 169 Rn. 1; vgl. *Grunewald*, in: Schmidt/Ebke (Hrsg.), Münchener Kommentar zum Handelsgesetzbuch, Bd. 3, 4. Aufl. 2019, § 169 Rn. 1; vgl. *Roth*, in: Baumbach/Hopt (Hrsg.), Handelsgesetzbuch, 40. Aufl. 2021, § 169 Rn. 1.

[215] *Grunewald*, in: Schmidt/Ebke (Hrsg.), Münchener Kommentar zum Handelsgesetzbuch, Bd. 3, 4. Aufl. 2019, § 169 Rn. 9 f.; *Roth*, in: Baumbach/Hopt (Hrsg.), Handelsgesetzbuch, 40. Aufl. 2021, § 169 Rn. 7 f.; *Weipert*, in: Ebenroth/Boujong/Joost u. a. (Hrsg.), Handelsgesetzbuch, Bd. 1, 4. Aufl. 2020, § 169 Rn. 18.

[216] Unter Hinweis auf § 172 Abs. 4 HGB *Grunewald*, in: Schmidt/Ebke (Hrsg.), Münchener Kommentar zum Handelsgesetzbuch, Bd. 3, 4. Aufl. 2019, § 169 Rn. 9; *Roth*, in: Baumbach/Hopt (Hrsg.), Handelsgesetzbuch, 40. Aufl. 2021, § 169 Rn. 1.

unter den Betrag der geleisteten Einlage herabgemindert ist, oder soweit durch die Entnahme der Kapitalanteil unter den gezeichneten Betrag reduziert wird.

In der GmbH & Co. KG gelten die Regelungen zur verdeckten Gewinnausschüttung nur dann für die Komplementär-GmbH, wenn ihr ein quotaler Anteil aus dem Ergebnis der KG zusteht. Anderenfalls gelten die obigen Ausführungen zu den Entnahmen.[217]

4.2.3.1.4 Bereits bestehende Grenzen der Maßnahmen für „wirtschaftlich-virtuelle" Gesellschafter

4.2.3.1.4.1 Schutzniveau in der stillen Gesellschaft

Der stille Gesellschafter ist bereits über die in der stillen Gesellschaft als Form der Innengesellschaft geltenden Treuepflicht[218] anders geschützt als die übrigen „wirtschaftlich-virtuellen" Gesellschafter. Dabei sind beide Vertragsparteien an den gemeinsamen Zweck gebunden und haben einen ungestörten Ablauf zu fördern.[219] Der Geschäftsinhaber betreibt das Handelsgewerbe dabei im gemeinsamen Interesse und auf gemeinsame Rechnung mit dem Ziel den gemeinsamen Vorteil zu steigern.[220] Dabei soll der Geschäftsinhaber sein eigenes Interesse dem gemeinsam mit dem stillen Gesellschafter verfolgten Interesse unterordnen.[221] Der Geschäftsführung steht dabei ein weiter unternehmerischer Handlungsspielraum zu.[222] Hingegen muss der Stille wesentliche Veränderungen,

---

[217] *Düll*, in: Reichert (Hrsg.), GmbH & Co. KG, 8. Aufl. 2021, § 5 Rn. 16.

[218] *Gehrlein*, in: Ebenroth/Boujong/Joost u. a. (Hrsg.), Handelsgesetzbuch, Bd. 1, 4. Aufl. 2020, § 230 Rn. 42; bei Verstoß gegen die Treuepflicht stehen dem Stillen Schadensersatzansprüche gegen den Geschäftsinhaber zu *Harbarth*, in: Canaris/Habersack/Schäfer (Hrsg.), Staub Handelsgesetzbuch, Bd. 4, 5. Aufl. 2015, § 230 Rn. 187.

[219] *Lamprecht*, in: Blaurock (Hrsg.), Handbuch Stille Gesellschaft, 9. Aufl. 2020, Rn. 12.30; zum Haftungsmaßstab nach §§ 708, 277 BGB *Gehrlein*, in: Ebenroth/Boujong/Joost u. a. (Hrsg.), Handelsgesetzbuch, Bd. 1, 4. Aufl. 2020, § 230 Rn. 46; *Roth*, in: Baumbach/Hopt (Hrsg.), Handelsgesetzbuch, 40. Aufl. 2021, § 230 Rn. 17.

[220] *Gehrlein*, in: Ebenroth/Boujong/Joost u. a. (Hrsg.), Handelsgesetzbuch, Bd. 1, 4. Aufl. 2020, § 230 Rn. 47; *Harbarth*, in: Canaris/Habersack/Schäfer (Hrsg.), Staub Handelsgesetzbuch, Bd. 4, 5. Aufl. 2015, § 230 Rn. 194; *Lamprecht*, in: Blaurock (Hrsg.), Handbuch Stille Gesellschaft, 9. Aufl. 2020, Rn. 12.32.

[221] *Gehrlein*, in: Ebenroth/Boujong/Joost u. a. (Hrsg.), Handelsgesetzbuch, Bd. 1, 4. Aufl. 2020, § 230 Rn. 47.

[222] *Roth*, in: Baumbach/Hopt (Hrsg.), Handelsgesetzbuch, 40. Aufl. 2021, § 230 Rn. 13; *Harbarth*, in: Canaris/Habersack/Schäfer (Hrsg.), Staub Handelsgesetzbuch, Bd. 4, 5. Aufl. 2015, § 230 Rn. 195.

die Veräußerung oder Einstellung des Handelsgewerbes nicht ohne Zustimmung hinnehmen.[223]

Der Geschäftsführung ist es benommen, die Einlage für gesellschaftsfremde Zwecke zu verwenden.[224] Außerdem ergibt sich eine Schranke für das Geschäftsführerhandeln bei Geschäften außerhalb des Unternehmensgegenstandes.[225] Überschreitet der Geschäftsführer seine Befugnis, so bleibt die Maßnahme nach außen zwar wirksam.[226] Dem Stillen können jedoch aufgrund der damit einhergehenden Vertragsverletzung Schadensersatzansprüche sowie das Recht zur außerordentlichen Kündigung nach § 723 BGB erwachsen.[227] Gesellschaftsvertraglich kann darüber hinaus vorgesehen werden, dass in besonders gravierenden Fällen der Pflichtverletzung die Befugnis zur Geschäftsführung auf den Stillen oder einem von diesem bestimmten Dritten übertragen wird.[228]

4.2.3.1.4.2 Übertragbarkeit der Klöckner-Rspr. auf andere Formen der „wirtschaftlich-virtuellen" Gesellschafter

In der AG sind Gesellschaftsgläubiger über § 62 Abs. 2 AktG insofern geschützt, als sie im Wege der gesetzlichen Prozessstandschaft einen Verstoß gegen § 57 AktG gerichtlich geltend machen können. Die dargestellte Klöckner-Rechtsprechung, welche ein Rechtsverhältnis zwischen Genussrechtsinhabern mit

---

[223] *Lamprecht*, in: Blaurock (Hrsg.), Handbuch Stille Gesellschaft, 9. Aufl. 2020, Rn. 12.9; *Roth*, in: Baumbach/Hopt (Hrsg.), Handelsgesetzbuch, 40. Aufl. 2021, § 230 Rn. 13; risikoreiche Geschäfte hingegen kann der Geschäftsinhaber grundsätzlich auch bei Widerspruch des stillen Gesellschafters vornehmen, gesellschaftsvertraglich kann aber die Zustimmungspflicht vorgesehen werden *Gehrlein*, in: Ebenroth/Boujong/Joost u. a. (Hrsg.), Handelsgesetzbuch, Bd. 1, 4. Aufl. 2020, § 230 Rn. 48; *Schmidt*, in: ders./Ebke (Hrsg.), Münchener Kommentar zum Handelsgesetzbuch, Bd. 3, 4. Aufl. 2019, § 230 Rn. 179; *Wedemann*, in: Oetker (Hrsg.), Handelsgesetzbuch, 7. Aufl. 2021, § 230 Rn. 74.

[224] *Gehrlein*, in: Ebenroth/Boujong/Joost u. a. (Hrsg.), Handelsgesetzbuch, Bd. 1, 4. Aufl. 2020, § 230 Rn. 50; *Wedemann*, in: Oetker (Hrsg.), Handelsgesetzbuch, 7. Aufl. 2021, § 230 Rn. 75.

[225] *Schmidt*, in: ders./Ebke (Hrsg.), Münchener Kommentar zum Handelsgesetzbuch, Bd. 3, 4. Aufl. 2019, § 230 Rn. 179.

[226] Ebd.; *Wedemann*, in: Oetker (Hrsg.), Handelsgesetzbuch, 7. Aufl. 2021, § 230 Rn. 79.

[227] *Gehrlein*, in: Ebenroth/Boujong/Joost u. a. (Hrsg.), Handelsgesetzbuch, Bd. 1, 4. Aufl. 2020, § 230 Rn. 55; *Lamprecht*, in: Blaurock (Hrsg.), Handbuch Stille Gesellschaft, 9. Aufl. 2020, Rn. 12.26 ff.

[228] *Gehrlein*, in: Ebenroth/Boujong/Joost u. a. (Hrsg.), Handelsgesetzbuch, Bd. 1, 4. Aufl. 2020, § 230 Rn. 57; vgl. *Wedemann*, in: Oetker (Hrsg.), Handelsgesetzbuch, 7. Aufl. 2021, § 230 Rn. 80.

Verlustbeteiligung und einer KGaA zum Inhalt hatte, tritt insoweit als Haftungsmaßstab für die Geschäftsführung ergänzend hinzu und gibt Genussrechtsinhabern mit Verlustbeteiligung im konkreten Fall einen Schadensersatzanspruch.

Ob die Klöckner-Rechtsprechung für Genussrechtsinhaber mit Verlustbeteiligung auch auf andere Formen der „wirtschaftlich-virtuellen" Gesellschafter übertragbar ist, wird an diesem Punkt noch offengelassen und erst im Rahmen der Frage untersucht, welchen Umfang ein Schadensersatzanspruch aus §§ 280 Abs. 1, 241 Abs. 2 BGB konkret aufweist.[229]

4.2.3.1.5 Risikobelastung für den „wirtschaftlich-virtuellen" Gesellschafter

Verstößt der Gesellschafterbeschluss über die verdeckte Gewinnausschüttung in der GmbH gegen den Grundsatz der Kapitalerhaltung aus § 30 Abs. 1 GmbHG, so ist dieser Beschluss auch gegenüber den „wirtschaftlich-virtuellen" Gesellschaftern nichtig; in allen anderen Fällen hingegen nur anfechtbar. In der AG steht den „wirtschaftlich-virtuellen" Gesellschaftern hingegen gem. § 62 Abs. 2 AktG das Recht zu, im Wege der Prozessstandschaft den Rückgewähranspruch der Gesellschaft geltend zu machen.

Solange die Maßnahmen innerhalb des Unternehmensgegenstandes und des gemeinsam verfolgten Zwecks liegen, muss der stille Gesellschafter sie gegen sich gelten lassen. Wird dagegen allerdings verstoßen, stehen dem Stillen Schadenersatzansprüche, ein Kündigungsrecht und im äußersten Fall sogar – sofern vertraglich vorgesehen – das Recht zu, dem Handelsgewerbeinhaber die Geschäftsführung der stillen Gesellschaft zu entziehen. Allgemein muss der Handelsgewerbeinhaber aber die Interessen des Stillen berücksichtigen.

In Bezug auf Genussrechte mit Verlustbeteiligung ist für den Fall einer KGaA im Klöckner-Urteil ein Schadensersatz postuliert worden. Demnach ist das Handeln der Geschäftsführung dann schadenersatzbewährt, wenn es sich außerhalb des Unternehmensgegenstandes bewegt oder es schlechthin nicht gerechtfertigt werden kann, da ein seriös denkender und handelnder Kaufmann zu keiner Zeit dazu bereit gewesen wäre.

Auch in diesem Fall besteht demnach kein einheitliches Schutzniveau für „wirtschaftlich-virtuelle" Gesellschafter, insbesondere da die Klöckner-Rechtsprechung nur in Bezug auf Genussrechte mit Verlustbeteiligung ergangen ist. Des Weiteren ist die Frage, ob der rechtliche Rahmen für solche Leistungsbeziehungen eingehalten wurde, wiederum schwer nachweisbar. Der Begriff des ‚gewissenhaft nach kaufmännischen Grundsätzen handelnden Geschäftsführers'

---

[229] Dazu nachfolgend unter Abschnitt 5.1.3.2.1.

oder der des ‚Missverhältnisses zwischen Leistung und Gegenleistung' lassen der Geschäftsleitung einen erheblichen Ermessensspielraum, was den Nachweis der Missbräuchlichkeit erheblich beeinträchtigen kann.

4.2.3.2 Zeitlich nachgelagerte Leistungsbeziehungen zu weiteren erfolgsabhängigen Gläubigern

4.2.3.2.1 Risikopotential zeitlich nachgelagerter Leistungsbeziehungen

Auch die zeitlich nachfolgende Begründung von Leistungsbeziehungen, welche gleichsam wie der „wirtschaftlich-virtuelle" Gesellschafter ihre Rechte an das finanzielle Ergebnis des Unternehmens knüpfen, können eine Beeinträchtigung begründen.

Es besteht die Gefahr der Verwässerung geldwerter Ansprüche, die von der Dividende abhängig sind, zum Beispiel dann, wenn bei derselben Bemessungsgrundlage die geldwerten Ansprüche der neuen Gläubiger ihren vorrangig ausgestaltet werden[230] oder wenn bei derselben Bemessungsgrundlage die neuen Genussscheine unter Wert ausgegeben werden.[231]

4.2.3.2.2 Bereits bestehende Grenzen der Maßnahmen für einzelne „wirtschaftlich-virtueller" Gesellschafter

4.2.3.2.2.1 Genussrechte

Der Umstand, dass die Gesellschaft bereits Genussrechte ausgegeben hat, hindert sie nicht an der Begebung weiterer Genussrechte im gleichen oder einem besseren Rang und unabhängig von der Bemessungsgrundlage.[232] Wird mit den

---

[230] Zu den Genussrechten *Habersack*, in: Goette/Habersack/Kalss (Hrsg.), Münchener Kommentar zum Aktiengesetz, Bd. 4, 5. Aufl. 2021, § 221 Rn. 313.

[231] Vgl. *Frantzen*, Genußscheine, 1993, S. 271; *Hüffer*, in: Westermann/Mock (Hrsg.), Festschrift für Gerold Bezzenberger, 2000, S. 191, 208; *Koch*, AG 2017, 6; *Seiler*, in: Spindler/Stilz (Hrsg.), Kommentar zum Aktiengesetz, 4. Aufl. 2019, § 221 Rn. 183; *Stenzel*, DStR 2019, 287, 288; *Wöckener/Becker*, in: Habersack/Mülbert/Schlitt (Hrsg.), Unternehmensfinanzierung am Kapitalmarkt, 4. Aufl. 2019, § 13 Rn. 13.50; zum Begriff ‚unter Wert' bereits im Zusammenhang mit der Ausgabe von Aktien unter Wert *Koppensteiner*, ZHR 1975, 191, 197.

[232] *Florstedt*, in: Zöllner/Noack (Hrsg.), Kölner Kommentar zum Aktiengesetz, Bd. 4.2, 3. Aufl. 2017, § 221 Rn. 622; *Habersack*, in: Goette/Habersack/Kalss (Hrsg.), Münchener Kommentar zum Aktiengesetz, Bd. 4, 5. Aufl. 2021, § 221 Rn. 313; *Seiler*, in: Spindler/Stilz (Hrsg.), Kommentar zum Aktiengesetz, 4. Aufl. 2019, § 221 Rn. 183.

neuen Genussrechtsinhabern Vorrangigkeit gegenüber den bisherigen Genussrechtsinhabern vereinbart, so ist die ausdrückliche Zustimmung der bisherigen Genussscheininhaber erforderlich.[233]

§ 216 Abs. 3 AktG sieht einen Ausgleich nur für Fälle der Kapitalerhöhung aus Gesellschaftsmitteln unmittelbar vor. Die mit der erneuten Ausgabe von Genussrechten möglicherweise verbundene Verschlechterung der Rechtsposition wird, sofern § 216 Abs. 3 AktG unanwendbar ist[234], entweder durch ein Bezugsrecht der Genussrechtsinhaber oder durch Anpassung der Genussrechtsbedingungen mittels ergänzender Vertragsauslegung kompensiert.[235]

---

[233] *Ders.*, in: Spindler/Stilz (Hrsg.), Kommentar zum Aktiengesetz, 4. Aufl. 2019, § 221 Rn. 183; *Wöckener/Becker*, in: Habersack/Mülbert/Schlitt (Hrsg.), Unternehmensfinanzierung am Kapitalmarkt, 4. Aufl. 2019, § 13 Rn. 13.50.

[234] Eine Analogie des § 216 Abs. 3 AktG auf Managementbeteiligungen bei effektiver Kapitalerhöhung mangels Regelungslücke und vergleichbarer Interessenlage ablehnend BAG, Urt. v. 27. Juni 2018–10 AZR 295/17, DStR 2018, 2278, 2280.

[235] Zusätzlich darauf hinweisend, dass als Maßstab für das Konkurrenzverhältnis zwischen früher und später begebenen Genussrechten die Höhe und das Verhältnis des hingegebenen Genussrechtskapitals dienen kann *Habersack*, in: Goette/Habersack/Kalss (Hrsg.), Münchener Kommentar zum Aktiengesetz, Bd. 4, 5. Aufl. 2021, § 221 Rn. 313; *Seiler*, in: Spindler/Stilz (Hrsg.), Kommentar zum Aktiengesetz, 4. Aufl. 2019, § 221 Rn. 183; *Sethe*, AG 1993, 351, 363 f.; umstritten ist hingegen, ob neben die ergänzende Vertragsauslegung auch eine Analogie zu § 216 Abs. 3 AktG gezogen werden kann. Gegen eine mit der Analogie zu § 216 Abs. 3 AktG verbundenen pauschalen Einheitslösung aber für das zusätzliche Heranziehen von § 313 BGB *Florstedt*, in: Zöllner/Noack (Hrsg.), Kölner Kommentar zum Aktiengesetz, Bd. 4.2, 3. Aufl. 2017, § 221 Rn. 623; *Koch*, in: Hüffer/Koch (Hrsg.), Aktiengesetz, 15. Aufl. 2021, § 221 Rn. 67; ähnlich aber mit weiterer Differenzierung nach einzelnen Finanzierungsformen *Hüffer*, in: Westermann/Mock (Hrsg.), in: Festschrift für Gerold Bezzenberger, 2000, S. 191, 208 f.; zur GmbH unter Einschluss aller an die Dividende anknüpfenden Rechte so auch *Bayer*, in: Lutter/Hommelhoff (Hrsg.), GmbH-Gesetz, 20. Aufl. 2020, § 55 Rn. 47; für eine entsprechende Anwendung des § 216 Abs. 3 AktG *Arnold*, in: Goette/Habersack/Kalss (Hrsg.), Münchener Kommentar zum Aktiengesetz, Bd. 4, 5. Aufl. 2021, § 216 Rn. 46; *Koppensteiner*, ZHR 1975, 191, 197 f.; *Seiler*, in: Spindler/Stilz (Hrsg.), Kommentar zum Aktiengesetz, 4. Aufl. 2019, § 221 Rn. 183; *Hirte*, in: Hopt/Wiedemann (Hrsg.), Aktiengesetz, Bd. 6, 4. Aufl. 2008, § 216 Rn. 63; so auch für die GmbH und unter Einschluss aller Rechtsbeziehungen, welche an die Kapital- oder Gewinnsituation der Gesellschaft anknüpfen *Lieder*, in: Fleischer/Goette (Hrsg.), Münchener Kommentar zum Gesetz betreffend die Gesellschaften mit beschränkter Haftung – GmbHG, 3. Aufl. 2018, § 55 Rn. 165; zum Bezugsrecht und vertraglicher Anpassung *Frantzen*, Genußscheine, 1993, S. 271 f.

4.2.3.2.2.2 Stille Gesellschaft

Die Aufnahme eines weiteren stillen Gesellschafters bedarf der Zustimmung des Bisherigen.[236] Dies gilt allerdings nur insoweit, als die Interessen des Stillen bzgl. der Gewinnrechte oder der Haftungslage durch die Aufnahme beeinträchtigt werden. Ist dies nicht der Fall, kann er aufgrund der zwischen dem Stillen und dem Geschäftsinhaber bestehenden Treuepflicht gezwungen sein, der Änderung zuzustimmen.[237] Zur Zustimmung gehalten ist der Stille beispielsweise dann, wenn er bei Vertragsschluss die Absicht seines Vertragspartners kannte, künftig weitere stille Beteiligungen abzuschließen.[238]

4.2.3.2.2.3 Andere schuldvertragliche Vereinbarungen

Bei den sog. Phantom Stocks wird in der Regel kein Schutz vor Verwässerung vereinbart, sodass künftige Erhöhungen des Stammkapitals Einfluss auf die wirtschaftliche Position des Mitarbeiters des Unternehmens haben.[239]

In Bezug auf Managementbeteiligungen lehnte das BAG in einem Urteil aus 2018[240] einen Schutz der betroffenen Gläubiger bei Verwässerung ab. Weder über eine analoge Anwendung des § 216 Abs. 3 AktG noch über eine Störung der Geschäftsgrundlage nach § 313 BGB oder eine ergänzende Vertragsauslegung könne ein solcher erfolgen. Grund dafür sei, dass eine Klausel zum Verwässerungsausgleich grundsätzlich möglich und gängig sei und damit von den Vertragsparteien bei entsprechendem Willen hätte vereinbart werden können. Insoweit handele es sich bei der Verwässerung um ein freiverantwortlich übernommenes Risiko der Vertragsparteien.[241]

---

[236] Vgl. *Gehrlein*, in: Ebenroth/Boujong/Joost u. a. (Hrsg.), Handelsgesetzbuch, Bd. 1, 4. Aufl. 2020, § 230 Rn. 51; einschränkend *Harbarth*, in: Canaris/Habersack/Schäfer (Hrsg.), Staub Handelsgesetzbuch, Bd. 4, 5. Aufl. 2015, § 230 Rn. 206.

[237] *Gehrlein*, in: Ebenroth/Boujong/Joost u. a. (Hrsg.), Handelsgesetzbuch, Bd. 1, 4. Aufl. 2020, § 230 Rn. 51; stärker noch *Harbarth*, der das Recht zur Zustimmungsverweigerung nur dann annimmt, wenn die Gewinnabschöpfung durch den neuen Kapitalgeber sich nicht mehr in Grenzen hält und die Verwirklichung des gemeinsamen Zwecks bedroht wird *Harbarth*, in: Canaris/Habersack/Schäfer (Hrsg.), Staub Handelsgesetzbuch, Bd. 4, 5. Aufl. 2015, § 230 Rn. 206.

[238] *Gehrlein*, in: Ebenroth/Boujong/Joost u. a. (Hrsg.), Handelsgesetzbuch, Bd. 1, 4. Aufl. 2020, § 230 Rn. 51.

[239] *Schönhaar*, GWR 2017, 293, 295.

[240] BAG, Urt. v. 27. Juni 2018 – 10 AZR 295/17, DStR 2018, 2278.

[241] Zustimmend und auf § 57 m Abs. 3 GmbHG übertragend *Stenzel*, DStR 2019, 287, 289 ff.

4.2.3.2.3 Risikobelastung für den „wirtschaftlich-virtuellen" Gesellschafter

Bei der zeitlich nachgelagerten Begründung weiterer erfolgsabhängiger Rechtsverhältnisse besteht kein einheitlicher Schutz.

Zeitlich später abgeschlossene Verträge mit anderen ergebnisabhängigen Gläubigern stellen kein Risiko für stille Gesellschafter und Genussrechtsinhaber dar: Sollen vorrangige Gläubigerpositionen geschaffen werden, so unterliegt diese Maßnahme der Zustimmung der Genussrechtsinhaber. Verändert sich bei der Begründung solcher Gläubigerpositionen die Situation des Genussrechtsinhabers, so wird ihm entweder ein Bezugsrecht oder eine Anpassung der Genussrechtsbedingungen im Wege ergänzender Vertragsauslegung eingeräumt, sofern kein Fall des § 216 Abs. 3 AktG besteht. Auch in der stillen Gesellschaft, hat der Stille ein Zustimmungsrecht bezüglich der Aufnahme weiterer stiller Gesellschafter. Dies gilt aber nur soweit, wie seine finanzielle Position beeinträchtigt werden könnte.

Ein einheitliches Schutzniveau für alle „wirtschaftlich-virtuellen" Gesellschafter besteht hingegen nicht, wie sich bereits aus dem BAG Urteil zu Managementbeteiligungen[242] ergibt, welches einen Schutz vor Verwässerung dieser Gläubiger ablehnt, wenn dieser nicht ausdrücklich vereinbart wurde.

4.2.4 Maßnahmen im Konzern

Auch im konzernrechtlichen Verbund ist die Beeinträchtigung der Rechte „wirtschaftlich-virtueller" Gesellschafter möglich. Dabei muss nach der Stellung des Vertragspartners innerhalb des Konzerns unterschieden werden.[243]

Eine vollständige Betrachtung aller Konzernsachverhalte lässt der Rahmen dieser Arbeit nicht zu, sodass im Folgenden lediglich einige Beispielsfälle untersucht werden.

4.2.4.1 Risikopotential von Maßnahmen im Konzernverbund

Im Wesentlichen sind zwei verschiedene Konzernsachverhalte zu untersuchen. Dabei ist zu unterscheiden, welche Position das Unternehmen im Konzern innehat.

---

[242] Vgl. dazu unter Abschnitt 4.2.3.2.2.3.

[243] Zu weiteren konzernrechtlichen Maßnahmen, die die Rechte von Genussrechtsinhabern beeinträchtigen können *Koch*, in: Hüffer/Koch (Hrsg.), Aktiengesetz, 15. Aufl. 2021, § 221 Rn. 68 ff.; ebenso zu Genussrechten *Habersack*, in: Goette/Habersack/Kalss (Hrsg.), Münchener Kommentar zum Aktiengesetz, Bd. 4, 5. Aufl. 2021, § 221 Rn. 317 ff.

4.2.4.1.1 Thesaurierung der Gewinne in Tochtergesellschaften

Ist der Vertragspartner des „wirtschaftlich-virtuellen" Gesellschafters das herrschende Unternehmen im Konzernverbund, so tritt das Problem der übermäßigen Thesaurierung in der Tochtergesellschaft auf.[244] Indem die Bemessungsgrundlage der Vergütung Bezug auf den Jahresüberschuss des herrschenden Unternehmens nimmt, ist es dem Konzern möglich, die Rechte der „wirtschaftlich-virtuellen" Gesellschafter durch das übermäßige Festhalten der Gewinne in der Tochtergesellschaft zu beeinflussen.[245]

Grundsätzlich ist es der Konzernleitung möglich, Gewinne durch unterschiedlichste Gestaltungen in Tochtergesellschaften zu verlagern und auf diesen Konzernstufen festzuhalten. Sofern kein Gewinnabführungsvertrag abgeschlossen wurde, hat der Vorstand der Muttergesellschaft das Beschlussrecht über die Gewinnverwendung in den Tochtergesellschaften. Dieses Recht kann dahingehend ausgeübt werden, dass er den Gewinn in maximal zulässiger Höhe in Gewinnrücklagen einstellt oder die Gewinne der Tochtergesellschaften von Jahr zu Jahr auf neue Rechnung vorträgt, um somit die Gewinne dem Zugriff der „wirtschaftlich-virtuellen" Gesellschafter dauerhaft zu entziehen.[246]

---

[244] Zu den Genussrechten *Götz*, Rücklagenbildung in der Unternehmensgruppe, Festschrift für Adolf Moxter, 1994, S. 573, 580; *Habersack*, in: Goette/Habersack/Kalss (Hrsg.), Münchener Kommentar zum Aktiengesetz, Bd. 4, 5. Aufl. 2021, § 221 Rn. 322; *Koch*, in: Hüffer/Koch (Hrsg.), Aktiengesetz, 15. Aufl. 2021, § 221 Rn. 68; *Wöckener/Becker*, in: Habersack/Mülbert/Schlitt (Hrsg.), Unternehmensfinanzierung am Kapitalmarkt, 4. Aufl. 2019, § 13 Rn. 13.42; zu weiteren Fällen „umgekehrter Gewinnverlagerung" *Renner/Engel*, ZIP 2013, 2436, 2443; *Lutter*, in: Havermann (Hrsg.), Festschrift für Reinhard Goerdeler, 1987, S. 327, 331 f.

[245] Die Tochtergesellschaften als „Spardosen" bezeichnend *Götz*, Rücklagenbildung in der Unternehmensgruppe, Festschrift für Adolf Moxter, 1994, S. 573, 580; *Heeren*, Kapitalgeberschutz und hybride Finanzierungsinstrumente, 2008, S. 275; unter Hinweis, dass auch im Aktienrecht eine Aushebelung des § 58 AktG möglich ist und die Tochtergesellschaften zu Spardosen werden *Bayer*, in: Goette/Habersack/Kalss (Hrsg.), Münchener Kommentar zum Aktiengesetz, Bd. 1, 5. Aufl. 2019, AktG § 58 Rn. 61; daher wird in der Literatur auch zur Vermeidung dieses Risikos die Anknüpfung der Bemessungsgrundlage an das entsprechende Konzernergebnis vorgeschlagen, vgl. *Frantzen*, Genußscheine, 1993, S. 218.

[246] Zum faktischen Konzern nur *Bayer*, in: Goette/Habersack/Kalss (Hrsg.), Münchener Kommentar zum Aktiengesetz, Bd. 1, 5. Aufl. 2019, § 18 Rn. 9 f., es folgt hingegen keine rechtlich anerkannte Konzernleitungsmacht aus faktischer Konzernierung; zur GmbH *Emmerich*, in: Scholz, Kommentar zum GmbH-Gesetz, Bd. 1, 12. Aufl. 2018, Anh. § 13 Rn. 65 ff.

4.2.4.1.2 Beherrschungs- und Gewinnabführungsverträge

Ist hingegen der Vertragspartner des „wirtschaftlich-virtuellen" Gesellschafters das abhängige Unternehmen im Konzernverbund, kann ein nach Begründung der virtuellen Beteiligung geschlossener Beherrschungs- und Gewinnabführungsvertrag die Rechte des „wirtschaftlich-virtuellen" Gesellschafters ebenfalls einschränken. Das ergibt sich aus dem Umstand, dass die Bezugsgröße für seinen Vergütungsanspruch durch die Abführung des finanziellen Ergebnisses an das herrschende Unternehmen ausgehöhlt werden kann.[247]

Grundannahme muss aber sein, dass ein Beherrschungs- und Gewinnabführungsvertrag bei Vertragsschluss zwischen „wirtschaftlich-virtuellem" Gesellschafter und dem Unternehmen noch nicht bestanden hat. Anderenfalls hat der „wirtschaftlich-virtuelle" Gesellschafter die bekannten Risiken in Kauf genommen und ist daher nicht schutzwürdig.[248]

---

[247] Zum damit verbundenen Risiko für gewinnabhängige Ansprüche im allgemeinen *Emmerich*, in: Emmerich/Habersack (Hrsg.), Aktien- und GmbH-Konzernrecht, 9. Aufl. 2019, § 304 AktG Rn. 13; zu den Genussrechten BGH, Urt. v. 28. Mai 2013 – II ZR 67/12, NZG 2013, 987, 988 f.; *Habersack*, in: Goette/Habersack/Kalss (Hrsg.), Münchener Kommentar zum Aktiengesetz, Bd. 4, 5. Aufl. 2021, § 221 Rn. 320; *Koch*, in: Hüffer/Koch (Hrsg.), Aktiengesetz, 15. Aufl. 2021, § 221 Rn. 68b; die Ergebnisabführung ist in der Gewinn- und Verlustrechnung zwischen den Posten Nr. 9 bis Nr. 11 (vgl. § 275 HGB) einzuordnen und ist damit Teil des Finanzergebnisses, dazu *Kessler/Freisleben*, in: Hennrichs/Kleindiek/Watrin (Hrsg.), Münchener Kommentar zum Bilanzrecht, 2013, § 277 HGB Rn. 69; *Schmidt/Kliem*, in: Grottel/Schmidt/Schubert u. a. (Hrsg.), Beck'scher Bilanz-Kommentar, 12. Aufl. 2020, § 277 HGB Rn. 19; welche Bezugsgröße nun konkret gewählt wurde, ist daher ohne Belang, da das Unternehmen sowohl auf den Jahresüberschuss als auch auf den Bilanzgewinn derart Einfluss nehmen kann.

[248] *Heeren*, Kapitalgeberschutz und hybride Finanzierungsinstrumente, 2008, S. 208 f. m.w.N., welcher diese Grundannahme aber auch im Hinblick auf die übermäßige Thesaurierung in der Tochtergesellschaft überträgt. Dies ist hier aus dem Grund unterblieben, da bei einem Gewinn- und Beherrschungsvertrag oder einem isolierten Gewinnabführungsvertrag, welcher bereits im Zeitpunkt des Vertragsschlusses besteht, die Minderung der Bemessungsgrundlage immanent ist und offen zu Tage tritt, während die Thesaurierung in der Tochtergesellschaft immer noch im Einzelfall von der Entscheidung der entsprechenden Gesellschaft abhängig ist. Aus diesem Grund soll dieser letzte Fall zunächst ohne diese Grundannahme getroffen werden.

4.2.4.2 Bereits bestehende Grenzen in den untersuchten Konzernsachverhalten

4.2.4.2.1 Grenzen bei übermäßiger Thesaurierung auf Ebene der Tochtergesellschaft

4.2.4.2.1.1 Bestehender Schutz für „wirtschaftlich-virtuelle" Gesellschafter

Bei einer übermäßigen Rücklagenbildung auf Ebene der abhängigen Gesellschaft muss der Genussrechtsinhaber diese Maßnahme grundsätzlich hinnehmen. Eine Grenze besteht nur bei Rechtsmissbrauch und benachteiligender Rücklagenbildung. Zudem gelten die allgemein auch im Verhältnis zu den Gesellschaftern bestehenden Schranken.[249] Vorstehendes gilt, wie zuvor bereits ausgeführt, auch für Gewinnschuldverschreibungen.[250]

Möglich sind demnach Schadensersatzansprüche aus § 280 Abs. 1 BGB und § 826 BGB[251]. Außerdem wird ein Sonderkündigungsrecht angelehnt an § 313 Abs. 3 S. 2 BGB in Betracht gezogen.[252]

Ein anderes Ergebnis ergibt sich auch für weitere Formen der „wirtschaftlich-virtuellen" Gesellschafter nicht. So ist im GmbH-Konzern grundsätzlich eine freie Dotierung der Rücklagen gem. § 29 Abs. 2 GmbHG möglich, auch wenn wegen der für einen Minderheitsgesellschafter bestehenden Gefahr des Aushungerns verschiedene Ansichten vertreten werden.[253] Handelt es sich um ein Vertragsverhältnis zu einer AG kann insoweit auch auf die Ausführungen im Rahmen der Gewinnverwendung zurückgegriffen werden.[254] Wie bei der GmbH besteht auch bei dieser Gesellschaftsform ausschließlich ein Schutz über die allgemeinen Missbrauchsvorschriften.[255]

---

[249] *Frantzen*, Genußscheine, 1993, S. 219; *Habersack*, in: Goette/Habersack/Kalss (Hrsg.), Münchener Kommentar zum Aktiengesetz, Bd. 4, 5. Aufl. 2021, § 221 Rn. 284, 322; *Hirte*, in: Hopt/Wiedemann (Hrsg.), Aktiengesetz, Bd. 7.1, 4. Aufl. 2012, § 221 Rn. 415, 187; *Scholz*, in: Hoffmann-Becking (Hrsg.), Münchener Handbuch des Gesellschaftsrechts, 5. Aufl. 2020, § 64 Rn. 86; vgl. *Wöckener/Becker*, in: Habersack/Mülbert/Schlitt (Hrsg.), Unternehmensfinanzierung am Kapitalmarkt, 4. Aufl. 2019, § 13 Rn. 13.42; für die GmbH auch *Heeren*, Kapitalgeberschutz und hybride Finanzierungsinstrumente, 2008, S. 280.

[250] *Koch*, in: Hüffer/Koch (Hrsg.), Aktiengesetz, 15. Aufl. 2021, § 221 Rn. 64.

[251] *Renner/Engel*, ZIP 2013, 2436, 2443; zumindest „denkbar" *Koch*, in: Hüffer/Koch (Hrsg.), Aktiengesetz, 15. Aufl. 2021, § 221 Rn. 68.

[252] *Renner/Engel*, ZIP 2013, 2436, 2443.

[253] Zu den im Einzelnen vertretenen Ansicht einen Überblick bietend *Heeren*, Kapitalgeberschutz und hybride Finanzierungsinstrumente, 2008, S. 279 f.; zum Minderheitenschutz bei der Gefahr des Aushungers vgl. unten Abschnitt 5.2.4.1.3.2.

[254] Vgl. hierzu unter Abschnitt 4.2.2.2.1.

[255] So auch *Heeren*, Kapitalgeberschutz und hybride Finanzierungsinstrumente, 2008, S. 286.

Ein anderes Schutzniveau gilt nur für den Fall sog. Wohlverhaltensklauseln. Diese beschreiben vertragliche Vereinbarungen, die vorsehen, dass das Unternehmen den Vergütungsinteressen der Gläubiger dadurch angemessen Rechnung trägt, dass es konzernpolitisch nicht zulasten der Gläubiger auf das Thesaurierungsverhalten untergeordneter Gesellschaften Einfluss nimmt.[256]

4.2.4.2.1.2 Schutzwirkung des § 58 AktG

Handelt es sich bei den betroffenen Unternehmen um Aktiengesellschaften, muss § 58 AktG beachtet werden. Dieser stellt in Absatz 1 und 2 für die Dotierung der Gewinnrücklagen Beschränkungen dahingehend auf, dass vorbehaltlich anderer Satzungsregelungen nur maximal die Hälfte des Jahresüberschusses den Gewinnrücklagen zugeführt werden darf.

Umstritten ist allerdings, inwieweit diese Regelung auch im Konzern anzuwenden ist.

Einer Ansicht nach verbleibt es auf jeder Konzernstufe bei § 58 AktG,[257] sodass die für die Gewinnrücklage verfügbare Geldsumme geringer wird, je gestaffelter der Konzern ist. Für die „wirtschaftlich-virtuellen" Gesellschafter führt dies nur in Höhe der gesetzlichen Begrenzung zu einem mittelbaren Schutz, der bei vertiefter Konzernstruktur immer schwächer wird. Eine andere Ansicht rechnet die in der beherrschten AG vorgenommene Thesaurierung im Rahmen der Beschränkung des § 58 AktG der herrschenden AG zu und wendet § 58 AktG insoweit analog an.[258] Für die „wirtschaftlich-virtuellen" Gesellschafter

---

[256] *Frantzen*, Genußscheine, 1993, S. 218 mit konkreten Vertragsbeispielen.

[257] *Beusch*, in: Havermann (Hrsg.), Festschrift für Reinhard Goerdeler, 1987, S. 25, 33 ff.; *Henze*, in: Hopt/Wiedemann (Hrsg.), Aktiengesetz, Bd. 2, 4. Aufl. 2008, § 58 Rn. 50 ff., 64; *Heeren*, Kapitalgeberschutz und hybride Finanzierungsinstrumente, 2008, S. 283; *Koch*, in: Hüffer/Koch (Hrsg.), Aktiengesetz, 15. Aufl. 2021, § 58 Rn. 17; *Krieger*, in: Hoffmann-Becking (Hrsg.), Münchener Handbuch des Gesellschaftsrechts, Bd. 4, 5. Aufl. 2020, § 70 Rn. 56; *Priester*, ZHR 2012, 268, 276; *Thomas*, ZGR 1985, 365, 385; *Walclawik*, in: Hölters (Hrsg.), Aktiengesetz, 3. Aufl. 2017, § 58 Rn. 49; *Werner*, in: Lutter/Mertens/Ulmer (Hrsg.), Festschrift für Walter Stimpel, 1985, S. 935, 952; *Westermann*, in: Hofmann/Meyer-Cording/Wiedemann (Hrsg.), Festschrift für Klemens Pleyer, 1986, S. 421, 437 ff.,442.

[258] Innerhalb dieser Ansicht ist die Rechtsfolge jedoch umstritten. Eine veraltete Ansicht nahm die Nichtigkeit des Verwendungsbeschlusses nach § 256 Abs. 1 Nr. 4 AktG analog an, unter Ablehnung der Anwendung von § 58 Abs. 2 AktG *Götz*, Rücklagenbildung in der Unternehmensgruppe, Festschrift für Adolf Moxter, 1994, S. 573, 586 ff.; 596 f. Heute wird hingegen überwiegend vertreten, dass wegen der Überschreitung des rechtlichen Dürfens – nicht des rechtlichen Könnens – eine Sonderprüfung nach § 258 AktG möglich sein könne, dazu *Lutter*, in: Havermann (Hrsg.), Festschrift für Reinhard Goerdeler, 1987, S. 327, 338 f.; zustimmend *Bayer*, in: Goette/Habersack/Kalss (Hrsg.), Münchener Kommentar zum

würde das in Bezug auf die Gewinnrücklagen zu einem etwas weitergehenden Schutz führen, da nicht auf jeder Konzernebene eine erneute Thesaurierung bis zur gesetzlichen Höchstgrenze möglich wäre.

Wird gegen § 58 AktG im Feststellungsbeschluss verstoßen, bewirkt dies eine Nichtigkeit desselben nach § 256 Abs. 1 Nr. 4 AktG, sofern keine Heilung nach § 256 Abs. 4 AktG eintritt. Gewinnverwendungsbeschlüsse sind gem. §§ 241 Nr. 3, 253 Abs. 1 S. 1 AktG nichtig, wenn sie die nach § 174 Abs. 1 S. 2 AktG festgelegte Bindung an den Feststellungsbeschluss nicht befolgen. Anfechtbar können sie bei Verstößen gegen § 58 Abs. 3 AktG oder die Satzung nach §§ 243 Abs. 1, 254 Abs. 1 AktG sein.

4.2.4.2.2 Grenzen im Falle von Beherrschungs- und Gewinnabführungsverträgen

4.2.4.2.2.1 Schutzniveau für Genussrechte

4.2.4.2.2.1.1 Beherrschungs- und Gewinnabführungsvertrag im Aktienrecht

Handelt es sich um einen zeitlich später als den Genussrechtsvertrag eingegangenen Beherrschungs- und Gewinnabführungsvertrag, so passt der BGH die Genussrechtsbedingungen wegen des Wegfalls der Geschäftsgrundlage gem. § 313 BGB an. Demzufolge sollen die Genussrechtsbedingungen in Anlehnung an § 304 Abs. 2 S. 1 AktG dergestalt geändert werden, dass „jedenfalls in den Fällen, in denen [...] bei Abschluss des Beherrschungs- und Gewinnabführungsvertrags davon auszugehen ist, dass die abhängige Gesellschaft in der Zukunft bis zum Ende des Beherrschungs- und Gewinnabführungsvertrags ohne den Vertrag genügend Gewinn ausgewiesen hätte, um die Genussrechte bedienen zu können, sie dies auch nach Abschluss des Beherrschungs- und Gewinnabführungsvertrags tun muss, ohne dass es auf die dann ausgewiesenen (fiktiven) Gewinne oder Verluste ankommt, und dass sie dann auch den Rückzahlungsanspruch nicht kürzen darf."[259] Wirtschaftliche Folge für die Genussrechtsinhaber

---

Aktiengesetz, Bd. 1, 5. Aufl. 2019, § 58 Rn. 70 ff.; *Götz*, AG 1984, 85, 93 f.; *Grigoleit/Zellner, in:* Grigoleit (Hrsg.), Aktiengesetz, 2. Aufl. 2020, § 58 Rn. 18.

[259] BGH, Urt. v. 28. Mai 2013 – II ZR 67/12, NZG 2013, 987, 989 f.; zustimmend *Verse/Wiersch*, NZG 2014, 5, 12; *Florstedt*, in: Zöllner/Noack (Hrsg.), Kölner Kommentar zum Aktiengesetz, Bd. 4.2, 3. Aufl. 2017, § 221 Rn. 634; *Koppensteiner*, in: Zöllner/Noack (Hrsg.), Kölner Kommentar zum Aktiengesetz, Bd. 6, 3. Aufl. 2010, § 304 Rn. 18; *Frantzen*, Genußscheine, 1993, S. 282 ff., 285; *Sethe*, AG 1993, 351, 366 f.; *Renner/Engel*, ZIP 2013, 2436, 2440 f.; ebenso auf § 313 BGB abstellend, aber zusätzlich eine Kündigungsmöglichkeit gewähren wollend *Schneider*, in: Havermann (Hrsg.), Bilanz- und Konzernrecht, 1987, S. 511, 526.

ist ein fester Ausgleichsanspruch, der auch beim späteren Eintritt von Verlusten vollständig bedient werden muss, sofern zum Stichtag der Zustimmung des Beherrschungs- und Gewinnabführungsvertrages durch die Hauptversammlung eine positive Ertragsprognose bestand.[260]

Einigkeit besteht über den Umstand, dass den Genussrechtsinhabern grundsätzlich ein Schutz gewährt werden muss.[261] Lediglich über das Instrumentarium besteht Streit. In der Literatur werden zum BGH abweichende Lösungswege vertreten.

Teilweise wird ähnlich der vom BGH vertretenen Ansicht ein an § 304 Abs. 2 S. 1 AktG angelehnter Ausgleichsanspruch angenommen, wobei Anspruchsgegner, entgegen der Lösung des BGH, das herrschende Unternehmen sein soll.[262] Hierfür muss zunächst die Frage beantwortet werden, ob die für die Analogie zu § 304 Abs. 2 S. 1 AktG erforderliche Regelungslücke fehlt. Dies kann auf zwei verschiedene Weisen beurteilt werden: Zum einen kann die Erforderlichkeit mit dem Hinweis auf § 313 BGB abgelehnt werden.[263] Zum anderen könnte § 304 AktG eine Ausformung der Störung der Geschäftsgrundlage sein, die § 313 BGB dann als speziellere Regelung vorgehen würde.[264] Auch der Ausspruch des BGH, dass die Genussrechtsgläubiger „mindestens ebenso schutzwürdig wie die Aktionäre"[265] seien, soll für die Orientierung am herrschenden Unternehmen sprechen.[266] Gleiches gilt für den Umstand, dass auf

---

[260] *Verse/Wiersch*, NZG 2014, 5, 7.

[261] Vgl. insoweit nachfolgend in Kapitel 4 Fn. 262–279.

[262] *Dangelmayer*, Der Schutz von Genussrechtsinhabern im Anwendungsbereich des Kreditwesengesetzes, 2013, S. 177 ff., 188 f.; *Habersack*, in: Goette/Habersack/Kalss (Hrsg.), Münchener Kommentar zum Aktiengesetz, Bd. 4, 5. Aufl. 2021, § 221 Rn. 320a; so auch bereits *Vollmer*, ZGR 1983, 445, 467; zur analogen Anwendung von § 304 AktG; *Hirte*, in: Hopt/Wiedemann (Hrsg.), Aktiengesetz, Bd. 7.1, 4. Aufl. 2012, § 221 Rn. 415, 187; vgl. *Ehmann*, AG 2013, 751, 753 (Anspruch gegen abhängiges sowie herrschendes Unternehmen möglich); *Verse/Wiersch*, NZG 2014, 5, 7 verweisen darauf, dass beide Lösungsansätze wirtschaftlich dasselbe bedeuten und lediglich ein vollstreckungsrechtlicher Unterschied besteht.

[263] *Frantzen*, Genußscheine, 1993, S. 284 f.; *Lindemann*, Gewinnabhängige Ansprüche im Konzern, 2003, S. 66 f.; *Maerker/Wagner*, DB 2013, 2549, 2551; *Schneider*, in: Havermann (Hrsg.), Bilanz- und Konzernrecht, 1987, S. 511, 526.

[264] *Habersack*, in: Goette/Habersack/Kalss (Hrsg.), Münchener Kommentar zum Aktiengesetz, Bd. 4, 5. Aufl. 2021, § 221 Rn. 320a; *Hirte*, in: Hopt/Wiedemann (Hrsg.), Aktiengesetz, Bd. 7.1, 4. Aufl. 2012, § 221 Rn. 415, 187; *Schürnbrand* ZHR 2009, 689, 692 f., 707.

[265] BGH, Urt. v. 28. Mai 2013 – II ZR 67/12, NZG 2013, 987, 990.

[266] *Habersack*, in: Goette/Habersack/Kalss (Hrsg.), Münchener Kommentar zum Aktiengesetz, Bd. 4, 5. Aufl. 2021, § 221 Rn. 320a.

diese Weise unter analoger Anwendung des § 304 Abs. 2 S. 2 AktG mit Orientierung des Ausgleichsanspruches am Ergebnis des herrschenden Unternehmens eine Bereicherung der Genussrechtsinhaber verhindert wird, wenn die Ertragslage der abhängigen Gesellschaft fehlerhaft prognostiziert wurde.[267] Hingegen spricht für die Anwendung des § 313 BGB, dass dadurch die Modifikationen umgangen werden könnten, die bei einer Analogie zu § 304 AktG in Bezug auf die Vollausschüttungshypothese vorgenommen werden müssten.[268] Auch der in § 57 AktG, das Verbot der Einlagenrückgewähr, liegende Grund für die in § 304 AktG angeordnete Schuldnerstellung des herrschenden Unternehmens[269] lässt sich nicht auf die Genussrechte übertragen.[270] Zudem ist eine in § 313 BGB gefundene Lösung für die hier untersuchte Gläubigergruppe als einheitlicher Ansatz vorzugswürdig.

Eine andere Ansicht spricht dem Genussrechtsinhaber angelehnt an § 305 AktG ein Abfindungsrecht oder ein Recht zur außerordentlichen Kündigung zu.[271] Dem muss man aber bereits das Telos der Bestimmung entgegenhalten, der einen Ausgleich für verlorenen Mitverwaltungsrechte geben soll, welche den Genussrechtsinhabern aber bereits a priori nicht zustehen.[272]

---

[267] *Habersack*, in: Goette/Habersack/Kalss (Hrsg.), Münchener Kommentar zum Aktiengesetz, Bd. 4, 5. Aufl. 2021, § 221 Rn. 320a.

[268] Die vom BGH verwendete Formel (vgl. BGH, Urt. v. 28. Mai 2013 – II ZR 67/12, NZG 2013, 987, 990) zur Errechnung der Ertragslage ist zwar stark an den Wortlaut des § 304 Abs. 2 S. 1 AktG angelehnt, lässt wohl aber bewusst die Vollausschüttungshypothese („ohne Bildung anderer Gewinnrücklagen") weg, dazu *Verse/Wiersch*, NZG 2014, 5, 8 ff.; zwar wie der BGH auf § 313 BGB abstellend aber in Gänze dem Wortlaut des § 304 Abs. 2 S. 1 AktG inkl. Vollausschüttungshypothese folgend *Lindemann*, Gewinnabhängige Ansprüche im Konzern, 2003, S. 68 ff.

[269] OLG Frankfurt a.M., Urt. v. 26. August 2009–23 U 69/08, NZG 2010, 389, 390; *van Rossum*, in: Goette/Habersack/Kalss (Hrsg.), Münchener Kommentar zum Aktiengesetz, Bd. 5, 5. Aufl. 2020, § 304 Rn. 37 f.; *Veil/Preisser*, in: Spindler/Stilz (Hrsg.), Kommentar zum Aktiengesetz, 4. Aufl. 2019, § 304 Rn. 32.

[270] *Verse/Wiersch*, NZG 2014, 5, 8.

[271] *Luttermann*, Unternehmen, Kapital und Genußrechte, 1998, S. 53; zur außerordentlichen Kündigung *Schneider*, in: Havermann (Hrsg.), Bilanz- und Konzernrecht, 1987, S. 511, 527; *Heeren* vertritt ein außerordentliches Kündigungsrecht aus § 313 Abs. 3 S. 1, 2 BGB *Heeren*, Kapitalgeberschutz und hybride Finanzierungsinstrumente, 2008, S. 240 ff.

[272] BGH, Urt. v. 28. Mai 2013 – II ZR 67/12, NZG 2013, 987, 990; *Casper*, ZIP 2012, 497, 503; *Hirte*, in: Hopt/Wiedemann (Hrsg.), Aktiengesetz, Bd. 7.1, 4. Aufl. 2012, § 221 Rn. 415, 187; zum Telos der Norm bereits BGH, Beschl. v. 4. März 1998 – II ZB 5/97, NZG 1998, 379, 380; *Koch*, in: Hüffer/Koch (Hrsg.), Aktiengesetz, 15. Aufl. 2021, § 305 Rn. 1; *Kropff*, Aktiengesetz vom 6.9.1965 (Bundesgesetzbl. I S. 1089), 1965, S. 397; *van Rossum*, in: Goette/Habersack/Kalss (Hrsg.), Münchener Kommentar zum Aktiengesetz, Bd. 5, 5. Aufl. 2020, § 305 Rn. 7.

Eine ergänzende Vertragsauslegung nach § 157 BGB kommt hingegen im Falle der Eingehung eines Beherrschungs- und Gewinnabführungsvertrages nicht in Frage, da sich diese grundlegende Umgestaltung des Genussrechtsverhältnisses dem Vertragswillen entzieht.[273]

Der von anderen Teilen der Literatur in Betracht gezogene Schadensersatzanspruch gem. § 280 Abs. 1 BGB[274], scheitert bereits an der Pflichtverletzung des Vertragspartners.[275] Es ist weder dem Vorstand noch der Hauptversammlung möglich, sich dahingehend wirksam zu verpflichten, dass kein Beherrschungs- und Gewinnabführungsvertrag abgeschlossen wird.[276] Weiterhin spricht die Systematik dagegen, da andere Strukturmaßnahmen gleichermaßen keine Unterlassungs- und Schadenersatzansprüche gewähren (vgl. dazu § 23 UmwG, § 216 Abs. 3 S. 1 AktG, § 57 m Abs. 3 GmbHG).[277]

Für die Umstellung der Bemessungsgrundlage auf das Bilanzergebnis des herrschenden Unternehmens spricht sich eine wiederum andere Ansicht aus.[278] Damit würde im Ergebnis jedoch eine Auswechslung des Vertragspartners einhergehen, die gegen den Rechtsgedanken des § 309 Nr. 10 BGB verstoßen würde und – da auf dem gesamten Konzernergebnis beruhend – nicht interessengerecht wäre.[279]

Eine abschließende Positionierung müsste nach den vorstehenden Ausführungen allerdings nicht vorgenommen werden, da die Genussrechtsinhaber in jedem Fall geschützt sind. Lediglich der Weg zur Zielerreichung ist unterschiedlich angelegt.

---

[273] BGH, Urt. v. 28. Mai 2013 – II ZR 67/12, NZG 2013, 987, 989.

[274] *Bilda*, in: Semler/Kropff (Hrsg.), Münchener Kommentar zum Aktiengesetz, Bd. 8, 2. Aufl. 2000, § 304 Rn. 27; *Koppensteiner*, in: Zöllner/Noack (Hrsg.), Kölner Kommentar zum Aktiengesetz, Bd. 6, 3. Aufl. 2010, § 304 Rn. 18; Schadenersatzansprüche im Zusammenhang mit der Erhöhung des Genussrechtskapitals andeutend *Schneider*, in: Havermann (Hrsg.), Bilanz- und Konzernrecht, 1987, S. 511, 519.

[275] BGH, Urt. v. 28. Mai 2013 – II ZR 67/12, NZG 2013, 987, 990; *Fuchs*, Kapitalbeteiligung ohne Mitgliedschaft, 1997, S. 706; *Habersack*, in: Goette/Habersack/Kalss (Hrsg.), Münchener Kommentar zum Aktiengesetz, Bd. 4, 5. Aufl. 2021, § 221 Rn. 320; *Koch*, in: Hüffer/Koch (Hrsg.), Aktiengesetz, 15. Aufl. 2021, § 221 Rn. 68b; *Renner/Engel*, ZIP 2013, 2436, 2440; im Ergebnis dem BGH zustimmend *Verse/Wiersch*, NZG 2014, 5, 7.

[276] BGH, Urt. v. 28. Mai 2013 – II ZR 67/12, NZG 2013, 987, 990; *Stephan*, in: Schmidt/Lutter (Hrsg.), Aktiengesetz, Bd. 2, 4. Aufl. 2020, § 304 Rn. 68.

[277] *Verse/Wiersch*, NZG 2014, 5, 7.

[278] *Schneider*, in: Havermann (Hrsg.), Bilanz- und Konzernrecht, 1987, S. 511, 52.

[279] BGH, Urt. v. 28. Mai 2013 – II ZR 67/12, NZG 2013, 987, 990; BGH, Urt. v. 28. Mai 2013 – II ZR 2/12, Rn. 27; zustimmend *Casper*, ZIP 2012, 497, 501; *Koch*, in: Hüffer/Koch (Hrsg.), Aktiengesetz, 15. Aufl. 2021, § 221 Rn. 68c; vgl. *Renner/Engel*, ZIP 2013, 2436, 2441; *Verse/Wiersch*, NZG 2014, 5, 9.

4.2.4.2.2.1.2 Isolierter Gewinnabführungsvertrag im Aktienrecht

Wird hingegen ein isolierter Gewinnabführungsvertrag (ohne Beherrschungsvertrag) abgeschlossen, wird von manchen Stimmen in der Literatur eine vom BGH abweichende Beurteilung vertreten. Es sei in diesem Fall nicht mehr der prognostizierte Gewinn, sondern das fiktive Bilanzergebnis maßgeblich. Die Genussrechtsinhaber seien demnach so zu stellen, als bestünde kein Ergebnisabführungsvertrag.[280] Eine andere Ansicht differenziert in diesem Zusammenhang nicht zwischen einem isolierten Gewinnabführungsvertrag und einem solchen mit Beherrschungsvertrag. Sie wendet in beiden Konstellationen die schon für den Beherrschungs- und Gewinnabführungsvertrag maßgebliche Prognose an.[281] Für die letztgenannte Position könnte sprechen, dass dem Gewinnabführungsvertrag gem. § 291 Abs. 1 S. 1 Alt. 2 AktG dieselben Wirksamkeitsvoraussetzungen zugrunde liegen wie dem Beherrschungsvertrag gem. § 291 Abs. 1 S. 1 Alt. 1 AktG. Dem könnte entnommen werden, dass die Hauptversammlung durch die vorhandene erforderliche Mehrheit ohne Weiteres auch einen Beherrschungsvertrag hätte abschließen können und daher in diesem Zusammenhang eine Unterscheidung zu einem isolierten Gewinnabführungsvertrag faktisch betrachtet wenig sinnvoll ist. Die entsprechende Mehrheit könnte jederzeit auch einem Beherrschungsvertrag zustimmen. Dem ist allerdings entgegenzuhalten, dass das Fehlen eines solchen Vertrages eine bewusste Entscheidung gegen die damit einhergehenden Folgen ist, wie z. B. der Leitungsmacht aus § 308 AktG. Es kann nicht ohne Weiteres unterstellt werden, dass die Hauptversammlung ohnehin den Beherrschungsvertrag abschließen kann.[282] Begründet wird die gleichlaufende Behandlung des isolierten Gewinnabführungsvertrages mit dem Beherrschungsvertrag aber damit, dass seit Einführung des MoMiG alle Leistungen der abhängigen Gesellschaft – und nicht nur solche die aus dem Gewinnabführungsvertrag resultieren – keinen Verstoß gegen das Kapitalerhaltungsgebot darstellen. Vor

---

[280] *Driver*, BB 2014, 195, 196; *Frantzen*, Genußscheine, 1993, S. 282 Fn. 352; *Habersack*, in: Goette/Habersack/Kalss (Hrsg.), Münchener Kommentar zum Aktiengesetz, Bd. 4, 5. Aufl. 2021, § 221 Rn. 320b; *Heeren*, Kapitalgeberschutz und hybride Finanzierungsinstrumente, 2008, S. 237; *Koch*, in: Hüffer/Koch (Hrsg.), Aktiengesetz, 15. Aufl. 2021, § 221 Rn. 68d; *Lindemann*, Gewinnabhängige Ansprüche im Konzern, 2003, S. 80; *Luttermann*, Unternehmen, Kapital und Genußrechte, 1998, S. 538; *Renner/Engel*, ZIP 2013, 2436, 2442; *Scholz*, in: Hoffmann-Becking (Hrsg.), Münchener Handbuch des Gesellschaftsrechts, Bd. 4, 5. Aufl. 2020, § 64 Rn. 93; *Verse/Wiersch*, NZG 2014, 5, 8 Fn. 33; offenlassend, aber zumindest andeutend, dass durch das fiktive Bilanzergebnis als Maßstab die Folgen eines Gewinnabführungsvertrages neutralisiert werden BGH, Urt. v. 28. Mai 2013 – II ZR 67/12, NZG 2013, 987, 990.

[281] *Hirte*, in: Hopt/Wiedemann (Hrsg.), Aktiengesetz, Bd. 7.1, 4. Aufl. 2012, § 221 Rn. 418.

[282] So bereits *Lindemann*, Gewinnabhängige Ansprüche im Konzern, 2003, S. 80.

diesem Hintergrund seien daher alle Leistungen gleich zu behandeln, unabhängig davon, ob ein Beherrschungsvertrag bestünde.[283]

Letztlich kann auch diese Diskussion offengelassen werden, da unabhängig von der konkreten Berechnung dem Grunde nach ein Schutz für Genussrechtsinhaber besteht.

4.2.4.2.2.1.3 Schutzniveau für Genussrechte in anderen Gesellschaftsformen

§ 30 Abs. 1 S. 2 GmbHG zeigt, dass Beherrschungs- und Gewinnabführungsverträge auch in der GmbH als abhängiges Unternehmen möglich sind.[284] Damit ergibt sich in der GmbH dasselbe Risiko wie in der AG für die „wirtschaftlich-virtuellen" Gesellschafter. Die zum Aktienrecht dargestellten Lösungswege können ebenso auf Kapitalgeber der GmbH übertragen werden, da diese Ansätze auf den allgemeinen schuldrechtlichen Überlegungen beruhen.[285]

---

[283] Gesetzlich manifestiert in: § 30 Abs. 1 S. Alt. 1 GmbHG und § 57 Abs. 1 S. 3 Alt. 1 AktG; *Hirte*, in: Hopt/Wiedemann (Hrsg.), Aktiengesetz, Bd. 7.1, 4. Aufl. 2012, § 221 Rn. 418; zur Überflüssigkeit des Kapitalerhaltungsgebotes in diesen Fällen *Altmeppen*, Gesetz betreffend die Gesellschaften mit beschränkter Haftung, 10. Aufl. 2021, § 30 Rn. 103 ff.; zum Gläubigerschutz bei Personengesellschaften: *Roth*, in: Baumbach/Hopt (Hrsg.), Handelsgesetzbuch, 40. Aufl. 2021, § 105 Rn. 105.

[284] Gewinnabführungsverträge werden dabei gesellschaftsrechtlich nach herrschender Meinung in jeder Hinsicht nach dem aktienrechtlichen Vorbild behandelt, wobei Besonderheiten indes für die Mehrheit beim Vertragsabschluss gelten *Beurskens*, in: Baumbach/Hueck (Hrsg.), Gesetz betreffend die Gesellschaften mit beschränkter Haftung, 22. Aufl. 2019, Anhang § 88 Rn. 97; *Emmerich*, in: Emmerich/Habersack (Hrsg.), Aktien- und GmbH-Konzernrecht, 9. Aufl. 2019, § 291 Rn. 66; *ders.*, in: Scholz (Hrsg.), Kommentar zum GmbH-Gesetz, 12. Aufl. 2018, Anh. § 13 Rn. 200; *Liebscher*, in: Fleischer/Goette (Hrsg.), Münchener Kommentar zum Gesetz betreffend die Gesellschaften mit beschränkter Haftung – GmbHG, Bd. 1, 3. Ausl. 2018, Anh. § 13 Rn. 725, 855, 913 ff.; eine eingeschränkte Gesamtanalogie vertretend *Servatius*, in: Michalski/Heidinger/Leible u. a. (Hrsg.), Kommentar zum Gesetz betreffend die Gesellschaften mit beschränkter Haftung, Bd. 1, 3. Aufl. 2017, Syst. Darst. 4 Rn. 271; abweichend ist indes der Beherrschungsvertrag zu beurteilen. Diesbezüglich kann keine Gesamtanalogie zum Aktienrecht gezogen werden aufgrund der Strukturunterschiede zwischen AG und GmbH; namentlich die innergesellschaftliche Vertrags- und damit Gestaltungsfreiheit und die Weisungsmacht der Gesellschafterversammlung gegenüber der Geschäftsführung. Besteht ein Beherrschungsvertrag, sind negative Weisungen analog § 308 Abs. 1 S. 2 AktG möglich. Damit hat auch er dieselbe Funktion wie in der AG; sodass auch in der GmbH besondere Kautelen zu beachten sind, dazu *Emmerich*, in: Emmerich/Habersack (Hrsg.), Aktien- und GmbH-Konzernrecht, 9. Aufl. 2019, § 291 Rn. 41 ff.

[285] *Renner/Engel*, ZIP 2013, 2436, 2443.

In Personenhandelsgesellschaften sind Beherrschungs- und Gewinnabführungsverträge im Sinne des § 291 AktG nicht generell unzulässig.[286] Bei einem Gewinnabführungsvertrag wird die Verlagerung des zu versteuernden Gewinns auf die herrschende Gesellschaft im Sinne von §§ 14, 17 KStG angestrebt. Diese Regelungen gelten indes nicht für Personengesellschaften, sodass Gewinnabführungsverträge in der Praxis keine Rolle spielen.[287]

4.2.4.2.2.2 Schutzniveau in der stillen Gesellschaft und anderen Formen „wirtschaftlich-virtueller" Gesellschafter

Der stille Gesellschafter muss eine Konzernunterwerfung als Änderung der Grundlagen des Unternehmens nicht ohne Weiteres hinnehmen.[288] Diese unterliegen der Zustimmung des Stillen.[289] Nach außen ist die Maßnahme allerdings uneingeschränkt wirksam und kann für den Stillen lediglich zur Kündigungsmöglichkeit oder Schadensersatzansprüchen führen.[290]

---

[286] *Roth*, in: Baumbach/Hopt (Hrsg.), Handelsgesetzbuch, 40. Aufl. 2021, § 105 Rn. 105; *Schäfer*, in: Canaris/Habersack/Schäfer (Hrsg.), Staub Handelsgesetzbuch, Bd. 3, 5. Aufl. 2009, Anh. § 105 Rn. 12 f.; vgl. *Mülbert*, in: Schmidt/Ebke (Hrsg.), Münchener Kommentar zum Handelsgesetzbuch, Bd. 3, 4. Aufl. 2019, Konzernrecht der Personengesellschaften Rn. 150 ff., 166 ff. mit detaillierten Ausführungen zum Meinungsstand.

[287] *Lieder*, in: Oetker (Hrsg.), Handelsgesetzbuch, 7. Aufl. 2021, § 105 Rn. 151; vgl. *Roth*, in: Baumbach/Hopt (Hrsg.), Handelsgesetzbuch, 40. Aufl. 2021, § 105 Rn. 105.

[288] Konkret zur Konzernunterwerfung und zur abweichenden Beurteilung von Umwandlungsvorgängen BGH Urt. v. 29. Juni 1987 – II ZR 173/86, NJW 1988, 413 f.; *Lindemann*, Gewinnabhängige Ansprüche im Konzern, 2003, S. 191; *Schmidt*, in: ders./Ebke (Hrsg.), Münchener Kommentar zum Handelsgesetzbuch, 32.012, § 230 Rn. 179; zu Grundlagenänderungen im Unternahmen ebenso *Gehrlein*, in: Ebenroth/Boujong/Joost u. a. (Hrsg.), Handelsgesetzbuch, Bd. 1, 4. Aufl. 2020, § 230 Rn. 51; *Lamprecht*, in: Blaurock (Hrsg.), Handbuch Stille Gesellschaft, 9. Aufl. 2020, Rn. 12.9; *Roth*, in: Baumbach/Hopt (Hrsg.), Handelsgesetzbuch, 40. Aufl. 2021, § 230 Rn. 15.

[289] *Ders.*, in: Baumbach/Hopt (Hrsg.), Handelsgesetzbuch, 40. Aufl. 2021, § 230 Rn. 13; *Schmidt*, in: ders./Ebke (Hrsg.), Münchener Kommentar zum Handelsgesetzbuch, Bd. 3, 4. Aufl. 2019, vor § 230 Rn. 138; anders *Harbarth*, der (wie auch beim zusätzlichen Abschluss weiterer stiller Gesellschaftsverträge oder partiarischer Rechtsverhältnisse) kein generelles Zustimmungserfordernis annimmt, sondern nur dann, wenn die Gewinnabschöpfung sich nicht mehr in Grenzen hält und die Verwirklichung des gemeinsamen Zwecks bedroht wird, sofern der Geschäftsinhaber eine Kapitalgesellschaft ist *Harbarth*, in: Canaris/Habersack/Schäfer (Hrsg.), Staub Handelsgesetzbuch, Bd. 4, 5. Aufl. 2015, § 230 Rn. 206 m.w.N.

[290] *Gehrlein*, in: Ebenroth/Boujong/Joost u. a. (Hrsg.), Handelsgesetzbuch, Bd. 1, 4. Aufl. 2020, § 230 Rn. 53 ff.; vgl. *Lindemann*, Gewinnabhängige Ansprüche im Konzern, 2003, S. 191 ff.; *Schmidt*, in: ders./Ebke (Hrsg.), Münchener Kommentar zum Handelsgesetzbuch, Bd. 3, 4. Aufl. 2019, § 230 Rn. 179.

Die zu den Genussrechten dargestellte Lösung des BGH[291] kann gleichermaßen auf alle erfolgsbezogenen Ansprüche übertragen werden, da auch auf diese wegen ihrer schuldvertraglichen Ausgestaltung § 313 BGB anwendbar ist.[292] Auch die im Fall eines isolierten Gewinnabführungsvertrages vertretenen Ansichten, müssen in Bezug auf die übrigen Formen der „wirtschaftlich-virtuellen" Gesellschafter nicht einer Entscheidung zugeführt werden, da dort allein über die konkrete Form der Anpassung des Vertrages gestritten wird.

4.2.4.3 Risikobelastung für den „wirtschaftlich-virtuellen" Gesellschafter

4.2.4.3.1 Übermäßige Thesaurierung in der Tochtergesellschaft

Das grundsätzliche Risiko für die „wirtschaftlich-virtuellen" Gesellschafter besteht dann, wenn Gewinne in der Tochtergesellschaft des herrschenden Unternehmens angesammelt und diese dem „wirtschaftlich-virtuellen" Gesellschafter so vorenthalten werden.

Thesaurierungen sind von den „wirtschaftlich-virtuellen" Gesellschaftern grundsätzlich vorbehaltlich sog. Wohlverhaltensklauseln hinzunehmen, es sei denn, sie überschreiten die Grenze des Rechtsmissbrauchs, woraus Schadensersatzansprüche resultieren können. „Wirtschaftlich-virtuellen" Gesellschaftern kommt demnach der allgemeine Schutz zu; einige Stimmen in der Literatur diskutieren zudem ein Sonderkündigungsrecht i.S.d. § 313 Abs. 3 S. 2 BGB.

Nicht zuletzt muss die Beschränkung der Möglichkeit zur Gewinnrücklagenbildung, die mittelbar auch die Ansprüche der „wirtschaftlich-virtuellen" Gesellschafter betrifft, in der AG über die Vorschrift des § 58 Abs. 1 und 2 AktG berücksichtigt werden.

Im Ergebnis bleibt es daher bei den im 5. Kapitel diskutierten allgemeinen Schutzregelungen. Zudem besteht auch in diesem Fall das Problem der Nachweisbarkeit der rechtsmissbräuchlichen Absicht der Gesellschaft gegenüber den „wirtschaftlich-virtuellen" Gesellschaftern.

---

[291] Vgl. dazu unter Abschnitt 4.2.4.2.2.1.

[292] *Emmerich*, in: Emmerich/Habersack (Hrsg.), Aktien- und GmbH-Konzernrecht, 9. Aufl. 2019, § 304 Rn. 14; *Renner/Engel*, ZIP 2013, 2436, 2441 f.; auch bei analoger Anwendung von § 304 AktG wird diese Erstreckung vertreten dazu *Schürnbrand*, ZHR 2009, 689, 690; für Gewinntantiemen an den tatsächlich abgeführten Gewinn anknüpfend *Lindemann*, Gewinnabhängige Ansprüche im Konzern, 2003, S. 227 ff.; kritisch zur Übertragung insgesamt *Heun-Rehn/Oesmann genannt Hoppe*, in: Mehrbrey (Hrsg.), Handbuch Gesellschaftsrechtliche Streitigkeiten, 3. Aufl. 2020, § 130 Rn. 21.

4.2.4.3.2 Gewinnabführungs- und Beherrschungsvertrag

Nach der vom BGH entwickelten vorzugswürdigen Lösung und die hier vertretene Übertragbarkeit auf alle Formen der „wirtschaftlich-virtuellen" Gesellschafter belasten diese Maßnahmen die „wirtschaftlich-virtuellen" Gesellschafter nur in dem Maße, dass sie sich um die Durchsetzung ihrer Rechte zur Vertragsanpassung kümmern oder im Übrigen eine Kündigung aussprechen müssen.

Die in ihrer vertraglichen Abrede mit der entsprechenden Gesellschaft festgelegten Vergütungs- und Rückzahlungsrechte sind durch das vom BGH etablierte Schutzsystem nicht übermäßig gefährdet.

4.2.4.3.3 Isolierter Gewinnabführungsvertrag

Auch bei einem isolierten Gewinnabführungsvertrag steht den „wirtschaftlich-virtuellen" Gesellschaftern Schutz zu. Umstritten ist allerdings die rechtliche Grundlage. Ob aber ein Schutz über eine Vertragsanpassung nach § 313 BGB angewandt oder aber unterstellt wird, es wäre kein Gewinnabführungsvertrag geschlossen worden, muss insoweit nicht entschieden werden. Einzig relevant ist hier der Umstand, dass die „wirtschaftlich-virtuellen" Gesellschafter nicht schutzlos gestellt sind, sodass es für die weitere Untersuchung dahingestellt bleiben kann, wie dieser konkret gewährt wird.

4.2.5 Zeitliche Beeinflussung

4.2.5.1 Risikopotential zeitlicher Verschiebung der erfolgsbeeinflussenden Maßnahmen

Durch die zeitliche Verschiebung von unternehmerischen Maßnahmen in das darauffolgende Geschäftsjahr kann die Gesellschaft derart Einfluss auf ihr Jahresergebnis nehmen, dass ggf. höhere Gewinne erst zu einem von ihr bestimmten Zeitpunkt erwirtschaftet werden. Umgekehrt kann die Gesellschaft Maßnahmen auch vorziehen.[293] Für den „wirtschaftlich-virtuellen" Gesellschafter folgt daraus

---

[293] Vgl. *Mueller-Thuns*, Gewinnbezugsrecht und bilanzpolitische Gestaltungsmöglichkeiten in der GmbH, 1989, S. 35; vgl. allg. zur Bilanzpolitik durch Sachverhaltsgestaltung *Hinz*, Sachverhaltsgestaltungen im Rahmen der Jahresabschlußpolitik, 1994; *Kropff*, in: Baetge (Hrsg.), Der Jahresabschluß im Widerstreit der Interessen, 1983, S. 179, 188 f.; *Pfleger*, Die neue Praxis der Bilanzpolitik, 2. Aufl. 1986, S. 36 ff.; *Wöhe*, DStR 1985, 715, 718 f., *ders.*, Bilanzierung und Bilanzpolitik, 9. Aufl. 1997, S. 55, 63; hierunter sollen nicht andere Fälle von Sachverhaltsgestaltung durch das Unternehmen verstanden werden, die in der Öffentlichkeit nicht selten wie z. B. in den Fällen von WorldCom (https://www.spiegel.de/wirtschaft/bilanzskandal-bei-worldcom-schlimmer-als-enron-a-202626.html – zuletzt abgerufen

möglicherweise, dass im letzten Jahr der Finanzierungsdauer das Unternehmen das Jahresergebnis schmälert, um zum einen die Vergütung oder zum anderen die ggf. vereinbarte Wiederauffüllung des Rückzahlungsanspruches kurz vor Fälligkeit zu verringern oder gar zu verhindern.

Zulässig im Rahmen der schuldrechtlichen Vertragsfreiheit sind auch Vereinbarungen, die in einem bestimmten Jahr der Finanzierungsdauer einen Deckel oder „Maximalgewinnanspruch" vorsehen. Dann kann sich für das Unternehmen ggf. die Option bieten, Geschäfte mit sehr hohen Gewinnmargen in das gedeckelte Geschäftsjahr zu verschieben. Durch den vereinbarten Deckel erhalten die „wirtschaftlich-virtuellen" Gesellschafter nur einen Teil der Gewinne, die sie andernfalls verteilt über mehrere Geschäftsjahre erwirtschaftet hätten, während dem Unternehmen und seinen Gesellschaftern der über den Deckel hinausgehende Teil zusteht. Das Unternehmen umgeht so, dass es in nicht gedeckelten Jahren den Vergütungsanspruch in voller Höhe begleichen muss.[294]

4.2.5.2 Bereits bestehende Grenzen der Maßnahmen

Die zeitliche Verschiebung von gewinnbeeinträchtigenden Maßnahmen ist Sache der Geschäftsführung, sodass das bestehende Schutzniveau – gesetzlich wie vertraglich – parallel zum allgemeinen Umfang und den allgemeinen Grenzen der Geschäftsführungsbefugnis zu beurteilen ist, der bereits im Rahmen der vorstehend untersuchten Maßnahmen dargestellt wurde.[295]

4.2.5.3 Risikobelastung für den „wirtschaftlich-virtuellen" Gesellschafter

Für den „wirtschaftlich-virtuellen" Gesellschafter besteht demnach kein einheitliches Schutzniveau im Hinblick auf Maßnahmen, welche durch zeitliche Verschiebung von Gewinnen oder Verlusten Einfluss auf die ihnen zustehenden

---

am 21. Dezember 2020; https://www.handelsblatt.com/archiv/bilanzskandal-worldcom-weitere-fehlbuchungen-ueber-3-3-mrd-dollar/2188452.html?ticket=ST-1624249-BNTU95YBjscbIh9Xyg5N-ap6 – zuletzt abgerufen am 23. März 2021) und Parlamat (https://www.spiegel.de/wirtschaft/finanzskandal-bei-parmalat-enron-auf-italienisch-a-279335.html [zuletzt abgerufen am 23. März 2021]) als „Bilanzskandale" wahrgenommen wurden. Oftmals gehen diese Skandale mit einer hier nicht weiter zu untersuchenden Verletzung geltenden Rechts einher, vgl. dazu auch *Pöschke*, ZGR 2018, 647, 667 f.

[294] Zur Möglichkeit eines „caps" *Weitnauer*, Handbuch Venture Capital, 6. Aufl. 2019, Anhang X. Phantom Stock Vereinbarung (s. Anhang im elektronischen Zusatzmaterial); zu Maximalvergütung bei Vorständen *Grigoleit/Kochendörfer*, in: Grigoleit, Aktiengesetz, 2. Aufl. 2020, § 87a Rn. 38 f.

[295] Vgl. dazu bereits insbesondere unter Abschnitt 4.2.3.1.2.2.

Rechte nehmen. Außerdem obliegt ihnen ebenso die Bürde die missbräuchliche zeitliche Verschiebung der gewinnbringenden Maßnahmen nachzuweisen.

Wie bereits vorstehend dargestellt[296], besteht bisher allein aufgrund der Klöckner-Entscheidung des BGH ein über die allgemeinen Grenzen hinausgehender Schutz; dies allerdings allein für Genussrechte mit Verlustbeteiligung. Bei der stillen Gesellschaft müssen sich die Maßnahmen der Geschäftsführung am gemeinsam zu verfolgenden Zweck messen lassen. Allen weiteren Formen der „wirtschaftlich-virtuellen" Gesellschafter verbleibt an dieser Stelle nur der allgemeine Schutz.

4.3 Vertraglich gewährter Schutz

Im Grundsatz soll in dieser Arbeit davon ausgegangen werden, dass die „wirtschaftlich-virtuellen" Gesellschafter und ihre Vertragspartner keine entsprechenden Klauseln zur Prävention der oben dargestellten Risiken oder zur Berücksichtigung der Interessen „wirtschaftlich-virtueller" Gesellschafter vorgesehen haben. Trotzdem soll der Vollständigkeit halber dennoch die Frage beantwortet werden, ob es nicht bereits in den Verträgen gelebte Praxis ist, diese Risiken zu berücksichtigen, da die weitere Untersuchung somit auf ein in der Praxis geringeres Anwendungsfeld stoßen würde. Auch im Hinblick auf die Überlegungen zur Vertragsfreiheit und dem Risiko, welchem sich der „wirtschaftlich-virtuelle" Gesellschafter freiwillig aussetzt, könnten sich ggf. Abweichungen in der Beurteilung der Schutzwürdigkeit ergeben. Dies ist insbesondere der Fall, wenn eine solche Klausel trotz Üblichkeit mit Wissen des Gläubigers nicht in den Vertrag aufgenommen wurde.

Nicht selten werden in der Literatur für verschiedene Maßnahmen ausdrückliche Regelungen in den Vertragsbedingungen empfohlen, so zum Beispiel für eine künftige Kapitalerhöhung, die eine Verwässerung der Rechtsposition der Genussrechtsinhaber mit sich bringen kann.[297] Auch im konzernrechtlichen Kontext, werden verschiedene vertragliche Regelungen empfohlen, insbesondere die

[296] Vgl. dazu bereits unter Abschnitt 4.2.3.1.2.2.

[297] *Seiler*, in: Spindler/Stilz (Hrsg.), Kommentar zum Aktiengesetz, 4. Aufl. 2019, § 221 Rn. 184b; zur Möglichkeit und Zulässigkeit vertraglicher Regelungen in diesem Zusammenhang *Koch*, in: Hüffer/Koch (Hrsg.), Aktiengesetz, 15. Aufl. 2021, § 221 Rn. 66 m.w.N.; einen weiteren Vorschlag zur Vertragsgestaltung macht *Hanakam* für das Beispiel der Bilanzierungs- und Bewertungsvorschriften. Sie schlägt beispielsweise die Festlegung von

Anknüpfung an das Konzernergebnis des herrschenden Unternehmens[298] oder eine Regelung für einen später abgeschlossenen Gewinnabführungsvertrag[299].

Daher sollen stichprobenartig[300] Verträge von „wirtschaftlich-virtuellen" Gesellschaftern dahingehend untersucht werden, ob sie Klauseln vorsehen, die das dargestellte Risikopotential der ausgewählten Maßnahmen verringern können.[301] Insgesamt kann die eingangs in diesem Abschnitt gestellte Frage, ob bereits alle untersuchten Verträge ein einheitliches Schutzniveau vorsehen, jedoch verneint werden. Einzelne Verträge bieten zwar einen weitergehenden Schutz, im Ganzen ist aber bei den untersuchten Verträgen festzustellen, dass die „wirtschaftlich-virtuellen" Gesellschafter größtenteils allein auf den gesetzlichen Schutz verwiesen bleiben.

Die Verträge zu stillen Gesellschaften gewähren in der Gesamtschau häufig weitreichendere Rechte als solche anderer Formen „wirtschaftlich-virtueller" Gesellschafter. So wird zum Teil ein unabhängiger Sachverständiger zur Gewinnermittlung hinzugezogen[302] oder explizit festgehalten, dass das Interesse des

Bewertungsrichtlinien, interne Bilanzberichtigungen im Verhältnis zum Genussrechtsinhaber oder die Einräumung eines Dividendenvorzugs vor, *Hanakam*, Die steuerliche Beurteilung von Genussrechten als Instrumente der Kapitalbeschaffung, 1991, S. 63 Fn. 388, S. 65.

298 *Koch*, in: Hüffer/Koch (Hrsg.), Aktiengesetz, 15. Aufl. 2021, § 221 Rn. 68; zur Möglichkeit, dass diese Anknüpfung an § 309 Nr. 10 BGB scheitern kann BGH, Urt. v. 28. Mai 2013 – II ZR 67/12, ZIP 2013, 1570, 1573 f.; *Maerker/Wagner*, DB 2013, 2549, 2552 f.; *Scholz*, in: Hoffmann-Becking (Hrsg.), Münchener Handbuch des Gesellschaftsrechts, Bd. 4, 5. Aufl. 2020, § 64 Rn. 95; *Verse/Wiersch* NZG 2014, 5, 11 f.

299 *Seiler*, in: Spindler/Stilz (Hrsg.), Kommentar zum Aktiengesetz, 4. Aufl. 2019, § 221 Rn. 184b; im Jahr 2014 wiesen *Verse* und *Wiersch* zusätzlich zu einem Vorschlag zur Vertragsgestaltung daraufhin, dass es in der Praxis in den Finanzierungsverträgen von Genussrechtsinhabern bis zu diesem Zeitpunkt keine sonderliche Regelung zu Gewinnabführungsverträgen gab *Verse/Wiersch*, NZG 2014, 5, 11 f.

300 Dies ist keine empirische Untersuchung auf Grundlage von quantitativ aussagekräftigen Datensätzen, sondern lediglich eine stichprobenartige Untersuchung, wohlwissend, dass es bei schuldvertraglichen Vereinbarungen eine große Bandbreite möglicher Regelungen geben kann. Die untersuchten Verträge sind dabei entweder aus Vertrags- und Formularhandbüchern oder Onlinequellen der entsprechenden Unternehmen entnommen.

301 Vgl. im elektronischen Zusatzmaterial den Anhang hinsichtlich der Liste der verwendeten Vertragswerke mit den entsprechenden Fundstellen.

302 § 7.3 des Mustervertrags zur Gründung einer stillen Gesellschaft des Handwerk Magazins.

Stillen bei der Gewinnermittlung zu berücksichtigen ist und er Einwendungen gegen den Jahresabschluss geltend machen kann[303]. Weiterhin finden sich Klauseln, welche ein Zustimmungserfordernis des Stillen zur Aufnahme neuer Gesellschafter oder stiller Gesellschafter oder zum Abschluss von Ergebnisabführungsverträgen festlegen.[304] Alle sonstigen untersuchten Verträge zur Gründung einer stillen Gesellschaft enthalten keine weiteren Schutzklauseln.[305]

In Genussrechtsverträgen finden sich ebenso wenig einheitliche Klauseln zum Schutz der Genussrechtsinhaber. Zum Teil sehen die Genussrechtsbedingungen eine Wiederauffüllung des Genussrechtskapitals vor anderweitiger Gewinnverwendung vor.[306] Die Auslegung dieser Vertragsbestimmung kann aber unter Umständen Schwierigkeiten bereiten. So wird im Falle der IKB Deutsche Industriebank AG darüber gestritten, ob es sich bei der Zuführung zum Bilanzposten nach § 340 g HGB um eine anderweitige Gewinnverwendung im Sinne dieser Klausel handelt.[307] Ein anderer der untersuchten Verträge beinhaltete das Recht der Kommanditisten und Genussrechtsinhaber, einen gemeinsamen Abschlussprüfer zu bestellen, welcher die Gewinnermittlung der Gesellschaft überprüfen soll.[308] Auch finden sich Klauseln, welche konkret eine Berücksichtigung der Interessen der Genussrechtsinhaber vorsehen,[309] sowie wiederum andere mit einem Zustimmungserfordernis zu bestimmten Geschäften.[310] In Bezug auf die Ausgabe neuer Kapitalia enthalten die Klauseln zum Teil Regelungen die einen

---

[303] § 7.2 des Mustervertrags zur Gründung einer typisch stillen Gesellschaft aus *Blaurock*, Handbuch Stille Gesellschaft, 9. Aufl. 2020.

[304] § 4.2.e und § 4.2.h des Mustervertrags zur Gründung einer typisch stillen Gesellschaft aus *Blaurock*, Handbuch Stille Gesellschaft, 9. Aufl. 2020; zum Zustimmungserfordernis bei Unternehmensverträgen auch § 4.1 des Mustervertrages zur Errichtung einer stillen Gesellschaft aus *Weitnauer*, Handbuch Venture Capital, 6. Aufl. 2019.

[305] Mustervertrag zur typisch stillen Gesellschaft der UNICORN Real Estate GmbH und Mustervertrag über eine typisch stille Beteiligung der Deutschen Postbank.

[306] § 7.2 des Mustervertrages zu Genussrechten aus dem Formularhandbuch Recht und Steuern, 9. Aufl. 2019; § 4.2 der Genussrechtsbedingungen der ThüBio GmbH, 2011; § 4.2 der Genussscheinbedingungen der IBK AG zu den WKN 273.119 und 273.142; § 4.1 der Genussscheinbedingungen der Bertelsmann AG, 2000.

[307] Vgl. dazu unter Abschnitt 4.2.1.4.4.

[308] § 6 der Genussscheinbedingungen der MOGK GmbH & Co. KG, 2015.

[309] § 7 der Genussscheinbedingungen der Bertelsmann AG, 2000.

[310] § 7 der Genussscheinbedingungen der MOGK GmbH & Co. KG, 2015.

Anspruch auf Vorrangigkeit der Genussrechtsinhaber ausschließen,[311] während andere in verschiedenen Formen eine Art Verwässerungsschutz bieten.[312]

Die Vertragswerke zu anderen Formen „wirtschaftlich-virtueller" Gesellschafter sehen ebenso wenig einheitliche Kautelen zum Schutz des unterlegenen Vertragspartners vor. Im Falle von drei untersuchten Verträgen zu partiarischen Darlehen findet sich nur in einem eine Klausel, die bei Meinungsverschiedenheiten über die Höhe der Vergütung eine Entscheidung des Wirtschaftsprüfers als Schiedsgutachter ermöglicht.[313] Ein Vertragsmuster für die Mitarbeiterbeteiligung im Wege eines Phantom Stocks sah keinerlei speziellen Schutz der Mitarbeiter vor.[314] Die Anleihebedingungen der Secundus Beteiligungsgesellschaft mbH sehen allerdings vor, dass diese keine weiteren Anleihen mit gleicher Ausstattung vorrangig ausgibt.[315]

Um den dargestellten Problemen entgegenzutreten oder weitestgehend vorzubeugen, empfiehlt sich eine vertragliche Regelung, die das Unternehmen zur Berücksichtigung der Interessen der Anleger verpflichtet.[316] So wird sichergestellt, dass nicht nur einzelne Maßnahmen erfasst sind. Aufgrund des großen Handlungsspielraums und der möglichen beeinträchtigenden Maßnahmen für das Unternehmen kann allein eine solche Abrede einen umfassenden Schutz bieten, wenngleich sie sich als sehr konturlos darstellen kann. Nur eine punktuelle Risikominderung kann durch eine Anknüpfung an den Jahresüberschuss erreicht werden. Dann bleiben Maßnahmen der Gewinnverwendung außer Betracht. Sollte der „wirtschaftlich-virtuelle" Gesellschafter auch im Hinblick auf die Bilanzpolitik des Unternehmens nur ein vermindertes Risiko eingehen wollen, könnte

---

[311] § 4.3 des Mustervertrages zu Genussrechten aus dem Formularhandbuch Recht und Steuern, 9. Aufl. 2019; § 6.3 der Genussrechtsbedingungen der ThüBio GmbH, 2011.

[312] „neue Genussscheine nicht unter Wert" § 12.2 der Genussscheinbedingungen der Bertelsmann AG, 2000; „immer gleichrangig" § 7.2 der Genussscheinbedingungen der IBK AG zu den WKN 273.119 und 273.142; Bezugsrecht auf neue Genussscheine unter Zustimmung der Hauptversammlung, anderenfalls besteht Anspruch auf Barabfindung § 4.1 und 4.2 der Genussscheinbedingungen der Drägerwerk AG & Co. KGaA, Serie K, 2011.

[313] § 2.6 des Mustervertrages zum partiarischen Darlehen aus *Schneider/Sommer/Wagner*, in: Bösl/Sommer (Hrsg.), 2006; *Schneck*, Handbuch alternative Finanzierungsformen, partiarisches Darlehen, 2006, § 3.1 und *Beckert*, in: Formularbuch Recht und Steuern, 9. Aufl. 2019, § 3.1 sehen allein einen Anspruch aus § 233 HGB vor.

[314] *Weitnauer*, Handbuch Venture Capital, 6. Aufl. 2019, Anhang X. Phantom Stock Vereinbarung.

[315] § 2.4 der Anleihebedingungen der Secundus Erste Beteiligungsgesellschaft mbH – Gewinnschuldverschreibungen, WKN: A2LQJT.

[316] Insoweit zum Beispiel in Bezug auf die Bilanzpolitik § 7 der Genussscheinbedingungen der Bertelsmann AG, 2000.

es sich empfehlen, in diesem Zusammenhang ebenso bestimmte Maßnahmen auszuschließen.

Auch kann auf den Abschluss von financial covenants hingewirkt werden, die eine Beschränkung des Handlungsspielraumes des Unternehmens in gewissem Umfang ermöglichen.[317] Besonders die sog. Negativklauseln können für den Schutz von „wirtschaftlich-virtuellen" Gesellschaftern von Interesse sein. Darunter werden Vereinbarungen verstanden, durch die der Kapitalgeber vorbezeichnete Sachverhalte zusichert. Beispiele können insoweit die Einhaltung festgelegter Bilanzrelationen oder Höchstausschüttungen, sowie die Zusicherung sein, nach Vertragsschluss keine Gläubiger im gleichen oder besseren Rang aufzunehmen.[318]

Zu beachten ist bei den beschriebenen Möglichkeiten zur vertraglichen Regelung aber stets, dass den Gläubigern häufig keine Verhandlungsposition zustehen wird, die der Forderung nach Berücksichtigung ihrer Interessen in den zuvor dargestellten Fällen Bahn bricht. In der Regel wird das Unternehmen die stärkere Verhandlungsposition haben. Erschwerend kommt bei massenhaft begebenen Verträgen hinzu, dass dem einzelnen Anleger kein Verhandlungsspielraum bleibt. Sind die Klauseln daher in den Vertragsverhandlungen nicht durchsetzbar, so verbleibt es bei dem allgemeinen Schutz im Missbrauchsfall, für den nachstehend die materielle wie prozessuale Lösung untersucht wird.

---

[317] *Fleischer*, in: Michalski/Heidinger/Leible u. a. (Hrsg.), Kommentar zum Gesetz betreffend die Gesellschaften mit beschränkter Haftung, Bd. 1, 3. Aufl. 2017, Syst. Darst. 5 Rn. 58 m.w.N.; zu Covenants, deren Kategorisierung und Ausgestaltung *Servatius*, Gläubigereinfluss durch Covenants, 2012; *Fettes*, Zur Verwendung von Covenants gegenüber Kapitalgesellschaften, 2014.

[318] *Drukarczyk/Lobe*, Finanzierung, 11. Aufl. 2015, S. 237 ff.; *Fleischer*, in: Michalski/Heidinger/Leible u. a. (Hrsg.), Kommentar zum Gesetz betreffend die Gesellschaften mit beschränkter Haftung, Bd. 1, 3. Aufl. 2017, Syst. Darst. 5 Rn. 59.

4.4 Allgemeine Überlegungen zur Schutzbedürftigkeit

4.4.1 Kein ausreichender Schutz durch den Kapitalmarkt

Dass nicht nur schuld-, gesellschafts- und kapitalmarktrechtliche Regelungen sowie Vertragsabreden, sondern vielmehr auch der Markt selbst eine regulierende Wirkung hat, liegt auf der Hand.[319] Ein Unternehmen, welches seine Position gegenüber den Kapitalgebern dauerhaft missbräuchlich ausnutzt, riskiert nicht nur Schadensersatzklagen, sondern auch einen Reputationsverlust, der zum Ausbleiben künftiger Kapitalgeber und gar zum Kursverlust führen kann. Auch die Geschäftsführung muss die Abberufung durch die Mehrheitsgesellschafter fürchten, wenn sie sich unredliche Unternehmensführung vorwerfen lassen muss.[320] Bei Unterstellung funktionierender Kapitalmärkte wirkt auch bereits der Wettbewerb selbst disziplinierend, indem die Akteure um Kapitalgeber am Markt konkurrieren.[321]

Diese selbstregulierende und reflexartige[322] Wirkung schafft aber nur in begrenztem Umfang Abhilfe für die dargestellten Schwachstellen.[323] Zum einen besteht das Risiko fort für den primär geschädigten „wirtschaftlich-virtuellen" Gesellschafter, der als Märtyrer für alle kommenden Kapitalgeber die disziplinierende Wirkung einfordern muss. Zum anderen hilft der Markt dann nicht, wenn es sich um Unternehmen handelt, die mangels großer Zahlen an benötigten Kapitalgebern keinen Imageschaden und damit ausbleibendes Kapital fürchten müssen. Vorstellbar ist auch, dass durch die missbräuchlichen Handlungen des Unternehmens nur die betroffene Anlageart in Zukunft geprellt ist, während die anderen betroffenen Vertragsarten unbeachtet bleiben.

---

[319] *Heeren*, Kapitalgeberschutz und hybride Finanzierungsinstrumente, 2008, S. 148 ff. m.w.N.; zum Umstand, dass sich diese Gläubiger auf den Ebenen von Vertrag, Verband und Markt bewegen *Kalls*, Anlegerinteressen, 2001, S. 1; ebenso und zur disziplinierenden Wirkung des Marktes *Roggemann*, Zivilrechtlicher Anlegerschutz bei bedingten Pflichtwandel- und Herabschreibungsanleihen, 2020, S. 35, 113.

[320] *Heeren*, Kapitalgeberschutz und hybride Finanzierungsinstrumente, 2008, S. 165.

[321] *Ders.*, Kapitalgeberschutz und hybride Finanzierungsinstrumente, 2008, S. 166 f. m.w.N.

[322] Dazu *Roggemann*, Zivilrechtlicher Anlegerschutz bei bedingten Pflichtwandel- und Herabschreibungsanleihen, 2020, S. 114.

[323] Insoweit auch *Heeren*, der an diesen Stellen einen Schutz über den Verband und den Markt untersucht *ders.*, Kapitalgeberschutz und hybride Finanzierungsinstrumente, 2008, S. 18, 151 ff.; ebenso zum punktuellen Schutz *Roggemann*, Zivilrechtlicher Anlegerschutz bei bedingten Pflichtwandel- und Herabschreibungsanleihen, 2020, S. 119.

4.4.2 Kein Widerspruch zum Grundsatz der Vertragsfreiheit

In diesem Zusammenhang stellt sich weiterhin die Frage, ob die untersuchte Gläubigergruppe das oben dargestellte Risiko nicht bei Vertragsschluss bewusst eingegangen ist und nun die Konsequenzen tragen muss.

Den verschiedenen Ausformungen der „wirtschaftlich-virtuellen" Gesellschafter ist gemein, dass sie sich durch die übereinstimmenden Willenserklärungen mit dem Vertragsinhalt einverstanden erklärt haben. Damit haben sie selbst einen angemessenen Ausgleich ihrer Interessen festgelegt, an dem sie sich entsprechend dem Wesen der Privatautonomie festhalten lassen müssen.[324] Konsequenterweise sieht das BGB nur in speziellen Ausnahmefällen eine Korrektur vor; jedoch nicht bereits für jedwedes Missverhältnis der vertraglichen Interessen.[325]

Diese Vertragsfreiheit kann grundsätzlich sowohl durch eine Inhalts- als auch durch eine demgegenüber nachrangige Ausübungskontrolle begrenzt werden, wobei die Abgrenzung zwischen beiden Kontrollarten fließend sein kann.[326] Während die Inhaltskontrolle die Wirksamkeit der vertraglich getroffenen Regelung überprüft, beinhaltet die Ausübungskontrolle die Frage, ob die Rechtsausübung durch die Vertragsparteien unter den Umständen des Einzelfalls gegen Treu und Glauben verstößt.[327]

Die Vertragsfreiheit findet ihre generellen Grenzen in den sog. Außenschranken[328]. Insbesondere in den §§ 134, 138, 242 BGB sowie in den §§ 305 ff. BGB für Allgemeine Geschäftsbedingungen finden sich Regelungen zur Inhaltskontrolle. Die Ausübungskontrolle hingegen findet gesetzlich eine Regelung in § 315 BGB, wobei einseitige Vertragsgestaltungsspielräume auf Billigkeit hin kontrolliert werden sollen.[329] Eine weitere Ausprägung liegt in § 242 BGB, welche

---

[324] *Schubert*, in: Säcker/Rixecker/Oetker u. a. (Hrsg.), Münchener Kommentar zum Bürgerlichen Gesetzbuch, Bd. 2, 8. Aufl. 2019, § 242 Rn. 526 f.

[325] *Ders.*, in: Säcker/Rixecker/Oetker u. a. (Hrsg.), Münchener Kommentar zum Bürgerlichen Gesetzbuch, Bd. 2, 8. Aufl. 2019, § 242 Rn. 461, 527 m.w.N.

[326] *Busche*, in: Säcker/Rixecker/Oetker u. a. (Hrsg.), Münchener Kommentar zum Bürgerlichen Gesetzbuch, Bd. 1, 8. Aufl. 2018, Vorb. § 145 Rn. 25.

[327] Vgl. auch BGH, Urt. v. 15. Januar 2013 – XI ZR 22/12, NJW 2013, 1519, 1520; *Schubert*, in: Säcker/Rixecker/Oetker u. a. (Hrsg.), Münchener Kommentar zum Bürgerlichen Gesetzbuch, Bd. 2, 8. Aufl. 2019, § 242 Rn. 529; *Wendland*, in: Staudinger, BGB, 2019, § 307, Rn. 36.

[328] *Busche*, in: Säcker/Rixecker/Oetker u. a. (Hrsg.), Münchener Kommentar zum Bürgerlichen Gesetzbuch, Bd. 1, 8. Aufl. 2018, Vorb. § 145 Rn. 25.

[329] *Schubert*, in: Säcker/Rixecker/Oetker u. a. (Hrsg.), Münchener Kommentar zum Bürgerlichen Gesetzbuch, Bd. 2, 8. Aufl. 2019, § 242 Rn. 529; *Würdinger*, in: Säcker/Rixecker/Oetker

zwar auch im Rahmen der Inhaltskontrolle Anwendung finden kann[330], vielmehr aber eine „situationsabhängige ‚Ausübungskontrolle' [gewährt], indem sie einen Maßstab für die Ausnützung konkreter Vertragssituationen bereitstellt"[331].

Im eingangs untersuchten Fall des außerordentlich gekündigten Geschäftsführers mit der Tantiemevereinbarung, welche sich auf das Darlehenskonto des Gesellschafters bezog, wurde sowohl erstinstanzlich als auch zweitinstanzlich darauf hingewiesen, dass es dem ehemaligen Geschäftsführer als Kläger freigestanden habe, eine andere vertragliche Regelung zu wählen, welche weniger Risiko für ihn geborgen hätte.[332] Dem ist grundsätzlich zuzustimmen. Dies ändert aber nichts an dem Umstand, dass der Kläger nicht geltend macht eine angemessen hohe Vergütung zu erhalten, sondern bezweckt, dass die ihm gegenüber missbräuchlich getroffenen Maßnahmen nicht berücksichtigt werden. Die Außenschranken der Vertragsfreiheit eröffnen insoweit, wie auch zuvor dargestellt, eine Missbrauchskontrolle der ergriffenen Maßnahmen.

Damit ist allgemein gezeigt, dass die Vertragsfreiheit nicht grenzenlos besteht. Inwieweit die zuvor untersuchten Maßnahmen von den „wirtschaftlich-virtuellen" Gesellschaftern aufgrund des von ihnen übernommen Risikos erduldet werden müssen oder wie sie konkret geschützt werden können, ist Teil des nächsten Kapitels.

4.4.3 Die stille Gesellschaft als Grundtyp

Wie sich bereits aus der Untersuchung über die Einordnung einzelner Finanzierungsinstrumente als „wirtschaftlich-virtuelle" Gesellschafter ergab, bestehen

---

u. a. (Hrsg.), Münchener Kommentar zum Bürgerlichen Gesetzbuch, Bd. 3, 8. Aufl. 2019, § 315 Rn. 10.

[330] *Schubert*, in: Säcker/Rixecker/Oetker u. a. (Hrsg.), Münchener Kommentar zum Bürgerlichen Gesetzbuch, Bd. 2, 8. Aufl. 2019, § 242 Rn. 542.

[331] *Busche*, in: Säcker/Rixecker/Oetker u. a. (Hrsg.), Münchener Kommentar zum Bürgerlichen Gesetzbuch, Bd. 1, 8. Aufl. 2018, Vorb. § 145 Rn. 25; *Wendland*, in: Staudinger, BGB, 2019, § 307 Rn. 36; zur Anwendbarkeit außerhalb der Inhaltskontrolle BGH, Urt. v. 12. Februar 1985 – X ZR 31/84, NJW 1985, 1537, 1539; BGH, Urt. v. 15. Januar 2013 – XI ZR 22/12, NJW 2013, 1519, 1520 mit Verweis auf BGH, Rechtsentscheid. v. 6. Juli 1988, NJW 1988, 2790, 2794; *Schubert*, in: Säcker/Rixecker/Oetker u. a. (Hrsg.), Münchener Kommentar zum Bürgerlichen Gesetzbuch, Bd. 2, 8. Aufl. 2019, § 242 Rn. 522.

[332] OLG Frankfurt am Main, Urt. v. 29. Januar 2019 – 5 U 124/17 S. 24 (nicht veröffentlicht); LG Frankfurt am Main, Urt. v. 6. Oktober 2017 – 3 – 13 O 19/14 S. 9 (nicht veröffentlicht).

bei manchen von ihnen Ansätze zur Qualifizierung als stille Gesellschaft.[333] Die Ähnlichkeit der Finanzierungsinstrumente zur stillen Gesellschaft, welche anders als die anderen Formen der „wirtschaftlich-virtuellen" Gesellschafter eine Innen-GbR darstellt, liegt damit auf der Hand. Den Stimmen, welche sie als eine Art Grundtyp anderer hybrider Finanzierungsinstrumente anerkennen, ohne einen Typenzwang der §§ 230 ff. HGB zu etablieren, ist zuzustimmen. Die §§ 230 ff. HGB sollten daher bei der Bestimmung der Sorgfalts- und Verhaltenspflichten nicht ignoriert werden.[334]

Der Begriff der „wirtschaftlich-virtuellen" Gesellschafter fußt gerade auf der Idee, Rechtsinstitute, die „schuldrechtlich vermittelte Beteiligung[en] an einem unternehmerischen Risiko"[335] zum Gegenstand haben, zusammenzufassen. Damit geht zwar kein Typenzwang einher, wie bereits im Rahmen der Abgrenzung von Genussrechten zur stillen Gesellschaft erörtert wurde.[336] Allerdings sollten unter dem Gesichtspunkt des Anlegerschutzes zumindest unter gewissen Umständen die Berücksichtigung der Regelungen zur stillen Gesellschaft bedacht werden. Wie auch im Rahmen der Vergleichbarkeit mit aktiengleichen Genussrechten und der Vorzugsaktie nach §§ 139 ff. AktG ist auch hier, bei ausreichender Vergleichbarkeit der schuldvertraglich vermittelten Vermögensposition, mit der stillen Gesellschaft eine Art „Leitbildfunktion"[337] anzunehmen.

4.5 Strukturelles Schutzbedürfnis der „wirtschaftlich-virtuellen" Gesellschafter

Im Allgemeinen besteht kein spezialgesetzlicher Schutz für „wirtschaftlich-virtuelle" Gesellschafter vor Maßnahmen der Gesellschaft, die ihre geldwerten Ansprüche mittelbar negativ beeinflussen. Auch kennen die Regelungen zu den

---

[333] Vgl. dazu im Einzelnen unter Abschnitt 3.2.2. für das Genussrecht, Abschnitt 3.5.1.1. für das partiarische Darlehen, Abschnitt 3.5.1.1 für die Unterbeteiligung.

[334] *Heeren*, Kapitalgeberschutz und hybride Finanzierungsinstrumente, 2008, S. 98 f.; 127, 338; ähnlich *Kalss*, Anlegerinteressen, 2001, S. 244 und wohl auch die Stimmen, welche u. a. das partiarische Darlehen und die Genussrechte als stille Gesellschaft qualifizieren, vgl. dazu unter Abschnitt 3.2.2. für das Genussrecht, Abschnitt 3.4.1.1. für das partiarische Darlehen.

[335] *Habersack*, in: Goette/Habersack/Kalss (Hrsg.), Münchener Kommentar zum Aktiengesetz, Bd. 4, 5. Aufl. 2021, § 221 Rn. 89.

[336] Vgl. dazu Abschnitt 3.2.2.

[337] *Habersack*, in: Goette/Habersack/Kalss (Hrsg.), Münchener Kommentar zum Aktiengesetz, Bd. 4, 5. Aufl. 2021, § 221 Rn. 89.

einzelnen Maßnahmen keinen für die „wirtschaftlich-virtuellen" Gesellschafter einheitlichen Schutz.

Lediglich die stille Gesellschaft erfährt einen nahezu umfassenden Schutz vor den untersuchten Maßnahmen aufgrund des gemeinsam verfolgten Zwecks der Vertragsparteien und erwirbt durch ihre Qualifikation als Innen-GbR eine Art Sonderstellung unter den „wirtschaftlich-virtuellen" Gesellschaftern. Genussrechtsinhabern und Inhabern von Gewinnschuldverschreibungen billigen Rechtsprechung und Vertreter der Literatur für gewisse Maßnahmen ein Schutz zu, der mit der Ähnlichkeit ihrer geldwerten Ansprüche zu denen der Gesellschafter begründet wird. Je nach Bemessungsgrundlage für die Vergütung kann dieser unterschiedlich ausfallen. Alle weiteren „wirtschaftlich-virtuellen" Gesellschafter sind allein auf die grundlegenden schuldrechtlichen und deliktsrechtlichen Regelungen verwiesen.

Eine Ausnahme besteht nur, wenn ein Beherrschungs- und Gewinnabführungsvertrag nach Vertragsschluss mit dem „wirtschaftlich-virtuellen" Gesellschafter geschlossen wird. In diesem Falle greift für alle § 313 BGB als Regelung des allgemeinen Zivilrechts.

Grundsätzlich etablierte und umfassenden Schutz bietende vertragliche Regelungen sind ebenso nicht greifbar, was nicht zuletzt daran liegen kann, dass es zwischen den „wirtschaftlich-virtuellen" Gesellschaftern und der Gesellschaft zu einem Interessenausgleich kommen muss, bei dem nicht nur die Bedürfnisse einer Partei berücksichtigt werden können. Die Literatur empfiehlt für bestimmte Fälle vertragliche Vereinbarungen und Nebenabreden, um den Schutz vor risikobehafteten Maßnahmen zu gewährleisten.

Diametral zum fehlenden einheitlichen und umfassenden Schutz der „wirtschaftlich-virtuellen" Gesellschafter stehen die aufgezeigten systembedingten Schwachstellen. Das strukturelle Schutzbedürfnis ergibt sich gerade aus ihrer virtuellen Beteiligung: Als Nicht-Gesellschafter bestehen für sie in der Regel weder Stimm- noch Verwaltungs- und Kontrollrechte, obwohl ihre Kapitalinteressen von den Entscheidungen der Gesellschaft abhängen.

Dem Minderheitsgesellschafter steht gegen den Mehrheitsgesellschafter das Kernminderheitenrecht der materiellen Beschlussanfechtung zu. Den Personenhandelsgesellschaftern steht eine größere Einwirkungsmöglichkeit auf gesellschaftlichen Entscheidungen zu. Dies bleibt dem „wirtschaftlich-virtuellen"

Gesellschafter als bloßem Gläubiger hingegen verwehrt. Es ergeben sich insgesamt zwei konkrete Schwachstellen im System, die zu ihrer Schutzbedürftigkeit führen:

- Zum einen bietet das grundsätzlich zuzugestehende freie unternehmerische Ermessen der Gesellschaft die Möglichkeit, die Rechte der „wirtschaftlich-virtuellen“ Gesellschafter missbräuchlich zu beeinträchtigen oder gar zu vereiteln. Im bisherigen Schutzsystem werden vor allem besondere Regelungen für die stille Gesellschaft und die Genussrechte vorgesehen. Neben der Tatsache, dass auch in diesen Fällen das Schutzniveau nicht immer einheitlich ist, liegt die Schwachstelle insbesondere im Fehlen eines einheitlichen Schutzsystem für alle „wirtschaftlich-virtuellen“ Gesellschafter.
- Zum anderen besteht das Problem der Beweisbarkeit. Es kann für den „wirtschaftlich-virtuellen“ Gesellschafter zwar der Verdacht bestehen, dass seine Rechte missbräuchlich verkürzt wurden, allerdings kann er aufgrund seiner nur eingeschränkten Informationsmöglichkeiten dies oftmals nur schwerlich oder gar nicht beweisen und seine Rechte daher nicht effizient geltend machen.

Auch allgemeine Prinzipien sprechen nicht generell gegen die Schutzbedürftigkeit der „wirtschaftlich-virtuellen“ Gesellschafter. Eine stichprobenartige Untersuchung von frei verfügbaren Vertragswerken der „wirtschaftlich-virtuellen“ Gesellschafter ließ keine bereits schutzgewährende etablierte Kautelarpraxis in diese Richtung erkennen. Der Kapitalmarkt kann aus sich selbst heraus diesen Schutz auch nicht zufriedenstellend gewährleisten: Eine gewisse Regulierung ergibt sich zwar über den Wettbewerb der Unternehmen untereinander um zahlungswillige Gläubiger, ein umfangreicher Schutz bleibt aber häufig aus. Auch widerspricht ein grundsätzliches Schutzbedürfnis nicht dem Gedanken der allgemeinen Vertragsfreiheit. Zwar haben die „wirtschaftlich-virtuellen“ Gesellschafter aus eigenem Antrieb den Vertrag geschlossen, jedoch hat auch die konkrete Maßnahme im Rahmen der Ausübungskontrolle gewisse Außengrenzen, die rechtlich festgehalten und einzuhalten sind.

5 Schutz gewährende allgemeine zivilrechtliche Ansprüche und deren Geltendmachung

Sofern der Vertrag keinen Schutz der „wirtschaftlich-virtuellen“ Gesellschafter gegenüber missbräuchlichen Maßnahmen der Gesellschaft vorsieht, ist zu fragen, wie dieser Schutz gewährt werden kann. Um die Frage nach einem einheitlichen Schutz für die Gläubigergruppe zu erörtern, ist auf die allgemeinen schuldrechtlichen und deliktsrechtlichen Regelungen zurückzugreifen. Dabei wird nachstehend zu zeigen sein, dass sowohl mögliche Lösungen auf Ebene des Primäranspruchs als auch solche auf Sekundäranspruchsebene am Problem der Beweisbarkeit leiden. Nach der Prüfung möglicher Anspruchsgrundlagen und Schutzregelungen ist in einem zweiten Schritt die Überlegung anzustellen, durch eine Beweiserleichterung den Schutz der „wirtschaftlich-virtuellen“ Gesellschafter zu stützen und damit gleichzeitig einen präventiven Beitrag zu leisten, die Unternehmen und ihre Leitung zu interessenwahrendem Verhalten gegenüber dieser Gläubigergruppe anzuhalten.

5.1 Zivilrechtliche Ansprüche für den Schutz „wirtschaftlich-virtueller“ Gesellschafter

Die aufgezeigten strukturbedingten Schwachstellen könnten durch ein einheitliches System zu etablierender Schutzpflichten zwischen dem Unternehmen und dem „wirtschaftlich-virtuellen“ Gesellschafter oder de lege lata mittels schuldrechtlicher oder deliktsrechtlicher Regelungen geschlossen werden. Dabei sollen die „wirtschaftlich-virtuellen“ Gesellschafter als einheitliche Gruppe betrachtet werden, denen gesammelt dieselben Rechte zukommen sollten. Diese Grundannahme basiert auf dem Gedanken, dass das originäre Problem bei den unterschiedlichen Formen der „wirtschaftlich-virtuellen“ Gesellschaftern dasselbe

A.-K. Jungen, *Schutz von „wirtschaftlich-virtuellen“ Gesellschaftern*,
https://doi.org/10.1007/978-3-658-42109-0_5

ist: das zentrale Gläubigerrecht ist von Entscheidungen des Unternehmens abhängig, ohne dass dem „wirtschaftlich-virtuellen" Gesellschafter Verwaltungs- und Kontrollrechte zustehen. Die Höhe der Risikotragung ist dabei nur ein graduelles Differenzierungskriterium und kann nicht zu einer unterschiedlichen Beurteilung der rechtlichen Schutzpflichten führen.[1]

5.1.1 Grundlegendes Meinungsspektrum betreffend den allgemein gewährten Schutz

Werden die geldwerten Ansprüche von Genussrechtsinhabern sitten- und treuwidrig verkürzt, so werden insbesondere in Bezug auf missbräuchliche Geschäftsführungsmaßnahmen verschiedene Ansätze zur Begründung ihrer Ansprüche vertreten.

Dogmatisch muss an dieser Stelle zwischen primärrechtlichen und sekundärrechtlichen Ansprüchen unterschieden werden. Dafür sind zunächst die vertraglichen Pflichten der Gesellschaft gegenüber den „wirtschaftlich-virtuellen" Gesellschaftern zu untersuchen. Vorrangig kommt auf Primäranspruchsebene die ordnungsgemäße Erfüllung in Betracht.[2] Je nach dem, was die Vertragsparteien im Einzelnen vereinbart haben, variiert der Pflichtenkatalog vom ordnungsgemäßen Anspruch auf Vergütungszahlung bis hin zum Anspruch auf Rückzahlung des ggf. um Verluste geminderten Kapitals. Insbesondere bei Erlöschen der

[1] Anders *Heeren*, Kapitalgeberschutz und hybride Finanzierungsinstrumente, 2008, S. 161 ff., der einen risikoabhängigen Kapitalgeberschutz untersucht. Die hier angestellte Untersuchung konzentriert sich aber vielmehr auf das dargestellte Grundproblem, welches allen „wirtschaftlich-virtuellen" Gesellschaftern gemein ist. Wie aber auch *Heeren* erkennt, gibt es in diesem Bereich keinen Numerus Clausus der Finanzierungsinstrumente, sondern eine Vielzahl möglicher Chancen-Risiken-Kombinationen mit gleichen Grundelementen. Daraus ergibt sich nach der hier vertretenen Ansicht die Notwendigkeit eines einheitlichen Schutzes aller Betroffenen unabhängig vom konkreten Grad der Risikotragung. Die konkret zwischen den Vertragsparteien vereinbarte Chancen-Risiken-Kombination stellt bei Qualifikation als „wirtschaftlich-virtueller" Gesellschafter nur eine graduelle Abweichung ohne Einfluss auf das Machtgefälle mit Missbrauchspotential dar.

[2] *Dangelmayer*, Der Schutz von Genussrechtsinhabern im Anwendungsbereich des Kreditwesengesetzes, 2013, S. 127; *Habersack*, in: Goette/Habersack/Kalss (Hrsg.), Münchener Kommentar zum Aktiengesetz, Bd. 4, 5. Aufl. 2021, § 221 Rn. 278; *ders.*, AG 2009, 801, 804; a.A. BGH, Urt. v. 29. April 2014 – II ZR 395/12, NZG 2014, 661, 664, in dem der BGH einen Erfüllungsanspruch ablehnte, da der dort in Rede stehende Bilanzverlust nach § 158 Abs. 1 S. Nr. 5 AktG auch aus nicht ordnungsgemäßen Geschäften stammen kann.

„wirtschaftlich-virtuellen" Beteiligung kommen Sekundäransprüche zum Tragen.[3]

Während die überwiegenden Stimmen für missbräuchliche Maßnahmen der Gesellschaft gegenüber den Gläubigern eine Lösung über Sekundäransprüche gem. § 280 Abs. 1 BGB oder § 826 BGB (ggf. in Verbindung mit § 31 BGB) diskutieren[4], kommt eine andere Ansicht zu dem Ergebnis, den § 162 Abs. 1 BGB innewohnenden Rechtsgedanken der Fiktion des treuwidrig vereitelten Bedingungseintritts zu nutzen.[5] Dogmatisch findet die letztgenannte Ansicht im Gegensatz zur h.M. eine Lösung auf Primäranspruchsebene.[6] Eine Lösung über den Primäranspruch durch Rückgriff auf § 162 Abs. 1 BGB ist interessengerecht

---

[3] Zu Genussrechten so *Dangelmayer*, Der Schutz von Genussrechtsinhabern im Anwendungsbereich des Kreditwesengesetzes, 2013, S. 127.

[4] Zu Genussrechten: *Heeren*, Kapitalgeberschutz und hybride Finanzierungsinstrumente, 2008, S. 190 f.; *Koch*, in: Hüffer/Koch, Aktiengesetz, 15. Aufl. 2021, AktG § 221 Rn. 65 ff.; *Merkt*, in: Schmidt/Lutter (Hrsg.), Aktiengesetz, Bd. 2, 4. Aufl. 2020, § 221 AktG, Rn. 96; *Rid-Niebler*, Genußrechte als Instrument zur Eigenkapitalbeschaffung über den organisierten Kapitalmarkt für die GmbH, 1989, S. 116; *Wünsch*, in: Schwarz/Spielbüchler u. a. (Hrsg.), Festschrift Rudolf Strasser zum 60. Geburtstag, 1983, S. 871, 881; kritisch *Vollmer*, ZGR 1983, 467 f.; *Florstedt*, in: Zöllner/Noack (Hrsg.), Kölner Kommentar zum Aktiengesetz, Bd. 4.2, 3. Aufl. 2017, § 221 Rn. 138 stellt auf allgemeines Schädigungsverbot; die weitestgehend auf sekundärrechtlicher Ebene stattfindende Diskussion trotz Vorrangs des Primäranspruches geht wohl auf das zugrundeliegende Klöckner-Urteil zurück, in dem die Genussrechte bereits erloschen waren und damit kein Erfüllungsanspruch mehr in Betracht kam. Mit demselben Schluss auch *Dangelmayer*, Der Schutz von Genussrechtsinhabern im Anwendungsbereich des Kreditwesengesetzes, 2013, S. 127. Im Besonderen für diese Fälle, aber auch wenn man mit dem BGH, Urt. v. 29. April 2014 – II ZR 395/12, NZG 2014, 661 ff., den Primäranspruch auf Wiederauffüllung ablehnen sollte, weil die Leistungspflicht zunächst erfüllt wurde, auch wenn der Bilanzverlust ordnungswidrig zustande kam, kommen Sekundäransprüche in Betracht.

[5] Zu Vertretern dieser Ansicht vgl. Kapitel 5 Fn. 32; für eine Anwendung des § 162 Abs. 1 BGB neben Schadensersatzansprüchen *Feddersen/Knauth*, Eigenkapitalbildung durch Genußscheine, 2. Aufl. 1992, S. 110, 117; zum Umstand, dass keine Unterlassungsansprüche bestehen *Roggemann*, Zivilrechtlicher Anlegerschutz bei bedingten Pflichtwandel- und Herabschreibungsanleihen, 2020, S. 141 f. m.w.N.

[6] Zur Aufgliederung dieser Normen auf die Ebenen des Primäranspruches und Sekundäranspruches RG, Urt. v. 20. Oktober 1922 – II 654/12, RGZ 105, 236, 239 f.

und geboten, da die Maßnahme allein durch ihre Zielsetzung den Handlungsspielraum der Gesellschaft sprengt und dadurch als nicht ordnungsgemäß einzustufen ist.[7]

Diese zu den Genussrechten vertretenen Ansichten können wegen ihres allgemeinen Charakters auch für alle weiteren „wirtschaftlich-virtuellen" Gesellschafter im Folgenden diskutiert werden. Auch könnte die Unverbindlichkeit der Leistungsbestimmung durch eine Vertragspartei beim Verstoß gegen das billige Ermessen nach § 315 Abs. 3 S. 1 BGB einen Anhaltspunkt zur Lösung bieten.

Weitere Anspruchsgrundlagen und Schutzmöglichkeiten kommen nicht in Betracht. Eine Analogie zu § 93 Abs. 2 AktG in der Hinsicht, dass den „wirtschaftlich-virtuellen" Gesellschaftern ein Schadenersatzanspruch gegen den Vorstand zustehen würde, scheitert an der für eine Analogie erforderlichen planwidrigen Regelungslücke. § 93 Abs. 2 AktG etabliert eine Innenhaftung des Vorstands gegenüber der Gesellschaft mit dem Ziel der Wiederauffüllung des Gesellschaftsvermögens für den Fall, dass die Gesellschaft geschädigt wird. Der Vorstand handelt im hier untersuchten Fall aber im Gesellschaftsinteresse und gegen das Interesse der „wirtschaftlich-virtuellen" Gesellschafter. Auch das Telos, den Fortbestand der Gesellschaft zu sichern, verleiht der Regelung einen speziellen Charakter, sodass eine entsprechende Anwendung auf „wirtschaftlich-virtuelle" Gesellschafter abzulehnen ist.[8]

Auch Ansprüche aus culpa in contrahendo, wobei lediglich die Variante des § 311 Abs. 3 BGB in Frage käme, scheiden aus. Dies liegt einerseits an dem Umstand, dass regelmäßig kein Vorstands- oder Geschäftsführungsmitglied

---

[7] Ergänzend weist *Roggemann* darauf hin, dass Sekundäransprüche dann in Betracht kommen, wenn Primäransprüche aufgrund von Herabschreibung oder Erlöschen des Finanzinstruments nicht mehr in Betracht kommen *Roggemann*, Zivilrechtlicher Anlegerschutz bei bedingten Pflichtwandel- und Herabschreibungsanleihen, 2020, S. 154.

[8] Ebenso ablehnend BGH, Urt. v. 5. Oktober 1992 – II ZR 172/91, NJW 1993, 57, 62; BGH, Urt. v. 29. April 2014 – II ZR 395/12, NZG 2014, 661, 664; *Heeren*, Kapitalgeberschutz und hybride Finanzierungsinstrumente, 2008, S. 178; a.A. zum Haftungsmaßstab nach § 93 Abs. 1 AktG *Dangelmayer*, Der Schutz von Genussrechtsinhabern im Anwendungsbereich des Kreditwesengesetzes, 2013, S. 132 ff.; *Habersack*, ZHR 1991, 378, 398 f.; *ders.*, in: Goette/Habersack/Kalss (Hrsg.), Münchener Kommentar zum Aktiengesetz, Bd. 4, 5. Aufl. 2021, § 221 Rn. 276; vgl. *Lorch*, Der börsenfähige aktienähnliche Genußschein, 1993, S. 305 ff.; allgemein zu § 93 Abs. 2 AktG *Danninger*, Organhaftung und Beweislast, 2020.

als Dritter im Hinblick auf den Finanzierungsvertrag Vertrauen in besonderem Maße für sich beanspruchen wird[9] und andererseits nur eine Haftung für sorgfaltswidrige Geschäftsführung statuiert wird.

Eine Haftung des Vorstands wegen Schadensersatz gem. §§ 280 Abs. 1, 241 Abs. 2 BGB i.V.m. den Regelungen des Vertrages mit Schutzwirkung zugunsten Dritter aus dem Anstellungsvertrag kommt gleichsam nicht in Betracht, da jedenfalls in dieser Hinsicht ein besonderes Schutzbedürfnis der Gläubigergruppe zu verneinen ist. Sie haben eine direkte vertragliche Beziehung zur Gesellschaft, welche insofern als gleichwertig anzusehen ist, als eine sorgfaltswidrige Geschäftsführung gem. § 93 Abs. 2 AktG zu einer Innenhaftung des Vorstands gegenüber der Gesellschaft führt. Damit wird der Schaden bei der Gesellschaft ausgeglichen und steht den „wirtschaftlich-virtuellen" Gesellschaftern indirekt wieder zur Verfügung.[10] Dies gilt nur, sofern die Gesellschaft diesen Anspruch geltend macht und dem Vorstand sorgfaltswidriges Verhalten nachgewiesen werden kann. In den untersuchten Fällen handelte der Vorstand aber gerade im Interesse der Gesellschaft, sodass nicht zwingend von einer Inanspruchnahme des Vorstandes ausgegangen werden kann. Daher ist ergänzend darauf hinzuweisen, dass den „wirtschaftlich-virtuellen" Gesellschaftern ebenso zumindest Schadensersatzansprüche gegen die Gesellschaft zustehen.[11]

---

[9] Ausführlicher *Heeren*, Kapitalgeberschutz und hybride Finanzierungsinstrumente, 2008, S. 178 f.; ebenso *Roggemann*, Zivilrechtlicher Anlegerschutz bei bedingten Pflichtwandel- und Herabschreibungsanleihen, 2020, S. 156.

[10] Vgl. *Heeren*, Kapitalgeberschutz und hybride Finanzierungsinstrumente, 2008, S. 179; *Roggemann*, Zivilrechtlicher Anlegerschutz bei bedingten Pflichtwandel- und Herabschreibungsanleihen, 2020, S. 157.

[11] Vgl. dazu Abschnitt 5.1.3.

Schadenersatzansprüche aus § 823 Abs. 1 BGB und § 823 Abs. 2 BGB scheitern an der Verletzung bloßer Vermögensinteressen[12] und regelmäßig an einem fehlenden Schutzgesetz im Sinne des § 823 Abs. 2 BGB.[13]

5.1.2 Diskutierte Regelungen auf Primäranspruchsebene

5.1.2.1 Vertragliche Pflichten der Gesellschaft gegenüber „wirtschaftlich-virtuellen" Gesellschaftern

Die Hauptleistungspflichten aus den Vertragsverhältnissen der „wirtschaftlich-virtuellen" Gesellschafter erschöpfen sich in der Bereitstellung von Kapital oder Arbeitskraft und im Falle von Kapital dessen Überlassung auf Zeit im Gegenzug für die erfolgsabhängige Vergütung.[14] Diese Hauptleistungspflichten stehen

---

[12] Mit dem Argument, dass in der alleinigen schuldrechtlichen Beteiligung mit Vermögensrechten keine der Mitgliedschaft vergleichbare Stellung eingeräumt wird, die h.M. RG, Urt. v. 18. November 1913 – II 280/13, RGZ 83, 295, 297; RG, Urt. v. 16. November 1926 – II 135/26, RGZ 115, 227, 230; BGH, Urt. v. 5. Oktober 1992 – II ZR 172/91, NJW 1993, 57, 58; BGH, Urt. v. 09. November 1992 – II ZR 230/91, NJW 1993, 400, 401; BGH, Urt. v. 28. Mai 2013 – II ZR 67/12, NZG 2013, 987; vgl. *Ekkenga*, in: Fleischer/Goette (Hrsg.), Münchener Kommentar zum Gesetz betreffend die Gesellschaften mit beschränkter Haftung – GmbHG, Bd. 1, 3. Aufl. 2018, § 29 Rn. 233; *Frantzen*, Genußscheine, 1993, S. 9 ff.; *Feddersen/Meyer-Landrut*, ZGR 1993, 312, 313; *Habersack*, ZHR 1991, 378, 383 f.; *Hirte*, ZIP 1988, 477; vgl. *Koch*, in: Hüffer/Koch (Hrsg.), Aktiengesetz, 15. Aufl. 2021, § 221 Rn. 26; *Luttermann*, Unternehmen, Kapital und Genußrechte, 1998, S. 101 ff.; *Rid-Niebler*, Genußrechte als Instrument zur Eigenkapitalbeschaffung über den organisierten Kapitalmarkt für die GmbH, 1989, S. 10 ff.; *Schön*, JZ 1993, 925, 926 f.; *Seiler*, in: Spindler/Stilz (Hrsg.), Kommentar zum Aktiengesetz, 4. Aufl. 2019, § 221 Rn. 24; *Verse*, in: Scholz (Hrsg.), Kommentar zum GmbH-Gesetz, Bd. 1, 12. Aufl. 2018, § 29 Rn. 141; *Wöckener/Becker*, in: Habersack/Mülbert/Schlitt (Hrsg.), Unternehmensfinanzierung am Kapitalmarkt, 4. Aufl. 2019, § 13 Rn. 13.3; für einen „gesellschaftsrechtsähnlichen Kooperationsverband" der aktienähnlichen Genussscheininhaber und der Gesellschafter *Lorch*, Der börsenfähige aktienähnliche Genußschein, 1993, S. 91 ff; insgesamt ebenso aber kritisch („Zirkelschluss") in Bezug auf die durch die schuldrechtliche Beteiligung lediglich eingeräumten Vermögensrechte *Heeren*, Kapitalgeberschutz und hybride Finanzierungsinstrumente, 2008, S. 179 f.

[13] Kurz darstellend *Heeren*, Kapitalgeberschutz und hybride Finanzierungsinstrumente, 2008, S. 181; *Roggemann* hingegen hält begrenzt Ansprüche aus § 823 Abs. 2 BGB für möglich, insbesondere in Fällen der §§ 92 II, 399, 400 AktG und § 263 StGB *Roggemann*, Zivilrechtlicher Anlegerschutz bei bedingten Pflichtwandel- und Herabschreibungsanleihen, 2020, S. 158 f.

[14] Vgl. zur vertraglichen Ausgestaltung der einzelnen Formen der „wirtschaftlich-virtuellen" Gesellschafter Kapitel 3.

indes nicht allein, sondern werden von Sorgfalts- und Verhaltenspflichten der Vertragspartner untereinander flankiert.

Die Sorgfalts- und Verhaltenspflichten von Gläubiger und Schuldner richten sich nach der konkreten Ausgestaltung des Vertragsverhältnisses und sind unter Berücksichtigung des Vertragszwecks, der Verkehrssitte und der Frage, ob der Geschäftsverkehr sie erfordert, auszubilden.[15] Eine verallgemeinernde Prüfung der vertraglichen Nebenpflichten kann bei den „wirtschaftlich-virtuellen" Gesellschaftern erfolgen, da diesen Verträgen dasselbe Muster und grundsätzlich dieselben Erwartungen zugrunde liegen. Eine abweichende Beurteilung der Erwartungen „wirtschaftlich-virtueller" Gesellschafter an das Vertragsverhältnis aufgrund divergierender Risikotragung im Einzelfall ist hingegen nicht geboten. Sie stellen lediglich graduelle Unterschiede bei gleichbleibendem Grundproblem dar.

Gemein ist den Verträgen, die die „wirtschaftlich-virtuellen" Gesellschafter mit der Gesellschaft abgeschlossen haben, dass ihnen über einen gewissen Zeitraum in einer Art Dauerschuldverhältnis ein Recht auf erfolgsabhängige Teilhabe eingeräumt wird; in der Regel als Gegenleistung für ein auf Zeit zur Verfügung gestelltes Kapital.[16] Wie bereits untersucht[17], stellt die stille Gesellschaft eine Art Grundtyp der „wirtschaftlich-virtuellen" Gesellschafter dar, sodass auch in diesem Zusammenhang die Grundwertungen der §§ 230 ff. HGB zu berücksichtigen sind.

Die regelmäßig mit den untersuchten Verträgen einhergehende Kapitalhingabe auf Zeit gegen gewährten erfolgsabhängigen Zins hat Ähnlichkeit mit einem Auftragsverhältnis. Dennoch ergibt nicht nur die stille Gesellschaft als Grundtyp einen auftragsähnlichen Charakter, sondern weiterhin die Interessenlage der Vertragsparteien, welche der Gesellschaft zur Unternehmensführung Kapital bereitstellen.[18] Sie erwarten bei Vertragsschluss nicht nur eine nachhaltige und ergebnisreiche Unternehmensführung,[19] sondern gehen zusätzlich davon aus, dass das Unternehmen seine Handlungsspielräume und das hingegebene Kapital zu diesem Zwecke nutzt. Insoweit besteht ein grundlegender Unterschied zum

---

[15] Vgl. bereits RG, Urt. v. 7. Dezember 1911 – VI 240/11, RGZ 78, 239, 240; *Olzen*, in: Staudinger, BGB, 2017, § 241 Rn. 495 m.w.N.

[16] Vgl. zu den Einzelheiten unter Kapitel 3.

[17] Vgl. unter Teil 3.1.

[18] So auch bereits *Kalss*, Anlegerinteressen, 2001, S. 237, 244, 539 f.; zur stillen Gesellschaft BGH, Urt. v. 7. Februar 1994 – II ZR 191/92, ZIP 1994, 455, 457.

[19] So auch *Heeren*, Kapitalgeberschutz und hybride Finanzierungsinstrumente, 2008, S. 162 f. – dort auch Fn. 5; *Kalss*, Anlegerinteressen, 2001, S. 237 m.w.N.

einfachen Fremdkapitalgeber, welcher in der Regel nur an der Zahlungsfähigkeit des Unternehmens und der Sicherheit der Anlage interessiert ist, während „wirtschaftlich-virtuelle" Gesellschafter maßgeblich am wirtschaftlichen Gesamterfolg der Unternehmung interessiert sind.[20] Insbesondere vor dem Hintergrund, dass den „wirtschaftlich-virtuellen" Gesellschaftern keine Stimm- und Mitwirkungsrechte zustehen und die mögliche Einflussnahme der Gesellschaft auf ihre Rechte äußerst stark sein kann, gilt: Das unternehmerische Ermessen ist nach der Vorstellung der Vertragsparteien dadurch begrenzt, dass es nicht absichtlich zur Schädigung der abhängigen Partei ausgenutzt werden darf. Diese Erwartungshaltungen erfordern mithin die Anerkennung von Rücksichtnahme- und Interessenwahrungspflichten, wie sie in einem auftrags- bzw. geschäftsbesorgungsähnlichen Verhältnis bestehen.[21] Weitere Stimmen aus der Literatur gehen gar so weit und nehmen für diese Risikokapitalgeber eine Art Treuhandverhältnis an, welches im Einzelnen mit verschieden starken Pflichten, Risiken und voneinander abweichenden Strukturen ausgestattet ist.[22]

Hinzu kommt, dass bei einem nicht nur einmaligen Leistungsaustausch, sondern bei Dauerschuldverhältnissen wegen der engeren Verbindung der Vertragsparteien eine nach § 242 BGB gesteigerte gegenseitige Pflicht zur Rücksichtnahme und Loyalität besteht.[23] Die bereits erarbeitete Abhängigkeit der „wirtschaftlich-virtuellen" Gesellschafter von den unternehmerischen Entscheidungen der Gesellschaft, welche aufgrund des vorhandenen Machtverhältnisses

---

[20] So zu Genussrechten bereits *Dangelmayer*, Der Schutz von Genussrechtsinhabern im Anwendungsbereich des Kreditwesengesetzes, 2013, S. 130; zusätzlich mit dem Hinweis, dass bei Genussrechtsinhabern auch in angemessener Weise auf deren Belange geachtet werden soll *Frantzen*, Genußscheine, 1993, S. 241 f.

[21] *Kalss*, Anlegerinteressen, 2001, S. 244 f.; genauer zur Interessenwahrungspflicht *Schäfer*, in: Säcker/Rixecker/Oetker u. a. (Hrsg.), Münchener Kommentar zum Bürgerlichen Gesetzbuch, Bd. 6, 8. Aufl. 2020, § 662 Rn. 54; vgl. zu Genussrechten mit dem Begriff „Inkongruenz von Risiko und Verwaltung" *Dangelmayer*, Der Schutz von Genussrechtsinhabern im Anwendungsbereich des Kreditwesengesetzes, 2013, S. 130; etwas abweichend *Lutter*, ZGR 1993, 291, 301, welcher einen Schadenersatzanspruch annimmt, wenn die äußersten Grenzen der Unternehmensleitung überschritten werden.

[22] *Kalss*, Anlegerinteressen, 2001, S. 233 m.w.N.; für Genussrechte mit Verlustteilnahme im besonderen *Frantzen*, Genußscheine, 1993, S. 242 ff.; *Habersack*, ZHR 1991, S. 393 f.

[23] Zu Genussrechten *Dangelmayer*, Der Schutz von Genussrechtsinhabern im Anwendungsbereich des Kreditwesengesetzes, 2013, S. 130; *Frantzen*, Genußscheine, 1993, S. 237; *Schubert*, in: Säcker/Rixecker/Oetker u. a. (Hrsg.), Münchener Kommentar zum Bürgerlichen Gesetzbuch, Bd. 2, 8. Aufl. 2019, § 242 Rn. 179; zur besonderen Berücksichtigung des Vertrauensverhältnisses bei Dauerschuldverhältnissen *Olzen*, in: Staudinger, BGB, 2017, § 241 Rn. 498; zum Darlehen als Dauerschuldverhältnis auch bereits BGH, Urt. v. 10. März 1983 – III ZR 169/81, NJW 1983, 2813, 2814.

erheblichen Einfluss auf ihre Rechtspositionen nehmen kann, lässt es geboten erscheinen, gesteigerte treueähnliche Pflichten gegenüber dieser Gläubigergruppe anzuerkennen.[24]

5.1.2.2 Bestimmung der Leistung durch eine Partei nach billigem Ermessen gem. § 315 Abs. 3 BGB

Gem. § 315 Abs. 3 S. 1 BGB ist eine durch die berechtigte Partei erfolgte Leistungsbestimmung dann unverbindlich, wenn sie gegen die Billigkeit verstößt, das heißt die Grenzen des eingeräumten Ermessens nicht einhält.[25] Dem anderen Vertragsteil steht dann gem. § 315 Abs. 3 S. 2 BGB ein Klagerecht zu. § 315 Abs. 1 BGB stellt die Zweifelsregel auf, dass das Leistungsbestimmungsrecht einer Partei nach billigem Ermessen zu erfolgen hat. Dabei muss die Leistung allerdings zumindest rahmenmäßig festgelegt sein, anderenfalls ist die Vereinbarung unwirksam.[26]

Fraglich ist indes, ob diese Regelung auf „wirtschaftlich-virtuelle" Gesellschafter Anwendung finden kann. Eine Anknüpfung der Gegenleistung an den Gewinn, den Umsatz, das Arbeitsergebnis oder Ähnliches erfüllt nicht das Kriterium der einseitigen Leistungsbestimmung in diesem Sinne, da es zum Zeitpunkt des Vertragsschlusses bereits eine verbindliche Festlegung der Leistung beinhaltet, die keiner weiteren willentlichen Konkretisierung mehr bedarf.[27] Allein die Bemessungsgrundlage kann verändert werden, nicht aber die für die Leistung gewählte Bestimmungsmethode. Im Falle von Geschäftsführern wird das einseitige Leistungsbestimmungsrecht daher nur dann angenommen, wenn für dessen Tantieme bestimmt ist, dass z. B. das Jahresergebnis oder der Bilanzgewinn maßgeblich sein soll, die konkrete Ausgestaltung in Form eines Berechnungsschlüssels aber noch offen ist.[28] Übertragen auf die „wirtschaftlich-virtuellen" Gesellschafter würde dies bedeuten, dass § 315 BGB nicht anwendbar ist, da

---

[24] Zu Genussrechten so *Frantzen*, Genußscheine, 1993, S. 239 f.; *Lutter*, ZGR 1993, 291, 301.

[25] *Würdinger*, in: Säcker/Rixecker/Oetker u. a. (Hrsg.), Münchener Kommentar zum Bürgerlichen Gesetzbuch, Bd. 3, 8. Aufl. 2019, § 315 Rn. 45.

[26] BGH, Urt. v. 27. Januar 1971 – VIII ZR 151/69, NJW 1971, 653 f.; OLG Düsseldorf, Urt. v. 29. November 1995 – 9 U 101/95, NJW-RR 1997, 271; *Hager*, in: Grunewald/Maier-Reimer/Westermann (Hrsg.), Erman BGB, 16. Aufl. 2020, § 315 Rn. 8; *Würdinger*, in: Säcker/Rixecker/Oetker u. a. (Hrsg.), Münchener Kommentar zum Bürgerlichen Gesetzbuch, Bd. 3, 8. Aufl. 2019, § 315 Rn. 15.

[27] *Rieble*, in: Staudinger, BGB, 2020, § 315 Rn. 189.

[28] BGH Urt. v. 9. Mai 1994 – II ZR 128/93, NJW-RR 1994, 1055, 1056; BGH, Urt. v. 21. April 1975 – II ZR 2/73, WM 1975, 761; auch ohne konkrete Bemessungsgrundlage OLG Oldenburg, Urt. v. 20. April 2000 – 1 U 177/99, NZG 2000, 939, 940 m. Anm. Gitter; vgl.

sich ihre Vergütung aus einem festen Berechnungsschlüssel anhand einer festgelegten Bemessungsgrundlage orientiert. Die Beeinflussung der Vergütungshöhe durch Maßnahmen der Gesellschaft würde dementsprechend kein ihr zustehendes einseitiges Leistungsbestimmungsrecht im Sinne von § 315 BGB darstellen.

Für Genussrechtsinhaber hingegen gilt § 315 Abs. 3 BGB, wenn den Aktionären ein Anfechtungsrecht in Bezug auf den Verwendungsbeschluss zusteht. Ihnen gegenüber ist die Maßnahme dann ebenso unbillig.[29] Die Beurteilung erfolgt hier erneut uneinheitlich. Gegen eine Anwendung von § 315 BGB spricht aber bereits, dass diese eine Vertragslücke dergestalt voraussetzt, dass die Vertragsparteien sich zwar bewusst geeinigt haben, aber die konkrete Bestimmung der Leistung einer Partei überlassen bleibt.[30] Eine einseitige Bestimmung kommt hier aber gerade nicht in Frage, da der Vertrag zwischen den Parteien lediglich die Ergebnisabhängigkeit bestimmt, die Bestimmung selbst aber konkret festgelegt ist. Dass das Ergebnis von den Entscheidungen der Gesellschaft abhängt, ist vielmehr eine vorgelagerte Frage.

Nähme man hingegen die Anwendbarkeit von § 315 Abs. 3 BGB an, so muss die Gesellschaft nachweisen, dass die Bestimmung, welche nach billigem Ermessen erfolgen soll, der Billigkeit entspricht. Für die Leistungsbestimmung und deren Billigkeit ist der Bestimmungsberechtigte grundsätzlich darlegungs- und beweisbelastet.[31]

Würdinger, in: Säcker/Rixecker/Oetker u. a. (Hrsg.), Münchener Kommentar zum Bürgerlichen Gesetzbuch, Bd. 3, 8. Aufl. 2019, § 315 Rn. 87; *Hager,* in: Grunewald/Maier-Reimer/Westermann (Hrsg.), Erman BGB, 16. Aufl. 2020, § 315 Rn. 30; Staudinger § 315 Rn. 282.

[29] Vgl. dazu mit Nachweisen unter Abschnitt 4.2.2.2.4.1; a.A. zu § 315 BGB *Fuchs*, Kapitalbeteiligung ohne Mitgliedschaft, 1997, S. 639 f.

[30] Zur vorausgesetzten Vertragslücke *Würdinger*, in: Säcker/Rixecker/Oetker u. a. (Hrsg.), Münchener Kommentar zum Bürgerlichen Gesetzbuch, Bd. 3, 8. Aufl. 2019, § 315 Rn. 2 m.w.N.; zur Anwendbarkeit auf Genussrechte *Schneider*, in: Havermann (Hrsg.), Festschrift für Reinhard Goerdeler, 1987, S. 511, 517; die Anwendbarkeit auf Genussrechtsinhaber ebenso ablehnend wegen des konkreten Berechnungsschlüssels *Prosser*, Anlegerschutz bei Genussscheinen, Gewinnschuldverschreibungen, Options- und Wandelanleihen, 2001, S. 69.

[31] BGH, Urt. v. 4. Dezember 1986 – VII ZR 77/86, NJW 1987, 1828, 1829; BGH, Urt. v. 5. Februar 2003 – VIII ZR 111/02, NJW 2003, 1449, 1450; BGH, Urt. v. 18. Oktober 2005 – KZR 36/04, NJW 2006, 684, 686; *Hager,* in: Grunewald/Maier-Reimer/Westermann (Hrsg.), Erman BGB, 16. Aufl. 2020, § 315 Rn. 23; *Würdinger*, in: Säcker/Rixecker/Oetker u. a. (Hrsg.), Münchener Kommentar zum Bürgerlichen Gesetzbuch, Bd. 3, 8. Aufl. 2019, § 315 Rn. 55; zurecht kritisch *Rieble*, in: Staudinger, BGB, 2020, § 315 Rn. 625, welcher darauf abstellt, dass es sich bei der Billigkeit um einen von Amts wegen zu prüfenden Rechtsbegriff handelt und nur die zugrundeliegenden Tatsachen dargelegt werden müssen, und zwar von der Partei, zu deren Gunsten sie gereichen.

5.1.2.3 Verhinderung des Bedingungseintritts nach Treu und Glauben gem. § 162 Abs. 1 BGB

Für Genussrechtsinhaber wird ein Schutz vor sitten- und treuwidriger Verkürzung des Gewinnrechts aus dem Rechtsgedanken des § 162 Abs. 1 BGB vertreten.[32] Gem. § 162 Abs. 1 BGB gilt eine Bedingung dann als eingetreten, wenn die Partei, zu deren Nachteil sie gereichen würde, diese wider Treu und Glauben verhindert hat. Es handelt sich um eine gesetzliche Fiktion.[33]

Für die Genussrechtsinhaber hätte das zur Konsequenz, dass ihnen ein Anspruch in der Höhe zustehen würde, den sie bei sitten- und treugemäßem Verhalten der Gesellschaft und ihrer Geschäftsleitung erhalten hätten.[34] Die Genussrechtsinhaber machen demnach ihren Primäranspruch auf vertragsgemäße Erfüllung geltend.[35]

5.1.2.3.1 Anwendbarkeit des § 162 BGB auf andere „wirtschaftlich-virtuelle" Gesellschafter

Zunächst stellt sich die Frage der Anwendbarkeit dieser Vorschrift auf die anderen Fälle der „wirtschaftlich-virtuellen" Gesellschafter. Sie haben vertraglich entweder eine ergebnisabhängige oder eine ergebnisorientierte Vergütungsvereinbarung

---

[32] *Frantzen*, Genußscheine, 1993, S. 220 f.; *Feddersen/Knauth*, Eigenkapitalbindung durch Genußscheine, 2. Aufl. 1992, S. 117; *Hammen*, BB 1990, 1917, 1919; unter Hinweis auf § 162 Abs. 1 BGB neben Schadensersatz bereits *Rowedder*, in: ders./Fuhrmann/Koppensteiner u. a., GmbHG, 1985, § 29 Rn. 83; kritisch unter Andeutung, dass ggf. Anfechtungs- und Kontrollrechte oder gar ein Anspruch auf Vorzugsdividende nötig sei *Vollmer*, ZGR 1983, 445, 467; ähnlich *Lorch*, Der börsenfähige aktienähnliche Genußschein, 1993, S. 280; a.A. RG, Urt. v. 20. Oktober 1922 – II 654/12, RGZ 105, 236, 239 f., welches § 162 BGB ablehnt und einen Schadenersatzanspruch bei Beeinträchtigung des Gewinnrechts des Genussscheininhabers durch die Geschäftsführung in Betracht zieht.

[33] *Armbrüster*, in: Grunewald/Maier-Reimer/Westermann (Hrsg.), Erman BGB, 16. Aufl. 2020, § 162 Rn. 1; *Bork*, in: Staudinger, BGB, 2020, § 162 Rn. 2.

[34] *Frantzen*, Genußscheine, 1993, S. 220; für eine Anwendung neben dem Schadensersatzanspruch *Feddersen/Knauth*, Eigenkapitalbindung durch Genußscheine, 2. Aufl. 1992, S. 117 f.

[35] *Frantzen*, Genußscheine, 1993, S. 220; unter letztlicher Ablehnung des § 162 BGB skizziert auch das Reichsgericht den Unterschied in Bezug auf Primär- und Sekundäranspruchsebene RG, Urt. v. 20. Oktober 1922 – II 654/12, RGZ 105, 236, 239 f.; ähnliches auch andeutend aber ohne Bezug zu § 162 Abs. 1 BGB *Habersack*, in: Goette/Habersack/Kalss (Hrsg.), Münchener Kommentar zum Aktiengesetz, Bd. 4, 5. Aufl. 2021, § 221 Rn. 278 m.w.N.; *ders.*, AG 2009, 801, 806.

getroffen. § 162 BGB erfordert eine echte Bedingung und kann im Falle einer Wollens- oder Rechtsbedingung nicht eingreifen.[36]

Es ist demnach zuerst die Art der Bedingung zu ermitteln, welche durch die Vertragsparteien vereinbart wurde. Potestativbedingungen werden – so eine zumindest verbreitete Ansicht – vom Anwendungsbereich entgegen einer früher vertretenen Ansicht[37] erfasst, da bei ihnen in besonderem Maße die Möglichkeit zur Manipulation des Kausalverlaufs besteht.[38] Bei einer Potestativbedingung ist das Bedingungsereignis objektiv feststellbar, allerdings ist dessen Ausbleiben oder Eintreten vom Verhalten und damit letztlich vom Willen einer Vertragspartei abhängig.[39] Sowohl für ergebnisorientierte als auch für ergebnisabhängige Regelungen liegt somit eine Potestativbedingung durch die Anknüpfung an erfolgsbezogene Bemessungsgrundlagen wie den Bilanzgewinn, die Aktionärsdividende oder das Jahresergebnis, die die Gesellschaft durch die zuvor dargestellten Maßnahmen beeinflussen kann, vor.

---

[36] Vgl. *Armbrüster,* in: Grunewald/Maier-Reimer/Westermann (Hrsg.), Erman BGB, 16. Aufl. 2020, § 162 Rn. 2; vgl. *Westermann*, in: Säcker/Rixecker/Oetker u. a. (Hrsg.), Münchener Kommentar zum Bürgerlichen Gesetzbuch, Bd. 1, 8. Aufl. 2018, § 162 Rn. 4.

[37] Motive zu dem Entwurf eines Bürgerlichen Gesetzbuches für das Deutsche Reich, Bd. I, S. 263; RG, Urt. v. 10. Januar 1908 – V 840/02, RGZ 53, 257, 259; LG Krefeld, Urt. v. 23. Januar 1986 – 3 S 130/85, WuM 1989, 168; *Flume*, Allgemeiner Teil des Bürgerlichen Rechts, Bd. 2, 4. Aufl. 1992, S. 721; *Mansel*, in: Stürner (Hrsg.), Jauernig Bürgerliches Gesetzbuch, 18. Aufl. 2021, § 162 Rn. 1; *Ellenberger*, in: Palandt (Hrsg.), Bürgerliches Gesetzbuch, 80. Aufl. 2021, § 162 Rn. 1.

[38] BGH, Urt. v. 16. September 2005 – V ZR 244/04, NJW 2005, 3417, 3418; vgl. *Armbrüster,* in: Grunewald/Maier-Reimer/Westermann (Hrsg.), Erman BGB, 16. Aufl. 2020, § 162 Rn. 2; *Bork*, in: Staudinger, BGB, 2020, § 162 Rn. 4; einschränkender *Westermann*, in: Säcker/Rixecker/Oetker u. a. (Hrsg.), Münchener Kommentar zum Bürgerlichen Gesetzbuch, Bd. 1, 8. Aufl. 2018, § 162 Rn. 4, offenlassend BGH, Urt. v. 27. Oktober 1972 – V ZR 20/71, WM 1972, 1422, 1424; zumindest zweifelnd aber § 162 BGB analog anwendend OLG Dresden, Urt. v. 13. Januar 1999 – 18 U 2050/97, OLGR Dresden 2001, 113, 115 f.; für die Erfassung gar von Wollensbedingungen OLG München, Urt. v. 25. September 1987 – 14 U 845/86, NJW-RR 1988, 58, 59, jedoch handelte es sich in diesem Fall wohl vielmehr um eine Potestativbedingung.

[39] BGH, Beschl. v. 5. Dezember 1996 – V ZB 27/96, NJW 1997, 861, 862; BGH, Beschl. v. 13. Juni 2002 – V ZB 30/01, NJW 2002, 2461, 2462; vgl. *Armbrüster,* in: Grunewald/Maier-Reimer/Westermann (Hrsg.), Erman BGB, 16. Aufl. 2020, Vorb. § 158 Rn. 12; *Bork*, in: Staudinger, BGB, 2020, Vorb. §§ 158–163 Rn. 16; vgl. *Mansel*, in: Stürner (Hrsg.), Jauernig Bürgerliches Gesetzbuch, 18. Aufl. 2021, § 158 Rn. 3; *Westermann*, in: Säcker/Rixecker/Oetker u. a. (Hrsg.), Münchener Kommentar zum Bürgerlichen Gesetzbuch, Bd. 1, 8. Aufl. 2018, § 158 Rn. 19; insoweit irrigerweise als Wollensbedingung bezeichnend OLG München, Urt. v. 25. September 1987 – 14 U 845/86, NJW-RR 1988, 58, 59.

Aber auch bei Ablehnung der direkten Anwendung des § 162 Abs. 1 BGB auf die „wirtschaftlich-virtuellen“ Gesellschafter, wird man eine analoge Anwendung auf diese Art der Potestativbedingung annehmen müssen. § 162 BGB wurzelt im Grundsatz von Treu und Glauben und dem dort verankerten allgemeinen Rechtsgedanken, dass niemand einen Vorteil aus einer in treuwidriger Art und Weise selbstgeschaffenen Lage ziehen darf.[40] Hier liegt die erforderliche vergleichbare Interessenlage vor, da das untersuchte Problem darin wurzelt, dass das Unternehmen seine Machtposition ausnutzt, um in gegen Treu und Glauben verstoßender Weise seinen vertraglichen Verpflichtungen nicht nachkommen zu müssen. Es verschafft sich somit selbst einen monetären Vorteil. Die Vorschrift hat keinen Sanktionszweck für treuwidriges Verhalten, sondern stellt lediglich die Durchsetzung des vertragsgemäßen und treugemäßen Verhaltens sicher.[41] Wie bereits zuvor herausgestellt, soll diese Arbeit keine Lanze für eine angemessen hohe Vergütung „wirtschaftlich-virtueller“ Gesellschafter brechen, sondern lediglich überprüfen, ob ihr vertragliches Recht ausreichend geschützt und durchsetzbar ist. Gerade die im vorangegangenen Kapitel erarbeiteten strukturellen Schwachstellen führen im Ergebnis auch zu einer planwidrigen Regelungslücke. Insbesondere spricht das Telos der Vorschrift dafür, ein so hohes Maß an Missbrauchspotential zu regeln.

5.1.2.3.2 Beurteilung der Treuwidrigkeit im Rahmen von § 162 BGB

Gem. § 162 Abs. 1 BGB muss der Bedingungseintritt treuwidrig vereitelt worden sein, damit die Fiktion eingreifen kann.

Zur Beurteilung der Treuwidrigkeit wird an § 242 BGB angeknüpft. Danach ist das Gesamtverhalten der den Geschehensablauf beeinflussenden Partei anhand des Anlasses, des Zwecks und der Motive, insbesondere des Vertragsinhalts, zu beurteilen. Zu berücksichtigen sind alle Umstände des Einzelfalles.[42]

---

[40] BGH, Urt. v. 22. September 1983 – VII ZR 43/83, ZIP 1983, 1460, 1463; BGH, Urt. v. 12. Oktober 1990 – V ZR 002/89, NJW-RR 1991, 177, 178; BAG, Urt. v. 12. Dezember 2007 – 10 AZR 97/07, NJW 2008, 872, 876; *Armbrüster,* in: Grunewald/Maier-Reimer/Westermann (Hrsg.), Erman BGB, 16. Aufl. 2020, § 162 Rn. 7; *Bork*, in: Staudinger, BGB, 2020, § 162 Rn. 2.

[41] OLG Düsseldorf, Urt. v. 7. Januar 1980 – 5 U 27/79, NJW 1981, 463, 464; *Bork*, in: Staudinger, BGB, 2020, § 162 Rn. 2; *Flume*, Allgemeiner Teil des Bürgerlichen Rechts, Bd. 2, 4. Aufl. 1992, S. 716.

[42] BGH, Urt. v. 16. September 2005 – V ZR 244/04, NJW 2005, 3417; OLG Hamm, Urt. v. 14. April 1989 – 26 U 159/88, NJW-RR 1989, 1366; vgl. *Armbrüster,* in: Grunewald/Maier-Reimer/Westermann (Hrsg.), Erman BGB, 16. Aufl. 2020, § 162 Rn. 4; *Bork*, in: Staudinger, BGB, 2020, § 162 Rn. 7; vgl. *Westermann*, in: Säcker/Rixecker/Oetker u. a. (Hrsg.), Münchener Kommentar zum Bürgerlichen Gesetzbuch, Bd. 1, 8. Aufl. 2018, § 162 Rn. 9.

Nach der heute in der Literatur h.M. ist für die treuwidrige Vereitelung des Bedingungseintritts kein Verschulden erforderlich. Es soll ein objektiver Verstoß gegen Treu und Glauben ausreichen[43], auch wenn dieser in der Regel zumindest fahrlässig begangen wurde.[44] Begründet wird dies damit, dass ein Verschuldenselement dem Wortlaut des § 162 BGB nicht zu entnehmen sei und zudem dem Charakter der Norm widerspreche, die gerade keine Sanktion für Treuwidrigkeit beinhalten soll.[45] Subjektive Elemente fänden demnach allein im Rahmen der Gesamtwürdigung zur Beurteilung der Treuwidrigkeit Platz und würden nicht aus sich heraus den Vorwurf der Treuwidrigkeit in diesem Sinne rechtfertigen.[46] In der Rechtsprechung wird zum Teil Fahrlässigkeit verlangt, Vorsatz sei hingegen nicht erforderlich.[47]

Die praktischen Unterschiede der beiden Ansichten sind aber wohl eher als gering zu bewerten, da im Rahmen der Treuwidrigkeitsprüfung die Beweggründe der beeinflussenden Partei in die Gesamtwürdigung eingestellt werden, wie bei einer nach § 276 BGB anhand des objektiven Sorgfaltsmaßstabs festzustellenden

---

[43] *Armbrüster,* in: Grunewald/Maier-Reimer/Westermann (Hrsg.), Erman BGB, 16. Aufl. 2020, § 162 Rn. 4; *Bork*, in: Staudinger, BGB, 2020, § 162 Rn. 10; *Mansel*, in: Stürner (Hrsg.), Jauernig Bürgerliches Gesetzbuch, 18. Aufl. 2021, § 162 Rn 4; *Ellenberger*, in: Palandt (Hrsg.), Bürgerliches Gesetzbuch, 80. Aufl. 2021, § 162 Rn 3; etwas kritisch *Westermann*, in: Säcker/Rixecker/Oetker u. a. (Hrsg.), Münchener Kommentar zum Bürgerlichen Gesetzbuch, Bd. 1, 8. Aufl. 2018, § 162 Rn. 10; zustimmend BAG, Urt. v. 23. September 2014 – 9 AZR 827/12, NZA 2015, 1264, 1266; zur veralteten Auffassung, nach der Verschulden erforderlich war, besonders in Bezug auf § 162 BGB für Genussrechtsinhaber bei treuwidriger Verkürzung des Gewinnrechts *Frantzen*, Genußscheine, 1993, S. 221; andeutend *Vollmer*, ZGR 1983, 445, 468; seit RG, Urt. v. 13. November 1928 – III 148/28, RGZ 122, 247, 251 f. wird auch fahrlässiges Handeln für erforderlich gehalten, zustimmend OLG Düsseldorf, Urt. v. 7. Januar 1980 – 5 U 27/79, NJW 1981, 463, 464; BGH, Urt. v. 13. Februar 1989 – II ZR 110/88, NJW-RR 1989, 802; *Flume*, Allgemeiner Teil des Bürgerlichen Rechts, Bd. 2, 4. Aufl. 1992, S. 720 f.

[44] *Armbrüster,* in: Grunewald/Maier-Reimer/Westermann (Hrsg.), Erman BGB, 16. Aufl. 2020, § 162 Rn. 4; *Westermann*, in: Säcker/Rixecker/Oetker u. a. (Hrsg.), Münchener Kommentar zum Bürgerlichen Gesetzbuch, Bd. 1, 8. Aufl. 2018, § 162 Rn. 10.

[45] *Bork*, in: Staudinger, BGB, 2020, § 162 Rn. 10.

[46] BGH, Urt. v. 16. September 2005 – V ZR 244/04, NJW 2005, 3417, 3419; *Bork*, in: Staudinger, BGB, 2020, § 162 Rn. 7.

[47] RG, Urt. v. 13. November 1928 – III 148/28, RGZ 122, 247, 251; BGH, Urt. v. 17. Mai 1965 – III ZR 239/64, BB 1965, 1052; BGH, Urt. v. 13. Februar 1989 – II ZR 110/88, NJW-RR 1989; 802; wie die Literatur kein Verschulden im technischen Sinne fordernd, aber subjektive Beweggründe in die Gesamtabwägung einstellend BAG, Urt. v. 23. September 2014 – 9 AZR 827/12, NZA 2015, 1264, 1266.

Fahrlässigkeit.[48] Wird allerdings vorsätzliches oder fahrlässiges Verhalten festgestellt, zieht dieses im Allgemeinen Schadenersatzansprüche gem. § 280 Abs. 1 BGB, aus culpa in contrahendo gem. §§ 311 Abs. 2, 241 Abs. 2, 280 Abs. 1 BGB oder aus § 826 BGB nach sich.[49] Generell spricht gegen das Erfordernis eines Fahrlässigkeitsvorwurfs bereits der Wortlaut aber auch die Systematik, die solches Verhalten in den entsprechenden Schadensersatznormen aufgreift. Eine Berücksichtigung im Rahmen der objektiven Gesamtbetrachtung ist auch nach der hier vertretenen Auffassung ausreichend.

Für die untersuchten Maßnahmen stellt sich demnach die Frage, ob von einer treuwidrigen Vereitelung auszugehen ist. Die Beurteilung dieser Maßnahmen als treuwidrig folgt aus dem Umstand, dass die vertragliche Abrede zwischen der Gesellschaft und dem Gläubiger darauf ausgelegt war, dass Letzterer einen Teil des Risikos trägt, indem der Gesellschaft ein weiter Handlungsspielraum zugestanden wird. Allerdings kann man der vertraglichen Abrede auch entnehmen, dass diese Ansprüche nicht durch Beiseiteschaffen der Bezugsgröße vereitelt werden dürfen, da auch gegenüber den „wirtschaftlich-virtuellen" Gesellschaftern in dieser Hinsicht eine Interessenwahrungspflicht seitens der Gesellschaft besteht. Tritt zu diesem vertraglichen Bruch der Umstand, dass die Vereitelung der Bedingung allein in der Absicht geschieht, sich selbst zu bereichern und dadurch den vertraglichen Pflichten zu entgehen, dann ist Treuwidrigkeit anzunehmen. Insoweit stellt das allgemeine Schädigungsverbot gem. §§ 138, 162, 226, 242, 826 BGB Grenzen bezüglich der Frage auf, was der Gläubiger gegen sich gelten lassen muss.[50]

Da der Absicht des Unternehmens der hier untersuchte Verstoß gegen Treu und Glauben gerade immanent ist, sind auch die strengeren Voraussetzungen im Rahmen der Frage, ob für die Treuwidrigkeit ein Verschuldenselement erforderlich ist, erfüllt. Problematisch ist hieran aber wiederum, dass sich die vom

---

[48] *Bork*, in: Staudinger, BGB, 2020, § 162 Rn. 10; vgl. *Westermann*, in: Säcker/Rixecker/Oetker u. a. (Hrsg.), Münchener Kommentar zum Bürgerlichen Gesetzbuch, Bd. 1, 8. Aufl. 2018, § 162 Rn. 10; zur Problematik bei Verkürzung des Gewinnrechts von Genussrechtsinhabern und dem Pflichtenmaßstab aus §§ 276 BGB, 347 HGB *Frantzen*, Genußscheine, 1993, S. 221; a.A. *Schneider*, in: Havermann (Hrsg.), Bilanz- und Konzernrecht, 1987, S. 511, 518, der nur die bewusste Schädigung im Rahmen von §§ 138, 242, 826 BGB erfassen will.

[49] *Armbrüster*, in: Grunewald/Maier-Reimer/Westermann (Hrsg.), Erman BGB, 16. Aufl. 2020, § 162 Rn. 2.

[50] *Roggemann*, Zivilrechtlicher Anlegerschutz bei bedingten Pflichtwandel- und Herabschreibungsanleihen, 2020, S. 153.

Unternehmen verfolgte Absicht nur in den seltensten Fällen aus der Position des Gläubigers eindeutig nachweisen lässt.[51]

5.1.2.4 Zwischenergebnis

Während § 315 BGB nach der hier vertretenen Auffassung nicht anwendbar ist, kann sich aus der Anwendung des § 162 Abs. 1 BGB zumindest zunächst eine objektivere Beurteilung der Rechtslage ergeben, wenn man mit der h.M. in der Literatur, im Gegensatz zu den Sekundäransprüchen, keinen subjektiven Tatbestand mit Verschuldenserfordernis voraussetzt. Der Umstand, dass das treuwidrige Verhalten sich gerade aus der Zielsetzung des Unternehmens ergibt, lässt jedoch eine Entscheidung hinsichtlich des Verschuldenserfordernisses obsolet werden. Letztlich bleibt aufgrund der in die Gesamtabwägung einzustellenden subjektiven Beweggründe auch dann das Problem nicht aus, die Absicht der Geschäftsführung oder des Unternehmens zum Missbrauch zu beweisen. Gerade in den untersuchten Fällen geht es darum, die Machtverhältnisse absichtlich zum Nachteil der „wirtschaftlich-virtuellen" Gesellschafter auszunutzen, die diesen Umstand aber wohl nur in den allerseltensten Fällen nachweisen können.

5.1.3 Diskutierte Regelungen auf Sekundäranspruchsebene

Geht man davon aus, dass „wirtschaftlich-virtuelle" Gesellschafter keinen Anspruch auf eine angemessen hohe Vergütung haben[52] und verweist dazu auf die ablehnende Haltung des Reichsgerichts[53] gegenüber einer Anwendung des § 162 Abs. 1 BGB, so bleibt noch eine Lösung über Schadenersatzansprüche.

Dabei wird im Ergebnis zumeist ein Anspruch wegen treuwidriger Schädigung geprüft, ohne allerdings in den meisten Fällen auf die konkrete Anspruchsgrundlage einzugehen.[54]

---

[51] Zu den Nachweisproblemen für Genussrechtsinhaber bereits *Rid-Niebler*, Genußrechte als Instrument zur Eigenkapitalbeschaffung über den organisierten Kapitalmarkt für die GmbH, 1989, S. 116; *Vollmer*, ZGR 1983, 445, 468.

[52] So zu Maßnahmen der Gewinnermittlung und -verwendung gegenüber Genussrechtsinhabern *Habersack*, in: Goette/Habersack/Kalss (Hrsg.), Münchener Kommentar zum Aktiengesetz, Bd. 4, 5. Aufl. 2021, § 221 Rn. 283; *Florstedt*, in: Zöllner/Noack (Hrsg.), Kölner Kommentar zum Aktiengesetz, Bd. 4.2, 3. Aufl. 2017, § 221 Rn. 606; *Lutter*, in: Zöllner (Hrsg.), Kölner Kommentar zum Aktiengesetz, Bd. 5.1, 2. Aufl. 1995, § 221 Rn. 361.

[53] RG, Urt. v. 20. Oktober 1922 – II 654/12, RGZ 105, 236, 239 f.; vgl. dazu ebenso im Abschnitt 5.1.3.2.1.

[54] *Florstedt*, in: Zöllner/Noack (Hrsg.), Kölner Kommentar zum Aktiengesetz, Bd. 4.2, 3. Aufl. 2017, § 221 Rn. 132; vgl. zum Hinweis, dass die allgemeine Missbrauchsgrenze

5.1.3.1 Schutz durch Schadenersatzanspruch aus § 826 BGB

Weiter kommt der deliktsrechtliche Schadenersatzanspruch aus § 826 BGB in Betracht, welcher denjenigen schadenersatzpflichtig macht, der in einer gegen die guten Sitten verstoßenden Weise einem anderen vorsätzlich Schaden zufügt. Die Vorschrift lässt wegen ihres weiten Wortlauts allein die Möglichkeit der Einzelfallbetrachtung offen.[55]

5.1.3.1.1 Der Tatbestand des § 826 BGB

Voraussetzungen für eine Haftung nach § 826 BGB sind der Schadenseintritt, die Sittenwidrigkeit des Täterverhaltens, der Kausalzusammenhang zwischen Täterverhalten und dem Schadenseintritt sowie Vorsatz.

Die untersuchten Maßnahmen können bei den „wirtschaftlich-virtuellen" Gesellschaftern, wie dargelegt, zu Einbußen in Bezug auf den Vergütungs- oder Rückzahlungsanspruch führen. Sie erleiden mithin einen Vermögensschaden.

Objektiv sittenwidrig ist nach der Rechtsprechung ein Verhalten dann, wenn sein Inhalt oder Gesamtcharakter gewürdigt durch den Inhalt selbst, den Beweggrund und den Zweck gegen das Anstandsgefühl aller billig und gerecht Denkenden verstößt.[56] Um die legitime Verfolgung eigener Interessen von der sittenwidrigen abzugrenzen, muss sich nach der Rechtsprechung „die besondere Verwerflichkeit des Verhaltens aus dem verfolgten Ziel, den eingesetzten Mitteln, der zutage tretenden Gesinnung oder den eingetretenen Folgen ergeben"[57]. Dabei

---

in Bezug auf die Maßnahmen gilt ohne konkrete Anknüpfung an eine Anspruchsgrundlage unter Abschnitt 4.2.1.2.2.2.1 und Abschnitt 4.2.2.2.4.1; auch das Reichsgericht verweist insoweit allgemein auf einen Schadensersatzanspruch RG, Urt. v. 20. Oktober 1922 – II 654/12, RGZ 105, 236, 239 f.

[55] Z.B. so zur Sittenwidrigkeit *Förster*, in: Hau/Poseck (Hrsg.), BeckOK BGB, 58. Ed. 01.05.2021, § 826 Rn. 9 ff.

[56] BGH, Urt. v. 19. Juli 2004 – II ZR 217/03, NJW 2004, 2668, 2670; BGH Urt. v. 20. November 2012 – VI ZR 268/11, NJW-RR 2013, 550, 551; BGH, Urt. v. 15. Oktober 2013 – VI ZR 124/12, NJW 2014, 1380; BGH, Urt. v. 19. November 2013 – VI ZR 336/12, NJW 2014, 383, 384; BGH, Urt. v. 20. Juli 2017 – IX ZR 310/14, NJW 2017, 2613; BGH, Urt. v. 7. Mai 2019 – VI ZR 512/17, NJW 2019, 2164, 2165; „Verstoß gegen das Anstandsgefühl aller billig und gerecht Denkenden" ist st. Rspr. seit RG, Urt. v. 11. April 1901 – VI 443/00, RGZ 48, 114, 124; *Sprau*, in: Palandt (Hrsg.), Bürgerliches Gesetzbuch, 80. Aufl. 2021, § 826 Rn. 4; *Förster*, in: Hau/Poseck (Hrsg.), BeckOK BGB, 58. Ed. 01.05.2021, § 826 Rn 10; *Katzenmeier,* in: Dauner-Lieb/Langen (Hrsg.), Bürgerliches Gesetzbuch, Bd. 2, 4. Aufl. 2021, § 826 Rn. 2.

[57] BGH, Urt. v. 19. Juli 2004 – II ZR 217/03, NJW 2004, 2668, 2670; BGH, Urt. v. 13. Dezember 2011 – XI ZR 51/10, NJW 2012, 1800, 1803; BGH, Urt. v. 20. November 2012 – VI ZR 268/11, NJW-RR 2013, 550, 551; BGH, Urt. v. 15. Oktober 2013 – VI ZR 124/12, NJW 2014, 1380; BGH, Urt. v. 19. November 2013 – VI ZR 336/12, NJW 2014, 383,

kann aber bereits der Zweck allein die Sittenwidrigkeit herbeiführen, unabhängig davon, ob das Mittel als unerlaubt zu qualifizieren wäre.[58] Dies sei dann der Fall, wenn die Ausübung der Handlungsmöglichkeiten des Täters nicht zur Befriedigung der eigenen Bedürfnisse diene oder das Ergebnis produktiver Betätigung sei, sondern allein ergriffen würde, um der Gegenpartei Schaden zuzufügen und sich selbst einen Sondervorteil zu sichern.[59] Hat der Schädigende eine besondere Machtposition gegenüber dem Geschädigten inne, muss er sich rücksichtsvoller verhalten als bei ausgeglichenen Machtverhältnissen.[60] Auch durch den Missbrauch fremden Vertrauens kann die Sittenwidrigkeit begründet werden. Darunter fallen unter anderem der Missbrauch von Vertretungsmachten, einer Verfügungsermächtigung oder anderer Treuhand-Berechtigungen, da die Nichterfüllung der vertraglichen Pflicht allein nicht ausreicht, um dem Sittenwidrigkeitsvorwurf zu begründen.[61]

Eine in der Literatur vertretene Ansicht verlangt sogar, dass zur Beurteilung der Sittenwidrigkeit eines Verhaltens ein subjektives Element erforderlich sei.[62] Dagegen spricht sich aber wiederum der IX. Zivilsenat des BGH aus, indem er in einem Fall bezüglich des existenzvernichtenden Eingriffs betont, die Sittenwidrigkeit folge „bereits aus der Erfüllung der objektiven Voraussetzungen. In subjektiver Hinsicht genügt bedingter Vorsatz."[63]

Auch an anderer Stelle wird an der Rechtsprechung des BGH Kritik erhoben. Nach *Oechsler* soll das Verhalten allein dann sittenwidrig sein, wenn es

---

384; BGH, Urt. v. 3. Dezember 2013 – XI ZR 295/12, NJW 2014, 1098, 1099; BGH, Urt. v. 20. Juli 2017 – IX ZR 310/14, NJW 2017, 2613, 2614; BGH, Urt. v. 7. Mai 2019 – VI ZR 512/17, NJW 2019, 2164, 2165.

[58] Vgl. *Förster*, in: Hau/Poseck (Hrsg.), BeckOK BGB, 58. Ed. 01.05.2021, § 826 Rn. 21; *Sprau*, in: Palandt (Hrsg.), Bürgerliches Gesetzbuch, 80. Aufl. 2021, § 826 Rn. 4; *Wagner*, in: Säcker/Rixecker/Oetker u. a. (Hrsg.), Münchener Kommentar zum Bürgerlichen Gesetzbuch, Bd. 7, 8. Aufl. 2020, § 826 Rn. 19 m.w.N.

[59] *Wagner*, in: Säcker/Rixecker/Oetker u. a. (Hrsg.), Münchener Kommentar zum Bürgerlichen Gesetzbuch, Bd. 7, 8. Aufl. 2020, § 826 Rn. 19.

[60] *Wilhelmi*, in: Grunewald/Maier-Reimer/Westermann (Hrsg.), Erman BGB, 16. Aufl. 2020, § 826 Rn. 9 m.w.N.

[61] *Sprau*, in: Palandt (Hrsg.), Bürgerliches Gesetzbuch, 80. Aufl. 2021, § 826 Rn. 22; vgl. *Wilhelmi*, in: Grunewald/Maier-Reimer/Westermann (Hrsg.), Erman BGB, 16. Aufl. 2020, § 826 Rn. 43; zur zusätzlich zum Pflichtverstoß erforderlichen Verwerflichkeit BGH, Urt. v. 7. Mai 2019 – VI ZR 512/17, NJW 2019, 2164, 2165.

[62] *Förster* AcP 2009, 398, 417 f.; *Larenz/Canaris*, Lehrbuch des Schuldrechts, 13. Aufl. 1994, Bd. II/2, S. 455 spricht sich insoweit nur für die Kenntnis der die Sittenwidrigkeit begründenden Tatsachen, nicht aber ein Bewusstsein über die Sittenwidrigkeit aus.

[63] BGH, Urt. v. 21. Februar 2013 – IX ZR 52/10, WM 2013, 763, 766.

sich um eine objektive Verletzung der im Verkehr geltenden Verhaltenspflichten (Sittengebot) handele.[64] Maßgebend sei demzufolge allein die Enttäuschung der berechtigten auf (ungeschriebenen) Verhaltensnormen gründenden Erwartungen des Geschädigten.[65] Solche Erwartungen können auch auf vertraglichen Vereinbarungen und den damit einhergehenden Schutz- und Nebenpflichten gem. § 241 Abs. 2 BGB beruhen.[66] *Oechsler* bezeichnet die von der Rechtsprechung herangezogene Berücksichtigung der Zweck-Mittel-Relation und des selbstsüchtigen Übergehens fremder Interessen als reine „Leerformeln".[67] Vielmehr seien die im Einzelfall zugrundeliegenden Wertungen maßgeblich.[68] Die von der Rechtsprechung angewandte Verwerflichkeitsformel habe allein den Zweck, aus den äußeren Umständen des Täterverhaltens Rückschlüsse auf den Vorsatz des Schädigers zuzulassen. Der Sittenverstoß sei dann „Vermutungsgrundlage für den Tätervorsatz"[69]. Für ein subjektives Element im Rahmen der Sittenwidrigkeit bleibe kein Platz.[70] Allein aus der geplanten Schädigung könne sich nicht bereits der Sittenwidrigkeitsvorwurf ergeben, da eigennütziges Verhalten an sich Teil der Wirtschaft und des Wettbewerbs am Markt sei. Maßgeblich sei wiederum eine damit einhergehende Rechtsverletzung.[71]

---

[64] *Oechsler*, in: Staudinger, BGB, 2018, § 826 Rn. 58d.

[65] *Ders.*, in: Staudinger, BGB, 2018, § 826 Rn. 31, 34; *Heeren,* Kapitalgeberschutz und hybride Finanzierungsinstrumente, 2008, S. 182 f. bezieht sich dem ähnlich für den Sittenwidrigkeitsvorwurf auf einen Verstoß gegen die Mindestanforderungen bei der Unternehmensleitung, welche einen Ausgleich der Vermögensschäden geboten erscheinen lassen und verweist dazu auf die Infomatec II-Entscheidung des BGH, Urt. v. 19. Juli 2004 – II ZR 402/02, BGHZ 160, 149 ff.; *Beneke*, Vertrauensgedanke und Rechtsfortbildung, 2018, S. 94 ff., 174 ff. spricht insoweit von verhaltensbezogenen Vertrauenserwartungen.

[66] *Oechsler*, in: Staudinger, BGB, 2018, § 826 Rn. 37.

[67] *Ders.*, in: Staudinger, BGB, 2018, § 826 Rn. 47.

[68] *Ders.*, in: Staudinger, BGB, 2018, § 826 Rn. 49 m.w.N.

[69] *Ders.*, in: Staudinger, BGB, 2018, § 826 Rn. 85; vgl. *Spindler*, in: Gsell/Krüger/Lorenz u. a. (Hrsg.), beck-online.Grosskommentar, Zivilrecht, Stand: 01.11.2020, § 826 BGB Rn. 19; vgl. zur Nachweiserleichterung für den Vorsatz auch *Sprau*, in: Palandt (Hrsg.), Bürgerliches Gesetzbuch, 80. Aufl. 2021, § 826 Rn. 11a m.w.N.; zum Umstand, dass aus dem bedenken- und gewissenlosen Verhalten des Täters die billigende Inkaufnahme der Schädigung gefolgert werden kann BGH, Urt. v. 20. März 1995 – II ZR 205/94, NJW 1995, 1739, 1749; BGH, Urt. v. 6. Mai 2008 – XI ZR 56/07, NJW 2008, 2245, 2249.

[70] *Oechsler*, in: Staudinger, BGB, 2018, § 826 Rn. 58b.

[71] *Ders.*, in: Staudinger, BGB, 2018, § 826 Rn. 52.

Aber auch in diesem Zusammenhang – unabhängig von den konkret an die Sittenwidrigkeit gestellten Voraussetzungen[72] – bleibt das Grundproblem bestehen, nämlich, dass Teil des missbräuchlichen Verhaltens des Unternehmens und seiner Geschäftsführung ist, absichtlich rechtmäßige Maßnahmen auszunutzen, um ihren vertraglichen Pflichten gegenüber den „wirtschaftlich-virtuellen" Gesellschaftern zu entgehen. Fordert man mit der Verwerflichkeitsformel der Rechtsprechung die zu Tage tretende Gesinnung und das Ziel des Schädigers zu berücksichtigen, wird Selbiges schwer nachweisbar sein, weil sich die Gesellschaft immer im rechtlich zulässigen Rahmen bewegt. Einige Literaturstimmen, die ein subjektives Element für den Sittenwidrigkeitsvorwurf fordern, vertiefen dieses Problem. Selbst bei dem verobjektivierten Ansatz *Oechslers,* müssten die Maßnahmen gegen ein Sittengebot verstoßen und es müssten berechtigte Erwartungen enttäuscht worden sein. Dass sich die berechtigte Erwartung der „wirtschaftlich-virtuellen" Gesellschafter aber gerade darauf stützt, dass das Unternehmen nicht absichtlich die Bemessungsgrundlage manipuliert, um seinen Pflichten nicht nachkommen zu müssen, ist auch in dieser Hinsicht schwer zu beweisen. Außerdem widerspräche das der in dieser Ansicht notwendigen Objektivität, wenn bereits die enttäuschte berechtigte Erwartung ein subjektives Element auf Schädigerseite enthält. Auch die Vermutung für den Tätervorsatz hilft insofern nicht weiter, als die Umstände, aus denen sich die Vermutungsgrundlage ergeben soll, von der zu beweisenden subjektiven Haltung der Gesellschaft und ihrer Leitung abhängen.[73]

5.1.3.1.2 Grenze der Haftung aus § 826 BGB

Durch die Anwendung der deliktischen Haftung der Gesellschaft dürfte aber wiederum nicht die bereits gesetzlich bestehende Risikozuweisung aus dem Vertrags- aber auch dem Gesellschaftsrecht ausgehebelt werden.

§ 826 BGB hat eine Sonderstellung im Deliktsrecht inne, da nur unter ganz bestimmten Voraussetzungen ein deliktischer Schutz bei Vermögensschäden besteht. Dies folgt aus dem Umstand, dass Vermögensschäden allein Teil der vertraglichen Risikozuweisung sind, die bei einem umfassenden deliktischen Haftungssystem unterlaufen werden würde.[74] Die Konsequenz für vertragliche

[72] *Roggemann* schreibt in diesem Zusammenhang, es haben sich „weder in der Rechtsprechung noch in der Literatur gesicherte Leitlinien dazu herausgebildet [haben], wann die Haftungsschwelle des § 826 BGB übertreten wird" *Roggemann,* Zivilrechtlicher Anlegerschutz bei bedingten Pflichtwandel- und Herabschreibungsanleihen, 2020, S. 160 f.

[73] *Heeren,* Kapitalgeberschutz und hybride Finanzierungsinstrumente, 2008, S. 182 Fn. 82 sieht das Problem vielmehr in der Kausalität.

[74] *Wagner*, in: Säcker/Rixecker/Oetker u. a. (Hrsg.), Münchener Kommentar zum Bürgerlichen Gesetzbuch, Bd. 7, 8. Aufl. 2020, § 826 Rn. 3 f., 16.

Pflichtverletzungen ist, dass sie im Bereich des § 826 BGB nach der Rechtsprechung nur dann zu einer Haftung führen, wenn zusätzlich noch weitere verwerfliche Umstände in der Gesamtbetrachtung hinzutreten.[75] Insoweit kann bei den untersuchten Maßnahmen aber bereits von der Anwendbarkeit des § 826 BGB ausgegangen werden, da der Untersuchungsgegenstand gerade solche Maßnahmen mit verwerflicher und missbräuchlicher Gesinnung erfasst.

Unter Berücksichtigung der Regulierung von Vermögensschäden mittels vertraglicher Risikoallokation darf § 826 BGB auch die gesellschaftsrechtliche Haftung der Geschäftsleitung nicht durch extensive Auslegung umgehen. Anderenfalls könnte die Geschäftsleitung, obwohl sie den nach §§ 93 Abs. 1, 2 AktG, 43 Abs. 1 GmbHG, 347 Abs. 1 HGB, 708 BGB geltenden Verhaltensregeln entsprochen hat, eine deliktsrechtliche Haftung aus § 826 BGB fürchten.[76]

5.1.3.1.3 Kritik an der Anwendung des § 826 BGB

Neben den konkreten Anwendungsschwierigkeiten, die im Bereich der Beweisbarkeit der Tatbestandsvoraussetzungen des § 826 BGB entstehen, ergeben sich – auch allgemein – kritische Punkte in der Anwendung des § 826 BGB als Haftungsgrundlage.

5.1.3.1.3.1 § 826 BGB als Ausnahmetatbestand

Im System deliktischer Ansprüche werden Vermögensschäden nur unter den strengen Voraussetzungen des § 826 BGB ersetzt.[77] Er stellt mithin einen Ausnahmetatbestand in diesem Regelungsgefüge dar und sichert ein „rechtsethische[s] Minimum“[78].

---

[75] Vgl. dazu bereits unter Abschnitt 5.1.3.1.1.

[76] Noch weiter gehend *Heeren*, der hingegen die Notwendigkeit sieht, § 93 Abs. 2 AktG einen eigenen hinreichenden Anwendungsbereich zu belassen, und daher § 826 BGB viel enger und nur als Ergänzungstatbestand anwendet, *Heeren,* Kapitalgeberschutz und hybride Finanzierungsinstrumente, 2008, S. 184; eine besondere Verwerflichkeit für das Überschreiten der Haftungsschwelle des § 826 BGB als notwendig erachtend *Roggemann*, Zivilrechtlicher Anlegerschutz bei bedingten Pflichtwandel- und Herabschreibungsanleihen, 2020, S. 161.

[77] *Larenz/Canaris*, Lehrbuch des Schuldrechts, 13. Aufl. 1994, Bd. II/2, S. 447; *Wagner*, in: Säcker/Rixecker/Oetker u. a. (Hrsg.), Münchener Kommentar zum Bürgerlichen Gesetzbuch, Bd. 7, 8. Aufl. 2020, § 826 Rn. 4; zur Einordnung des § 826 BGB im haftungsrechtlichen Gesamtsystem *Beneke*, Vertrauensgedanke und Rechtsfortbildung, 2018, S. 41 ff.

[78] *Larenz/Canaris*, Lehrbuch des Schuldrechts, 13. Aufl. 1994, Bd. II/2, S. 451; *Wilhelmi,* in: Grunewald/Maier-Reimer/Westermann (Hrsg.), Erman BGB, 16. Aufl. 2020, § 826 Rn. 3; *Förster*, in: Hau/Poseck (Hrsg.), BeckOK BGB, 58. Ed. 01.05.2021, § 826 Rn. 17.

Aus ebendiesem Charakter ergibt sich, dass die Regelung nicht über Gebühr ausgelegt werden darf. Sofern weitere tatbestandliche Voraussetzungen dem § 826 BGB hinzugefügt werden müssen, um ihn auf den untersuchten Sachverhalt anwenden zu können, sollte, soweit möglich, der Weg über eine andere Anspruchsgrundlage gesucht werden.[79]

5.1.3.1.3.2 Beweisproblem im Rahmen des § 826 BGB

Weiterhin stellt der Nachweis der einzelnen Tatbestandsvoraussetzungen insbesondere bei einer Haftung aus § 826 BGB ein Problem dar.

Aufgrund des grundsätzlich schwierigen Nachweises des subjektiven Tatbestandes bei deliktischen Ansprüchen, gibt es Stimmen, welche die Anwendung des § 826 BGB aus praktischen Gründen grundsätzlich ablehnen.[80] Aus diesem Grund behilft sich die Rechtsprechung, wie dargestellt, mit der Verwerflichkeitsformel, welche einen Rückschluss von den äußeren Umständen auf den Vorsatz zulässt.[81] Daraus leitet *Servatius* die Gefahr einer Vorsatzfiktion bei einer zumindest historisch auf Extremfälle begrenzten Haftungsgrundlage ab.[82]

Weiterhin diagnostiziert *Servatius* die Gefahr einer konturlosen Erfolgshaftung unter anderem wegen der Schwierigkeiten, die bei der Abgrenzung von bloßem nachteiligem zu pflichtwidrigem und zu sittenwidrigem Verhalten entstehen.[83] Der Gesellschaft als beklagter Partei muss es im Prozess möglich sein, zu äußern, dass bestimmte Maßnahmen ergriffen wurden, um die eigenen

---

[79] So am Beispiel der Gesellschafterhaftung aus § 826 BGB, *Servatius*, Gläubigereinfluss durch Covenants, 2012, S. 103, 105 f.; allgemeiner dazu *Altmeppen*, ZIP 2001, 1837, 1842.

[80] Für die Existenzvernichtungshaftung den Rückgriff auf § 826 BGB als „Vergewaltigung der subjektiven Merkmale" bezeichnend *Röhricht*, in: Geiß/Nehm/Brandner u. a. (Hrsg.), Festschrift 50 Jahre BGH, 2000, S. 83, 97, 116.

[81] Vgl. dazu Abschnitt 5.1.3.1.1.

[82] *Servatius*, Gläubigereinfluss durch Covenants, 2012, S. 106 f.; darauf hinweisend, dass § 826 BGB keinen Raum für Rechtsfortbildung bietet *Larenz/Canaris*, Lehrbuch des Schuldrechts, 13. Aufl. 1994, Bd. II/2, S. 454 f.; auf eine genaue Subsumtion hinweisend *Westermann*, NZG 2002, 1129, 1135; für die Existenzvernichtungshaftung auch unter dem Gesichtspunkt des Vorsatzerfordernisses die Anwendbarkeit des § 826 BGB in Zweifel ziehend *Giering*, Risikobezogener Gläubigerschutz im Recht der GmbH, 2009, S. 287 ff.; ebenso *Röhricht*, in: Geiß/Nehm/Brandner u. a. (Hrsg.), Festschrift 50 Jahre BGH, 2000, S. 83, 97.

[83] *Servatius*, Gläubigereinfluss durch Covenants, 2012, S. 107 f.; zu den Abgrenzungsschwierigkeiten auch *Luttermann*, DB 1993, 1809 ff. mit Verweis auf die Diskussion im Rahmen von Risikogeschäften; *Hopt* weist daraufhin, dass eigennütziges Verhalten allein noch nicht ausreichend sein kann, *Hopt*, Der Kapitalanlegerschutz im Recht der Banken, 1975, S. 344.

Interessen durchzusetzen. Für den eher unwahrscheinlichen Fall, dass die Partei vor dem Richter dieses eigennützige Verhalten einräumt, wird der Richter allerdings geneigt sein, vor dem Hintergrund des eingetretenen Vermögensschadens das Verhalten als sittenwidrig zu qualifizieren.[84] Zwar wird man eine gewisse Interessenjurisprudenz aufgrund der Einzelfallgerechtigkeit, welche mit den gesetzlichen Generalklauseln einhergeht, akzeptieren müssen;[85] sie sollte vor diesem Hintergrund allerdings nicht zu einer Erfolgshaftung umgewandelt werden.

5.1.3.1.3.3 Stigmatisierung des Wirtschaftsverkehrs

Zuletzt ist es wichtig, auf eine Begleiterscheinung hinzuweisen, die zwar keine rechtlichen jedoch faktische Auswirkungen auf die Marktteilnehmer hat.

Das Stigma des Gesellschaftsverhaltens als ‚sittenwidrig', welches mit der Haftung aus § 826 BGB einhergeht[86], wurde im Wettbewerbsrecht bereits zum Anlass genommen, die Sittenwidrigkeit durch das Kriterium der Lauterkeit gem. § 3 UWG zu ersetzen.[87] Auch mit Rücksicht auf das allgemeine Vertragsrecht wird eine Unterscheidung zwischen sittenwidrigem und bloßem pflicht- und rechtswidrigem Verhalten vorgenommen.[88]

In anderem Zusammenhang wird daher als „praktisch unschädlich, systematisch jedoch ohne Halt"[89] kritisiert, dass die Verletzung einer nach § 823 Abs. 1 BGB geschützten Rechtsposition zum Teil nur aus dem Grund zur Haftung aus § 826 BGB führte, um den Schädiger mit dem Stempel der moralischen Verwerflichkeit zu versehen.[90]

Zwar geht es hier weder um die Existenzvernichtungshaftung noch um ein absolut geschütztes Rechtsgut gem. § 823 Abs. 1 BGB, jedoch lassen sich diese Bedenken durchaus auf die untersuchten Fälle übertragen und sollten zumindest insoweit Berücksichtigung finden. Gerade unter dem Gesichtspunkt, dass das

---

[84] So auch *Servatius*, Gläubigereinfluss durch Covenants, 2012, S. 108.

[85] Insoweit auch *Servatius*, Gläubigereinfluss durch Covenants, 2012, S. 109 m.w.N.

[86] *Förster*, AcP 2009, 398, 414; *Servatius*, Gläubigereinfluss durch Covenants, 2012, S. 109.

[87] BT Drs. 15/1487 S. 16; *Servatius*, Gläubigereinfluss durch Covenants, 2012, S. 109 f. m.w.N.; a.A. *Wagner*, in: Heldrich/Prölss/Koller (Hrsg.), Festschrift für Claus-Wilhelm Canaris, Bd. 2, 2007, S. 473, 490, der es allein als moderneren Begriff ansieht.

[88] Dazu auch die Rspr., welche eine bloße vertragliche Pflichtverletzung ohne das Hinzutreten weiterer Umstände nicht als sittenwidrig qualifiziert, vgl. dazu unter Abschnitt 5.1.3.1.1.

[89] *Wagner*, in: Säcker/Rixecker/Oetker u. a. (Hrsg.), Münchener Kommentar zum Bürgerlichen Gesetzbuch, Bd. 7, 8. Aufl. 2020, § 826 Rn. 5.

[90] Ebd.; auch zum Stigma der Sittenwidrigkeit *Servatius*, Gläubigereinfluss durch Covenants, 2012, S. 110.

eigennützige Verhalten eines Teilnehmers am Markt ein Charakteristikum der freien Marktwirtschaft darstellt und mithin eine trennscharfe Abgrenzung zwischen pflichtwidrigem und -gemäßen Maßnahmen oft schwer zu treffen sein wird, scheint es zumindest bedenklich, das Unternehmen mit dem Makel der Sittenwidrigkeit zu belegen, sofern auch andere Haftungstatbestände in Betracht kommen. Insbesondere die Erfolgsabhängigkeit der „wirtschaftlich-virtuellen" Gesellschafter führt nicht selten zu einer Interessendivergenz zwischen Unternehmen und Kapitalgeber.

5.1.3.1.4 Zwischenergebnis

Eine Lösung dieser Sachverhalte über die deliktische Haftung nach § 826 BGB begegnet damit denselben Beweisschwierigkeiten wie alle anderen Haftungsgrundlagen, da die absichtsvolle Ausnutzung der gesetzlich eingeräumten Spielräume, um sich den vertraglichen Verpflichtungen zu entziehen, in jedem Fall schwer nachweisbar ist.

Auch darüber hinaus ist die Anwendung des § 826 BGB kritisch zu betrachten und es sollte daher in Betracht gezogen werden, § 826 BGB lediglich als eine Art Auffangtatbestand anzuerkennen, sofern nicht die vertragliche Risikoallokation eine andere sachnähere und weniger schwer begründbare Haftungsgrundlage bereitstellt. In dogmatischer Hinsicht wird man keine ausreichende Begründung finden, um die Anwendbarkeit des § 826 BGB abzulehnen. Allerdings müssen die vorstehenden Aspekte trotzdem berücksichtigt werden, indem eine andere Haftungsnorm vorrangig geprüft wird.[91]

5.1.3.2 Schutz durch Schadenersatzanspruch aus §§ 280 Abs. 1, 241 Abs. 2 BGB

Neben einem deliktischen Schadenersatzanspruch kommt ein solcher aus §§ 280 Abs. 1, 241 Abs. 2 BGB in Betracht, durch Verletzung einer Nebenleistungs- und Schutzpflicht gegenüber den „wirtschaftlich-virtuellen" Gesellschaftern. Nachdem vorstehend bereits die vertraglichen Haupt- und Nebenpflichten der Vertragsparteien untersucht worden sind[92], kann im Besonderen nun auf die durch die Klöckner-Rechtsprechung des BGH festgelegten Sorgfalts- und Verhaltenspflichten eingegangen werden.

[91] Insoweit zu Covenants auch *Servatius*, Gläubigereinfluss durch Covenants, 2012, S. 115.

[92] Vgl. unter Abschnitt 5.1.2.1.

5.1.3.2.1 Die Sorgfalts- und Verhaltenspflichten der Klöckner-Rechtsprechung

Das Klöckner-Urteil des BGH postuliert unter ausdrücklicher Erweiterung der bis dahin vertretenen Ansicht des Reichsgerichts bereits gewisse Schutz- und Verhaltenspflichten zwischen dem Genussrechtsinhaber und der Gesellschaft für den Fall, dass die Gesellschaft übermäßig riskante Geschäfte oder solche außerhalb des Unternehmensgegenstandes eingeht. Dabei handelt es sich allerdings einzig um die Lösung für Genussrechte mit Verlustbeteiligung.[93] Das Reichsgericht hatte zuvor eine Schadensersatzpflicht nur für den Fall angenommen, dass die Gesellschaft absichtlich zum Nachteil des Genussrechtsinhabers gehandelt habe. Durch eine bloße Beeinträchtigung der Genussrechte machte sich die Gesellschaft indes nicht schadensersatzpflichtig, da ihr insoweit freie Hand bei der Geschäftsführung und der Erzielung der Dividende zustünde.[94]

Die Klöckner Rechtsprechung erweitert die vom Reichsgericht bereits befürwortete Haftung der Gesellschaft. Das Reichsgericht hat nur bei Verlassen des der Unternehmensleitung zugestandenen Handlungs- und Ermessensspielraums eine Haftung angenommen, während ein objektiver Fehlgebrauch des Ermessens erst in der Klöckner-Entscheidung als haftungsbegründend angesehen wurde.[95] Die hier untersuchten Maßnahmen lösten demnach bereits nach Auffassung des Reichsgerichts eine Haftung aus, da absichtsvolle Schädigungen den Handlungsspielraum überschreiten. Trotzdem soll im Nachfolgenden untersucht werden, ob dieses weitergehende Schutzniveau für Genussrechte mit Verlustbeteiligung auch den anderen „wirtschaftlich-virtuellen" Gesellschaftern als besonderer Gläubigergruppe zukommen kann.

Demnach ist anknüpfend an die Klöckner Rechtsprechung fraglich, ob diese nicht auf alle Gläubiger mit erfolgsbezogenen Vergütungsansprüchen übertragen werden kann und muss.

Handelt die Gesellschaft schlechthin nicht gerechtfertigt, so wie es ein verantwortungsbewusst denkender und handelnder Kaufmann zu keiner Zeit bereit gewesen wäre, steht nach den Klöckner-Grundsätzen dem Genussrechtsinhaber ein Schadenersatzanspruch zu.[96] Zu beachten ist dabei aber grundsätzlich der

---

[93] BGH, Urt. v. 5. Oktober 1992 – II ZR 172/91, NJW 1993, 57 ff., siehe dazu auch bereits unter Abschnitt 4.2.3.1.2.2.

[94] RG, Urt. v. 20. Oktober 1922 – II 654/21, RGZ 105, 236, 240 f.

[95] RG, Urt. v. 20. Oktober 1922 – II 654/21, RGZ 105, 236 ff.; BGH, Urt. v. 5. Oktober 1992 – II ZR 172/91, NJW 1993, 57 ff. (Klöckner-Urteil); so auch bereits zuvor *Habersack* ZHR 1991, 378, 393.

[96] BGH, Urt. v. 5. Oktober 1992 – II ZR 172/91, NJW 1993, 57, 63.

Ausnahmecharakter der Klöckner-Grundsätze und dass ein danach zu qualifizierender Sorgfaltsverstoß nur zurückhaltend anzuerkennen ist.[97]

Um entsprechend auch auf andere erfolgsbezogene Vergütungen anwendbar zu sein, sind die Voraussetzungen einer Analogie zu prüfen. Wie bereits oben dargestellt fehlt es an einer – zumindest in Teilen einheitlichen – Lösung. Die Regelungslücke war, wie die Klöckner Rechtsprechung zeigt, zumindest in Bezug auf Genussrechte mit Verlustbeteiligung planwidrig. Ob die Planwidrigkeit auch in Bezug auf die anderen Finanzierungstitel besteht, ist demnach fraglich.

5.1.3.2.1.1 Übertragung auf Finanzierungsinstrumente mit Verlustbeteiligung

Der BGH stützt die Sorgfaltspflichten gegenüber den Genussrechtsinhabern mit Verlustteilnahme darauf, dass es sich um ein Dauerschuldverhältnis eigener Art gerichtet auf wiederkehrende Leistungen handelt, wobei „sich die beiderseitigen Verpflichtungen aus einem derartigen Rechtsverhältnis nicht in den Hauptleistungspflichten [...] erschöpfen, sondern daß sich aus ihm auch weitere Schutz- und Verhaltenspflichten ergeben, deren Inhalt in der Wahrung der Rechte des anderen Vertragsteils und der Rücksichtnahme auf seine wohlverstandenen Interessen besteht“[98]. Das hingegebene Kapital sei haftungsrechtlich eigenkapitalähnlich ausgestaltet, da es vertraglich in Bezug auf die Kapitalherabsetzung zum Teil dem Grundkapital angeglichen ist. Damit gehe der Genussrechtsinhaber bei Vertragsschluss nicht nur davon aus, dass der Unternehmensgegenstand nicht verlassen wird, sondern auch „daß sein Kapital nicht durch eine Geschäftstätigkeit gefährdet wird, die schlechterdings kein seriöser Kaufmann durchführen würde“[99]. Der daraus resultierende Schadenersatzanspruch

---

[97] So BGH, Urt. v. 29. April 2014 – II ZR 395/12, NZG 2014, 661, 666 f.; *Bracht*, WM 2012, 585, 586; *Heun-Rehn/Oesmann genannt Hoppe*, in: Mehrbrey (Hrsg.); Handbuch Gesellschaftsrechtliche Streitigkeiten, 3. Aufl. 2020, § 129 Rn. 5; *Koch*, in: Hüffer/Koch (Hrsg.), Aktiengesetz, 15. Aufl. 2021, § 221 Rn. 65b.

[98] BGH, Urt. v. 5. Oktober 1992 – II ZR 172/91, NJW 1993, 57, 63; so auch bereits *Habersack*, ZHR 1991, 378, 392 unter Verweis auf RG, Urt. v. 30. Juni 1927 – II 7/27, RGZ 117, 379, 386.

[99] BGH, Urt. v. 5. Oktober 1992 – II ZR 172/91, NJW 1993, 57, 63, wonach eine Haftung entweder bei Verlassen des Unternehmensgegenstandes oder bei Verstoß gegen die Anforderungen an einen seriösen Kaufmann angenommen wird. Etwas irreführend daher die Formulierung des BGH von 2014, wenn er unter Verweis auf die Klöckner-Entscheidung davon spricht, dass die Gesellschaft „für eine Tätigkeit außerhalb des Unternehmensgegenstands, die ein seriöser Kaufmann, der die ihm mit dem Unternehmensgegenstand gezogenen Grenzen grundsätzlich beachtet, schlechterdings nicht durchführen würde“ BGH, Urt. v. 29. April 2014 – II ZR 395/12, NZG 2014, 661, 663; insoweit dann auch fehlgehend in der Annahme, dass diese Voraussetzungen kumulativ vorliegen müssen OLG Frankfurt, Urt.

gegen die Gesellschaft sei ein Ausgleich für die haftungsrechtliche Eigenkapitalähnlichkeit ohne aber eine Möglichkeit auf Mitsprache- und Kontrollrechte.[100] Daraus kann zunächst der Schluss abgeleitet werden, dass selbige Pflichten auch bei anderen eigenkapitalähnlichen und ebenso langfristigen Finanzmitteln ohne Mitsprache- und Kontrollrechte gelten.[101] Mithin bestehen sowohl eine planwidrige Regelungslücke als auch eine vergleichbare Interessenlage in Bezug auf diese Finanzinstrumente.[102]

5.1.3.2.1.2 Übertragung auf Finanzierungsinstrumente ohne Verlustbeteiligung

Für Genussrechte ohne Verlustteilnahme, also sog. obligationsähnliche Genussrechte, wurde die entsprechende Anwendung der Klöckner Grundsätze auch bereits diskutiert.[103] Dieselbe Frage stellt sich aber gleichsam für andere „wirtschaftlich-virtuelle" Gesellschafter, die der Gesellschaft zeitlich befristet

v. 15. Juli 2015 – 19 U 201/13, Rn. 93. Damit hat der BGH in der Klöckner-Entscheidung den Haftungsumfang präzisiert und gleichzeitig der in der Literatur vertretenen Ansicht, den Haftungsmaßstab einheitlich nach § 93 Abs. 1 AktG zu richten, eine Absage erteilt, vgl. zur Literaturmeinung *Dangelmayer*, Der Schutz von Genussrechtsinhabern im Anwendungsbereich des Kreditwesengesetzes, 2013, S. 132 ff.; *Habersack,* ZHR 1991, 378, 399; *ders.*, in: Goette/Habersack/Kalss (Hrsg.), Münchener Kommentar zum Aktiengesetz, Bd. 4, 5. Aufl. 2021, § 221 Rn. 276; a.A. *Heeren,* Kapitalgeberschutz und hybride Finanzierungsinstrumente, 2008, S. 196 f.

[100] BGH, Urt. v. 5. Oktober 1992 – II ZR 172/91, NJW 1993, 57, 63; bestätigt durch BGH, Urt. v. 28. Mai 2013 – II ZR 67/12, NZG 2013, 987, 990; unter Annahme einer Treuhandverhältnisses zwischen Risikokapitalgeber und der Gesellschaft *Feddersen/Meyer-Landrut*, ZGR 1993, 312, 320; *Habersack*, ZHR 1991, 378, 397 ff.; *ders.*, in: Goette/Habersack/Kalss (Hrsg.), Münchener Kommentar zum Aktiengesetz, Bd. 4, 5. Aufl. 2021, § 221 Rn. 272 f.; *Lutter*, ZGR 1993, 291, 301; *Schön*, JZ 1993, 925, 928; a.A. *Bracht*, WM 2012, 585 ff.; kritisch *Florstedt*, in: Zöllner/Noack (Hrsg.), Kölner Kommentar zum Aktiengesetz, Bd. 4.2, 3. Aufl. 2017, § 221 Rn. 136 ff.; ebenso kritisch mangels gemeinsam verfolgten Zwecks und Übernahme zur aktiven Förderung der Genussrechtsinhaber-Interessen *Roggemann*, Zivilrechtlicher Anlegerschutz bei bedingten Pflichtwandel- und Herabschreibungsanleihen, 2020, S. 176.

[101] So bereits *Lutter*, ZGR 1993, 291, 301 f.

[102] A. A. für die Übertragung auf Pflichtwandel- und Herabschreibungsanleihen *Roggemann*, Zivilrechtlicher Anlegerschutz bei bedingten Pflichtwandel- und Herabschreibungsanleihen, 2020, S. 256 ff.

[103] *Habersack*, in: Goette/Habersack/Kalss (Hrsg.), Münchener Kommentar zum Aktiengesetz, Bd. 4, 5. Aufl. 2021, § 221 Rn. 274a; *Sethe*, AG 1993, 351, 368; andeutend auch *Lutter*, ZGR 1993, 291, 302; ablehnend hingegen *Leuschner*, in: Habersack/Casper/Löbbe (Hrsg.), GmbHG – Großkommentar, Bd. 2, 3. Aufl. 2020, § 29 Rn. 225.

Kapital zur Verfügung gestellt haben und im Gegenzug erfolgsbezogene Vergütungen erhalten. Zunächst sollte zur Beantwortung der Frage auf die vom BGH aufgestellten Voraussetzungen für die Sorgfaltspflichten[104] eingegangen werden. Auch andere erfolgsbezogene Vergütungsmodelle sind Dauerschuldverhältnisse mit wiederkehrenden Leistungen ohne Mitsprache- und Kontrollrechte und insoweit den Genussrechten in der Klöckner Entscheidung gleichgestellt. Einziger Unterschied ist hingegen die haftungsrechtliche Ebene, aufgrund derer der Genussrechtsinhaber mit einer gewissen Erwartung – Handlungen innerhalb des Unternehmensgegenstandes und Geschäftstätigkeit eines seriösen Kaufmannes – den Vertrag geschlossen hat. Grundgedanke ist damit folgender: Zwar tragen Genussrechtsinhaber mit Verlustbeteiligung ein dementsprechend gesteigertes Risiko, sie müssen sich diesem aber gerade nicht auch für unverantwortliches Handeln aussetzen, da ihnen gerade kein Ausgleich in Form von Mitsprache- und Kontrollrechten wie den Aktionären zusteht.[105]

Ob aus dem Umstand, dass der BGH in seiner Entscheidung ausdrücklich auf den Eigenkapitalcharakter der im Klöckner-Verfahren relevanten Genussscheine und die damit einhergehende Unanwendbarkeit von § 93 Abs. 5 AktG abgestellt hat,[106] eine andere Beurteilung folgt, scheint zumindest zweifelhaft. Berücksichtigt werden muss im Falle einer fehlenden Verlustteilnahme, dass zwar nicht der Rückzahlungsanspruch der Genussrechtsinhaber beeinträchtigt werden kann, wohl aber der erfolgsbezogene Vergütungsanspruch. Dies allein kann aber nicht zu einer abweichenden Beurteilung führen, zumal auch in dieser Konstellation dem Genussrechtsinhaber weder Teilhabe- noch Kontrollrechte zustehen.[107] Auch in einer solchen vertraglichen Gestaltung tragen die „wirtschaftlich-virtuellen" Gesellschafter das Risiko der wirtschaftlichen Entwicklung der Gesellschaft mit. Im Unterschied aber zum Genussrecht mit Verlustteilnahme steht dem Genussrechtsinhaber ohne Verlustbeteiligung im Aktienrecht ein Anspruch aus § 93 Abs. 5 AktG zu.[108] Ob das als Schutz indes ausreichend ist, scheint fraglich. Die

[104] Dazu vorstehend unter Abschnitt 5.1.3.2.1.

[105] Zur Klöckner Rspr. BGH, Urt. v. 5. Oktober 1992 – II ZR 172/91, NJW 1993, 57, 63; *Lutter*, ZGR 1993, 291, 302.

[106] *Sethe*, AG 1993, 351, 368.

[107] So bereits *Habersack*, in: Goette/Habersack/Kalss (Hrsg.), Münchener Kommentar zum Aktiengesetz, Bd. 4, 5. Aufl. 2021, § 221 Rn. 274a; ebenso auf „gewinnabhängige Anleihen" die Klöckner Grundsätze erstreckend *Lutter*, ZGR 1993, 291, 302.

[108] Zur Unanwendbarkeit des § 93 Abs. 5 AktG auf Genussrechte mit Verlustteilnahme BGH, Urt. v. 5. Oktober 1992 – II ZR 172/91, NJW 1993, 57, 62; a.A. *Prosser*, Anlegerschutz bei Genussscheinen, Gewinnschuldverschreibungen, Options- und Wandelanleihen, 2001, S. 56 ff.

Anforderung des § 93 Abs. 5 AktG, dass die Gesellschaft den Anspruch nicht erfüllen kann, wird regelmäßig nicht erfüllt sein. In den untersuchten Fällen geht es nicht darum, dass die Gesellschaft an den Gläubiger nicht zahlen kann, sondern vielmehr darum, dass die Gesellschaft durch sorgfaltswidrige Geschäftsführung bereits einen Schritt vorher den Anspruch dem Grunde oder der Höhe nach beeinträchtigt hat. Auf diese Weise lässt sich mithin kein Schutz über § 93 Abs. 5 AktG herleiten, der der Anwendbarkeit der Klöckner-Rechtsprechung entgegensteht.[109]

Mit dem Kriterium der haftungsrechtlichen Eigenkapitalähnlichkeit verlangt der BGH ein gewisses Maß an wirtschaftlicher Risikoübernahme durch den Kapitalgeber, welches dieser zwar bis zu einer gewissen Grenze aufgrund der der Gesellschaft natürlicherweise zuzubilligenden unternehmerischen Entscheidungsfreiheit dulden muss; allerdings nicht völlig unbeschränkt. Die im vorstehenden Kapitel durchgeführte Untersuchung grundsätzlich rechtmäßiger Maßnahmen zeigt in deutlicher Weise, dass diese in erheblichem Maße zuungunsten „wirtschaftlich-virtueller" Gesellschafter ergriffen werden können. Dabei macht es gerade keinen Unterschied, ob eine Verlustteilnahme vereinbart wird oder nicht.[110] Je nachdem wie gravierend sich die missbräuchliche Maßnahme gestaltet, können auch Vergütungsinteressen in erheblichem Maße beeinträchtigt werden. Dadurch dass das Unternehmen die Vergütungszahlung mindert oder gar verhindert, verringert sich die finanzielle Belastung der Gesellschaft. Das Risiko für das betreffende Geschäftsjahr wird auf die „wirtschaftlich-virtuellen" Gesellschafter verlagert.

Der BGH bestimmt anhand der Eigenkapitalähnlichkeit die Erwartungshaltung der Kapitalgeber. Es ist aber gerade nicht einzusehen, warum nicht auch Kapitalgeber ohne Verlustbeteiligung den Vertrag in der Erwartung abschließen, dass der Unternehmensgegenstand nicht verlassen wird und dass die Geschäftstätigkeit eine solche ist, die ein seriös denkender und handelnder Kaufmann durchführen würde. Ein teilweises Gleichstehen mit haftungsrechtlichem Eigenkapital und damit einhergehenden höheren Risiko kann die Annahme nicht rechtfertigen, dass Genussrechtsinhabern ohne Verlustbeteiligung die Geschäfte der Gesellschaft gleichgültig sind. Wie bereits oben beschrieben, basieren die

---

[109] *Habersack*, in: Goette/Habersack/Kalss (Hrsg.), Münchener Kommentar zum Aktiengesetz, Bd. 4, 5. Aufl. 2021, § 221 Rn. 274a.

[110] Zum Umstand, dass auch ohne Verlustbeteiligung das entsprechende Interesse beeinträchtigt wird, *Bauer*, Das partiarische Darlehen als Instrument der Unternehmensfinanzierung, 2020, S. 96.

„wirtschaftlich-virtuellen" Beteiligungen auf demselben Grundproblem, welches lediglich verschiedene graduelle Ausprägungen hat.[111]

5.1.3.2.2 Kritische Stimmen zur Klöckner Rechtsprechung

In Bezug auf den vom BGH durch die Klöckner Rechtsprechung aufgestellten und soeben dargestellten Haftungsmaßstab gibt es indes in der Literatur abweichende Beurteilungen.

5.1.3.2.2.1 Übertragbarkeit des § 93 Abs. 1 AktG

In der dargestellten Klöckner Rechtsprechung spricht sich der BGH mit dem von ihm eingeführten Haftungsmaßstab gegen die Anwendung von § 93 Abs. 1 AktG im Bereich der Genussrechte mit Verlustbeteiligung aus, um den Handlungsspielraum der Gesellschaft nicht übermäßig einzuschränken.[112] Dagegen wird von Vertretern in der Literatur eingewandt, dass eine Anwendung des § 93 Abs. 1 AktG zu keiner bedeutenden Begrenzung der unternehmerischen Entscheidungsfreiheit führe, sondern diese vielmehr spätestens durch Einführung des § 93 Abs. 1 S. 2 AktG gewahrt bleibe.[113]

---

[111] Vgl. zu den graduellen Unterschieden und der in dieser Arbeit in den Fokus genommenen Vergütung unter Abschnitt 2.3.1; insoweit a.A. *Bauer*, Das partiarische Darlehen als Instrument der Unternehmensfinanzierung, 2020, S. 97, der bei partiarischen Darlehen einen qualifizierten Nachrang für erforderlich hält, um eine Eigenkapitalähnlichkeit herzustellen.

[112] BGH, Urt. v. 5. Oktober 1992 – II ZR 172/91, NJW 1993, 57, 63; mit einem systematischen Argument gegen die Übertragbarkeit auch *Roggemann*, Zivilrechtlicher Anlegerschutz bei bedingten Pflichtwandel- und Herabschreibungsanleihen, 2020, S. 190.

[113] *Habersack*, in: Goette/Habersack/Kalss (Hrsg.), Münchener Kommentar zum Aktiengesetz, Bd. 4, 5. Aufl. 2021, § 221 Rn. 276; *Roggemann*, Zivilrechtlicher Anlegerschutz bei bedingten Pflichtwandel- und Herabschreibungsanleihen, 2020, S. 189 f.; im Ergebnis so auch *Dangelmayer*, Der Schutz von Genussrechtsinhabern im Anwendungsbereich des Kreditwesengesetzes, 2013, S. 134; zur alten Rechtslage bereits *Fuchs*, Kapitalbeteiligung ohne Mitgliedschaft, 1997, S. 608 f.; *Heeren* sieht insoweit durch § 147 Abs. 2 S. 2 AktG eine Begrenzung, da durch eine unmittelbare Klagemöglichkeit der Genussrechtsinhaber eine Haftung begründet werden würde, die Kleinstaktionären nicht zustünde, *Heeren*, Kapitalgeberschutz und hybride Finanzierungsinstrumente, 2008, S. 197 f.; nicht ausreichend berücksichtigt wird dabei jedoch, dass Voraussetzung für § 147 Abs. 2 S. 2 AktG zunächst ein Beschluss der Hauptversammlung zur Geltendmachung von Ersatzansprüchen und erst dann kann ein bestimmtes Quorum verlangen, den Vertreter gerichtlich bestimmen zu lassen. In Bezug auf eine ggf. zu weitreichende Außenhaftung kann dieser Aspekt daher nicht zur Diskussion beitragen; zu den Voraussetzungen von § 147 Abs. 2 S. 2 AktG nur *Koch*, in: Hüffer/Koch (Hrsg.), Aktiengesetz, 15. Aufl. 2021, § 147 Rn. 19.

5.1.3.2.2.2 Kritik an der Rechtsprechung des BGH

Das Klöckner-Urteil des BGH erfuhr nach seiner Verkündung zwar an vielen Stellen Zuspruch[114], allerdings gab es auch kritische Stimmen. So wurde von *Busch* befürchtet, dass das Urteil sanierungsfeindlich sei, denn häufig ginge mit einer Kapitalherabsetzung zu Sanierungszwecken auch eine Neuinvestition einher, sodass neue Investoren zu befürchten hätten, zusammen mit den Alt-Aktionären für Maßnahmen gegenüber den Genussrechtsinhabern vor ihrer Beteiligung zu haften.[115] Des Weiteren wird eingewandt, der Gesellschafter sei in doppelter Weise belastet – nämlich durch die Kapitalherabsetzung zum einen und zum anderen durch den Schadenersatzanspruch der Gläubiger.[116] Nicht zuletzt stelle sich sowohl die Berechnung[117] als auch die Abgrenzung von zulässigen und unzulässigen Geschäften[118] als besonders schwierig heraus. In der neueren Literatur finden sich weitaus weniger kritische Stimmen. So wird aber als Argument gegen die Rechtsprechung des BGH angeführt, dass auch bereits die Regelungen des allgemeinen Schädigungsverbots, insbesondere § 826 BGB ausreichen würden, um einen angemessenen Schutz zu gewährleisten.[119] Zudem könne es

[114] Das Urteil wurde von nicht wenigen begrüßt *Feddersen/Meyer-Landrut*, ZGR 1993, 312, 320; *Fuchs*, Kapitalbeteiligung ohne Mitgliedschaft, 1997, S. 616 ff.; *Lutter*, ZGR 1993, 291, 302; *Luttermann*, DB 1993, 1809, 1812; *Schön*, JZ 1993, 925, 934; aus dem heutigen Schrifttum *Dangelmayer*, Der Schutz von Genussrechtsinhabern im Anwendungsbereich des Kreditwesengesetzes, 2013, S. 128 ff.; a.A. in Bezug auf KWG-Genussrechte *Kokemoor/Theilig*, WM 2011, 337, 341 f.

[115] *Busch*, AG 1993, 163, 164, 166; ebenso heute noch *Bracht*, WM 2012, 585, 588, der aber auch bereits eine Schutzbedürftigkeit der Genussrechtsinhaber im Falle der Klöckner-Rechtsprechung mit Hinweis auf einen mittelbaren Schutz über § 93 Abs. 2 AktG ablehnt.

[116] *Ders.*, WM 2012, 585, 587; *Busch*, AG 1993, 163, 164, 166.

[117] *Ders.*, AG 1993, 163, 164, 166; *Roggemann*, Zivilrechtlicher Anlegerschutz bei bedingten Pflichtwandel- und Herabschreibungsanleihen, 2020, S. 197 ff.; *Vollmer*, ZGR 1983, 445, 468.

[118] *Luttermann*, DB 1993, 1809, 1812, der am Ende allerdings der Rechtsprechung des BGH beipflichtet; allgemein zur Unklarheit der Klöcknerrechtsprechung des BGH *Florstedt*, ZIP 2017, 49, 55 f.

[119] Zum allgemeinen Schädigungsverbot nach §§ 226, 242, 826 BGB und einer dreistufigen Missbrauchsprüfung *ders.*, in: Zöllner/Noack (Hrsg.), Kölner Kommentar zum Aktiengesetz, Bd. 4.2, 3. Aufl. 2017, § 221 Rn. 138; *ders.*, ZIP 2017, 49, 47; zu § 826 BGB *Heeren*, Kapitalgeberschutz und hybride Finanzierungsinstrumente, 2008, S. 193, 204 ff.; allgemein kritisch zur Klöckner-Rspr. *Mülbert*, in: Kindler/Koch/Ulmer u. a. (Hrsg.), Festschrift für Uwe Hüffer, 2010, S. 679, 695 ff.; eine Lösung über die Grundsätze der Drittschadensliquidation findend *Becker*, NZG 2012, 1089, 1091 f., ebenso für KWG-Genussrechte *ders.*, NZG 2014, 171, 174.; kritisch in Bezug auf Pflichtwandelanleihen *Roggemann*, Zivilrechtlicher Anlegerschutz bei bedingten Pflichtwandel- und Herabschreibungsanleihen, 2020, S. 186 f.

nicht beim bloßen unseriösem Wirtschaften belassen werden, da dies den Weg zu querulantischen Klagen ebnen und den Haftungsmaßstab aushöhlen würde.[120] Außerdem wird darauf hingewiesen, dass durch den BGH die vertragliche Vereinbarung einer Verlustbeteiligung ohne Weiteres übergangen worden sei.[121] Der Rückgriff auf § 826 BGB begegnet aber, wie bereits dargestellt, selbst einigen Bedenken und sollte daher auch bei gegen den Schadensersatzanspruch aus §§ 280 Abs. 1, 241 Abs. 2 BGB angeführten Argumenten weiterhin in Betracht gezogen werden.

Auch gegenüber der übrigen Kritik kann auf das Vorstehende verwiesen werden. Der Gesellschaft steht zwar ein weiter Ermessensspielraum beim Führen ihrer Geschäfte zu, welcher hingegen dort seine Grenze findet, wo die Gesellschaft mit ihrer Entscheidung Gesetz, Satzung oder vertragliche Pflichten überschreitet. Allein die weitestgehend auf die Rechtsfolgen bezogenen Kritikpunkte, können nicht die vollständige Handlungsfreiheit der Gesellschaft begründen oder umgekehrt die gegenüber den Genussrechtsinhabern dem Grunde nach bestehenden Rechtspflichten unterschlagen.[122] Die im Klöckner-Urteil betroffenen Genussrechtsinhaber mit Verlustteilnahme sind zwar bei Vertragsschluss bewusst ein bestimmtes Risiko eingegangen, hingegen bietet dies keinen „Freifahrtschein[s]"[123] für die Gesellschaft, das ihr eingeräumte Ermessen fehlerhaft zu gebrauchen.[124] Die insoweit erfolgte Besserstellung im Verhältnis zum Aktionär kann auch nicht gegen die etablierten Sorgfaltspflichten sprechen, da den Genussrechtsinhabern mit Verlustteilnahme im konkreten Fall gerade aktienähnliche und nicht – unzulässige[125] – aktiengleiche Rechte zustanden. Auch im Rahmen der Insolvenz und Liquidation wurden die Rechte dieser Gläubiger vorrangig vor den Aktionären bedient.[126]

---

[120] *Roggemann*, Zivilrechtlicher Anlegerschutz bei bedingten Pflichtwandel- und Herabschreibungsanleihen, 2020, S. 191 ff., die Gläubiger sollen ihm zufolge das Tagesgeschäft nicht derart stören könne, dass die Gesellschaft nicht mehr „Herr im Haus" ist.

[121] *Becker*, NZG 2012, 1089, 1091; *Kokemoor/Theilig*, WM 2011, 337, 341.

[122] Vgl. zu den Haupt- und Nebenleistungspflichten der Gesellschaft gegenüber den „wirtschaftlich-virtuellen" Gesellschaftern Abschnitt 5.1.2.1.

[123] *Dangelmayer*, Der Schutz von Genussrechtsinhabern im Anwendungsbereich des Kreditwesengesetzes, 2013, S. 129.

[124] *Habersack*, ZHR 1991, 379, 393.

[125] Vgl. dazu unter Abschnitt 5.2.4.1.3.1.2.2.

[126] BGH, Urt. v. 5. Oktober 1992 – II ZR 172/91, NJW 1993, 57, 58; *Dangelmayer*, Der Schutz von Genussrechtsinhabern im Anwendungsbereich des Kreditwesengesetzes, 2013, S. 129 f.

5.1.3.3 Deckungsgleiche Schäden bei Gesellschaft und „wirtschaftlich-virtuellem" Gesellschafter

Allgemein sollte bei einer Haftung nach § 826 BGB oder nach §§ 280 Abs. 1, 241 Abs. 2 BGB berücksichtigt werden, dass grundsätzlich keine doppelte Haftung wegen desselben Schadens gegeben sein darf. Ist der Schaden des „wirtschaftlich-virtuellen" Gesellschafters deckungsgleich mit dem der Gesellschaft und wird der Schaden im Rahmen der Innenhaftung der Geschäftsleitung gegenüber der Gesellschaft bereits kompensiert, so steht es den „wirtschaftlich-virtuellen" Gesellschaftern nicht zu, am zurückgeflossenen Wert beteiligt zu werden, wenn sie ihren Schaden bereits geltend machen konnten. Sofern also bereits innergesellschaftlich ein Ausgleich stattgefunden hat, können die „wirtschaftlich-virtuellen" Gesellschafter keinen Schadenersatzanspruch mehr geltend machen.[127]

5.1.3.4 Schuldner

Schuldner der diskutierten Primäransprüche ist die Gesellschaft als Vertragspartnerin. Bei § 826 BGB kann sowohl die Geschäftsleitung als auch unter Anwendung des § 31 BGB die Gesellschaft selbst haften.[128] Im Rahmen von §§ 280 Abs. 1, 241 Abs. 2 BGB haftet die Gesellschaft als Vertragspartnerin, welcher das Geschäftsleitungshandeln über § 31 BGB zugerechnet wird.

5.1.4 Allgemeiner gesetzlicher Mindestschutz vor missbräuchlicher Schädigung

Aus den §§ 138, 226, 242, 826 BGB wird vielfach ein allgemeiner gesetzlicher Mindestschutz für erfolgsabhängige Gläubiger abgeleitet, den manche Stimmen

---

[127] Soweit auch *Heeren,* Kapitalgeberschutz und hybride Finanzierungsinstrumente, 2008, S. 188 m.w.N.; Vorsicht geboten scheint hier bei Finanzierungsformen mit Beteiligung am Liquidationserlös, welche am Wertzuwachs dennoch teilnehmen. Dieser Sachverhalt ist dann wohl ähnlich zu beurteilen wie der zwischen Gesellschafter und Gesellschaft, dazu *Spindler*, in: Goette//Habersack/Kalss (Hrsg.), Münchener Kommentar zum Aktiengesetz, Bd. 2, 5. Aufl. 2019, § 93 Rn. 352 f. m.w.N.

[128] Zur Anwendbarkeit des § 31 BGB auch auf Personenhandelsgesellschaften RG, Urt. v. 13. Februar 1911 – VI 652/09, RGZ 76, 35, 48; BGH, Urt. v. 8. Februar 1952 – I ZR 92/51, NJW 1952, 537, 538; BGH, Urt. v. 18. Januar 1973 – II ZR 82/71, NJW 1973, 456, 457; *Leuschner*, in: Säcker/Rixecker/Oetker u. a. (Hrsg.), Münchener Kommentar zum Bürgerlichen Gesetzbuch, Bd. 1, 8. Aufl. 2018, § 31 Rn. 4.

für ausreichend halten.[129] In Bezug auf einen möglichen Schadenersatzanspruch aus § 826 BGB kann nach oben verwiesen werden.[130] Der Vollständigkeit halber soll nachfolgend kurz die Wirkung der übrigen Regelungen skizziert werden. Vorweggenommen werden soll dabei aber bereits, dass diese Regelungen keinen Anspruch auf Zahlung oder Kompensation vorsehen, sondern auf die zugrundeliegende Maßnahme als Rechtsgeschäft abzielen.[131]

5.1.4.1 Anwendung des § 138 BGB

§ 138 Abs. 1 BGB normiert, dass ein Rechtsgeschäft, das gegen die guten Sitten verstößt, nichtig ist. Zu beachten ist im Rahmen dessen, dass Gesellschafterbeschlüsse von Kapitalgesellschaften nicht der Regelung des § 138 BGB unterfallen können, da für diese die gesellschaftsrechtlichen Nichtigkeits- und Anfechtungsregeln abschließend gelten.[132] Im Vertragsrecht muss zudem berücksichtig werden, dass allein die Absicht, durch das Rechtsgeschäft einen Dritten zu schädigen, nicht ausreicht. Zudem muss eine Verschlechterung der Rechtsposition des Dritten tatsächlich eintreten.[133]

In den hier untersuchten Fällen muss zudem beachtet werden, dass die Maßnahme selbst keine Sittenwidrigkeit in sich birgt, sondern allein die Absicht, den vertraglichen Pflichten nicht nachzukommen, missbräuchlich ist. Es handelt sich gerade um eine mittelbare Beeinflussung der finanziellen Interessen.

5.1.4.2 Anwendung des § 226 BGB

Auch die Anwendung des Schikaneverbotes aus § 226 BGB begegnet Bedenken. Nach § 226 BGB ist die Ausübung eines Rechts unzulässig, wenn sie allein die Schädigung des Anderen bezwecken kann.

---

[129] *Florstedt*, in: Zöllner/Noack (Hrsg.), Kölner Kommentar zum Aktiengesetz, Bd. 4.2, 3. Aufl. 2017, § 221 Rn. 138; *Heeren*, Kapitalgeberschutz und hybride Finanzierungsinstrumente, 2008, S. 193; so auch die später durch die Klöckner-Entscheidung (vgl. dazu unter Abschnitt 5.1.3.2.1) aufgegebene Rechtsprechung des Reichsgerichts RG, Urt. v. 20. Oktober 1922 – II 654/21, RGZ 105, 236 ff.; dazu auch die ältere Literaturansicht *Schneider*, in: Havermann (Hrsg.), Festschrift für Reinhard Goerdeler, 1987, S. 511, 518; *Wünsch*, in: Schwarz/Spielbüchler/Martinek u. a. (Hrsg.), Festschrift Rudolf Strasser zum 60. Geburtstag, 1983, S. 871, 881.

[130] Vgl. dazu unter Abschnitt 5.1.3.1.

[131] Dabei ist zu berücksichtigen, dass sich die Gesellschaft innerhalb ihres Handlungsspielraumes bewegt, allerdings im Vertragsverhältnis zu den „wirtschaftlich-virtuellen“ Gesellschaftern missbräuchlich handelt. Das gesellschaftsrechtliche System von Nichtig- und Anfechtbarkeit durch die Gesellschafter soll gerade nicht umgangen werden.

[132] *Ellenberger*, in: Palandt (Hrsg.), Bürgerliches Gesetzbuch, 80. Aufl. 2021, § 138 Rn. 11.

[133] *Ders.* in: Palandt (Hrsg.), Bürgerliches Gesetzbuch, 80. Aufl. 2021, § 138 Rn. 61.

Objektiv festgestellt werden muss für ein schikanöses Verhalten, dass es allein dem Schädigungszweck dient.[134] Das heißt konkret, dass Schikane dann verneint werden muss, sobald ein irgendwie geartetes anderes objektiv erkennbares berechtigtes Interesse vorhanden sein kann.[135] Die in Bezug auf die „wirtschaftlich-virtuellen" Gesellschafter untersuchten Maßnahmen dienen immer auch der allgemeinen Verfolgung der Geschäftstätigkeit des Unternehmens, was in jedem einzelnen Fall objektiv ohne Schwierigkeiten erkennbar ist, während die Schädigungsabsicht meistens nur schwer nachzuweisen sein wird.

§ 226 BGB wird begrenzt durch § 242 BGB und § 826 BGB und hat daher kaum Bedeutung neben diesen beiden Normen.[136]

5.1.4.3 Anwendung des § 242 BGB

§ 242 BGB verpflichtet den Schuldner, die Leistung so zu bewirken, wie Treu und Glauben mit Rücksicht auf die Verkehrssitte es erfordern. Neben der Begründung und Konkretisierung von Pflichten[137], erlaubt § 242 BGB zudem die Beschränkung und Gewährung von Rechten über das Institut des Rechtsmissbrauchs und

---

[134] RG, Urt. v. 26. Mai 1908 – VII 468/07, RGZ 68, 424; BGH, Beschl. v. 14. Juli 2008 – II ZR 204/07, NJW 2008, 3438; *Grothe*, in: Säcker/Rixecker/Oetker u. a. (Hrsg.), Münchener Kommentar zum Bürgerlichen Gesetzbuch, Bd. 1, 8. Aufl. 2018, § 226 Rn. 4; *Repgen*, in: Staudinger, BGB, 2019, § 226 Rn. 15; *Wagner*, in: Grunewald/Maier-Reimer/Westermann (Hrsg.), Erman BGB, 16. Aufl. 2020, § 226 Rn. 5.

[135] OLG Brandenburg, Urt. v. 26. Februar 2002 – 6 U 112/01, NZG 2002, 872, 873; *Grothe*, in: Säcker/Rixecker/Oetker u. a. (Hrsg.), Münchener Kommentar zum Bürgerlichen Gesetzbuch, Bd. 1, 8. Aufl. 2018, § 226 Rn. 4; *Repgen*, in: Staudinger, BGB, 2019, § 226 Rn. 18; *Wagner*, in: Grunewald/Maier-Reimer/Westermann (Hrsg.), Erman BGB, 16. Aufl. 2020, § 226 Rn. 5.

[136] *Grothe*, in: Säcker/Rixecker/Oetker u. a. (Hrsg.), Münchener Kommentar zum Bürgerlichen Gesetzbuch, Bd. 1, 8. Aufl. 2018, § 226 Rn. 1; *Mansel*, in: Stürner (Hrsg.), Jauernig Bürgerliches Gesetzbuch, 18. Aufl. 2021, § 226 Rn. 4; § 226 BGB als Mittel zur Betonung der „böswillig bereiteten Schwierigkeit" ansehend *Dennhardt*, in: Hau/Poseck (Hrsg.), BeckOK BGB, 58. Ed. 01.05.2021, § 226 Rn. 1; § 226 BGB insoweit als wertvoll bezeichnend, als dass klargestellt wird, dass keine schrankenlosen Rechte existieren *Repgen*, in: Staudinger, BGB, 2019, § 226 Rn. 12.

[137] Vgl. dazu statt vieler *Schubert*, in: Säcker/Rixecker/Oetker u. a. (Hrsg.), Münchener Kommentar zum Bürgerlichen Gesetzbuch, Bd. 2, 8. Aufl. 2019, § 242 Rn. 79 m.w.N.; zu den vertraglichen Pflichten vgl. unter Abschnitt 5.1.2.1.

der unzulässigen Rechtsausübung.[138] Dabei geht es ganz allgemein um den „Tatbestand der missbilligten Inanspruchnahme eines Rechts“[139].

Im Rahmen von § 242 BGB wird strukturell zwischen dem individuellen und dem institutionellen Rechtsmissbrauch unterschieden,[140] wobei unter dem individuellen Rechtsmissbrauch – vereinfacht – der eines subjektiven Rechts zu verstehen ist, während beim institutionellen Rechtsmissbrauch die Anwendung eines Rechtsinstituts oder einer Rechtsnorm im Einzelfall treuwidrig ist.[141] Ohne im Einzelnen auf die konkrete Einordnung der einzelnen Maßnahmen einzugehen, werden sie wohl aber von § 242 BGB erfasst.[142]

Rechtsfolge einer unzulässigen Rechtsausübung sind keine Schadenersatzansprüche[143], sondern dass die konkrete Rechtsausübung unzulässig ist und

---

[138] *Ders.*, in: Säcker/Rixecker/Oetker u. a. (Hrsg.), Münchener Kommentar zum Bürgerlichen Gesetzbuch, Bd. 2, 8. Aufl. 2019, § 242 Rn. 199 ff.

[139] *Ders.*, in: Säcker/Rixecker/Oetker u. a. (Hrsg.), Münchener Kommentar zum Bürgerlichen Gesetzbuch, Bd. 2, 8. Aufl. 2019, § 242 Rn. 199, welche diese Definition nachfolgend dann als zu eng bezeichnet; *Sutschet*, in: Hau/Poseck (Hrsg.), BeckOK BGB, 58. Ed. 01.05.2021, § 242 Rn. 47; genauer daher *Böttcher*, in: Grunewald/Maier-Reimer/Westermann (Hrsg.), Erman BGB, 16. Aufl. 2020, § 242 Rn. 102 m.w.N.: „Jede Rechtsnorm trägt ihre durch Rechtsidee, Interessenlage und Zweck bestimmte Geltungsschranke in sich. Nur in diesem Rahmen ist Berufung auf sie zulässig; überschreitet der Gläubiger diese Geltungsschranke, so übt er seine Rechte in unzulässiger Weise aus“.

[140] *Grüneberg*, in: Palandt (Hrsg.), Bürgerliches Gesetzbuch, 80. Aufl. 2021, § 826 Rn. 40; *Krebs*, in: Dauner-Lieb/Langen (Hrsg.), Bürgerliches Gesetzbuch, Bd. 2, 4. Aufl. 2021, § 242 Rn. 69; *Looschelders/Olzen*, in: Staudinger BGB, 2019, § 242 Rn. 217; *Sutschet*, in: Hau/Poseck (Hrsg.), BeckOK BGB, 58. Ed. 01.05.2021, § 242 Rn. 51; zur Ideologiefähigkeit und der Verwendung dieser Figur zwischen 1933–1945 *Schubert*, in: Säcker/Rixecker/Oetker u. a. (Hrsg.), Münchener Kommentar zum Bürgerlichen Gesetzbuch, Bd. 2, 8. Aufl. 2019, § 242 Rn. 205; weiter zur Unterscheidung BGH, Urt. v. 22. Mai 1989 – II ZR 206/88, NJW 1989, 2689, 2691 f.; BAG, Urt. v. 18. Juli 2012 – 7 AZR 443/09, NJW 2013, 1254, 1259; *Raiser*, in: Summum ius summa iniuria, 1963, S. 145, 161 ff.; kritisch gegenüber der Differenzierung *Kähler*, in: Gsell/Krüger/Lorenz u. a. (Hrsg.), beck-online.Grosskommentar, Zivilrecht, Stand: 15.07.2020, § 242 BGB Rn. 1064 ff.

[141] *Krebs*, in: Dauner-Lieb/Langen (Hrsg.), Bürgerliches Gesetzbuch, Bd. 2, 4. Aufl. 2021, § 242 Rn. 69; *Sutschet*, in: Hau/Poseck (Hrsg.), BeckOK BGB, 58. Ed. 01.05.2021, § 242 Rn. 51; vgl. zum Zurücktreten der Nichtigkeitsfolge aus § 311b BGB aufgrund § 242 BGB OLG Stuttgart, Urt. v. 2. April 2007 – 5 U 177/06, WM 2007, 1743, 1745.

[142] Zu Genussrechten *Florstedt*, in: Zöllner/Noack (Hrsg.), Kölner Kommentar zum Aktiengesetz, Bd. 4.2, 3. Aufl. 2017, § 221 Rn. 138.

[143] *Krebs*, in: Dauner-Lieb/Langen (Hrsg.), Bürgerliches Gesetzbuch, Bd. 2, 4. Aufl. 2021, § 242 Rn. 70; *Schubert*, in: Säcker/Rixecker/Oetker u. a. (Hrsg.), Münchener Kommentar zum Bürgerlichen Gesetzbuch, Bd. 2, 8. Aufl. 2019, § 242 Rn. 224; *Sutschet*, in: Hau/Poseck (Hrsg.), BeckOK BGB, 58. Ed. 01.05.2021, § 242 Rn. 53.

ihr daher die Rechtswirkungen versagt werden; es handelt sich demnach um ein Abwehrrecht.[144] Der Grundsatz von Treu und Glauben wurde insoweit bereits in den vorstehenden Erwägungen im Rahmen der ermittelten vertraglichen Pflichten[145] und bei § 162 Abs. 1 BGB[146] berücksichtigt.

5.1.5 Zahlungsanspruch: Erfüllung oder Schadensersatz

Für die Anwendung des Rechtsgedankens aus § 162 Abs. 1 BGB könnte sprechen, dass es letztlich um eine Nachzahlung des Vergütungsanspruches und damit um die Erfüllung des Primäranspruches geht.[147] Damit würde kein Recht auf angemessene Vergütung postuliert werden. Aus dem Wortlaut der Norm ergibt sich nur, dass sie allein bei treuwidriger Vereitelung der Bedingung eingreift, sodass ausschließlich eine Korrektur der Höhe nach stattfände, sofern die Voraussetzungen erfüllt sind. Die Voraussetzung der Treuwidrigkeit bezweckt, dass nicht jede Maßnahme der Gesellschaft oder ihrer Geschäftsführung, die die Ansprüche der „wirtschaftlich-virtuellen" Gesellschafter schmälert, zu einem Anspruch nach § 162 Abs. 1 BGB führt.

Das LG Düsseldorf hat in Bezug auf den Wiederauffüllungsanspruch von verlustbeteiligten Genussrechtsinhabern entschieden, dass diese nur dann nicht an den Feststellungsbeschluss gebunden sind, wenn der Jahresüberschuss als Bemessungsgrundlage dient. Bemisst sich die Wiederauffüllung indes am Bilanzgewinn besteht eine Bindungswirkung und ein Primäranspruch entfällt.[148] Grund

---

[144] BGH, Urt. v. 25. Mai 1970 – II ZR 245/67, WM 1970, 1166 ff.; vgl. *Böttcher*, in: Grunewald/Maier-Reimer/Westermann (Hrsg.), Erman BGB, 16. Aufl. 2020, § 242 Rn. 101; *Krebs*, in: Dauner-Lieb/Langen (Hrsg.), Bürgerliches Gesetzbuch, Bd. 2, 4. Aufl. 2021, § 242 Rn. 70; vgl. *Mansel*, in: Stürner (Hrsg.), Jauernig Bürgerliches Gesetzbuch, 18. Aufl. 2021, § 242 Rn. 36; *Schubert*, in: Säcker/Rixecker/Oetker u. a. (Hrsg.), Münchener Kommentar zum Bürgerlichen Gesetzbuch, Bd. 2, 8. Aufl. 2019, § 242 Rn. 221, 224; *Sutschet*, in: Hau/Poseck (Hrsg.), BeckOK BGB, 58. Ed. 01.05.2021, § 242 Rn. 52 f.; a.A. *Repgen*, in: Staudinger BGB, 2019, § 226 Rn. 37.

[145] Dazu unter Abschnitt 5.1.2.1.

[146] Dazu unter Abschnitt 5.1.2.3.

[147] So auch *Frantzen*, Genußscheine, 1993, S. 220 f.; andeutend auch *Habersack*, in: Goette/Habersack/Kalss (Hrsg.), Münchener Kommentar zum Aktiengesetz, Bd. 4, 5. Aufl. 2021, § 221 Rn. 278; a.A. *Fest*, WM 2019, 1093, 1100.

[148] LG Düsseldorf, Urt. v. 21. Dezember 2018 – 10 O 159/17, BKR 2019, 306, 311 n.rkr.; zustimmend OLG Düsseldorf, Urt. v. 24. September 2020 – I-6 U 23/19, WM 2020, 2118, 2128 n.rkr.; zur Anknüpfung an den Bilanzgewinn und der bestehenden Bindungswirkung bereits BGH, Urt. v. 14. Juni 2016 – II ZR 121/15, NZG 2016, 983, 985; zustimmend *Fest*,

dafür sei, dass der Genussrechtsinhaber bei Vereinbarung des Bilanzgewinns als Bemessungsgrundlage, das Risiko von Rücklagen und Wertberichtigungen in Kauf genommen habe.[149] Die Bindungswirkung ergäbe sich gleichermaßen aus dem Umstand, dass den Genussrechtsinhabern keine Anfechtungsbefugnis zusteht. Zudem wird auf § 257 Abs. 1 S. 2 AktG hingewiesen, der bestimmt, dass inhaltliche Mängel keinen Anfechtungsgrund darstellen.[150] Außerdem diene der Umstand, dass einzelne Bilanzpositionen nicht nachträglich berichtigt werden können, der Rechtsklarheit und -sicherheit. Es sei allein ein Schadenersatzanspruch denkbar.[151]

Diese Begründung würde in den hier untersuchten Fällen aber gerade nicht gegen die Anwendbarkeit des § 162 Abs. 1 BGB sprechen, da dieser den Bedingungseintritt fingiert und nicht zu einer Änderung des Jahresabschlusses führt. § 162 Abs. 1 BGB könnte insofern einen effektiven Schutz von anderenfalls nicht einklagbaren Rechten darstellen.[152]

Im Ergebnis kann diese Frage allerdings offengelassen werden, da sich das Problem der Nachweisbarkeit und damit der Durchsetzbarkeit ggf. bestehender Ansprüche in allen Fällen gleichermaßen stellt.

5.1.6 Zwischenergebnis

All die vorgehenden Ansätze zum Schutz „wirtschaftlich-virtueller" Gesellschafter aus den allgemeinen schuldrechtlichen und deliktsrechtlichen Bestimmungen weisen, unabhängig von der Entscheidung, welche Rechtsgrundlage man letztlich wählt, das Problem des Nachweises der absichtsvollen Schädigung der

---

WM 2019, 1093, 1100; *Florstedt*, ZIP 2017, 49, 52; *Habersack*, in: Goette/Habersack/Kalss (Hrsg.), Münchener Kommentar zum Aktiengesetz, Bd. 4, 5. Aufl. 2021, § 221 Rn. 282; *Koch*, in: Hüffer/Koch (Hrsg.), Aktiengesetz, 15. Aufl. 2021, § 221 Rn. 65.

[149] BGH, Urt. v. 14. Juni 2016 – II ZR 121/15, NZG 2016, 983, 985.

[150] *Fest*, WM 2019, 1093, 1098 f.; zu den Rechtsfolgen bei Verstößen gegen Bilanzierungsregeln in Kapitalgesellschaften vgl. Abschnitt 4.2.1.2.2, zur fehlenden Anfechtungsbefugnis von Genussrechtsinhabern vgl. Abschnitt 3.2.4.

[151] *Fest*, WM 2019, 1093, 1098 f.

[152] *Westermann*, in: Säcker/Rixecker/Oetker u. a. (Hrsg.), Münchener Kommentar zum Bürgerlichen Gesetzbuch, Bd. 1, 8. Aufl. 2018, § 162 Rn. 2 f.; zur Fiktion *Armbrüster*, in: Grunewald/Maier-Reimer/Westermann (Hrsg.), Erman BGB, 16. Aufl. 2020, § 162 Rn. 1, 5.

„wirtschaftlich-virtuellen" Gesellschafter auf.[153] Sie erstrecken sich von Ansprüchen auf Primärebene gerichtet auf Erfüllung mit § 162 Abs. 1 BGB bis hin zu sekundärrechtlichen Ansprüchen, wo neben einem vertraglichen Schadensersatz gem. §§ 280 Abs. 1, 241 Abs. 2 BGB auch ein solcher aus dem Deliktsrecht nach § 826 BGB in Frage kommen kann.

Vorzugswürdiger bleibt nach alledem die Lösung gerichtet auf ordnungsgemäße Erfüllung, denn die Gesellschaft umgeht durch die hier untersuchten Maßnahmen ihre Verpflichtung auf Vergütungs- und Rückzahlung gegenüber dem „wirtschaftlich-virtuellen" Gesellschafter. Der Erfüllungsanspruch bleibt demnach unverändert bestehen.

5.2 Problem der Nachweisbarkeit

Prozessual stellt sich die Frage der Beweisbarkeit der unternehmerischen Absichten beim Ergreifen der untersuchten Maßnahmen.

Dieses Problem ist auch auf wirtschaftlicher Ebene erfasst. Eine Informationsasymmetrie kann nicht nur zwischen den Vertragsparteien bestehen, sondern bei unvollständigen Verträgen auch im Hinblick auf einen Dritten, wie einem Richter, gegenüber welchem der Kapitalgeber nicht in der Lage ist, die erforderlichen Beweise für das vertragswidrige Verhalten zu erbringen.[154]

Daher ist nachstehend die im Rahmen der bereits erarbeiteten Lösungswege bestehende Beweislastverteilung zu untersuchen, um im Anschluss zu prüfen, ob das Institut der sekundären Beweis- und Darlegungslast über die Beweisbarkeitsschwierigkeiten hinweghilft. Sollte dies negativ entschieden werden, ist zu untersuchen, inwieweit eine Änderung der Anforderungen an die bestehende Darlegungslast Abhilfe schaffen kann.

---

[153] Vgl. auch bereits zu Genussrechten *Rid-Niebler*, Genußrechte als Instrument zur Eigenkapitalbeschaffung über den organisierten Kapitalmarkt für die GmbH, 1989, S. 116 f.; insbesondere zu § 826 BGB *Förster*, AcP 2009, 389, 428, was aber durch aus auf die übrigen Ansprüche übertragen werden kann.

[154] *Hax/Hartmann-Wendels/Hinten*, in: Breuer (Hrsg.), Handbuch Finanzierung, 3. Aufl. 2001, S. 583, 603.

5.2.1 Beweislastverteilung bezüglich der möglichen Rechtsgrundlagen

Spricht man sich für eine Lösung über den Primäranspruch gem. § 162 Abs. 1 BGB aus, liegt die Beweislast bei der Partei, welche sich auf die dort normierte Fiktion beruft.[155] Eine Vermutung für die Verhinderung oder Verursachung des Bedingungseintritts gibt es nicht,[156] was in den untersuchten Fällen bedeutet, dass die „wirtschaftlich-virtuellen" Gesellschafter beweisbelastet sind.

Geht man von der Anwendbarkeit des § 826 BGB aus, so trägt der Geschädigte die Beweislast für die Haftungsvoraussetzungen.[157] Das gilt auch für die Zwecksetzung des Schädigers, welche allerdings als innere Tatsache aus den äußeren Umständen geschlossen werden kann.[158] Aus besonders leichtfertigem Verhalten des Täters und einer starken Gefährdung des Rechtsguts schließt der BGH auf die Billigung und Kenntnis des möglichen Schadenseintritts.[159] Ist ein solcher Schluss nicht möglich, so wird sich der Geschädigte der Beweishürde beugen müssen.[160]

---

[155] BGH, Urt. v. 16. Oktober 1996 – VIII ZR 54/96, NJW-RR 97, 304, 305; OLG Düsseldorf, Urt. v. 11. Oktober 1996 – 22 U 49/96, NJW-RR 1997, 211, 212; OLG Köln, Urt. v. 13. September 2011 – 15 U 60/09, BeckRS 2011, 23931; *Armbrüster,* in: Grunewald/Maier-Reimer/Westermann (Hrsg.), Erman BGB, 16. Aufl. 2020, § 162 Rn. 5; *Bork,* in: Staudinger, BGB, 2020, § 162 Rn. 20; *Mansel,* in: Stürner (Hrsg.), Jauernig Bürgerliches Gesetzbuch, 18. Aufl. 2021, § 162 Rn. 4; *Reymann,* in: Gsell/Krüger/Lorenz u. a. (Hrsg.), beck-online.Grosskommentar, Zivilrecht, Stand: 01.11.2020, § 162 BGB Rn. 44; *Westermann,* in: Säcker/Rixecker/Oetker u. a. (Hrsg.), Münchener Kommentar zum Bürgerlichen Gesetzbuch, Bd. 1, 8. Aufl. 2018, § 162 Rn. 17.

[156] RG, Urt. v. 17. Juni 1907 – I 495/06, RGZ 66, 222, 224; OLG Karlsruhe, Urt. v. 6. Juli 1995 – 4 U 269/94, NJW-RR 1996, 80; *Armbrüster,* in: Grunewald/Maier-Reimer/Westermann (Hrsg.), Erman BGB, 16. Aufl. 2020, § 162 Rn. 5; *Westermann,* in: Säcker/Rixecker/Oetker u. a. (Hrsg.), Münchener Kommentar zum Bürgerlichen Gesetzbuch, Bd. 1, 8. Aufl. 2018, § 162 Rn. 17.

[157] *Wagner,* in: Säcker/Rixecker/Oetker u. a. (Hrsg.), Münchener Kommentar zum Bürgerlichen Gesetzbuch, Bd. 7, 8. Aufl. 2020, § 826 Rn. 51.

[158] *Ders.,* in: Säcker/Rixecker/Oetker u. a. (Hrsg.), Münchener Kommentar zum Bürgerlichen Gesetzbuch, Bd. 7, 8. Aufl. 2020, § 826 Rn. 51; vgl. dazu auch bereits unter Abschnitt 5.1.3.1.1.

[159] BGH, Urt. v. 11. November 2003 – VI ZR 371/02, NJW 2004, 446, 448; BGH, Urt. v. 9. März 2010 – XI ZR 93/09, WM 2010, 749, 752; BGH, Urt. v. 20. Dezember 2011 – VI ZR 309/10, WM 2012, 260, 261 f.; *Wagner,* in: Säcker/Rixecker/Oetker u. a. (Hrsg.), Münchener Kommentar zum Bürgerlichen Gesetzbuch, Bd. 7, 8. Aufl. 2020, § 826 Rn. 32 m.w.N.; zu § 823 Abs. 2 BGB BGH, Urt. v. 13. Dezember 2001 – VII ZR 305/99, NJW-RR 2002, 740.

[160] *Förster,* in: Hau/Poseck (Hrsg.), BeckOK BGB, 58. Ed. 01.05.2021, § 826 Rn. 40.

Erkennt man einen Schadenersatzanspruch aus §§ 280 Abs. 1, 241 Abs. 2 BGB an, so muss grundsätzlich der Gläubiger den Beweis für das Bestehen des Schuldverhältnisses und die Pflichtverletzung des Schädigers erbringen.[161] Das Vertretenmüssen wird gem. § 280 Abs. 1 S. 2 BGB vermutet, sodass der Schuldner für seine Entlastung beweisbelastet ist. Bezieht sich die Pflichtverletzung aber auf eine Schutzpflicht gem. § 241 Abs. 2 BGB, trägt der Gläubiger in der Regel die Beweislast für den objektiven Sorgfaltspflichtverstoß und den Ursachenzusammenhang des Schuldnerverhaltens und seiner Schädigung.[162] Es bestehen aber gegebenenfalls für den Gläubiger Beweiserleichterungen nach der Sphärentheorie.[163] In der Regel wird der „wirtschaftlich-virtuelle" Gesellschafter seinen Schaden und das kausale Verhalten des Unternehmens nachweisen können.[164] Die objektive Sorgfaltswidrigkeit besteht in den untersuchten Fällen darin, dass die Gesellschaft gezielt die Vergütungsansprüche der Gläubiger schmälert, um ihrer Zahlungsverpflichtung nicht nachkommen zu müssen. Insoweit wird im Rahmen der Sphärentheorie berücksichtigt, ob die festgestellte Ursache aus dem Obhuts- und Gefahrenbereich des Schuldners stammt. Es kommt dann zu einer Beweislastumkehr, sodass der Schuldner nicht nur § 280 Abs. 1 S. 2 BGB widerlegen, sondern auch nachweisen muss, dass sein Verhalten nicht objektiv pflichtwidrig war und sich die in seinem Bereich bestehende Gefahr für den Gläubiger nicht

---

[161] *Ernst*, in: Säcker/Rixecker/Oetker u. a. (Hrsg.), Münchener Kommentar zum Bürgerlichen Gesetzbuch, Bd. 2, 8. Aufl. 2019, § 280 Rn. 33; *Dauner-Lieb*, in: dies./Langen (Hrsg.), Bürgerliches Gesetzbuch, 3. Aufl. 2016, § 280 Rn. 40; *Westermann*, in: Grunewald/Maier-Reimer/Westermann (Hrsg.), Erman BGB, 16. Aufl. 2020, § 280 Rn. 27.

[162] *Ernst*, in: Säcker/Rixecker/Oetker u. a. (Hrsg.), Münchener Kommentar zum Bürgerlichen Gesetzbuch, Bd. 2, 8. Aufl. 2019, § 280 Rn. 33, 144.

[163] BT-Drucks. 14/6040, S. 136; *Dauner-Lieb*, in: dies./Langen (Hrsg.), Bürgerliches Gesetzbuch, 3. Aufl. 2016, § 280 Rn. 40 mit Verweis auf Beweiserleichterungen bei einem Pflegeheimunfall, da die Ursache dort zwar nicht aufklärbar war, aber nach Würdigung der Gesamtumstände ein konkreter Gefahrenzustand bestand OLG Schleswig, Urt. v. 16. Februar 2007 – 4 U 151/06, BeckRS 2007, 10325; OLG Düsseldorf, Urt. v. 17. Januar 2012 – 24 U 78/11, NJW-RR 2012, 716; OLG Schleswig, Urt. v. 13. April 2012 – 17 U 28/11, NJW-RR 2013, 31.

[164] Anders *Heeren*, welcher das Problem hauptsächlich im erschwerten Nachweis der Kausalität sieht *Heeren*, Kapitalgeberschutz und hybride Finanzierungsinstrumente, 2008, S. 182 (Fn. 82); daher treffen die von ihm in Bezug genommenen Fälle des BGH, welcher die klagenden Hybridkapitalgeber weiterhin als beweisbelastet ansieht, wenn die Kausalität bei fehlerhaften Ad-hoc-Mitteilungen schwer zu beweisen war, vgl. BGH, Urt. v. 19. Juli 2004 – II ZR 218/03, NJW 2004, 2664, 2666 f.; BGH, Beschl. v. 26. Juni 2006 – II ZR 153/05, NZG 2007, 269, nicht das hier untersuchte Problem. Es geht vorliegend um das Problem des Nachweises pflichtwidrigen Verhaltens seitens des Unternehmens.

realisiert hat.[165] Grund für diese Beweiserleichterung ist, dass es dem Gläubiger oft nahezu unmöglich sein wird, den Gefahrenbereich des Schuldners einzusehen und damit das schadensauslösende Moment nachzuweisen.[166]

5.2.2 Lösung über Beweiserleichterung der „Sphärentheorie" und Beweislastumkehr

Der Grundgedanke der Beweiserleichterungen im Rahmen der Sphärentheorie könnte auch für die untersuchten missbräuchlichen Maßnahmen der Unternehmen fruchtbar gemacht werden[167], denn der „wirtschaftlich-virtuelle" Gesellschafter hat häufig keine Erkenntnismöglichkeit über die Frage, warum die Gesellschaft ebenjene Maßnahme in entsprechender Art und Weise ergriffen hat. Die Befürwortung einer so allgemeinen Beweiserleichterung sollte im hier untersuchten Zusammenhang jedoch zumindest kritisch gesehen werden. Zwar sind die Entscheidungen der Gesellschaft und ihrer Geschäftsführung originär ihrem Bereich als Schuldnerin zuzuordnen, allerdings sind die „wirtschaftlich-virtuellen" Gesellschafter bewusst das Risiko eingegangen, dass ihre Ansprüche durch die unternehmerischen Entscheidungen der Schuldnerin beeinflusst werden. Anderenfalls wäre eine Teilhabe am wirtschaftlichen Erfolg der Schuldnerin durch eine erfolgsabhängige Vergütung widersinnig. Es kann daher nicht jede Entscheidung zu einer Beweislastumkehr zugunsten dieser Gläubiger führen und eine Gefahr im oben genannten Sinne darstellen. Nicht jede Maßnahme der Gesellschaft darf zu ihrer Beweislast im Rahmen von §§ 280 Abs. 1, 241 Abs. 2 BGB führen.

Die Lösung über eine Umkehr der Beweislast zulasten der Gesellschaft würde konkret dazu führen, dass im Falle einer non liquet Situation die getroffene Maßnahme als pflichtwidrig angesehen würde. Eine solche Beweislastumkehr ist

---

[165] BGH, Urt. v. 8. Oktober 1981 – III ZR 190/79, NJW 1982, 437, 438; BGH, Urt. v. 22. Oktober 2008 – XII ZR 148/06, NJW 2009, 142; *Dauner-Lieb*, in: dies./Langen (Hrsg.), Bürgerliches Gesetzbuch, 3. Aufl. 2016, § 280 Rn. 40; *Ernst*, in: Säcker/Rixecker/Oetker u. a. (Hrsg.), Münchener Kommentar zum Bürgerlichen Gesetzbuch, Bd. 2, 8. Aufl. 2019, § 280 Rn. 152 f.; *Westermann*, in: Grunewald/Maier-Reimer/Westermann (Hrsg.), Erman BGB, 16. Aufl. 2020, § 280 Rn. 28; zum Nachweis der Kausalzusammenhangs BGH, Urt. v. 27. April 1994 – XII ZR 16/93, NJW 1994, 1880, 1881; BGH, Urt. v. 18. Mai 1994 – XII ZR 188/92, NJW 1994, 2019, 2020; OLG Schleswig, Urt. v. 16. Februar 2007 – 4 U 151/06, BeckRS 2007, 10325.

[166] BGH, Urt. v. 22. Oktober 2008 – XII ZR 148/06 = NJW 2009, 142, 143; *Dauner-Lieb*, in: dies./Langen (Hrsg.), Bürgerliches Gesetzbuch, 3. Aufl. 2016, § 280 Rn. 40.

[167] Dazu sogleich unter Abschnitt 5.2.4.1.2.

indes nur durch richterliche Rechtsfortbildung möglich und kann nur ausnahmsweise und ausschließlich mittels allgemeingültiger Regelbildung angenommen werden.[168] Sie kann nicht für den Einzelfall und aus Billigkeitsgründen erfolgen, da sie im Grunde eine Abweichung vom Gesetz darstellt.[169] Im vorliegenden Fall soll allerdings, wie vorstehend schon dargestellt, keine allgemeingültige Regelung gefunden werden, welche das Risiko stets dem Unternehmen aufbürdet. Vielmehr geht es um eine im Einzelfall getroffene Entscheidung nach Billigkeitsgesichtspunkten, sodass eine Umkehr der Beweislast zur Durchsetzung des Schutzes ausscheidet und eine Lösung auf Ebene der Darlegungslast zu suchen ist.[170]

5.2.3 Darlegungslast und Indizienbeweis

Da die Beweislast – unabhängig von der gewählten Rechtsgrundlage – bei den „wirtschaftlich-virtuellen“ Gesellschaftern liegt, obliegt ihnen grundsätzlich auch die Darlegungslast.[171]

5.2.3.1 Darlegung mittels Indizien

In den hier untersuchten Fällen kommt es maßgeblich für den Kläger darauf an, die innere Seite der Maßnahme nachzuweisen, also konkret die Zweck- und Zielsetzung. Regelmaßstab für die Überzeugungsbildung des Gerichts nach § 286

---

[168] *Prütting*, in: Krüger/Rauscher (Hrsg.), Münchener Kommentar zur Zivilprozessordnung, Bd. 1, 6. Aufl. 2020, § 286 Rn. 126; *Saenger*, Zivilprozessordnung, 9. Aufl. 2021, § 286 Rn. 66 f.

[169] Vgl. BGH, Urt. v. 10. März 2010 – IV ZR 264/08, NJW-RR 2010, 1378, 1379; vgl. *Greger*, in: Zöller (Hrsg.), Zivilprozessordnung, 33. Aufl. 2020, Vorb. § 284 Rn. 27; *Prütting*, in: Krüger/Rauscher (Hrsg.), Münchener Kommentar zur Zivilprozessordnung, Bd. 1, 6. Aufl. 2020, § 286 Rn. 126; *Saenger*, Zivilprozessordnung, 9. Aufl. 2021, § 286 Rn. 66 f.

[170] A.A. in Bezug auf eine Beweislastumkehr hinsichtlich der Pflichtverletzung *Roggemann*, Zivilrechtlicher Anlegerschutz bei bedingten Pflichtwandel- und Herabschreibungsanleihen, 2020, S. 271.

[171] Zum Umstand, dass in der Regel die objektive und subjektive Darlegungslast der objektiven (materiellen) und subjektiven Beweislast (letzteres auch Beweisführungslast) folgt BGH, Urt. v. 8. Juni 1988 – IVb ZR 51/87, NJW 1989, 161, 162; *Prütting*, in: Krüger/Rauscher (Hrsg.), Münchener Kommentar zur Zivilprozessordnung, Bd. 1, 6. Aufl. 2020, § 286 Rn. 138; *Saenger*, Zivilprozessordnung, 9. Aufl. 2021, § 286 Rn. 88; zur subjektiven Darlegungslast *Foerste*, in: Musielak/Voit (Hrsg.), Zivilprozessordnung, 18. Aufl. 2021, § 286 Rn. 33.

Abs. 1 ZPO ist dabei eine ausreichende Gewissheit, welche Zweifeln Schweigen gebietet, ohne sie vollständig ausräumen zu müssen.[172] Gerade in Bezug auf innere Tatsachen wird es der darlegungsbelasteten Partei aber regelmäßig schwerfallen, den unmittelbaren Beweis für die Haupttatsache zu erbringen. Sie muss dann in der Regel versuchen, mittels Hilfstatsachen (Indizien), welche allein oder in ihrer Gesamtschau den Schluss auf das Vorliegen der Haupttatsache erlauben, der Darlegungslast nachzukommen.[173] Wird ein Indizienbeweis geführt, ist dieser nur beachtlich, wenn sich die innere Tatsache daraus notwendigerweise ergibt.[174] Auch über Indizien selbst ist die Beweisaufnahme zu eröffnen, sofern sie nicht unbestritten sind.[175] Sie dürfen keine anderen Rückschlüsse als auf die mittels Indizienbeweis nachzuweisende Haupttatsache zulassen, damit sie zur Überzeugungskraft des erkennenden Gerichts gereichen.[176] Es obliegt dem Tatrichter zu prüfen, ob den Indizien ein logischer Beweiswert innewohnt, sie ihn also vom Vorliegen der Haupttatsache überzeugen und zu deren Nachweis ausreichen.[177] Für den Indizienbeweis innerer Tatsachen sind die äußeren Umstände, von welchen aus auf diese innere Tatsache geschlossen werden soll und welche unmittelbar Gegenstand der Beweisaufnahme sein sollen, darzulegen.[178]

Die bloße Behauptung, die Beklagte handele absichtsvoll zur Schädigung der „wirtschaftlich-virtuellen" Gesellschafter, reicht hingegen nicht aus. Im untersuchten Problemkreis wird es sich für den Kläger regelmäßig als sehr schwierig

---

[172] BGH, Urt. v. 17. Februar 1970 – III ZR 139/67, NJW 1970, 946, 948; BGH, Urt. v. 28. Januar 2003 – VI ZR 139/02, NJW 2003, 1116, 1117; BGH, Urt. v. 4. November 2003 – VI ZR 28/03, NJW 2004, 777, 778.

[173] Indizienbeweis zur Bösgläubigkeit des Beklagten BGH, Urt. v. 11. Februar 1992 – XI ZR 47/91, NJW 1992, 1899, 1900; zum Erinnerungswissen der Klägerin und zur Definition von Hilfs- und Haupttatsachen BGH, Urt. v. 17. Februar 1970 – III ZR 139/67, NJW 1970, 946, 950; nur zum Unterschied zwischen Haupt- und Hilfstatsachen BGH, Urt. v. 8. Mai 2012 – XI ZR 262/10, NJW 2012, 2427, 2431; allgemein zum Indizienbeweis *Laumen*, in: Baumgärtel/Laumen/Prütting (Hrsg.), Handbuch der Beweislast, Bd. 1, 4. Aufl. 2019, Kap. 18.

[174] Vgl. BGH, Beschl. v. 26. April 2010 – II ZR 60/09, DB 2010, 1578, 1579; vgl. OLG Karlsruhe, Urt. v. 5. Februar 2013 – 12 U 140/12, NJW-RR 2013, 869.

[175] BGH, Urt. v. 11. Februar 1992 – XI ZR 47/91, NJW 1992, 1899, 1900.

[176] BGH, Urt. v. 17. Februar 1970 – III ZR 139/67, NJW 1970, 946, 950 (Anastasia-Entscheidung).

[177] BGH, Urt. v. 17. Februar 1970 – III ZR 139/67, NJW 1970, 946, 950; BGH, Urt. v. 8. Mai 2012 – XI ZR 262/10, NJW 2012, 2427, 2431 m.w.N.

[178] BGH, Urt. v. 13. Juli 1988 – IV a ZR 67/87, NJW-RR 1988, 1529; BGH, Urt. v. 8. Mai 2012 – XI ZR 262/10, NJW 2012, 2427, 2431.

herausstellen, ausreichende Indizien darzulegen, die auf die Haupttatsache schließen lassen. Zudem wird die Beklagte zumeist behaupten können, sich an den gesetzlich zulässigen Handlungsspielraum gehalten zu haben, sodass ihr insoweit freie Hand zustehe. Eine Absicht, welche auf die Vereitelung der entsprechenden Gläubigerrechte abzielt, wird die Gesellschaft nicht freiwillig einräumen. Ein direkter Beweis für die Absicht wird sich in den seltensten Fällen für den Kläger bieten, da er aufgrund seiner Stellung als Gesellschaftsexterner keine Einsichtsmöglichkeit in die Entscheidungsfindung der Gesellschaft hat und ihm in den meisten Fällen einzig die öffentlich zugänglichen oder die ihm im Rahmen seiner – beschränkten – Informationsrechte zur Verfügung gestellten Nachweise verbleiben.

5.2.3.2 Darlegungslast anhand konkreter Beispiele

Diese im vorherigen Abschnitt dargestellte Nachweisproblematik, die sich auf Seiten der „wirtschaftlich-virtuellen" Gesellschafter stellt, lässt sich durch die bereits untersuchten Fälle aus der Praxis belegen.

5.2.3.2.1 IKB Deutsche Industriebank AG

Das LG Düsseldorf kam 2018 im Verfahren gegen die IKB Deutsche Industriebank AG zu dem Schluss, dass das gem. § 286 Abs. 1 ZPO zur Überzeugungsbildung der Kammer erforderliche Maß an Gewissheit nicht erreicht wurde, um die absichtsvolle Dotierung des Sonderpostens nach § 340 g HGB zwecks Vereitelung der Ansprüche der Genussrechtsinhaber anzunehmen.[179] Dem Gericht erschienen die von den Klägern vorgebrachten Indizien zwar beachtlich, „aber – auch in ihrer Gesamtschau – nicht so gewichtig, dass die Kammer mit der nötigen Sicherheit auszuschließen [vermochte], dass sich die Organe der Beklagten bei der Ermessensausübung […] tatsächlich von dem Ziel einer als notwendig angesehenen Stärkung der Eigenkapitalquote leiten ließen und nicht – vorrangig oder auch nur daneben – das Ziel verfolgten, die Genussscheininhaber zu benachteiligen."[180] Dabei wird im Einzelnen nachfolgend vom Gericht dargelegt, warum die klägerseitig dargelegten Indizien nicht ausreichen. Ausgehend vom Urteil hat die Gesellschaft sich allein auf den ihr zustehenden Ermessensspielraum berufen und als Grund für die Dotierung des Fonds nach § 340 g HGB die Stärkung der Eigenkapitalquote benannt. Mangels richterlicher Würdigung ist davon auszugehen, dass das Unternehmen darüber hinaus keine Angaben gemacht hat, warum

[179] LG Düsseldorf, Urt. v. 21. Dezember 2018 – 10 O 159/17, BKR 2019, 306, 310, n.rkr.

[180] LG Düsseldorf, Urt. v. 21. Dezember 2018 – 10 O 159/17, BKR 2019, 306, 311, n.rkr.

diese Stärkung im Einzelnen notwendig war. Einzig zu zwei klägerseits vorgebrachten Punkten nahm die Beklagte Stellung. Es handelte sich um Indizien, welche darauf hindeuten, dass eine Stärkung der Eigenkapitalquote des Unternehmens nicht notwendig war. Zum einen hat die IKB Deutsche Industriebank AG in einem Geschäftsjahr den Sonderposten nach § 340 g HGB aufgelöst. Das Gericht sah hierin aber keinen Widerspruch zur Behauptung der Beklagten, sie wolle die Eigenkapitalquote stärken, da die Auflösung dieser Risikovorsorge im Zusammenhang mit der Auflösung und Abwicklung ihrer Tochtergesellschaft geschah. Zum anderen erklärte sich die Beklagte zum klägerseits vorgebrachten Indiz, dass sie Hybridkapital im Nennwert von 911 Mio. EUR zurückkaufte und es ihr zu diesem Zeitpunkt nicht mehr an Eigenkapital mangeln konnte. Das Gericht sah auch in Bezug auf diesen Punkt den Einwand der Beklagten, die Mittel hätten nur aufgrund des Verkaufs einer Leasing-Tochter zur Verfügung gestanden, als ausreichend an. Alle weiteren Indizien hielt das Gericht für nicht ausreichend, da es in der Regel auch immer eine andere Erklärungsmöglichkeit für das Verhalten der Beklagten gab. Ob die Beklagte aber konkret ein berechtigtes Interesse an der Stärkung der Eigenkapitalquote dargelegt hat, ergibt sich aus dem Urteil nicht.[181] Letztlich mussten die Kläger vor der Darlegungshürde kapitulieren.[182]

Dies wurde durch das zweitinstanzliche Urteil des OLG Düsseldorf aus dem Jahr 2020 bestätigt.[183] Auch in zweiter Instanz konnten klägerseits nicht ausreichend Indizien für eine zum Schadenersatz führende Missbräuchlichkeit vorgetragen werden. Zum Umstand, dass die Beklagte den Fonds über die erforderliche Eigenkapitalquote hinaus bildete, wandte das Gericht ein, dass aus der ex-ante Sicht des Vorstandes,[184] wegen der noch laufenden Stresstests und unklaren aufsichtsrechtlichen Anforderungen, viele Unwägbarkeiten im Rahmen der Bilanzierung bestanden.[185] Zudem sei der Fonds für allgemeine Bankrisiken im Geschäftsjahr 2012/2013 auch aufgelöst worden, um die Genussrechtsinhaber nicht weiter an Verlusten teilnehmen zu lassen.[186] Des Weiteren seien im Geschäftsjahr 2013/2014 keine operativen Gewinne für die Dotierung des Fonds

[181] LG Düsseldorf, Urt. v. 21. Dezember 2018 – 10 O 159/17, BKR 2019, 306, 311, n.rkr.

[182] Dem LG Düsseldorf in seiner Ansicht, dass die Grenzen des § 340 g HGB nicht überschritten wurde, zustimmend *Koch*, in: Hüffer/Koch (Hrsg.), Aktiengesetz, 15. Aufl. 2021, § 221 Rn. 65 m.w.N.

[183] OLG Düsseldorf, Urt. v. 24. September 2020 – I-6 U 23/19, WM 2020, 2118 ff. n.rkr.

[184] Zur Problematik der ex-ante Sicht des Vorstandes, die ex-post durch die Gerichte beurteilt werden muss *Dauner-Lieb*, in: Crezelius/Hirte/Vieweg (Hrsg.), Festschrift für Volker Röhricht, S. 83, 84.

[185] OLG Düsseldorf, Urt. v. 24. September 2020 – I-6 U 23/19, WM 2020, 2118, 2135 n.rkr.

[186] Ebd.

genutzt, sondern stille Reserven gehoben worden.[187] Für eine Missbräuchlichkeit spräche hingegen nicht, dass der Fonds nicht nach erfolgter Umstrukturierung wieder aufgelöst wurde. Vor allem da die IKB Deutsche Kreditbank AG davon ausgegangen sei, dass die Bedienung des Besserungsscheins Vorrang vor den Ansprüchen der Genussrechtsinhaber habe und die Dotierung damit zunächst ihr zulasten ginge.[188]

Demnach reichten die Indizien auch zur Überzeugung der zweiten Instanz nicht aus. Inwiefern der erstinstanzliche Vortrag der Beklagten hinsichtlich der Auflösung und Abwicklung der Tochtergesellschaft mit der Auflösung des Fonds im Geschäftsjahrs 2012/2013 zusammenhängt, erläutert das Gericht nicht. Ebenso wenig ging es auf den Umstand ein, dass der Rückzahlungsanspruch der Betroffenen bereits im Geschäftsjahr 2010/2011 nur noch 0,14 EUR pro Wertpapier betrug[189] und diese insoweit nicht mehr vor weiteren Verlusten geschont werden mussten.

5.2.3.2.2 HSH Nordbank AG

Auch das OLG Schleswig-Holstein stellte in seinem Urteil aus 2019[190] ähnliches fest: Zwar ging es in diesem Fall um die Frage der Einordnung des Sonderpostens nach § 340 g HGB als Rücklage und in Konsequenz darum, ob die Wiederauffüllung des herabgesetzten Kapitals hätte vor der Dotierung nach § 340 g HGB erfolgen müssen. Allerdings kann auch hier die vom OLG Schleswig-Holstein verwendete Argumentation in den Blick genommen werden; stellte dieses sich nämlich zudem die Frage nach der Treuwidrigkeit des Verhaltens des beklagten Kreditinstituts. Unter Hinweis auf das bestehende Risiko des Gestaltungsmissbrauchs soll dem Beteiligungsvertrag kein solcher Schutz zu entnehmen sein. Zum einen sei das Gefährdungspotential den Parteien bei Vertragsschluss bewusst gewesen, zum anderen sei der stille Gesellschafter auch nicht völlig schutzlos gestellt, da § 340 g HGB einer Grenze durch Treu und Glauben – also einer Missbrauchskontrolle – unterliege. Diese Missbrauchskontrolle soll sich am Maßstab der vernünftigen kaufmännischen Beurteilung unter Berücksichtigung der geschäftspolitischen Besonderheiten messen lassen, wobei der Geschäftsleitung

[187] OLG Düsseldorf, Urt. v. 24. September 2020 – I-6 U 23/19, WM 2020, 2118, 2135 n.rkr.

[188] Ebd.

[189] Bekanntmachung der IKB Deutsche Kreditbank AG im Unternehmensregister vom 18. Juli 2011 zum Genussschein WKN 273119/ ISIN: DE0002731197; abrufbar unter: https://www.ikb.de/fileadmin/content/30_Investor_Relations/70_Corporate_Gover-nance/Jaehrliches_Dokument/2012/WKN_273119_Verlustbeteiligung.pdf (zuletzt abgerufen am: 23. März 2021).

[190] OLG Schleswig-Holstein, Urt. v. 3. Mai 2019 – 9 U 83/18, WM 2019, 1166 ff.

ein weiter Ermessensspielraum zuzubilligen sei.[191] Ein Verstoß gegen die nach § 340 g HGB zulässige Dotierung läge nur dann vor, wenn sie „offensichtlich das latente allgemeine Branchenrisiko übersteigt“[192]. Das OLG Schleswig-Holstein stellt insoweit darauf ab, dass die Vertragsparteien freiwillig die Vertragsgestaltung als stille Gesellschaft gewählt haben und dass weder ein Verstoß gegen eine gesetzliche oder vertragliche Regelung zu erkennen ist noch ein Verstoß gegen die zwischen den Parteien bestehende Treuepflicht vorliege. Eine Prüfung der oben genannten Ansprüche lässt sich dem Urteil insofern nicht entnehmen, als es allein um die Einhaltung der vertraglichen und gesetzlichen Bedingungen ging und eine Treuwidrigkeit nicht festgestellt wurde. Insofern wäre auch kein Raum für Ersatzansprüche geblieben.

5.2.3.2.3 Außerordentlich gekündigter Geschäftsführer

Auch im eingangs beschriebenen Fall des außerordentlich gekündigten Geschäftsführers, dessen Tantieme sich auf das Darlehenskonto des Gesellschafters bezog,[193] nimmt das Gericht sowohl in erster als auch in zweiter Instanz kaum Stellung zu den klägerseits dargelegten Indizien, welche auf eine absichtsvolle Schädigung hindeuten. Erstinstanzlich wird allein darauf verwiesen, dass der Kläger sich „allenfalls auf eine Verletzung von Neben- und Treuepflichten nach §§ 241 Abs. 2, 242 BGB aus dem Anstellungsvertrag zwischen den Parteien berufen“[194] könne. Pauschal wird jedoch festgestellt, dass ein solcher Ausnahmefall vorliegend aber nicht gegeben sei.[195] In der Berufungsinstanz wird allein darauf verwiesen, dass § 315 Abs. 1 BGB nicht anwendbar sei.[196]

5.2.3.2.4 Zusammenfassung

In den Verfahren reichten die klägerseitigen Indizien nach Überzeugung des Gerichts nicht aus, um der Beklagten eine missbräuchliche Absicht nachzuweisen.

---

[191] OLG Schleswig-Holstein, Urt. v. 3. Mai 2019 – 9 U 83/18, WM 2019, 1166, 1171 f.

[192] OLG Schleswig-Holstein, Urt. v. 3. Mai 2019 – 9 U 83/18, WM 2019, 1166, 1172 m.w.N.

[193] Vgl. dazu unter Abschnitt 3.6.1.

[194] LG Frankfurt am Main, Urt. v. 6. Oktober 2017 – 3–13 O 19/14, S. 9 (nicht veröffentlicht).

[195] LG Frankfurt am Main, Urt. v. 6. Oktober 2017 – 3–13 O 19/14, S. 9 (nicht veröffentlicht).

[196] OLG Frankfurt am Main, Urt. v. 29. Januar 2019 – 5 U 124/17, S. 23 (nicht veröffentlicht).

Dies scheint aufgrund zweier Gesichtspunkte nicht sachgerecht: Zum einen wohnt der vertraglichen Gestaltung schon wegen der herausgearbeiteten systembedingten Schwachstelle, d. h., dass den „wirtschaftlich-virtuellen" Gesellschaftern keine Einwirkungsmöglichkeiten, insbesondere keine Stimm- und Anfechtungsrechte, zustehen, obwohl ihre Vergütungs- und Rückzahlungsansprüche von den Entscheidungen der Gesellschaft abhängen, ein erhebliches Risiko inne. Zum anderen wird diese Schwachstelle dadurch intensiviert, dass sich, wie sich in den vorstehenden Absätzen gezeigt hat, in der Praxis im Prozess erhebliche Nachweisschwierigkeiten für den Kläger ergeben. Dabei soll natürlich nicht außer Acht gelassen werden, dass die richterliche Kontrolle der Ermessensentscheidungen aus einer ex-post-Perspektive nur anhand der Missbrauchsgrenzen erfolgen kann.[197]

Nach der hier vertretenen Auffassung bergen die vorstehend untersuchten Verfahren aber schon ein solch hohes Maß an Indizien, dass sie in Kombination mit der Stellung als „wirtschaftlich-virtueller" Gesellschafter zur Vermutung der Missbräuchlichkeit führen, die durch das Unternehmen widerlegt werden kann, indem es ein berechtigtes Interesse an der missbräuchlichen Maßnahme selbst und nicht der Indizientatsache erklärt. Anderenfalls stellt sich die Darlegungshürde als ungerechtfertigt hoch dar. Ob dann im konkreten Fall allerdings eine Missbräuchlichkeit vorliegt, kann und soll hier nicht ermittelt werden. Lediglich dienen diese Fälle dazu zu illustrieren, welche erheblichen Nachweisschwierigkeiten den „wirtschaftlich-virtuellen" Gesellschafter im Einzelnen treffen können.

5.2.4 Vorschlag einer Veränderung der Darlegungslast zugunsten der „wirtschaftlich-virtuellen" Gesellschafter

Aus der vorangegangenen Untersuchung zeigt sich, dass den „wirtschaftlich-virtuellen" Gesellschaftern zwar Rechtsgrundlagen zur Verfügung stehen, welche sie vor absichtsvoller Schädigung ihrer Rechtspositionen schützen. Sie können ihre Rechte jedoch nicht effektiv durchsetzen, wenn es ihnen so gut wie unmöglich ist, die Tatbestandsvoraussetzungen der entsprechenden Rechtsgrundlage

---

[197] OLG Düsseldorf, Urt. v. 24. September 2020 – I-6 U 23/19, WM 2020, 2118, 2133 n.rkr.; eine darüber hinausgehende ex-post Beurteilung der aus ex-ante-Sicht getroffenen Maßnahme als falsch ist „ebenso populär wie naiv", so allgemein *Dauner-Lieb*, in: Crezelius/Hirte/Vieweg (Hrsg.), Festschrift für Volker Röhricht, S. 83, 89; ähnlich *Heun-Rehn/Oesmann genannt Hoppe*, in: Mehrbrey (Hrsg.), Handbuch Gesellschaftsrechtliche Streitigkeiten, 3. Aufl. 2020, § 131 Rn. 6.

nachzuweisen. Die dem „wirtschaftlich-virtuellen“ Gesellschafter aufgebürdete Darlegungslast ist so hoch, dass er nicht mit dem zuvor erarbeiteten Schutzbedarf korreliert, der dieser Gläubigergruppe grundsätzlich zustehen sollte.[198]

Um die Darlegungslast der „wirtschaftlich-virtuellen“ Gesellschafter zu verringern, ist mittels der Grundsätze zur sekundären Darlegungslast, der Beweiserleichterungen im Hinblick auf die Pflichtverletzung im Rahmen von §§ 280 Abs. 1, 241 Abs. 2 BGB und des Anscheinsbeweises, ein Rechtsgedanke und Konzept zur teilweisen Verlagerung der Darlegungslast auf den Vertragspartner, also die Gesellschaft, zu erarbeiten. Zwar soll die Beweislast weiterhin beim „wirtschaftlich-virtuellen“ Gesellschafter liegen, um ihm nicht vollumfänglich das durch die Vertragsgestaltung freiwillig übernommene Risiko abzunehmen;[199] allerdings können bereits Veränderungen im Bereich der Darlegungslast zur Lösung beitragen.

5.2.4.1 Herleitung des Schutzes „wirtschaftlich-virtueller“ Gesellschafter

Wie sich aus der vorstehenden Untersuchung ergeben hat, wird der „wirtschaftlich-virtuelle“ Gesellschafter die der Pflichtverletzung oder dem Rechtsmissbrauch zugrunde liegende Absicht als Haupttatsache nur in den seltensten Fällen beweisen können. Demnach wird er auf einen Indizienbeweis ausweichen und erhebliche Hilfstatsachen vortragen müssen, die jedoch keine anderen Schlüsse als den auf die Haupttatsache zulassen dürfen. Nur in Bezug auf diese Hilfstatsachen kommt dann eine sekundäre Darlegungslast in Betracht. Die eigentlich mittels der Hilfstatsachen darzulegende Haupttatsache bleibt durch die Beklagte insoweit nicht erklärungsbedürftig.[200] Konkret bedeutet dies, dass das Unternehmen nur auf Ebene der erheblichen Hilfstatsachen eine sekundäre Darlegungslast trifft und es damit nur in Bezug darauf qualifiziert erwidern, eine unterstellte missbräuchliche Absicht damit ggf. ausräumen, muss. Die Haupttatsache, also die alleinige Absicht, die Ansprüche der „wirtschaftlich-virtuellen“ Gesellschafter nicht bedienen zu müssen, muss grds. nicht durch ein berechtigtes Interesse widerlegt werden.

---

[198] Insoweit auch bereits *Roggemann*, Zivilrechtlicher Anlegerschutz bei bedingten Pflichtwandel- und Herabschreibungsanleihen, 2020, S. 269 m.w.N.

[199] Vgl. dazu Abschnitt 5.2.2.

[200] Genauer dazu nachfolgend unter Abschnitt 5.2.4.1.1.

5.2.4.1.1 Rechtsgedanke der sekundären Darlegungslast

Die konkrete Darlegungslast kann nach Treu und Glauben in den Fällen modifiziert werden, in denen die primär darlegungsbelastete Partei außerhalb des maßgeblichen Geschehensablaufes steht und keine nähere Kenntnis zu den behaupteten Vorgängen hat, während eine Aufklärung dem Prozessgegner möglich und zumutbar ist. Es genügt für Letzteren dann nicht mehr das einfache Bestreiten der Tatsache. Vielmehr muss er nun den Nachweis erbringen, dass die bestrittene Tatsache unrichtig ist.[201] Die Behauptungen gelten als zugestanden im Sinne des § 138 Abs. 3 ZPO, sofern dieser Nachweis misslingt oder nicht erbracht wird.[202] Erfüllt der Prozessgegner seine sekundäre Darlegungslast jedoch, so ändert sich an der objektiven Darlegungs- sowie der Beweislast nichts: Dem originär Beweis- und Darlegungsbelasteten obliegt dann die weitere Beweisführung und er trägt nach wie vor das Risiko, wenn die Behauptung nicht bewiesen werden kann.[203]

Auf die sekundäre Darlegungslast des Prozessgegners kann sich die primär beweis- und darlegungsbelastete Partei aber nur berufen, wenn sie schlüssig Anhaltspunkte vorgetragen hat, aus denen sich ableiten lässt, dass ihr Vortrag mit einer gewissen Wahrscheinlichkeit richtig sein könnte.[204] Zudem ist die Gegenpartei nur für Haupt- und erhebliche Hilfstatsachen sekundär darlegungsbelastet. Das bedeutet, dass eine sekundäre Darlegungslast in der Regel nur in Bezug

---

[201] Zur sekundären Darlegungslast stRspr. BGH, Urt. v. 20. Januar 1961 – I ZR 79/59, NJW 1961, 826, 828; BGH, Urt. v. 15. Oktober 1986 – IV b ZR 78/85, NJW 1987, 1201; BGH, Urt. v. 11. Juni 1990 – II ZR 159/89, NJW 1990, 3151 f.; BGH, Urt. v. 3. Dezember 1992 – IX ZR 61/92, NJW 1993, 1139, 1140; BGH, Urt. v. 2. November 1995 – IX ZR 15/95, NJW 1996, 522, 523; BGH, Urt. v. 13. Juni 2002 – VII ZR 30/01, NJW-RR 2002, 1309, 1310; BGH, Urt. v. 10. Februar 2015 – VI ZR 343/13, NJW-RR 2015, 1279, 1280; BGH, Urt. v. 18. Januar 2018 – I ZR 150/15, NJW 2018, 2412, 2414; BGH, Urt. v. 19. Februar 2019 – VI ZR 505/17, NJW-RR 2019, 467, 468; *Beckhaus*, Die Bewältigung von Informationsdefiziten bei der Sachverhaltsaufklärung, 2010, S. 138 ff.; *Prütting*, in: Krüger/Rauscher (Hrsg.), Münchener Kommentar zur Zivilprozessordnung, Bd. 1, 6. Aufl. 2020, § 286 Rn. 103; *Saenger*, Zivilprozessordnung, 9. Aufl. 2021, § 286 Rn. 93; *Stadler*, in: Musielak/Voit (Hrsg.), Zivilprozessordnung, 18. Aufl. 2021, § 138 Rn. 10a; zum wirtschaftlichen Aspekt unter dem Gesichtspunkt der kostengünstigeren Informationsbeschaffung *Fleischer*, Informationsasymmetrie im Vertragsrecht, 2001, S. 175.

[202] *Greger*, in: Zöller (Hrsg.), Zivilprozessordnung, 33. Aufl. 2020, § 286 Rn. 34c; *Saenger*, Zivilprozessordnung, 9. Aufl. 2021, § 286 Rn. 93.

[203] *Greger*, in: Zöller (Hrsg.), Zivilprozessordnung, 33. Aufl. 2020, § 286 Rn. 34c; *Saenger*, Zivilprozessordnung, 9. Aufl. 2021, § 286 Rn. 93.

[204] BGH, Urt. v. 17. Dezember 2014 – IV ZR 90/13, NJW 2015, 947, 948; LG Wuppertal Urt. v. 7. August 2019 – 3 O 426/18, WM 2019, 1806, 1811; zum parallelen Problem der sekundären Darlegungslast für Anleger bei (angeblich) fehlerhaften Ad-Hoc-Mitteilungen,

auf solche Tatsachen entsteht, die materiellrechtlich für den Rechtsstreit relevant sind. Sie kommt für Hilfstatsachen nur dann in Betracht, wenn diese nach der Überzeugungskraft des Gerichts erheblich sind, d. h. hinreichend sicher auf das Bestehen der Haupttatsache schließen lassen.[205] Insoweit reicht es für die sekundär darlegungsbelastete Partei aus, die durch die primär belastete Partei dargelegten Vermutungsgrundlagen zu widerlegen, nicht aber die Haupttatsache selbst.[206]

Grund für die sekundäre Darlegungslast ist, dass der primär darlegungsbelastete außerhalb des Geschehensablaufes steht und keine Kenntnis über die zu behauptende Tatsache hat, während sie der Beklagten bekannt und ihr deren Darlegung zumutbar ist. Dies muss nach seinem Sinn und Zweck auch für den „wirtschaftlich-virtuellen" Gesellschafter gelten. Wegen der Abhängigkeit seiner Ansprüche vom Erfolg der Gesellschaft und der fehlenden mitgliedschaftlichen Stellung hat er über die Gründe der Entscheidungen, welche seine Rechte beeinflussen, keinerlei Kenntnis oder gar eigene Einflussmöglichkeiten. Er steht außerhalb des Geschehensablaufs, während die Gesellschaft den Grund der Maßnahme kennt und es ihr regelmäßig auch zumutbar[207] sein sollte, sich dazu zu äußern. Da die von den „wirtschaftlich-virtuellen" Gesellschaftern behauptete Tatsache aber gerade die missbräuchliche Ergreifung der Maßnahme seitens der Gesellschaft ist, für die zunächst klägerseits ausreichende Indizien vorgetragen werden müssen,[208] muss die Gesellschaft sich in der Regel nicht konkret zum

Habbe/Gieseler, NZG 2016, 454, 455 f.; bei der Haftung nach § 93 Abs. 2 S. 2 AktG ebenfalls eine Lösung über die sekundäre Darlegungslast vorschlagend *Danninger*, Organhaftung und Beweislast, 2020, S. 191.

[205] *Pfeiffer*, ZIP 2017, 2077, 2079 unter Verweis auf den BGH in der Anastasia-Entscheidung, BGH, Urt. v. 17. Februar 1970 – III ZR 139/67, NJW 1970, 946, 950; zu einem Fall in dem in Bezug auf den Beweggrund für das Verhalten des Schädigers i.R.v. § 826 BGB zwei Möglichkeiten bestanden und daher der Vorsatz abgelehnt wurde BGH, Urt. v. 20. November 2012 – VI ZR 268/11, NJW-RR 2013, 550, 553.

[206] *Pfeiffer*, ZIP 2017, 2077, 2084.

[207] Zur Befürchtung, dass dadurch Unternehmensinterna preisgegeben werden könnten, vgl. unter Abschnitt 5.3.1.3.

[208] Insoweit etwas pauschaler *Roggemann*, der ebenso eine Veränderung auf prozessualer Ebene befürwortet, es allerdings bei der sekundären Darlegungslast ausreichen lässt, dass der Gläubiger pauschal behauptet, dass er durch die behauptete Maßnahme zielgerichtet geschädigt wurde *Roggemann*, Zivilrechtlicher Anlegerschutz bei bedingten Pflichtwandel- und Herabschreibungsanleihen, 2020, S. 269 f.; dieser Ansatz lässt aber außer Betracht, dass die sekundäre Darlegungslast nur ausgelöst wird, wenn klägerseits ausreichende Indizien vorgetragen werden, die darauf schließen lassen, dass der Klägervortrag mit einer gewissen

Bestehen eines berechtigten Interesses in Bezug auf die umstrittene Maßnahme äußern.

5.2.4.1.2 Rechtsgedanke anderer Beweiserleichterungen und des Anscheinsbeweises

Bereits die von der Rechtsprechung im Rahmen von § 826 BGB herangezogene Verwerflichkeitsklausel lässt erkennen, dass aus den äußeren Umständen auf das Tatbestandsmerkmal des Vorsatzes geschlossen wird, um das Problem der schwierigen Beweisbarkeit innerer Tatsachen zu umgehen.[209] Auch die Beweiserleichterung nach der Sphärentheorie im Rahmen von §§ 280 Abs. 1, 241 Abs. 2 BGB stellt die Frage, ob die festgestellte Ursache aus dem Obhuts- und Gefahrenbereich des Schuldners stammt.[210]

Der Anscheinsbeweis, welcher streng genommen keine Erleichterung, sondern eine konsequente Form der Beweiswürdigung darstellt,[211] erlaubt den Schluss über konkrete Erfahrungssätze, welche auf typischen Geschehensabläufen beruhen, auf den Kausalzusammenhang oder das schuldhafte Verhalten.[212] Handelt es sich allerdings um individuelle Willensentschlüsse, so wird vertreten, dass gerade nicht nach der allgemeinen Lebenserfahrung auf die Erfüllung des entsprechenden Tatbestandsmerkmals geschlossen werden kann.[213] Dem ist beizupflichten,

---

Wahrscheinlichkeit richtig sein könnte. Der Weg einer Lösung über die sekundäre Darlegungslast kann demnach nicht begangen werden, da ein pauschales Behaupten für den Gläubiger nicht ausreicht. Der grundlegende Rechtsgedanke kann hingegen für die weitere Untersuchung fruchtbar gemacht werden.

[209] BGH, Urt. v. 20. März 1995 – II ZR 205/94, NJW 1995, 1739, 1749; BGH, Urt. v. 6. Mai 2008 – XI ZR 56/07, NJW 2008, 2245, 2249; *Oechsler*, in: Staudinger, BGB, 2018, § 826 Rn. 85; vgl. auch unter Abschnitt 5.1.3.1.1.

[210] Vgl. dazu unter Abschnitt 5.2.2.

[211] *Saenger*, Zivilprozessordnung, 9. Aufl. 2021, § 286 Rn. 39; a.A. *Greger*, in: Zöller (Hrsg.), Zivilprozessordnung, 33. Aufl. 2020, Vorb. § 284 Rn. 29a; allgemein zum Anscheinsbeweis *Pawlowski*, Der Prima-facie-Beweis bei Schadensersatzansprüchen aus Delikt und Vertrag, 1966; *Rommé*, Der Anscheinsbeweis im Gefüge von Beweiswürdigung, Beweismaß und Beweislast, 1989.

[212] BGH, Urt. v. 16. Dezember 1959 – IV ZR 206/59, NJW 1960, 818, 819; BGH, Urt. v. 05. Oktober 2004 – XI ZR 210/03, NJW 2004, 3623 f.; *Greger*, in: Zöller (Hrsg.), Zivilprozessordnung, 33. Aufl. 2020, Vorb. § 284 Rn. 29; *Laumen*, in: Baumgärtel/Laumen/Prütting (Hrsg.), Handbuch der Beweislast, Bd. 1, 4. Aufl. 2019, Kap. 17 Rn 9.

[213] BGH, Urt. v. 16. Dezember 1959 – IV ZR 206/59, NJW 1960, 818, 819; so auch *Greger*, in: Zöller (Hrsg.), Zivilprozessordnung, 33. Aufl. 2020, Vorb. § 284 Rn. 31; a.A. *Laumen*, in: Baumgärtel/Laumen/Prütting (Hrsg.), Handbuch der Beweislast, Bd. 1, 4. Aufl. 2019, Kap. 17 Rn. 57 ff.

da der Anschein erst dann besteht, wenn nach der allgemeinen Lebenserfahrung regelmäßig auf eine bestimmte Ursache zu schließen ist. Eine individuelle Willensentschließung steht einem Rückschluss aufgrund allgemeiner Lebenserfahrung indes entgegen.[214] Gerade im hier untersuchten Fall, wird man daher keine allgemeinen Erfahrungssätze heranziehen können, da sich dem Unternehmen grundsätzlich ein Handlungsspielraum eröffnet, dessen Ausnutzung rechtlich zulässig ist.

Diese Erleichterungen, welche zum Nachweis des Verschuldens bereits bestehen, können für die untersuchten Fälle, wie bereits oben dargelegt, nicht direkt eingreifen. Allerdings liegt ihnen – wie auch dem Institut der sekundären Darlegungslast – der Rechtsgedanke zugrunde, dass es der darlegungs- und beweisbelasteten Partei in gewissen Situationen nicht möglich sein wird, die erforderlichen Nachweise zu erbringen, sodass, wie dargelegt, aus äußeren Umständen auf die relevante Tatsache geschlossen wird.

Dieser Grundgedanke kann auch für die hier untersuchten Fälle fruchtbar gemacht werden. Der in der Regel zu führende Indizienbeweis über die Missbräuchlichkeit des unternehmerischen Verhaltens erweist sich, wie anhand der oben genannten Beispiele gezeigt, als oftmals unüberwindbare Beweishürde. Die vertraglich vereinbarte Abhängigkeit der „wirtschaftlich-virtuellen" Gesellschafter von unternehmensinternen Entscheidungen und Maßnahmen, ergibt aber einen erhöhten Schutzbedarf. Diese Abhängigkeit sollte daher in Kombination mit einer noch zu bestimmenden Ausübungsvariante des zugestandenen Handlungsspielraums, welcher nach seiner Art und Weise, dem Umfang oder der Gesamtschau ein deutliches Anzeichen für die Missbräuchlichkeit indiziert, im Rahmen des Indizienbeweises eine Erleichterung zugunsten der „wirtschaftlich-virtuellen" Gesellschafter bedingen.

5.2.4.1.3 Rechtsgedanke der Interessenabwägung in bestimmten gesellschaftsrechtlichen Konstellationen

Auch gewisse Gesellschafter, die wegen ihrer Position im Mehrheitsgefüge der Gesellschaft oder aufgrund der vertraglichen Gestaltung ihrer Mitgliedschaft in einer den „wirtschaftlich-virtuellen" Gesellschafter zumindest unter dem hier untersuchten Gesichtspunkt vergleichbaren Lage sind, erhalten in gewissen Konstellationen einen Schutz gegenüber Maßnahmen der Gesellschaft. Nachfolgend wird zunächst die Vergleichbarkeit dieser Gesellschafter mit den „wirtschaftlich-virtuellen" Gesellschaftern dargestellt, um anschließend die Frage zu klären, ob die dort vorgenommene Interessenabwägung im Rahmen spezieller Maßnahmen

[214] So bereits BGH, Urt. v. 16. Dezember 1959 – IV ZR 206/59, NJW 1960, 818, 819.

und deren prozessuale Durchsetzung auch für die in dieser Arbeit untersuchte Gläubigergruppe herangezogen werden kann. Wäre dies der Fall, so würde sich das Netz aus Argumenten, die für die Veränderung der Darlegungslast sprechen, noch weiter verdichten.

5.2.4.1.3.1 Vergleichbarkeit des wirtschaftlichen Risikos

5.2.4.1.3.1.1 Minderheitsgesellschafter

Betrachtet man die Stellung eines Minderheitsgesellschafters, so ergibt sich eine starke Parallele zu gewissen Formen „wirtschaftlich-virtueller" Gesellschafter.

Vermögensrechtlich steht dem Minderheitsgesellschafter – wie jedem Gesellschafter – eine jährliche ergebnisabhängige Auszahlung zu. Außerdem ist er am Liquidationserlös beteiligt.[215] Im Gesellschaftsgefüge hat der Minderheitsgesellschafter infolge der mehrheitlich zu fassenden Gesellschafterbeschlüsse[216] indes eine verhältnismäßig schwache Position.

Den „wirtschaftlich-virtuellen" Gesellschaftern steht aufgrund ihrer fehlenden Kontroll- und Mitspracherechte eine ähnliche Position zu. Im Gegensatz zum Minderheitsgesellschafter steht diesem jedoch weder das Recht zur Beschlussanfechtung noch das formale Stimmrecht[217] zu, weshalb sich die Stellung als „wirtschaftlich-virtueller" Gesellschafter insoweit als noch risikobehafteter darstellt.

Durch die Teilhabe des Minderheitsgesellschafters am Liquidationserlös ist er Thesaurierungen nur insoweit ausgesetzt ist, wie er die Beteiligung nicht bis zur Liquidation beibehält. Der „wirtschaftlich-virtuelle" Gesellschafter ist aufgrund der vertraglich vereinbarten Laufzeit seines Engagements diesem Moment in viel stärkerem Maße ausgesetzt.[218]

„Wirtschaftlich-virtuelle" Gesellschafter, die keinerlei Verlustbeteiligung vereinbart haben, unterscheiden sich zudem auch in diesem Punkt von Minderheitsgesellschaftern. Die Vergleichbarkeit beschränkt sich dann in diesem Fall allein auf das Vergütungsinteresse, was sich lediglich als ein gradueller Unterschied ohne Auswirkungen auf den Schutzbedarf darstellt.

---

215 Vgl. zu der vermögensrechtlichen Position von Gesellschaftern im Einzelnen unter Abschnitt 2.1.2.4.

216 § 47 Abs. 1 GmbHG; § 133 Abs. 1 AktG; in Personengesellschaften gilt zwar von Gesetzes wegen das Einstimmigkeitsprinzip, § 119 Abs. 1, 161 Abs. 2 HGB, allerdings kann hiervon gesellschaftsvertraglich abgewichen werden § 119 Abs. 2, 161 Abs. 2 HGB.

217 Vgl. dazu unter Abschnitt 2.1.2.5.

218 Zum Unterschied in puncto Liquidationserlös *Frantzen*, Genußscheine, 1993, S. 216.

Das faktisch bestehende Machtverhältnis von Minderheitsgesellschaftern und „wirtschaftlich-virtuellen“ Gesellschafter zur Gesellschaft ist daher zumindest als ähnlich zu bewerten.[219]

5.2.4.1.3.1.2 Der Vorzugsaktionär

Grundsätzlich gilt im Aktienrecht die formelle Satzungsstrenge gem. § 23 Abs. 5 AktG. Daraus ergibt sich, dass die Verwaltungsrechte eines Aktionärs nicht uneingeschränkt abänderbar sind. Eine Ausnahme besteht lediglich bei der Vorzugsaktie ohne Stimmrecht gem. §§ 139 ff. AktG. Danach wird der Vorzugsaktionär grundsätzlich von seinem Stimmrecht ausgeschlossen, wobei ihm eine Kompensation in Form eines Vorzugsrechts bei der Verteilung des Bilanzgewinns eingeräumt wird. Der Vorzug ist dabei Voraussetzung für den Stimmrechtsverzicht; nicht aber umgekehrt.[220]

5.2.4.1.3.1.2.1 Vergleichbarkeit „wirtschaftlich-virtueller“ Gesellschafter mit Vorzugsaktionären

Hauptziel des § 139 AktG ist es, die Voraussetzungen des Stimmrechtsausschlusses festzulegen (Abs. 1) und die Anzahl der stimmrechtslosen Aktien zu regulieren (Abs. 2), um die Stimmrechtsmacht nicht bei wenigen einzelnen Stammaktionären zu bündeln.[221] Gem. § 140 Abs. 2 S. 1 AktG ist das Stimmrecht ausgeschlossen, sofern in den zwei vorangegangenen Jahren genug Gewinn erwirtschaftet wurde, um den Vorzug aus diesen beiden Jahren vollständig zu begleichen. Besteht keine Nachzahlungspflicht, so regelt § 140 Abs. 2 S. 2 AktG, dass das Stimmrecht so lange auflebt, bis der Vorzug wieder vollständig ausgezahlt wird. Ausgeschlossen ist gem. § 140 Abs. 1 AktG nur das Stimmrecht, nicht dagegen andere Rechte aus der Mitgliedschaft, wie z. B. Informations-, Teilnahme- und insbesondere Anfechtungsrechte.[222]

---

[219] Zu den Genussrechten so *Frantzen*, Genußscheine, 1993, S. 240 f., der noch weitergehend sogar gleiche Treuepflichten annimmt.

[220] OLG Düsseldorf, Urt. v. 14. Januar 2005 – 16 U 59/04, NZG 2005, 347, 351; *Arnold*, in: Goette/Habersack/Kalss (Hrsg.), Münchener Kommentar zum Aktiengesetz, Bd. 3, 4. Aufl. 2018, § 139 Rn. 4; allgemein zu Vorzugsaktionären *Daske*, Vorzugsaktien in Deutschland, 2019.

[221] *Liebscher*, in: Henssler/Strohn (Hrsg.), Gesellschaftsrecht, 5. Aufl. 2021, § 139 AktG Rn. 1.

[222] *Koch*, in: Hüffer/Koch (Hrsg.), Aktiengesetz, 15. Aufl. 2021, § 140 Rn. 2 f.; *Liebscher*, in: Henssler/Strohn (Hrsg.), Gesellschaftsrecht, 5. Aufl. 2021, § 140 AktG Rn. 2.

Für den Vorzug bei Gewinnverteilung eröffnet das Gesetz in § 139 Abs. 1 S. 2 AktG zwei Möglichkeiten: die Vorab- oder die Mehrdividende. Vor der Aktienrechtsnovelle 2016 wurde unter Vorzug allein die Vorabdividende verstanden. Dabei erfolgt die Beteiligung des Vorzugsaktionärs am Gewinn zeitlich vor den Stammaktionären.[223] Gegebenenfalls können den Vorzugsaktien ohne Stimmrecht solche mit Stimmrecht bei der Gewinnverteilung vorgehen, sofern die stimmrechtslosen Vorzugsaktionäre hierzu ihre Zustimmung gegeben haben (§ 141 Abs. 2 AktG). Die Höhe der Vorabdividende muss objektiv bestimmbar sein. Möglich sind ein fester Prozentsatz vom Nennbetrag oder Grundkapital, ein fixer Geldbetrag oder eine Ermittlung in Anlehnung an den Basiszinssatzes (§ 247 BGB). Die Abhängigkeit des Vorzugs vom Bilanzgewinn oder der den Stammaktionären zustehenden Dividende ist hingegen unzulässig, da anderenfalls in Jahren ohne Gewinn, kein Vorzug auszuzahlen wäre und mithin keine Nachzahlungspflicht bestünde.[224] Sieht die Satzung nichts Abweichendes vor, so ist die Vorabdividende gem. § 139 Abs. 1 S. 3 AktG nachzuzahlen. Hat der Vorzugsaktionär einen Anspruch auf Nachzahlung, so kann er von der Gesellschaft die Nachzahlung seiner Dividenden, die wegen ausbleibenden Bilanzgewinns in den Vorjahren nicht (vollständig) beglichen werden konnten, verlangen – und dies vorrangig zur Dividendenzahlung an die Stammaktionäre.[225]

Mit Einführung des § 139 Abs. 1 S. 2 AktG kann der Vorzug auch als Mehrdividende bestehen[226], sodass der Vorzugsaktionär einen höheren Dividendenanspruch erhält als der Stammaktionär.[227] Für Mehrdividenden besteht – vorbehaltlich anderer Satzungsregelungen – keine Nachzahlungspflicht, da der nachzuzahlende Betrag grundsätzlich nicht ermittelbar ist.[228] So kann nun auch die Vereinbarung einer Abhängigkeit vom Bilanzgewinn oder der den Stammaktionären zu zahlenden Dividende gewählt werden, was zuvor aufgrund der

---

[223] *Bormann*, in: Spindler/Stilz (Hrsg.), Kommentar zum Aktiengesetz, 4. Aufl. 2019, § 139 Rn. 9.

[224] *Ders.*, in: Spindler/Stilz (Hrsg.), Kommentar zum Aktiengesetz, 4. Aufl. 2019, § 139 Rn. 11 f.; *Liebscher*, in: Henssler/Strohn (Hrsg.), Gesellschaftsrecht, 5. Aufl. 2021, § 139 AktG Rn. 4; a.A. *Hirschmann*, in: Hölters (Hrsg.), Aktiengesetz, 3. Aufl. 2017, § 139 Rn. 9 f.

[225] *Paschos/Goslar*, NJW 2016, 359, 361.

[226] *Koch*, in: Hüffer/Koch (Hrsg.), Aktiengesetz, 15. Aufl. 2021, § 139 Rn. 6 ff.; zu den Änderungen in der Aktienrechtsnovelle vgl. als Überblick *Paschos/Goslar*, NJW 2016, 359 ff.

[227] *Liebscher*, in: Henssler/Strohn (Hrsg.), Gesellschaftsrecht, 5. Aufl. 2021, § 139 AktG Rn. 5.

[228] *Arnold*, in: Goette/Habersack/Kalss (Hrsg.), Münchener Kommentar zum Aktiengesetz, Bd. 3, 4. Aufl. 2018, § 139 Rn. 16; *Paschos/Goslar*, NJW 2016, 359, 361.

erforderlichen objektiven Bestimmbarkeit des Vorzugs, der bei Ausbleiben eines Bilanzgewinns oder einer Dividende nicht gegeben wäre, unmöglich war.[229]

Allein der Vorzugsaktionär mit einer Mehrdividende trägt ein ähnliches wirtschaftliches Risiko wie der „wirtschaftlich-virtuelle" Gesellschafter,[230] wobei aber auch in diesem Zusammenhang die Thesaurierung Letzteren deutlich stärker trifft, da häufig keine Beteiligung am Liquidationserlös besteht.

5.2.4.1.3.1.2.2 Zulässigkeit aktiengleicher und -ähnlicher Genussrechte und erhöhtes Gefährdungspotential

In Bezug auf Genussrechte ergibt sich im Zusammenhang mit den Regelungen zur Vorzugsaktie eine besondere Problematik: Es stellt sich im Aktienrecht die Frage, ob eine Ausgestaltung derart zulässig ist, dass Genussrechte vermögensrechtlich einer Aktie gleichgestellt werden, oder ob aufgrund der Vergleichbarkeit nur solche Rechte, die den Restriktionen der §§ 139 ff. AktG entsprechen, zulässig sind.

Hierzu werden im Grunde drei Ansichten vertreten. Während teilweise unter Hinweis auf die Vertragsfreiheit eine grundsätzliche Zulässigkeit sowohl aktiengleicher als auch aktienähnlicher Genussrechte angenommen wird[231], geht die strikte Gegenansicht von einer Art numerus clausus der Kapitalbeschaffungsmaßnahmen im Aktienrecht aus, nach dem beide Ausgestaltungen mit Ausnahme für Mitarbeiterbeteiligungen nicht zulässig sind[232]. Eine vermittelnde Ansicht begreift nur aktiengleiche, jedoch nicht aktienähnliche Genussrechte als unzulässig.[233]

---

[229] *Bormann*, in: Spindler/Stilz (Hrsg.), Kommentar zum Aktiengesetz, 4. Aufl. 2019, § 139 Rn. 13a; *Hirschmann*, in: Hölters (Hrsg.), Aktiengesetz, 3. Aufl. 2017, § 139 Rn. 9.

[230] Vgl. zur hybriden Stellung und Anlegernähe des Aktionärs gar *Mülbert*, Aktiengesellschaft, Unternehmensgruppe und Kapitalmarkt, 2. Aufl. 1996, S. 518.

[231] *Claussen*, AG 1985, 77, 78; *Frantzen*, Genußscheine, 1993, S. 179 ff.; vgl. *Fuchs*, Kapitalbeteiligung ohne Mitgliedschaft, 1997, S. 245; *Heeren*, Kapitalgeberschutz und hybride Finanzierungsinstrumente, 2008, S. 73 ff.; *Koch*, in: Hüffer/Koch (Hrsg.), Aktiengesetz, 15. Aufl. 2021, § 221 Rn. 34; *Schott*, Genußscheine, 1995, S. 55 ff.; *Sethe*, AG 1993, 293, 300 ff.; eine Zulässigkeit unter bestimmten Schutzvorkehrungen in Betracht ziehend *Vollmer*, ZGR 1983, 445, 459 ff.; aufgrund der besseren Stellung gegenüber den Vorzugsaktionären durch die Qualifikation als stille Gesellschaft im „Innenverhältnis" und die damit einhergehenden mitgliedschaftlichen Kontrollrechte das Problem im Kern bereits ablehnend *Schön*, JZ 1993, 925, 931.

[232] *Hirte*, in: Hopt/Wiedemann (Hrsg.), Aktiengesetz, Bd. 7.1, 4. Aufl. 2012, § 221 Rn. 360 ff., 372; *Hirte*, ZIP 1988, 477, 478 ff.

[233] *Alvensleben*, in: Häger/Elkemann-Reusch/Alvensleben (Hrsg.), Mezzanine Finanzierungsinstrumente, 2. Aufl. 2007, Rn. 631; *Habersack*, ZHR 1991, 378, 386; *ders.*, in: Goette/

Die erste sich stellende Frage ist daher, ob die §§ 139 ff. AktG eine Sperrwirkung für aktienähnliche und aktiengleiche Genussrechte entfalten. Zur Begründung dieser Ansicht wird auf die Entstehungsgeschichte, die Zweite Kapitalschutz Richtlinie der EG und das systematische Argument hingewiesen, dass das Aktienrecht mit der Vorzugsaktie, der Vinkulierungsmöglichkeit und der satzungsmäßigen Änderung von Mehrheitserfordernissen ausreichend Alternativen zur externen Kapitalbeschaffung ohne maßgebliche Kontrollbefugnisse geschaffen hat.[234] Ein numerus clausus der Kapitalbeschaffungsmaßnahmen wird indes häufig als Idee des „übertriebenen institutionellen Rechtsdenkens“[235] bezeichnet. Zutreffend wird darauf hingewiesen, dass es nicht nur der grundlegenden Vertragsfreiheit, sondern auch dem Bedarf des Kapitalmarkts nach größtmöglicher Flexibilität widerspricht. Genau aus diesem Grund hat der Gesetzgeber auf die genauere Ausgestaltung der Genussrechte verzichtet[236], während er in anderen Bereichen, wie der stillen Gesellschaft, bereits die Problematik rund um gesellschaftsexterne Kapitalgeber, bei dem ggf. keinerlei Kontrollbefugnisse vorgesehen werden, geregelt hat. Auch § 39 Abs. 2 InsO mit der Normierung der Nachrangigkeit, § 53c VAG a.F. sowie die Rechtsprechung zum Finanzplankredit zeigen die Offenheit des Gesetzgebers gegenüber aktienähnlichen Genussrechten.[237] Auch das auf § 23 Abs. 5 AktG gestützte Argument greift nicht durch,

Habersack/Kalss (Hrsg.), Münchener Kommentar zum Aktiengesetz, Bd. 4, 5. Aufl. 2021, § 221 Rn. 127 f.; *Luttermann*, Unternehmen, Kapital und Genußrechte, 1998, S. 133; *Merkt*, in: Schmidt/Lutter (Hrsg.), Aktiengesetz, 4. Aufl. 2020, § 221 Rn. 93 f.; *Reuter*, AG 1985, 104, 105; *Rid-Niebler*, Genußrechte als Instrument zur Eigenkapitalbeschaffung über den organisierten Kapitalmarkt für die GmbH, 1989, S. 70 ff.; *Schäfer*, WM 1991, 1941, 1943; zumindest andeutend *Vollmer/Lorch*, ZBB 1992, 44, 45; sich nur zu aktienähnlichen Genussrechten äußernd BGH, Urt. v. 9. November 1992 – II ZR 230/91, NJW 1993, 400, 401; OLG Bremen, Urt. v. 22. August 1991 – 2 U 114/90, AG 1992, 268; *Hammen*, DB 1988, 2549, 2550, 2554.

234 *Hirte*, in: Hopt/Wiedemann (Hrsg.), Aktiengesetz, Bd. 7.1, 4. Aufl. 2012, § 221 Rn. 362 ff.; *ders.*, ZIP 1988, 477, 478 ff.; kritisch unter Verweis auf den nicht abschließenden Charakter der Kapitalschutzrichtlinie *Karollus*, in: Geßler/Hefermehl/Eckardt u. a. (Hrsg.), Aktiengesetz, Bd.4, 1994, § 221 Rn. 334.

235 *Koch*, in: Hüffer/Koch (Hrsg.), Aktiengesetz, 15. Aufl. 2021, § 221 Rn. 34; *Alvensleben*, in: Häger/Elkemann-Reusch/Alvensleben (Hrsg.), Mezzanine Finanzierungsinstrumente, 2. Aufl. 2007, Rn. 631.

236 *Hammen*, DB 1988, 2549, 2553; *Koch*, in: Hüffer/Koch (Hrsg.), Aktiengesetz, 15. Aufl. 2021, § 221 Rn. 34.

237 *Feddersen/Knauth*, Eigenkapitalbildung durch Genußscheine, 2. Aufl. 1992, S. 22; *Gehling*, WM 1992, 1093, 1099; *Habersack*, in: Goette/Habersack/Kalss (Hrsg.), Münchener Kommentar zum Aktiengesetz, Bd. 4, 5. Aufl. 2021, § 221 Rn. 127; *Merkt*, in: Schmidt/Lutter (Hrsg.), Aktiengesetz, Bd. 2, 4. Aufl. 2020, § 221 Rn. 93; zur Entkräftung des Arguments, es

da hiervon keine schuldrechtlichen, sondern ausschließlich organschaftliche Akte erfasst werden.[238]

Gleichermaßen hat der BGH bereits im Klöckner Fall entschieden, dass zumindest sofern das Genussrecht nach 20 Jahren kündbar und vorrangig gegenüber den Aktionären im Liquidationsfall ausgestaltet ist, keine Sperrwirkung der §§ 139 ff. AktG vorliegt.[239]

Es bleibt daher nach der hier vertretenen Auffassung für eine Sperrwirkung der §§ 139 ff. AktG und auch eine analoge Anwendung des § 139 Abs. 2 AktG kein Raum.

Damit stellt sich des Weiteren die Frage, ob auch aktiengleiche Genussrechte zulässig sind. Bei einer solchen Konstruktion kann aber der Umstand, dass diese vermögensrechtlich der Vorzugsaktie gleichen, ohne dass den Genussinhabern aber gleiche Informations-, Auskunfts- und Mitwirkungs- bzw. Kontrollrechte eingeräumt werden, nicht außer Acht gelassen werden. Hier trägt das Argument des Anlegerschutzes durch §§ 139 ff. AktG wiederum doch.[240] Anderenfalls wären diese Vorschriften gegenstandslos. Die Inhaltskontrolle bietet zwar einen gewissen Schutz[241], gibt aber keinen Grund für das daraus resultierende Leerlaufen der Regelungen aus §§ 139 ff. AktG. Es würde sich anderenfalls um eine „verdeckte stimmrechtslose Vorzugsaktie"[242] handeln. Auch das Argument, es handele sich gerade um schuldrechtliche Institute, während die §§ 139 ff.

---

handele sich bei der Zulässigkeit von aktiengleichen Genussrechten nur um ein bankenrechtliches Phänomen, führt *Hammen* schließlich § 53c VAG a.F. an *Hammen*, DB 1988, 2549, 2551 f.; vgl. zur Einlageähnlichkeit von Finanzplankrediten BGH, Urt. v. 28. Juni 1999 – II ZR 272/98, NJW 1999, 2809, 2810 f.; so auch zur Rechtslage 1991 OLG Bremen, Urt. v. 22. August 1991 – 2 U 114/90, AG 1992, 268.

238 *Koch*, in: Hüffer/Koch (Hrsg.), Aktiengesetz, 15. Aufl. 2021, § 221 Rn. 34; *Merkt*, in: Schmidt/Lutter (Hrsg.), Aktiengesetz, Bd. 2, 4. Aufl. 2020, § 221 Rn. 89; *Schneider*, in: Havermann (Hrsg.), Bilanz- und Konzernrecht, 1987, S. 511, 513.

239 BGH, Urt. v. 5. Oktober 1992 – II ZR 172/91, NJW 1993, 57, 58.

240 *Alvensleben*, in: Häger/Elkemann-Reusch/Alvensleben (Hrsg.), Mezzanine Finanzierungsinstrumente, 2. Aufl. 2007, Rn. 631; *Rid-Niebler*, Genußrechte als Instrument zur Eigenkapitalbeschaffung über den organisierten Kapitalmarkt für die GmbH, 1989, S. 70 ff.; die § 139 ff. AktG zwar als nicht zielführend erachtend, dafür aber eine Kontrolle anhand des gesetzlichen Leitbildes der stillen Gesellschaft heranziehend *Karollus*, in: Geßler/Hefermehl/Eckardt u. a. (Hrsg.), Aktiengesetz, Bd. 4, 1994, § 221 Rn. 335.

241 So auch *Koch*, in: Hüffer/Koch (Hrsg.), Aktiengesetz, 15. Aufl. 2021, § 221 Rn. 34.

242 *Alvensleben*, in: Häger/Elkemann-Reusch/Alvensleben (Hrsg.), Mezzanine Finanzierungsinstrumente, 2. Aufl. 2007, Rn. 631.

AktG allein für eine Mitgliedschaft geschaffen worden sind[243], verkennt dass der Gesetzgeber mit diesen Regelungen eine Verknüpfung von Eigenkapital und Mitverwaltungs- und Kontrollrechten bezweckt hat und dem aktiengleichen Genussrecht eine solche Einflussnahme verwehrt bleibt.[244]

Zuletzt ist mithin mit der vermittelnden Ansicht nur noch zu differenzieren, wo der Unterschied zwischen aktienähnlichen und aktiengleichen Rechten besteht und damit die Grenze zwischen Zulässigkeit und Unzulässigkeit. Entscheidend ist der Grad der Annäherung der Genussrechte an die vermögensrechtliche Position des Aktionärs. Konkret bedeutet dies: Aktiengleich ist ein Genussrecht jedenfalls dann, wenn das Genussrechtsverhältnis unkündbar ist, die Beteiligung am Unternehmenserfolg rein gewinnorientiert ist und eine Beteiligung am Liquidationserlös besteht.[245] Darüber hinaus divergieren die Ansichten sehr.[246] Unter aktienähnlichen Genussrechten werden aber weitestgehend solche verstanden, die z. B. eine von der Rücklagenbildung unabhängige Gewinnbeteiligung, eine gewinnabhängige Mindestverzinsung, eine vorrangige Berücksichtigung der Genussrechtsinhaber vor Aktionären in der Liquidation, eine vorzeitige Kündigungsmöglichkeit durch den Genussrechtsinhaber oder eine Kapitalbefristung, also einen Rückzahlungsanspruch, vorsehen. Ihnen ist gemein, dass sie eine Besserstellung des Genussrechtsinhabers gegenüber dem Vorzugsaktionär bedeuten.[247]

Eine solche Beschränkung wird im Rahmen anderer Gesellschaftsformen nur wenig diskutiert. Argumentiert wird zwar damit, dass aktiengleiche Genussrechte erst recht bei anderen Gesellschaftsformen zum Zwecke des Anlegerschutzes unzulässig sein müssen.[248] Allerdings wird man hiergegen einwenden können,

[243] *Karollus*, in: Geßler/Hefermehl/Eckardt u. a. (Hrsg.), Aktiengesetz, Bd. 4, Bd. 4, 1994, § 221 Rn. 333; *Schön*, JZ 1993, 925, 931; *Schott*, Genußscheine, 1995, S. 56 f.

[244] *Schäfer*, WM 1991, 1941 ff.

[245] *Habersack*, in: Goette/Habersack/Kalss (Hrsg.), Münchener Kommentar zum Aktiengesetz, Bd. 4, 5. Aufl. 2021, § 221 Rn. 128; *Merkt*, in: Schmidt/Lutter (Hrsg.), Aktiengesetz, Bd. 2, 4. Aufl. 2020, § 221 Rn. 94; *Schäfer*, WM 1991, 1941, 1943; so auch herauszulesen aus OLG Bremen, Urt. v. 22. August 1991 – 2 U 114/90, AG 1992, 268.

[246] Zur Übersicht der divergierenden Ansichten vgl. *Karollus*, in: Geßler/Hefermehl/Eckardt u. a. (Hrsg.), Aktiengesetz, Bd. 4, Bd. 4, 1994, § 221 Rn. 328 ff.

[247] BGH, Urt. v. 5. Oktober 1992 – II ZR 172/91, NJW 1993, 57, 58; *Habersack*, ZHR 1991, 378, 386 f.; *Ders.*, in: Goette/Habersack/Kalss (Hrsg.), Münchener Kommentar zum Aktiengesetz, Bd. 4, 5. Aufl. 2021, § 221 Rn. 128; *Merkt*, in: Schmidt/Lutter (Hrsg.), Aktiengesetz, Bd. 2, 4. Aufl. 2020, § 221 Rn. 88.

[248] *Reuter*, AG 1985, 104, 105 f.

dass eine Kollision mit stimmrechtlosen Vorzugsanteilen mangels Normierung ebensolcher für andere Gesellschaftsformen gerade nicht besteht.[249]

5.2.4.1.3.2 Schutz von Minderheitsgesellschaftern und Vorzugsaktionären vor der Thesaurierung

Für Genussrechtsinhaber und Inhaber von Gewinnschuldverschreibungen besteht insoweit bereits ein Schutz, als Beschlüsse der Gesellschaft, welche nach § 254 Abs. 1 AktG durch die Aktionäre anfechtbar sind, im Falle einer Übermaßthesaurierung auch ihnen gegenüber unbillig sind.[250] Nach § 254 Abs. 1 AktG ist die Anfechtung möglich, wenn die Einstellung in Gewinnrücklagen oder der Gewinnvortrag bei vernünftiger kaufmännischer Beurteilung nicht notwendig ist, um die Lebens- und Widerstandsfähigkeit der Gesellschaft für einen hinsichtlich der wirtschaftlichen und finanziellen Notwendigkeiten übersehbaren Zeitraum zu erhalten. Zur Beurteilung der Notwendigkeit kommt es auf eine Abwägung zwischen dem Renditeinteresse der Gesellschafter und dem Substanzerhaltungsinteresse der Gesellschaft an.[251] Die Beweis- und Darlegungslast für die Notwendigkeit trägt die Gesellschaft.[252] § 254 AktG bezweckt so das Aushungern von Minderheitsaktionären zu vermeiden.[253] Auch in Bezug auf Genussrechtsinhaber wird bereits vertreten, dass bei einem abhängigen aber

[249] *Hirte*, in: Hopt/Wiedemann (Hrsg.), Aktiengesetz, Bd. 7.1, 4. Aufl. 2012, § 221 Rn. 338 f.; *Schummer*, GesRZ 1991, 198, 206; *Sethe*, AG 1993, 293, 308; *Vollmer*, ZGR 1983, 445, 452 ff.

[250] Vgl. dazu bereits Abschnitt 4.2.2.2.1.

[251] Vgl. *Heidel*, in: ders. (Hrsg.), Aktienrecht und Kapitalmarktrecht, 5. Aufl. 2020, § 254 AktG Rn. 7; *Koch*, in: Goette/Habersack/Kalss (Hrsg.), Münchener Kommentar zum Aktiengesetz, Bd. 4, 5. Aufl. 2021, § 254 Rn. 15; vgl. *Koch*, in: Hüffer/Koch (Hrsg.), Aktiengesetz, 14. Aufl. 2020, § 254 Rn. 1; in Personengesellschaften wird allgemein die Nichtigkeit und Anfechtbarkeit von Gesellschafterbeschlüssen diskutiert, dazu S. 56 f. des Regierungsentwurfs zum Personengesellschaftsrecht, abrufbar unter: https://www.bmjv.de/SharedDocs/Gesetzgebungsverfahren/Dokumente/RefE_Personengesellschaftsrecht.pdf?__blob=publicationFile&v=1 (zuletzt abgerufen am: 3. März 2021).

[252] *Drescher*, in: Henssler/Strohn (Hrsg.), Gesellschaftsrecht, 5. Aufl. 2021, § 254 AktG Rn. 5; *Heidel*, in: ders. (Hrsg.), Aktienrecht und Kapitalmarktrecht, 5. Aufl. 2020, § 254 AktG Rn. 7; *Koch*, in: Goette/Habersack/Kalss (Hrsg.), Münchener Kommentar zum Aktiengesetz, Bd. 4, 5. Aufl. 2021, § 254 Rn. 14; *Stilz*, in: Spindler/Stilz (Hrsg.), Kommentar zum Aktiengesetz, 4. Aufl. 2019, § 254 Rn. 10, 19; *Waclawik*, in: Hölters (Hrsg.), Aktiengesetz, 3. Aufl. 2017, § 254 Rn. 6.

[253] *Kropff*, Aktiengesetz vom 6.9.1965 (Bundesgesetzbl. I S. 1089), 1965, S. 340; *Heidel*, in: ders. (Hrsg.), Aktienrecht und Kapitalmarktrecht, 5. Aufl. 2020, § 254 AktG Rn. 1; *Koch*, in: Hüffer/Koch (Hrsg.), Aktiengesetz, 15. Aufl. 2021, § 254 Rn. 1; *Waclawik*, in: Hölters (Hrsg.), Aktiengesetz, 3. Aufl. 2017, § 254 Rn. 6.

fest gewährten Vergütungsanspruch im Einzelfall eine unangemessen hohe Thesaurierung ohne betriebliche Rechtfertigung, für welche die Gesellschaft die Darlegungs- und Beweislast träfe, unzulässig sei.[254]

Im Recht der GmbH besteht gleichermaßen ein Minderheitenschutz in Bezug auf die Thesaurierungsentscheidungen der Gesellschaft. Eine wie im Aktiengesetz bestehende Regelung existiert hingegen nicht. Minderheitsgesellschafter sind auf die allgemeinen Regelungen verwiesen.[255] Aus der zwischen der Gesellschaft und den Gesellschaftern bestehenden Treuepflicht ergibt sich, dass die Ergebnisverwendung nicht beliebig erfolgen kann, sondern dass ihr eine Abwägung zwischen den Ausschüttungsinteressen der Gesellschafter und dem gesellschaftlichen Bedürfnis zur Selbstfinanzierung und Zukunftssicherung vorauszugehen hat.[256] Die Darlegungs- und Beweislast für den Grund der Thesaurierung trägt die Gesellschaft, damit der Gesellschafter wiederum darlegen kann, dass kein schutzwürdiges Interesse besteht.[257]

---

[254] *Lutter*, in: Zöllner (Hrsg.), Kölner Kommentar zum Aktiengesetz, Bd. 5.1, 2. Aufl. 1995, § 221 Rn. 361; allgemein zur Anwendung des § 254 AktG auf Genussrechtsinhaber auch *Frantzen*, Genußscheine, 1993, S. 214 ff.; ebenso unter Kapitel 4 Fn. 165; a.A. *Schneider*, in: Havermann (Hrsg.), Festschrift für Reinhard Goerdeler, 1987, S. 511, 518.

[255] *Kersting*, in: Baumbach/Hueck (Hrsg.), Gesetz betreffend die Gesellschaften mit beschränkter Haftung, 22. Aufl. 2019, § 29 Rn. 29; zum gleichen Schutz in GmbH wie Personengesellschaft *Hofmann*, Der Minderheitsschutz im gesellschaftsrecht, 2011, S. 160.

[256] BGH, Urt. v. 29. März 1996 – II ZR 263/94, NJW 1996, 1678, 1681; vgl. OLG Stuttgart, Urt. v. 13. Juni 2007 – 14 U 19/06, DB 2007, 2587, 2590 f.; OLG Brandenburg, Urt. v. 31. März 2009 – 6 U 4/08, ZIP 2009, 1955 1958 n.rkr.; *Kersting*, in: Baumbach/Hueck (Hrsg.), Gesetz betreffend die Gesellschaften mit beschränkter Haftung, 22. Aufl. 2019, § 29 Rn. 30, 32; *Oppenländer*, in: ders./Trölitzsch (Hrsg.), Praxishandbuch der GmbH-Geschäftsführung, 3. Aufl. 2020, § 9 Rn. 52; zusätzlich zum Umstand, dass diese Abwägung auch im Personengesellschaftsrecht Geltung beansprucht BGH, Urt. v. 29. März 1996 – II ZR 263/94, NJW 1996, 1678, 1681 m.w.N.; für die KG OLG Nürnberg, Urt. v. 30. Januar 2013 – 12 U 726/11, Rn. 257; aufgrund des schwierigen Nachweises eines Missverhältnisses werden Versuche unternommen, eine Definition unterhalb der Schwelle der Treuwidrigkeit zu finden, einen Überblick gebend *Altmeppen*, Gesetz betreffend die Gesellschaften mit beschränkter Haftung, 10. Aufl. 2021, § 29 Rn. 31.

[257] OLG Brandenburg, Urt. vom 31. März 2009 – 6 U 4/08, ZIP 2009, 1955, 1958 n.rkr.; *Ekkenga*, in: Fleischer/Goette (Hrsg.), Münchener Kommentar zum Gesetz betreffend die Gesellschaften mit beschränkter Haftung – GmbHG, Bd. 1, 3. Aufl. 2018, § 29 Rn. 173; *Verse*, in: Scholz (Hrsg.), Kommentar zum GmbH-Gesetz, Bd. 1, 12. Aufl. 2018, § 29 Rn. 60; a.A. *Mock*, in: Michalski/Heidinger/Leible u. a. (Hrsg.), Kommentar zum Gesetz betreffend die Gesellschaften mit beschränkter Haftung, Bd. 1, 3. Aufl. 2017, § 29 Rn. 195; ähnliches andeutend *Kersting*, in: Baumbach/Hueck (Hrsg.), Gesetz betreffend die Gesellschaften mit beschränkter Haftung, 22. Aufl. 2019, § 29 Rn. 34.

5.2.4.1.3.3 Übertragbarkeit des Rechtsgedankens auf die Darlegungslast der „wirtschaftlich-virtuellen" Gesellschafter

Sowohl in der GmbH als auch in der AG ist demnach die Abwägung der Interessen maßgeblich. Dabei liegt die Darlegungslast für den Grund der Thesaurierung bei der Gesellschaft. Der Gefahr des Aushungerns, welcher sich die Minderheitsgesellschafter gegenübersehen, trifft in gleichem Maße den „wirtschaftlich-virtuellen" Gesellschafter, wenn sich dessen Vergütung am Bilanzgewinn oder der Dividende des Gesellschafters o.ä. bemisst. Insoweit sind die beiden Rechtspositionen vergleichbar.[258] Im Einzelnen kann die Rücklagenbildung den „wirtschaftlich-virtuellen" Gesellschafter, der nicht am Liquidationserlös beteiligt ist, sogar noch härter treffen.[259]

Die für die Gesellschaft mithin bereits im Rahmen der Gewinnverwendung bestehende Darlegungslast, welche zumindest auch im Verhältnis zu Inhabern von Gewinnschuldverschreibungen und Genussrechten besteht, kann demnach als Rechtsgedanke für die Änderung der Darlegungslasten zugunsten „wirtschaftlich-virtueller" Gesellschafter fruchtbar gemacht werden. Ein plausibler Grund gegen eine entsprechende Anwendung der hier bestehenden Verteilung der Darlegungslast auf alle Formen der „wirtschaftlich-virtuellen" Gesellschafter und die zugrundeliegenden Maßnahmen, ist nicht ersichtlich. Insbesondere wird, wie bereits dargestellt, keine Versicherung gegen jedes Ausschöpfen eines Handlungsspielraumes durch die Gesellschaft garantiert. Es soll sich dabei gerade nicht um einen zu etablierenden materiellen Minderheitenschutz in Bezug auf alle diskutierten Maßnahmen mit der Konsequenz einer Interessenabwägung handeln. Es soll vielmehr allein das Grundmotiv bei Sachverhalten, die die Missbräuchlichkeit indizieren, berücksichtigt werden, um eine Erleichterung der Darlegungslast zu begründen.[260] Mangels mitgliedschaftlicher Stellung der „wirtschaftlich-virtuellen" Gesellschafter kommt diesen weder ein Anfechtungsrecht zu noch besteht ein Treueverhältnis zwischen ihnen und der Gesellschaft, das die Berücksichtigung ihrer Interessen begründen würde. Dennoch legt das

---

[258] Zum Vergleich der Minderheitsgesellschafter mit den „wirtschaftlich-virtuellen" Gesellschaftern im Einzelnen unter Abschnitt 5.2.4.1.3.1.1; der wesentliche Unterschied besteht hingegen im Stimm- und Anfechtungsrecht, vgl. insoweit unter Abschnitt 2.1.2.5.

[259] So bereits *Frantzen*, Genußscheine, 1993, S. 216.

[260] Insoweit besteht dann auch kein Widerspruch zu *Mock*, in: Michalski/Heidinger/Leible u. a. (Hrsg.), Kommentar zum Gesetz betreffend die Gesellschaften mit beschränkter Haftung, Bd. 1, 3. Aufl. 2017, § 29 Rn. 23 und *Hommelhoff*, in: Lutter/Hommelhoff (Hrsg.), GmbH-Gesetz, 20. Aufl. 2020, § 29 Rn. 26, die einen Minderheitenschutz in der GmbH für die Aufstellung des Jahresabschlusses ablehnen und nur eine vertragliche Fixierung für Minderheitsgesellschafter in Betracht ziehen.

vergleichbare und ohne Liquidationserlös sogar noch verstärkte wirtschaftliche Risiko zumindest nahe, die prozessualen Auswirkungen, i.e. die Darlegungslast für ein berechtigtes Interesse, heranzuziehen. Dabei wird keine Abwägung zu den Interessen der „wirtschaftlich-virtuellen" Gesellschaftern gefordert, sondern allein ein berechtigtes Interesse in dem Sinn, die Maßnahme nicht nur zur Schädigung dieser Gläubigergruppe ergriffen zu haben.

5.2.4.1.4 Darlegungs- und Beweislastverteilung im Rahmen von § 315 BGB

Zu einem ähnlichen Ansatz kann auch ein Blick auf § 315 Abs. 3 BGB führen, bei welchem die Darlegungs- und Beweislast beim Bestimmungsberechtigten liegt.[261] Dieser findet wie hier vertreten nicht direkt auf „wirtschaftlich-virtuelle" Gesellschafter Anwendung, da die Gesellschaft in diesem Sinne nicht bestimmungsberechtigt ist. Die vertragliche Regelung legt die Erfolgsabhängigkeit des Anspruchs bereits fest, ohne dass diesbezüglich eine Entscheidung nach billigem Ermessen möglich wäre. Die mittelbare Entscheidung der beeinträchtigenden Maßnahmen hingegen liegt im Ermessen der Gesellschaft. Zwar scheidet eine direkte Anwendung des § 315 Abs. 3 BGB und der damit einhergehenden Darlegungs- und Beweislastverteilung aus, die Wertung kann aber auch in diesem Fall zur Begründung der Nachweisstruktur herangezogen werden.

5.2.4.1.5 Wertung aus der Kernbereichslehre im Personengesellschaftsrecht

In Personengesellschaften gilt grundsätzlich das Einstimmigkeitsprinzip, welches aber in den meisten Gesellschaften gesellschaftsvertraglich durch das Mehrheitsprinzip ersetzt wurde. Dabei werden Mehrheitsentscheidungen – nach Aufgabe der Kernbereichslehre für die Personengesellschaften[262] – einer zweistufigen Prüfung unterzogen, bei welcher zuerst die formelle Legitimation von Mehrheitsentscheidungen im Allgemeinen und dann im Anschluss geprüft wird, ob die Mehrheit ihre Stimmmacht nicht treuwidrig zulasten der Minderheit ausgenutzt hat. Grund für die zweite Stufe ist die gesellschaftsrechtlich bestehende Treuepflicht, nach der die Gesellschaftermehrheit nicht ohne Grund elementare Belange

---

[261] Vgl. dazu bereits unter Abschnitt 5.1.2.2.

[262] BGH, Urt. v. 15. Januar 2007 – II ZR 245/05, NJW 2007, 1685, 1687; einen Überblick gebend über die Ansichten, ob die Kernbereichslehre aufgegeben wurde, *Staudinger*, Minderheitsschutz im Personengesellschaftsrecht, 2020, S. 96 ff.

der Minderheit unberücksichtigt lassen darf.[263] Bei einer Entscheidung, die die Belange des Minderheitsgesellschafters in dieser Weise belastet, ist entweder eine antizipierte Zustimmung in der Mehrheitsklausel zu sehen oder anderenfalls die Zustimmung jedes einzelnen Gesellschafters zur Wirksamkeit des Beschlusses notwendig.[264]

Der BGH stellt nicht mehr auf einen Eingriff in den Kernbereich ab, sondern beurteilt nunmehr, „ob der Eingriff im Interesse der Gesellschaft geboten und dem betroffenen Gesellschafter unter Berücksichtigung seiner eigenen schutzwerten Belange zumutbar ist".[265] Die vormalig geltende Kernbereichslehre dient hingegen noch als eine Art Richtlinie, sodass Eingriffe in den Kernbereich einer eingehenderen Prüfung zu unterziehen sind, i.e. einer „Abwägung zwischen dem Veränderungsinteresse der Mehrheit und dem Beharrungsinteresse der Minderheit"[266]. Welche Rechte vom Kernbereich der Mitgliedschaft im Einzelnen erfasst sind, ist umstritten. Es geht aber grundlegend bei der Frage nach dem Entzug von Rechten durch die Mehrheit nicht um unverzichtbare Rechte des Gesellschafters, welche auch mit Zustimmung nicht disponibel wären. Beim Kernbereich stellt

---

[263] *Sprau*, in: Palandt (Hrsg.), Bürgerliches Gesetzbuch, 80. Aufl. 2021, Vor § 709 Rn. 17a; zur Beschlusskontrolle in Personengesellschaften ausführlich auch *Hofmann*, Der Minderheitsschutz im gesellschaftsrecht, 2011, S. 156 ff., 198 f.

[264] BGH, Urt. v. 10. Oktober 1994 – II ZR 18/94, NJW 1995, 194, 195.

[265] Mit konkretem Bezug zur Kernbereichslehre BGH, Urt. v. 21. Oktober 2014 – II ZR 84/13, NZG 2014, 1296, 1300; so auch bereits BGH, Urt. v. 10. Oktober 1994 – II ZR 18/94, NJW 1995, 194, 195; BGH, Urt. v. 4. Juli 2005 – II ZR 354/03, NJW-RR 2005, 1347, 1348; in der Literatur ist wird zum Teil eine gänzliche Abkehr von der Kernbereichslehre vertreten vgl. *Kleindiek*, GmbHR 2017, 674, 678; *Lieder*, in: Oetker (Hrsg.), Handelsgesetzbuch, 7. Aufl. 2021, § 119 Rn. 53; *Risse/Höfling*, NZG 2017, 1131, 1133 mit dem Vorschlag einer sog. Leitplankentheorie; während eine andere Ansicht, nur den Bestimmtheitsgrundsatz und nicht die Kernbereichslehre durch den BGH aufgegeben sehen will *Psaroudakis*, in: Heidel/Schall (Hrsg.), Handelsgesetzbuch, 3. Aufl. 2020, § 119 Rn. 11 f.; vgl. *Roth*, in Baumbach/Hopt (Hrsg.), Handelsgesetzbuch, 40. Aufl. 2021, § 119 Rn. 36; *Schäfer*, in: Säcker/Rixecker/Oetker u. a. (Hrsg.), Münchener Kommentar zum Bürgerlichen Gesetzbuch, Bd. 7, 8. Aufl. 2020, BGB § 709 Rn. 93; kritisch zur Kernbereichslehre *Enzinger*, in: Schmidt/Ebke (Hrsg.), Münchener Kommentar zum Handelsgesetzbuch, Bd. 2, 4. Aufl. 2016, § 119 Rn. 64 ff.; *Altmeppen* weist daraufhin, dass sowohl der Bestimmtheitsgrundsatz als auch die Kernbereichslehre als Ausformungen der Privatautonomie nicht durch den BGH aufgegeben werden konnten *Altmeppen*, NJW 2015, 2065, 2071.

[266] *Sprau*, in: Palandt (Hrsg.), Bürgerliches Gesetzbuch, 80. Aufl. 2021, Vor § 709 Rn. 17a; insoweit auch BGH, Urt. v. 21. Oktober 2014 – II ZR 84/13, NZG 2014, 1296, 1300.

sich vielmehr die Frage, ob es sich um sog. unentziehbare Rechte handelt, welche durch Zustimmung beschränkt werden können.[267] Zu den unentziehbaren Rechten gehören nach überwiegender Auffassung das Stimm- und das Informationsrecht sowie das Recht auf Gewinnbeteiligung, auf den Liquidationserlös und das zur Mitwirkung in der Geschäftsführung.[268]

Die Vergleichbarkeit der „wirtschaftlich-virtuellen" Gesellschafter mit Minderheitsgesellschaftern wurde bereits festgestellt.[269] Darüber hinaus kann das Kerninteresse der „wirtschaftlich-virtuellen" Gesellschafter durch die untersuchten Maßnahmen erheblich beeinflusst werden. Dem „wirtschaftlich-virtuellen" Gesellschafter stehen im Verhältnis zur Gesellschaft im Wesentlichen zwei Rechte zu: der Vergütungs- und der Rückzahlungsanspruch. Werden diese beiden Ansprüche durch die Gesellschaft nahezu wertlos gestellt oder in erheblichem Maße beeinflusst, so sind die „wirtschaftlich-virtuellen" Gesellschafter in ihren Kernrechten betroffen, ähnlich wie die Gesellschafter im Falle der o.g. Rechte. Gesellschafter werden jedoch insoweit nicht geschützt, als es sich nicht um einen Eingriff in den Schutzbereich der Mitgliedschaft handelt, sondern um einen Teil des allgemeinen Investitionsrisikos.[270] Auch wenn es sich bei den Interessen der „wirtschaftlich-virtuellen" Gesellschafter allein um finanzielle Interessen handelt, muss in diesem Fall trotzdem berücksichtigt werden, dass es sich um deren einzigen Interessen handelt. Vor dem Hintergrund, dass sich die „wirtschaftlich-virtuellen" Gesellschafter durch erfolgsbezogene Ansprüche von den Entscheidungen der Gesellschaft abhängig gemacht haben, kann eine grundsätzliche Parallelität nicht abgelehnt werden. Beweisbelastet für die Frage, ob der

---

[267] Zur Unterscheidung genauer *Enzinger*, in: Schmidt/Ebke (Hrsg.), Münchener Kommentar zum Handelsgesetzbuch, Bd. 2, 4. Aufl. 2016, § 119 Rn. 68 ff., 70 ff.

[268] *Enzinger*, in: Schmidt/Ebke (Hrsg.), Münchener Kommentar zum Handelsgesetzbuch, Bd. 2, 4. Aufl. 2016, § 119 Rn. 72 m.w.N.; *Freitag*, in: Ebenroth/Boujong/Joost u. a. (Hrsg.), Handelsgesetzbuch, Bd. 1, 4. Aufl. 2020, § 119 Rn. 69; *Haas* in: Röhricht/Graf von Westphalen/Haas (Hrsg.), HGB, 5. Aufl. 2019, § 119 HGB, Rn. 21 ff.; *Lieder*, in: Säcker/Rixecker/Oetker u. a. (Hrsg.), Münchener Kommentar zum Bürgerlichen Gesetzbuch, Bd. 2, 8. Aufl. 2019, § 119 Rn. 56; *Roth*, in: Baumbach/Hopt (Hrsg.), Handelsgesetzbuch, 40. Aufl. 2021, § 119 Rn. 36; *Schäfer*, in: Canaris/Habersack/Schäfer (Hrsg.), Staub Handelsgesetzbuch, Bd. 3, 5. Aufl. 2009, § 119, Rn. 40.

[269] Vgl. dazu Abschnitt 5.2.4.1.3.1.1.

[270] Dazu *Hofmann*, Der Minderheitsschutz im Gesellschaftsrecht, 2011, S. 219; konkreter noch zum Eingriff in Vermögensrechte von Personengesellschaftern *Staudinger*, Minderheitsschutz im Personengesellschaftsrecht, 2020, S. 55 ff.

Gesellschafterbeschluss ungerechtfertigt ist, ist grundsätzlich der klagende Minderheitsgesellschafter. Allerdings muss die Gesellschaft die maßgebenden Gründe für den angefochtenen Beschluss darlegen.[271]

Ein Zustimmungserfordernis soll hier hingegen nicht postuliert werden. Es geht lediglich darum, dass sich auch aus dem Rechtsgedanken des Kernbereichs und der Überlegung, welche die Rechtsprechung in Bezug auf die unentziehbaren Rechte anstellt, ein Argument für die Änderung der Darlegungslast extrahieren lässt. Dem liegt der Rechtsgedanke zugrunde, dass die Minderheit über den Grundsatz von Treu und Glauben nicht ohne ihre Zustimmung in ihren unentziehbaren Rechten beeinträchtigt werden kann. Das Gebot von Treu und Glauben als allgemeiner Rechtsgrundsatz gilt auch im Verhältnis zu den „wirtschaftlich-virtuellen" Gesellschaftern, wenngleich natürlich keine mitgliedschaftlichen Treuepflichten bestehen. Daraus lässt sich wegen der dargestellten Vergleichbarkeit zumindest der Schluss ableiten, dass innerhalb der Darlegungslast eine erhöhte Anforderung an die Gesellschaftsinteressen zu stellen ist, wenn das für die „wirtschaftlich-virtuellen" Gesellschafter bestehende Kernrecht der erfolgsabhängigen Vergütung und ggf. ihr Rückzahlungsanspruch missbräuchlich geschmälert werden.

5.2.4.2 Das grundlegende Prinzip zum Schutz „wirtschaftlich-virtueller" Gesellschafter

Es wurde gezeigt, dass den „wirtschaftlich-virtuellen" Gesellschaftern in Bezug auf die zur Verfügung stehenden Ansprüche ausreichend Schutz gegenüber missbräuchlichen Maßnahmen der Gesellschaft zukommt.[272] Nicht ausreichend ist hingegen das prozessual damit einhergehende Risiko.[273] Dieses resultiert maßgeblich daraus, dass die „wirtschaftlich-virtuellen" Gesellschafter im Prozess die missbräuchliche Absicht des Vertragspartners nachweisen müssen und sowohl die Darlegungs- als auch die Beweislast tragen.

Die verfahrensrechtlich hierfür bereitstehenden Erleichterungen zur Darlegung können aber gerade nicht unmittelbar angewendet werden, da die zur Anwendung

---

[271] BGH, Urt. v. 13. März 1978 – II ZR 142/76, NJW 1978, 1316, 1318; *Hofmann*, Der Minderheitsschutz im Gesellschaftsrecht, 2011, S. 221.

[272] Insoweit im Ergebnis wie hier *Heeren*, Kapitalgeberschutz und hybride Finanzierungsinstrumente, 2008, S. 344, sowie *Fuchs*, Kapitalbeteiligung ohne Mitgliedschaft, 1997, S. 752 f., die keinen weiteren Schutz für die dort untersuchten Gläubigergruppen durch den Gesetzgeber für erforderlich halten. Die prozessuale Durchsetzbarkeit wird in den dortigen Arbeiten allerdings nicht, wie hier, berücksichtigt.

[273] *Roggemann*, Zivilrechtlicher Anlegerschutz bei bedingten Pflichtwandel- und Herabschreibungsanleihen, 2020, S. 269.

erforderlichen Voraussetzungen jeweils nicht erfüllt sind.[274] Eine Untersuchung der im Einzelnen zugrunde liegenden Rechtsgedanken kommt aber zu dem Ergebnis, dass ebendiese gerade auch auf die hier untersuchte Konstellation zutreffen. Die Übertragung dieser Rechtsgedanken ergibt sich aus der vergleichbaren Interessenlage sowie der weiterhin bestehenden Schutzbedürftigkeit der „wirtschaftlich-virtuellen" Gesellschafter.

Ein rein materieller Schutz verliert maßgeblich an Wert, wenn es kaum einen denkbaren Fall gibt, in dem er für den Untersuchungsgegenstand prozessual durchgesetzt werden kann. Je nach Wahl der Anspruchsgrundlage besteht aber sowohl die Treuwidrigkeit als auch die Pflichtverletzung oder die Sittenwidrigkeit darin, dass die Gesellschaft keine berechtigten Interessen bei dem ihr zugestandenen Handlungsspielraum ausübt, sondern allein die Beeinträchtigung der Gläubigerinteressen mit den ergriffenen Maßnahmen bezweckt. Diese subjektive Komponente lässt sich, wie gezeigt, oftmals kaum ausreichend nachweisen, um den Anforderungen der Darlegungslast zu entsprechen. Das erkennt auch die Verteilung der Darlegungslast bei entsprechenden Thesaurierungsmaßnahmen gegenüber Minderheitsgesellschaftern an, indem die Gesellschaft in Bezug auf das berechtigte Interesse an der Thesaurierung darlegungsbelastet ist. Es entspricht nicht dem Schutzbedürfnis „wirtschaftlich-virtueller" Gesellschafter, selbst bei Darlegung erheblicher Indizien, auf den weiten Handlungsspielraum der Gesellschaft und ggf. auf den Zweck der von der Gesellschaft angewendeten Norm verwiesen zu bleiben, ohne bei einer Sachlage, welche ein gesteigertes Risiko- und Missbrauchspotential hat, ein berechtigtes Interesse darlegen zu müssen. Dem erarbeiteten Schutzbedürfnis der „wirtschaftlich-virtuellen" Gesellschafter, welchem auf materiellrechtlicher Ebene bereits Genüge getan wurde, muss daher auch prozessual Geltung verschafft werden. Dazu ist die Beweislast unverändert zu belassen, um der vertraglichen Risikoallokation weiterhin zu entsprechen. Allerdings sind auf Ebene der Darlegungslast Modifikationen vorzunehmen.

Hierfür kann auch auf den für die Parteivernehmung im Zivilprozess verwendeten Mechanismus zurückgegriffen werden. Gem. § 445 Abs. 1 ZPO kann die beweisbelastete Partei den Beweis durch Antrag auf Vernehmung der gegnerischen Partei antreten. Dies ist hingegen nur dann möglich, wenn der Beweis nicht mit anderen Beweismitteln vollständig geführt werden kann oder andere Beweismittel nicht vorgebracht sind. Dem „wirtschaftlich-virtuellen" Gesellschafter wird

[274] A.A. *Roggemann*, Zivilrechtlicher Anlegerschutz bei bedingten Pflichtwandel- und Herabschreibungsanleihen, 2020, S. 269 f., der sich für eine Lösung über die sekundäre Beweislast ausspricht. Zur Kritik hieran vgl. Kapitel 5 Fn. 208.

die Möglichkeit direkt nichts nützen, da die beklagte Gesellschaft sich regelmäßig nicht zur Zwecksetzung ihrer Maßnahme dahingehend äußern wird, dass sie diese missbräuchlich ergriffen hat. Es verbleibt für sie zunächst der Verweis auf den ihr zustehenden Handlungsspielraum. Allerdings kann eine Parallele zu § 445 ZPO zur Bildung der hier gewählten Lösung gezogen werden, denn die Parteivernehmung ist subsidiär; sie kommt also nur bei einem sog. Anbeweis in Frage. Das heißt, wenn „auf Grund einer schon durchgeführten Beweisaufnahme oder des sonstigen Verhandlungsinhalts bereits eine gewisse Wahrscheinlichkeit für die durch die Parteivernehmung zu beweisende Tatsache spricht".[275] Eben eine solche Wahrscheinlichkeit soll auch für die Darlegung der Indizien seitens der „wirtschaftlich-virtuellen" Gesellschafter im Folgenden konkretisiert werden.

Unter Berücksichtigung der im vorigen Abschnitt herangezogenen Vergleichsgruppen und Rechtsgedanken ist zur Erreichung eines mit dem Schutzbedürfnis korrespondierenden auch prozessualen Schutzes die Überbürdung eines Teils der Darlegungslast auf die beklagte Gesellschaft vorzunehmen. Das Ziel der Veränderung soll es demnach sein, die Darlegungslast des „wirtschaftlich-virtuellen" Gesellschafters zu senken, auf ein bestimmtes Maß zu beschränken und gleichzeitig die des Unternehmens zu erhöhen, ohne aber die Beweislast umzukehren.

Das Prinzip soll Folgendes sein: Ist der „wirtschaftlich-virtuelle" Gesellschafter im Stande, einen bestimmten objektiven Sachverhalt nachzuweisen, welcher in Kombination mit der Einflussmöglichkeit der Gesellschaft eine höhere Wahrscheinlichkeit zur missbräuchlichen Ausnutzung ihres Gestaltungsspielraums in sich trägt, so reicht dieses Maß zur Erfüllung der klägerseitigen Darlegungslast aus. Es muss also zunächst eine Art hinreichende Wahrscheinlichkeit aufgrund eines belastbaren Indizes bestehen. Das subjektive Element der Schädigungsabsicht wird dann so lange unterstellt, bis die beklagte Gesellschaft im Sinne der sekundären Darlegungslast erwidert, warum sie diese Maßnahme ergriffen hat. Dabei soll ein pauschaler Verweis auf den gesetzlich eröffneten Handlungsspielraum und – wie im Fall der Genussrechtsinhaber der IKB Deutsche Industriebank AG – einen allgemeinen Grund wie der Stärkung der Eigenkapitalquote nicht genügen. Die Darlegungslast der Beklagten soll insofern erhöhten Anforderungen gerecht werden, als sie ein berechtigtes Interesse an der ergriffenen Maßnahme erklären muss. Zu beachten ist bei diesem Lösungsvorschlag aber weiterhin, dass es bei der freien richterlichen Beweiswürdigung nach § 286 ZPO bleibt. Das

---

[275] BGH, Urt. v. 8. Juli 2010 – III ZR 249/09, NJW 2010, 3292, 3293; vgl. BGH, Urt. v. 19. April 2002 – V ZR 90/01, NJW 2002, 2247, 2249; BGH, Urt. v. 19. Dezember 2002 – VII ZR 176/02, NJW-RR 2003, 1002, 1003; BGH, Urt. v. 12. Dezember 2019 – III ZR 198/18, NJW 2020, 115, 117.

heißt, dass es letztlich eine Entscheidung des erkennenden Gerichtes sein wird, ob die Darlegungen der klagenden „wirtschaftlich-virtuellen" Gesellschafter zur Annahme einer solchen Überbürdung auf das beklagte Unternehmen ausreichen.

Nachfolgend soll daher anhand einzelner Beispiele eine Idee für die Änderung der Anforderungen an die Darlegungslast sowohl der „wirtschaftlich-virtuellen" Gesellschafter als auch des Unternehmens gewonnen werden. Dabei kann es nicht zu einer Lösung für jeden denkbaren Fall kommen. Vielmehr soll ein Grundkonzept vorgestellt werden, welches dann im Einzelfall durch das Gericht angewendet und modifiziert werden kann. Dabei soll es sich nicht um eine Risikoversicherung für den „wirtschaftlich-virtuellen" Gesellschafter handeln und Tür und Tor für Beschwerden gegen Geschäftsführungsmaßnahmen geöffnet werden, sondern allein eine Erleichterung des Nachweises bei solchen Sachverhalten schaffen, die in sich bereits einen ausreichenden Missbrauchsverdacht tragen.

5.2.4.3 Festlegung der konkreten Darlegungslast in ausgewählten Fällen

5.2.4.3.1 Verdeckte Gewinnausschüttung und Entnahmeproblematik

Handelt es sich bei Leistungen des Unternehmens um verdeckte Gewinnausschüttungen, kann das hierin implizierte Merkmal der fehlenden adäquaten Gegenleistung bereits eine missbräuchliche Absicht erkennen lassen. Grund dafür ist bereits das Wesen der verdeckten Gewinnausschüttung, welche unter ansonsten gleichbleibenden Umständen bei Anwendung der Sorgfalt eines ordentlichen und gewissenhaften Geschäftsleiters einem Nichtgesellschafter so nicht zugewendet worden wäre.[276] Auch die steuerrechtliche Begrifflichkeit erfasst dieses Kriterium,[277] sodass die Orientierung aufgrund der im Steuerrecht ergangenen umfangreichen Judikatur leicht möglich ist.[278]

Gleiches gilt für die gem. § 4 Abs. 1 S. 1 und 2 EStG und § 6 Abs. 1 Nr. 4 EStG in der Bewertung und dem Grunde nach zu korrigierenden Entnahmen in Personengesellschaften. Veräußert eine Gesellschaft an einen Gesellschafter ein Wirtschaftsgut unter dessen Marktwert, so wird der Gewinn aus diesem Geschäft gem. § 6 Abs. 1 Nr. 4 EStG dennoch unter Verwendung des Marktwertansatzes ermittelt. Hierbei ist allerdings abweichend vom Begriff der verdeckten

---

[276] Vgl. dazu unter Abschnitt 4.2.3.1.1.1.

[277] *Maier*, in: Alber/Arendt/Faber u. a. (Hrsg.), Beck'sches Steuer- und Bilanzrechtslexikon, Ed. 55 2021 (Stand: 01.04.2021) „Entnahmen" Rn. 18.

[278] Insoweit *Giering*, Risikobezogener Gläubigerschutz im Recht der GmbH, 2009, S. 254, die sogar diesbezüglich eine Beweislastumkehr vorschlägt, so zum Teil auch *Tries*, Verdeckte Gewinnausschüttungen im GmbH-Recht, S. 176 ff., 183 f.

Gewinnausschüttung darauf zu achten, dass nicht jede Entnahme unausweichlich zu einer Gewinnkorrektur führt.[279] Auch hier kann die insoweit ergangene steuerrechtliche Judikatur den Nachweis für die „wirtschaftlich-virtuellen" Gesellschafter erleichtern.

Kann der „wirtschaftlich-virtuelle" Gesellschafter nachweisen, dass es sich um eine verdeckte Gewinnausschüttung oder eine dem Wert nach zu korrigierende Entnahme handelt, muss wegen der ihn treffenden systembedingten Schwachstellen widerleglich unterstellt werden, dass die Gesellschaft diese Maßnahme zumindest auch getroffen hat, um ihren vertraglichen Verpflichtungen zu entgehen oder sie zu schmälern.

5.2.4.3.2 Korrekturen von Verrechnungspreisen im Konzern

In Bezug auf Konzernsachverhalte kann die Darlegungslast der Kläger unter Rückgriff auf die Korrekturen, welche das Finanzamt bei der Bestimmung von Verrechnungspreisen unternimmt, erleichtert werden. Unter Verrechnungspreisen ist das vertraglich vereinbarte Entgelt zu verstehen, welches im Konzern verbundene Unternehmen für ihren Leistungs- und Lieferaustausch ansetzen. Grund für die abweichende Vereinbarung vom Marktpreis ist die Ausnutzung des Beherrschungspotentials anstelle der Geltung marktwirtschaftlich natürlicher Interessendivergenz.[280]

Hierzu normiert § 1 Abs. 1 S. 1 AStG, dass die Einkünfte eines Steuerpflichtigen dann wie zwischen voneinander unabhängigen Dritten vereinbart anzusetzen sind, wenn diese Einkünfte aus einer Geschäftsbeziehung zum Ausland mit einer ihm nahe stehenden Person dadurch gemindert sind, dass er seiner Einkünfteermittlung andere Bedingungen, insbesondere Preise (Verrechnungspreise), zugrunde legt, als sie voneinander unabhängige Dritte unter gleichen oder vergleichbaren Verhältnissen vereinbart hätten (Fremdvergleichsgrundsatz). Liegt der vom Steuerpflichtigen für seine Einkünfteermittlung verwendete Wert außerhalb der (eingeengten) Bandbreite gem. § 1 Abs. 3 S. 4 AStG, ist der Median anzusetzen. Maßgeblich ist dabei – wie beim Institut der verdeckten Gewinnausschüttung – ein Vergleich, welcher den Verrechnungspreis sowohl dem Grunde als auch der Höhe nach überprüft (sog. Fremdvergleichsgrundsatz oder auch dealing at arm's length Grundsatz) und eine Bandbreite für diesen festlegt.[281] Liegt der

---

[279] Das ergibt sich für die Entnahmen aus § 6 Abs. 1 Nr. 4 EStG.

[280] *Fey*, in: Alber/Arendt/Faber u. a. (Hrsg.), Beck'sches Steuer- und Bilanzrechtslexikon, Ed. 55 2021 (Stand: 01.02.2019) „Verrechnungspreise" Rn. 3 f.

[281] *Fey*, in: Alber/Arendt/Faber u. a. (Hrsg.), Beck'sches Steuer- und Bilanzrechtslexikon, Ed. 55 2021 (Stand: 01.02.2019) „Verrechnungspreise" Rn. 8 ff.; *Gosch/Roser*, in: Gosch

Verrechnungspreis außerhalb dieser Bandbreite, erfolgt gem. § 1 Abs. 3 S. 4 AStG eine Korrektur zur Errechnung des Marktpreises.[282]

Unterzieht man das Vorstehende einer Zusammenschau mit den Darstellungen zur verdeckten Gewinnausschüttung und den Entnahmeproblematiken bei Personengesellschaften, so kann dem entnommen werden, dass eine Divergenz zwischen dem Preis der ergriffenen Maßnahme und dem am Markt Üblichen eine missbräuchliche Absicht des Unternehmens indizieren kann.

5.2.4.3.3 Durchbrechung der Stetigkeit bilanzieller Maßnahmen

Ein weiterer Fall, welcher die Änderung der Darlegungslast nach sich ziehen sollte, ist eine bedeutende Durchbrechung der Bilanzierungsstetigkeit. Damit sollen sowohl die materielle Bilanzkontinuität im Sinne des § 252 Abs. 1 Nr. 6 HGB als auch die Ansatzstetigkeit gem. § 246 Abs. 3 HGB gemeint sein. Hierbei müssen die Kläger nachweisen, dass sich aus dem Gesamtzusammenhang unter Hinweis auf die Durchbrechung der Bilanzierungsstetigkeit der Verdacht auf die Schädigungsabsicht der Beklagten ergibt. Dabei sind auch die vor- und nachgelagerten Bilanzen in die Gesamtbetrachtung einzubeziehen und Veränderungen in der Bewertungs- und Ansatzpolitik des Unternehmens zu betrachten. Grundsätzlich sollte sich ein Unternehmen aus Sicht des „wirtschaftlich-virtuellen" Gesellschafters über die Finanzierungsdauer nicht schlechter darstellen, als es den Tatsachen entspricht. Zwar ist immer noch das Vorsichtsprinzip gem. § 252 Abs. 1 Nr. 4 HGB zu wahren, allerdings sollten auch diesbezüglich gravierende Abweichungen eine missbräuchliche Absicht indizieren.

Unabhängig von der umstrittenen Frage, ob es sich bei § 340 g HGB um eine Rücklage handelt, kann der untersuchte Fall der IKB Deutsche Industriebank AG als Beispiel in diesem Zusammenhang dienen. Die Dotierung des Fonds nach § 340 g HGB oder das Beenden ebendieser Maßnahme nach mehreren Dotierungsjahren in Kombination mit dem Ende der Finanzierungsdauer kann ein Indiz für eine Schädigungsabsicht sein. Ergänzend liefert der Umstand, dass im Fall der IKB Deutsche Industriebank AG der Bericht ihrer Hauptaktionärin über einen geplanten squeeze-out vom 19. Oktober 2016 bereits für die darauffolgenden fünf Jahre festlegte, dass kein Jahresüberschuss ausgeschüttet werde

---

(Hrsg.), Körperschaftssteuergesetz, 4. Aufl. 2020, § 8 Rn. 312; zur Bestimmung durch eine Bandbreite BFH, Urt. v. 17. Oktober 2001 – I R 103/00, DStR 2001, 2149, 2152 f.

282 Kritisch zur Ermittlung des „richtigen" Preises *Gosch/Roser*, in: Gosch (Hrsg.), Körperschaftssteuergesetz, 4. Aufl. 2020, § 8 Rn. 313a.

und demnach bis zum Ablauf der entsprechenden Genussscheine keine Wiederauffüllung stattfinden werde,[283] ein weiteres Indiz. Dass die Hauptaktionärin zu ihren eigenen Gunsten im Voraus ohne jährlich erfolgende erneute Abwägung die Wiederauffüllung des Genussrechtskapitals ablehnt, sollte im Zusammenhang mit der langfristigen Beobachtung der Entwicklung der Fondsdotierung und dem Fakt, dass die Dotierung nach Ablauf der Finanzierungsdauer der Genussscheine eingestellt wurde, auf eine widerlegliche Vermutung der absichtsvollen Vereitelung schließen lassen. Zusätzlich kann dem Bericht entnommen werden, dass die Verwendung eines fiktiven Jahresüberschusses vorrangig zur Bedienung und Tilgung der bestehenden Besserungsabreden, die gegenüber der Hauptaktionärin bzw. einem mit ihr verbundenen Unternehmen bestehen, erfolgt.[284] Der Umstand, dass Voraussetzung der Besserungsabrede das Erreichen einer bestimmten Eigenkapitalquote war und die Dotierung des Fonds aus § 340 g HGB hierzu maßgeblich beiträgt, aber gleichzeitig die Ansprüche der Genussrechte vereitelte, muss ebenso Berücksichtigung finden.

Dabei ist allgemein zu berücksichtigen, dass jeder Sachverhalt eigenständig zu prüfen ist und eine im Voraus festgelegte Grenze, ab welcher eine Durchbrechung der Bilanzierungsstetigkeit zu einem solchen Indiz führt, aufgrund der vielgestaltigen Sachverhalte zu einer übermäßigen Beschränkung der freien richterlichen Überzeugungsbildung führt.

5.2.4.3.4 Vertikale und horizontale Betrachtung bei Gewinnverwendungen

Sollte das Gewinnbezugsrecht des „wirtschaftlich-virtuellen" Gesellschafters von einer der Gewinnverteilung unterliegenden Bemessungsgrundlage abhängen, sind auch Gewinnverwendungsmaßnahmen in Betracht zu ziehen.

---

[283] Anlage 1, S. 48 des Berichts der Hauptaktionärin der IKB Deutsche Industriebank AG über die Voraussetzungen des Squeeze-Outs und der angemessenen Barabfindung, abrufbar unter http://docplayer.org/37531207-Bericht-der-lsf6-europe-financial-holdings-l-p-als-hauptaktionaerin-der-ikb-deutsche-industriebank-aktiengesellschaft-sowie-die.html [zuletzt abgerufen am: 15. März 2021].

[284] Anlage 1, S. 47 des Berichts der Hauptaktionärin der IKB Deutsche Industriebank AG über die Voraussetzungen des Squeeze-Outs und der angemessenen Barabfindung abrufbar unter http://docplayer.org/37531207-Bericht-der-lsf6-europe-financial-holdings-l-p-als-hauptaktionaerin-der-ikb-deutsche-industriebank-aktiengesellschaft-sowie-die.html [zuletzt abgerufen am: 15. März 2021]; ein ähnlicher Grund lag bei der HSH Nordbank vor Schleswig-Holsteiner Landtag Drs. 18/655 S. 14; vgl. insoweit noch zur Ergänzenden Stellungnahme die Nachfrage des Abgeordneten Wolfgang Kubicki der FDP, Schleswig-Holsteiner Landtag Drs. 18/5265.

Einer Gesamtbetrachtung sollen auch abseits der bilanziellen Wahlrechte Maßnahmen und Beschlüsse der Gesellschaft unterzogen werden, die wesentliche Auswirkungen auf die Rechte der „wirtschaftlich-virtuellen" Gesellschafter haben können, wie zum Beispiel die Bildung eines Gewinnvortrags oder die übermäßige Gewinnthesaurierung. Aber auch in diesem Zusammenhang gilt, dass nicht jede dieser Maßnahmen zwangsläufig und automatisch zur widerleglichen Vermutung der absichtsvollen Schädigung führen darf. Die Verringerung der Darlegungslast und die Vermutung der missbräuchlichen Absicht muss sich durch die Art und Weise der klägerseits nachgewiesenen Maßnahmen kombiniert mit der Machtposition des Unternehmens aufdrängen, um der Gesellschaft die Widerlegung durch ein berechtigtes Interesse aufzubürden.

Für Genussrechtsinhaber wird bereits vertreten, dass die Gesellschaft in gewissen Fällen die Darlegungs- und Beweislast für eine betriebliche Rechtfertigung tragen soll, die zu einer unangemessen hohen Thesaurierung geführt hat.[285] Wann allerdings eine unberechtigte und damit ggf. unangemessen hohe Gewinnverwendung vorliegt, ist nur schwer handhabbar und unterliegt wiederum einer Indizienbetrachtung. Auch in diesem Falle wird eine Gesamtschau weiterhelfen. Zum einen kann eine Art vertikale Betrachtung der Gewinn- und Verlustrechnung im laufenden Jahr und das Verhältnis von Jahresüberschuss zum Bilanzgewinn Aufschluss über die finanzielle Lage der Gesellschaft geben. Kombiniert man eine horizontale Betrachtung der vorangegangenen und ggf. nachfolgenden Geschäftsjahre hinzu, ergibt sich ein Rückschluss auf Thesaurierungsgewohnheiten der Gesellschaft. Diese können dann bei entsprechender nicht durch den vertikalen oder horizontalen Vergleich zu erklärender, gravierender Abweichung zu einem Indiz für die Missbrauchsabsicht der Gesellschaft führen.

Gleichermaßen kann auch die Anfechtbarkeit von Gesellschafterbeschlüssen über die Verwendung des Bilanzgewinns als Indiz herangezogen werden. Gem. § 254 Abs. 1 AktG kann ein Beschluss angefochten werden, wenn die Verwendung in kaufmännischer Hinsicht nicht zur Sicherung der Lebens- und Widerstandfähigkeit der Gesellschaft diente. Dieser Umstand kann in Kombination mit dem o.g. vertikalen und horizontalen Vergleich auf eine Missbräuchlichkeit hindeuten.

---

[285] *Lutter*, in: Zöllner (Hrsg.), Kölner Kommentar zum Aktiengesetz, Bd. 5.1, 2. Aufl. 1995, § 221 Rn. 361; a.A. *Schneider*, in: Havermann (Hrsg.), Festschrift für Reinhard Goerdeler, 1987, S. 511, 519.

5.3 Überprüfung der Ergebnisse

Damit ist zwar zunächst eine strukturbedingte Schwachstelle und deren mögliche Lösung beschrieben, allerdings drängt sich daran anschließend die Frage auf, ob dem so gewährten Schutz der untersuchten Gläubigergruppe nicht grundsätzliche rechtliche Prinzipien sowie tatsächliche Hindernisse entgegenstehen oder diesen von vorneherein begrenzen.

5.3.1 Rechtsdogmatische Überprüfung

Dabei stellt sich nicht etwa die Frage nach der Wirksamkeit der einzelnen möglichen Kautelen,[286] sondern vielmehr, ob ein Schutz gegen die Maßnahmen, welche aufgrund der vertraglichen Gestaltung möglich sind, Grenzen in bestehenden Rechtsprinzipien findet. Bedenken könnten sich vor dem Hintergrund der Vertragsfreiheit, der Einflussnahme Dritter auf gesellschaftsinterne Vorgänge, der Zumutbarkeit für die darlegungsbelastete Gesellschaft und einer ggf. bestehenden Überdehnung der Informationsansprüche der Gläubiger ergeben.

5.3.1.1 Vertragsfreiheit als Schranke des Schutzes „wirtschaftlich-virtueller" Gesellschafter

Im Zusammenhang mit der Vertragsfreiheit ist bereits im Rahmen der Lösungsmöglichkeiten dargestellt, dass dieser Grundsatz in manchen Fällen durchbrochen wird, sodass den gefundenen Lösungen damit grundsätzlich nicht der Einwand der Vertragsfreiheit entgegengehalten werden kann.

Ebenfalls in diesem Zusammenhang wurde bereits betont, dass es sich nicht um eine Versicherung gegen jedwedes Risiko handeln soll. Der Gläubiger muss sich grundsätzlich an dem vertraglich eingegangenen Risiko festhalten lassen, welches aber seine Grenzen in der Missbräuchlichkeit findet. Die Änderung der Darlegungslast führt nicht zu einem Eingriff in die Vertragsfreiheit, insbesondere weil die Beweislast beim Geschädigten verbleibt. Die widerlegliche Vermutung im Rahmen der Darlegungslast, soll die Schwierigkeiten des „wirtschaftlich-virtuellen" Gesellschafters beim Nachweis reduzieren. Materiell geht mit der gefundenen Lösung keine Änderung der Rechtslage einher.

---

[286] Schutzbestimmungen zugunsten der „wirtschaftlich-virtuellen" Gesellschafter sind nicht zwingend im Vertrag aufzunehmen, sodass deren Fehlen lediglich dazu führt, dass die dargestellten gesetzlichen und richterrechtlichen Schutzmechanismen eingreifen. Sieht der Vertrag dennoch einen irgendwie gearteten Schutz der „wirtschaftlich-virtuellen" Gesellschafter vor, soll in diesem Kapitel nicht deren Wirksamkeit beurteilt werden.

5.3.1.2 Einflussnahme Dritter als rechtliches Problem

Eine weitere Zulässigkeitsbegrenzung könnte das Problem der Einflussnahme Dritter auf Entscheidungen der Gesellschaft sein. Die dargebotenen Lösungen sind demnach an den ungeschriebenen Rechtssätzen des Abspaltungsverbots, der Verbandssouveränität und der Frage nach der Vorwegbindung des Geschäftsführungs- oder Vorstandsermessens zu messen.

5.3.1.2.1 Argument des Abspaltungsverbotes

Das Abspaltungsverbot ist ausdrücklich in § 717 S. 1 BGB normiert und gilt für alle Gesellschaftsformen.[287] Der Grundsatz besagt, dass die Mitgliedschaft untrennbar mit den Mitverwaltungsrechten, i.e. unter anderem Stimm-, Rede- und Teilnahmerecht an der Haupt- oder Gesellschafterversammlung, Beschlussanfechtungs-, Informations-, Kontroll- und Kündigungsrecht sowie der Anspruch auf Rechnungslegung, verbunden ist.[288]

Auf die Übertragung ebensolcher Rechte zielt die dargebotene Lösung hingegen nicht ab. Es handelt sich bei den Formen der „wirtschaftlich-virtuellen“ Gesellschafter um rein schuldrechtliche Beteiligungen, welchen keine Mitsprache- und Kontrollrechte eingeräumt werden sollen.[289]

Damit stellt sich konsequenter Weise aber die Frage, ob durch die Änderung der Darlegungslast der Beteiligten im Prozess, den „wirtschaftlich-virtuellen“ Gesellschaftern im Sinne eines Umgehungsversuchs indirekt doch solche Rechte zugestanden werden.[290] Allerdings gehen auch insoweit keinerlei Rechte auf den „wirtschaftlich-virtuellen“ Gesellschafter über. Dieser Schutz besteht allein in einer Änderung der prozessualen Belastung, betrifft aber insofern nicht die Rechte

[287] *Tebben*, Unterbeteiligung und Treuhand an Gesellschaftsanteilen, 2000, S. 99; „allg. Rechtsgedanke“ *Koch*, in: Hüffer/Koch (Hrsg.), Aktiengesetz, 15. Aufl. 2021, § 8 Rn. 26; *Vatter*, in: Spindler/Stilz (Hrsg.), Kommentar zum Aktiengesetz, 4. Aufl. 2019, § 8 Rn. 50; allg. zu § 717 BGB *Schäfer*, in: Säcker/Rixecker/Oetker u. a. (Hrsg.), Münchener Kommentar zum Bürgerlichen Gesetzbuch, Bd. 7, 8. Aufl. 2020, § 717 Rn. 7.

[288] BGH, Urt. v. 10. November 1951 – II ZR 111/50, BGHZ 3, 354 Rn. 8; BGH, Urt. v. 17. November 1986 – II ZR 96/86, NJW 1987, 780; BayObLG, Beschl. v. 21. November 1985 – Breg 3 Z 146/85, GmbHR 1986, 87; OLG Stuttgart, Urt. v. 31. Oktober 2012 – 14 U 19/12, DStR 2013, 1138, 1140; vgl. *Altmeppen*, Gesetz betreffend die Gesellschaften mit beschränkter Haftung, 10. Aufl. 2021, § 15 Rn. 22 m.w.N.; vgl. *Dauner-Lieb*, in: Zöllner/Noack (Hrsg.), Kölner Kommentar zum Aktiengesetz, Bd. 1, 3. Aufl. 2020, § 8 Rn. 44; *Tebben*, Unterbeteiligung und Treuhand an Gesellschaftsanteilen, 2000, S. 99.

[289] Zu bereits jedoch allein zur Begründung der Nebenpflichten im Genussrechtsverhältnis *Habersack*, ZHR 1991, 378, 397 ff.

[290] Zu den Umgehungsversuchen *Weipert*, in: Gummert/Weipert (Hrsg.), Münchener Handbuch des Gesellschaftsrechts, Bd. 2, 5. Aufl. 2019, § 12 Rn. 12 ff.

der Gesellschafter. Es handelt sich lediglich um eine punktuell erforderliche Darlegung der Gesellschaft in Bezug auf eine Maßnahme, die in sich die Vermutung der missbräuchlichen Absicht bereits trägt.

5.3.1.2.2 Argument der Verbandssouveränität

Der Grundsatz der Verbandssouveränität verbietet, dass das Schicksal der Gesellschaft bzw. allgemeiner des Verbandes nicht von außenstehenden Dritten abhängig sein darf.[291] Die Reichweite dieses Grundsatzes ist im Einzelnen umstritten[292], umfasst aber vereinfacht die Gestaltung des Gesellschaftsvertrages und Grundlagenentscheidungen in der Gesellschaft.[293] Darüber hinaus wird vertreten, dass es unzulässig sei, Kompetenzverlagerungen von Gesellschaftsorganen auf außenstehende Dritte vorzunehmen.[294] Im Recht der GmbH wird ebenso vertreten, dass die Gesellschafterversammlung ihre Stellung als oberstes Gesellschaftsorgan nicht durch satzungsmäßige Kompetenzverlagerungen einbüßen dürfe.[295]

---

[291] Für die Personengesellschaften: *Born*, in: Ebenroth/Boujong/Joost u. a. (Hrsg.), Handelsgesetzbuch, Bd. 1, 4. Aufl. 2020, § 109 Rn. 16; *Lieder*, in: Oetker (Hrsg.), Handelsgesetzbuch, 7. Aufl. 2021, § 109 Rn. 24; *Schäfer*, in: Canaris/Habersack/Schäfer (Hrsg.), Staub Handelsgesetzbuch, Bd. 3, 5. Aufl. 2009, § 109 Rn. 30; für die GmbH: *Altmeppen*, Gesetz betreffend die Gesellschaften mit beschränkter Haftung, 10. Aufl. 2021, § 45 Rn. 3 f.; *Liebscher*, in: Fleischer/Goette (Hrsg.), Münchener Kommentar zum Gesetz betreffend die Gesellschaften mit beschränkter Haftung – GmbHG, Bd. 2, 3. Aufl. 2019, § 45 Rn. 41 ff.; *Römermann*, in: Michalski/Heidinger/Leible u. a. (Hrsg.), Kommentar zum Gesetz betreffend die Gesellschaften mit beschränkter Haftung, Bd. 2, 3. Aufl. 2017, § 45 Rn. 19 ff.; für die AG im Zusammenhang mit Genussrechten *Florstedt*, in: Zöllner/Noack (Hrsg.), Kölner Kommentar zum Aktiengesetz, Bd. 4, 3. Aufl. 2020, § 221 Rn. 538; allgemein: *Enzinger*, in: Schmidt/Ebke (Hrsg.), Münchener Kommentar zum Handelsgesetzbuch, Bd. 2, 4. Aufl. 2016, § 109 Rn. 15 ff.; *Tebben*, Unterbeteiligung und Treuhand an Gesellschaftsanteilen, 2000, S. 100; *Schubel*, Verbandssouveränität und Binnenorganisation der Handelsgesellschaften, 2003; *Weber*, Privatautonomie und Außeneinfluss im Gesellschaftsrecht, 2000.

[292] Eine Übersicht zum Diskussionsstand bei *Liebscher*, in: Fleischer/Goette (Hrsg.), Münchener Kommentar zum Gesetz betreffend die Gesellschaften mit beschränkter Haftung – GmbHG, Bd. 2, 3. Aufl. 2019, § 45 Rn. 43.

[293] *Enzinger*, in: Schmidt/Ebke (Hrsg.), Münchener Kommentar zum Handelsgesetzbuch, Bd. 2, 4. Aufl. 2016, § 109 Rn. 15.

[294] Insbesondere zur Übertragung von Schlüsselkompetenzen auf mit Dritten besetzten Gesellschaftsorganen *Liebscher*, in: Fleischer/Goette (Hrsg.), Münchener Kommentar zum Gesetz betreffend die Gesellschaften mit beschränkter Haftung – GmbHG, Bd. 2, 3. Aufl. 2019, § 45 Rn. 49 m.w.N.

[295] *Bayer* in: Lutter/Hommelhoff (Hrsg.), GmbH-Gesetz Kommentar, 20. Aufl. 2020, § 45 GmbHG, Rn. 11; *Römermann*, in: Michalski/Heidinger/Leible u. a. (Hrsg.), Kommentar zum Gesetz betreffend die Gesellschaften mit beschränkter Haftung, Bd. 2, 3. Aufl. 2017, § 45

Da aber bereits die Einräumung schuldrechtlicher Verpflichtungen z. B. in Treuhand- und Stimmbindungsverträgen diesem Prinzip nicht widerspricht,[296] werden einer Änderung der Darlegungslast, welche an der Kompetenzordnung der Gesellschaft nichts ändert, keine Bedenken entgegenstehen. Auch die Möglichkeit zur faktischen Beeinflussung der Unternehmensgeschicke ist dadurch nicht eröffnet, denn es wird lediglich verlangt, dass das Unternehmen ein berechtigtes Interesse bzw. einen plausiblen Grund für die ergriffene Maßnahme darlegen kann. Der Handlungsspielraum der Gesellschaft wird dadurch nicht weiter begrenzt als es zuvor bereits durch die bestehenden Rechtsgrundlagen der Fall war.

5.3.1.2.3 Eingriff in das unternehmerische Ermessen und den Handlungsspielraum der Geschäftsleitung

Die gefundene Lösung könnte indes dem Einwand begegnen, dass der Ermessens- und Handlungsspielraum der Geschäftsleitung im Vorhinein zu sehr beschränkt wird.[297]

Allerdings kann auch diesem Einwand damit begegnet werden, dass es sich bei der gefundenen Lösung um die Erleichterung der prozessualen Durchsetzbarkeit von Ansprüchen handelt, die bereits zuvor rechtlich wegen ihrer Missbräuchlichkeit gegenüber den Gläubigern nicht zulässig waren. Vorstehend wird das bereits bestehende Schutzniveau allein durch eine Änderung der Darlegungslast verstärkt, indes nicht in seinem Umfang erweitert.

5.3.1.3 Zumutbarkeit der Darlegungslast für die Beklagte

Änderungen der Darlegungslast könnten außerdem insoweit als kritisch betrachtet werden, als sie nicht als Instrumentarium der „wirtschaftlich-virtuellen" Gesellschafter dienen dürfen, um an Geschäfts- und Betriebsgeheimnisse der Gesellschaft zu gelangen.

Rn. 33; vgl. *Schmidt*, in: Scholz (Hrsg.), Kommentar zum GmbH-Gesetz, Bd. 2, 12. Aufl. 2014/2021, § 46 Rn. 2; *Zöllner/Noack*, in: Baumbach/Hueck (Hrsg.), Gesetz betreffend die Gesellschaften mit beschränkter Haftung, 22. Aufl. 2019, § 45 Rn. 7.

[296] *Liebscher*, in: Fleischer/Goette (Hrsg.), Münchener Kommentar zum Gesetz betreffend die Gesellschaften mit beschränkter Haftung – GmbHG, Bd. 2, 3. Aufl. 2019, § 45 Rn. 44.

[297] Zur Problematik der Weisungsfreiheit des Vorstands und der Vorwegbindung des Vorstandsermessens *Fleischer*, in: Spindler/Stilz (Hrsg.), Kommentar zum Aktiengesetz, 4. Aufl. 2019, § 76 Rn. 59; *Koch*, in: Hüffer/Koch (Hrsg.), Aktiengesetz, 15. Aufl. 2021, § 76 Rn. 27; *Spindler*, in: Goette/Habersack/Kalss (Hrsg.), Münchener Kommentar zum Aktiengesetz, Bd. 2, 5. Aufl. 2019, § 76 Rn. 27 ff.

Im Rahmen der sekundären Darlegungslast besteht nicht das Recht des primär Belasteten, Behauptungen ins Blaue hinein abzugeben, um einen unzulässigen Ausforschungsbeweis zu versuchen. Ebenso wenig besteht für den sekundär Belasteten die Pflicht, sämtliche zumutbaren Anhaltspunkte für den Anspruch des primär Belasteten zu liefern.[298] Auch die dargebotene Lösung ergibt diese Zulässigkeit des Ausforschungsbeweises nicht. Sie impliziert indes in Fällen, in denen klägerseits eine gewisse Indizienhürde genommen wurde, eine Darlegungslast der Beklagten in Bezug auf den plausiblen Grund für die ergriffene Maßnahme als Haupttatsache.

Es sollte darüber hinaus berücksichtigt werden, dass eine an höhere Anforderungen geknüpfte Aufklärung durch die beklagte Gesellschaft nicht unangemessen ist, da der Kläger bereits seine Darlegungslast erfüllt und ein nach richterlicher Überzeugungsbildung ausreichendes Verdachtsmoment vorgetragen hat. Die Beklagte soll sich dem Vorwurf der Schädigungsabsicht nicht durch den Hinweis auf die Preisgabe betriebsinterner Informationen entziehen können, sofern der Kläger zuvor bereits eine Kombination von Tatsachen darlegen konnte, die die Missbräuchlichkeit nahelegen.

Trotzdem sollte in Anlehnung an die Grundsätze der sekundären Darlegungslast beachtet werden, dass die Darlegungslast der beklagten Gesellschaft zumutbar sein muss.[299] Dabei können sich in diesem Zusammenhang Probleme hinsichtlich des Inhalts und des Umfangs ergeben: Im Einzelfall ist die Partei nicht verpflichtet ihrer sekundären Beweislast nachzukommen, sofern dies zum Schutz von Betriebs- und Geschäftsgeheimnissen erforderlich ist.[300] Der beklagten Gesellschaft obliegt in diesen Fällen die zugegebenermaßen schwere Entscheidung, ob

---

[298] *Pfeiffer*, ZIP 2017, 2077 f., zum unzulässigen bloßen Behaupten ins Blaue hinein ohne Anhaltspunkte auch BGH, Urt. v. 17. Dezember 2014 – IV ZR 90/13, NJW 2015, 947, 948, OLG Hamm Urt. v. 23. Januar 2014 – 34 U 216/12, BeckRS 2014, 14421 m.w.N.; unter dem Hinweis, dass das Verbot ausforschender Beweisanträge weniger Fälle erfasst als häufig nahegelegt wird, vgl. *Beckhaus*, Die Bewältigung von Informationsdefiziten bei der Sachverhaltsaufklärung, 2010, S. 245 ff.; es kommt insoweit nicht zu einer „vollständigen Verschiebung der Darlegungslast auf den Gegner der beweispflichtigen Partei“ sondern „nur zu einer ‚gewissen‘ Verlagerung“, vgl. *Schultz*, NJW 2017, 16, 18.

[299] Zur Zumutbarkeit für die Gesellschaft bei Lösung durch die sekundäre Darlegungslast *Roggemann*, Zivilrechtlicher Anlegerschutz bei bedingten Pflichtwandel- und Herabschreibungsanleihen, 2020, S. 271.

[300] *Pfeiffer*, ZIP 2017, 2077, 2082 f.; für den Fall, dass eine Bank ihre Sicherheitsarchitektur aufgrund der drohenden wirtschaftlichen Auswirkungen nicht im Detail darlegen muss BGH, Urt. v. 15. Juli 2010 – III ZR 337/08, BeckRS 2010, 18806 Rn. 46; BGH, Urt. v. 12. November 1991 – KZR 18/90, GRUR 1992, 191, 193 f.; BGH, Urt. v. 14. Juni 2005 – VI ZR 179/04, NJW 2005, 2614, 2616; OLG Frankfurt a.M., Urt. v. 30. Januar 2008 – 23 U

sie den Nachweis nicht erbringt, um ihre Geschäfts- und Betriebsgeheimnisse zu schützen, damit aber das Risiko erhöht, den Prozess zu verlieren.[301] Der für die Gesellschaft bestehende Konflikt kann nur im Rahmen der richterlichen Überzeugungsbildung innerhalb der gesetzlichen Grenzen oder im Wege einer praktischen Konkordanz durch den Gesetzgeber gelöst werden.[302] Eine weitere Bearbeitung dieses Problems soll im Rahmen dieser Untersuchung nicht erfolgen. Es verbleibt daher beim allgemeinen Hinweis auf diese Bedenken.

5.3.1.4 Überdehnung des bestehenden Informationsanspruchs

Muss die beklagte Gesellschaft, um die aufgestellte Vermutung zu widerlegen, einen plausiblen Grund bzw. ein berechtigtes Interesse an der ergriffenen Maßnahme darlegen, könnte dies Bedenken hinsichtlich der nur begrenzt bestehenden Informationsrechte der „wirtschaftlich-virtuellen“ Gesellschafter begegnen, welche nicht umgangen und auf unzulässige Art erweitert werden sollten.[303]

Ein im Jahr 2016 vom BGH ergangenes Urteil[304], welches sich mit dem Anspruch eines Genussrechtsinhabers auf Rechenschaftslegung beschäftigte, lehnte eine Anlehnung an § 233 Abs. 1 HGB wegen der in der Vorinstanz angenommenen Vergleichbarkeit mit einer stillen Gesellschaft ab.[305] Ein Anspruch auf Rechenschaftslegung bestehe nur innerhalb der allgemeinen Regeln nach §§ 666, 681, 687 Abs. 2 i.V.m. 242 BGB, welcher durch die Vorlage des Jahresabschlusses nebst Anhang erfüllt würde.[306] Die speziellere Auskunft zu einzelnen Bilanzposten setze insoweit den begründeten Verdacht einer Vertragspflichtverletzung in Form rechtsmissbräuchlichen oder gezielt den Interessen der Genussrechtsinhaber widersprechenden Verhaltens voraus.[307] An den begründeten Verdacht bzw. die hinreichende Wahrscheinlichkeit stellte der BGH im

38/05, MMR 2008, 473; *Dölling*, NJW 2013, 3121, 3126; *Stadler*, in: Musielak/Voit (Hrsg.), Zivilprozessordnung, 18. Aufl. 2021, § 138 Rn. 10a.

[301] Dazu und zur Konfliktlage in Bezug auf betroffene Grundrechte *Müller/Aldick*, ZIP 2020, 9, 12; ebenfalls zum Schutz von Unternehmensgeheimnissen im Zivilprozess *Stadler*, NJW 1989, 1202 ff.; zur Abwägung des Informationsinteresse und dem Geheimhaltungsinteresse auch *Beckhaus*, Die Bewältigung von Informationsdefiziten bei der Sachverhaltsaufklärung, 2010, S. 361 f.; *Roggemann*, Zivilrechtlicher Anlegerschutz bei bedingten Pflichtwandel- und Herabschreibungsanleihen, 2020, S. 272.

[302] *Müller/Aldick,* ZIP 2020, 9, 12 m.w.N.

[303] Zu den Informationsrechten bereits insbesondere unter Abschnitt 3.2.4.

[304] BGH, Urt. v. 14. Juni 2016 – II ZR 121/15, NZG 2016, 983.

[305] BGH, Urt. v. 14. Juni 2016 – II ZR 121/15, NZG 2016, 983, 984.

[306] Ebd.

[307] BGH, Urt. v. 14. Juni 2016 – II ZR 121/15, NZG 2016, 983, 985.

konkreten Fall indes sehr hohe Anforderungen. Er hat den Genussrechtsinhabern, die darauf hinwiesen, dass die Rückstellungen betragsmäßig genau in der Höhe erfolgten, dass das Jahresergebnis sich auf Null reduzierte, gerade keinen Auskunftsanspruch zugesprochen. Fehlte doch die hinreichende Wahrscheinlichkeit der Vertragspflichtverletzung.[308] Dogmatisch ist dieser Position zuzustimmen, da sie mit der Haftung der Gesellschaft für Ausnahmefälle korrespondiert.[309]

Diesen Informationsanspruch als Mindestmaß unterstellt, drängt sich die Frage auf, ob durch die erhöhte Darlegungslast der beklagten Gesellschaft keine unzulässige Umgehung erfolgt. Der Rechtsprechung des BGH ist insoweit zuzustimmen, als – wie oben bereits dargelegt[310] – allein der Hinweis auf die betragsmäßig an das restliche Jahresergebnis angepasste Rückstellung, wie im konkreten Fall geschehen, nicht ausreichend sein kann. Die Problematik liegt hier allein in der Frage nach dem Grad der hinreichenden Wahrscheinlichkeit des Leistungsanspruches. Auch wenn vorstehend nicht der Auskunftsanspruch wie im Verfahren des BGH aus dem Jahr 2016, sondern Zahlungsansprüche untersucht wurden, so stellt sich hier ein ähnliches Problem, welches gleichermaßen alle „wirtschaftlich-virtuellen“ Gesellschafter betrifft.[311] Es ist den „wirtschaftlich-virtuellen“ Gesellschafter nämlich in der Regel ebenso nahezu unmöglich, die erforderlichen Tatsachen für die Wahrscheinlichkeit des Leistungsanspruches beizubringen, die aber wiederum Voraussetzung für den Informationsanspruch sein sollen. Es drängt sich daher die Frage auf, ob bei zu strengen Anforderungen an die hinreichende Wahrscheinlichkeit des Leistungsanspruches nicht das Informationsrecht wertlos wird.[312] Die Gerichte haben zur Beurteilung ebendieser

---

[308] Ebd.

[309] So auch *Florstedt*, ZIP 2017, 49, 52, 57 f.; *Heun-Rehn/Oesmann genannt Hoppe*, in: Mehrbrey (Hrsg.), Handbuch Gesellschaftsrechtliche Streitigkeiten, 3. Aufl. 2020, § 128 Rn. 5 f.; *Pöschke*, DB 2016, 2219, 2221.

[310] Vgl. dazu unter Abschnitt 5.2.4.2.

[311] Nur zu dem Umstand, dass sich die Problematik aus dem BGH-Urteil II ZR 12/15 auch bei allen anderen hybriden Finanzierungsinstrumenten stellt *Florstedt*, ZIP 2017, 49, 50.

[312] So auch *Florstedt* ZIP 2017, 4955, der aber im Ergebnis den Anforderungen zustimmt; zustimmend *Roggemann*, Zivilrechtlicher Anlegerschutz bei bedingten Pflichtwandel- und Herabschreibungsanleihen, 2020, S. 139; nur mit dem Hinweis auf die praktischen Schwierigkeiten für Genussrechtsinhaber und der Empfehlung einer vertraglichen Gestaltung, welche – zumindest für Großanleger – bestimmte bilanzpolitische Maßnahmen und die Rücklagenbildung gegenüber den Genussrechtsinhabern außer Betracht lässt *Pöschke*, DB 2016, 2219, 2221.

hinreichenden Wahrscheinlichkeit einen großen Abwägungs- und Entscheidungsspielraum.[313] Die materiellen Voraussetzungen sind, wie bereits dargestellt, nicht zu beanstanden und sollen hier auch keine Veränderung und daher keine Umgehung erfahren. Allerdings betrifft die vorgeschlagene Lösung allein die Beurteilung der hinreichenden Wahrscheinlichkeit durch die Gerichte und gerade nicht die materiellen Voraussetzungen des Anspruchs. Es muss vor dem Hintergrund der system- und vertragsbedingten Schwachstellen berücksichtigt werden, dass dem „wirtschaftlich-virtuellen" Gesellschafter als Kläger trotzdem noch die Darlegungslast insoweit obliegt, als dem Verhalten der Gesellschaft ein Moment der Missbräuchlichkeit innewohnt. Erst dann kommt es zur Pflicht der Gesellschaft, einen plausiblen Grund für die entsprechende Maßnahme darzulegen. Die Kläger haben dementsprechend das Verdachtsmoment für die Missbräuchlichkeit dargelegt, welches auch nach dem BGH zu einer weiteren Auskunft verpflichten würde. Eine Umgehung der begrenzten Informationsrechte der Gläubiger liegt durch die dem Kläger weiterhin aufgebürdete Darlegungslast für das Verdachtsmoment gerade nicht vor. Allein die Verringerung an die Anforderungen, welche bei der richterlichen Überzeugungsbildung eine Rolle spielen, kann aufgrund der Schutzbedürftigkeit dieser Gläubiger nicht zur Beurteilung als Umgehung führen.

5.3.2 Rechtstatsächliche Überprüfung

In rechtstatsächlicher Hinsicht stehen der Realisierbarkeit der gefundenen Lösung keine Bedenken entgegen. Gegen den Umstand, dass dem absichtsvoll Geschädigten Ansprüche – nicht zuletzt über § 826 BGB – zustehen, besteht kein Zweifel und auch kein Hinderungsgrund.[314]

Die Änderung der Darlegungslast zulasten des Unternehmens kann allein insofern kritisch betrachtet werden, als sich dadurch für das Unternehmen im Einzelfall eine gesteigerte Informationssammlung und entsprechende Kosten ergeben können, um ihr berechtigtes Interesse nachzuweisen. Im Verhältnis aber zu den im Einzelfall möglichen drohenden Schäden, wird die Entscheidung der Unternehmen wohl verhältnismäßig leicht sein, eine solche Informationssammlung zu den vereinzelt in Betracht kommenden Maßnahmen anzulegen. Dabei ist eine ausführliche Sammelstelle nicht erforderlich, sondern lediglich eine Dokumentation der

[313] *Beckhaus*, Die Bewältigung von Informationsdefiziten bei der Sachverhaltsaufklärung, 2010, S. 360; *Florstedt*, ZIP 2017, 49, 54; *Haeffs*, Der Auskunftsanspruch im Zivilrecht, 2010, S. 128 ff.

[314] Vgl. dazu unter Abschnitt 5.1.4.

Gründe für einzelne Maßnahmen. Denkbar wäre zum Beispiel eine sachgemäße Vereinbarung mit dem Wirtschaftsprüfer, welcher ohnehin den Jahresabschluss prüft und insofern über die Geschehnisse in der Gesellschaft informiert sein sollte.[315] Außerdem könnte es hilfreich sein, bei den entsprechenden Gesellschafterbeschlüssen im Rahmen einer Art Beweisvorsorge bereits die Gründe für den Beschluss festzuhalten.

Ein Verlust der Attraktivität der betroffenen Finanzinstrumente ist insoweit gleichsam nicht zu befürchten, da die Anspruchsgrundlagen auch zum jetzigen Zeitpunkt bereits be- und anerkannt sind. Die Modifizierung der Darlegungslast ändert insofern nichts an der Struktur der Finanzinstrumente. Im Gegenteil: Ein erhöhter Schutz stellt sogar einen Vorteil dar.[316]

Auch die wirtschaftlich zu erwartenden Folgen drohender Schadenersatzansprüche in Form steigender Versicherungsprämien und erhöhter Rückstellungsbildungen seitens des Unternehmens halten einer Überprüfung stand. Zwar ergibt sich daraus wiederum ein Weniger an Investitionsvermögen, worin man eine Last für den gesamtwirtschaftlichen Nutzen erkennen mag.[317] Dafür resultiert aus der Änderung der Darlegungslast ein Mehr in einem bereits dem Grunde nach bestehenden Schutzsystem, weil damit lediglich ein Teil der Darlegungslast auf das Unternehmen verschoben wird. Da es sich nicht um eine unwiderlegbare Vermutung handelt, ist dem Unternehmen insoweit auch eine Entkräftung der vorgebrachten Indizien möglich. Zudem kann erwartet werden, dass das Vertrauen der Kapitalanleger in die entsprechenden Finanzinstrumente steigt und ggf. eine entsprechend höhere Nachfrage ergibt.

---

[315] Dies soll hier aus Platzgründen nicht weiter untersucht werden.

[316] Dazu auch *Fuchs*, Kapitalbeteiligung ohne Mitgliedschaft, 1997, S. 512.

[317] Insoweit zum allgemeinen Umstand der fehlendes Kostenneutralität von Schadensersatzansprüchen *Heeren*, Kapitalgeberschutz und hybride Finanzierungsinstrumente, 2008, S. 164.

Ob durch die Änderung der Darlegungslast das Auftreten „räuberischer“ Gläubiger zu befürchten ist, ist zu bezweifeln.[318] Die Rechtsgrundlagen sind unverändert geblieben. Es handelt sich nicht um eine extensivere Haftung, sondern allein um die Berücksichtigung der Verringerung der Darlegungslast zugunsten „wirtschaftlich-virtueller“ Gesellschafter im Rahmen der richterlichen Überzeugungsbildung, die diese aber nicht von jedweder Darlegungslast befreit. Die Darlegungshürde ist weiterhin ausreichend hoch, um dieser Gefahr in ausreichendem Maße zu begegnen.

[318] Zu den seiner Ansicht nach nicht zu unterschätzenden „räuberischen“ Hybridkapitalgebern bei der Frage, ob die Schadensersatzverpflichtung am Maßstab des § 93 Abs. 1 AktG bemessen sein sollte, *Heeren*, Kapitalgeberschutz und hybride Finanzierungsinstrumente, 2008, S. 199.

6 Ergebnis: Materieller und prozessualer Schutz „wirtschaftlich-virtueller" Gesellschafter

„Wirtschaftlich-virtuelle" Gesellschafter – Risiko und Schutz

1. „Wirtschaftlich-virtuelle" Gesellschafter sehen sich an der Schnittstelle von Schuld- und Gesellschaftsrecht einem vertraglich induzierten Risiko gegenüber: Ohne als Gläubiger Einwirkungsmöglichkeiten auf die Gesellschaft als Vertragspartnerin zu haben, sind ihre erfolgsabhängigen geldwerten Ansprüche auf Kapitalverzinsung und -rückzahlung maßgeblich von gesellschaftsinternen Entscheidungen abhängig. Diese vertragliche Struktur birgt das auf divergierenden Interessen beruhende, augenfällige Konfliktpotential der Ausnutzung vertraglicher Spielräume durch die sich in der überlegenen Position befindlichen Gesellschaft zulasten der „wirtschaftlich-virtuellen" Gesellschafter.
2. Das vertragsimmanente Risiko ist einer ganzen Reihe von Gläubigerformen gemein: Sobald der Gläubiger weder klassisches Eigen- noch klassisches Fremdkapital zur Verfügung stellt, seine Vergütungs- oder Rückzahlungsansprüche ergebnisbezogen ausgestaltet sind und seine Verwaltungs- und Mitspracherechte die eines Fremdkapitalgebers bleiben, ist er in die Kategorie der „wirtschaftlich-virtuellen" Gesellschafter einzuordnen. Erfüllen die Vertragsformen diese übergreifenden Kriterien, so sind in Verträgen mit rein erfolgsabhängiger Vergütung und in solchen mit zusätzlicher Verlustbeteiligung allein graduelle Unterschiede zu sehen, die demselben Risiko ausgesetzt und somit einer übergreifenden Lösung zugänglich sind. Es ist dabei irrelevant, ob sich der Grad des Risikos allein auf die Vergütung oder zusätzlich auch auf die Rückzahlungsansprüche bezieht.
3. Die offen gewählte Definition des Begriffs „wirtschaftlich-virtueller" Gesellschafter lässt eine Übertragung der Untersuchung auch auf entsprechende Fälle zu, die aufgrund der Vertragsfreiheit und der schnellen Entwicklung

A.-K. Jungen, *Schutz von „wirtschaftlich-virtuellen" Gesellschaftern*,
https://doi.org/10.1007/978-3-658-42109-0_6

von Vertragsformen orientiert am Bedürfnis des Kapitalmarkts durch financial engineering entstehen.

Systembedingte Risiken für „wirtschaftlich-virtuelle" Gesellschafter

4. Mangels eines vollumfänglichen Schutzsystems für „wirtschaftlich-virtuelle" Gesellschafter sehen sich diese bei verschiedensten erfolgsbeeinflussenden Maßnahmen des Unternehmens dem Risiko ausgesetzt, dass ihre eigenen Ansprüche beeinträchtigt werden.

Einzelne risikobehaftete Maßnahmen und der bestehende Schutz

5. Ein einheitlicher Schutz der „wirtschaftlich-virtuellen" Gesellschafter wird auch nicht durch die speziell bestehenden Grenzen der jeweiligen Maßnahmen gewährt. Nur bei einzelnen Maßnahmen, wie der nachträglichen Vereinbarung eines Beherrschungs- und Gewinnabführungsvertrages,[1] existiert ein ausreichender Schutz für alle erfassten Gläubiger. Die rechtlichen Grenzen der übrigen untersuchten Maßnahmen bieten regelmäßig nur einen weitergehenden Schutz für Inhaber von Genussrechten und Gewinnschuldverschreibungen sowie für stille Gesellschafter.
   - Maßnahmen der Gewinnermittlung, die nicht nach den Vorschriften der einzelnen Gesellschaftsform nichtig sind, beinhalten in Form von Ansatz- und Bewertungswahlrechten sowie einer großen Vielzahl von Ermessensspielräumen hohes Beeinträchtigungspotential. „Wirtschaftlich-virtuelle" Gesellschafter sind in diesen Fällen auf die Anfechtung des Gewinnfeststellungsbeschlusses durch die Gesellschafter angewiesen und daher von diesen abhängig.[2]
   - Gleiches gilt für die Beeinflussung der Rechte der „wirtschaftlich-virtuellen" Gesellschafter abseits der gesetzlich oder gesellschaftsvertraglich zwingenden Gewinnverwendungsmaßnahmen. Schutz wird in diesem Zusammenhang allein Inhabern von Genussrechten und Gewinnschuldverschreibungen gewährt, die eine Übermaßthesaurierung nicht gegen sich gelten lassen müssen.

---

[1] Zu weiteren Fällen vgl. Abschnitt 4.2.4.3.

[2] Zum aktuellen Beispiel der gerichtlichen Verfahren zur Dotierung des Fonds für allgemeine Bankrisiken gem. § 340 g HGB vgl. unter Abschnitt 4.2.1.4.

- Eine Beeinträchtigung von Gläubigerinteressen liegt auch in der verdeckten Gewinnausschüttung, bei der unabhängig von der Gewinnverteilung Leistungen aus dem Vermögen der Gesellschaft gewährt werden, ohne dass eine adäquate Gegenleistung erfolgt. Es gelten je nach Gesellschaftsform unterschiedliche Anforderungen: Während in der GmbH allgemein gesellschaftsrechtliche Prinzipien, wie die Vorschrift des § 30 GmbHG, der Grundsatz der Gleichbehandlung der Gesellschafter und die gesellschaftsrechtliche Treuepflicht, maßgeblich sind, ergibt sich im Aktienrecht der Maßstab aus § 57 AktG. Zudem ist der „wirtschaftlich-virtuelle" Gesellschafter in der GmbH von der Geltendmachung durch die Gesellschaft abhängig, während ihm in § 62 Abs. 2 AktG die gerichtliche Geltendmachung im Wege der gesetzlichen Prozessstandschaft ermöglicht wird. Im Personengesellschaftsrecht wird noch weitergehend differenziert; es besteht aber auch dort keine Aktivlegitimation der „wirtschaftlich-virtuellen" Gesellschafter.

  Genussrechtsinhaber mit Verlustbeteiligung können insoweit auf einen Anspruch gem. §§ 280 Abs. 1, 241 Abs. 2, 31 BGB aus der Klöckner-Rechtsprechung zurückgreifen, sofern die Gesellschaft ihren Unternehmensgegenstand verlässt oder die Maßnahmen „schlechthin nicht gerechtfertigt werden können und zu deren Durchführung ein verantwortungsbewusst denkender und handelnder Kaufmann zu keiner Zeit bereit wäre"[3]. Dem stillen Gesellschafter kommt die in der Innengesellschaft bestehende Treuepflicht zugute. Ihm können Schadenersatzansprüche und Kündigungsrechte erwachsen.
- Ebenfalls kein einheitlicher Schutz besteht für die zeitlich nach dem Vertragsschluss mit dem „wirtschaftlich-virtuellen" Gesellschafter eingegangene Leistungsbeziehung mit anderen Inhabern ergebnisbezogener Finanzinstrumente. Stille Gesellschafter und Inhaber von Genussrechten und Gewinnschuldverschreibungen müssen ihnen vorrangigen Gläubigerpositionen zustimmen, bevor diese etabliert werden können. Bei Genussrechten besteht darüber hinaus entweder ein Bezugsrecht oder das Recht zur Anpassung der Vertragsbedingungen im Wege ergänzender Vertragsauslegung.[4]

[3] BGH, Urt. v. 5. Oktober 1992 – II ZR 172/91, NJW 1993, 57, 63.

[4] Zum uneinheitlichen Schutz vgl. schon das Urteil des BAG, Urt. v. 27. Juni 2018 – 10 AZR 295/17, DStR 2018, 2278; welches diese Rechte ohne vertragliche Vereinbarung nicht mittels ergänzender Vertragsauslegung für Managementbeteiligungen gewähren wollte, da es sich um eine bewusst nicht aufgenommene Standardklausel gehandelt habe.

- Tochtergesellschaften können im Wege übermäßiger Thesaurierungen für die Muttergesellschaft als „Spardosen" dienen, was den „wirtschaftlich-virtuellen" Gesellschaftern zum Nachteil gereicht, wenn sich ihre Ansprüche am Erfolg der Muttergesellschaft bemessen. Dieses Festhalten der erwirtschafteten Gewinne in Tochtergesellschaften müssen sich „wirtschaftlich-virtuelle" Gesellschafter bis zur Missbrauchsgrenze gefallen lassen. Sie sind insoweit schutzlos gestellt.
- Zeitliche Verschiebungen erfolgsbeeinflussender Maßnahmen durch die Geschäftsführung bergen gleichermaßen ein hohes Gefährdungspotential. Die „wirtschaftlich-virtuellen" Gesellschafter trifft das volle Risiko, da die Maßnahmen allein den für die Geschäftsführung bestehenden Grenzen unterliegen, wobei bei Genussrechten die Klöckner-Rechtsprechung und bei den stillen Gesellschaftern die gesellschafterliche Treuepflicht zu beachten ist.

Keine gängige Praxis schutzbietender Kautelen

6. Auch in der Kautelarpraxis sind schutzbietende Klauseln und ein entsprechender Schutz nicht üblich.[5] Es existiert keine als vertraglicher Standard etablierte Klausel zum Schutz „wirtschaftlich-virtueller" Gesellschafter. Lediglich vereinzelt finden sich Vertragsgestaltungen, die einen punktuellen Schutz vorsehen.
7. Ein umfassender Schutz kann wegen der system- und vertragsbedingten schwachen Position der „wirtschaftlich-virtuellen" Gesellschafter oftmals nicht erreicht werden, da sich diese regelmäßig nicht in der Verhandlungsposition befinden, um das Unternehmen vertraglich in seinen Entscheidungsspielräumen zu beschränken. Letztlich verbleibt häufig nur eine gerichtliche Klärung.
8. Eine erschöpfende Aufnahme schutzbietender Klauseln stellt sich aufgrund der Vielzahl von Maßnahmen als nahezu unmöglich heraus. Eine Klausel, die in allgemeiner Form auf die angemessene Berücksichtigung der Interessen der „wirtschaftlich-virtuellen" Gesellschafter bei der Entscheidungsbildung der Gesellschaft abstellt, sieht sich hingegen dem Einwand der Konturlosigkeit gegenüber, sodass dem Anwender bei gerichtlicher Klärung eine nur schwer vorhersehbare Rechtsdurchsetzung droht.

[5] Das hat eine kursorische Untersuchung frei verfügbarer Finanzierungsverträge ergeben.

Allen Bedenken zum Trotz ist durch die Aufnahme einer allgemeinen Klausel, welche die Berücksichtigung der Interessen „wirtschaftlich-virtueller“ Gesellschafter vorsieht, ein Versuch zum vorbeugenden Schutz dieser Gläubigergruppe in der Kautelarpraxis zu unternehmen. Bereits die Möglichkeit, dass die Anwendung der Klausel im Rahmen einer gerichtlichen Klärung zulasten des Unternehmens erfolgt, kann in diesem Zusammenhang disziplinierend wirken. Zudem stellt eine vertragliche Fixierung einen ersten Schritt dar, um für beide Vertragsparteien festzulegen, inwieweit Interessen der „wirtschaftlich-virtuellen“ Gesellschafter zu beachten sind.

Eine Gestaltungsvariante sind die sog. financial covenants als vertragliche Nebenabreden, die in dem Ansinnen abgeschlossen werden, den Handlungsspielraum des Unternehmens zu verkürzen. Dadurch eröffnet sich „wirtschaftlich-virtuellen“ Gesellschaftern die Möglichkeit, vertraglich z. B. festzulegen, dass bestimmte Kennziffern vom Unternehmen eingehalten werden müssen, oder Bestimmungen zur nachträglichen Aufnahme anderer erfolgsabhängiger Gläubiger aufzunehmen.

Das Schutzbedürfnis unter Berücksichtigung allgemeiner Prinzipien

9. Vertrag, Verband und Markt können der strukturellen Schwachstelle, die die „wirtschaftlich-virtuellen“ Gesellschafter trifft, nicht in ausreichender Weise abhelfen.[6] Die für risikobehaftete Maßnahmen bei Missbrauch gem. §§ 134, 138, 242, 315 BGB sowie §§ 305 ff. BGB beginnende Grenze zeigt gleichsam, dass es eines Schutzes bedarf. Eine allgemeine Versicherung gegen jedes dem „wirtschaftlich-virtuellen“ Gesellschafter unliebsamen Verhalten lässt sich hieraus aber nicht ableiten.
10. Eine Art Grundtyp mit Leitbildfunktion nimmt für die gesamte Gruppe der „wirtschaftlich-virtuellen“ Gesellschafter der stille Gesellschafter ein. Dies ergibt sich aus der Ähnlichkeit einiger Finanzierungsformen zur stillen

[6] Dazu unter Abschnitt 4.4.1.

Gesellschaft und den daraus resultierenden Abgrenzungsproblemen zueinander.[7] Dies ist vor allem insoweit zu berücksichtigen, als dem stillen Gesellschafter das höchste Schutzniveau zukommt.

Bestehender materiellrechtlicher Schutz

11. Materiell eröffnet ein grundlegendes Meinungsspektrum Lösungswege auf Primär- sowie auf Sekundäranspruchsebene. Den vertretenen Lösungsmöglichkeiten ist gemein, dass die Missbräuchlichkeit darin begründet liegt, dass sich das Unternehmen absichtsvoll seiner vertraglichen Verpflichtung zur Vergütungszahlung oder Wiederauffüllung des hingegebenen Kapitals entzieht.[8]
    - Als Lösung im Rahmen des Primäranspruches wird § 162 Abs. 1 BGB vorgeschlagen, bei dem allerdings die direkte Anwendbarkeit auf sog. Potestativbedingungen umstritten ist. Da § 162 BGB zumindest entsprechend auf die untersuchten Sachverhalte anwendbar ist, kann dies insoweit dahinstehen.
    - Die Anwendung von § 315 BGB auf Primäranspruchsebene entfällt, weil die vertragliche Klausel die Erfolgsabhängigkeit des Anspruchs festlegt und insoweit keine Entscheidung nach billigem Ermessen erfolgt.
    - Die tatbestandlichen Voraussetzungen von § 826 BGB sind erfüllt, da eine sittenwidrige Schädigung auch dann angenommen wird, wenn allein der Zweck, unabhängig vom Mittel, sittenwidrig ist. Dies ist dann der Fall, wenn die Maßnahme nicht das Resultat der produktiven Betätigung der Gesellschaft ist, sondern mit dem Ziel ergriffen wird, sich selbst einen Sondervorteil zu verschaffen unter Umgehung der Pflicht zur Erfüllung des Vertrages.

      Gegen die Anwendung von § 826 BGB bestehen allerdings Bedenken in mehreren Hinsichten. Zum einen wird das so verurteilte Unternehmen mit dem Stigma des sittenwidrigen Handelns belegt, was am Kapitalmarkt gravierende Folgen haben kann. Zum anderen stellt § 826 BGB eine Ausnahme in Bezug auf Vermögensschäden im Deliktsrecht dar, da diese deliktsrechtlich grundsätzlich nicht geschützt sind. Es sollte ein

[7] Vgl. zu den Abgrenzungsschwierigkeiten im Einzelnen unter den jeweiligen Finanzierungsinstrumenten, zu den Genussrechten unter Abschnitt 3.2.2. zum partiarischen Darlehen unter Abschnitt 3.4.1.1, zur Unterbeteiligung unter Abschnitt 3.5.1.1.

[8] Eine Entscheidung zwischen den vertretenen Ansichten war demnach nicht erforderlich.

Schadenersatz nach § 826 BGB nur dann gewährt werden, wenn andere Anspruchsgrundlagen nicht eingreifen können.

- Auch die tatbestandlichen Voraussetzungen eines Schadenersatzanspruches aus §§ 280 Abs. 1, 241 Abs. 2 BGB sind erfüllt. Die Auslegung der Verträge der „wirtschaftlich-virtuellen“ Gesellschafter lässt eine einheitliche Erwartungshaltung gegenüber der Gesellschaft zur nachhaltigen und ergebnisreichen Unternehmensführung, zu welcher die Gesellschaft ihre Handlungsspielräume nutzt, erkennen. Insbesondere aufgrund der vertraglichen Gestaltung und der fehlenden Einwirkungsmöglichkeit auf die gesellschaftsinterne Willensbildung geht der „wirtschaftlich-virtuelle“ Gesellschafter davon aus, dass die Grenze zur Missbräuchlichkeit durch absichtsvolle Umgehung der vertraglichen Verpflichtungen nicht überschritten wird.
- Auch die Klöckner-Rechtsprechung des BGH gewährt einen Schutz durch §§ 280 Abs. 1, 241 Abs. 2 BGB, welcher auf die anderen „wirtschaftlich-virtuellen“ Gesellschafter aufgrund der strukturellen Vergleichbarkeit übertragbar ist. Kritische Stimmen machen hauptsächlich in Bezug auf die Rechtsfolgen der Klöckner-Rechtsprechung Einwände geltend, insb. in Bezug auf Abgrenzungsschwierigkeiten, Sanierungsfeindlichkeit und Doppelbelastung der Gesellschafter. Dem allen steht aber entgegen, dass der Ermessensspielraum der Geschäftsführung wegen schwieriger Rechtsfolgen nicht unbeschränkt gelten kann.

Prozessualer Ansatz für einen sachgerechten Schutz „wirtschaftlich-virtueller“ Gesellschafter – Modifikation der Darlegungslast

12. Die aufgezeigte strukturbedingte Schwachstelle kann allein durch allgemeine schuld- wie deliktsrechtliche Regelungen behoben werden. De lege lata reichen diese Ansprüche materiellrechtlich aus, um „wirtschaftlich-virtuelle“ Gesellschafter vor missbräuchlicher Vereitelung zu schützen. Zur effektiven Durchsetzung dieser Ansprüche ist prozessual hingegen eine Veränderung der Anforderungen an die Darlegungslast geboten. Ist die gerichtliche Durchsetzbarkeit solcher Ansprüche für den Anspruchsteller nahezu chancenlos, stellt sich die Frage nach dem Wert des materiellen Anspruchs. An dieser Stelle hat ein erweiterter Schutz anzusetzen, der vor allem in einer Modifikation der Darlegungslast zugunsten der „wirtschaftlichen-virtuellen“ Gesellschafter

zu sehen ist, durch welchen die Missbrauchstatbestände prozessual vereinheitlicht und die Ansprüche einer dem Schutzbedürfnis korrespondierenden Durchsetzbarkeit zugeführt werden.

13. Der Nachweis der Haupttatsache wird nach den bisherigen Anforderungen an die Darlegungs- und Beweislast dem hierzu belasteten „wirtschaftlich-virtuellen" Gesellschafter als Kläger im Rechtsstreit meist kaum möglich sein, sodass er auf entsprechende Hilfstatsachen (Indizien) ausweichen muss. Aber auch die Darlegung mittels der Hilfstatsachen erweist sich als äußerst problematisch für den „wirtschaftlich-virtuellen" Gesellschafter: Um zur Überzeugungsbildung des Gerichts auszureichen, müssen die Indizien einen hinreichend sicheren Schluss auf die Haupttatsache zulassen. Die Haupttatsache besteht in einer inneren Tatsache, was es auf Ebene der Hilfstatsachen notwendig macht, äußere Umstände darzulegen, die auf die Zielrichtung der Gesellschaft rückschließen lassen. Die Gesellschaft ist im Rahmen des Indizienbeweises nur verpflichtet, substantiiert die Hilfstatsache zu bestreiten, und das abhängig vom Darlegungsgrad der „wirtschaftlich-virtuellen" Gesellschafter. Es besteht hingegen keine Verpflichtung ein berechtigtes Interesse an der zur Haupttatsache gehörende Maßnahme darzulegen, solange die Indizien nicht nach Überzeugung des Gerichts zum Rückschluss auf die Haupttatsache ausreichen. Es genügt diesbezüglich für die Gesellschaft bereits oftmals der Hinweis, zulässige Ermessens- und Handlungsspielräume im Sinne der zugrundeliegenden Norm ausgenutzt zu haben.
14. Eine Veränderung der Beweislast kommt nicht in Betracht, damit die vertragliche Risikoallokation nicht ausgehebelt wird.

Herleitung der Nachweisstruktur

15. Eine grundlegende Struktur für die angestrebte Änderung der Darlegungslast liegt darin, dass Tatsachen, die aus dem Bereich der beklagten Gesellschaft stammen, nur dieser bekannt sind und die sie leichter nachweisen kann als der Kläger, auch von ihr dargelegt werden müssen. Dies ist die Kernaussage der sekundären Darlegungslast und der Sphärentheorie im Rahmen von §§ 280 Abs. 1, 241 Abs. 2 BGB, die allerdings beide nicht direkt anwendbar sind.

    Auch Thesaurierungsmaßnahmen gegenüber Minderheitsgesellschaftern und Vorzugsaktionären, die den „wirtschaftlich-virtuellen" Gesellschaftern vergleichbar sind, können ohne sachlichen Grund nicht gerechtfertigt werden.

Gleichsam beinhaltet der nicht direkt anwendbare § 315 Abs. 3 BGB eine ähnliche Nachweisstruktur. Dort liegt die Beweis- und Darlegungslast für die Bestimmung nach billigem Ermessen beim Bestimmungsberechtigten. Im billigen Ermessen liegt zwar nicht die Anspruchshöhe selbst, welche vertraglich fest an den Erfolg geknüpft ist, sondern vielmehr die vorgelagerte beeinträchtigende Unternehmensentscheidung.

Vorschlag zur Verringerung der Darlegungslast „wirtschaftlich-virtueller" Gesellschafter

16. Eine abweichende Beurteilung der richterlichen Überzeugungsbildung zugunsten „wirtschaftlich-virtueller" Gesellschafter ist in der folgenden Weise nötig und geboten: Stellt sich der Gläubiger als „wirtschaftlich-virtueller" Gesellschafter dar, so ist seiner schwierigen Darlegungs- und Beweislage hinsichtlich der missbräuchlichen Absicht der Gesellschaft dadurch Rechnung zu tragen, dass er neben seinem Vertragsverhältnis noch ein Indiz darlegen muss, welches die Missbräuchlichkeit impliziert. Selbige wird dann so lange vermutet, bis die beklagte Gesellschaft ein berechtigtes Interesse an der beeinträchtigenden Maßnahme darlegen kann.
17. Einzelne Beispiele vermitteln eine Idee über die Veränderung der Darlegungslast zugunsten „wirtschaftlich-virtueller" Gesellschafter:
    - Um Leistungsbeziehungen zu Gesellschaftern oder anderen verbundenen Unternehmen als in missbräuchlicher Absicht gegenüber dem „wirtschaftlich-virtuellen" Gesellschafter eingegangen nachzuweisen, ist bei der richterlichen Überzeugungsbildung zu berücksichtigen, dass die Darlegung einer verdeckten Gewinnausschüttung oder einer dem Wert nach zu korrigierenden Entnahme mangels adäquater Gegenleistung die Vermutung der Missbrauchsabsicht nahelegt. Diese wiederum macht es erforderlich, dass sachliche Gründe für die ergriffene Maßnahme durch die Gesellschaft zur Widerlegung der Missbrauchsvermutung dargelegt werden müssen.

      Eine ähnliche Beurteilung erfordern auch konzernrechtliche Sachverhalte, bei denen der „wirtschaftlich-virtuelle" Gesellschafter darlegen und beweisen kann, dass das Finanzamt zu einer verdeckten Gewinnausschüttung die Korrektur von Verrechnungspreisen betreffend den Leistungsaustausch im Konzern vornehmen würde.

- Ein weiteres Beispiel für die Verringerung der Darlegungslast kann der Nachweis einer bedeutenden Durchbrechung der Bilanzierungsstetigkeit durch den „wirtschaftlich-virtuellen“ Gesellschafter sein. Isoliert betrachtet reicht dieser Nachweis natürlich nicht. Es ist vielmehr eine Beurteilung des Gesamtzusammenhangs in Zusammenschau mit vor- wie nachgelagerten Bilanzen sowie Veränderung in der Bewertungs- und Ansatzpolitik des Unternehmens vorzunehmen, welche unter Umständen eine missbräuchliche Absicht anzeigt.
- Auch im Rahmen der Gewinnverwendung, unter der Voraussetzung, dass eine entsprechende Bemessungsgrundlage gewählt wurde, gewährt eine solche Beurteilung des Gesamtzusammenhangs einen erhöhten Schutz für „wirtschaftlich-virtuelle“ Gesellschafter. Betreffend die Genussrechtsinhaber fordern Stimmen in der Literatur bereits, dass die Gesellschaft in gewissen Fällen die Darlegungs- und Beweislast für eine betriebliche Rechtfertigung tragen soll, die zu einer unangemessen hohen Thesaurierung geführt hat. Wann eine Thesaurierung berechtigt oder unberechtigt ist, kann dabei anhand einer vergleichenden Betrachtung der zeitlich angrenzenden Geschäftsjahre ermittelt werden. Dies allein reicht aber noch nicht aus, da Gewinnverwendungsmaßnahmen einem weiten Ermessensspielraum unterliegen und insoweit weitere Umstände hinzutreten müssen, um eine Missbrauchsvermutung aufstellen zu können; beispielsweise die gravierende Änderung der Gewinnverwendungspolitik nach Ablauf der Finanzierungsdauer oder die Anfechtbarkeit des Gewinnverwendungsbeschlusses nach § 254 AktG.

18. Letztlich verbleibt es aber aufgrund der vielgestaltigen Sachverhaltsmöglichkeiten dabei, dass das erkennende Gericht nach § 286 ZPO durch die dargelegten Indizien zur Überzeugung gelangen muss, dass das Unternehmen absichtsvoll die Rechte der „wirtschaftlich-virtuellen“ Gesellschafter vereiteln wollte.
19. Rechtsdogmatische wie rechtstatsächliche Einwände gegen die Modifikation der Darlegungslast zugunsten der „wirtschaftlich-virtuellen“ Gesellschafter bestehen nicht.

Fazit

20. „Wirtschaftlich-virtuelle“ Gesellschafter sind prozessual bisher nicht ausreichend geschützt. Einer großen Gruppe von Kapitalgebern und anderen Gläubigern mit erfolgsbezogenen Vergütungs- und Rückzahlungsansprüchen

ist eine prozessuale Geltendmachung ihrer Ansprüche gegen die missbräuchlich handelnde Gesellschaft nahezu unmöglich. Die materiellrechtlich zur Verfügung stehenden Ansprüche, die einen Schutz der „wirtschaftlich-virtuellen" Gesellschafter vor dieser missbräuchlichen Vereitelung ihrer Vergütungs- und Rückzahlungsansprüche gewähren, werden bisher in ihrer prozessualen Durchsetzbarkeit nicht genügend gespiegelt. Zur Durchsetzung eines effektiven Schutzes der system- und vertragsbedingt risikobelasteten Gläubigergruppe ist es erforderlich, die Darlegungslast entsprechend anzupassen.

21. Als Reaktion auf die system- und vertragsbedingten Schwachstellen im Hinblick auf den Schutz „wirtschaftlich-virtueller" Gesellschafter ist es daher unumgänglich ihren Ansprüchen auch prozessual Geltung zu verschaffen, indem unüberwindbare Darlegungshürden abgebaut werden.
22. Auch wegen möglicher Reaktionen der Marktteilnehmer sollte ein Schutz dieser Gläubigergruppe im Rahmen der richterlichen Überzeugungsbildung in Betracht gezogen werden. Bleibt das Risiko bestehen, müssen die künftigen Gläubiger dieses in ihrer Finanzplanung und Anlagestrategie in besonderem Maße berücksichtigen. Insbesondere bei großen Kapitalgebern, wie zum Beispiel Versicherungen oder Pensionsfonds, muss über die Gefahr der Risikoweitergabe an Kunden und Mitglieder nachgedacht werden. Ein Schutz der „wirtschaftlich-virtuellen" Gesellschafter käme damit auch dieser Gruppe und dem Vertrauen am Kapitalmarkt zugute.

Literaturverzeichnis[1,2]

Adler, Hans/Düring, Walther/Schmaltz, Kurt, Rechnungslegung und Prüfung der Unternehmen – Kommentar zum HGB, AktG, GmbHG, PublG nach den Vorschriften des Bilanzrichtlinien-Gesetzes, 6. Aufl., Stuttgart 1997.

Alber, Matthias/Arendt, Hendrik/Faber, Stephan u.a. (Hrsg.), Beck'sches Steuer- und Bilanzrechtslexikon, Edition 55, München 2021.

Altmeppen, Holger, Gesetz betreffend die Gesellschaften mit beschränkter Haftung – Kommentar, 10. Aufl., München 2021.

Altmeppen, Holger, Grundlegend Neues zum „qualifiziert faktischen" Konzern und zum Gläubigerschutz in der Einmann-GmbH – Zugleich Besprechung des Urteils des BGH vom 17.9.2001 – II ZR 178/99 „Bremer Vulkan", ZIP 2001, S. 1874–1847.

Altmeppen, Holger, Kernbereichslehre, Bestimmtheitsgrundsatz und Vertragsfreiheit in der Personengesellschaft, NJW 2015, S. 2065–2071.

Angerer, Lutz/Geibel, Stephan/Süßmann, Rainer (Hrsg.), Wertpapiererwerbs- und Übernahmegesetz (WpÜG). Kommentar, 3. Aufl., München 2017.

Anzinger, Heribert M., Sonderposten für allgemeine Bankrisiken; gewinnabhängige Ansprüche und Verlustbeteiligung des stillen Gesellschafters § 340g HGB (§340g HGB), WuB 2019, S. 297–301.

Anzinger, Heribert M., Sonderposten für allgemeine Bankrisiken; gewinnabhängige Ansprüche und Verlustbeteiligung des stillen Gesellschafters § 340g HGB, WuB 2019, S. 297–301.

Arnold, Michael/Gärtner, Matthias, Auswirkungen staatlicher Rettungsmaßnahmen zugunsten von Kreditinstituten auf die Verlustteilnahme von Genussrechtsinhabern, AG 2013, S. 414–425.

Assmann, Heinz-Dieter/Pötzsch, Thorsten/Schneider, Uwe H. (Hrsg.), Wertpapiererwerbs- und Übernahmegesetz, 3. Aufl., Köln 2020.

[1] Die Abkürzungen in dieser Arbeit entsprechen *Kirchner*, Hildebert/ *Pannier*, Dietrich, Abkürzungsverzeichnis der Rechtssprache, 9. Auflage, Berlin 2018.

[2] Rechtsprechung und Neuerscheinungen in der Literatur wurden in dieser Arbeit bis zum 23. Juni 2021 berücksichtigt.

A.-K. Jungen, *Schutz von „wirtschaftlich-virtuellen" Gesellschaftern*,
https://doi.org/10.1007/978-3-658-42109-0

Assmann, Heinz-Dieter/Schütze, Rolf A./Buck-Heeb, Petra (Hrsg.), Handbuch des Kapitalanlagerechts, 5. Aufl., München 2020.

Baetge, Jörg/Kirsch, Hans-Jürgen/Thiele, Stefan, Bilanzen, 15. Aufl., Düsseldorf 2019.

Bass, Volker/Buck-Heeb, Petra/Werner, Stefan (Hrsg.), Anlegerschutzgesetze – Kunden- und Anlegerschutz im Bank- und Investmentrecht – Kommentar, Berlin 2019.

Bauer, Björn, Das partiarische Darlehen als Instrument der Unternehmensfinanzierung, Berlin 2020.

Baumbach, Adolf/Hopt, Klaus J. (Hrsg.), Handelsgesetzbuch – Mit GmbH & Co., Handelsklauseln, Bank- und Börsenrecht, Transportrecht (ohne Seerecht), 40. Aufl., München 2021.

Baumbach, Adolf/Hueck, Alfred (Hrsg.), Gesetz betreffend die Gesellschaften mit beschränkter Haftung, 22. Aufl., München 2019.

Baumgärtel, Gottfried/Laumen, Hans-Willi/Prütting, Hanns (Hrsg.), Handbuch der Beweislast – Grundlagen, Bd. 1, 4. Aufl., Köln 2019.

Baums, Theodor, Recht der Unternehmensfinanzierung, München 2017.

Bauschatz, Peter, Rechtsschutzmöglichkeiten bei Feststellung des Jahresabschlusses einer KG, NZG 2002, S. 759–765.

Bayer, Walter/Scholz, Philipp, Wirksamkeit von Verpflichtungs- und Erfüllungsgeschäft bei verbotener Einlagerückgewähr – Kommentar zu BGH v. 12.3.2013 – II ZR 179/12, AG 2013, 431, AG 2013, S. 426–429.

Becker, Udo, Der Schutz von Genussrechtsinhabern vor fehlerhafter Geschäftsführung – Zugleich eine Nachlese zu OLG Köln, Urt. v. 25.9.2012 – 15 U 101/10, BeckRS 2012, 24567, NZG 2014, S. 171–175.

Becker, Udo, Schadensersatzansprüche von Genussrechtsinhabern – Die Klöcknerrechtsprechung auf dem Prüfstand, NZG 2012, S. 1089–1093.

Beckhaus, Gerrit M., Die Bewältigung von Informationsdefiziten bei der Sachverhaltsaufklärung, Tübingen 2010.

Behme, Caspar/Zickgraf, Peter, Zivil- und gesellschaftsrechtliche Aspekte von Initial Coin Offerings (ICOs), ZfPW 2019, S. 66–93.

Beisse, Heinrich, Die Generalnorm des neuen Bilanzrechts, in: Knobbe-Keuk, Brigitte/Klein, Franz/Moxter, Adolf (Hrsg.), Handelsrecht und Steuerrecht, Festschrift für Dr. Dr. h.c. Georg Döllerer, Düsseldorf 1988, S. 25–44.

Beneke, Christine, Vertrauensgedanke und Rechtsfortbildung – Eine Studie zum kapitalmarktrechtlichen Anwendungsbereich von § 826 BGB, Tübingen 2018.

Betsch, Oskar/Groh, Alexander/Lohmann, Lutz G. E., Corporate Finance – Unternehmensbewertung, M & A und innovative Kapitalmarktfinanzierung, 2. Aufl., München 2000.

Beuchert, Tobias/Redeker, Philipp, Eigen- und Fremdkapital im Steuer- und Gesellschaftsrecht Deutschlands, in: Schön, Wolfgang (Hrsg.), Eigenkapital und Fremdkapital – Steuerrecht – Gesellschaftsrecht – Rechtsvergleich – Rechtspolitik, Berlin/Heidelberg 2013, S. 289–371.

Beusch, Karl, Rücklagebildung im Konzern, in: Havermann, Hans (Hrsg.), Bilanz- und Konzernrecht – Festschrift zum 65. Geburtstag von Dr. Dr. h.c. Reinhard Goerdeler, Düsseldorf 1987, S. 25–44.

Bieg, Hartmut/Waschbusch, Gerd, Bankbilanzierung nach HGB und IFRS, 3. Aufl., München 2017.

Bitter, Georg, Rechtsperson und Kapitalerhaltung – Gesellschafterschutz vor „verdeckten Gewinnausschüttungen" bei Kapital- und Personengesellschaften, ZHR 2004, S. 302–351.

Blaurock, Uwe, (Hrsg.), Handbuch Stille Gesellschaft – Gesellschaftsrecht – Steuerrecht, 9. Aufl., Köln 2020.

Blaurock, Uwe, Unterbeteiligung und Treuhand an Gesellschaftsanteilen – Formen mittelbarer Teilhabe an Gesellschaftsverhältnissen, Baden-Baden 1981.

Bösl, Konrad, Mezzanine Kapital als Instrument zur wertorientierten Managementvergütung, in: Bösl, Konrad/Sommer, Michael (Hrsg.), Mezzanine Finanzierung – Betriebswirtschaft Zivilrecht Steuerrecht Bilanzrecht, München 2006, S. 47–57.

Bracht, Hannes, Schadensersatzansprüche von Genussrechtsinhabern wegen der Beteiligung an Verlusten der emittierenden Bank, WM 2012, S. 585–591.

Breuninger, Gottfried E./Prinz, Ulrich, Ausgewählte Bilanz- und Steuerrechtsfragen von Mezzaninefinanzierungen, DStR 2006, S. 1345–1349.

Brezski, Eberhard, Der Markt für Mezzanine Kapital in Deutschland, in: Bösl, Konrad/ Sommer, Michael (Hrsg.), Mezzanine Finanzierung – Betriebswirtschaft Zivil-recht Steuerrecht Bilanzrecht, München 2006, S. 13–21.

Busch, Torsten, Schadensersatzansprüche von Genußrechtsinhabern als Eigenkapitalgebern? – Anmerkungen zum Urteil des BGH vom 5. 10. 1992 (Klöckner), AG 1993, S. 163–167.

Büschgen, Hans E., Ermittlung des Kapitalbedarfs der Unternehmung, in: Breuer, Rolf-Ernst (Hrsg.), Handbuch Finanzierung, 3. Aufl., Wiesbaden 2001, S. 123–154.

Canaris, Claus-Wilhelm/Habersack, Mathias/Schäfer, Carsten (Hrsg.), Staub Handelsgesetzbuch – Großkommentar. Bd. 5, §§ 238–289a, 5. Aufl., Saarbrücken/Berlin 2014.

Canaris, Claus-Wilhelm/Habersack, Mathias/Schäfer, Carsten (Hrsg.), Staub Handelsgesetzbuch – Großkommentar. Bd. 4, §§ 161–236, 5. Aufl., Saarbrücken/Berlin 2015.

Canaris, Claus-Wilhelm/Habersack, Mathias/Schäfer, Carsten (Hrsg.), Staub Handelsgesetzbuch – Großkommentar. Bd. 3, §§ 105–160, 5. Aufl. 2009.

Canaris, Claus-Wilhelm/Schilling, Wolfgang/Ulmer, Peter (Hrsg.), Staub Handelsgesetzbuch – Großkommentar. Bd. 2, §§ 105–237, 4. Aufl., Berlin 2004.

Casper, Matthias, Genussscheine von Banken nach der Konzernierung des Emittenten – Zugleich Besprechung OLG Frankfurt/M. v. 13.12.2011 – 5 U 56/11, ZIP 2012, 79 – Eurohypo/Rheinhyp und v. 7.2.2012 – 5 U 92/11, ZIP 2012, 524 – Eurohypo/ Rheinhyp/ Essenhyp, ZIP 2012, S. 497–504.

Chatard, Yannick/Mann, Maximilian, Initial Coin Offerings und Token-Handel im funktionalen Rechtsvergleich. Entwicklung deutscher Leitlinien auf Grundlage des Diskussionsstands in der Schweiz, Frankreich und Deutschland, NZG 2019, S. 567–574.

Claussen, Carsten P., Genuß ohne Reue, AG 1985, S. 77–79.

Claussen, Carsten P./Scherrer, Gerhard (Hrsg.), Kölner Kommentar zum Rechnungslegungsrecht, Köln 2011.

Crome, Carl, Die partiarischen Rechtsgeschäfte – nach römischem und heutigem Reichsrecht nebst Beiträgen zur Lehre der verschiedenen Arbeitsverträge, Leipzig und Tübingen 1897.

Dangelmayer, Stephan V., Der Schutz von Genussrechtsinhabern im Anwendungsbereich des Kreditwesengesetzes, Berlin 2013.

Danninger, Nadja, Organhaftung und Beweislast, Tübingen 2020.

Daske, Stefan, Vorzugsaktien in Deutschland – Historische und rechtliche Grundlagen, ökonomische Analyse, empirische Befunde, Wiesbaden 2019.

Dauner-Lieb, Barbara, Unternehmerische Tätigkeit zwischen Kontrolle und Kreativität, in: Crezelius, Georg/Hirte, Heribert/Vieweg, Klaus (Hrsg.), Festschrift für Volker Röhricht zum 65. Geburtstag – Gesellschaftsrecht – Rechnungslegung – Sportrecht, Köln 2005, S. 83–103.

Dauner-Lieb, Barbara/Langen, Werner (Hrsg.), Bürgerliches Gesetzbuch – BGB – Schuldrecht – §§ 241–610, Bd. 2, 4. Aufl., Baden-Baden 2021.

Dölling, Birger, Die Voraussetzungen der Beweiserhebung im Zivilprozess, NJW 2013, S. 3121–3127.

Drewes, Michael/Follert, Florian/Widmann, Markus, Der Fall Wirecard und die Folgen – Rechtsökonomische Analyse eines deutsches Gesetzesvorhabens, ZCG 2021, S. 72–79.

Drinhausen, Florian/Eckstein, Hans-Martin (Hrsg.), Beck'sches Handbuch der AG – Gesellschaftsrecht, Steuerrecht, Börsengang, 3. Aufl., München 2018.

Driver, Andreas, Behandlung von Genussrechten bei der Verschmelzung und beim Abschluss von Unternehmensverträgen, BB 2014, S. 195–201.

Drukarczyk, Jochen/Lobe, Sebastian, Finanzierung – Eine Einführung unter deutschen Rahmenbedingungen, 11. Aufl., Konstanz 2015.

Ebenroth, Carsten Thomas/Boujong, Karlheinz/Joost, Detlev/Strohn, Lutz (Hrsg.), Handelsgesetzbuch – Kommentar, Bd. 1, 4. Aufl., München 2020.

Ehmann, Erik, Wegfall der Geschäftsgrundlage von Genussrechten bei Konzernierung der Emittentin. Kommentar zu BGH v. 28.5.2013 – II ZR 67/12, AG 2013, 680, AG 2013, S. 751–756.

Eilers, Stephan/Rödding, Adalbert/Schmalenbach, Dirk (Hrsg.), Unternehmensfinanzierung – Gesellschaftsrecht, Steuerrecht, Rechnungslegung, 2. Aufl., München 2014.

Ekkenga, Jens, Anlegerschutz, Rechnungslegung und Kapitalmarkt, Tübingen 1998.

Emmerich, Volker/Habersack, Mathias (Hrsg.), Aktien- und GmbH-Konzernrecht – Kommentar, 9. Aufl., München 2019.

Ernst, Tassilo, Der Genußschein als Kapitalbeschaffungsmittel, AG 1967, S. 75–81.

Ernst, Tassilo, Der Genußschein im deutschen und schweizerischen Aktienrecht, Zürich 1963.

Esch, Günter, Die Unterbeteiligung an Handelsgesellschaftsanteilen, NJW 1964, S. 902–907.

Everling, Oliver/Trieu, My Linh, Stellenwert des Mezzanine-Kapitals im Rahmen des Unternehmensrating, in: Bösl, Konrad/Sommer, Michael (Hrsg.), Mezzanine Finanzierung – Betriebswirtschaft Zivilrecht Steuerrecht Bilanzrecht, München 2006, S. 87–102.

Feddersen, Dieter/Knauth, Klaus-Wilhelm, Eigenkapitalbildung durch Genußscheine, 2. Aufl., Frankfurt am Main 1992.

Feddersen, Dieter/Meyer-Landrut, Andreas, Mehr Rechtssicherheit für Genußscheine, ZGR 1993, S. 312–320.

Fest, Timo, Die Auslegung bilanzspezifischer Rechtsbegriffe in Genussrechtsbedingungen unter besonderer Berücksichtigung des Fonds für allgemeine Bankrisiken und die Bindung der Gläubiger an den Jahresabschluss – zugleich Besprechung des Urteils LG Düsseldorf WM 2019, 498, WM 2019, S. 1093–1100.

Fettes, Maik W., Zur Verwendung von Covenants gegenüber Kapitalgesellschaften, Berlin 2014.

Fischer, Leonhard, Unternehmensanleihen – eine Alternative zur Kreditfinanzierung?, in: Breuer, Rolf-Ernst (Hrsg.), Handbuch Finanzierung, 3. Aufl., Wiesbaden 2001, S. 251–279.

Fleck, Hans-Joachim, Stimmrechtsabspaltung in der GmbH?, in: Lutter, Marcus/Stimpel, Walter/Wiedemann, Herbert (Hrsg.), Festschrift für Robert Fischer, Berlin/München/Boston 2018, S. 107–130.

Fleischer, Holger/Goette, Wulf (Hrsg.), Münchener Kommentar zum Gesetz betreffend die Gesellschaften mit beschränkter Haftung – GmbHG – §§ 1–34 GmbHG, Bd. 1, 3. Aufl., München 2018.

Fleischer, Holger/Goette, Wulf (Hrsg.), Münchener Kommentar zum Gesetz betreffend die Gesellschaften mit beschränkter Haftung – GmbHG – §§ 35–52 GmbHG, Bd. 2, 3. Aufl., München 2019.

Florstedt, Tim, Zu Auskunfts- und Kontrollrechten von Genussrechtsinhabern – Zugleich Besprechung BGH v. 14.6.2016 – II ZR 121/15, ZIP 2016, 1529, ZIP 2017, S. 49–58.

Flume, Werner, Allgemeiner Teil des Bürgerlichen Rechts. Zweiter Band: Das Rechtsgeschäft, 4. Aufl., Berlin/Heidelberg 1992.

Föcking, Michael, Formen, Ausstattungsmerkmale und Preisgestaltung von Mezzanine Kapital, in: Breuer, Rolf-Ernst (Hrsg.), Handbuch Finanzierung, 3. Aufl., Wiesbaden 2001, S. 23–35.

Förster, Christian, Der Schwarze Ritter – § 826 BGB im Gesellschaftsrecht, AcP 2009, S. 398–444.

Frantzen, Christopher, Genußscheine – Zugleich eine Analyse der Genußscheinbedingungen deutscher Unternehmen, Köln 1993.

Freitag, Ulrich/Heun-Rehn, Stefan Lars-Thoren, Rechtmäßigkeit der Dotierung eines Sonderpostens nach § 340g HGB durch Kreditinstitute und Auslegung exakt verwandter bilanzrechtlicher Begrifflichkeiten, EWiR 2019, S. 395–396.

Friehe, Christian-Friedrich, Unterbeteiligung bei Personengesellschaften, Köln 1974.

Fuchs, Andreas, Kapitalbeteiligung ohne Mitgliedschaft – Genußscheine, Optionsanleihen und andere hybride Finanztitel im Spannungsfeld von Schuldverhältnis, Verbandsordnung und Kapitalmarkt, Göttingen 1997.

Gaber, Christian, Bankbilanz nach HGB – Praxisorientierte Darstellung der Bilanzierung von Bankgeschäften, 2. Aufl., Stuttgart 2018.

Gaber, Christian, Bilanz- und gesellschaftsrechtliche Voraussetzungen einer rechtsfehlerfreien Bildung von Vorsorgereserven nach §§ 340f, g HGB – Teil II -, WM 2018, S. 153–161.

Gaber, Christian, Bilanz- und gesellschaftsrechtliche Voraussetzungen einer rechtsfehlerfreien Bildung von Vorsorgereserven nach §§ 340f, g HGB – Teil I -, WM 2018, S. 105–113.

Gail, Winfried, Bilanzpolitik nicht börsennotierter Kapitalgesellschaften bei zunehmender Trennung von Handels- und Steuerbilanz, in: Hommelhoff, Peter/Zätzsch, Roger/Erle, Bernd (Hrsg.), Gesellschaftsrecht Rechnungslegung Steuerrecht – Festschrift für Welf Müller zum 65. Geburtstag, München 2001, S. 575–598.

Gehling, Christian, „Obligationsähnliche Genußrechte“: Genußrechte oder Obligation?, WM 1992, S. 1093–1100.

Gehrlein, Markus, Ansprüche gegen Gesellschafter bei überteuerter Nutzungsüberlassung an insolvente Gesellschaft, NZI 2016, S. 561–566.

Gerhold, Mirko, Hybrides Kapital als Finanzierungsinstrument, CFL 2011, S. 192–194.

Geßler, Ernst/Hefermehl, Wolfgang/Eckardt, Ulrich/Kropff, Bruno (Hrsg.), Aktiengesetz – Kommentar, Bd. 4, §§ 179–240, München 1994.

Geßler, Ernst/Hefermehl, Wolfgang/Hildebrandt, Wolfgang/Schröder, Georg/Martens, Klaus-Peter/Schmidt, Karsten (Hrsg.), Schlegelberger – Handelsgesetzbuch, 5. Aufl., München 1986.

Giering, Anastasia, Risikobezogener Gläubigerschutz im Recht der GmbH: Vorschläge zur Vermögensbindung und Gesellschafterhaftung de lege ferenda, Berlin 2009.

Goette, Wulf/ Habersack, Mathias/Kalss, Susanne (Hrsg.), Münchener Kommentar zum Aktiengesetz, Bd. 3, 4. Aufl., München 2018.

Goette, Wulf/ Habersack, Mathias/Kalss, Susanne (Hrsg.), Münchener Kommentar zum Aktiengesetz, Bd. 6, 5. Aufl., München 2021.

Goette, Wulf/Habersack, Mathias/Kalss, Susanne (Hrsg.), Münchener Kommentar zum Aktiengesetz, Bd. 4, 5. Aufl., München 2021.

Goette, Wulf/Habersack, Mathias/Kalss, Susanne (Hrsg.), Münchener Kommentar zum Aktiengesetz, Bd. 5, 5. Aufl., München 2020.

Goette, Wulf/Habersack, Mathias/Kalss, Susanne (Hrsg.), Münchener Kommentar zum Aktiengesetz, Bd. 1, 5. Aufl., München 2019.

Goette, Wulf/Habersack, Mathias/Kalss, Susanne (Hrsg.), Münchener Kommentar zum Aktiengesetz, Bd. 2, 5. Aufl., München 2019.

Gosch, Dietmar (Hrsg.), Körperschaftssteuergesetz. Kommentar, 4. Aufl., München 2020.

Götz, Heinrich, Die Sicherung der Rechte der Aktionäre der Konzernobergesellschaft bei Konzernbildung und Konzernleitung – zugleich auch eine Besprechung der Holzmüller-Entscheidung des Bundesgerichtshofs, AG 1984, S. 85–94.

Götz, Heinrich, Rücklagenbildung in der Unternehmensgruppe, in: Ballweiser, Wolfgang/Böcking, Hans-Joachim/Drukarczyk, Jochen/Schmidt, Reinhard H. (Hrsg.), Bilanzrecht und Kapitalmarkt – Festschrift zum 65. Geburtstag von Professor Dr. h.c. mult. Dr. h.c. Adolf Moxter, Düsseldorf 1994, S. 573–600.

Grigoleit, Hans Christoph (Hrsg.), Aktiengesetz – Kommentar, 2. Aufl., München 2020.

Groh, Manfred, Die atypisch stille Gesellschaft als fiktive Gesamthandsgemeinschaft, in: Drenseck, Walter/Seer, Roman (Hrsg.), Festschrift für Heinrich Wilhelm Kruse zum 70. Geburtstag, Köln 2001, S. 417–432.

Grottel, Bernd/Schmidt, Stefan/Schubert, Wolfgang J./Störk, Ulrich (Hrsg.), Beck'scher Bilanz-Kommentar – Handels- und Steuerbilanz, §§ 238 bis 339, 342 bis 342e HGB, 12. Aufl. 2020.

Grunewald, Barbara, Gesellschaftsrecht, 11. Aufl., Tübingen 2020.

Grunewald, Barbara, Zum Informationsrecht in der GmbH & Co. KG – Besprechung der Entscheidung BGH WM 1988, 1447, ZGR 1989, S. 545–553.

Grunewald, Barbara/Maier-Reimer, Georg/Westermann, Harm Peter (Hrsg.), Erman BGB – Handkommentar mit AGG, EGBGB, ErbbauRG, LPartG, ProdHaftG, VBVG, VersAusglG, WEG und ausgewählten Rechtsquellen des IPR, 16. Aufl., Köln 2020.

Gsell, Beate/Krüger, Wolfgang/Lorenz, Stephan/Reymann, Christoph (Hrsg.), beck-online.Grosskommentar, Zivilrecht, München, Stand: 15.07.2020 – 01.11.2020.

Gummert, Hans/Weipert, Lutz (Hrsg.), Münchener Handbuch des Gesellschaftsrechts, Bd. 1 – BGB-Gesellschaft, Offene Handelsgesellschaft, Partnerschaftsgesellschaft, Patenreederei, EWIV, 5. Aufl., München 2019.

Gummert, Hans/Weipert, Lutz (Hrsg.), Münchener Handbuch des Gesellschaftsrechts, Bd. 2 – Kommanditgesellschaft, GmbH & Co. KG, Publikums-KG, Stille Gesellschaft, 5. Aufl., München 2019.

Habbe, Julia Sophia/Gieseler, Konrad, Beweiserleichterungen bei (angeblich) fehlerhaften Ad-hoc-Mitteilungen, NZG 2016, S. 454–457.

Habersack, Mathias, „Klöckner" und das KWG – Zu den Grenzen der Verlustteilnahme von KWG-Genussrechten, AG 2009, S. 801–807.

Habersack, Mathias, Genußrechte und sorgfaltswidrige Geschäftsführung – Ein Beitrag zum Schutz der Inhaber von Genußrechten mit Eigenkapitalcharakter, ZHR 1991, S. 378–401.

Habersack, Mathias, Wiederauffüllung von Genusskapital auch bei Verlustvortrag?, NZG 2014, S. 1041–1045.

Habersack, Mathias/Casper, Matthias/Löbbe, Marc (Hrsg.), GmbH – Großkommentar – Gesetz betreffend die Gesellschaften mit beschränkter Haftung, Bd. 2, 3. Aufl., Tübingen 2020.

Habersack, Mathias/Mülbert, Peter O./Schlitt, Michael (Hrsg.), Unternehmensfinanzierung am Kapitalmarkt, 4. Aufl., Köln 2019.

Hacker, Philipp/Thomale, Chris, Crypto-securities Regulation: ICOs, Token Sales and Cryptocurrencies under EU Financial Law, ECFR 2018, S. 645–696.

Haeffs, Julia Aya, Der Auskunftsanspruch im Zivilrecht, Baden-Baden 2010.

Häger, Michael/Elkemann-Reusch, Manfred/Alvensleben, Philipp von (Hrsg.), Mezzanine Finanzierungsinstrumente – Stille Gesellschaft – Nachrangdarlehen – Genussrechte – Wandelanleihen, 2. Aufl., Berlin 2007.

Hahn, Christopher, Virtuelle Mitarbeiterbeteiligung – Grundlagen, Aufbau und praktische Formulierungsbeispiele, 2. Aufl., Berlin 2019.

Hammen, Horst, Offene Fragen beim Recht der Genußscheine, BB 1990, S. 1917–1922.

Hammen, Horst, Unzulässigkeit aktiengleicher Genussrechte?, DB 1988, S. 2549–2554.

Hanakam, Eva-Maria, Die steuerliche Beurteilung von Genussrechten als Instrumente der Kapitalbeschaffung, Würzburg 1991.

Harrer, Herbert (Hrsg.), Mitarbeiterbeteiligung und Stock-Option-Pläne, 2. Aufl., München 2004.

Hau, Wolfgang/Poseck, Roman (Hrsg.), BeckOK BGB, 58. Edition, München, Stand: 01.05.2021.

Hax, Herbert/Hartmann-Wendels, Thomas/Hinten, Peter von, Grundlagen der Finanzierungstheorie, in: Breuer, Rolf-Ernst (Hrsg.), Handbuch Finanzierung, 3. Aufl., Wiesbaden 2001, S. 583–608.

Hecht, Günter, Die Unterbeteiligung, Gießen 1933.

Heeren, Kai-Alexander, Kapitalgeberschutz und hybride Finanzierungsinstrumente – Risikoabhängiges Schutzinstrumentarium durch kapitalmarkt-, gesellschafts- und schuldrechtliche Regelungsmechanismen, Berlin 2008.

Heidel, Thomas (Hrsg.), Aktienrecht und Kapitalmarktrecht, 5. Aufl., Baden-Baden 2020.

Heidel, Thomas/Schall, Alexander (Hrsg.), Handelsgesetzbuch – Handkommentar, 3. Aufl., Baden-Baden 2020.

Heinemann, Stephan/Kraus, Martin/Schneider, Annette, Genussrechte, in: Bösl, Konrad/ Sommer, Michael (Hrsg.), Mezzanine Finanzierung – Betriebswirtschaft Zivil-recht Steuerrecht Bilanzrecht, München 2006, S. 171–196.

Hennrichs, Joachim, Wahlrechte im Bilanzrecht der Kapitalgesellschaften – unter besonderer Berücksichtigung der EG-Bilanz-Richtlinie, Köln 1999.
Hennrichs, Joachim, Herausforderungen für Aufsichtsräte und Abschlussprüfer – Lehren aus dem Fall Wirecard, Audit Committee Quarterly, IV 2020, S. 30–33.
Hennrichs, Joachim/Kleindiek, Detlef/Watrin, Christoph (Hrsg.), Münchener Kommentar zum Bilanzrecht – §§ 238 – 342 e HGB, Bd. 2, München 2013.
Hennrichs, Joachim/Willbrink, Florian, Verlustbeteiligung von Genussrechten und Schadensersatz, NZG 2014, S. 1168–1170.
Henssler, Martin/Strohn, Lutz (Hrsg.), Gesellschaftsrecht – BGB, HGB, PartGG, GmbHG, AktG, GenG, UmwG, InsO, AnfG, IntGesR, 5. Aufl., München 2021.
Herzfeld, Edgar, Die Unterbeteiligung, AcP 1933, S. 270–326.
Heymann, Ernst/Horn, Norbert (Hrsg.), Heymann-Handelsgesetzbuch (ohne Seerecht): Band 2: §§ 105–237, Berlin 1996.
Hinz, Michael, Sachverhaltsgestaltungen im Rahmen der Jahresabschlußpolitik, Düsseldorf 1994.
Hirte, Heribert, Genußscheine mit Eigenkapitalcharakter in der Aktiengesellschaft, ZIP 1988, S. 477–490.
Hirte, Heribert, Kapitalgesellschaftsrecht, 8. Aufl., Köln 2016.
Hirte, Heribert/Bülow, Christoph von (Hrsg.), Kölner Kommentar zum WpÜG, 2. Aufl., Köln 2010.
Hirte, Heribert/Möllers, Thomas M. J. (Hrsg.), Kölner Kommentar zum WpHG, 2. Aufl., Köln 2014.
Hoffmann-Becking, Michael (Hrsg.), Münchener Handbuch des Gesellschaftsrechts – Aktiengesellschaft, Bd. 4, 5. Aufl., München 2020.
Hofmann, Christian, Der Minderheitsschutz im Gesellschaftsrecht, Berlin/New York 2011.
Hölters, Wolfgang (Hrsg.), Aktiengesetz – Kommentar, 3. Aufl., München 2017.
Hopt, Klaus J., Kapitalanlegerschutz im Recht der Banken, München 1975.
Hopt, Klaus J./ Wiedemann, Herbert (Hrsg.), Aktiengesetz – Großkommentar. Zweiter Band, §§ 53a-75, 4. Aufl., Berlin 2008.
Hopt, Klaus J./Wiedemann, Herbert (Hrsg.), Aktiengesetz – Großkommentar. Siebenter Band/Teil 1, §§ 221–240, 4. Aufl., Berlin 2012.
Hopt, Klaus J./Wiedemann, Herbert (Hrsg.), Aktiengesetz – Großkommentar. Sechster Band, §§ 150–220, 4. Aufl., Berlin 2006.
Huffer, Henning, Das partiarische Geschäft als Rechtstypus – zugleich eine Studie über die Grundlagen der Typuslehre, München 1970.
Hüffer, Uwe, § 216 Abs. 3 AktG: Sondernorm oder allgemeiner Rechtsgedanke?, in: Westermann, Harm Peter/Mock, Klaus (Hrsg.), Festschrift für Gerold Bezzenberger zum 70. Geburtstag am 13. März 2000. Rechtsanwalt und Notar im Wirtschaftsleben, Berlin 2000.
Hüffer, Uwe/Koch, Jens (Hrsg.), Aktiengesetz, 15. Aufl., München 2021.
Institut der Wirtschaftsprüfer – Hauptfachausschuss (HFA), IDW-RS-HFA-38 IDW Stellungnahme zur Rechnungslegung: Ansatz- und Bewertungsstetigkeit im handelsrechtlichen Jahresabschluss (IDW RS HFA 38), Düsseldorf 10.06.2011.
Janning, Johannes, Virtuelle Aktienoptionsprogramme börsennotierter Aktiengesellschaften, Berlin 2020.
Jungmichel, Tim, Basel II und die möglichen Folgen, WM 2003, S. 1201–1209.

Kalss, Susanne, Anlegerinteressen – Der Anleger im Handlungsdreieck von Vertrag, Verband und Markt, Wien/New York 2001.

Kesten, Ralf, Grundlagen der Unternehmensfinanzierung – Finanzierungsformen und Finanzierungsderivate, 2. Aufl., Chemnitz 2012.

Kleindiek, Detlef, Mehrheitsentscheidungen in der Personengesellschaft: Formelle und materielle Legitimation, GmbHR 2017, S. 674–679.

Klöhn, Lars/Parhofer, Nicolas/Resas, Daniel, Initial Coin Offerings (ICOs), ZBB 2018, S. 89–106.

Koch, Jens, Kapitalerhöhungen „unter Wert" als Anwendungsfall des § 216 Abs. 3 AktG?, AG 2017, S. 6–16.

Koch, Philipp, Die „Tokenisierung" von Rechtspositionen als digitale Verbriefung, ZBB 2018, S. 359–368.

Koenigs, Folkmar, Stille Gesellschaft, Berlin/Boston 1961.

Kokemoor, Axel/Theilig, Jörg, Verhältnis der Vorschriften über Verlustteilnahmeanforderungen bei Eigenmittelbestandteilen nach dem KWG zu Regelungen und Grundsätzen des Zivilrechts, WM 2011, S. 337–343.

Koppensteiner, Hans-Georg, Ordentliche Kapitalerhöhungen und dividendenabhängige Ansprüche Dritter, ZHR 1975, S. 191–207.

Krejci, Heinz/van Husen, Rainer, Über Genussrechte, Gesellschafterähnlichkeit, stille Gesellschaften und partiarische Darlehen, GesRZ 2000, S. 54–62.

Kropff, Bruno, Aktiengesetz vom 6.9.1965 (Bundesgesetzbl. I S. 1089) – Aktiengesetz von 1937, Düsseldorf 1965.

Kropff, Bruno, Sinn und Grenzen der Bilanzpolitik – im Hinblick auf den Entwurf des Bilanzrichtlinie-Gesetzes, in: Baetge, Jörg (Hrsg.), Der Jahresabschluß im Widerstreit der Interessen – Eine Vortragsreihe, Düsseldorf 1983, S. 179–211.

Krüger, Wolfgang/Rauscher, Thomas (Hrsg.), Münchener Kommentar zur Zivilprozessordnung. Mit Gerichtsverfassungsgesetz und Nebengesetzen, Bd. 1, §§ 1–354, 6. Aufl., München 2020.

Krumnow, Jürgen/Sprißler, Wolfgang/Bellavite-Hövermann, Yvette u.a. (Hrsg.), Rechnungslegung der Kreditinstitute – Kommentar zum deutschen Bilanzrecht unter Berücksichtigung von IAS/IFRS, 2. Aufl., Stuttgart 2004.

Küting, Peter/Weber, Claus-Peter, Die Bilanzanalyse – Beurteilung von Abschlüssen nach HGB und IFRS, 11. Aufl., Stuttgart 2015.

Kutsch, Alexander/Kersting, Anna-Lena, Mitarbeiterbeteiligung zur Finanzierung und Sanierung, BB 2011, S. 373–382

Larenz, Karl/Canaris Claus-Wilhelm, Lehrbuch des Schuldrechts – Besonderer Teil, Bd. II/2, 13. Aufl., München 1994.

Lenders, Rudolf, Treuhand am Gesellschaftsanteil – Die Einbindung des Treugebers in das gesellschaftsrechtliche Organisationsgefüge, Frankfurt am Main 2004.

Lindemann, Harald, Gewinnabhängige Ansprüche im Konzern, Lohmar 2003.

Löw, Edgar, Handelsbilanzielle Einordnung des Sonderpostens nach § 340g HGB, WM 2020, S. 625–630.

Lühn, Michael, Genussrechte – Grundlagen, Einsatzmöglichkeiten, Bilanzierung und Besteuerung, Wiesbaden 2013.

Lutter, Marcus, Genußrechtsfragen – Besprechung der Entscheidungen BGH ZIP 1992, 1542 (Klöckner) und BGH ZIP 1992, 1728 (Bremer Bankverein), ZGR 1993, S. 291–311.

Lutter, Marcus, Rücklagenbildung im Konzern, in: Havermann, Hans (Hrsg.), Bilanz- und Konzernrecht – Festschrift zum 65. Geburtstag von Dr. Dr. h.c. Reinhard Goerdeler, Düsseldorf 1987, S. 327–348.

Lutter, Marcus/Hommelhoff, Peter (Hrsg.), GmbH-Gesetz – Kommentar, 20. Aufl., Köln 2020.

Luttermann, Claus, Anlegerschutz und Bezugsrechtsausschluß bei Genußrechten – Anmerkungen zu den BGH-Urteilen vom 5.10.1992 (II ZR 172/91, Klöckner AG) und vom 9.11.1992 (II ZR 230/91, Bankverein Bremen AG), DB 1993, S. 1809–1813.

Luttermann, Claus, Unternehmen, Kapital und Genußrechte – Eine Studie über Grundlagen der Unternehmensfinanzierung und zum internationalen Kapitalmarktrecht, Tübingen 1998.

Maerker, Sebastian/Wagner, Martin, Die Behandlung von Genussscheinen bei Abschluss eines Beherrschungs- und Gewinnabführungsvertrags durch die Emittentin – Zugleich Besprechung des BGH-Urteils vom 28.5.2013 – II ZR 67/12, DB 2013 S. 1837, DB 2013, S. 2549–2553.

Mang, Thomas, Kurzfristige Fremdfinanzierung durch Kreditinstitute, in: Breuer, Rolf-Ernst (Hrsg.), Handbuch Finanzierung, 3. Aufl., Wiesbaden 2001, S. 181–209.

Mehrbey, Kim Lars (Hrsg.), Handbuch Gesellschaftsrechtliche Streitigkeiten – Corporate Litigation, 3. Aufl., Köln 2020.

Meilicke, Heinz, Welchen Genuß der Genußscheine?, BB 1987, S. 1609–1614.

Mentzel, Moritz/Sura, Stephan, Kein „Verwässerungsschutz" nach § 216 III 1 AktG für dividendenabhängige Tantieme bei effektiven Kapitalerhöhungen, NZG 2019, S. 176–179.

Merkt, Hanno, Der Sonderfonds für allgemeine Bankrisiken nach § 340g HGB und seine bilanzielle Einordnung, BKR 2019, S. 261–271.

Meyer, Christian, Der Nießbrauch an GmbH-Geschäftsanteilen und an Aktien, Köln 2002.

Meyer, Gerd, Die Unterbeteiligung an Handelsgesellschaftsanteilen, Münster 1971.

Michalski, Lutz/Heidinger, Andreas/Leible, Stefan/Schmidt, Jessica (Hrsg.), Kommentar zum Gesetz betreffend die Gesellschaften mit beschränkter Haftung (GmbH-Gesetz), Bd. 1, 3. Aufl., München 2017.

Michalski, Lutz/Heidinger, Andreas/Leible, Stefan/Schmidt, Jessica (Hrsg.), Kommentar zum Gesetz betreffend die Gesellschaften mit beschränkter Haftung (GmbH-Gesetz), Bd. 2, 3. Aufl., München 2017.

Milde, Thomas, Die Stellung des Treugebers in Kapitalgesellschaften am Beispiel der Anfechtungsbefugnis, in: Dauner-Lieb, Barbara/Hommelhoff, Peter/Jacobs, Matthias/Kaiser, Dagmar/Weber, Christoph (Hrsg.), Festschrift für Horst Konzen zum siebzigsten Geburtstag, Tübingen 2006, S. 541–560.

Motive zu dem Entwurf eines Bürgerlichen Gesetzbuches für das Deutsche Reich, Bd. I, Allgemeiner Teil, Berlin 1888.

Mueller-Thuns, Thomas (Hrsg.), Handbuch GmbH & Co. KG – Gesellschaftsrecht Steuerrecht, 22. Aufl., Köln 2020.

Mueller-Thuns, Thomas, Gewinnbezugsrecht und bilanzpolitische Gestaltungsmöglichkeiten in der GmbH, Köln 1989.

Mülbert, Peter O., Aktiengesellschaft, Unternehmensgruppe und Kapitalmarkt, München 1996.

Mülbert, Peter O., Verlustbeteiligung des Genussrechtskapitals von Kreditinstituten, in: Kindler, Peter/Koch, Jens/Ulmer, Peter u.a. (Hrsg.), Festschrift für Uwe Hüffer zum 70. Geburtstag, München 2010, S. 679–697.

Mülbert, Peter O./Sajnovits, Alexander, Die Dotierung des Sonderpostens „Fonds für allgemeine Bankrisiken“ nach § 340g HGB mit Blick auf die Zahlungsansprüche von KWG/CRR-Genussscheininhabern, WM 2017, S. 1725–1735.

Müller, Wolf/Aldick, Jonna Margareta, Der Geheimnisschutz im Zivilprozess – Vom Gesetzgeber aus den Augen verloren?, ZIP 2020, S. 9–15.

Musielak, Hand-Joachim/Voit, Wolfgang (Hrsg.), Zivilprozessordnung mit Gerichtsverfassungsgesetz. Kommentar, 18. Aufl., München 2021.

Obermüller, Walter/Obermüller, Manfred, Die Unterbeteiligung im Bankgeschäft – Eine Übersicht für die Praxis, in: Hadding, Walther (Hrsg.), Festschrift für Winfried Werner zum 65. Geburtstag am 17. Oktober 1984 – Handelsrecht u. Wirtschaftsrecht in d. Bankpraxis, Berlin u.a. 1984, S. 607–638.

Oetker, Hartmut (Hrsg.), Handelsgesetzbuch – Kommentar, 7. Aufl., München 2021.

Oppenländer, Frank/Trölitzsch, Thomas (Hrsg.), Praxishandbuch der GmbH-Geschäftsführung, 3. Aufl., München 2020.

Palandt, Otto (Hrsg.), Bürgerliches Gesetzbuch – Mit Nebengesetzen, insbesondere mit Einführungsgesetz (Auszug) einschließlich Rom I-, Rom II- und Rom III-Verordnungen sowie EU-Güterrechtsverordnungen, Haager Unterhaltsprotokoll und EU-Erbrechtsverordnung, Allgemeines Gleichbehandlungsgesetz (Auszug), Wohn- und Betreuungsvertragsgesetz, Unterlassungsklagengesetz (PalHome), Produkthaftungsgesetz, Erbbaurechtsgesetz, Wohnungseigentumsgesetz, Versorgungsausgleichsgesetz, Lebenspartnerschaftsgesetz (PalHome), Gewaltschutzgesetz, 80. Aufl., München 2021.

Paschos, Nikolaos/Goslar, Sebastian, Die Aktienrechtsnovelle 2016 – Ein Überblick, NJW 2016, S. 359–364.

Paulick, Heinz, Die Unterbeteiligung in gesellschaftsrechtlicher und steuerrechtlicher Sicht, ZGR 1974, S. 253–295.

Pawlowski, Enka, Der Prima-facie-Beweis bei Schadensersatzansprüchen aus Delikt und Vertrag, Göttingen 1966.

Pelka, Jürgen/Petersen, Karl (Hrsg.), Beck'sches Steuerberater-Handbuch 2021/2022, 18. Aufl., München 2021.

Perridon, Louis/Rathgeber, Andreas W./Steiner, Manfred, Finanzwirtschaft der Unternehmung, 17. Aufl., München 2017.

Pfeiffer, Thomas, Organwissen und Grenzen der sekundären Darlegungslast, ZIP 2017, S. 2077–2084.

Pfleger, Günter, Die neue Praxis der Bilanzpolitik – Gestaltungsmöglichkeiten in der Handels- und Steuerbilanz nach der Bilanzreform, 2. Aufl., Freiburg im Breisgau 1986.

Pöschke, Moritz, Auskunftsanspruch des Inhabers eines gewinnabhängigen verzinsten Genussrechts – Zugleich Anmerkung zu BGH vom 14.06.2016 – II ZR 121/ 15, DB 2016 S. 1865, DB 201, S. 2219–2221.

Pöschke, Moritz, Bilanzrechtliche Kriterien für die Abgrenzung von Eigen- und Fremdkapital, CFL 2011, S. 195–201.

Pöschke, Moritz, Wahlrechte und „Ermessensspielräume“ im Bilanzrecht und die Business Judgement Rule, ZGR 2018, S. 647–687.

Priester, Hans-Joachim, Feststellung des Jahresabschlusses bei der Personenhandelsgesellschaft – Gesellschaftervereinbarung oder Organbeschluß?, in: Häuser, Franz/Hammen, Horst/Hennrichs, Joachim/Steinbeck, Anja/Siebel, Ulf. R./Welter, Reinhard (Hrsg.), Festschrift für Walther Hadding zum 70. Geburtstag am 8. Mai 2004, Berlin/Boston 2004, S. 607–619.

Priester, Hans-Joachim, Gewinnthesaurierung im Konzern, ZHR 2012, S. 268–285.

Prinz, Ulrich/Kahle, Holger (Hrsg.), Beck'sches Handbuch der Personengesellschaften – Gesellschaftsrecht – Steuerrecht, 5. Aufl., München 2020.

Prosser, Andreas, Anlegerschutz bei Genussscheinen, Gewinnschuldverschreibungen, Options- und Wandelanleihen – Insbesondere bei Konzernierung und Umwandlung, Frankfurt am Main 2001.

Raiser, Ludwig, Rechtsschutz und Institutionenschutz im Privatrecht, in: Summum ius summa iniuria, Individualgerechtigkeit u. d. Schutz allgemeiner Werte im Rechtsleben. Ringvorlesung von Mitgliedern d. Tübinger Juristenfakultät im Rahmen d. Dies academicus, Tübingen 1962/1963, S. 145–167.

Rauch, Isabel/Schimpfky, Peter/Schneider, Annette, Stille Beteiligungen, in: Bösl, Konrad/Sommer, Michael (Hrsg.), Mezzanine Finanzierung – Betriebswirtschaft Zivil-recht Steuerrecht Bilanzrecht, München 2006, S. 119–166.

Reichert, Jochem (Hrsg.), GmbH & Co. KG, 8. Aufl., München 2021.

Renner, Moritz/Engel, Tim, Gläubigerschutz bei Gewinnverlagerungen im Konzern – Zugleich Besprechung BGH v. 28.5.2013 – II ZR 67/12, ZIP 2013, 1570 – Eurohypo/Rheinhyp/Essenhyp, ZIP 2013, S. 2436–2444.

Reuter, Dieter, Genuß ohne Reue?, AG 1985, S. 104–107.

Rid-Niebler, Eva-Maria, Genußrechte als Instrument zur Eigenkapitalbeschaffung über den organisierten Kapitalmarkt für die GmbH, Köln 1989.

Risse, Jörg/Höfling, Tobias, Leitplankentheorie statt Bestimmtheitsgrundsatz und Kernbereichslehre – Zur richterlichen Kontrolle von Gesellschafterbeschlüssen in Personengesellschaften, NZG 2017, S. 1131–1138.

Roggemann, Christoph, Zivilrechtlicher Anlegerschutz bei bedingten Pflichtwandel- und Herabschreibungsanleihen – Zugleich ein Beitrag zur Harmonisierung des Gläubigerschutzes in der Europäischen Bankenunion unter Berücksichtigung eines Vergleiches mit dem US-amerikanischen und dem schweizerischen Recht, Berlin 2020.

Rohr, Jonathan/Wright, Aaron, Blockchain-Based Token Sales, Initial Coin Offerings, and the Democratization of Public Capital Market, in: Cardozo Legal Studies Research Paper No. 527 (University of Tennessee Legal Studies Research Paper No. 338), S. 1–115.

Röhricht, Volker, Die GmbH im Spannungsfeld zwischen wirtschaftlicher Dispositionsfreiheit ihrer Gesellschafter und Gläubigerschutz, in: Geiß, Karlmann/Nehm, Kay/Brandner, Hans Erich u.a. (Hrsg.), Festschrift aus Anlaß des fünfzigjährigen Bestehens von Bundesgerichtshof, Bundesanwaltschaft und Rechtsanwaltschaft beim Bundesgerichtshof, München 2000, S. 83–112.

Röhricht, Volker/Westphalen, Friedrich Graf von/Haas, Ulrich (Hrsg.), HGB – Kommentar. zu Handelsstand, Handelsgesellschaften, Handelsgeschäften, besonderen Handelsverträgen und internationalem Vertragsrecht (ohne Bilanz-, Transport- und Seerecht), 5. Aufl., Köln 2019.

Rommé, Oliver, Der Anscheinsbeweis im Gefüge von Beweiswürdigung, Beweismaß und Beweislast, Köln/Berlin/Bonn/München 1989.

Roth, Günter H./Thöni, Wilfried, Treuhand und Unterbeteiligung, in: Lutter, Marcus (Hrsg.), Festschrift 100 Jahre GmbH-Gesetz, Köln 1992, S. 245–288.

Rowedder, Heinz/Furhmann, Hans/Koppensteiner, Hans-Georg/Lanfermann, Josef/Rasner, Henning/Rittner, Fritz/Zimmermann, Klaus (Hrsg.), Gesetz betreffend die Gesellschaft mit beschränkter Haftung (GmbHG), München 1985.

Rowedder, Heinz/Schmidt-Leithoff, Christian (Hrsg.), Gesetz betreffend die Gesellschaften mit beschränkter Haftung – Kommentar, 6. Aufl., München 2017.

Säcker, Franz Jürgen/Rixecker, Roland/ Oetker, Hartmut/Limperg, Bettina (Hrsg.), Münchener Kommentar zum Bürgerlichen Gesetzbuch, Bd. 2, 8. Aufl., München 2019.

Säcker, Franz Jürgen/Rixecker, Roland/Oetker, Hartmut/Limperg, Bettina (Hrsg.), Münchener Kommentar zum Bürgerlichen Gesetzbuch, Bd. 1, 8. Aufl., München 2018.

Säcker, Franz Jürgen/Rixecker, Roland/Oetker, Hartmut/Limperg, Bettina (Hrsg.), Münchener Kommentar zum Bürgerlichen Gesetzbuch, Bd. 6, 8. Aufl., München 2020.

Säcker, Franz Jürgen/Rixecker, Roland/Oetker, Hartmut/Limperg, Bettina (Hrsg.), Münchener Kommentar zum Bürgerlichen Gesetzbuch, Bd. 7, 8. Aufl., München 2020.

Säcker, Franz Jürgen/Rixecker, Roland/Oetker, Hartmut/Limperg, Bettina (Hrsg.), Münchener Kommentar zum Bürgerlichen Gesetzbuch, Bd. 3, 8. Aufl., München 2019.

Saenger, Ingo (Hrsg.), Zivilprozessordnung. Familienverfahren. Gerichtsverfassung. Europäisches Verfahrensrecht. Handkommentar, 9. Aufl., Baden-Baden 2021.

Schäfer, Frank, Genußscheine mit Eigenkapitalcharakter – Besprechung der Entscheidung OLG Düsseldorf WM 1991, 1375, WM 1991, S. 1941–1944.

Schipporeit, Erhard, Externe Eigenfinanzierung bei Kapitalgesellschaften, in: Breuer, Rolf-Ernst (Hrsg.), Handbuch Finanzierung, 3. Aufl., Wiesbaden 2001, S. 437–467.

Schmidberger, Aljoscha, Schutz von (Hybrid-)Kapitalgebern vor der „übermäßigen" Dotierung des Fonds für allgemeine Bankrisiken (§ 340 g HGB), BKR 2017, S. 309–315.

Schmidt, Karsten, Die Beschlußanfechtungsklage bei Vereinen und Personengesellschaften – Ein Beitrag zur Institutionalisierung im Gesellschaftsrecht, in: Lutter, Marcus/Mertens/ Hans-Joachim/Ulmer, Peter (Hrsg.), Festschrift für Walter Stimpel zum 68. Geburtstag am 29. November 1985, Berlin/New York 1985, S. 217–243.

Schmidt, Karsten, Gesellschaftsrecht, 4. Aufl., Köln 2002.

Schmidt, Karsten, Mehrheitsbeschlüsse in Personengesellschaften, ZGR 2008, S. 1–33.

Schmidt, Karsten/ Ebke, Werner F. (Hrsg.), Münchener Kommentar zum Handelsgesetzbuch: Bankvertragsrecht. Recht des Zahlungsverkehrs, Kapitalmarkt- und Wertpapiergeschäft, Ottawa Übereinkommen über Internationales Factoring, Bd. 6, 4. Aufl., München 2019.

Schmidt, Karsten/Ebke, Werner F. (Hrsg.), Münchener Kommentar zum Handelsgesetzbuch – Drittes Buch. Handelsbücher §§ 238–342e HGB, Bd. 4, 4. Aufl., München 2020.

Schmidt, Karsten/Ebke, Werner F. (Hrsg.), Münchener Kommentar zum Handelsgesetzbuch – Zweites Buch Handelsgesellschaften und stille Gesellschaft. Erster Abschnitt. Offene Handelsgesellschaft §§ 105–160, Bd. 2, 4. Aufl., München 2016.

Schmidt, Karsten/Ebke. Werner F. (Hrsg.), Münchener Kommentar zum Handelsgesetzbuch – Zweites Buch Handelsgesellschaften und stille Gesellschaft. Zweiter Abschnitt. Kommanditgesellschaft. Dritter Abschnitt. Stille Gesellschaft §§ 161–237. Konzernrecht der Personengesellschaften, Bd. 3, 4. Aufl., München 2019.

Schmidt, Karsten/Lutter, Marcus (Hrsg.), Aktiengesetz. Kommentar, Bd. 1, 4. Aufl., Köln 2020.

Schmidt, Karsten/Lutter, Marcus (Hrsg.), Aktiengesetz. Kommentar, Bd. 2, 4. Aufl., Köln 2020.

Schmidt, Karten, Reflexionen über das Beschlussmängelrecht, AG 2009, S. 248–259.

Schneck, Ottmar, Handbuch Alternative Finanzierungsformen – Anlässe, private Equity, Genussscheine, ABS, Leasing, Factoring, Mitarbeiterbeteiligung, BAV, Franchising, stille Gesellschaft, partiarisches Darlehen, Börsengang, Weinheim 2006.

Schneider, Annette/Sommer, Michael/Wagner, Florian, Partiarisches Darlehen, in: Bösl, Konrad/Sommer, Michael (Hrsg.), Mezzanine Finanzierung – Betriebswirtschaft Zivilrecht Steuerrecht Bilanzrecht, München 2006, S. 271–290.

Schneider, Herbert, Über die Unterbeteiligung an Anteilen an einer Personengesellschaft als stille Gesellschaft, in: Hefermehl, Wolfgang/Nipperdey, Hans Carl (Hrsg.), Festschrift für Philipp Möhring – zum 65. Geburtstag 4. September 1965, München und Berlin 1965, S. 115–125.

Schneider, Uwe H., Genußrechte an Konzernunternehmen, in: Havermann, Hans (Hrsg.), Bilanz- und Konzernrecht – Festschrift zum 65. Geburtstag von Dr. Dr. h.c. Reinhard Goerdeler, Düsseldorf 1987, S. 511–530.

Scholz, Franz (Hrsg.), Kommentar zum GmbH-Gesetz – Mit Anhang Konzernrecht, Bd. 1, 12. Aufl., Köln 2018.

Scholz, Franz (Hrsg.), Kommentar zum GmbH-Gesetz, Bd. 2, 12. Aufl., Köln/Saarbrücken 2014/2021.

Scholz, Kai-Steffen, Beschlussmängelstreitigkeiten in Personengesellschaften – Verselbstständigung auch im Innenverhältnis, WM 2006, S. 897–905.

Schön, Wolfgang, Ein Allgemeiner Teil der Genußrechte, JZ 1993, S. 925–934.

Schön, Wolfgang, Gibt es das partiarische Darlehen?, ZGR 1993, S. 210–244.

Schönhaar, Tobias, Ausgestaltung von virtuellen Mitarbeiterbeteiligungsprogrammen, GWR 2017, S. 293–296.

Schott, Konrad, Genußscheine – Inhaltsbestimmung von Genußrechtsverhältnissen, Frankfurt am Main 1995.

Schrade, Jörg/Denninger, Isabella, Besteuerung von Managementbeteiligungsprogrammen – Umwandlung von Boni in virtuelle Beteiligungen, DStR 2019, S. 2615–2622.

Schrell, Thomas K./Kirchner, Andreas, Mezzanine Finanzierungsstrategien, BKR 2003, S. 13–20.

Schröder, Oliver, Neue Konzepte zum Beschlußmängelrecht der GmbH und der Personengesellschaften, GmbHR 1994, S. 532–537.

Schubel, Christian, Verbandssouveränität und Binnenorganisation der Handelsgesellschaften, Tübingen 2003.

Schultheiß, Tilman, Genussrecht und Anlegerschutz, Leipzig 2018.

Schultz, Volker, Substantiierungsanforderungen an den Parteivortrag in der BGH-Rechtsprechung, NJW 2017, S. 16–21.

Schulze-Osterloh, Die verdeckte Gewinnausschüttung bei der GmbH als kompetenzrechtliches Problem, in: Lutter, Marcus/Mertens/Hans-Joachim/Ulmer, Peter (Hrsg.), Festschrift für Walter Stimpel zum 68. Geburtstag am 29. November 1985, Berlin/New York 1985, S. 487–506.

Schulze-Osterloh, Joachim, Der atypisch stille Gesellschafter ist der typisch stille Gesellschafter!, in: Drenseck, Walter/Seer, Roman (Hrsg.), Festschrift für Heinrich Wilhelm Kruse zum 70. Geburtstag, Köln 2001, S. 377–393.

Schulze-Osterloh, Joachim, Jahresabschluß, Abschlußprüfung und Publizität der Kapitalgesellschaften nach dem Bilanzrichtlinien-Gesetz, ZHR 1986, S. 532–569.

Schummer, Gerhard, Genußrechtsemission durch Personenhandelsgesellschaften? (I), GesRZ 1991, S. 198–207.

Schürnbrand, Jan, Gewinnbezogene Schuldtitel in der Umstrukturierung, ZHR 2009, S. 689–710.

Schwark, Eberhard/Zimmer, Daniel (Hrsg.), Kapitalmarktrechts-Kommentar. Börsengesetz mit Börsenzulassungsverordnung, Wertpapierprospektgesetz, Wertpapierhandelsgesetz, Wertpapiererwerbs- und Übernahmegesetz, Europäische Marktmissbrauchsverordnung, 5. Aufl., München 2020.

Selchert, Friedrich W., Zur Generalnorm für offenlegungspflichtige Unternehmen – Eine Analyse von § 264 Abs. 2 Satz 1 HGB, BB 1993, S. 753–760.

Semler, Johannes/Kropff, Bruno (Hrsg.), Münchener Kommentar zum Aktiengesetz, Bd. 8, 2. Aufl., München 2000.

Servatius, Wolfgang, Gläubigereinfluss durch Covenants – Hybride Finanzierungsinstrumente im Spannungsfeld von Fremd- und Eigenfinanzierung, Tübingen 2012.

Sethe, Rolf, Genußrechte: Rechtliche Rahmenbedingungen und Anlegerschutz (II), AG 1993, S. 351–371.

Sethe, Rolf, Genußrechte: Rechtliche Rahmenbedingungen und Anlegerschutz (I), AG 1993, S. 293–315.

Singhof, Bernd/Seiler, Oliver/Schlitt, Michael, Mittelbare Gesellschaftsbeteiligungen – Stille Gesellschaft, Unterbeteiligung, Treuhand, Köln 2004.

Sittel, Alexandra C., Der Nießbrauch an Gesellschaftsanteilen, Hamburg 2006.

Spindler, Gerald, Initial Coin Offerings und Prospektpflicht und -haftung, WM 2018, S. 2109–2118.

Spindler, Gerald/Stilz, Eberhard (Hrsg.), Kommentar zum Aktiengesetz, 4. Aufl., München 2019.

Stadler, Astrid, Der Schutz von Unternehmensgeheimnissen im Zivilprozeß, NJW 1989, S. 1202–1206.

Staudinger, Björn, Minderheitsschutz im Personengesellschaftsrecht – Kernbereichslehre und Bestimmtheitsgrundsatz – überflüssige Minderheitsschutzinstrumente oder notwendige Korrektive der Privatautonomie?, Baden-Baden 2020.

Staudinger, Julius von (Begr.), Kommentar zum Bürgerlichen Gesetzbuch – Mit Einführungsgesetz und Nebengesetzen, Buch 2, Recht der Schuldverhältnisse, §§ 305–310; UKlaG. AGB-Recht 1 und Unterlassungsklagengesetz, Berlin 2019 (zit.: *Bearbeiter*, in: Staudinger, BGB).

Staudinger, Julius von (Begr.), Kommentar zum Bürgerlichen Gesetzbuch – Mit Einführungsgesetz und Nebengesetzen, Buch 1, Allgemeiner Teil. §§ 90–124; 130–133. Sachen und Tiere, Geschäftsfähigkeit, Willenserklärung, Berlin 2017 (zit.: *Bearbeiter*, in: Staudinger, BGB).

Staudinger, Julius von (Begr.), Kommentar zum Bürgerlichen Gesetzbuch – Mit Einführungsgesetz und Nebengesetzen, Buch 1, Allgemeiner Teil. §§ 164–240. Stellvertretung, Zustimmung, Fristen, Verjährung, Selbsthilfe, Sicherheitsleistung, Berlin 2019 (zit.: *Bearbeiter*, in: Staudinger, BGB).

Staudinger, Julius von (Begr.), Kommentar zum Bürgerlichen Gesetzbuch – Mit Einführungsgesetz und Nebengesetzen, Buch 2, Recht der Schuldverhältnisse, §§ 315–326. Treu und Glauben, Berlin 2020 (zit.: *Bearbeiter*, in: Staudinger, BGB).

Staudinger, Julius von (Begr.), Kommentar zum Bürgerlichen Gesetzbuch – Mit Einführungsgesetz und Nebengesetzen, Buch 1, Allgemeiner Teil, §§ 139–163. Teilnichtigkeit, Anfechtung, Vertrag, Bedingung, Zeitbestimmung, Berlin 2020 (zit.: *Bearbeiter*, in: Staudinger, BGB).

Staudinger, Julius von (Begr.), Kommentar zum Bürgerlichen Gesetzbuch – Mit Einführungsgesetz und Nebengesetzen, Buch 2, Recht der Schuldverhältnisse, §§ 241–243. Leistungsstörungsrecht 2, Berlin 2020 (zit.: *Bearbeiter*, in: Staudinger, BGB).

Staudinger, Julius von (Begr.), Kommentar zum Bürgerlichen Gesetzbuch – Mit Einführungsgesetz und Nebengesetzen, Buch 2, Recht der Schuldverhältnisse, §§ 826–829, §§ 1–19 ProdHaftG. Unerlaubte Handlungen 2, Produkthaftung, Berlin 2018 (zit.: *Bearbeiter*, in: Staudinger, BGB).

Steiner, Manfred/Schiffel, Simon, Mittelstandsfinanzierung in Deutschland: Struktur und Rahmenbedingungen, in: Bösl, Konrad/Sommer, Michael (Hrsg.), Mezzanine Finanzierung – Betriebswirtschaft Zivilrecht Steuerrecht Bilanzrecht, München 2006, S. 1–11.

Stenzel, Roman, Grundlagen von Managementbeteiligungen an AG und GmbH (Teil I), DStR 2018, S. 82–86.

Stenzel, Roman, Grundlagen von Managementbeteiligungen an AG und GmbH (Teil II), DStR 2018, S. 139–144.

Stenzel, Roman, Verwässerungsschutz bei Managementbeteiligungen – Zugleich Besprechung von BAG v. 27.6.2018 - 10 AZR 295/17, DStR 2019, S. 287–292.

Stöber, Michael, Die Informationsrechte von Genussrechtsinhabern, NZG 2017, S. 1401–1407.

Stürner, Rolf (Hrsg.), Jauernig Bürgerliches Gesetzbuch. Mit Rom-I-VO, Rom-II-VO, Rom-III-VO, EG-UnthVO/HUntProt und EuErbVO. Kommentar, 18. Aufl., München 2021.

Sudhoff, Heinrich, Gewinnanteil und Auseinandersetzungsquote des stillen Gesellschafters, NJW 1960, S. 2121–2127.

Swoboda, Peter, Betriebliche Finanzierung, 3. Aufl., Heidelberg 1994.

Swoboda, Peter, Der Risikograd als Abgrenzungskriterium von Eigen- versus Fremdkapital, in: Stöppler, Siegmar (Hrsg.), Information und Produktion – Beiträge zur Unternehmenstheorie und Unternehmensplanung; Festschrift zum 60. Geburtstag von Waldemar Wittmann, Stuttgart 1985, S. 343–361.

Tebben, Joachim, Unterbeteiligung und Treuhand an Gesellschaftsanteilen, Baden-Baden 2000.

Theißen, Rolf, Die „verdrängende" Stimmrechtsausübung in der GmbH – Rechtliche Gestaltungsmöglichkeiten einer Bündelung der Stimmrechtsausübung auf einzelne Gesellschafter, DB 1993, S. 469–472.

Theusinger, Ingo/Wolf, Ulrich M., Mittelbare Geschäfte zwischen Vorstandsmitglied und Aktiengesellschaft, NZG 2012, S. 901–903.

Thomas, Jürgen, Rücklagenbildung im Konzern, ZGR 1985, S. 365–385.

Thommen, Jean-Paul, Unternehmensfinanzierung – Eine Einführung in die Corporate Finance, 4. Aufl., Zürich 2020.

Thomsen, Joachim, Die Unterbeteiligung an einem Personengesellschaftsanteil – Recht, Steuer, Betriebswirtschaft, Bielefeld 1978.

Tippelskirch, Alexander v., Langfristige Fremdfinanzierung durch Kreditinstitute, in: Breuer, Rolf-Ernst (Hrsg.), Handbuch Finanzierung, 3. Aufl., Wiesbaden 2001, S. 227–249.

Tries, Hermann-Josef, Verdeckte Gewinnausschüttungen im GmbH-Recht. Gesellschaftsrechtliche Schranken und Rechtsfolgen unter Hervorhebung des Sondervorteilsverbots, Köln 1991.

Ulbrich, Clemens, Die Unterbeteiligungsgesellschaft an Personengesellschaftsanteilen, Göttingen 1982.

Ulmer, Peter (Hrsg.), Hachenburg Gesetz betreffend die Gesellschaften mit beschränkter Haftung (GmbHG) Großkommentar, 8. Aufl. 1992.

Ulmer, Peter, Gesellschafterhaftung gegenüber der GmbH bei Vorteilsgewährung unter Verstoß gegen § 30 Abs. 1 GmbHG, in: Lutter, Marcus (Hrsg.), Festschrift 100 Jahre GmbH-Gesetz, Köln 1992, S. 363–389.

Ulmer, Peter/Habersack, Mathias/Löbbe, Marc (Hrsg.), GmbHG – Großkommentar – Gesetz betreffend die Gesellschaften mit beschränkter Haftung, Bd. 3, 2. Aufl., Tübingen 2016.

Van Bevern, Marcus, Auslegung eines stillen Beteiligungsvertrages; Rechtsnatur des Sonderpostens nach § 340g HGB; Verhältnis zwischen Verlustteilnahme und Dotierung des Sonderpostens für allgemeine Bankrisiken § 340g HGB, WuB 2019, S. 442–446.

Verse, Dirk A./Wiersch, Rachid René, Genussrechte nach vertraglicher Konzernierung des Emittenten, NZG 2014, S. 5–12.

Vetter, Eberhard, Geschäfte der AG mit ihren Aktionären und mit dem Vorstand nahestehenden Unternehmen, Der Konzern 2012, S. 437–444.

Vollmer, Lothar, Der Genußschein – ein Instrument für mittelständische Unternehmen zur Eigenkapitalbeschaffung an der Börse, ZGR 1983, S. 445–475.

Vollmer, Lothar/Lorch, Bernhard, Der Schutz des aktienähnliches Genußkapitals bei Kapitalveränderungen – Anmerkungen zum Klöckner-Urteil des OLG Düsseldorf vom 10. Mai 1991 - 17 U 19/90, ZBB 1992, 30, ZBB 1992, S. 44–50.

Vormbaum, Herbert, Finanzierung der Betriebe, 9. Aufl., Wiesbaden 1996.

Wachter, Stephan, Die Gewinnermittlung und Gewinnverteilung in der stillen Gesellschaft, Frankfurt am Main/Berlin 1996.

Wagner, Gerhard, Existenzvernichtungshaftung als Deliktstatbestand – Einordnung, Ausgestaltung und Anknüpfung der Haftung wegen „existenzvernichtenden Eingriffs“, in: Heldrich, Andreas/Prölss, Jürgen/Koller, Ingo (Hrsg.), Festschrift für Claus-Wilhelm Canaris zum 70. Geburtstag, Bd. 2, München 2007, S. 473–505.

Wagner, Klaus R., Formen der Mitarbeiterbeteiligung, BB 2000, S. 42–46.

Wagner, Udo, Die Unterbeteiligung an einem OHG-Anteil – Zugleich ein Beitrag zur rechtlichen Struktur der Personengesellschaften, Berlin 1975.

Waschbusch, Gerd, Die bankspezifische offene Risikovorsorge des § 340g HGB, Die Bank 1994, S. 166–168.

Weber, Christoph, Privatautonomie und Außeneinfluß im Gesellschaftsrecht, Tübingen 2000.

Weilep, Volker/Weilep, Jan-Henning, Nichtigkeit von Jahresabschlüssen; Tatbestandsvoraussetzungen sowie Konsequenzen für die Unternehmensleitung, BB 2006, S.147–153.

Weimar, Robert, Die KG & Still – eine stille Gesellschaft?, DB 1987, S. 1077–1082.

Weitnauer, Wolfgang (Hrsg.), Handbuch Venture Capital – Von der Innovation zum Börsengang, 6. Aufl., München 2019.

Werner, Winfried, Gewinnverwendung im Konzern, in: Lutter, Marcus/Mertens/Hans-Joachim/Ulmer, Peter (Hrsg.), Festschrift für Walter Stimpel zum 68. Geburtstag am 29. November 1985, Berlin/New York 1985, S. 935–953.

Westermann, Hans-Peter, Haftungsrisiken eines „beherrschenden" GmbH-Gesellschafters, NZG 2002, S. 1129–1138.

Westermann, Harm Peter, Grundfragen der Rechtsfortbildung im Aktienrecht, in: Hofmann, Paul/Meyer-Cording, Ulrich/Wiedemann, Herbert (Hrsg.), Festschrift für Klemens Pleyer zum 65. Geburtstag, Köln/Berlin/Bonn/München 1986, S. 421–444.

Wiedmann, Harald/Aders, Christian/Wagner, Marc, Bewertung von Unternehmen und Unternehmensanteilen, in: Breuer, Rolf-Ernst (Hrsg.), Handbuch Finanzierung, 3. Aufl., Wiesbaden 2001, S. 707–743.

Wilhelm, Jan, Die Vermögensbindung bei der Aktiengesellschaft und der GmbH und das Problem der Unterkapitalisierung, in: Jakobs, Horst Heinrich/Knobbe-Keuk, Brigitte/Picker, Eduard/Wilhelm, Jan (Hrsg.), Festschrift für Werner Flume zum 70. Geburtstag – 12. September 1978, Bd. 2, Köln, 1978, S. 337–397.

Winkeljohann, Norbert/Prinz, Ulrich (Hrsg.), Beck'sches Handbuch der GmbH – Gesellschaftsrecht, Steuerrecht, 6. Aufl., München 2021.

Winnefeld, Robert, Bilanz-Handbuch – Handels- und Steuerbilanz, rechtsformspezifisches Bilanzrecht, bilanzielle Sonderfragen, Sonderbilanzen, IAS/IFRS-Rechnungslegung, 5. Aufl., München 2015.

Winter, Thomas, § 57 AktG: kein Verbotsgesetz i.S. des § 134 BGB, NZG 2012, S. 1371–1374.

Winterstein, Manfred, Die Unterbeteiligung an OHG- und KG-Anteilen als stille Gesellschaft, Hamburg 1969.

Witt, Carl-Heinz, Rechtsfolgen eines Verstoßes gegen § 57 AktG – Zugleich zur Reichweite des § 112 AktG – Besprechung von BGH, Urt. v. 12.3.2013 – II ZR 179/12, NJW 2013, 1742, ZGR 2013, S. 668–685.

Wöhe, Günter, Bilanzierung und Bilanzpolitik – Betriebswirtschaftlich – Handelsrechtlich – Steuerrechtlich, 9. Aufl., München 1997.

Wöhe, Günter, Möglichkeiten und Grenzen der Bilanzpolitik im geltenden und im neuen Bilanzrecht – I, DStR 1985, S. 715–721.

Wöhe, Günter/Bilstein, Jürgen/Ernst, Dietmar/Häcker, Joachim, Grundzüge der Unternehmensfinanzierung, 11. Aufl., München 2013.

Wolf, Nicolai, Initial Coin Offerings – Ökonomisch effiziente Regulierung kapitalmarktrechtlich und steuerrechtlich bedingter Aspekte von Marktversagen, Berlin 2020.

Wünsch, Horst, Der Genußschein iSd § 174 AktG als Instrument der Verbriefung privatrechtlicher Ansprüche – Ein Beitrag zur Lehre von den Genußrechten, in: Schwarz, Walter/Spielbüchler, Karl/Martinek, Oswin/Grillberger, Konrad/Jabornegg, Peter (Hrsg.), Möglichkeiten und Grenzen der Rechtsordnung – Festschrift Rudolf Strasser zum 60. Geburtstag, Wien 1983, S. 871–893.

Zacharias, Erwin/Hebig, Michael/Rinnewitz, Jürgen, Die atypisch stille Gesellschaft – Recht, Steuer, Betriebswirtschaft, 2. Aufl., Bielefeld 2000.

Zantow, Roger/Dinauer, Josef/Schäffler, Christian, Finanzwirtschaft des Unternehmens – Die Grundlagen des modernen Finanzmanagements, 4. Aufl., Hallbergmoos 2016.

Zickgraf, Peter, Initial Coin Offerings – Ein Fall für das Kapitalmarktrecht?, AG 2018, S. 293–308.

Zinkeisen, Klaus, Der Umfang der Gewinnbeteiligung und des Auseinandersetzungsguthabens des stillen Gesellschafters 1972.

Zöller, Richard (Hrsg.), Zivilprozessordnung mit FamFG (§§ 1–185, 200–270) und Gerichtsverfassungsgesetz, den Einführungsgesetzen, mit Internationalem Zivilprozessrecht, EuGVVO und weiteren EU-Verordnungen, Kostenanmerkungen. Kommentar, 33. Aufl., Köln 2020.

Zöllner, Wolfgang (Hrsg.), Kölner Kommentar zum Aktiengesetz, §§ 179–240 AktG – mit Nachtrag zum Gesetz vom 2. August 1994, Bd. 5.1, 2. Aufl., Köln 1995.

Zöllner, Wolfgang/Noack, Ulrich (Hrsg.), Kölner Kommentar zum Aktiengesetz – §§ 241–290 AktG, Bd. 5, 3. Aufl., Köln 2019.

Zöllner, Wolfgang/Noack, Ulrich (Hrsg.), Kölner Kommentar zum Aktiengesetz – §§ 1–75 AktG, Bd. 1, 3. Aufl., Köln 2011.

Zöllner, Wolfgang/Noack, Ulrich (Hrsg.), Kölner Kommentar zum Aktiengesetz – §§ 15–22 AktG, 1–75 AktG, §§ 291–328 AktG und Meldepflichten nach §§ 21 ff. WpHG, SpruchG, Bd. 6, 3. Aufl., Köln 2004.

Zöllner, Wolfgang/Noack, Ulrich (Hrsg.), Kölner Kommentar zum Aktiengesetz – § 221 AktG, Bd. 4.2, 3. Aufl., Köln 2017.

Onlinequellen:

BaFin: Rundschreiben 09/2017 (BA) – Mindestanforderungen an das Risikomanagement – MaRisk, abrufbar unter: https://www.bafin.de/SharedDocs/Veroeffentlichungen/DE/Rundschreiben/2017/rs_1709_marisk_ba.html?nn=7847010.

BaFin: BaFinPerspektiven Ausgabe 1 | 2018, 1. August 2018, abrufbar unter: https://www.bafin.de/SharedDocs/Downloads/DE/BaFinPerspektiven/2018/bp_18-1_digitalisierung.html.

Bankenverband: Auswirkungen von Basel IV auf die Unternehmensfinanzierung in Deutschland, abrufbar unter: https://bankenverband.de/blog/auswirkungen-basel-iv-auf-unternehmensfinanzierung-deutschland/.

BRP Renaud und Partner mbB: Aufruf zur Klage vom 6. Dezember 2018, abrufbar unter: https://www.dgap.de/dgap/News/press_release/brp-renaud-und-partner-mbb-genussrechte-der-dexia-kommunalbank-deutschland-gmbh-vormals-dexia-kommunalbank-deutschland-ag/?newsID=1114443.

Bundesfinanzministerium: Basel II – Strengere Kapitalvorschriften für Banken, abrufbar unter: https://www.bundesfinanzministerium.de/Content/DE/Standardartikel/Service/Einfach_erklaert/2010-09-20-basel-III-strengere-kapitalvorschriften-fuer-banken.html.

Bundesministerium der Justiz und für Verbraucherschutz: Gesetzesentwurf der Bundesregierung – Entwurf eines Gesetzes zur Modernisierung des Personengesellschaftsrechts, abrufbar unter: https://www.bmjv.de/SharedDocs/Gesetzgebungsverfahren/Dokumente/RegE_Personengesellschaftsrecht.pdf?__blob=publicationFile&v=3.

Dexia Kommunalbank Deutschland GmbH: Geschäftsberichte der Jahre 2015 und 2016, abrufbar unter: https://www.bundesanzeiger.de.

Duden: Eintrag zu Mezzanin, abrufbar unter: https://www.duden.de/rechtschreibung/Mezzanin.

Finanzministeriums des Landes NRW: Bescheid vom 09. Juni 2016, abrufbar unter: http://www.buergernetzwerk-bayern.de/images/Duesseldorf-Bescheid-Seiten-1-28-1.pdf.

Finanzverwaltung des Landes NRW: Pressemitteilung vom 09. Juni 2016, abrufbar unter: https://www.finanzverwaltung.nrw.de/de/pressemitteilung/sparkassenaufsicht-hebt-jahresabschluss-2014-der-stadtsparkasse-duesseldorf-auf.

Handelsblatt: Eigenkapitalstandards – Basel IV könnte Kreditvergabe an Mittelstand gefährden, abrufbar unter: https://www.handelsblatt.com/finanzen/banken-versicherungen/eigenkapitalstandards-basel-iv-koennte-kreditvergabe-an-den-mittelstand-gefaehrden/25534178.html.

Handelsblatt: Bilanzskandal Worldcom, abrufbar unter: https://www.handelsblatt.com/archiv/bilanzskandal-worldcom-weitere-fehlbuchungen-ueber-3-3-mrd-dollar/2188452.html?ticket=ST-1624249-BNTU95YBjscbIh9Xyg5N-ap6.

HSH Nordbank AG: Ad-Hoc-Mitteilung vom 8. Juni 2016, abrufbar unter: https://www.hcob-bank.de/media/pdf_3/investorrelations/adhocmitteilungen/2016/hsh_n_funding_ii_limited_partnership_ad-hoc_medium_term_financial_plan.pdf.

HSH Nordbank AG: Finanzbericht Geschäftsjahr 2012, abrufbar unter: https://www.hcob-bank.de/media/pdf_3/investorrelations/geschaeftsber/2012_3/gb2012/finanzbericht2012ag_d.pdf.

HSH Nordbank AG: Finanzbericht Geschäftsjahr 2013, abrufbar unter: https://www.hcob-bank.de/media/pdf_3/investorrelations/geschaeftsber/2013_2/gb2013/finanzbericht2013ag_d.pdf.

HSH Nordbank AG: Finanzbericht Geschäftsjahr 2014, abrufbar unter: https://www.hcob-bank.de/media/pdf_3/investorrelations/geschaeftsber/2014_2/gb2014/finanzbericht2014ag_d.pdf.

HSH Nordbank AG: Finanzbericht Geschäftsjahr 2016, abrufbar unter: https://www.hcob-bank.de/media/pdf_3/investorrelations/geschaeftsber/2016_2/gb2016/gb_2/hsh_gb16_finanzbericht_hgb.pdf.

IKB Deutsche Industriebank AG: Genussscheinbedingungen der WKN 273119; abrufbar unter: http://docplayer.org/28200246-Ikb-deutsche-industriebank-ag-duesseldorf-und-berlin.html.

IKB Deutsche Industriebank AG: Geschäftsbericht 2014/2015, abrufbar unter: https://www.ikb.de/GetDocument?publicationGuid=f23031fe-aa0f-47dc-baae-1e90f1201999&filename=150617_Gesch%c3%a4ftsbericht_2014_15_D.pdf.

IKB Deutsche Industriebank AG: Geschäftsbericht 2015/2016, abrufbar unter: https://www.ikb.de/GetDocument?publicationGuid=02750607-117b-415a-bd7b-088bb0359cca&filename=160610_Gesch%c3%a4ftsbericht_2015_16_D.pdf.

IKB Deutsche Industriebank AG: Geschäftsbericht 2016/2017, abrufbar unter: https://www.ikb.de/GetDocument?publicationGuid=486506a4-0ee1-418b-8f66-9d2f097f8650&filename=170609_Gesch%c3%a4ftsbericht_2016_17.pdf.

IKB Deutsche Industriebank AG: Geschäftsbericht 2017/2018, abrufbar unter: https://www.ikb.de/GetDocument?publicationGuid=5b548589-6373-4067-8ca5-c504731f62f6&filename=180615_Gesch%c3%a4ftsbericht_2017_18.pdf.

IKB Deutsche Industriebank AG: Geschäftsbericht 2018/2019, abrufbar unter: https://www.ikb.de/GetDocument?publicationGuid=f1c8c0ef-bc4a-4881-8147-bfd9d84dd869&filename=190614_Gesch%c3%a4ftsbericht_2018_19.pdf.

IKB Deutsche Kreditbank AG: Bekanntmachung im Unternehmensregister vom 18. Juli 2011 zum Genussschein WKN 273119/ ISIN: DE0002731197; abrufbar unter: https://www.ikb.de/fileadmin/content/30_Investor_Relations/70_Corporate_Governance/Jaehrliches_Dokument/2012/WKN_273119_Verlustbeteiligung.pdf.

IKB Deutsche Industriebank AG: Gewinn- und Verlustrechnung 1. April 2013 bis 31. März 2014, abrufbar unter: https://www.ikb.de/GetDocument?publicationGuid=08af85e9-4f49-46fc-af51-c92fcfa83625&filename=140618_Gesch%c3%a4ftsbericht_2013_14_D.pdf.

KPMG: Basel IV, abrufbar unter: https://home.kpmg/de/de/home/themen/uebersicht/basel-iv.html.

LSF 6 Europe Financial Holdings, L.P., Hauptaktionärin der IKB Deutsche Industriebank AG, Bericht über die Voraussetzungen für die Übertragung der Aktien der Minderheitsaktionäre der IKB Deutsche Industriebank Aktiengesellschaft auf die LSF6 Europe Financial Holdings, L.P, http://docplayer.org/37531207-Bericht-der-lsf6-europe-financial-holdings-l-p-als-hauptaktionaerin-der-ikb-deutsche-industriebank-aktiengesellschaft-sowie-die.html.

PWC: Basel IV, abrufbar unter: https://digital.pwc-tools.de/basel-iv/.

Spiegel: Bilanzskandal bei Worldcom, abrufbar unter: https://www.spiegel.de/wirtschaft/bilanzskandal-bei-worldcom-schlimmer-als-enron-a-202626.html.

Spiegel: Finanzskandal bei Parlamat, abrufbar unter: https://www.spiegel.de/wirtschaft/finanzskandal-bei-parmalat-enron-auf-italienisch-a-279335.html.

The manufacturer's authorised representative in the EU is Springer Nature Customer Service Centre GmbH, Europaplatz 3, 69115 Heidelberg, Germany. If you have any concerns regarding our products, please contact ProductSafety@springernature.com

Printed and bound by CPI Group (UK) Ltd, Croydon, CR0 4YY
21/10/2026
02237166-0007